# 中部地区承接沿海产业转移：
# 理论与政策

刘友金 等 著

人民出版社

责任编辑:吴焰东
封面设计:姚　菲

**图书在版编目(CIP)数据**

中部地区承接沿海产业转移:理论与政策/刘友金 等 著. —北京:人民出版社，
　2016.12
ISBN 978－7－01－017151－7

Ⅰ.①中…　Ⅱ.①刘…　Ⅲ.①区域产业机构–产业转移–研究–中国
　Ⅳ.①F127

中国版本图书馆 CIP 数据核字(2016)第 317836 号

## 中部地区承接沿海产业转移:理论与政策

ZHONGBU DIQU CHENGJIE YANHAI CHANYE ZHUANYI LILUN YU ZHENGCE

刘友金 等　著

人民出版社 出版发行
(100706　北京市东城区隆福寺街 99 号)

北京中科印刷有限公司印刷　新华书店经销

2016 年 12 月第 1 版　2016 年 12 月北京第 1 次印刷
开本:710 毫米×1000 毫米 1/16　印张:44.25
字数:630 千字

ISBN 978－7－01－017151－7　定价:136.00 元

邮购地址 100706　北京市东城区隆福寺街 99 号
人民东方图书销售中心　电话 (010)65250042　65289539

# 序　言

　　区际产业转移是优化生产力空间布局和推进产业结构调整升级的有效途径，也是加速中西部新型工业化和城镇化进程、促进区域经济协调发展的必然要求。随着 2001 年以来我国沿海地区要素成本上升、资源环境压力加大，特别是全球金融危机后的国际市场环境变化，加快推进沿海产业向中西部地区有序转移逐步上升为国家重要发展战略，2009 年国务院政府工作报告明确要求要抓紧研究制定中西部地区承接产业转移的具体政策措施。中部地区作为承接沿海产业转移的"桥头堡"，在区位条件、产业基础、要素禀赋、交通设施、资源环境、承载能力等方面与西部地区有很大的差异，这就决定了中部地区应当根据产业转移基本规律以及自身特征和基础条件，科学制定承接沿海产业转移的方案与措施。在此背景下，刘友金教授承担了国家社科基金重大项目《中部地区承接沿海产业转移的政策措施研究》，本书正是该项目系列研究成果的集成。

　　本书的前半部分，作者将中部地区承接沿海产业转移置于全球产业链分工、后国际金融危机、区域协调发展、经济新常态等多重环境中，分析国际国内产业转移态势，探讨沿海地区产业转移的现实状况与潜在规模，研究中部地区承接沿海产业转移的承载能力、承接方式、承接路径、承接效应以及空间布局等问题，揭示产业转移及其承接过程的基本规律，为制定中部地区承接沿海产业转移政策提供理论依据。本书的后半部分，作者针对中部地区的基础与现状，将承接产业转移与发挥资源禀赋优势、加快产业结构升级、优化产业空间布局、促进区域经济协调发展有机结合起来，研究中部地区承接沿海产业转移的基本路径与引导政策、空间布局与协调政策、结构调整与优化政策、综合配套与保障政策，为中部地区承接沿海产业转移提供系统方案。

与以往许多学者运用产业梯度转移理论设计承接产业转移政策的思路不同，作者强调中部地区承接产业转移要避免过分注重经济技术水平梯度差异、单纯依赖外生比较优势承接而陷入梯度陷阱，导致产业升级阻滞，要充分发挥综合比较优势，实现外源性发展与内源性发展的有机统一。作者认为，为了加快缩小与东部沿海发达地区间的差距，摆脱传统追赶路径的困惑，中部地区应当大胆探索，超越梯度转移理论的局限，创新产业转移承接模式。

作者指出，中部地区产业转移承接模式创新应当实现以下三个突破：一是突破点式承接。往往中部地区承接沿海产业转移，大多承接的是制造业中的某个加工环节，是一种点式承接。点式承接使得发达地区居于价值链系统集成者地位，落后地区则被分割而处于价值链的孤立环节，从而形成环节（落后地区）对链条（发达地区）的竞争，甚至是环节（落后地区）对网络（发达地区）的竞争，难以摆脱弱势地位。二是突破低端承接。全球产业分工与跨国公司主导产业内迁的结果，将会分割承接地本土产业的内部联系，俘获落后地区低端产业，弱化产业转移的前后向关联效应，技术在地区间外溢的作用被阻隔，形成落后地区对发达地区的新型依附关系，造成承接地本土企业在产业链中被低端锁定，陷入一种低级生产要素对高级生产要素的竞争，导致地区差距的扩大。三是突破被动承接。梯度转移是高梯度地区的产业得到较充分发展以后向低梯度地区转移，这个过程往往转出方是主动的，而承接方则是被动的，这就形成承接地对转出地的依赖。其直接的结果是承接地因被动接受转出地转入的产业而打乱原有的产业规划与产业布局，久而久之便导致产业的无序发展、盲目发展、低效发展。

作者认为，产业集群式承接是中部地区承接产业转移的有效模式，该模式可以创造"局部区域优势"，跨越承接产业转移过程中的"梯度陷阱"，实现反梯度发展。该模式的特点是：（1）集群式承接。充分利用自身的劳动力成本优势、资源条件优势、产业基础优势、区域政策优势等，通过科学规划和配套设施完善，构建产业转移承接平台，吸引产业链上的核心企业和配套企业集体转移，主动承接东部沿海地区产业转移。（2）核心企业带动。首先是创造条件吸引产业链上的核心企业转移，然后发挥核心企业关联作用与示范作用，带动配套企业、研发机构、服务机构向前期落户企业（核心企业）聚集。做到以商招商，产业链招商。（3）本土化整合。通过构建产业链，使转移过来的企业与机构进行本地化整合，优化产业环境，降低交易成本，再造区位优势，形成创新空间，带动本地企业群体突破，向产业链高端攀升，实现整体升级与跨梯度发展。

特别难能可贵的是，作者在设计中部地区承接沿海产业转移系统政策措施的同时，针对中西部地区承接沿海产业转移过程中的某些亟待解决的现实难题，向党中央、国务院及地方政府提出了专项对策建议。如建议中央政府运用负面清单严控污染产业转移，即采用负面清单管理模式，变"行业准入"为"行业禁入"，变"指导目录"为"禁止目录"，制定《产业转移项目负面清单》和《环保失信企业负面清单》，对污染产业转移实施双重管控。又如建议中央政府完善产业转移的相关制度安排，成立产业转移协调管理机构，出台产业转移管理条例，引入以绿色 GDP 为导向的地方行政绩效评价体系，建立承接产业转移生态红线，加强跨区域政策协调等措施，应对国内区际产业转移空间错位问题。这些政策建议得到了有关领导的批示并被吸收到国家有关政策制定中，也受到了国家社科规划办的通报表扬。可见，本书所反映的研究成果既站在了理论研究的前沿，又有很强的实践价值，是从理论与实际的结合上深入研究国内区际产业转移的一部力作。

中国社科院学部委员、工业经济研究所原所长　吕政研究员

# 目 录

# 第一章 绪 论

分析问题提出的背景、确定研究目标、构建研究框架是展开项目研究的起点。本章将主要讨论以下四个问题:(1)研究的背景与问题的提出;(2)研究的目标与研究特色;(3)研究的思路与体系架构;(4)重要理论观点与创新之处。

## 第一节 研究的背景与问题的提出

### 一、研究的背景

伴随20世纪90年代特别是进入21世纪以来全球经济环境的变化,国际国内产业分工深刻调整,第四次国际产业转移浪潮汹涌澎湃,我国东部地区产业结构升级和产业转移进程加快,尤其是受2008年以来的全球金融危机冲击和影响,要素成本的上升和外部需求的减弱,我国东部沿海地区产业加速向中西部地区转移的态势更加明显,使得中西部地区迎来了承接国际和东部沿海地区产业转移的历史新机遇。中西部地区发挥要素成本低、资源丰富、市场潜力大的优势,积极承接沿海产业转移,有利于推动中西部地区经济发展与东部沿海地区产业转型升级,优化全国的产业分工格局,促进区域协调发展。因此,承接产业转移,不仅是中西部地区的重要经济发展战略,而且已经成为保持区域经济协调发展、国民经济持续发展,并在新一轮的世界经济结构调整中掌握主动权的重要国家发展战略。

总体来说,中部地区比西部地区拥有相对良好的区位优势、交通物流优势、产业基础优势、科教优势、市场优势、人力资源优势。中部地区是我国的腹地，地理上与珠三角、长三角、京津冀等沿海发达地区毗邻，是东部沿海发达地区产业向西部地区转移的必经之地。中部地区在全国经济格局中承东启西、贯穿南北、吸引四面、辐射八方，整体上形成了以"两纵两横"干线为骨架的交通网，是全国交通运输体系的枢纽和东西向联系的重要运输通道，区位优势非常明显。经过改革开放三十多年的发展，中部地区形成了冶金、机械、汽车、电子、化工、能源、建材以及纺织、食品加工等门类比较齐全的工业体系和产业技术基础，有较发达的机电、化工和能源工业，战略性新型产业以及信息、物流、金融等生产性服务业快速发展，形成了比较完善的工业配套体系。中部地区的科技资源优势明显、互补性强，在信息技术、光电子科学和光通讯技术、先进制造技术、农业新技术、生命科学和生物工程技术、医药工程技术等许多方面，形成了较好的基础和应用研究的积累，并形成了一些初具规模的高新技术产业区。同时，武汉、合肥、郑州、长沙、太原、南昌等大中城市是大专院校及科研院所聚集之地，创新人才较密集，人才储备较好。中部地区人口数量多、密度大，整体收入水平和受教育程度也明显高于西部地区，这不仅为承接沿海产业转移提供了广泛的市场空间，而且也为承接沿海产业转移提供了高素质、低成本（与沿海相比）的丰富人力资源。总之，随着国家"中部崛起"战略的实质性推进和基础设施不断完善，投资环境日趋优化，对内对外开放进一步扩大，中部地区产业承载能力不断提升，这就决定了中部地区不仅是承接沿海产业转移的"桥头堡"，更是承载转移产业的广阔"腹地"。因此，中部地区要加快制定符合自身特征与条件的政策措施，有效地吸纳或承接沿海地区产业转移。

## 二、问题的提出

产业转移是优化生产力空间布局、形成合理产业分工体系的有效途径，是推进产业结构调整、加快经济发展方式转变的必然要求。① 作为具有大规模承接沿海产业转移理想区位的中部地区，如何利用自身优势，进一步提高承接沿海产业转移的能力，带动经济跨越发展，加快中部地区崛起，就必须在理论上和实践操作中解决好以下问题：第一，沿海地区产业转移究竟有多大的潜在规模和可转移规模？转移产业的内部结构如何？转移的制造业与服务业各占多大比例？第二，中部地区承接沿海产业转移究竟有多大的能力？这种能力是否与沿海地区转移的产业规模相适应？第三，中部地区可以采用哪些方式承接沿海产业转移？每一种方式的适用条件是什么？中部地区如何选择适应与自身发展条件相匹配的方式与类型？第四，中部地区承接沿海产业转移过程中，会产生哪些经济效应？对中部地区的技术溢出、就业扩大、经济增长、产业关联究竟有多大影响？第五，中部地区承接沿海产业转移能否采用当年东部地区承接发达国家产业转移的梯度承接模式？中部地区承接沿海产业的路径如何设计？第六，中部地区承接沿海产业转移过程中，应该如何布局才能做到承接产业在本地可持续协调发展？第七，中部地区承接产业转移过程中，怎样把产业承接与自身的产业培育、发展统一起来？在承接产业转移过程中，中部地区应该如何进行产业选择，采用何种政策来实现自身产业结构的优化？第八，中部地区如何加强基础设施、产业体系和人力资本建设来提高对承接产业转移的配套能力？如何创新金融、土地、财税、公共服务等制度安排和政策设计来提高承接产业转移的保障能力？这些问题都亟待通过研究作出科学回答并提出切实可行的方案，本书正是基于上述问题展开系统研究的。

## 第二节　研究的目标与研究特色

### 一、研究的目标

在理论探索方面，本书通过广泛的数据调研、深入的实地调查和专家

---

① 《国务院关于中西部地区承接产业转移的指导意见》（国发〔2010〕28号）。

访谈，综合运用多种研究方法，把握沿海地区产业转移潜在规模、转移方式和转移条件，探讨中部地区承接沿海产业转移的承载能力、地区差异以及承接产业转移的方式与产业选择等问题，揭示产业转移与承接过程中的一般规律，为科学设计中部地区承接沿海产业转移的政策措施提供理论支持。在政策设计方面，力求在把握中部各省的区域特征和比较优势的基础上，按照承接产业转移的基本规律，结合实际，科学制定承接产业转移战略，提出具有针对性和可操作性的政策措施建议，为中央政府以及中部地区各级政府提供重要决策参考。

## 二、研究的特色

本书的特色主要表现在研究视域的新拓展、分析模型的新构建、战略思路的新转变等三个方面。

（一）研究视阈的新拓展

本书把中部地区承接沿海产业转移置放在全球产业链分工、后国际金融危机、低碳经济、"两型社会"建设、区域协调发展等多重背景下，深入探讨国际国内产业转移态势和基本规律，科学设计中部地区承接沿海产业转移的路径，系统构建中部地区承接沿海产业转移的政策措施，为中部地区承接产业转移提供新的理论视角。

（二）分析模型的新构建

本书为了在理论分析上更具有科学性，在解决重大问题上更具有针对性，在方案设计上更具有操作性，在政策措施上更具有预见性，笔者构建了系统概念与分析模型：产业转移潜在规模概念与测度模型，沿海产业转移的动力模型，中部地区承接沿海产业转移综合竞争优势的成本效益分析模型，中部地区政府、沿海地区政府、企业三者之间博弈策略模型，产业承接与地方产业承载系统匹配模型等等。为科学制定承接产业转移战略、科学设计承接产业转移政策提供新的分析框架。

（三）战略思路的新转变

本书在战略导向上，积极引导从主要承接劳动密集型产业逐步向承接资本技术密集型、高附加值的产业转变；从主要承接制造业转移向承接现代服务业与现代制造业的融合转变；从注重承接生产环节向注重承接研发环节和品牌营销环节转变；从承接单一产品生产向培育和发展产业集群、拉长产业链转变；从主要依靠税收减免、廉价土地等优惠政策以及低成本劳动力吸引项目与投资，向依靠良好生产配套、高效物流和便捷服务等综合条件吸引项目与投资转变。在政策指向上，着力把承接产业转移与优化地区产业空间布局有机结合起来；把承接产业转移与加快地区产业结构升级有机结合起来；把承接产业转移与促进区域经济协调发展有机结合起来。通过创新思路，为在承接产业转移中实现科学发展，在坚持科学发展中承接产业转移提供新的战略路径。

## 第三节 研究的思路与体系架构

### 一、研究的思路

根据温家宝同志 2009 年政府工作报告"要抓紧研究制定中西部承接产业转移的具体政策措施"的要求以及《国务院关于中西部地区承接产业转移的指导意见》(国发〔2010〕28 号)的精神，本书以科学发展观为指导，力争在全面准确把握国际国内产业转移态势和基本规律的基础上，系统研究中部地区承接沿海产业转移的政策措施：首先，探讨全球化背景下产业转移的趋势与沿海地区产业转移的规律，采集我国沿海地区产业发展的现实数据和事实依据，分析沿海地区产业转移的现实规模与潜在规模，把握沿海地区产业转移的内部结构；其次，基于中部地区承接沿海产业转移的条件与优势，探讨中部地区承接沿海产业转移的承载能力、承载方式以及承接过程中的各种效应；最后，基于对产业转出、转入规律的把握，设计中部地区承接沿海产业转移的路径与引导政策、空间布局与协调政策、结构调整与优化政策、综合配套与保障政策。具体研究思路框架见图 1-1。

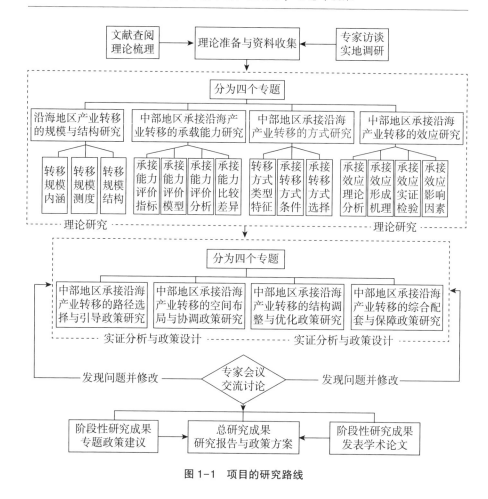

图 1-1　项目的研究路线

## 二、研究的体系架构

本书分为八个专题。前四个专题侧重于理论分析，探讨承接产业转移的一般规律；后四个专题侧重于实证分析，探讨承接产业转移的对策措施。各专题的主要研究内容如下：

（一）沿海地区产业转移的规模与结构研究

分析测算沿海地区产业转移的规模与结构，是准确把握我国沿海产业转移现状和趋势的必要前提，也是深入研究我国沿海产业转移问题的内在要求。本书在系统调研的基础上，重点研究了以下问题：（1）沿海产业转移的现实规模和结构；（2）沿海产业转移的潜在规模和结构；（3）沿海产业难以向中西部地区大规模转移的成因。

（二）中部地区承接沿海产业转移的承载能力研究

了解中部地区产业承载系统基本现状，探讨中部地区承接沿海产业转移的承载能力，是科学制定产业转移引导政策的理论依据。本书重点研究了以下问题：（1）产业承载能力测度方法；（2）测度中部地区承接沿海产业转移的承载能力；（3）分析中部地区承接沿海产业转移承载能力的省际差异。

（三）中部地区承接沿海产业转移的方式研究

分析产业转移的方式、特征及其适用条件，是中部地区探索适合自身特点承接沿海产业转移方式的重要基础。本书重点研究了以下问题：（1）产业转移过程中的企业集群行为与产业转移集群式承接；（2）中部地区集群式承接产业转移的基本条件；（3）中部地区集群式承接产业转移的平台建设。

（四）中部地区承接沿海产业转移的效应研究

充分获取承接沿海产业转移的正向效应，推进承接地经济加快发展，是中部地区承接沿海产业转移的主要目的所在。本书重点研究了以下问题：（1）承接产业转移效应的总结归类和理论分析；（2）承接产业转移效应的计量检验和案例分析；（3）承接产业转移效应的形成机制和影响因素分析。

（五）中部地区承接沿海产业转移的路径选择与引导政策研究

产业转移路径与承接产业转移引导政策是相互关联的。本书重点研究了以下问题：（1）比较分析梯度产业转移和反梯度产业转移产两条基本路径；（2）通过新经济地理学模型与典型案例分析中部地区承接沿海产业转移的路径选择机理；（3）结合路径选择提出中部地区承接沿海产业转移的引导政策。

（六）中部地区承接沿海产业转移的空间布局与协调政策研究

合理进行承接产业转移空间布局是中部地区有序承接沿海产业转移的关键。本书重点研究了以下问题：（1）产业转移过程中的中部地区产业空间布局动态演变；（2）制造业成长与地域产业承载系统适配性的空间差异及优化路径；（3）促进中部各省在承接沿海产业转移过程中进行适配空间布局的协调机制与政策。

（七）中部地区承接沿海产业转移的结构调整与优化政策研究

产业转移是调整与优化产业结构的重要载体，也是实现产业升级的重要渠道。本书重点研究了以下问题：（1）中部地区承接沿海产业转移与产业结构调整的关系；（2）中部地区产业结构现状、调整目标及产业选择；（3）促进中部地区产业结构优化的产业转移政策。

（八）中部地区承接沿海产业转移的综合配套与保障政策研究

只有科学制定相互配套的综合政策与保障体系，才能加速推进中部地区承接沿海产业转移。本书重点研究了以下问题：（1）基础设施配套政策；（2）金融服务配套政策；（3）财税配套政策；（4）土地配套政策；（5）公共服务配套政策；（6）环境保护配套政策；（7）人力资源配套政策。

# 第四节　重要理论观点与创新之处

## 一、重要的理论观点

通过反复调研以及系统研究和分析，得出了系列重要的理论观点，主要在以下方面：

（一）产业转移是多种因素综合作用的结果，降低生产成本是现阶段产业转移的主要动因

实地调研发现，目前中西部地区承接沿海产业转移规模明显低于预期。其成因主要有三个方面：一是中西部地区综合比较优势不足，在短时期内还难以吸引大规模产业转移；二是地区政府之间的 GDP 竞争，转出地政府干预导致沿海产业转移产生"滞阻"效应；三是一部分沿海产业向海外转移，导致向中西部地区转移的产业减少。

（二）沿海产业向中西部地区转移的现实规模不断增加，但仍存在明显的地区差异

东部沿海、南部沿海地区是主要的产业转出地，中部地区承接的产业转移规模较大，西部地区特别是大西北地区承接产业转移规模相对较小。利用区域可计算一般均衡（CGE）模型对沿海产业转移潜在规模模拟结果表明，在生产要素成本、税收等多重不利因素的冲击下，沿海地区产业转移潜在规模将有较大幅增加。

（三）中部各省产业转移承载能力大小及优势不同，沿海产业转移结构与中部地区承接能力存在不匹配现象

一方面，中部各省要充分发挥自身产业承载系统的比较优势，进行"对口承接""有序转移"；另一方面，中部各省要注意人口、资源、环境、经济等影响产业承载能力因素的改善，全面提升其承接沿海产业转移的承载能力。

（四）产业集群式承接是中部地区承接产业转移的有效模式，即使在产业基础和配套条件较差的地区也能取得成功

随着分工的发展，产业转移由过去单个企业"独立迁徙"转向产业链上下游企业"抱团迁徙"，产业链的关键环节一旦转移到某一区域并形成规模后，其上下游企业就会围绕这一关键环节产品的生产进行布局形成产业集群。因此，中部地区应通过引入产业链"关键环节"或引入龙头企业，进而以商招商、产业链招商，实现产业转移集群式承接。

（五）承接地产业间的关联机制是承接产业转移效应发生作用的基础，中部地区承接产业转移对区域经济增长的作用效果明显

实证研究表明：在区域层面，中部地区承接产业转移的技术溢出效应、资本效应及制度变迁效应都显著为正，就业效应为正但不显著；在行业层面，中部地区的主要制造业在承接产业转移中都存在显著的正向资本效应和就业效应。

（六）梯度承接和反梯度承接是承接产业转移的两条基本路径，中部地区承接沿海产业转移不能依赖梯度转移

通过新经济地理学模型与典型案例分析发现，当"梯度系数"处于较

高水平时容易发生产业梯度转移，而当"梯度系数"处于较低水平时容易发生产业反梯度转移。中部地区在承接产业转移过程中要将梯度承接与反梯度承接结合起来，突破依赖梯度转移所导致的低端锁定、被动承接等"梯度陷阱"。

（七）沿海产业转移促进了中部地区产业空间布局调整，同时中部地区产业空间布局的变化也将影响对沿海产业转移的有序承接

因此，中部地区政府应当高度重视承接沿海产业转移的空间布局，在国家层面构建中部地区承接沿海产业转移的协调机制，加强基础设施与空间结构协调、功能布局与生态环境建设协调、资源禀赋与产业分工协调。

（八）中部地区应当着力培育综合比较优势，在承接产业转移过程中推进产业结构调整和产业结构升级

为此，中部地区承接沿海产业转移的政策设计应当注重引导：一是梯度对接、错位发展，促进中部地区产业结构合理化；二是优势对接、协同发展，促进中部地区产业结构高端化；三是定位对接、有序发展，促进中部地区产业结构功能化；四是集群对接、融合发展，促进中部地区产业结构集群化。

## 二、成果的创新之处

通过四年的系统研究，项目成果在研究方法、理论观点、战略思路等方面都有了新的突破。

（一）研究方法上的创新

本书采用可计算一般均衡的分析框架，构建区域可计算一般均衡模型对沿海产业转移环境进行了情景模拟，测度了沿海产业转移潜在规模和结构；在构建包含人口系统、资源系统、环境系统与经济系统等多个因素组成的区域人口、资源、环境、经济（Population Resource and Environment Economics，简称 PREE）复合系统的基础上，设计了区域经济综合承载力测度模型，为评价中部地区承接沿海产业转移承载能力提供了一种新的方法；综合运用社会网络（Social Network）分析与"模式匹配"假设验证等

方法，从新的视角探讨了产业转移集群行为，揭示产业集群式转移基本规律；建立改进的梯度系数模型，分析了中部地区各行业的改进梯度系数，为中部地区选择优势承接产业提供了更为合理的参考依据；建立中部地区政府、沿海地区政府、企业三者博弈模型，分析了承接产业转移过程中各利益主体的博弈行为，由此提出了中部地区承接沿海产业转移的协调机制；运用协同学理论，从产业成长与地域产业承载系统两个导向维度耦合对接提取序参量，采用功效函数法构建适配度评估模型，测度了中部地区承接的产业与地域产业承载系统的适配性及空间差异。

（二）理论观点上的创新

本书认为，产业集群式承接是中部地区承接产业转移的有效模式，即使在产业基础和配套条件较差的地区也能取得成功，中部地区应通过引入产业链"关键环节"或龙头企业引导产业集群式承接；梯度承接和反梯度承接是承接产业转移的两条基本路径，中部地区承接沿海产业转移不能依赖梯度转移，要将梯度承接与反梯度承接结合起来，突破梯度承接陷阱，突破低端锁定，突破被动承接；合理进行承接产业转移空间布局是中部地区有序承接沿海产业转移的关键，应当构建中部地区承接沿海产业转移的协调机制，加强区域空间结构整体规划协调、基础设施与生态环境建设协调、产业分工与功能布局协调；中部地区要通过承接产业转移推进产业结构调整和产业结构升级，在承接沿海产业转移的政策设计上应当注重引导"梯度对接、错位发展""优势对接、协同发展""定位对接、有序发展""集群对接、融合发展"，促进中部地区产业结构合理化、高端化，产业组织特色化、集群化。

（三）战略思路上的创新

本书认为，中部地区承接产业转移要充分发挥综合比较优势，实施外源性发展与内源性发展有机统一的承接战略。这一战略要求：在技术水平承接上，做到梯度承接与反梯度承接相统一，制定与不同承接转移路径相适应的引导政策，避免单纯依赖外生比较优势承接而陷入"比较利益陷阱"；在空间布局承接上，做到适度竞争与差异布局相统一，培育和集中优势资源，实现局部跨越式发展，制定与空间合理布局相适应的协调政策，避免陷入"同构化竞争陷阱"；在产业结构承接上，做到产业扩容与适度升级相统一，制定与结构调整相适应的优化政策，避免盲目追求技术创新和产业结构升级而陷入"赶超困境"；在配套能力承接上，做到外源性发展与内源性发展相统一，全面提升综合配套能力，制定与此相适应的综合配套与保障政策。

（四）政策措施上的创新

一是建议中央政府运用负面清单严控污染产业转移，即采用负面清单管理模式，变"行业准入"为"行业禁入"，变"指导目录"为"禁止目录"，制定《产业转移项目负面清单》和《环保失信企业负面清单》，对污染产业转移实施双重管控。二是建议中央政府完善产业转移的相关制度安排，成立产业转移协调管理机构，出台产业转移管理条例，引入以绿色GDP为导向的地方行政绩效评价体系，建立承接产业转移生态红线，加强跨区域政策协调等措施，应对国内区际产业转移空间错位问题。三是建议防止地方政府过度举债建设承接产业转移基础设施，通过摸清地方政府承接产业转移债务的总量和结构，严格规范地方政府举债行为，创新融资手段等措施，治理地方政府盲目地竞争性承接产业转移的债务风险。

# 第二章　沿海地区产业转移规模与结构研究

分析测算沿海地区产业转移的规模与结构，是准确把握我国沿海产业转移现状和趋势的必要前提，也是深入研究我国沿海产业转移问题的内在要求。本章将主要讨论以下五个问题：（1）产业转移规模和结构的概念界定；（2）沿海产业转移规模和结构的调查研究；（3）沿海产业转移的现实规模和结构；（4）沿海产业转移的潜在规模和结构；（5）沿海产业难以向中西部地区大规模转移的成因。

## 第一节　相关概念界定及国内外研究现状述评

### 一、产业转移规模与产业转移结构的内涵

（一）产业转移规模

产业规模是指一类产业的产出规模或经营规模，产业规模可用生产总值或产出量表示。所谓产业转移规模是指转移产业的产出规模或经营规模，可用产业转移的生产总值或产出量表示。

产业转移规模可以分为现实规模和潜在规模。沿海产业转移现实规模是沿海地区产业实际发生转移的产出规模或经营规模。一部分学者如刘嗣明、陈秀山和徐瑛等研究发现，近年来我国沿海产业转移的规模持续增加，这里的规模应指现实规模。①

---

① 刘嗣明、童欢、徐慧：《中国区际产业转移的困境寻源与对策探究》，《经济评论》2007年第6期。陈秀山、徐瑛：《中国制造业空间结构变动及其对区域分工的影响》，《经济研究》2008年第10期。

沿海产业转移潜在规模是指沿海地区某一产业中的企业虽然有跨区域转移的动力，但由于种种原因尚未发生实际转移行为的企业总量。例如，深圳市综合开发研究院①曾经测算到 2010 年广东、上海、浙江、福建四省市需转出的产业规模，这里的规模应指潜在规模。

如果产业转移的条件成熟，沿海产业转移潜在规模就可以转化为沿海产业转移的实际规模；反之，如果不利于产业转移的情况出现，潜在转移企业可能作出不转移的决策。因此，沿海产业转移潜在规模大于或等于沿海产业转移的实际规模。

（二）产业转移结构

产业结构是指各产业的构成及各产业之间的联系和比例关系。常用的产业结构划分主要有三次产业分类法、资源密集度分类法及国际标准产业分类。

三次产业分类法是根据社会生产活动历史发展的顺序，将产品直接取自自然界的部门称为第一产业，对初级产品进行再加工的部门称为第二产业，为生产和消费提供各种服务的部门称为第三产业。我国的第一产业是指农业（包括种植业、林业、牧业和渔业）；第二产业是指工业（包括采掘业，制造业，电力、煤气、水的生产和供应业）和建筑业；第三产业是指除第一、第二产业以外的其他各业。

资源密集度分类法是按照各产业所投入的、占主要地位的资源的不同为标准来划分的。根据劳动力、资本和技术三种生产要素在各产业中的相对密集度，把国民经济各产业划分为劳动密集型、资本密集型和技术密集型产业。其中，劳动密集型产业指生产过程主要依靠大量劳动力，对技术和设备的依赖程度低的产业，包括农业、林业及纺织、服装、玩具、皮革、家具等；资本密集型产业是在单位产品成本中，资本成本与劳动成本相比所占比重较大，每个劳动者所占用的固定资本和流动资本金额较高的产业，包括钢铁业、电子与通信设备制造业、交通运输设备制造业、石油

---

① 综合开发研究院（中国·深圳）：《东部产业转移的趋势与湖北产业承接的机遇研究》，课题研究报告，2008 年。

化工、机械工业、电力工业等；技术密集型产业是指在生产过程中，对技术和智力要素的依赖超过对其他生产要素依赖的产业，包括信息产品制造业、航空航天工业、核能工业、现代制药工业、新材料工业等。

1971 年联合国为了统一各国国民经济统计口径，颁布了《全部经济活动国际标准产业分类索引》，将全部经济活动分为十个大类，在大类之下又分若干中类和小类。这十大类分别是：（1）农业、狩猎业、林业和渔业；（2）矿业和采石业；（3）制造业；（4）电力、煤气、供水业；（5）建筑业；（6）批发与零售业、餐馆与旅店业；（7）运输业、仓储业和邮电业；（8）金融业、不动产业、保险业及商业性服务业；（9）社会团体、社会及个人的服务；（10）不能分类的其他活动。我国发布的《国民经济行业分类与代码》是参照了《全部经济活动的国际标准产业分类》而制定的，因此我国的产业划分与包括经济合作与发展组织（OECD）在内的大多数成员基本一致。在本书中，产业转移结构根据我国《国民经济行业分类与代码》确定各行业类别。

产业转移结构主要是指产业转移的行业结构和空间结构。所谓产业转移的行业结构是指转移产业的行业构成及其比例关系，反映行业发生转移的比例情况。本章主要考虑产业转移的行业结构。所谓产业空间结构是指某一产业的相对区位关系和分布形式，是该产业在发展过程中进行区位选择的结果。对转出而言，产业转移空间结构是指转出的产业地区分布和比例关系；对承接而言，产业转移空间结构是指承接的产业地区分布和比例关系。

## 二、沿海产业转移规模的测度方法

### （一）沿海产业转移的临界点

奈科斯丁（Nakosteen）和泽莫（Zimmer）基于新古典区位理论，提出了一个企业迁移的分析框架。[①] 假定某企业以利润最大化为经营目标，该

---

① Nakosteen R. A. & Zimmer M. A., "Determinants of Regional Migration by Manufacturing Firms", *Economic Inquiry*, Vol. 25, No. 2, (April 1987).

企业在要素市场和产品市场均是价格的接受者。企业的迁移决定将是在考虑影响利润率的多个因素之后的抉择。对于一个位于地区 $j$ 的一个追求利润最大化的企业 $i$ 而言，其利润函数可以表示为：

$$E_{ij} = E(X_i, Z_j, \varepsilon_{ij}) \qquad\qquad (2-1)$$

式中，$X_i$ 表示观察到的企业或市场的特定因素，$Z_j$ 表示可观察到的区位特定因素，$\varepsilon_{ij}$ 表示观测不到的企业区位特定效应。在该利润函数中，能够观测到的变量包括要素投入与产出的价格和数量，企业的区位效应通常假定随着产业的不同而呈随机分布状态。企业通常会随时监测自己的赢利情况，以便能够与该企业所属产业的目标赢利门槛相一致，这种赢利门槛取决于产业的竞争水平。对于某一特定产业 $K$，由于企业外部环境和内部条件的变化，一些企业的利润水平可能会出现下降，且低于所在产业的目标利润水平。即：

$$E_{ijk} = E(X_i, Z_j, \varepsilon_{ij}) < E_k \qquad\qquad (2-2)$$

式中，$E_k$ 表示 $K$ 产业的目标利润水平。根据经济学的成本理论，从长期来看，如果企业产出的价格不能弥补平均可变成本，那么这些边际企业将会停止营业。然而在现实经济中，并不是所有的边际企业都会停产关闭，一部分企业可能会考虑将生产经营活动迁移到其他成本更为低廉的地区，以便将利润率再次提高到目标赢利水平 $E_k$ 之上。企业是否将某些生产经营活动从一个地方迁移到另一个地方，主要取决于两地之间的成本收益比较。如果把企业迁移看成是一个资本投资项目，那么在时间 $t$ 该投资项目所带来的净现值为：

$$PV_i(t) = \int_t^\infty (E_{ij'} - E_{ij})^{-rt} \mathrm{d}t - C_{ij'} \qquad\qquad (2-3)$$

式中，$j'$ 表示竞争区位，$r$ 表示股东的贴现率，$C_{ij'}$ 表示迁移成本的现值。显然，企业迁移的前提条件是目标区位与现有区位间利润差额的贴现值大于企业的迁移成本，即 $PV_i(t) > 0$；而当 $PV_i(t) = 0$ 时，企业处于迁移的临界点，此时企业可以迁移，也可以不迁移，也就是说，企业迁移或不迁移的结果都是一样的。根据以上分析，企业跨区域迁移决策的临界点可以表述为：在考虑跨区域的迁移成本之后，如果某一产业内的企业在 A、B 两个地区经营的利润水平（现值）相等，企业在两地经营是无差别的，此时该企业达到产业转移的临界点。如果在 A 地的赢利水平高于 B 地，则产生企业向 A 地转移的动力；反之，产生向 B 地转移的动力。

企业迁移前后的成本收益变化对迁移决策有重要影响。企业的利润在数量上等于企业全部收益扣除全部成本支出后的余额。现有文献表明，沿海地区经营环境变化后引起生产成本上升是导致沿海产业转移主要原因。因此，分析企业的成本构成具有重要意义。

总体来看，企业日常经营过程中的总生产成本可以分为两大部分：第一部分是生产要素的成本，主要受劳动力、资本、土地、原材料等生产要素价格的影响；第二部分是获得生产要素和组织生产的成本，主要受产业政策、产业配套、政府服务等因素的影响。企业迁移之后，原有的社会关系网络不复存在，与政府和合作伙伴的关系均需要重新开拓，这形成了企业迁移成本中的隐性因素，相关成本支出会影响企业的迁移决策和迁移之后的经营绩效。此外，如果企业将全部生产经营活动搬迁到新的区位，如果原区位的固定资产不能搬迁或者无法变现收回投资，企业迁移将产生不可收回的沉没成本。

（二）沿海产业转移规模测度方法

产业转移规模可以直接测度，也可以间接测度。其中，产业转移的生产总值或产出量属于直接测度的方法。然而，我国现行统计体系中没有专门的产业转移生产总值统计指标，因此这一方法无法实现。产业转移规模还可以进行间接测度，包括利用省外境内资金总额、行业空间基尼系数、地区产业总产值比例等方法。

1. 利用省外境内资金

利用省外境内资金是观察国内跨区域产业转移规模的重要指标。由于跨区域的直接投资是产业转移形成生产能力的先行步骤，直接投资的规模越大，产业转移的规模越大。

各地区发布的"利用省外资金"或"内联引资"指标可用于间接测度

国内跨区域的产业转移规模。但是需要注意的是，各地关于这一指标的定义、内涵、统计口径和范围并不明确，其与区际产业转移的实际规模仍有不同。下面分别列举了湖北省、安徽省、江西省、湖南省政府部门对这类指标的定义：

湖北省商务厅关于"省外资金"的指标定义为：指本省境内法人单位（含所属单位）或个人从本省以外的国内（从港澳台地区引进的项目资金，由于另有统计，暂不进入统计范围）各省市、部门、机构、企业或个人得到的资金（实物），用于本省国民经济各行业的建设与经营部分以及省外企业在本省建设的独资企业项目。省外资金包括证券融资（企业通过证券市场公开募集的资金），省外企业直接投资，省外部门、机构或个人其他投资（包括利用投资收益再投资），企业省外借款（还款期限在一年以上）；但不包括国债、各种贷款、中央补助项目投资、政策性资金以及从中央有关部门争取的各种资金。省外资金的形式包括股权和债权投资，也包括现金和实物投入（实物投入按当地当时市场价格折算）。省外企业在本省的独资项目，其资金总额等于省外资金额。

安徽省统计局关于"实际利用省外境内资金"的指标解释为：是指报告期内签订的合同内资金金额的实际执行数，即省外境内投资者根据签订的合同（章程）的规定实际缴付的出资额，包括省外境内投资者以现金、实物、技术等作为投资，投资收益的再投资，以及在实施的项目投资总额内企业从本省行政区域以外借入的资金，不包括本省行政区域之内各市、县（区）间互相投资的资金及国家拨款。以会计师事务所为省外境内投资企业出具的验资报告作为统计依据，并按验资报告的时间进行统计。

江西省关于"实际利用省外5000万元以上项目资金"的指标解释为：指利用省外合同总投资5000万元及以上工业固定资产投资项目（或单位）在本年度实际投入的，用于工业固定资产投资活动的，来自除中央各部门的资金以外的江西省外各种货币资金。具体包括来自省外的国家预算内资金、国内贷款资金、债券资金、自筹资金和其他资金，不包括利用外资（我国境外的资金）。

湖南省关于"内联省外项目实际到位资金"的指标解释为：即"实际利用内资"，是指省内各地区利用湖南省行政区域外的国内（不含港、澳、台地区）投资的资金，包括投资者以现金、实物、技术等作为投资，投资收益的再投资，以及在批准的项目投资总额内企业从省外借入的资金，不包括国家拨款。

从上述四省的省外资金指标解释可以看出，目前国内各地区对实际利用境内省外资金的指标定义存在明显差异。例如，从省外资金的指标构成来看，湖北省的规定中包含了企业股权和债权投资，其他三个省份未明确是否包含股权投资；又如，从省外资金的统计口径来看，江西省没有将总投资 5000 万以下的项目资金纳入统计，并在规定中明确指出应包含来自省外的国家预算内资金，而其他三个省份均明确不包含国家拨款，且包含了5000 万以下的项目资金。此外，从各地区省外资金的统计范围来看，各省"实际利用省外资金"指标的统计范围要明显大于区际产业转移的实际规模，前者把一般性的跨区域投资和资金借贷等也纳入了实际利用省外资金的统计范围，明显不属于产业转移的范畴。

沿海产业转移具有空间分布的不平衡性、转移时间的动态性及转移产业的异质性，这使得我们难以根据随机原则抽选转移企业样本，进而采用基于概率模型的统计学方法推断沿海产业转移的规模和结构。因此，尽管各地区关于"实际利用省外资金"指标的统计数据存在上述缺陷，但它仍然是笔者观察区际产业转移的一条重要途径。

产业转移最终反映为地区生产总值的消长。如果一个地区某产业持续向外转移，该行业在全国的行业总产值中的比例将趋于下降；反之，比重则趋于上升。因此，通过考察沿海和中部地区产业总产值在行业总产值中的比例变化，可以观察跨区域产业转移情况。地区工业总产值比例和空间基尼系数能够间接反映沿海产业转移的规模。

2. 地区产业生产总值比例

采用各地区产业生产总值比例的相对变化，可以观测沿海产业跨地区转移的规模。根据公开出版的各年期《中国统计年鉴》和《中国工业经济统计年鉴》工业总产值数据，计算地区行业总产值占全国总产值比重的相对变化，可以观察我国东中西部地区的产业转移趋势和变化特征，地区产业比重的计算公式：

$$P = v/V \qquad\qquad (2-4)$$

式中，$P$ 为某地区某产业的产业比重，$v$ 为该地区该产业工业总产值，$V$ 为全国该产业工业总产值。A 地区中产业 $i$ 在第 $n$ 年和 $m$ 年（$n<m$）的工业总产值占全国比重分别为 $P_A in$ 和 $P_A im$，如果 $P_A in > P_A im$，表明从第 n 年到第 $m$ 年 A 地区中产业 $i$ 的工业总产值在全国所占份额减少，在此期间 A 地区中产业 $i$ 存在产业转出；反之，如果 $P_A in < P_A im$，则表明 A 地区中产业 $i$ 存在产业转入。

3. 行业空间基尼系数

空间基尼系数能够很好地刻画空间维度上产业集聚和扩散的趋势。为了研究国民收入在国民之间的分配情况，1905 年美国统计学家洛伦茨（M. O. Lorenz）提出了著名的洛伦茨曲线。[①] 意大利经济学家基尼（Corrado Gini）根据洛伦茨曲线定义基尼系数以判断收入分配的公平程度，其值在 0 和 1 之间，越是接近 0 就表明收入分配越是趋向平等；反之，收入分配越是趋向不平等。1986 年，凯文·基伯尔（Keeble）等将劳伦茨曲线和基尼系数用于衡量产业在空间分布的均衡性，空间基尼系数取值在 0—1 之间，洛伦兹曲线下凹的程度越小，对应的空间基尼系数就越接近 0，说明地区 $i$ 某一产业的经济指标与该产业在全国的空间分布是一致的，产业相当平均地分布在各地区；[②] 反之，洛伦兹曲线下凹的程度越大，则空间基尼系数就越接近于 1，说明地区 $i$ 某一产业的空间分布与整个行业在全国的分布不一致，此时产业可能集中分布在一个或几个地区，在大部分地区分布很少，从而说明该产业的集聚程度很高。因此，空间基尼系数越

---

① Lorenz M. O., "Wages and Family Budgets in Berlin", *Publications of the American Statistical Association*, Vol. 9, No. 70,（June 1905）.

② Keeble, David, & Wever E., *New Firms and Regional Development in Europe*, Europe：Croom Helm, 1986.

大，意味着产业集聚程度越高。一些学者采用该指标来研究产业地理集聚问题，反映经济活动在地理上分布的不均匀程度。根据文枚（WEN）公式①，有：

$$G_k = 1/(2N^2 \overline{S^k}) \sum_{j}^{N} \sum_{i}^{N} |S_i^k - S_j^k| \qquad (2-5)$$

式中，$N$ 表示地区总数，$i$、$j$ 分别表示两个不同的地区，$G_k$ 表示 $k$ 产业的空间基尼系数，$\overline{S^k}$ 表示 $k$ 产业在各地区间的平均份额，即等于 $1/N$，$S_i^k$、$S_j^k$ 分别表示 $i$ 地区和 $j$ 地区的 $k$ 产业总产值占该产业全国总产值的比重。空间基尼系数值在 0—1 之间变化，取值为 0 时表示产业的地区分布完全均等；若取值为 1，则表示该产业所有的生产活动集聚在一个地区，取值越大表明该产业地理集聚程度越高。随时间推移空间基尼系数的变化，能够反映产业转移的动态变化。

在随后的分析中，将以空间基尼系数为分析工具，分别考察我国劳动密集型产业、资本密集型产业、技术密集型产业和资源采掘业的空间分布情况，探索不同产业发展及其时空变化的特征。

### 三、研究现状述评

关于沿海产业转移规模，现有文献中主要采用以下三种测算方法：

一是根据不同地区的工业销售收入②、工业总产值③或工业增加值④在全国所占比例，通过比较不同时点上沿海和中西部地区行业份额的相对变化进行衡量，这种方法的好处是简便易行，但是存在明显缺陷：即如果一个地区某产业的产值比例上升，既有可能是外源性的产业转移的结果，也可能是内源性的产业发展的结果。范剑勇使用产业产值占相应产业总产值

---

① Wen M., " Relocation and Agglomeration of Chinese Industry ", *Journal of Development Economics*, Vol. 73, No. 1, (February 2004).

② 张公嵬、梁琦：《产业转移与资源的空间配置效应研究》，《产业经济评论》2010 年第 3 期。

③ 沈静、向澄、柳意云：《广东省污染密集型产业转移机制——基于 2000—2009 年面板数据模型的实证》，《地理研究》2012 年第 2 期。

④ 中国社会科学院工业经济研究所：《中国工业发展报告 2011》，经济管理出版社 2011 年版。

份额最高省份的变动来确定产业转移，该方法主要缺陷在于某产业大省虽然已经发生该产业转移但仍然保有产业份额最高地位时，无法作出正确的判断。① 冯根福等采用各地区相应行业工业增加值占全国该行业工业增加值的比例变化，对地区间产业相对转移状况进行衡量。②

二是根据区域间投入产出表，通过计算关联地区的投入产出变化来测度产业转移规模，③ 投入产出模型中各部门之间的关系是固定的比例关系，这种方法既不能反映价格变动引起的供求变化和替代效应，也无法纳入影响产业转移的诸多因素。

三是研究者先开展实地调查，然后在抽样调查的基础上进行统计推断，④ 由于产业转移的调查对象是企业的决策者，出于保护"商业机密"的考虑，企业方面往往难以提供真实的运营数据，再加上调查的空间跨度相当大，因此实地调查组织实施起来的难度很大，不仅如此，调查质量的高低还与调查方案设计、统计推断方法选择及调查过程控制密切相关。

现有文献对沿海产业转移规模和结构的讨论，可以主要归纳为以下两个方面：

一是关于沿海产业向中西部地区转移的规模。在一份研究报告中，深圳市综合开发研究院（2008）经测算得出："到 2010 年，仅广东、上海、浙江、福建四省市需要转出的产业，产值估计将达到 14000 亿元。"但是，该研究没有测算分行业的转移潜在规模，也没有分析可能发生的外生冲击对沿海产业转移潜在规模的影响。与此同时，现有文献对转移实际规模的评价存在分歧：一种观点认为已经发生大规模的跨区域产业转移；⑤ 另一

---

① 范剑勇：《长三角一体化、地区专业化与制造业空间转移》，《管理世界》2004 年第 11 期。
② 冯根福、刘志勇、蒋文定：《我国东中西部地区间工业产业转移的趋势、特征及形成原因分析》，《当代经济科学》2010 年第 2 期。
③ 刘红光、刘卫东、刘志高：《区域间产业转移定量测度研究——基于区域间投入产出表分析》，《中国工业经济》2011 年第 6 期。
④ 综合开发研究院（中国·深圳）：《东部产业转移的趋势与湖北产业承接的机遇研究》，课题研究报告，2008 年。
⑤ 中国社会科学院工业经济研究所：《中国工业发展报告 2011》，经济管理出版社 2011 年版。

种观点则认为没有发生大规模的跨区域产业转移，或者产业转移并不明显。[①] 总体来看，现时沿海产业向中西部地区的转移已有相当大的规模，而且转移的速度明显加快，但是仍然低于人们的预期。

二是关于沿海产业转移的行业分布。现有文献表明，实际转移规模较大的行业主要集中于劳动密集型、资源密集型以及技术层次相对较低、位于产业链中下游的生产性行业，如纺织业、服装及鞋类制造业、五金制造业等。[②]

三是关于沿海产业转移的空间分布。现有文献普遍认为，我国长三角、珠三角和厦、漳、泉闽南三角地区是沿海产业转移的主要转出地。中西部各省承接产业转移的实际规模存在明显差异，沿海产业转移到沿海欠发达地区、沿海毗邻地区如安徽皖江城市带、湖南湘南地区、江西赣州地区等，以及一部分产业基础较好、人力资源充沛、区位优势突出的区域中心城市如重庆、武汉、成都、郑州等地的规模较大，还有一部分沿海企业转向海外，如印度及越南、菲律宾等东南亚国家。[③]

从以上文献可以看出，已有研究从不同侧面反映了我国沿海产业转移的规模和结构，但是，现有对产业转移规模和结构的研究仍以描述性评论为主，建立在坚实的实地调查基础上的专门的、系统性的研究相当少见，特别是缺少对国内外经营环境变化下沿海产业转移潜在规模和结构的量化研究。在本章后续的内容中，将基于不同的视角和方法，系统性地分析沿海产业转移的规模和结构。

---

① 刘嗣明、童欢、徐慧：《中国区际产业转移的困境寻源与对策探究》，《经济评论》2007 年第 6 期。陈秀山、徐瑛：《中国制造业空间结构变动及其对区域分工的影响》，《经济研究》2008 年第 10 期。

② 陈建军：《中国现阶段产业区域转移的实证研究——结合浙江 105 家企业的问卷调查报告的分析》，《管理世界》2002 年第 6 期。刘力、张健：《珠三角企业迁移调查与区域产业转移效应分析》，《国际经贸探索》2008 年第 10 期。

③ 陈耀：《东西部合作互动集群迁移与承接策略》，《天津师范大学学报》（社会科学版）2009 年第 1 期。

## 第二节　沿海产业转移规模与结构的调查研究

### 一、沿海产业转移调查方案设计

为了解沿海产业转移的实际情况，掌握产业转移的第一手数据，国家社科基金重大招标项目"中部地区承接沿海产业转移的政策措施研究"课题组于 2010 年 5 月—2012 年 2 月对中部六省的沿海转移企业进行了实地调研。

（一）调查目的

通过实地调查，考察沿海产业转移的基本情况，包括：转移企业的基本特征；企业转移决策过程和影响因素；企业转移行为和经营绩效；工业园区承接产业转移的现状、主导产业及其配套情况；承接产业转移的方式；承接产业转移中面临的主要问题等。

（二）调查范围

课题组重点调查了中部地区国家级承接产业转移示范区，包括安徽皖江城市带承接产业转移示范区、湖南湘南承接产业转移示范区、江西赣南承接产业转移示范区、湖北荆州承接产业转移示范区等。同时调查了中部地区重点城市的工业园区，包括：湖南的长沙、株洲、湘潭、衡阳、郴州、永州等；安徽的合肥、芜湖、马鞍山；湖北的武汉、荆州、宜昌；江西的南昌、赣州、新余。还调查了东南沿海产业转出的工业园区，包括广东的深圳、东莞，浙江的温州、宁波等地的工业园区。

（三）调查方式

采取问卷调查法获取产业转移企业的相关数据。由于沿海产业转移的空间跨度大、涉及行业多，为确保实地调查的质量，课题组通过专家咨询会议和结构性访谈把握基本趋势，在充分讨论和小范围试调研的基础上，设计产业转移调查问卷。以转移企业集中的中部省份工业园区为主要调查区域，主要采取企业入户调查的形式，① 分 38 批次开展了实地调查。共发

---

① 通常在各工业园区管委会联系介绍之后进行企业入户调查。一部分调查先由工业园区邀请企业高层管理人员开座谈会，在调查员说明调查问卷填写要求之后，由企业管理者完成问卷填写。

放转移企业调查问卷 900 份，收回有效问卷 524 份，有效回收率为
58.22%。其中，安徽省有效问卷共计 97 份，占比 18.51%，其中，合肥市
44 份、芜湖市 35 份、马鞍山市 18 份；湖南省共 336 份，占比 64.12%，
其中，衡阳市 95 份、郴州市 87 份、永州市 54 份、湘潭市 40 份、株州市
33 份、长沙市 27 份；江西省共 59 份，占比 11.26%，其中，南昌市 37
份、新余市 12 份、赣州市 10 份；湖北省共 32 份，占比 6.11%，其中，武
汉市 16 份、宜昌市 12 份、荆州市 4 份。

课题组还召开了多种类型的座谈会，包括企业座谈会、园区座谈会及
政府相关部门座谈会；走访了皖江城市带承接产业转移示范区建设领导小
组办公室、安徽省合作交流办公室、湖南省经济协作办公室等，深入了解
中部地区承接沿海产业转移的现状及存在的突出问题。

通过调研，课题组获得了沿海产业向中部地区转移的企业特点与结
构、产业转出规模和结构的影响因素、产业承接规模和结构的影响因素等
较为详尽的第一手数据，下面将分别进行阐述。

## 二、转移企业的特点与结构

### （一）产业转移进程

从产业转移的时间分布看（如表 2-1 所示），沿海地区企业向中部地区
的转移进程开始于 2002 年，但在 2008 年之前转移规模相对较小，转移企业
占全部样本转移企业的比例在 7% 以下，2008 年之后产业转移的规模增加。
大规模的产业转移发生在 2008 年之后，年转移企业数占全部样本转移企业
数的比例达到 10% 以上。样本区间内沿海企业向中部地区转移的最大规模出
现在 2009 年。这表明，金融危机后沿海产业发展的国内外环境变化对企业
经营产生了较大影响，全球性的金融危机明显加快了沿海产业转移的进程。

表 2-1　产业转移的时间分布

| 转移年度 | 转移频数 | 百分比（%） |
| --- | --- | --- |
| 1999 | 6 | 1.15 |
| 2000 | 3 | 0.57 |

续表

| 转移年度 | 转移频数 | 百分比（%） |
|---|---|---|
| 2001 | 2 | 0.38 |
| 2002 | 11 | 2.10 |
| 2003 | 14 | 2.67 |
| 2004 | 17 | 3.24 |
| 2005 | 21 | 4.01 |
| 2006 | 18 | 3.44 |
| 2007 | 33 | 6.30 |
| 2008 | 64 | 12.21 |
| 2009 | 149 | 28.44 |
| 2010 | 98 | 18.70 |
| 2011 | 85 | 16.22 |
| 其他年份 | 3 | 0.57 |
| 合计 | 524 | 100.00 |

注：转移频数是调查统计的历年发生转移的企业数目。

（二）转移企业的基本属性

接受调查的样本企业平均职工人数为 332 人，2011 年平均营业收入 8083.27 万元。[①] 转移之前企业经营所在地位于南部沿海地区（广东省、福建省）的比例为 58.03%，位于东部沿海地区（浙江省、上海市、江苏省）的比例为 24.81%，位于其他地区的比例为 17.16%。中部地区不同省份工业园区承接转移企业的来源地有明显差别，例如，安徽省芜湖市新芜经济开发区承接的转移企业中转移前经营所在地位于浙江省的比例为 55%，位于广东省的比例为 15%，而湖南省蓝山县经济开发区和道县工业园承接的转移企业中转移前经营所在地位于广东省的比例均超过 80%。

从所有制类型看（如表 2-2 所示），沿海地区向中部转移的企业中外资企业、私营企业和股份制企业占比相对较高，外资企业所占的比例趋于下降，私营企业和股份制企业的比例趋于上升。从转移企业发展模式看，

————————

① 有 107 家企业由于处于项目建设期等原因未提供此项数据，占全部样本企业的 20.42%。

转移企业以劳动密集型和资本密集型企业为主，其中，资本密集型企业又相对集中于需要大量使用劳动力的生产环节，如电子元器件的装配等。安徽省工业园区承接产业转移中资本、技术密集型企业比例相对较高，机械、电子类制造企业等所占比重较大，湖南省湘南地区承接的劳动密集型企业比例相对较高，制鞋、服装、电子制造企业等所占比重较大。从产业链位置看，转移企业在产业链条上主要集中于配套服务和零部件企业，相比主机企业而言（主机企业在个别年份的转移比例较高），这类型企业的数量较多，企业固定资产规模相对较小。

**表 2-2　沿海转移企业的主要特征**

单位:%

| 企业特征 | | 2007 年 | 2008 年 | 2009 年 | 2010 年 | 2011 年 |
|---|---|---|---|---|---|---|
| 所有制类型 | 国有企业 | 3.03 | 6.45 | 7.38 | 4.08 | 1.19 |
| | 集体企业 | 0.00 | 0.00 | 0.00 | 0.00 | 0.00 |
| | 外资企业 | 46.43 | 32.26 | 34.23 | 35.71 | 17.86 |
| | 私营企业 | 26.24 | 28.43 | 33.02 | 28.66 | 44.69 |
| | 股份制企业 | 21.27 | 26.41 | 23.07 | 22.37 | 26.74 |
| | 其他 | 3.03 | 6.45 | 2.30 | 9.18 | 9.52 |
| | 合计 | 100.00 | 100.00 | 100.00 | 100.00 | 100.00 |
| 发展模式 | 劳动密集型 | 48.48 | 45.16 | 39.59 | 44.90 | 41.67 |
| | 资本密集型 | 30.30 | 32.26 | 38.25 | 27.55 | 30.95 |
| | 技术密集型 | 21.22 | 14.52 | 14.09 | 16.33 | 10.71 |
| | 其他 | 0.00 | 8.06 | 8.07 | 11.22 | 16.67 |
| | 合计 | 100.00 | 100.00 | 100.00 | 100.00 | 100.00 |
| 产业链位置 | 主机 | 33.33 | 41.94 | 18.12 | 19.39 | 11.91 |
| | 零部件 | 12.12 | 11.29 | 6.04 | 21.43 | 20.24 |
| | 配套服务 | 45.45 | 29.03 | 54.36 | 32.65 | 45.24 |
| | 其他 | 9.10 | 17.74 | 21.48 | 26.53 | 22.61 |
| | 合计 | 100.00 | 100.00 | 100.00 | 100.00 | 100.00 |

注：本表格中的数据是各类别的转移企业数与转移企业总数的有效比例，计算过程将极少数缺失数据单元排除在外。

（三）转移企业的经营特点

企业成本结构是影响产业转移的重要原因。调查数据显示（如表2-3所示）。

表2-3　转移企业的商务成本

| 成本结构 | | 企业组成比例（%） |
|---|---|---|
| 商务成本 | 10%以下 | 72.03 |
| | 10%—20% | 19.73 |
| | 20%—30% | 6.13 |
| | 30%以上 | 2.11 |
| | 合计 | 100.0 |
| 物流成本 | 10%及以下 | 2.68 |
| | 11%—20% | 4.98 |
| | 21%—30% | 22.61 |
| | 31%—40% | 55.17 |
| | 40%以上 | 14.56 |
| | 合计 | 100.0 |

注：本表格中的数据是各组企业数占全部转移企业数的比例。

从企业的商务成本来看，转移企业为维系客户、供应商及政府关系的经营费用等成本支出在企业成本结构中占比较低，这反映转移企业更多专注于生产环节，一方面是由于承接地为企业生产创造了较为宽松的环境，另一方面也反映出转移企业对当地社会关系网络的根植性较弱。

从物流运输方式来看（如表2-4所示），转移企业的物流及原材料运输方式主要以公路运输为主。主要生产原料来自国内其他省份和从国外进口的比例较大。由于中部省份在地理位置上处于中心区域，有利于缩小整体物流半径，扩大辐射范围；同时，发达的公路、铁路、航空、水路等立体化的交通运输体系为原料和产品进出提供了便利的条件。中部省份毗邻沿海地区的地理优势和便利交通条件成为吸引沿海企业转移的重要拉力。

表2-4 转移企业的运输方式

| | 项目 | 企业组成比例（%） |
|---|---|---|
| 主要物流运输方式 | 水路运输 | 3.85 |
| | 公路运输 | 74.04 |
| | 铁路运输 | 14.23 |
| | 航空运输 | 7.88 |
| | 合计 | 100.00 |
| 主要原料来源区域 | 本市 | 14.62 |
| | 本省 | 12.12 |
| | 其他省份 | 48.85 |
| | 国外进口 | 24.42 |
| | 合计 | 100.00 |

注：本表格中的数据是各组企业数占全部转移企业数的比例。

调查显示（如表2-5所示），转移企业的产品品牌策略主要以自有品牌为主。这一方式降低了对外贸订单和市场主导企业优势品牌的依赖性，有利于企业自主开拓市场和长远发展，也有利于企业有选择性的进行区位调整。这表明，对于承接区域而言，为转移企业的品牌成长提供更好的政策支持和资源整合，有利于吸引更多同类企业转入和发展产业集群。

表2-5 转移企业的品牌战略

| 品牌策略 | 企业组成比例（%） |
|---|---|
| 自有品牌 | 52.49 |
| 贴牌生产 | 18.58 |
| 自有品牌加贴牌生产 | 8.05 |
| 连锁加盟 | 4.41 |
| 其他 | 16.47 |
| 合计 | 100.00 |

注：本表格中的数据是各组企业数占全部转移企业数的比例。

现阶段，转移企业的融资渠道主要还是以银行贷款为主（如表2-6所示）。当前，中小型企业的发展受限于融资渠道和融资成本。从调查数据来看，51.16%的企业依赖于银行贷款，19.51%的企业选择引进投资者，上市融资和民间融资因为其融资成本过高，或者程序复杂而占比例较小。

　　转移企业的人力资源主要源于本区域或本省的供给。其中，一半左右的技术型员工和管理型员工源自本区域供给，剩余部分主要来自承接区域省内其他区域。普通生产型员工主要来自承接区域的劳动力供给，可以看出，转移企业的人力资源基本上具有本地化供给的特点。尽管人力资源的较低成本是中部区域承接沿海企业转移的重要资源优势，但是，接受调查的企业普遍反映，本地劳动力职业素质相对较差，生产效率明显低于沿海地区。以2008年转移到湖南省郴州市出口加工区的著名台资企业——台达（郴州）电子有限公司为例，2011年该企业的营业收入为3.5亿元，在当地招募职工人数6800人。据企业经营者反映，台达郴州工厂新进员工在两周之内的离职率曾高达35%，尽管企业在当地的工资水平比沿海地区低约20%，但是工人的劳动生产率平均而言下降了30%左右。

表2-6　转移企业的融资方式

| 主要融资方式 | 企业组成比例（%） |
| --- | --- |
| 银行贷款 | 51.16 |
| 上市融资 | 7.17 |
| 引进投资者 | 19.57 |
| 民间借贷 | 9.69 |
| 其他 | 12.40 |
| 合计 | 100.00 |

注：本表格中的数据是各组企业数占全部转移企业数的比例。

　　调查显示（如表2-7所示），样本转移企业的技术战略以自主创新为主、引进合作为辅。这表明现有的转移企业技术创新主要依靠自主研发投入，区域创新协同的优势并不显著。由于转移企业在转移后需尽快适应新的经营环境，自主研发的周期长、投入多、风险大，其面临的困难和挑战也会更大。从区域创新合作的渠道看，现有技术研发合作渠道的选择较为多元化，与专业科研机构、大专院校、生产力中心等创新研发单元的合作较多。

表 2-7　转移企业的技术战略

| 主要技术创新路径 | | 企业组成比例（%） |
| --- | --- | --- |
| 技术创新方式 | 自主研发 | 54.46 |
| | 引进合作 | 21.32 |
| | 模仿改进 | 11.24 |
| | 二次开发 | 5.43 |
| | 委托开发 | 2.33 |
| | 其他 | 5.23 |
| | 合计 | 100.00 |
| 区域技术研发合作关系 | 大中专院校 | 16.67 |
| | 专业科研机构 | 25.58 |
| | 生产力中心 | 10.85 |
| | 风险投资 | 2.13 |
| | 担保机构 | 3.29 |
| | 技术转让中心 | 6.78 |
| | 开放实验室 | 4.46 |
| | 科学园区 | 5.23 |
| | 产业园区/开发区 | 8.72 |
| | 国外机构 | 4.65 |
| | 其他 | 11.64 |
| | 合计 | 100.00 |

注：本表格中的数据是各组企业数占全部转移企业数的比例。

（四）企业转移的行为方式

从转移方式上看（如表 2-8 所示），转移部分生产环节和向中部地区新增投资项目的比例较大。实地调查表明，大多数转移企业将生产环节或部门转移到中部地区以后，将产品设计、进出口等部门仍然保留在沿海地区，以便获取最新产品信息和更好地接轨国际市场；从转移选址来看，在转移具体地址选择上主要是以政府设立的各类工业园区和专门的产业转移园为主，其中，后者的比例持续增加，表明专门产业园具有针对性的承接优惠政策或其他举措促进了企业转入；从厂房配置方式看，作为转移中最为重要的固定投资——厂房配置的方式选择上，现阶段买地自建成为配置厂房的主要方式，租赁型厂房配置占有一定比例，且呈上升趋势。实地调查显示，转移企业在省会等区域中心城市更加倾向于买地自建厂房，以更好地获取城市地区的土地增值收益；转移企业在县级工业园以租赁标准厂房为主，或者先期租赁厂房经营，待条件成熟后过渡到自建厂房。

表 2-8　企业转移的行为方式

单位:%

| 转移行为特征 | | 2007 年 | 2008 年 | 2009 年 | 2010 年 | 2011 年 |
|---|---|---|---|---|---|---|
| 转移方式 | 企业整体搬迁 | 21.21 | 26.56 | 12.33 | 10.53 | 17.86 |
| | 部分生产环节转移 | 51.52 | 37.50 | 40.41 | 42.10 | 42.86 |
| | 零部件生产基地 | 12.12 | 6.25 | 7.53 | 9.47 | 7.14 |
| | 新增加投资项目 | 9.09 | 23.44 | 32.19 | 25.26 | 23.81 |
| | 产业集群转移 | 6.06 | 6.25 | 7.54 | 12.64 | 8.33 |
| | 合计 | 100.00 | 100.00 | 100.00 | 100.00 | 100.00 |
| 转移选址 | 政府设立的产业转移专门园区 | 24.24 | 26.56 | 27.40 | 53.68 | 45.24 |
| | 一般工业园 | 66.67 | 50.00 | 51.37 | 33.68 | 36.91 |
| | 单独设厂 | 6.06 | 23.44 | 15.75 | 8.42 | 13.10 |
| | 其他 | 3.03 | 0.00 | 5.48 | 4.22 | 4.75 |
| | 合计 | 100.00 | 100.00 | 100.00 | 100.00 | 100.00 |
| 厂房配置 | 买地自建 | 60.61 | 64.06 | 74.65 | 58.95 | 55.95 |
| | 租赁厂房 | 39.39 | 35.94 | 25.35 | 41.05 | 44.05 |
| | 合计 | 100.00 | 100.00 | 100.00 | 100.00 | 100.00 |

注：本表格中的数据是各组的转移企业数与转移企业总数的有效比例，计算过程将极少数缺失数据单元排除在外。

另外，由于资产的专用性，沿海企业固定资产的沉没成本也是影响产业转移的重要因素。转移企业对转出地固定资产处理方式的调研显示（如

表 2-9 所示），由于种种原因，大部分转移企业对原有固定资产（厂房和设备）依然保留，由本企业继续使用，接近三成的企业将设备搬迁，将原有土地和厂房出租或出售，只有极小部分企业选择整体售出。这显示由于受沉没成本影响，或者对产业转移后经营前景的不确定性，企业在处理原经营区位的固定资产时较为谨慎。

表 2-9　转移企业的资产处理

| 原有资产处置 | 企业组成比例（%） |
| --- | --- |
| 由本企业继续使用 | 59.74 |
| 已经整体售出 | 3.38 |
| 主要设备已经搬迁，土地和厂房出租 | 15.30 |
| 主要设备已经搬迁，土地和厂房售出 | 13.25 |
| 其他 | 8.34 |
| 合计 | 100.00 |

注：本表格中的数据是各组企业数占全部转移企业数的比例。

## 三、产业转出规模和结构的影响因素

### （一）产业转移的动因

沿海企业为什么会发生转移？理论和实证研究显示（如表 2-10 所示），其原因主要可以分为获取自然资源、降低生产成本、接近目标市场、企业家故乡情结等。沿海转移企业对上述因素的排序结果显示，将降低生产成本列为首要因素的比例最高，其次为接近目标市场，再次是获取自然资源，企业家故乡情结的比例较低。

表 2-10　产业转移的主要动因

| 产业转移动因 | 列为首要因素的比例（%） |
| --- | --- |
| 获取自然资源 | 7.63 |
| 降低生产成本 | 64.33 |
| 接近目标市场 | 22.68 |

| 产业转移动因 | 列为首要因素的比例（%） |
|---|---|
| 企业家故乡情结 | 3. 15 |
| 其他 | 2. 21 |
| 合计 | 100. 00 |

注：本表格中的数据是各组企业数占全部转移企业数的比例。

（二）沿海产业转出的影响因素

　　课题组对沿海企业向中部地区转移的影响因素（企业家对未来预期、是否具有转移经验、竞争对手和产业链转移是否有影响等）进行了调查（如表2-11所示）。从转移企业对行业发展趋势的预期看，大部分企业对行业发展前景持乐观态度，反映出转移企业在持续变化的市场环境中处变不惊、逆流而上、积极进取的心态。少部分企业持悲观态度，体现出企业对转移之后适应新环境的不易以及对国内外市场下行的顾虑。在转移企业中，多数企业先前没有转移经历。同时企业的转移行为基本不受竞争对手的影响。如果产业链上的关联企业转移了，会对产业转移产生影响，其中，相关支撑企业和上游企业的影响大于下游企业的影响。这是由于支撑企业和上游企业通常影响配套服务和中间产品的供给，直接影响产品生产成本，这也意味着，承接地的产业配套情况将是影响产业转移的重要因素。

表2-11　企业转移决策的影响因素

单位:%

| 转移决策影响变量 | | 合计 |
|---|---|---|
| 未来预期 | 比较乐观 | 76. 20 |
| | 没有变化 | 11. 06 |
| | 趋于恶化 | 12. 74 |
| | 合计 | 100. 00 |
| 转移经验 | 是 | 21. 29 |
| | 否 | 78. 71 |
| | 合计 | 100. 00 |

| 转移决策影响变量 | | 合计 |
|---|---|---|
| 竞争对手影响 | 受影响 | 6.05 |
| | 不受影响 | 53.45 |
| | 说不清楚 | 40.50 |
| | 合计 | 100.00 |
| 产业链影响 | 上游企业 | 30.06 |
| | 下游企业 | 15.45 |
| | 相关支撑企业 | 54.49 |
| | 合计 | 100.00 |

注：本表格中的数据是各组企业数占全部转移企业数的比例。

## 四、产业承接规模和结构的影响因素

### (一) 承接地优势资源

近年来，沿海地区频现"用工荒"导致劳动力成本上涨，相比之下中部地区人力资源充沛，工资水平相对较低。与此同时，由于相当多转移企业特别是加工贸易类企业原本在沿海地区租用厂房经营，近年地价、房价上涨后，工业厂房租金也随之上涨，导致一部分企业被迫向产业配套条件相对较好、地价更低的中西部转移。调查显示（如表2-12所示），转移企业对中部地区承接地的主导资源优势的认同较为分散，总体来看，承接地劳动力资源优势较为明显，中部区域较低的劳动力成本得到三成以上转移企业的认可。另外，产业配套能力、土地资源、能源资源及基础设施等优势也得到了较多企业的认同。为了进一步深化产业承接的规模和质量，现阶段承接地需要强化既有的资源优势，同时改善存在的承接资源短板。

表2-12　影响产业转移的优势资源

| 承接地资源优势 | 企业组成比例（%） |
|---|---|
| 劳动力资源 | 31.20 |
| 原材料资源 | 2.33 |

续表

| 承接地资源优势 | 企业组成比例（%） |
|---|---|
| 能源资源 | 12.98 |
| 产业配套能力 | 18.60 |
| 土地资源 | 16.28 |
| 基础设施 | 13.95 |
| 特殊的区位优势 | 2.75 |
| 其他 | 1.91 |
| 合计 | 100.00 |

注：本表格中的数据是各组企业数占全部转移企业数的比例。

**（二）承接地创新环境**

转移企业对中部产业承接地创新环境关键影响因素的评价中（如表2-13所示），科技人才的发展空间影响较大，接下来依次为工资水平、城市基础设施和生活成本，其他因素的影响相对较小。与我国沿海发达地区相比，中部地区的区域中心城市虽然在城市基础设施、工资水平、创业机会等方面存在差距，但是人才政策往往较为优越，尤其是在住房、医疗等方面的生活成本明显较低，能够为科技人才提供广阔的发展空间，从而对科技人才具有较强的吸引力；中部一般性的地区特别是县级及县以下区域的创新环境较差，对技术研发人才的吸引力明显不足。与创新环境差异相对应的是，调研发现这两类中部地区承接的产业也存在差别：接近区域中心城市的工业园区承接的产业以资本、技术密集型产业为主，县级及县以下工业园区承接的产业以劳动密集型产业为主。

**表2-13　影响承接地创新环境的关键因素**

| 承接地创新环境 | 企业组成比例（%） |
|---|---|
| 工资水平 | 13.55 |
| 发展空间 | 21.37 |
| 城市基础设施 | 11.26 |
| 人才政策 | 3.24 |

| 承接地创新环境 | 企业组成比例（%） |
|---|---|
| 研发水平 | 8.21 |
| 生活成本 | 10.11 |
| 社会保障 | 5.93 |
| 经济发展水平 | 6.49 |
| 城市活力 | 3.24 |
| 创业机会 | 3.44 |
| 自然环境和地理位置 | 6.30 |
| 其他 | 6.86 |
| 合计 | 100.00 |

注：本表格中的数据是各组企业数占全部转移企业数的比例。

（三）承接地企业发展

根据调查数据（如表2-14所示），现阶段企业对转入中部承接地后发展面临的困难主要集中在企业合作网络维系、企业文化重建、企业用工难等方面。值得注意的是，原本沿海地区才有的"用工荒"现象，近年来也逐步向中部地区蔓延开来，转移企业在中部地区也开始遭遇用工难等问题。对于产业转移承接地而言，帮助企业及时消除化解转移过程中的障碍，确保沿海企业的平滑转移，对实现转移企业的可持续发展具有重要意义，为此，中部地区应有针对性地调研和解决企业转移到本地后所面临的问题，为转移企业顺利实现合作网络切换、企业文化重建和本地融合创造条件。

表2-14 转移企业经营过程中面临的问题

| 转移后企业发展面临的主要问题 | 企业组成比例（%） |
|---|---|
| 企业文化重建困难 | 17.24 |
| 企业难以融合到当地社区 | 9.20 |
| 政府承诺的政策优惠没有兑现 | 8.62 |
| 当地社会治安状况差 | 7.57 |
| 企业原有的合作网络被削弱 | 24.71 |

| 转移后企业发展面临的主要问题 | 企业组成比例（%） |
| :--- | :---: |
| 当地企业排斥外来者 | 6.32 |
| 地方政府乱摊派费用多 | 4.60 |
| 用工难 | 14.71 |
| 其他 | 7.03 |
| 合计 | 100.00 |

注：本表格中的数据是各组企业数占全部转移企业数的比例。

## 第三节　沿海产业转移的现实规模和结构

### 一、基于内联引资的沿海产业转移规模和结构分析

基于"实际利用省外资金"的统计数据，分析发现中部地区承接沿海产业转移的实际规模和结构具有五个方面的特点，下面将主要以安徽省和湖南省为例进行说明。

（一）承接产业转移的速度加快，规模增加

中部地区具有区位、资源、环境、市场和产业基础等优势，随着国家促进中部地区崛起战略等政策的实施，中部地区成为承接产业转移的重点地区。为了能够在激烈的招商引资竞争中胜出，中部地区采取多种措施，积极承接产业转移，主要包括：

1. 制定承接产业转移的优惠政策

以安徽省为例，从 2010 年起先后出台了涵盖承接产业转移示范区规划和建设、承接产业转移税收优惠、园区企业上市融资、承接产业转移金融支持等多个方面的优惠政策和具体措施，为承接产业转移建立起了较为完善的制度保障。

2. 设立产业转移的示范园区

安徽省和湖南省分别设立了国家级的"皖江城市带承接产业转移示范区"和"大湘南承接产业转移示范区"，同时各省还分别设立了多个省级

承接产业转移示范区，这些示范区通常在区位交通、要素保障、产业配套、环境承载等方面具有明显优势，因此成为各地承接产业转移的主要载体。

3. 强化承接产业转移的组织保障

例如，江西承接产业转移工作领导小组由省委、省政府主要领导任组长，相关职能部门负责人为成员，设立了部门联席会议制度，并建立了针对大项目组织、协调、实施的统一协调机制，实行重点项目"一个项目、一名领导联系、一个工作班子、一抓到底"的工作模式。

4. 加大招商引资的工作力度

中部省份建立起形式多样的产业转移招商平台，并通过多种渠道积极开展招商工作，例如，江西省政府办公厅转发省开放型经济办公室关于《全省组织百名招商人员开展重点产业招商工作方案的通知》（赣府厅发〔2008〕72 号），围绕 13 个重点产业成立 19 个招商小分队，每个小分队5—8 人，组成共 100 人的招商队伍，大力推进省重点产业的招商工作。

表 2-15 展示了 2006—2011 年中部六省实际利用省外资金的相关情况。从表 2-15 中数据可以看出，近年来，中部地区实际利用省外资金的规模明显增加。2006—2010 年，江西、安徽、湖南、河南四省实际使用省外资金的年均增速分别为 34.83%、52.61%、18.30%、28.57%。2010 年中部六省实际利用的省外资金超过 1.64 万亿元。这反映国际金融危机后，中部各省承接产业转移的规模明显增加。从各省的实践来看，承接产业转移为地区经济发展和产业转型升级注入了巨大的活力。

表 2-15　中部六省实际利用省外资金情况

单位：亿元

| | 江西 | 安徽 | 湖南 | 河南 | 湖北 | 山西 |
|---|---|---|---|---|---|---|
| | 省外实际引资<br>（5000 万以上） | 省外实际引资 | 省外实际引资 | 省外实际引资 | 省外实际引资 | 省外实际引资 |
| 2006 | 583.02 | 1265.5 | 885 | 1003.98 | — | — |

| | 江西 | 安徽 | 湖南 | 河南 | 湖北 | 山西 |
|---|---|---|---|---|---|---|
| | 省外实际引资<br>（5000万以上） | 省外实际引资 | 省外实际引资 | 省外实际引资 | 省外实际引资 | 省外实际引资 |
| 2007 | 828.6 | 2161 | 1052.8 | 1521.6 | — | — |
| 2008 | 1100.95 | 3226.5 | 1230.17 | 1849.20 | 950 | — |
| 2009 | 1367.1 | 4639.7 | 1442.98 | 2201.9 | 1134 | — |
| 2010 | 1927 | 6863.7 | 1733.13 | 2743.40 | 1700 | 1460 |
| 2011 | 2579.15 | 4181.2 | 2086.02 | 4016.30 | 2000 | 3381.9 |

注：湖南、河南省数据来自于历年《国民经济和社会发展的统计公报》，湖南为"内联引资实际到位资金"，河南省为"实际利用省外资金"；安徽省数据来自于"安徽合作交流网"，2011年安徽省实际引进省外资金为1亿元以上省外投资项目统计数据；湖北省和山西省数据来自于新华网及相关政府门户网站。

**（二）承接产业转移存在明显的地区差异**

由于经济主体追逐利润最大化的行为，劳动力资本等要素总是从回报率低、利用效率低和风险大的地区流向回报率高、利用效率高和风险小的地区。中部各地区在经济区位、资源要素、产业基础、环境承载、内需规模、引资政策等方面都存在差异，这种外部经营环境的差异性将内化为企业经营成本的差异，进而导致各地区承接产业转移的规模具有明显的不同。

从表2-15可以看出，在中部六省之中，安徽省引资规模位于首位，2010年实际利用的省外资金高达6863.7亿元。这是由于安徽省特别是皖江城市带处于中国人口密集、消费需求较大的最靠近东部的中部地区，以合肥为中心，半径500公里覆盖上海、江苏、浙江、河南、江西、湖北、山东、安徽七省一市，这一区域经济发展水平高，市场潜力巨大。无论是国内生产总值，还是社会消费额，占全国的比重都接近1/2，因此这一区域对于企业拓展国内市场均十分有利，吸引了长三角地区的大批企业进驻。与此同时，河南省承接产业转移的规模增长也很快，该地区劳动力充足、廉价，适合发展劳动密集型产业，近亿人口的消费市场潜力巨大，能够满足产业转移中降低成本、开拓市场、规模聚集的需要。

省内各区域承接产业转移的规模不平衡。总体来看，省会城市承接产业转移规模明显大于其他城市，出海便利的区域承接产业转移的规模往往大于其他区域。表2-16和表2-17分别展示了2011年安徽省1亿元以上利用省外资金情况和2010年湖南省各州市内联引资情况。

表2-16　2011年安徽省1亿元以上利用省外资金项目及实际到位资金情况

单位：亿元

| 地区 | 项目数 | 总投资额 | 2011年到位资金 | 同比增长（%） |
|---|---|---|---|---|
| 合肥市 * | 737 | 3822.0 | 719.9 | 34.4 |
| 淮北市 | 142 | 466.8 | 173.9 | 138.4 |
| 亳州市 | 144 | 536.3 | 90.9 | 239.1 |
| 宿州市 | 374 | 1349.3 | 270.9 | 122.2 |
| 蚌埠市 | 266 | 1168.7 | 274.7 | 65.7 |
| 阜阳市 | 145 | 439.1 | 100.6 | 3.2 |
| 淮南市 | 75 | 446.7 | 96.3 | 76.3 |
| 滁州市 * | 423 | 2373.0 | 341.6 | 59.2 |
| 六安市 * | 268 | 1042.5 | 262.2 | 140.6 |
| 马鞍山市 * | 274 | 1492.0 | 321.9 | 46.3 |
| 芜湖市 * | 581 | 4222.2 | 579.0 | 10.5 |
| 宣城市 * | 381 | 1344.3 | 382.5 | 97.8 |
| 铜陵市 * | 115 | 533.2 | 165.8 | 319.3 |
| 池州市 * | 147 | 756.0 | 90.4 | 175.3 |
| 安庆市 * | 239 | 961.2 | 224.2 | 20.4 |
| 黄山市 | 199 | 764.8 | 83.7 | 8.3 |
| 合计 | 4517 | 21776.3 | 4181.2 | 56.5 |

注：数据来源于安徽省合作交流网利用省外资金项目信息系统。标注 * 的地区位于皖江城市带承接产业转移示范区。

表 2-17 2010 年湖南省各州市内联引资情况

单位：亿元

| 地区 | 项目个数 | 合同资金 | 实际到位资金 | 同比增长（％） |
|---|---|---|---|---|
| 长沙市 | 540 | 2017.65 | 325.27 | 13.37 |
| 株洲市 | 261 | 406.27 | 124.97 | 31.80 |
| 湘潭市 | 279 | 288.26 | 99.88 | 23.31 |
| 衡阳市＊ | 464 | 254.29 | 153.68 | 13.59 |
| 邵阳市 | 225 | 451.09 | 113.42 | 23.27 |
| 岳阳市 | 517 | 883.23 | 182.18 | 21.68 |
| 常德市 | 240 | 311.30 | 123.99 | 26.61 |
| 张家界市 | 43 | 103.99 | 26.58 | 15.61 |
| 益阳市 | 224 | 596.27 | 111.88 | 21.40 |
| 郴州市＊ | 782 | 655.41 | 182.18 | 16.65 |
| 永州市＊ | 362 | 404.61 | 99.74 | 23.14 |
| 怀化市 | 150 | 324.23 | 74.75 | 18.51 |
| 娄底市 | 237 | 409.21 | 87.68 | 27.04 |
| 湘西自治州 | 109 | 148.43 | 26.94 | 28.92 |
| 合计 | 4433 | 7254.25 | 1733.13 | 20.11 |

注：数据来源于湖南省经济协作办公室。标注＊的地区位于"大湘南承接产业转移示范区"。

从表 2-16 和表 2-17 可以看出，合肥市和长沙市实际利用省外资金或承接产业转移的规模明显高于省内其他地区。相对于一般地市级和县级区域，省会城市在经济实力、市场容量、基础设施、人力资源、技术水平等方面具有不可比拟的优势，特别有利于市场开拓型的沿海资本技术密集型产业聚集。出海便利、运输成本较低的地区承接产业转移的规模相对较大。从中部各地区常用的出口路线看，江西的赣州、湖南的郴州较多经珠三角或香港出口，并且距离较近。安徽的合肥、芜湖则多以上海为出口港。河南的焦作、新乡及山西的太原则多以天津及青岛作为出口港。安徽省的合肥、芜湖、马鞍山、铜陵、安庆、池州、滁州、宣城所在的国家级

"皖江城市带承接产业转移示范区"，与长江三角洲水陆交通便利，形成以长江一线为"发展轴"、合肥和芜湖为"双核"、滁州和宣城为"两翼"的"一轴双核两翼"产业布局，十分有利于承接长江三角洲地区产业转移；湖南省的郴州、衡阳和永州所在的国家级"湘南承接产业转移示范区"，该区域作为湖南南大门，毗邻粤港澳，武广客运专线、京港澳高速、二广高速、京广铁路等穿境而过，不仅区位交通优势明显，而且土地、矿产、人力资源丰富，产业基础较好，十分有利于承接珠江三角洲地区产业转移。相比之下，本区域的其他一些地区尽管生产要素的成本较低，但由于运输成本偏高，对沿海企业的吸引力相对有限，承接产业转移的规模相对较小。

（三）珠三角、长三角和闽三角是中部地区承接产业转移的主要来源地

近年来，沿海地区经营环境出现了较大的变化，劳动力、土地等生产要素价格迅速上涨，国际金融危机之后出口市场明显萎缩，沿海地区特别是珠三角和长三角地区的众多企业陷入困境，在此背景下，相当大的一部分企业选择转移到生产成本较低的中西部地区继续经营。与西部地区相比，中部地区在市场潜力、基础设施、产业配套、交通运输等方面存在较为明显的优势，因此，沿海产业转移到中部省份的规模较大。2009年，位于中部地区的江西省利用省外 5000 万元以上工业项目资金 1367.1 亿元，其中有 75.3% 是来自长、珠、闽地区。[①] 表 2-18 和表 2-19 分别展示了 2011 年安徽省和 2010 年湖南省利用省外资金来源居前 10 位的省份。

表 2-18　2011 年在安徽投资 1 亿元以上项目实际到位资金居前 10 位的省份

单位：亿元

| 排序 | 省份 | 项目数（个） | 总投资额 | 到位资金 | 占全省比例（%） |
|---|---|---|---|---|---|
| 1 | 浙江省 | 1312 | 4448.4 | 992.0 | 23.7 |
| 2 | 江苏省 | 904 | 2982.9 | 799.2 | 19.1 |

① 　数据来自《江西省人民政府公报》2010 年第 18 期。

续表

| 排序 | 省份 | 项目数（个） | 总投资额 | 到位资金 | 占全省比例（%） |
|---|---|---|---|---|---|
| 3 | 上海市 | 563 | 3692.1 | 521.5 | 12.5 |
| 4 | 广东省 | 472 | 2783.0 | 476.5 | 11.4 |
| 5 | 北京市 | 346 | 3137.0 | 473.9 | 11.3 |
| 6 | 福建省 | 267 | 1136.1 | 257.3 | 6.2 |
| 7 | 山东省 | 142 | 754.6 | 141.7 | 3.4 |
| 8 | 河北省 | 58 | 435.7 | 113.2 | 2.7 |
| 9 | 湖北省 | 63 | 293.4 | 55.5 | 1.3 |
| 10 | 河南省 | 60 | 265.0 | 48.7 | 1.2 |

注：数据来源于安徽省合作交流网利用省外资金项目信息系统综合数据。

从表 2-18 可以看出，长三角地区是安徽省承接产业转移的主要来源地，2011 年仅浙江、江苏、上海三地所占的比例就达到 55.3%，来自广东省和福建省的比例分别为 11.4% 和 6.2%。长三角地区合作与发展联席会议的数据显示，2011 年 1 至 7 月份，上海、江苏和浙江在安徽投资 1 亿元以上项目共 3405 个，实际到位资金 1887.9 亿元，同比增长 71.9%。①

表 2-19　2010 年湖南内联引资实际到位资金居前 10 位的省份

单位：亿元

| 排序 | 省份 | 项目个数 | 合同引资 | 实际到位 | 占全省比例（%） |
|---|---|---|---|---|---|
| 1 | 广东省 | 1912 | 2482.39 | 682.68 | 39.39 |
| 2 | 北京市 | 286 | 1614.97 | 235.03 | 13.56 |
| 3 | 浙江省 | 418 | 771.07 | 185.94 | 10.73 |
| 4 | 福建省 | 305 | 403.45 | 105.42 | 6.08 |
| 5 | 湖北省 | 270 | 318.91 | 92 | 5.31 |
| 6 | 上海市 | 169 | 351.49 | 81.98 | 4.73 |
| 7 | 江西省 | 214 | 180.15 | 64.03 | 3.69 |

---

① 卫婧、葛如江：《安徽承接沪苏浙产业转移规模持续扩大》，2011 年 9 月 21 日，见 http://news.xinhuanet.com/fortune/2012-09/21/c_122069096.htm。

续表

| 排序 | 省份 | 项目个数 | 合同引资 | 实际到位 | 占全省比例（%） |
|------|------|----------|----------|----------|-----------------|
| 8 | 江苏省 | 147 | 185.79 | 52.81 | 3.05 |
| 9 | 广西自治区 | 107 | 92.93 | 34.09 | 1.97 |
| 10 | 四川省 | 87 | 55.86 | 26.39 | 1.52 |

注：数据来源于湖南省经济协作办公室。

从表2-19可以看出，珠三角地区是湖南省承接产业转移的主要来源地，2010年广东省资金在湖南省内联引资中所占比例达到39.39%，来自长三角地区浙江、江苏、上海地区的比例为18.51%，福建省的比例为6.08%。

总体来看，东南沿海地区的上海、浙江、江苏、广东、福建是沿海产业转移的主要输出地。2010年湖南省实际利用五省的资金达到1108.84亿元，占到该省当年实际利用省外资金总额的63.98%；2011年安徽省实际利用上述五省的投资达到3046.5亿元，占到该省当年实际利用省外资金总额的72.87%。

由于中部省份积极"对接央企"，来源于北京市的投资也相当可观，从表2-18和表2-19中数据可以看出，北京市在湖南省和安徽省投资的比例分别占到13.56%和11.3%。湖南是全国第一个提出与央企对接的省，2006年，国务院国资委向各中央企业发布《关于推进中央企业与湖南省企业开展对接合作工作有关事项的通知》，中国五矿、中航工业、中钢、中铝、中盐、中化、中建材、中国兵器等一大批中央企业赴湖南省开展投资合作。尽管中央企业的投资规模较大，占中部各省"实际利用省外资金"的比重较大，但是央企投资本质上属于跨区域的增量投资，并不属于产业转移的范畴。

中部其他省份的情况与安徽和湖南的情形相类似。江西省提出"对接长珠闽，融入全球化"，积极承接长三角、珠三角和闽三角产业转移，2008年，主要来源地浙江、广东、福建三省的项目占江西省引进总数的近70%；[①] 湖北省2009年实际利用东部六省市（广东、福建、浙江、江苏、

---

① 数据来源：《江西省承接产业转移工作情况》，江西省工业和信息化委员会门户网站，见 http://www.jxciit.gov.cn/Item.aspx?id=9536。

北京、上海）的投资达 722 亿元，占湖北利用省外资金总额的 64%，其中，广东省投资项目 560 个，实际到资 234 亿元，占湖北利用省外资金总额的 21%，位居首位。① 河南省 2011 年的承接产业转移行动计划，主要突出珠三角、长三角、闽东南和环渤海 4 个主攻区域。② 山西省 2011 年到位的省外资金也是主要来源于环渤海、长三角、珠三角地区。③

（四）承接产业转移以劳动密集型产业和传统制造业为主

珠三角和长三角地区是我国加工贸易的主要聚集地。加工贸易企业通过吸纳跨国公司发出的订单，主要从事劳动密集型产业或者资本密集型产业的劳动密集型区段，其生产经营位于全球价值链的低端。由于缺少自主知识产权和自有知名品牌，加工贸易企业生产产品的同质性很高，在国际贸易中缺少定价权。根据香港贸发局的调查，珠三角一半以上受访公司在 2010 年上半年遇到了劳动力短缺问题，工资水平平均上升约 17%，使得总生产成本增加 4% 至 6%，如果再考虑人民币升值，就足以导致生产成本大致上升 5% 至 9%。由于劳动力成本及其他投入成本趋升，使得原本微薄的利润不断受到蚕食，一部分企业将转移到成本更低的地区继续经营。在这一过程中，劳动力资源充沛、土地价格低廉、交通运输便捷的中部省份成为产业转移的主要目的地。沿海地区向内地转移的产业多集中于纺织、服装、玩具、制鞋、电子等需要使用大量劳动力的产业或生产环节。例如，富士康科技转移到郑州、重庆、成都、武汉、衡阳，台达电子转移到郴州等地。表 2-20 展示了 2011 年安徽省实际利用省外投资的行业分布情况。从表 2-20 中可以看出，制造业是安徽省利用省外资金的主体，其中，装备制造、家电及电子信息、化工等行业占到了相当大的比例。

---

① 《鄂港（粤）经贸合作高速发展》，《南方日报》2010 年 9 月 12 日。
② 《河南承接产业转移，今年主攻珠三角等地区》，《河南商报》2011 年 3 月 1 日。
③ 《2011 年山西招商引资资金到位 3623.8 亿，较 2010 年翻了一番》，新华网山西频道，见 http://www.sx.xinhuanet.com/jryw/2012-02/01/content_ 24619691.htm。

表 2-20　2011 年安徽省 1 亿元以上利用省外资金项目产业行业分布情况

单位：亿元

| 产业/行业 | 项目数（个） | 总投资 | 2011 年到位资金 | 比重（%） |
|---|---|---|---|---|
| 第一产业 | 114 | 258.1 | 77.1 | 1.84 |
| 第二产业 | 3219 | 15300.1 | 2831.8 | 67.73 |
| 采矿业 | 108 | 753.8 | 162.5 | 3.9 |
| 水电气的生产和供应业 | 113 | 2048.3 | 147.8 | 3.5 |
| 建筑业 | 56 | 198.6 | 44.2 | 1.1 |
| 制造业 | 2942 | 12299.4 | 2477.3 | 59.2 |
| 装备制造 | 739 | 2776.5 | 577.7 | 13.8 |
| 农产品加工 | 343 | 1066.7 | 247 | 5.9 |
| 冶金 | 89 | 432.5 | 92.1 | 2.2 |
| 化工 | 367 | 1880.4 | 323.4 | 7.7 |
| 纺织服装 | 289 | 812.3 | 192.6 | 4.6 |
| 家电及电子信息 | 464 | 2704.5 | 522.9 | 12.5 |
| 非金属矿物制品业 | 141 | 788.3 | 114.5 | 2.7 |
| 金属制品业 | 210 | 680.5 | 190.4 | 4.6 |
| 建材 | 85 | 227.9 | 65.6 | 1.6 |
| 其他制造业 | 215 | 876.3 | 151 | 3.6 |
| 第三产业 | 1184 | 6218.1 | 1272.4 | 30.43 |
| 房地产 | 43 | 341.2 | 113.2 | 2.7 |
| 仓储物流 | 146 | 988.7 | 147.1 | 3.5 |
| 商业 | 500 | 2261.3 | 511.7 | 12.2 |
| 金融业 | 98 | 296.1 | 90.5 | 2.2 |
| 文化娱乐 | 104 | 692.2 | 100 | 2.4 |
| 科技信息 | 19 | 85.6 | 26 | 0.6 |
| 社会公共服务 | 274 | 1553 | 284 | 6.8 |
| 总计 | 4517 | 21776.3 | 4181.2 | 100 |

注：数据来源于安徽省合作交流网。

不同地区承接的沿海产业类型存在明显差异。总体来看，区域中心城市承接资本技术密集型产业转移的比例较大，而市县级城市承接劳动密集型产业转移较多。对资本技术密集型产业而言，人才供给、政策环境、园区平台等因素对企业的长远发展十分重要，在这一点上，省会城市具有明显的优势。以安徽省合肥市为例，该市吸引了一批有较强实力的大企业，如熔盛重工、钱潮万向、杰事杰、捷敏电子、广州万宝、宝兰格等先进制造业企业。相比之下，劳动密集型产业对劳动用工成本更为敏感，交通便利、人口密集的地区在吸引此类产业上具有优势。本书课题组对湖南省承接产业转移示范区——耒阳经济开发区进行的调研显示，当地的转移企业主要是在2004年后从广东等沿海地区转入的，以劳动密集行业为主。转移企业主要看重耒阳的廉价劳动力、自然资源及用地成本，制鞋、机械制造等劳动密集型相关产业所占的比重较大，引进的企业包括锯旺鞋厂、南阳鞋业、宝升鞋业等。

（五）吸引龙头企业和承接集群式产业转移最受推崇

中西部各省普遍把集群式转移、产业链招商作为承接产业转移的重中之重。产业转移并不是简单的搬迁生产车间，对于产业承接地而言，承接产业转移能否成功主要取决于能否形成一定的产业规模，以及能否形成分工合理、配套完善、协作紧密的产业链，而要具备这些条件，龙头企业的带动作用不可或缺。在中西部地区承接产业转移的过程中，通过引进行业中的龙头企业，在构建起产业初步的集聚效应后，进而吸引大量相关行业企业及配套项目落户的集群转移模式最受推崇。以富士康落户重庆为例，跟随富士康转移的就有五十多家供应商。2010年，惠普中国的第二个综合性电脑生产基地在重庆投产，惠普公司召集了二十多家百亿元左右产值规模的配套厂商到重庆考察投资，这些企业后来大多数在重庆投资建厂。此后，全球最大的服务器制造商、全球前五大笔记本电脑代工厂——英业达中国的第二生产基地在重庆开建，该公司也带领70余家核心供应商到重庆考察投资。① 龙头企业转入后带动关联企业集群式转移；反之，产业集群

---

① 邓海、郭惟地、章涛等：《产业转移想象与现实》，《新世纪周刊》2010年第38期。

的壮大和发展也能够吸引新的产业转移。

安徽省合肥市正在成为承接国内外家电产业转移的重要区域和中国家电产业的重要生产基地。近年来，在合肥当地荣事达和美菱两大品牌的基础上，引进了长虹、格力、海尔、美的、三洋、华凌等著名家电企业，使家电产业成为合肥市重要支柱产业之一，现已形成了以白色家电为雄厚基础，以黑色家电为增量重点的格局。在家电整机长足发展的同时，家电配套产业快速发展。以荣事达、美菱等为代表的整机企业吸引了以京东方、凌达、美芝压缩机、宝兰格、万宝为代表的多家知名核心配套企业入驻合肥。2012 年，彩电、冰箱、洗衣机、微波炉、空调的本地配套能力已达到70% 以上，合肥市家电业现已构筑了研发—零部件制造—整机组装—物流—售后服务的完整家电产业链。[①] 不仅如此，在品牌经营的模式下，还带动了小家电的规模发展。

湖南长沙提出要着力打造工程机械之都。从 20 世纪 90 年代初期起步，经过二十多年的发展，工程机械产业已成为长沙市最具核心竞争力的工业主导产业。2010 年，中联重科、三一集团、山河智能 3 家上市公司，行业年销售额突破 1000 亿元人民币，长沙工程机械产值已占全国 23%，装备制造业已经成为长沙市的工业支柱。以 3 家上市公司为代表的一批优势企业迅速崛起，在混凝土泵车、起重机、压路机、静力压桩机等 14 个产品类别中，形成强大竞争优势，占据了国内外较大市场份额。2012 年，长沙共有规模主机企业 30 余家，从业人员达到 10 万，主要生产 12 个大类、100多个小类、400 多个型号规格的工程机械产品。[②] 受长沙 3 家骨干企业持续快速发展的强势拉动，一批工程机械及相关企业纷纷落户长沙，其中包括长沙方圆、奥胜特重工、湖南中立、中铁轨道重装分公司、长沙邦德机械公司等主机及大型配套厂商。这些企业的引入，为长沙高新区、长沙经开区、浏阳现代产业制造园和宁乡经开区加快产业链整合与布局调整，延伸产品链，夯实发展基础和加速产业结构升级，提供了新的契机。

---

① 《承接产业转移构筑中国家电城》，《中国电子报》2009 年 12 月 17 日。
② 《长沙工程机械产业预计三年内蓄势破 3 千亿》，《长沙晚报》2012 年 7 月 13 日。

## 二、基于产值比例相对变化的沿海产业转移规模和结构分析

接下来，选取涵盖东中西部地区的八大经济区域33个工业行业为研究对象，根据公开出版的各年期《中国工业经济统计年鉴》，选择了2005年、2008年、2010年及2012年等4个时间截面的各行业工业总产值，通过计算各地区分行业的工业总产值比例及其变化，从产业转移的相对视角观察沿海产业转移的规模和结构。各地区33个行业工业总产值比例的计算结果如表2-21和表2-22所示，从表中可以作出如下解读：

（一）地区工业总产值比例的相对变化

表2-21统计结果显示，从2005年到2012年，东部地区各制造业产业中工业总产值比例上升的只有燃气生产供应业（9.928%）、水的生产供应业（7.829%）、石油加工、炼焦及核燃料加工业（3.473%）、电力、热力的生产和供应业（1.741%）、化学纤维制造业（1.034%）、烟草制品业（1%）等6个产业，这些产业除石油加工、炼焦及核燃料加工业和化学纤维制造业外，均为带有很强地域性的地方性产业。其余27个产业在全国所占比例皆呈下降趋势，有13个产业的降幅超过10%，分别是非金属矿采选业（-29.40%）、木材加工及木竹藤棕草制品业（-20.96%）、废弃资源和废旧材料回收加工业（-20.55%）、饮料制造业（-18.27%）、非金属矿物制品业（-18.10%）、家具制造业（-17.96%）、有色金属矿采选业（-16.68%）、农副食品加工业（-16.63%）、印刷业和记录媒介复制（-12.08%）、皮革、毛皮、羽毛及其制品业（-12.01%）、金属制品业（-11.95%）、纺织服装、鞋、帽制造业（-11.68%）、电气机械及器材制造业（-10.42%），这些产业以劳动密集型产业为主。共有22个产业产值比例呈持续下降趋势，占到全部样本产业总数的66.67%，清晰地反映出东部地区产业向外转移的趋势。

与2005年相比，中部地区2012年各制造业产业中工业总产值比例上升的有24个产业，其中有9个产业的增幅超过10%，分别为废弃资源和废旧材料回收加工业（19.22%）、非金属矿采选业（16.70%）、农副食品加

工业（14.92%）、木材加工及木竹藤棕草制品业（14.59%）、有色金属矿采选业（14.49%）、非金属矿物制品业（11.36%）、专用设备制造业（10.62%）、家具制造业（10.53%）、印刷业和记录媒介复制（10.043%）。不难看出，这些产业以劳动密集型产业为主。共有22个产业的工业总产值比例呈持续增加态势，反映出中部地区承接产业转移的规模增加。煤炭开采洗选业等9个产业的比例下降，这些产业以资源型产业为主。

与2005年相比，西部地区2012年各制造业产业中工业总产值比例上升的有30个产业，上升幅度居于前10位的产业分别为煤炭开采洗选业（28.96%）、非金属矿采选业（12.7%）、石油天然气开采业（12.42%）、饮料制造业（9.67%）、电力、热力的生产和供应业（8.49%）、石油加工、炼焦及核燃料加工业（7.57%）、家具制造业（7.44%）、非金属矿物制品业（6.73%）、木材加工及木竹藤棕草制品业（6.36%）、黑色金属矿采选业（5.43%），这些产业主要为劳动密集型产业或资源型产业。共有17个产业的产值比重持续上升，占全部样本产业数的53.13%，反映出西部地区承接产业转移规模增加。产值比重下降的只有3个行业，分别为医药制造业（-0.505%）、专用设备制造业（-0.726%）、烟草制品业（-0.986%）。

在东、中、西三大经济区域中，东部地区对我国改革开放和经济社会发展具有重要的带动作用，在人才、技术、资本、开放程度以及城市化水平等方面具有明显优势；中部地区具有"联东带西"的地理优势，工业基础较好，承接沿海产业转移的条件优越；西部地区自然资源丰富，有利于承接和发展特色优势产业。从表2-21可以看出，虽然近年东部地区产业向中西部地区转移的规模增加，但是东部地区的产业仍然具有绝对的规模优势，2012年共有26个制造业产业产值占全国的比重超过50%这些产业包括：电力、热力的生产和供应业，电气机械及器材制造业，纺织服装、鞋、帽制造业，纺织业，非金属矿物制品业，废弃资源和废旧材料回收加工业，黑色金属矿采选业，黑色金属冶炼及压延加工业，化学纤维制造业，

表2-21　东中西部地区各行业的产业比重变化与产业转移状况

| 行业 | 东部地区 | | | | | 中部地区 | | | | | 西部地区 | | | | |
|---|---|---|---|---|---|---|---|---|---|---|---|---|---|---|---|
| | 2005年 | 2008年 | 2010年 | 2012年 | 趋势 | 2005年 | 2008年 | 2010年 | 2012年 | 趋势 | 2005年 | 2008年 | 2010年 | 2012年 | 趋势 |
| 电力、热力的生产和供应业 | 56.28 | 59.31 | 59.07 | 58.02 | +−− | 28.12 | 21.08 | 19.23 | 17.89 | → | 15.60 | 19.61 | 21.70 | 24.09 | ↑ |
| 电气机械及器材制造业 | 87.80 | 84.48 | 80.50 | 77.38 | ↓ | 7.30 | 9.97 | 12.44 | 15.22 | ↑ | 4.91 | 5.55 | 7.05 | 7.40 | ↑ |
| 纺织服装、鞋、帽制造业 | 93.92 | 91.30 | 86.86 | 82.24 | ↓ | 5.18 | 7.05 | 10.76 | 14.46 | ↑ | 0.90 | 1.65 | 2.37 | 3.30 | ↑ |
| 纺织业 | 88.72 | 86.49 | 84.19 | 80.81 | ↓ | 6.62 | 7.77 | 9.37 | 12.51 | ↑ | 4.66 | 5.74 | 6.44 | 6.68 | ↑ |
| 非金属矿采选业 | 66.01 | 52.96 | 42.90 | 36.62 | ↓ | 16.07 | 27.77 | 29.68 | 32.77 | ↑ | 17.92 | 19.27 | 27.42 | 30.62 | ↑ |
| 非金属矿物制品业 | 74.06 | 67.60 | 60.49 | 55.97 | ↓ | 13.77 | 18.05 | 21.38 | 25.13 | ↑ | 12.17 | 14.36 | 18.13 | 18.90 | ↑ |
| 废弃资源废旧材料回收加工业 | 90.79 | 81.96 | 74.92 | 70.24 | ↓ | 3.91 | 13.73 | 17.95 | 23.13 | ↑ | 5.31 | 4.31 | 7.13 | 6.64 | −+− |
| 黑色金属矿采选业 | 60.60 | 35.57 | 58.78 | 54.99 | −+− | 20.25 | 31.39 | 19.78 | 20.42 | +−+ | 19.16 | 33.04 | 21.45 | 24.59 | +−+ |
| 黑色金属冶炼及压延加工业 | 67.86 | 59.03 | 64.63 | 66.28 | −++ | 17.86 | 23.53 | 19.06 | 15.50 | +−− | 14.28 | 17.44 | 16.31 | 18.23 | +−+ |
| 化学纤维制造业 | 90.21 | 91.20 | 90.22 | 91.25 | +−− | 6.53 | 5.39 | 5.01 | 4.62 | → | 3.26 | 3.41 | 4.77 | 4.14 | ++− |
| 化学原料及化学制品制造业 | 74.29 | 72.73 | 70.60 | 69.22 | ↓ | 13.97 | 15.56 | 16.60 | 17.25 | ↑ | 11.74 | 11.71 | 12.80 | 13.53 | −++ |
| 家具制造业 | 92.39 | 85.99 | 80.25 | 74.42 | ↓ | 3.66 | 7.32 | 10.55 | 14.19 | ↑ | 3.95 | 6.69 | 9.20 | 11.39 | ↑ |
| 金属制品业 | 90.04 | 85.68 | 82.01 | 78.09 | ↓ | 6.51 | 8.70 | 10.97 | 13.22 | ↑ | 3.45 | 5.61 | 7.02 | 8.69 | ↑ |
| 煤炭开采和洗选业 | 34.76 | 22.23 | 26.49 | 33.18 | −++ | 43.69 | 45.21 | 38.26 | 16.30 | +−− | 21.56 | 32.56 | 35.26 | 50.52 | ↑ |
| 木材加工及木竹藤棕草制品业 | 77.68 | 67.66 | 61.10 | 56.72 | ↓ | 14.93 | 22.71 | 27.21 | 29.53 | → | 7.39 | 9.63 | 11.69 | 13.75 | ↑ |

续表

| 行业 | 东部地区 | | | | | 中部地区 | | | | | 西部地区 | | | | |
|---|---|---|---|---|---|---|---|---|---|---|---|---|---|---|---|
| | 2005年 | 2008年 | 2010年 | 2012年 | 趋势 | 2005年 | 2008年 | 2010年 | 2012年 | 趋势 | 2005年 | 2008年 | 2010年 | 2012年 | 趋势 |
| 农副食品加工业 | 67.15 | 59.67 | 54.27 | 50.52 | → | 16.50 | 22.39 | 26.95 | 31.41 | ↑ | 16.35 | 17.94 | 18.79 | 18.06 | ++- |
| 皮革、毛皮、羽毛及其制品业 | 95.84 | 87.61 | 86.37 | 83.83 | → | 2.25 | 5.94 | 7.14 | 10.09 | ↑ | 1.91 | 6.45 | 6.49 | 6.08 | ++- |
| 燃气生产和供应业 | 54.71 | 65.33 | 61.52 | 64.63 | +-+ | 25.41 | 8.09 | 9.70 | 12.32 | -++ | 19.88 | 26.59 | 28.78 | 23.05 | ++- |
| 石油天然气开采业 | 38.10 | 35.27 | 37.47 | 34.14 | -+- | 31.01 | 28.52 | 24.08 | 22.55 | → | 30.89 | 36.21 | 38.45 | 43.31 | ↑ |
| 石油加工、炼焦及核燃料加工业 | 60.71 | 57.20 | 61.41 | 64.18 | -++ | 23.28 | 22.87 | 18.57 | 12.23 | ↓ | 16.02 | 19.93 | 20.02 | 23.59 | ↑ |
| 食品制造业 | 68.50 | 61.67 | 59.95 | 59.99 | -- | 15.56 | 19.96 | 20.70 | 21.85 | ↑ | 15.94 | 18.37 | 19.35 | 18.16 | ++- |
| 水的生产和供应业 | 57.72 | 66.12 | 64.38 | 65.54 | +-+ | 29.83 | 20.44 | 18.33 | 16.94 | → | 12.45 | 13.44 | 17.30 | 17.52 | ↑ |
| 通信设备、计算机及其他 | 95.76 | 94.54 | 92.68 | 86.71 | → | 1.91 | 2.64 | 3.40 | 5.68 | → | 2.34 | 2.82 | 3.92 | 7.61 | ↑ |
| 通用设备制造业 | 83.13 | 81.52 | 77.83 | 76.26 | → | 10.03 | 10.49 | 12.51 | 14.47 | ↑ | 6.84 | 7.98 | 9.65 | 9.27 | ++- |
| 文教体育用品制造业 | 97.44 | 95.52 | 92.28 | 90.42 | → | 2.42 | 4.11 | 7.09 | 7.89 | ↑ | 0.14 | 0.38 | 0.62 | 1.69 | ↑ |
| 烟草制品业 | 37.01 | 46.97 | 39.35 | 38.01 | +-- | 25.05 | 32.43 | 25.48 | 25.03 | +-- | 37.94 | 20.61 | 35.17 | 36.95 | -++ |
| 医药制造业 | 64.09 | 60.17 | 60.10 | 59.50 | → | 18.93 | 22.63 | 22.85 | 24.03 | ↑ | 16.98 | 17.20 | 17.05 | 16.47 | +-- |
| 饮料制造业 | 59.42 | 49.48 | 45.45 | 41.15 | → | 16.82 | 21.86 | 23.05 | 25.42 | ↑ | 23.76 | 28.66 | 31.51 | 33.43 | ↑ |
| 印刷业和记录媒介的复制 | 80.09 | 76.16 | 72.61 | 68.01 | → | 8.78 | 13.42 | 15.15 | 18.82 | ↑ | 11.13 | 10.42 | 12.24 | 13.17 | -++ |
| 有色金属矿采选业 | 45.62 | 34.07 | 31.15 | 28.94 | → | 13.88 | 25.51 | 25.68 | 28.38 | ↑ | 40.50 | 40.41 | 43.18 | 42.68 | --+ |

续表

| 行业 | 东部地区 | | | | | 中部地区 | | | | | 西部地区 | | | | |
|---|---|---|---|---|---|---|---|---|---|---|---|---|---|---|---|
| | 2005年 | 2008年 | 2010年 | 2012年 | 趋势 | 2005年 | 2008年 | 2010年 | 2012年 | 趋势 | 2005年 | 2008年 | 2010年 | 2012年 | 趋势 |
| 有色金属冶炼及压延加工业 | 53.00 | 50.87 | 47.81 | 46.59 | ↓ | 22.05 | 26.91 | 26.58 | 26.51 | +-- | 24.96 | 22.22 | 25.61 | 26.90 | -++ |
| 造纸及纸制品业 | 83.08 | 81.37 | 76.31 | 73.49 | ↓ | 10.04 | 10.87 | 13.03 | 15.32 | ↑ | 6.88 | 7.77 | 10.66 | 11.20 | ↑ |
| 专用设备制造业 | 76.73 | 71.86 | 68.43 | 66.84 | ↓ | 12.18 | 15.88 | 19.70 | 22.80 | ↑ | 11.09 | 12.26 | 11.86 | 10.37 | +-- |

注：(1) 符号↑（↓）表示2005年至2008年、2008年至2010年和2010年至2012年三个阶段中，相应地区的相应行业持续存在产业转入（转出）；符号+--则表示在上述三个阶段相应地区的相应行业存在产业的转入、转出、转出，表中东部地区包括北京、天津、河北、辽宁、山东、江苏、上海、浙江、福建、广东、海南；中部地区包括山西、吉林、黑龙江、安徽、江西、河南、湖北、湖南；西部地区包括内蒙古、重庆、四川、贵州、广西、云南、西藏、陕西、甘肃、青海、宁夏、新疆。

表2-22　我国八大区域各行业的产业比重变化与产业转移状况

| 行业 | 北部沿海地区 | | | | 东部沿海地区 | | | | 南部沿海地区 | | | | 东北地区 | | | |
|---|---|---|---|---|---|---|---|---|---|---|---|---|---|---|---|---|
| | 2008年 | 2010年 | 2012年 | 趋势 | 2008年 | 2010年 | 2012年 | 趋势 | 2008年 | 2010年 | 2012年 | 趋势 | 2008年 | 2010年 | 2012年 | 趋势 |
| 电力、热力的生产和供应业 | 15.23 | 21.71 | 20.26 | +- | 25.18 | 21.54 | 21.55 | -+ | 18.90 | 15.82 | 16.21 | -+ | 4.32 | 3.98 | 4.20 | -+ |
| 电气机械及器材制造业 | 15.57 | 16.99 | 16.42 | +- | 40.44 | 38.00 | 39.39 | -+ | 28.47 | 25.52 | 21.57 | ↓ | 0.91 | 0.83 | 1.02 | -+ |
| 纺织服装、鞋、帽制造业 | 13.81 | 15.25 | 17.25 | ↑ | 47.40 | 41.36 | 37.80 | ↓ | 30.08 | 30.25 | 27.19 | +- | 0.39 | 0.56 | 0.66 | ↑ |
| 纺织业 | 23.38 | 25.56 | 29.73 | ↑ | 49.98 | 44.61 | 38.99 | ↓ | 13.14 | 14.02 | 12.10 | +- | 0.42 | 0.39 | 0.57 | -+ |
| 非金属矿采选业 | 23.43 | 17.80 | 16.04 | ↓ | 15.11 | 10.32 | 9.38 | ↓ | 14.42 | 14.78 | 11.19 | +- | 3.72 | 3.57 | 4.11 | -+ |
| 非金属矿物制品业 | 25.62 | 25.60 | 24.87 | ↓ | 21.50 | 17.66 | 16.22 | ↓ | 20.48 | 17.23 | 14.88 | ↓ | 2.74 | 3.90 | 5.07 | ↑ |

续表

| 行业 | 北部沿海地区 | | | | 东部沿海地区 | | | | 南部沿海地区 | | | | 东北地区 | | | |
|---|---|---|---|---|---|---|---|---|---|---|---|---|---|---|---|---|
| | 2008年 | 2010年 | 2012年 | 趋势 | 2008年 | 2010年 | 2012年 | 趋势 | 2008年 | 2010年 | 2012年 | 趋势 | 2008年 | 2010年 | 2012年 | 趋势 |
| 废弃资源废旧材料回收加工业 | 8.15 | 7.63 | 12.61 | -+ | 39.80 | 27.26 | 25.55 | → | 34.01 | 40.03 | 32.08 | +- | 2.04 | 1.32 | 1.72 | -+ |
| 黑色金属矿采选业 | 17.08 | 47.96 | 48.64 | ↑ | 5.06 | 1.62 | 1.61 | → | 13.44 | 9.19 | 4.74 | → | 5.29 | 3.17 | 4.00 | -+ |
| 黑色金属冶炼及压延加工业 | 20.44 | 34.84 | 36.50 | ↑ | 31.28 | 23.42 | 23.21 | → | 7.30 | 6.37 | 6.56 | -+ | 2.30 | 1.76 | 2.03 | -+ |
| 化学纤维制造业 | 4.25 | 4.63 | 4.60 | +- | 76.31 | 74.72 | 75.79 | -+ | 10.64 | 10.87 | 10.86 | +- | 1.76 | 1.73 | 0.96 | → |
| 化学原料及化学制品制造业 | 22.91 | 25.19 | 26.27 | ↑ | 37.22 | 34.11 | 33.35 | → | 12.60 | 11.31 | 9.60 | → | 3.42 | 3.20 | 3.38 | -+ |
| 家具制造业 | 18.08 | 19.79 | 21.13 | ↑ | 30.43 | 26.30 | 22.66 | → | 37.49 | 34.16 | 30.63 | → | 2.02 | 2.51 | 3.11 | ↑ |
| 金属制品业 | 16.27 | 21.87 | 29.81 | ↑ | 42.43 | 35.15 | 30.30 | → | 26.99 | 24.99 | 17.98 | → | 1.07 | 1.38 | 1.53 | ↑ |
| 煤炭开采洗选业 | 19.04 | 24.27 | 30.96 | ↑ | 2.18 | 1.46 | 1.52 | -+ | 1.01 | 0.76 | 0.70 | → | 5.18 | 4.78 | 5.66 | -+ |
| 木材加工及木竹藤棕草制品业 | 21.19 | 20.15 | 20.57 | -+ | 29.89 | 25.33 | 23.28 | → | 16.58 | 15.62 | 12.88 | → | 8.46 | 10.58 | 11.89 | ↑ |
| 农副食品加工业 | 34.13 | 32.32 | 30.20 | → | 13.07 | 11.21 | 10.48 | → | 12.46 | 10.74 | 9.85 | → | 8.38 | 9.54 | 11.28 | ↑ |
| 皮革、毛皮、羽毛及其制品业 | 12.04 | 17.92 | 19.62 | ↑ | 31.45 | 25.95 | 22.91 | → | 44.12 | 42.50 | 41.31 | → | 0.27 | 0.27 | 0.44 | -+ |
| 燃气生产和供应业 | 17.14 | 17.15 | 18.73 | ↑ | 25.13 | 21.60 | 22.12 | -+ | 23.06 | 22.77 | 23.78 | -+ | 1.31 | 0.77 | 2.37 | -+ |
| 石油天然气开采业 | 25.69 | 29.83 | 27.30 | +- | 1.12 | 0.86 | 0.92 | -+ | 8.45 | 6.77 | 5.92 | -+ | 26.69 | 21.86 | 21.79 | → |
| 石油加工、炼焦及核燃料加工业 | 23.82 | 29.25 | 33.03 | ↑ | 19.14 | 16.74 | 16.42 | → | 14.24 | 15.41 | 14.73 | +- | 6.31 | 5.54 | 4.91 | → |
| 食品制造业 | 29.30 | 29.26 | 30.35 | -+ | 14.75 | 12.91 | 12.98 | -+ | 17.62 | 17.79 | 16.66 | +- | 6.39 | 6.41 | 6.13 | +- |
| 水的生产和供应业 | 12.04 | 14.90 | 14.74 | +- | 23.58 | 22.65 | 24.28 | +- | 30.50 | 26.83 | 26.52 | → | 2.76 | 4.31 | 3.58 | +- |
| 通信设备、计算机及其他 | 15.40 | 13.62 | 13.22 | → | 39.34 | 38.94 | 35.63 | → | 39.80 | 40.12 | 37.86 | +- | 0.15 | 0.17 | 0.12 | +- |

续表

| 行业 | 北部沿海地区 | | | | 东部沿海地区 | | | | 南部沿海地区 | | | | 东北地区 | | | |
|---|---|---|---|---|---|---|---|---|---|---|---|---|---|---|---|---|
| | 2008年 | 2010年 | 2012年 | 趋势 | 2008年 | 2010年 | 2012年 | 趋势 | 2008年 | 2010年 | 2012年 | 趋势 | 2008年 | 2010年 | 2012年 | 趋势 |
| 通用设备制造业 | 24.66 | 27.99 | 25.66 | +- | 47.35 | 41.35 | 39.38 | → | 9.52 | 8.49 | 11.23 | -+ | 2.57 | 2.42 | 2.22 | → |
| 文教体育用品制造业 | 14.72 | 14.61 | 20.27 | -+ | 39.29 | 37.51 | 26.75 | → | 41.51 | 40.17 | 43.40 | -+ | 0.34 | 0.66 | 0.58 | +- |
| 烟草制品业 | 9.60 | 8.91 | 8.12 | → | 24.90 | 21.23 | 21.23 | → | 12.46 | 9.21 | 8.66 | → | 3.50 | 2.92 | 3.06 | -+ |
| 医药制造业 | 24.19 | 25.98 | 27.07 | ↑ | 26.76 | 24.54 | 24.11 | → | 9.22 | 9.58 | 8.32 | +- | 7.71 | 7.78 | 8.55 | ↑ |
| 饮料制造业 | 16.82 | 17.72 | 16.64 | +- | 18.24 | 14.87 | 12.31 | → | 14.42 | 12.87 | 12.20 | → | 6.70 | 5.90 | 6.19 | -+ |
| 印刷业和记录媒介的复制 | 16.45 | 19.07 | 20.27 | ↑ | 28.36 | 25.13 | 24.08 | → | 31.36 | 28.41 | 23.67 | → | 1.19 | 1.36 | 1.64 | ↑ |
| 有色金属矿采选业 | 23.38 | 22.29 | 22.51 | -+ | 2.01 | 1.28 | 0.98 | → | 8.68 | 7.57 | 5.45 | → | 2.70 | 3.01 | 3.64 | ↑ |
| 有色金属冶炼及压延加工业 | 13.76 | 15.11 | 18.77 | ↑ | 24.13 | 21.25 | 18.17 | → | 12.97 | 11.45 | 9.65 | → | 0.88 | 0.62 | 0.53 | → |
| 造纸及纸制品 | 24.56 | 25.87 | 28.08 | ↑ | 30.54 | 26.05 | 23.73 | → | 26.27 | 24.38 | 21.67 | → | 1.68 | 1.61 | 1.76 | -+ |
| 专用设备制造业 | 26.52 | 26.62 | 29.36 | ↑ | 32.91 | 31.20 | 28.58 | → | 12.43 | 10.62 | 8.90 | → | 3.17 | 3.29 | 3.61 | ↑ |

| 行业 | 黄河中游地区 | | | | 长江中游地区 | | | | 大西南地区 | | | | 大西北地区 | | | |
|---|---|---|---|---|---|---|---|---|---|---|---|---|---|---|---|---|
| | 2008年 | 2010年 | 2012年 | 趋势 | 2008年 | 2010年 | 2012年 | 趋势 | 2008年 | 2010年 | 2012年 | 趋势 | 2008年 | 2010年 | 2012年 | 趋势 |
| 电力、热力的生产和供应业 | 9.02 | 8.85 | 6.60 | → | 13.48 | 12.35 | 13.69 | -+ | 10.01 | 11.98 | 12.50 | ↑ | 3.86 | 3.78 | 4.99 | -+ |
| 电气机械及器材制造业 | 1.36 | 1.68 | 1.49 | +- | 8.85 | 11.39 | 14.20 | ↑ | 3.69 | 4.23 | 4.83 | ↑ | 0.71 | 1.37 | 1.08 | +- |
| 纺织服装、鞋、帽制造业 | 0.48 | 0.61 | 0.84 | ↑ | 6.54 | 10.09 | 13.80 | ↑ | 1.18 | 1.79 | 2.31 | ↑ | 0.11 | 0.10 | 0.15 | -+ |
| 纺织业 | 2.01 | 2.17 | 1.91 | -+ | 7.25 | 8.87 | 11.93 | ↑ | 2.95 | 3.47 | 3.81 | ↑ | 0.88 | 0.92 | 0.96 | ↑ |
| 非金属矿采选业 | 5.89 | 6.96 | 7.17 | ↑ | 23.84 | 25.99 | 28.66 | ↑ | 12.11 | 19.09 | 21.47 | ↑ | 1.49 | 1.50 | 1.97 | ↑ |

续表

| 行业 | 黄河中游地区 | | | | 长江中游地区 | | | | 大西南地区 | | | | 大西北地区 | | | |
|---|---|---|---|---|---|---|---|---|---|---|---|---|---|---|---|---|
| | 2008年 | 2010年 | 2012年 | 趋势 | 2008年 | 2010年 | 2012年 | 趋势 | 2008年 | 2010年 | 2012年 | 趋势 | 2008年 | 2010年 | 2012年 | 趋势 |
| 非金属矿物制品业 | 4.18 | 4.86 | 4.03 | +- | 14.20 | 16.36 | 20.06 | ↑ | 9.33 | 12.22 | 12.57 | ↑ | 1.94 | 2.17 | 2.31 | ↑ |
| 废弃资源废旧材料回收加工业 | 0.56 | 0.46 | 0.84 | -+ | 11.69 | 16.62 | 21.41 | ↑ | 3.62 | 6.64 | 5.63 | +- | 0.13 | 0.05 | 0.17 | -+ |
| 黑色金属矿采选业 | 18.72 | 11.38 | 8.89 | → | 20.11 | 13.25 | 16.42 | -+ | 14.06 | 10.90 | 12.80 | -+ | 6.24 | 2.53 | 2.89 | -+ |
| 黑色金属冶炼及压延加工业 | 11.22 | 8.03 | 4.26 | → | 15.11 | 12.95 | 13.47 | -+ | 8.69 | 9.55 | 10.57 | ↑ | 3.66 | 3.09 | 3.40 | -+ |
| 化学纤维制造业 | 0.21 | 0.25 | 0.23 | +- | 3.52 | 3.26 | 3.66 | -+ | 2.05 | 2.42 | 2.49 | ↑ | 1.26 | 2.13 | 1.42 | +- |
| 化学原料及化学制品制造业 | 4.08 | 3.71 | 3.10 | → | 10.58 | 12.24 | 13.87 | ↑ | 6.78 | 8.20 | 8.18 | +- | 2.41 | 2.06 | 2.25 | -+ |
| 家具制造业 | 0.56 | 0.65 | 0.66 | ↑ | 5.26 | 8.01 | 11.07 | ↑ | 5.76 | 8.24 | 10.49 | ↑ | 0.41 | 0.34 | 0.23 | → |
| 金属制品业 | 1.01 | 1.55 | 2.47 | ↑ | 7.34 | 9.33 | 11.69 | ↑ | 4.22 | 4.90 | 5.54 | ↑ | 0.68 | 0.84 | 0.68 | +- |
| 煤炭开采洗选业 | 48.08 | 44.17 | 29.03 | → | 10.59 | 9.39 | 10.64 | -+ | 9.92 | 11.71 | 15.99 | ↑ | 4.00 | 3.46 | 5.50 | -+ |
| 木材加工及木竹藤棕草制品业 | 2.38 | 2.53 | 2.68 | ↑ | 14.12 | 16.50 | 17.64 | ↑ | 7.13 | 9.10 | 10.93 | ↑ | 0.26 | 0.19 | 0.15 | → |
| 农副食品加工业 | 4.68 | 5.41 | 4.61 | +- | 13.47 | 16.76 | 20.13 | ↑ | 12.11 | 12.37 | 11.75 | +- | 1.69 | 1.67 | 1.70 | -+ |
| 皮革、毛皮、羽毛及其制品业 | 0.34 | 0.42 | 0.26 | +- | 5.67 | 6.86 | 9.65 | ↑ | 5.81 | 5.81 | 5.48 | → | 0.30 | 0.28 | 0.34 | -+ |
| 燃气生产和供应业 | 10.84 | 16.55 | 6.98 | +- | 6.66 | 7.81 | 9.94 | ↑ | 14.34 | 11.65 | 13.38 | -+ | 1.52 | 1.71 | 2.68 | ↑ |
| 石油天然气开采业 | 13.12 | 14.40 | 20.68 | ↑ | 1.74 | 2.01 | 0.76 | +- | 4.92 | 6.52 | 3.73 | +- | 18.27 | 17.75 | 18.90 | -+ |
| 石油加工、炼焦及核燃料加工业 | 15.41 | 12.37 | 7.36 | → | 7.69 | 7.21 | 7.33 | -+ | 2.80 | 3.99 | 5.88 | ↑ | 10.60 | 9.48 | 10.35 | -+ |
| 食品制造业 | 10.43 | 9.63 | 6.61 | → | 12.51 | 13.46 | 15.72 | ↑ | 6.71 | 8.25 | 9.08 | ↑ | 2.29 | 2.31 | 2.48 | ↑ |
| 水的生产和供应业 | 4.56 | 4.51 | 3.25 | → | 16.25 | 12.80 | 13.36 | -+ | 8.40 | 11.89 | 12.27 | ↑ | 1.91 | 2.12 | 2.00 | +- |

续表

| 行业 | 黄河中游地区 | | | | 长江中游地区 | | | | 大西南地区 | | | | 大西北地区 | | | |
|------|------|------|------|------|------|------|------|------|------|------|------|------|------|------|------|------|
| | 2008年 | 2010年 | 2012年 | 趋势 | 2008年 | 2010年 | 2012年 | 趋势 | 2008年 | 2010年 | 2012年 | 趋势 | 2008年 | 2010年 | 2012年 | 趋势 |
| 通信设备、计算机及其他 | 0.90 | 0.75 | 0.53 | ↓ | 2.25 | 3.00 | 5.56 | ↑ | 2.10 | 3.33 | 7.00 | ↑ | 0.06 | 0.07 | 0.08 | ↑ |
| 通用设备制造业 | 2.18 | 2.48 | 1.77 | +- | 7.28 | 9.32 | 12.24 | ↑ | 5.92 | 7.49 | 7.12 | +- | 0.53 | 0.45 | 0.38 | → |
| 文教体育用品制造业 | 0.31 | 0.24 | 0.06 | → | 3.51 | 6.28 | 7.31 | ↑ | 0.31 | 0.52 | 1.59 | ↑ | 0.02 | 0.01 | 0.04 | -+ |
| 烟草制品业 | 4.69 | 3.62 | 3.53 | → | 28.28 | 22.08 | 21.98 | → | 14.07 | 29.74 | 31.25 | ↑ | 2.49 | 2.29 | 2.17 | → |
| 医药制造业 | 5.16 | 4.83 | 3.56 | → | 13.78 | 14.08 | 15.48 | ↑ | 11.90 | 12.13 | 11.72 | +- | 1.28 | 1.09 | 1.19 | -+ |
| 饮料制造业 | 6.27 | 5.87 | 5.12 | → | 13.87 | 16.05 | 19.23 | ↑ | 21.32 | 24.32 | 25.79 | ↑ | 2.37 | 2.41 | 2.52 | ↑ |
| 印刷业和记录媒介的复制 | 2.30 | 2.25 | 1.95 | → | 11.85 | 13.37 | 17.18 | ↑ | 7.80 | 9.84 | 10.75 | ↑ | 0.70 | 0.58 | 0.46 | → |
| 有色金属矿采选业 | 17.90 | 18.62 | 17.47 | +- | 21.80 | 22.22 | 24.73 | ↑ | 13.11 | 16.80 | 20.06 | ↑ | 10.42 | 8.21 | 5.15 | → |
| 有色金属冶炼及压延加工业 | 9.85 | 9.55 | 8.25 | → | 23.49 | 24.30 | 25.97 | ↑ | 8.28 | 11.77 | 11.84 | ↑ | 6.64 | 5.95 | 6.81 | -+ |
| 造纸及纸制品业 | 1.47 | 1.74 | 1.73 | +- | 9.02 | 11.30 | 13.56 | ↑ | 5.54 | 8.23 | 8.87 | ↑ | 0.92 | 0.81 | 0.60 | → |
| 专用设备制造业 | 6.13 | 5.38 | 2.42 | → | 10.32 | 14.41 | 19.18 | ↑ | 7.63 | 7.83 | 7.20 | +- | 0.89 | 0.66 | 0.74 | -+ |

注：（1）符号↑（↓）表示在上述三个阶段中，相应地区的相应行业存在产业的转入、转出，转出；符号+-则表示2008年至2010年和2010年至2012年两个阶段中，相应地区的相应行业存在产业的转入、转出。（2）本表中东北地区指黑龙江、吉林、辽宁；北部沿海地区指北京、天津、河北、山东；东部沿海地区指上海、江苏、浙江；南部沿海地区指广东、福建、海南；黄河中游地区指陕西、山西、河南、内蒙古；长江中游地区指湖北、湖南、安徽、江西；大西南地区指云南、贵州、重庆、四川、广西；大西北地区指青海、新疆、甘肃、宁夏、西藏。

化学原料及化学制品制造业，家具制造业，金属制品业，木材加工及木竹藤棕草制品业，农副食品加工业，皮革、毛皮、羽毛及其制品业，燃气生产供应业，石油加工、炼焦及核燃料加工业，食品制造业，水的生产供应业，通信设备、计算机及其他电子设备制造业，通用设备制造业，文教体育用品制造业，医药制造业，印刷业和记录媒介复制，造纸及纸制品业，专用设备制造业。

（二）沿海向中西部地区产业转移的方向判断

根据表2-21，东、中、西部之间产业转移的具有如下特点：第一，从转移产业的数量来看，若以样本区间内工业总产值比重持续增加为判断依据，东部地区向中部地区转移的产业包括纺织业等22个行业，向西部地区转移的行业为17个，其中既向中部地区又向西部地区转移的行业有12个；转移产业中偏好向中部地区转移的行业（中部地区产值比重增加，西部地区比重下降）有医药制造业等10个行业，偏好向西部地区转移的行业（西部地区产值比重增加，中部地区比重下降）有煤炭开采洗选业等5个资源型行业。第二，若以转移规模（即由东部地区产业转移导致的转入地工业总产值在全国比重的增加幅度）来观察东部地区产业转移的区域选择，东部地区转往中部地区规模超过西部地区的行业有纺织业等20个，占样本行业数量的60.61%；东部地区转往西部地区规模超过中部地区的行业有黑色金属矿采业、黑色金属冶炼及压延加工业、有色金属冶炼加工业、石油天然气开采业、饮料加工业等5个行业，占样本行业总数的15.15%。

这些数据说明，东部地区产业转移基本体现了产业跨区域梯度转移的特点，即优先向中部地区转移，其次向西部地区转移。笔者注意到，这与冯根福等"在2000年至2006年期间，东部地区转移产业在转移目的地的选择上，明显偏好于西部地区"[①]的研究结论不同，主要原因是冯根福等研究的数据是2000—2006年期间的数据，这段时间正处于国家实施"西

① 冯根福、刘志勇、蒋文定：《我国东中西部地区间工业产业转移的趋势、特征及形成原因分析》，《当代经济科学》2010年第2期。

部大开发"战略的高潮期，这种外部的投资与政策扶持经历十多年后，在没有后续措施的持续作用下，原有政策效应正在递减，已趋于回归到正常发展轨道。同时，出现部分资源型产业跨梯度直接向西部地区转移现象的原因在于资源型产业的转移更多地以资源禀赋指向性为主，特别是西部地区富有的自然资源，对外来投资有很大吸引力，从而可以突破梯度规律实现跨梯度承接产业转移。

(三) 八大区域之间产业转移的区位选择特征

从表2-22可以看出，沿海产业在八大区域间的转移具有明显的地域差异，具体表现为：

一是东部地区的三个沿海区域产业转移存在明显差异。2008年以来，北部沿海地区（北）、东部沿海地区（东）和南部沿海地区（南）总产值比例都出现持续下降的行业只有非金属矿制品业、农副食品加工业、烟草制品业3个产业，仅占样本行业总数的9.09%。与2008年相比，东部沿海地区2012年33个行业中工业总产值比例增加的只有1个，为水的生产和供应业，下降的行业有32个，其间持续下降的有25个；南部沿海地区产值比重增加的有5个行业，下降的行业有28个，持续下降的有18个；北部沿海地区产值比重增加的有25个，下降的行业有8个，持续下降的有5个。在其中两个区域总体上有向外转移趋势（工业总产值比例持续下降）的行业有黑色金属矿采选业（东、南）、化学原料及化学制品制造业（东、南）、家具制造业（东、南）、金属制造业（东、南）、木材加工及木竹藤棕草制品业（东、南）、皮革、毛皮、羽毛及其制品业（东、南）、饮料制造业（东、南）、印刷业和记录媒介复制（东、南）、有色金属矿采选业（东、南）、有色金属冶炼加工业（东、南）、造纸及纸制品业（东、南）、专用设备制造业（东、南）、通信设备、计算机及其他电子设备制造业（北、东）等13个行业，占39.4%。值得注意的是，这些行业中，除通信设备、计算机及其他电子设备制造业外，均为东部沿海和南部沿海比例下降、北部沿海比例上升，表明产业转移在沿海地区之间也在进行，即向产业集群更具优势的其他沿海地区转移。仅在其中一个区域总体上向外转移的行业有纺织服装、鞋、帽制造业（东）、纺织业（东）、废弃资源和废旧材料回收加工业（东）、黑色金属冶炼及压延加工业（东）、石油加工、炼焦及核燃料加工业（东）、通用设备制造业（东）、文教体育用品制造业（东）、医药制造业（东）、电气机械及器材制造业（南）、水的生产和供应业（南）、煤炭开采洗选业（南）等11个，占33.33%。其余样本行业的比重则多有反复，产业转移的趋势不明显。

二是中部地区的三个区域承接转移的产业类型、数量和规模有一定相似性，但也存在区域差异性。作为承接产业转移的东北地区（东北）、黄河中游地区（黄中）、长江中游地区（长中）等中部地区而言，三个区域均有承接（产值比重持续上升）的行业有纺织服装、鞋、帽制造业、木材加工及木竹藤棕草制品业、家具制造业和金属制品业4个行业，占样本行业数量的12.12%。在两个区域有承接的行业有非金属矿物制品业（东北、长中）、农副食品加工业（东北、长中）、非金属矿采选业（黄中、长中）、医药制造业（东北、长中）、印刷业和记录媒介复制（东北、长中）、有色金属矿采选业（东北、长中）、专用设备制造业（东北、长中）等7个行业，占样本行业数量的21.21%。仅在一个区域有承接的行业有电气机械及器材制造业（长中）、纺织业（长中）、废弃资源废旧材料回收加工业（长中）、化学原料及化学制品制造业（长中）、皮革、毛皮、羽毛及其制品业（长中）、燃气生产和供应业（长中）、食品制造业（长中）、通信设备、计算机及其他（长中）、通用设备制造业（长中）、文教体育用品制造业（长中）、饮料制造业（长中）、有色金属冶炼及压延加工业（长中）、造纸及纸制品业（长中）、石油天然气开采业（黄中）等14个，占样本行业总数的42.42%。长江中游地区有24个行业、东北地区10个行业、黄河中游地区6个行业的比重持续增加，由此可以看出，长江中游地区是中部承接产业最多、规模最大的地区。

三是西部地区的两个区域在承接产业转移中仍然处于不利地位。大西南地区（西南）和大西北地区（西北）均有承接的行业有纺织业、非金属矿采选业、非金属矿物制品业、食品制造业、通信设备、计算机及其他电子设备制造业、饮料制造业等 6 个，占样本行业总数的 18.18%。在一个区域有承接的行业为电力、热力的生产和供应业（西南）、电气机械及器材制造业（西南）、纺织服装、鞋、帽制造业（西南）、黑色金属冶炼及压延加工业（西南）、化学纤维制造业（西南）、家具制造业（西南）、金属制品业（西南）、煤炭开采洗选业（西南）、木材加工及木竹藤棕草制品业（西南）、石油加工、炼焦及核燃料加工业（西南）、水的生产供应业（西南）、文教体育用品制造业（西南）、烟草制品业印刷业和记录媒介复制（西南）、有色金属矿采选业（西南）、有色金属冶炼加工业（西南）、造纸及纸制品业（西南）、燃气生产供应业（西北）等 17 个行业，占样本行业总数的 51.52%。但是，西部地区的产业比重长期持续升幅缓慢或徘徊不前，甚至还有负增长，如与 2008 年相比，2012 年专用设备制造业在西南和西北地区分别下降 0.42% 和 0.15%，医药制造业分别下降 0.18% 和 0.08%，黑色金属矿采选业分别下降 1.26% 和 3.35%，同时还有一部分产业比重持续下降，包括通用设备制造业（西北，-0.15%）、烟草制造业（西北，-0.31%）、印刷业和记录媒介复制（西北，-0.24%）、有色金属矿采选业（西北，-5.27%）、造纸及纸制品业（西北-0.32%）、家具制造业（西北-0.18%）、木材加工及木竹藤棕草制品业（西北，-0.11%）、皮革、毛皮、羽毛及其制品业（西北，-0.33%），这显示出西部地区在承接产业转移中仍然处于不利地位。

　　不可否认，20 世纪末国家实施"西部大开发战略"，对西部地区的基础设施投资大幅增加，并给予西部地区大量的财政支持和税收优惠等一系列政策，明显改善了西部地区的交通、通信、能源、水利等基础设施条件，这在很大程度上提高了西部地区的比较竞争优势和西部地区对产业转移的承载能力，但也必须看到，西部地区相对落后的经济基础和投资软、硬件环境不是一个"西部大开发"战略就能彻底改变的，面临中部地区承接产业转移的强力竞争，西部地区仍需自身的继续努力和中央政府持续加大支持力度。

### 三、基于空间基尼系数演变的沿海产业转移结构分析

产业空间基尼系数反映着产业空间分布的状况。空间基尼系数越大，产业的空间集聚程度越高，表明产业的空间分布越不均匀；反之，产业的集聚程度越低，表明产业的空间分布越是均匀。通过观察不同年份各产业空间基尼系数的变化情况，可以分析我国产业集聚和转移扩散的动态特征。

下面在各地区分行业工业总产值数据的基础上，以空间基尼系数为主要分析工具，分别考察2003—2012年我国制造业的空间分布情况，探索不同产业随时间推移的发展变化特征。数据来源于各年期《中国工业经济统计年鉴》与《国泰安数据库》。将29个两位数制造业行业划分为劳动密集型产业（13个）、资本密集型产业（6个）、技术密集型产业（5个）和资源采掘业（5个），产业划分情况如表2-23所示。

表2-23 产业划分情况

| 产业类别 | 细分行业 |
| --- | --- |
| 劳动密集型产业 | 纺织服装、鞋、帽制造业，纺织业，废弃资源和废旧材料回收加工业，家具制造业，金属制品业，木材加工及木、竹、藤、棕、草制品业，农副食品加工业，皮革、毛皮、羽毛（绒）及其制品业，食品制造业，文教体育用品制造业，饮料制造业，印刷业和记录媒介的复制，造纸及纸制品业 |
| 资本密集型产业 | 通用设备制造业，专用设备制造业，有色金属冶炼及压延加工业，石油加工、炼焦及核燃料加工业，黑色金属冶炼及压延加工业，非金属矿物制品业 |
| 技术密集型产业 | 电气机械及器材制造业，化学纤维制造业，化学原料及化学制品制造业，通信设备、计算机及其他电子设备制造业，医药制造业 |
| 资源采掘业 | 煤炭采选业，石油和天然气开采业，黑色金属矿采选业，有色金属矿采选业，非金属矿采选业 |

（一）劳动密集型产业

劳动密集型产业是生产中主要依靠大量使用劳动力，而对技术和设备的依赖程度低的产业。劳动密集型产业包括纺织、服装、玩具、皮革、家

具等制造业。长期以来，我国一个重要的比较优势在于劳动力资源丰富，劳动力成本相对较低，劳动密集型产品在国际市场上享有价格优势。由于近年来我国沿海地区劳动力成本上涨明显，使得劳动力密集型产业的空间布局出现相应的变化。

利用文枚计算产业集聚程度采用的空间基尼系数公式①，计算出各劳动密集型产业工业生产总值的地理集聚空间基尼系数，通过基尼系数的变化，可以观察各产业空间分布的演进。表 2-24 展示了 13 个劳动密集型制造行业 2012 年的空间基尼系数。

据表 2-24 数据可以看出，2012 年饮料制造业、食品制造业的集聚程度较低，这些产业参与全球化的程度不高，未像大多数劳动密集型产业一样高度集中在沿海省区，在中西部省区也有一定的分布；纺织服装鞋帽制造业、纺织业、皮革毛皮羽毛（绒）及其制品业是我国在国际市场上有比较优势的产业，参与全球化的程度较高，明显向沿海省区集聚，产业集聚的程度高。其他行业的产业集中度也具有较高的水平，空间基尼系数界于 0.5 到 0.7 之间。

表 2-24　2012 年劳动密集型产业空间基尼系数

| 行业 | 基尼系数 | 行业 | 基尼系数 |
|---|---|---|---|
| 纺织服装、鞋、帽制造业 | 0.7089 | 皮革、毛皮、羽毛（绒）及其制品业 | 0.7278 |
| 纺织业 | 0.7312 | 食品制造业 | 0.4817 |
| 废弃资源和废旧材料回收加工业 | 0.5541 | 文教体育用品制造业 | 0.5622 |
| 家具制造业 | 0.6478 | 饮料制造业 | 0.4924 |
| 金属制品业 | 0.6419 | 印刷业和记录媒介的复制 | 0.5862 |
| 木材加工及木、竹、藤、棕、草制品业 | 0.5736 | 造纸及纸制品业 | 0.5916 |
| 农副食品加工业 | 0.5335 | | |

---

① Wen M., "Relocation and Agglomeration of Chinese Industry", *Journal of Development Economics*, Vol. 73, No. 1, (February 2004), pp. 329-347.

图 2-1 进而展示了我国劳动密集型制造业的空间基尼系数在时间维度内的变化情况。

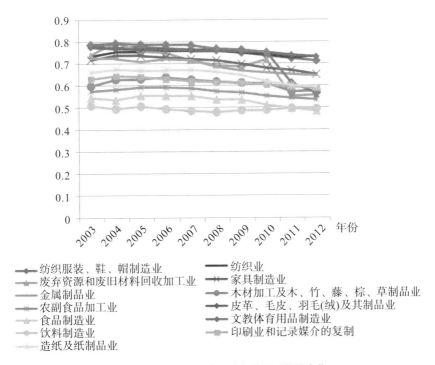

**图 2-1　劳动密集型产业空间基尼系数及变化**

从图 2-1 可以看出，与 2003 年相比，在 13 个劳动密集型行业中 2012 年基尼系数上升的只有纺织业，其余 12 个行业的均出现下降趋势。绝大多数行业的空间基尼系数经历了先上升后下降的过程，各行业的基尼系数平均值在 2004 年达到峰值，为 0.6827，此后逐年下降，2012 年进一步下降为 0.6025。由于受国际金融危机影响，2008 年起空间基尼系数降幅加大。

结合各省区产业分布和劳动密集型产业空间基尼系数的变化可以看出，除了部分有国际竞争优势，外向程度高的行业如纺织业等在空间上更趋向于向沿海省区集中，产业集聚程度略有加强外，绝大多数集聚在沿海省区的产业呈现出向毗邻沿海地区的中部地区转移的趋势，特别是近年来，塑料制品业、金属制品业、纺织服装鞋帽制造业的空间基尼系数降幅较大，这些行业展现出较为明显的从沿海向中西部地区转移扩散的趋势。

（二）资本密集型产业

资本密集型产业是生产过程中需要较多资本投入的产业部门。在单位产品的成本中，资本成本与劳动成本相比所占的比重较大，每个劳动者所占用的固定资本和流动资本金额较高。

利用空间基尼系数公式，可以计算各资本密集型产业的空间基尼系数，表2-25列出了2012年6个典型行业的空间基尼系数。

表2-25　2012年资本密集型产业空间基尼系数

| 行业 | 基尼系数 | 行业 | 基尼系数 |
|---|---|---|---|
| 通用设备制造业 | 0.6454 | 石油加工、炼焦及核燃料加工业 | 0.4653 |
| 专用设备制造业 | 0.5633 | 黑色金属冶炼及压延加工业 | 0.5060 |
| 有色金属冶炼及压延加工业 | 0.4838 | 非金属矿物制品业 | 0.5203 |

从表2-25可以看出，除通用设备制造业外，其余行业的空间基尼系数相对较低。石油加工、炼焦及核燃料加工业的基尼系数为0.4653，反映出该行业在空间上的分布较为均匀。图2-2展示了我国资本密集型制造业空间基尼系数在时间维度内的变化情况。

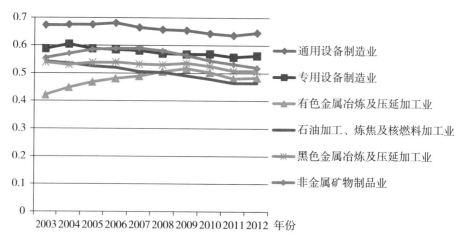

图2-2　资本密集型产业空间基尼系数及变化

从图 2-2 可以看出，除石油加工、炼焦及核燃料加工业之外，资本密集型产业的空间基尼系数出现了先上升、后下降的趋势。2006 年 6 个行业的空间基尼系数平均值达到峰值 0.6804，显示出随着 21 世纪初我国加入世界贸易组织以来，资本密集型产业空间集聚的趋势有所加强；但是从 2007 年起，基尼系数持续下降，2012 年降为 0.6487，表明金融危机后这些行业出现了明显的空间扩散趋势。尽管如此，观测区间内资本密集型产业空间基尼系数的平均降幅（0.0133）小于同期劳动密集型产业的平均降幅（0.0709），反映出资本密集型产业空间扩散的进程相对较慢。

（三）技术密集型产业

技术密集型产业又称知识密集型产业，是产品生产和服务创造中需采用复杂、先进的科学技术的生产部门和服务部门。技术密集型产业是我国制造业中科技投入与产出水平最高，科技创新能力最强，且能耗较小、环境污染较少、可持续发展能力最强的产业，在空间分布上主要集中在沿海省区及部分中部省区。

利用空间基尼系数公式，可以计算各技术密集型产业的空间基尼系数，表 2-26 列出了 2012 年 5 个典型行业的空间基尼系数。

本书所考察的 29 个制造业行业中，化学纤维制造业、通信设备计算机及其他电子设备制造业的地理集聚程度最高，空间基尼系数均值分别达到 0.7911 和 0.7842。根据表 2-26 数据可以看出，2012 年各技术密集型产业的基尼系数均在 0.5 以上，其中，医药制造业、专用设备制造业的空间基尼系数相对较低，反映其产业集聚程度略低。

表 2-26　2012 年技术密集型产业空间基尼系数

| 行业 | 基尼系数 | 行业 | 基尼系数 |
|------|---------|------|---------|
| 电气机械及器材制造业 | 0.6405 | 通信设备、计算机及其他电子设备制造业 | 0.7304 |
| 化学纤维制造业 | 0.7808 | 医药制造业 | 0.5109 |
| 化学原料及化学制品制造业 | 0.5807 | | |

进一步，图 2-3 反映了 2003—2012 年我国技术密集型制造业空间基尼

系数的变化情况。

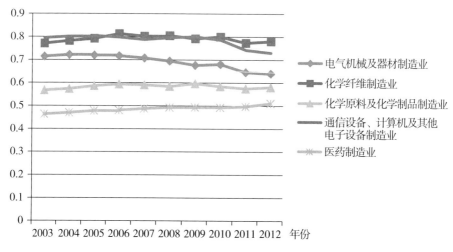

图2-3　技术密集型产业空间基尼系数及变化

从图2-3可以看出，2003—2012年化学原料及化学制品制造业、医药制造业、化学纤维制造业的空间基尼系数总体呈上升趋势，由于沿海地区具有资金、技术、人才等优势，这些产业进一步向沿海地区集聚。电气机械及器材制造业、通信设备、计算机及其他电子设备制造业表现出向中西部等地区转移的趋势。

（四）资源采掘业

资源采掘业是从自然界直接开采各种原料和燃料等矿产资源的工业部门，主要包括各种金属和非金属矿等。我国资源型产业的地理分布主要受资源禀赋条件的影响，早期主要布局在靠近资源产地的中西部地区以降低交通成本，沿海地区分布较少。随着交通运输业的发展和交通条件的改善、国内不可再生资源的减少、开采难度的增加和资源性产品生产成本的上升，我国资源型产业出现向沿海集聚的趋势，以靠近国际市场和国际资源，参与全球化竞争，提升规模经济。

利用空间基尼系数公式，计算5个资源采掘业的空间基尼系数，表2-27展示了2012年的计算结果。

表 2-27 2012 年资源采掘业的空间基尼系数

| 行业 | 基尼系数 | 行业 | 基尼系数 |
|---|---|---|---|
| 非金属矿采选业 | 0.5060 | 石油和天然气开采业 | 0.3931 |
| 黑色金属矿采选业 | 0.5870 | 有色金属矿采选业 | 0.5375 |
| 煤炭开采和洗选业 | 0.5642 | | |

据表 2-27 数据可以看出，资源采掘业的空间基尼系数相对较低，显示出该类产业集聚程度不高。2012 年资源型产业的基尼系数平均值为 0.5175，不仅低于劳动密集型产业，也低于资本密集型产业和技术密集型产业。由于受到资源产地的约束和"三线"建设的历史影响，资源型产业参与全球化的程度不高，尽管近年来出现在地理分布上趋于向沿海省区集中的趋势，但是中西部省区仍然是资源型产业的重要基地。在所列举的 5 个产业中，样本区间内有色金属冶炼及压延加工业的空间基尼系数明显增加，反映出近年来我国钢铁行业布局优化和结构调整收到了积极成效，产业集中度有所提高。

图 2-4 反映了我国资源采掘业的空间基尼系数在 2003—2012 年的变化情况。

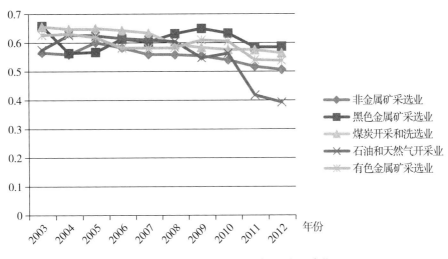

图 2-4 资源采掘业的空间基尼系数及变化

改革开放初期，我国资源型产业主要靠近原材料产地，这种空间分布格局的形成主要是为了减少原材料特别是煤炭、矿石的运输成本。近年来，资源型产业的空间格局主要表现为由集聚转为扩散的发展趋势。从图2-4中可以看出，石油加工、炼焦及核燃料加工业的基尼系数呈持续降低趋势，表明空间集聚程度下降。非金属矿物制品业、黑色金属冶炼及压延加工业等其余行业的空间基尼系数呈现先上升、后下降的趋势。资源型产业在沿海地区的分布增加，有利于更好地利用海外资源和开拓国际市场。

## 第四节　沿海产业转移潜在规模和结构

### 一、沿海产业转移潜在规模的测度方法

与沿海产业转移的实际规模相比，测度沿海产业转移的潜在规模就显得更为困难。由于企业的转移决策受到多方面因素的影响，这使得产业转移具有很大的不确定性。当沿海企业在当地的生产经营面临亏损时，既有可能转向中西部地区或沿海欠发达地区，也有可能转向海外，还有可能选择退出生产领域。通常，只有当调整生产区位后能明显改善企业的赢利情况，或者具有赢利改善的稳定预期时，一个理性的决策者才会选择进行产业转移。因此，观察到的实际发生的产业转移规模总是小于潜在的转移规模。

不妨回到产业转移的起点进行思考。沿海产业为什么会进行跨区域转移？韦伯（Weber A.）的工业区位论认为，在考虑运输、劳动力及集聚因素的相互作用之后，理想的工业区位应是生产成本最小的地点，[①] 以廖什（Lösch A.）为代表的市场区位理论则认为应是利润最大的地点。此外，刘易斯（Lewis W. A.）的劳动力密集型产业转移理论[②]、弗农（Vernon R.）产品生命周期理论[③]、邓宁（Dunning）的国际生产折衷理论[④]、赤松要

---

① ［德］阿尔弗雷德·韦伯：《工业区位论》，李刚剑等译，商务印书馆2013年版。
② ［美］阿瑟·刘易斯：《国际经济秩序的演变》，乔依德译，商务印书馆1982年版。
③ Vernon R., "International Investment and International Trade in the Product Cycle", *Quarterly Journal of Economics*, Vol. 80, No. 2 (May 1966).
④ Dunning H., *International Production and the Multinational Enterprise*, London: George Allen & Unwin, 1981.

（Kaname Akamatsu）的"雁行产业发展形态论"[①] 以及小岛清（Kojima）的边际产业扩张论[②]，分别从要素、产品、企业、产业等不同层面考察了跨国投资和产业转移的原因，虽然侧重点各有不同，但是成本节约和市场接近仍然是这些理论最基本的关注点。2010 年，笔者对珠三角和长三角转移企业的实地调查显示，转移到湖南湘南地区（郴州、衡阳、永州）和江西赣州地区的 87 家沿海企业中，有 69 家将降低生产成本作为转移的首要因素，[③] 这说明现阶段经济环境变化下沿海地区涌现的产业转移浪潮更多是出于降低成本的考虑，而这一点也为众多的实地调查所证实。[④]

考虑到现阶段沿海产业转移主要是由于经营环境恶化，致使企业生产成本增加甚至亏损而引起的，于是，以不同情景下的沿海各产业的产出损失量作为产业转移潜在规模的代理变量，成为一种可行的选择。笔者的设想是，如果产业转移目的地的经营条件足够优越、转移之后企业的赢利水平能够明显提升，则这一部分因成本上升、利润下降而陷入困境的企业，特别是面临亏损的企业转移到该目的地继续经营是很有可能的。于是，本书通过测算外生冲击下沿海地区各产业的产值损失量，来反映沿海产业转移的潜在规模和结构。

企业迁移或再区位（Firm Relocation）是追求利润最大化的企业在经济环境变化下的一种市场行为。有文献在多部门、多市场的一般均衡分析框架下，采用可计算的一般均衡模型考察了运输成本、进出口关税变动等多种外生冲击对企业迁移的影响，通过设定外生冲击的不同情景，进而分

---

① Akamatsu K., "A Historical Pattern of Economic Growth in Developing Countries", *The Developing Economies*, Vol. 1, No. 1（August 1962）.

② Kojima K., *Direct Foreign Investment: A Japanese Model of Multinational Business Operations*, London: Croom Helm, 1978. ［日］小岛清：《对外贸易论》，周宝康译，南开大学出版社 1987 年版。

③ 企业的跨区域转移受到多种因素影响，笔者在发放的调查问卷中要求企业经营者对下列选项进行优先次序排序：获取自然资源；降低生产成本；接近目标市场；企业家故乡情结。

④ 刘琼：《迁移还是升级："珠三角"的转型之痛》，《今日中国（中文版）》2008 年第 5 期。占才强：《〈劳动合同法〉实施触发多米诺效应，"世界工厂"面临转移之痛——珠三角工厂大撤离》，《南方都市报》2008 年 1 月 22 日。杜雅文、万晶：《西进！北上！沿海代工企业大内迁调查》，《中国证券报》2010 年 8 月 5 日。陈青松：《低成本诱惑，外贸企业"东南飞"》，《中国企业报》2012 年 3 月 27 日。

析各情景下企业区位选择对地区经济增长的影响。① 以此为借鉴，本书从地区投入产出的角度出发，以区域可计算一般均衡模型为分析工具，计算不同外生冲击条件下沿海地区各产业的产出变化，进而分析各典型情景下沿海产业转移的潜在规模与结构。②

## 二、可计算一般均衡的分析框架

### （一）区域可计算一般均衡模型

可计算一般均衡模型实质上是一个多部门、多市场的模型，它把经济系统作为一个整体，外生变量变化引起的经济系统任何一部分结构变化都会波及整个系统，导致商品和要素价格、数量的普遍波动，使得经济系统从一个均衡状态向另一个均衡系统过渡。相对其他局部均衡分析方法，可计算一般均衡模型能够更好地刻画经济环境变化对地区产业发展的影响。国内学者中，赖明勇等基于可计算一般均衡模型分析了四种不同类型的产业转移对湖南省两型社会建设的影响。③

传统的可计算一般均衡模型用于分析单个国家政策和经济变化的影响，难以处理跨区域的产业转移问题。本书在标准可计算一般均衡模型④的基础上，引入地区间贸易因素，建立区域可计算一般均衡模型，包括生产模块、居民模块、政府模块、投资储蓄模块、国际贸易和地区贸易模块、市场出清条件六个模块，共由 42 个方程构成。模型以经济环境变化

---

① Forslid R., Haaland J. I. & Knarvik K. H. M, "A U-shaped Europe? A Simulation Study of Industrial Location", *Journal of International Economics*, Vol. 57, No. 2 (August 2002). Knarvik K. H. M., Forslid R., Haaland J. I. & Maestad O., "Integration and Transition: Scenarios for Location of Production and Trade in Europe", *Economics of Transition*, Vol. 10, No. 1, (February 2002). Partridge M. D. & Rickman D. S, "Computable General Equilibrium (CGE) Modelling for Regional Economic Development Analysis", *Regional Studies*, Vol. 44, No. 10, (February 2010).

② 贺胜兵、刘友金、向国成：《多重冲击下沿海产业转移的潜在规模与结构——基于区域 CGE 模型的模拟分析》，《中国软科学》2013 年第 10 期。

③ 赖明勇、吴义虎、肖皓：《湖南省承接产业转移与"两型社会"建设——基于湖南省 CGE 模型的分析》，《湖南大学学报》（社会科学版）2010 年第 4 期。

④ Hosoe N., Gasawa K. & Hashimoto H., *Textbook of Computable General Equilibrium Modelling: Programming and Simulations*, Palgrave Macmillan, 2010, p. 235.

下我国沿海地区的各产业发展为主要模拟对象，通过分析比较沿海各产业
在经济环境变化前后的产出变化，测算产业转移的潜在规模和结构。考虑
到国内外诸多因素的变化都会直接或间接地对沿海企业经营产生影响，这
使得准确模拟沿海产业转移过程成为一项艰巨的任务。为了突出研究目标
和简化分析过程，笔者做了一个相对理想化的假定，假设区域外部的经济
环境没有发生变化或将区域外部的经济行为外生化，[①] 即在分析外生冲击
对沿海产业发展的效应时，未考虑其对我国中西部地区、世界其他国家可
能造成的影响。

　　国际贸易方程中采用的是小国假设，即国际价格外生，我国是价格的
接受者，以此反映沿海企业缺少定价权的情况。国内产品和进口品不完全
替代，二者之间的替代关系由阿明顿（Armington）条件来描述。同时，考
虑到沿海地区存在"民工荒"，区域可计算一般均衡模型采用充分就业假
设的新古典闭合准则，并以劳动力的工资水平为价格基准。模型以通用代
数建模系统（General Algebraic Modeling System，简称 GAMS）软件为基础
编制计算程序，采用非线性规划（NLP）算法求解各参数。为尽可能减少
外生设定参数的影响，本书构建的区域可计算一般均衡模型没有引入动态
机制。表 2-28 给出所建区域可计算一般均衡模型的核心方程组体系，限
于篇幅，价格方程等未予列出。

表 2-28　区域可计算一般均衡模型的主要方程组体系

| 序号 | 方程组 | 经济意义 |
|---|---|---|
| 1 | $Y_j = b_j \times L_j^{\beta_j} \times K_j^{1-\beta_j}$ | $C$—$D$ 生产函数 |
| 2 | $X_{i,j} = ax_{i,j} \times Z_j$ | $Leontief$ 中间需求函数 |
| 3 | $TAX_{dh} = \tau_{dh} \times (TYL + YHK)$ | 居民所得税 |
| 4 | $TAX_{de} = \tau_{de} \times (YEK - DEPR)$ | 企业所得税 |

---

①　区域 CGE 模型通常采用这一设定，如斯托提克等（Stodick L. et al, 2009）建立的 Idaho-
Washington 模型、王铮等（2010）建立的上海市区域可计算一般均衡模型等也进行了类似的处理。

| 序号 | 方程组 | 经济意义 |
|---|---|---|
| 5 | $TAX_j^z = \tau_j^z \times PZ_j \times Z_j$ | 企业间接税① |
| 6 | $TAX_i^m = \tau_i^m \times PM_i \times M_i$ | 进口关税 |
| 7 | $XG_i = \mu_i \times (TAX_{dh} + TAX_{de} + \sum_j (TAX_j^z + TAX_i^m) - SG)/PQ_i$ | 政府支出 |
| 8 | $SP = rsp \times (TYL + YHK)$ | 居民储蓄 |
| 9 | $SG = rsg \times (TAX_{dh} + TAX_{de} + \sum_j (TAX_j^z + TAX_j^m))$ | 政府储蓄 |
| 10 | $SE = (1 - \tau_{de}) \times (YEK - DEPR)$ | 企业储蓄 |
| 11 | $XP_i = \alpha_i \times (TYL + YHK - SP - TAX_{dh})/PQ_i$ | 居民消费 |
| 12 | $UU = \prod_i XP^{\alpha_i}$ | 效用函数 |
| 13 | $Q_i = \gamma_i (\delta m_i \times M_i^{\eta_i} + \delta d_i \times AD_i^{\eta_i})^{1/\eta_i}$ | 进口产品和国内产品复合（CES） |
| 14 | $Z_i = \theta_i (\xi e_i \times E_i^{\varphi_i} + \xi d_i \times AS_i^{\varphi_i})^{1/\varphi_i}$ | 出口产品和国内产品复合（CET） |
| 15 | $AD_i = D_i + RM_i$ | 区域外产品调入 |
| 16 | $AS_i = D_i + RE_i$ | 区域内产品调出 |
| 17 | $\sum_i pwe_i \times E_i + SF = \sum_i pwm_i \times M_i$ | 国际贸易平衡 |
| 18 | $\sum_i pde_i \times RE_i + SRF = \sum_i pdm_i \times RM_i$ | 地区贸易平衡 |
| 19 | $Q_i = XP_i + XG_i + XV_i + \sum_j X_{ij}$ | 商品市场出清 |
| 20 | $\sum_i L_i = QLS$ | 劳动力市场出清 |
| 21 | $\sum_i K_i = QKS$ | 资本市场出清 |

（二）沿海地区社会核算矩阵及调平

社会核算矩阵（Social Accounting Matrix，简称 SAM）是可计算一般均衡模型的数据基础，本书的社会核算矩阵表包括活动（商品）、劳动、资

---

① 企业间接税主要包括增值税、消费税和营业税。

本、居民、企业、政府、投资储蓄、区域外、国外九个账户。由于 2012 年的区域投入产出表尚在编制之中，因此，本书社会核算矩阵表中的地区投入产出数据主要来源于上海、浙江、江苏、广东、福建五省市的 2007 年投入产出表和 2008 年统计年鉴。为准确测度沿海产业转移的潜在规模和结构，分别从长三角地区（上海、浙江、江苏）、涵盖珠三角和闽三角的粤闽地区（广东、福建），以及包含这两大地区的沿海五省两个层次上进行考察，并分别编制相应的三个社会核算矩阵表。表 2-29 给出了社会核算矩阵的结构。企业所得税、进口关税等税收数据来自于《中国财政年鉴 2008》和《中国税务年鉴 2008》。其他数据来源及说明见表 2-30。由于这些初始数据的社会核算矩阵表是不平衡的，采用直接交叉熵法对社会核算矩阵表进行调平。同时，为描述分行业的产业转移情况，本书在 42 部门投入产出表的基础上，将活动（商品）合并为 25 个部门，具体的部门分类如表 2-31 所示。

（三）参数校调和设定

区域可计算一般均衡模型的主要参数可以分为两类：一类是常替代弹性函数（Constant Elasticity of Substitution，简称 CES）和常转换弹性函数（Constant Elasity of Transformation，简称 CET）中的弹性系数，取值由外生给定，一般通过计量经济方法进行估计，但是其估计值对所采用的函数形式、数据类型和数据结构非常敏感。在参考现有文献的基础上，本书将各行业国内产品和国外产品的替代弹性和转换弹性取值为 2；另一类是其他弹性系数和份额参数，采用校调估算（Calibration）的方法，根据社会核算矩阵表中的数据计算得到。随后，将各参数取值代入区域可计算一般均衡模型中进行复制检验，模型运算的结果与原有数据相一致，表明本模型和计算程序运行稳定。

## 三、情景模拟分析

一般认为，沿海产业转移的影响因素涉及劳动力、土地、企业税收、企业融资、人民币汇率、环境保护、产业转移优惠政策等。[①] 由于产业转移的影响因素众多，须从复杂变化的沿海经济发展环境中抽象出主要的因素。根据 2010 年和 2011 年对沿海转移企业的实地调查，廉价劳动力短缺和融资困难，成为困扰沿海企业特别是中小型企业生产经营的关键因素。在此基础上，结合对数据完备性的要求，本书重点考察劳动力投入量、资本投入量[②]、企业所得税和企业间接税对沿海产业发展和产业转移的影响，进而计算各典型情景下产业转移的潜在规模与结构。由于缺少各地区分行业的土地使用数据[③]、各行业的进口税率和出口退税税率等，没有考虑这些因素变化的影响。在研究中，笔者分别模拟了前述四种因素变动对沿海各行业产出水平的影响，测算了 25 个沿海产业相对于初始状态的转移潜在规模。下面分别报告了单因素冲击和多因素联合冲击下的主要模拟结果。

表 2-29　区域可计算一般均衡模型的社会核算矩阵

| | 生产活动 | 商品 | 劳动力 | 资本 | 居民 | 企业 | 政府 | 投资储蓄 | 国外 | 区外 |
|---|---|---|---|---|---|---|---|---|---|---|
| 生产活动 | | 本地生产本地供给 | | | | | | | 出口 | 调出 |
| 商品 | 一般商品中间投入 | | | | 居民消费 | | 政府消费 | 固定资本投资 | | |
| 劳动力 | 劳动收入 | | | | | | | | | |

---

①　刘嗣明、童欢、徐慧：《中国区际产业转移的困境寻源与对策探究》，《经济评论》2007 年第 6 期。陈耀：《东西部合作互动集群迁移与承接策略》，《天津师范大学学报》（社会科学版）2009 年第 1 期。

②　由于缺少沿海地区分行业的信贷缺口数据，此处以资本投入量的变动反映融资缺口的影响。

③　笔者对湖南湘南地区、长株潭地区和江西赣州地区的实地调查发现，转移到当地的沿海企业中，绝大多数企业已经购置或打算购置工业用地，进而自建生产厂房。其中，超过半数的企业先期租用工业园区的标准化厂房快速投产，在进一步熟悉当地的经营环境之后再行购地、建厂。对持续生产经营的企业而言，购置土地属一次性投入，因此，对后续生产成本的影响相对较小。

| | 生产活动 | 商品 | 劳动力 | 资本 | 居民 | 企业 | 政府 | 投资储蓄 | 国外 | 区外 |
|---|---|---|---|---|---|---|---|---|---|---|
| 资本 | 资本收入 | | | | | | | | | |
| 居民 | | | 劳动收入 | 居民资本收入 | | | | | | |
| 企业 | | | | 企业资本收入 | | | | | | |
| 政府 | 生产税 | 进口关税 | | | 居民所得税 | 企业所得税 | | | | |
| 投资储蓄 | | | | 资本折旧 | 居民储蓄 | 企业储蓄 | 政府储蓄 | | 国外储蓄 | 区外储蓄 |
| 国外 | | 进口 | | | | | | | | |
| 区外 | | 调入 | | | | | | | | |

表 2-30 数据来源及说明

| 变量名称 | 数据来源 |
|---|---|
| 资本收入 | 固定资产+营业盈余 |
| 投资储蓄 | 固定资本形成总额+存货增加 |
| 居民资本收入 | 人均资本收入×人口数 |
| 企业资本收入 | 资本折旧+营业盈余-居民的资本收入-资本折旧 |
| 企业储蓄 | 统计年鉴和列余量 |
| 居民储蓄 | 各省历年《统计年鉴》 |
| 居民所得税、企业所得税 | 历年《中国税务年鉴》 |
| 进口关税 | (进口数量/全国进口数量)×全国进口关税 |
| 平均关税税率 | 0.0195 |
| 政府储蓄 | 列余量 |

（一）劳动供应量与资本投入量变动的模拟分析

"民工荒"是我国沿海产业发展面临的一个突出问题。统计数据显示，现在的农民工后备力量每年比此前高峰时减少了 600 多万人，[①] 而 2010 年浙江省前三季度求人倍率分别为 1.95、1.89、1.99，劳动力缺口平均达到 112.24 万人。[②] 一些学者和研究机构预期我国劳动力总数将在 2015 年前后达到顶峰，以后开始下降。[③] 因此可以预见的是，未来我国沿海地区劳动力供给紧张的局面仍将进一步持续。另外，为抑制通货膨胀，2011 年国家连续出台措施紧缩银根，使不少企业特别是中小企业出现融资难问题，沿海多个地区出现了"钱荒"危机，温州等地甚至出现企业家"跑路"现象。

为刻画沿海地区"民工荒"和"钱荒"带来的影响，笔者将沿海地区的劳动投入总量（QLS）和资本投入总量（QKS）进行外生处理，模拟分析劳动力和资本投入各减少 5% 的产出效应，模拟结果如表 2-31 所示。

从表 2-31 可以看出，在其他条件不变的情况下，当劳动力投入量减少 5% 时，长三角地区除通信设备计算机及其他电子设备制造业的总产出增长之外，其他部门的总产出都有不同程度的下降，特别是劳动密集型的部门，其产出减少幅度较大，其中，农林牧渔业、纺织业、服装皮革羽绒及其制品业、建筑业及其他社会服务业的降幅超过了 3%。就长三角地区的沪、苏、浙三省市而言，其总产出相对于初始状态下降 2.15%，即总产出减少 4078.92 亿元，根据前文的分析，亦即此时长三角地区的产业转移潜在规模为 4078.92 亿元。

当劳动力投入量减少 5% 时，粤闽地区的通用专用设备制造业、金属冶炼及压延加工业、电气机械及器材制造业，以及通信设备计算机及其他电子设备制造业等资本密集型和技术密集型产业的产出增加，反映出劳动

---

① 萧琛、胡翠、石艾：《"民工荒"的原因，应对与劳工市场制度变革前景》，《新华文摘》2011 年第 2 期。

② 统计数据显示，2010 年浙江省从业人员总数为 3636.02 万人，由此计算得到前三季度劳动力缺口的比例为 3.09%。易振华、应千凡：《产业转移趋势下我国劳动力区域性短缺问题研究——基于东西部地区的实证》，《浙江金融》2011 年第 4 期。

③ 蔡昉：《劳动力短缺，笔者是否应该未雨绸缪》，《中国人口科学》2005 年第 6 期。蒋茜、孙兵：《我国劳动力市场的供求趋势预测》，《经济纵横》2011 年第 5 期。

力市场的变化对这些行业的发展影响不大。农林牧渔业等劳动密集型的部门，其产出减少幅度较大，尤其是纺织业和服装皮革羽绒及其制品业对劳动力市场变化较为敏感，其下降幅度分别达到16.12%和21.27%，产值分别为640.85亿元和1287.92亿元。广东、福建两省的总产出相对于初始状态下降1.63%，即地区总产出的损失量为1927.15亿元，此时粤闽地区的产业转移潜在规模为1927.15亿元。进一步观察发现，如果不考虑产出增加的行业，其他行业减少的产值达到3192.67亿元，占到地区总产出的2.7%，这一比例明显高于长三角地区（2.24%），其中仅纺织业和服装皮革羽绒及其制品业的转移潜在规模就占到了相当大的比例。

表2-31　劳动力投入量和资本投入量各减少5%的模拟结果

| 行业 | QLS＝QLS 0×0.95 | | | QKS＝QKS 0×0.95 | | |
|---|---|---|---|---|---|---|
| | 长三角产出变化率（%） | 粤闽产出变化率（%） | 沿海五省产出变化率（%） | 长三角产出变化率（%） | 粤闽产出变化率（%） | 沿海五省产出变化率（%） |
| 农林牧渔业 | -4.06 | -4.98 | -4.28 | -0.71 | 0.27 | -0.49 |
| 煤炭开采和洗选业 | -2.23 | -1.72 | -2.19 | -2.91 | -3.51 | -2.98 |
| 石油和天然气开采业 | -0.15 | 3.42 | 0.10 | -4.46 | -2.41 | -5.00 |
| 金属及非金属矿采选业 | -1.93 | 1.10 | -1.49 | -3.59 | -7.08 | -4.17 |
| 食品制造及烟草加工业 | -2.91 | -3.39 | -3.07 | -2.06 | -1.83 | -1.90 |
| 纺织业 | -4.00 | -16.12 | -5.83 | 0.33 | 4.91 | 2.83 |
| 服装皮革羽绒及其制品业 | -4.08 | -21.27 | -6.77 | 0.11 | 7.32 | 4.05 |
| 木材加工及家具制造业 | -3.79 | -3.69 | -3.79 | -0.28 | -3.03 | -1.06 |
| 造纸印刷及文教用品制造业 | -2.07 | -1.73 | -2.06 | -2.48 | -5.01 | -2.48 |
| 石油加工、炼焦及核燃料加工业 | -1.89 | 2.23 | -1.54 | -3.17 | -0.84 | -3.57 |
| 化学工业 | -2.05 | -0.97 | -1.96 | -2.64 | -3.61 | -2.73 |
| 非金属矿物制品业 | -2.59 | -1.81 | -2.39 | -3.41 | -5.55 | -3.74 |
| 金属冶炼及压延加工业 | -1.73 | 2.54 | -1.17 | -3.80 | -8.66 | -4.42 |

续表

| 行业 | QLS＝QLS 0×0.95 | | | QKS＝QKS 0×0.95 | | |
|---|---|---|---|---|---|---|
| | 长三角产出变化率（%） | 粤闽产出变化率（%） | 沿海五省产出变化率（%） | 长三角产出变化率（%） | 粤闽产出变化率（%） | 沿海五省产出变化率（%） |
| 金属制品业 | −1.97 | 0.50 | −1.83 | −3.57 | −6.50 | −3.82 |
| 通用、专用设备制造业 | −2.45 | 8.72 | −2.16 | −3.55 | −13.73 | −3.96 |
| 交通运输设备制造业 | −2.36 | −1.79 | −2.20 | −3.33 | −4.06 | −3.59 |
| 电气、机械及器材制造业 | −1.57 | 2.58 | −0.81 | −3.83 | −8.76 | −4.47 |
| 通信设备、计算机及其他电子设备制造业 | 1.19 | 3.28 | 1.45 | −4.31 | −9.98 | −5.25 |
| 仪器仪表及文化办公用机械制造业 | −1.99 | 0.70 | −1.51 | −3.32 | −6.71 | −3.80 |
| 水电、燃气的生产供应及其他制造业 | −1.98 | −2.29 | −1.94 | −3.12 | −3.88 | −3.19 |
| 建筑业 | −3.13 | −3.62 | −3.24 | −3.48 | −3.97 | −3.70 |
| 交通、邮政及信息传输 | −2.01 | −1.63 | −1.92 | −3.13 | −3.14 | −3.29 |
| 批发零售及住宿餐饮业 | −2.05 | −1.73 | −1.93 | −3.07 | −3.68 | −3.24 |
| 金融及技术服务业 | −1.99 | −2.07 | −1.99 | −3.27 | −3.27 | −3.30 |
| 其他社会服务业 | −3.08 | −2.95 | −3.10 | −1.97 | −2.31 | −1.98 |
| 总体变化 | −2.15 | −1.63 | −2.09 | −2.86 | −4.59 | −2.92 |

　　如果以沿海五省作为整体来考察，当劳动力投入量减少5%时，通信设备计算机及其他电子设备制造业的产出增加，纺织业、服装皮革羽绒及其制品业等劳动密集型产业的产出降幅较大。沿海五省的总产出相对于初始状态下降2.09%，总产出的损失量或者产业转移的潜在规模达到6322.69亿元。

　　在其他条件不变的情况下，如果资本投入量减少5%，长三角地区除纺织业、服装皮革羽绒及其制品业的总产出略有增加之外，其余行业均有不同程度的下降，其中，通信设备计算机及其他电子设备制造业等16个行业的下降幅度超过了3%。长三角地区三省市的总产出相对于初始状态下

降 2.86%，总产出的损失量为 5420.79 亿元，即产业转移潜在规模为
5420.79 亿元。

当资本投入量减少 5% 时，粤闽地区产出增加的行业与长三角类似，
除纺织业、服装皮革羽绒及其制品业及农林牧渔业的产出增加之外，其他
行业产出均出现下降，尤其资本密集型行业的产出下降较为明显，通用专
用设备制造业、电气机械及器材制造业、通信设备计算机及其他电子设备
制造业的降幅达到 13.73%、8.76% 和 9.98%。粤闽地区的总产出相对于初
始状态下降 4.01%，总产出的损失量为 5435.89 亿元，即产业转移潜在规
模为 5435.89 亿元。如果不考虑产出增加的行业，其他行业减少的产值为
5968.16 亿元，占到地区总产出的 5.05%。

如果以沿海五省作为整体来考察，当资本投入量减少 5% 时，纺织
业、服装皮革羽绒及其制品业的产出增加，其余行业均有不同程度的缩
减，资本、技术密集型产业的产出下降幅度较大。沿海五省的总产出相
对于初始状态下降 2.92%，总产出的损失量或产业转移潜在规模达到
8833.62 亿元。

（二）企业所得税与企业间接税变动的模拟分析

税收是影响企业生产经营成本的重要因素，减税是当前的一个热门话
题。2011 年的中央经济工作会议提出，要继续完善结构性减税政策。减税
能够使企业的生产成本下降、赢利空间扩大，其中一部分转化为产品价格
优势，有利于增强产品竞争力，一部分转化为资本所得，有利于企业扩大
再生产，还有一部分转化为劳动者收入，有利于提振居民的消费需求。本
书主要考察企业间接税和企业所得税对沿海产业发展的影响。从税收结构
上看，统计数据显示，2010 年以增值税为代表的间接税占我国税收总收入
的比例达到 56.7%，因此，适当降低间接税是实现结构性减税的重要途
径。与此同时，随着经济蛋糕的进一步做大和对中小企业发展的支持力度
进一步加大，未来企业所得税率仍有下调的空间。鉴于此，笔者模拟了企
业所得税率（$\tau_{de}$）、企业间接税率（$\tau_j^z$）下降 10% 对沿海产业发展的影响，
模拟的结果如表 2—32 所示。

从表 2-32 可以看出，在其他条件不变的情况下，当企业所得税率 $\tau_{de}$ 减少 10% 时，长三角和粤闽地区的 25 个行业类别中，大多数行业的产出变化趋于增加，但是增长幅度较小，两个地区产出变化率分别为 0.08% 和 0.02%，相应的产出增加数量为 151.77 亿元、23.65 亿元，这显示出企业所得税降低对粤闽地区企业的刺激效果更小。在此情景下，沿海五省的总产出变化率为 0.07%，即总产出增长 211.76 亿元。

在其他条件不变的情况下，当企业间接税率 $\tau_j^i$ 减少 10% 时，长三角和粤闽地区的 25 个行业类别中，绝大多数行业的产出变化趋于增加，两个地区产出变化率分别为 0.31% 和 0.36%，相应的产出增加数量为 664.01 亿元、366.51 亿元，显然，闽粤地区的间接税减税效果更为明显。此时沿海五省的总产出变化率为 0.31%，即地区总产出增长 907.56 亿元。不难看出，企业间接税和企业所得税下调将导致沿海产业转移潜在规模小幅下降。与企业所得税相比，降低企业间接税对增加产出的促进作用更为明显。

为什么长三角和粤闽地区的产业发展对税率调整等外生冲击的反馈存在明显差异？两大区域的产业结构差异是导致这一现象的主要原因。与长三角地区相比，粤闽地区特别是珠三角地区的加工贸易类企业所占比例更高，2011 年，仅广东省的加工贸易就占到全国的近 40%。[①] 加工贸易企业以赚取加工费为主，虽然产品进出的总量很大，但是企业的利润水平很低，因此，以企业净所得为课税对象的企业所得税，与作用于生产和流通环节的企业间接税相比，其税率调整对企业发展的影响相对较小。由于缺乏核心竞争力，加工贸易类企业转型升级的难度较大，因此，不利的外生冲击对珠三角产业发展所造成的困扰更为严重。

---

① 商务部：《2011 商务形势系列述评：推动加工贸易转型升级》，2012 年 1 月 1 日，见 http://www.gov.cn/gzdt/2012-01/01/content_ 2035240.htm。

表 2-32　企业所得税率和间接税率各降低 10% 的模拟结果

| 行业 | $\tau_{de}=\tau_{de0}\times0.9$ | | | $\tau_{j=}^{z}\tau_{j0}^{z}\times0.9$ | | |
|---|---|---|---|---|---|---|
| | 长三角产出变化率（%） | 粤闽产出变化率（%） | 沿海五省产出变化率（%） | 长三角产出变化率（%） | 粤闽产出变化率（%） | 沿海五省产出变化率（%） |
| 农林牧渔业 | 0.02 | 0.01 | 0.02 | 0.17 | -0.17 | 0.12 |
| 煤炭开采和洗选业 | 0.14 | 0.18 | 0.12 | 0.60 | 0.99 | 0.70 |
| 石油和天然气开采业 | 0.02 | 3.12 | 0.01 | 1.47 | 1.77 | -1.13 |
| 金属及非金属矿采选业 | 0.27 | 0.27 | 0.22 | 0.89 | 2.40 | 1.27 |
| 食品制造及烟草加工业 | -0.02 | -0.04 | -0.01 | 1.83 | 0.13 | 1.14 |
| 纺织业 | 0.04 | -0.21 | 0.07 | -0.45 | -2.60 | -0.55 |
| 服装皮革羽绒及其制品业 | 0.01 | -0.13 | 0.07 | 0.12 | -4.10 | -0.55 |
| 木材加工及家具制造业 | 0.14 | 0.12 | 0.16 | -0.41 | -0.30 | -0.54 |
| 造纸印刷及文教用品制造业 | -0.07 | -0.63 | -0.07 | -0.33 | -0.23 | -0.23 |
| 石油加工、炼焦及核燃料加工业 | 0.06 | 3.40 | 0.04 | 0.53 | 3.45 | 0.13 |
| 化学工业 | 0.05 | 0.29 | 0.03 | 0.25 | 0.50 | 0.15 |
| 非金属矿物制品业 | 0.34 | -0.10 | 0.28 | 0.89 | 1.45 | 1.01 |
| 金属冶炼及压延加工业 | 0.28 | 0.01 | 0.21 | 1.19 | 2.14 | 1.32 |
| 金属制品业 | 0.25 | 0.07 | 0.20 | 0.86 | 1.30 | 0.90 |
| 通用、专用设备制造业 | 0.33 | 0.27 | 0.27 | 0.99 | 3.37 | 1.08 |
| 交通运输设备制造业 | 0.25 | 0.17 | 0.19 | 1.33 | 1.34 | 1.35 |
| 电气、机械及器材制造业 | 0.25 | -0.01 | 0.17 | 1.06 | 1.22 | 1.08 |
| 通信设备、计算机及其他电子设备制造业 | 0.09 | -0.22 | 0.08 | 0.40 | 0.96 | 0.67 |
| 仪器仪表及文化办公用机械制造业 | 0.17 | 0.08 | 0.13 | 0.71 | 0.92 | 0.62 |
| 水电燃气的生产供应及其他制造业 | 0.11 | -0.38 | 0.10 | 0.51 | 0.47 | 0.60 |
| 建筑业 | 0.44 | 0.27 | 0.40 | 1.01 | 1.19 | 1.00 |
| 交通、邮政及信息传输 | 0.03 | 0.31 | 0.03 | -0.004 | 1.25 | 0.29 |

| 行业 | $\tau_{de} = \tau_{de0} \times 0.9$ | | | $\tau_j^z = \tau_{j0}^z \times 0.9$ | | |
| --- | --- | --- | --- | --- | --- | --- |
| | 长三角产出变化率（%） | 粤闽产出变化率（%） | 沿海五省产出变化率（%） | 长三角产出变化率（%） | 粤闽产出变化率（%） | 沿海五省产出变化率（%） |
| 批发零售及住宿餐饮业 | 0.05 | -0.03 | 0.04 | 0.78 | 0.25 | 0.64 |
| 金融及技术服务业 | -0.01 | -0.02 | 0.00 | 0.07 | 0.59 | 0.28 |
| 其他社会服务业 | -0.91 | -0.61 | -0.80 | -3.99 | -4.82 | -4.34 |
| 总体变化 | 0.08 | 0.02 | 0.07 | 0.31 | 0.36 | 0.31 |

（三）沿海五省多重因素变动的模拟分析

我国沿海产业发展过程中面临着劳动力短缺、流动性偏紧、税负偏重等一系列需要克服的问题，前文分别模拟了劳动力投入、资本投入、企业间接税及企业所得税变动对沿海产业发展和产业转移的影响。但是，现实中企业所面临的往往并不是单一的问题，通常多个不同因素会对其同时产生影响。下面将分三种情形模拟分析上述四种因素变动的不同组合对沿海五省产业发展的影响，表2-33展示了模拟的结果。

从表2-33可以看出，在其他因素不变的情况下，当沿海劳动力投入量和资本投入量同时减少5%时，沿海五省25个产业的产出水平均出现了较大幅度的下降，所有行业的降幅都超过了3%。此时，在劳动力供给减少和资本供给减少的双重不利因素冲击下，沿海五省的总产出下降4.94%，即产业转移的潜在规模为14956.04亿元。从行业产值来看，潜在转移规模最大的10个产业依次为：化学工业（-1297.05亿元），建筑业（-1234.55亿元），通信设备计算机及其他电子设备制造业（-1217.07亿元），金融及技术服务业（-1211.5亿元），通用专用设备制造业（-958.39亿元），金属冶炼及压延加工业（-916.88亿元），电气机械及器材制造业（-882.44亿元），其他社会服务业（-766.27亿元），批发零售及住宿餐饮业（-751.61亿元），交通邮政及信息传输（-740.79亿元）。不难发现，在这10个产业中，资本密集型产业占大多数。根据现阶段沿海产业转移的特点，上述产业的潜在转移规模仍将主要集中于劳动密集区段，类似的例子包括富士康转移到重庆、郑州、成都等地，台达电子转移到郴州等。[①] 2011 年，重庆、河南、四川电子信息产品出口同比分别增长 646.8%、724.5%和193.8%，增幅明显高于电子产品出口额居前五位的广东（13.5%）、江苏（3.2%）、上海（9.7%）、浙江（10.7%）和山东（−7.6%）。[②]

表 2-33　沿海五省多重因素联合冲击的模拟结果

| 行　业 | $QLS = QLS_0 \times 0.95$ $QKS = QKS_0 \times 0.95$ | | $QLS = QLS_0 \times 0.95$ $\tau_{j=}^z \tau_{j_0}^z \times 0.9$ $\tau_{de} = \tau_{de_0} \times 0.9$ | | $QLS = QLS_0 \times 0.95$ $QKS = QKS_0 \times 0.95$ $\tau_{j=}^z \tau_{j_0}^z \times 0.9$ $\tau_{de} = \tau_{de_0} \times 0.9$ | |
|---|---|---|---|---|---|---|
| | 产出变化率（%） | 产出变化量（亿元） | 产出变化率（%） | 产出变化量（亿元） | 产出变化率（%） | 产出变化量（亿元） |
| 农林牧渔业 | −4.75 | −456.30 | −4.13 | −397.08 | −4.62 | −443.46 |
| 煤炭开采和洗选业 | −5.09 | −13.99 | −1.39 | −3.81 | −4.31 | −11.86 |
| 石油和天然气开采业 | −4.88 | −35.34 | −1.02 | −7.38 | −5.94 | −43.05 |
| 金属及非金属矿采选业 | −5.55 | −50.43 | −0.01 | −0.12 | −4.12 | −37.43 |
| 食品制造及烟草加工业 | −4.90 | −424.15 | −1.98 | −170.96 | −3.83 | −331.12 |
| 纺织业 | −3.22 | −420.80 | −6.26 | −817.59 | −3.71 | −485.15 |
| 服装皮革羽绒及其制品业 | −3.11 | −340.66 | −7.20 | −789.02 | −3.61 | −395.67 |
| 木材加工及家具制造业 | −4.69 | −195.05 | −4.15 | −172.61 | −5.07 | −210.76 |
| 造纸印刷及文教用品制造业 | −4.42 | −331.30 | −2.35 | −178.32 | −4.70 | −352.07 |
| 石油加工、炼焦及核燃料加工业 | −5.05 | −230.80 | −1.36 | −62.13 | −4.88 | −223.02 |

---

① 工业和信息化部发布的数据显示，2011 我国电子信息产品出口额为6612.0 亿美元，占到全国外贸出口总额的34.8%，但是就贸易方式看，进料加工贸易和来料加工贸易出口所占的比例分别为67.9%和7.6%，突出表明现阶段我国电子信息行业的比较优势主要集中于劳动力密集的生产环节。

② 《2011 电子信息产品出口增长 11.5%，内资企业比重提升》，2012 年 2 月 12 日，见 ht-tp://www.cnii.com.cn/index/content/2012-02/02/content_ 952776.htm。

续表

| 行　业 | $QLS=QLS\ 0×0.95$ $QKS=QKS\ 0×0.95$ | | $QLS=QLS\ 0×0.95$ $\tau^z_{j=}\tau^z_{j_0}×0.9$ $\tau_{de}=\tau_{de_0}×0.9$ | | $QLS=QLS\ 0×0.95$ $QKS=QKS\ 0×0.95$ $\tau^z_{j=}\tau^z_{j_0}×0.9$ $\tau_{de}=\tau_{de_0}×0.9$ | |
| --- | --- | --- | --- | --- | --- | --- |
| | 产出变化率（%） | 产出变化量（亿元） | 产出变化率（%） | 产出变化量（亿元） | 产出变化率（%） | 产出变化量（亿元） |
| 化学工业 | -4.62 | -1297.05 | -1.78 | -499.07 | -4.45 | -1249.23 |
| 非金属矿物制品业 | -6.03 | -399.13 | -1.13 | -74.79 | -4.80 | -317.46 |
| 金属冶炼及压延加工业 | -5.48 | -916.88 | 0.36 | 59.62 | -4.01 | -670.02 |
| 金属制品业 | -5.54 | -507.75 | -0.75 | -68.48 | -4.50 | -411.71 |
| 通用、专用设备制造业 | -6.01 | -958.39 | -0.82 | -130.70 | -4.71 | -750.86 |
| 交通运输设备制造业 | -5.69 | -674.89 | -0.69 | -81.80 | -4.22 | -500.64 |
| 电气、机械及器材制造业 | -5.17 | -882.44 | 0.42 | 71.28 | -3.97 | -677.40 |
| 通信设备、计算机及其他电子设备制造业 | -3.65 | -1217.07 | 2.14 | 715.20 | -2.91 | -972.25 |
| 仪器仪表及文化办公用机械制造业 | -5.19 | -173.10 | -0.78 | -25.90 | -4.47 | -148.94 |
| 水电、燃气的生产供应及其他制造业 | -5.06 | -725.80 | -1.25 | -176.79 | -4.40 | -630.89 |
| 建筑业 | -6.85 | -1234.55 | -1.87 | -336.21 | -5.51 | -993.65 |
| 交通、邮政及信息传输 | -5.15 | -740.79 | -1.60 | -230.25 | -4.84 | -696.09 |
| 批发零售及住宿餐饮业 | -5.10 | -751.61 | -1.26 | -185.80 | -4.45 | -656.57 |
| 金融及技术服务业 | -5.23 | -1211.50 | -1.71 | -396.17 | -4.96 | -1150.59 |
| 其他社会服务业 | -5.01 | -766.27 | -8.09 | -1238.31 | -9.91 | -1515.79 |
| 总体变化 | -4.94 | -14956.04 | -1.72 | -5197.21 | -4.59 | -13875.68 |

　　如果沿海劳动力投入量减少5%的同时采取减税措施，将企业所得税率（$\tau_{de}$）和企业间接税率（$\tau^z_j$）各降低10%，此时通信设备计算机及其他电子设备制造业的产出明显增加，其余绝大多数行业的产出水平出现下降，纺织业、服装皮革羽绒及其制品业和其他社会服务业降幅超过5%。

在此情景下，沿海五省的总产出下降 1.72%，即产业转移的潜在规模为 5197.21 亿元。转移潜在规模最大的 10 个产业依次为：其他社会服务业（-1238.31），纺织业（-817.59），服装皮革羽绒及其制品业（-789.02），化学工业（-499.07），农林牧渔业（-397.08），金融及技术服务业（-396.17），建筑业（-336.21），交通邮政及信息传输（-230.25），批发零售及住宿餐饮业（-185.8），造纸印刷及文教用品制造业（-178.32）。在这些产业中，劳动密集型产业所占的比例相当大，这基本上是近年来沿海地区纺织、服装、制鞋等劳动密集型产业大举内迁的进一步延续。

如果沿海劳动力投入量和资本投入量同时减少 5%，企业所得税率（$\tau_{de}$）和企业间接税率（$\tau_j^i$）又各降低 10%，产出变化情况与未进行税率调整的情形较为接近，各行业产值出现不同程度的下降。此时，沿海五省的总产出下降 4.59%，即产业转移的潜在规模为 13875.68 亿元。转移潜在规模最大的 10 个产业依次为：其他社会服务业（-1515.79 亿元），化学工业（-1249.23 亿元），金融及技术服务业（-1150.59 亿元），建筑业（-993.65 亿元），通信设备、计算机及其他电子设备制造业（-972.25 亿元），通用、专用设备制造业（-750.86 亿元），交通、邮政及信息传输（-696.09 亿元），电气、机械及器材制造业（-677.4 亿元），金属冶炼及压延加工业（-670.02 亿元），批发零售及住宿餐饮业（-656.57 亿元）。

进一步，笔者考察了各外生因素变动幅度更大时对沿海产业转移潜在规模的影响。在各情景设定中，将劳动投入量和资本投入量分别缩减 10%，企业所得税率和企业间接税率则分别降低 20%。表 2-34 展示了四种不同情景下沿海产业转移潜在规模的计算结果。从表 2-34 中数据可以看出，随着经济环境的进一步恶化，沿海五省产业结构的变化幅度进一步加大，产业转移的潜在规模明显增加，虽然企业所得税率和间接税率的更大幅度下调能够减轻不利因素所带来的影响，但是减税对产出的刺激效果相对较小，产业转移的潜在规模出现小幅下降。

表 2-34　沿海五省不同情景下产业转移潜在规模的模拟结果

| $QLS=QLS\,0×0.9$ | | $QLS=QLS\,0×0.9$; $\tau_{j}^{z}=\tau_{j_0}^{z}×0.8$; $\tau_{de}=\tau_{de0}×0.8$ | | $QLS=QLS\,0×0.9$; $QKS=QKS\,0×0.9$ | | $QLS=QLS\,0×0.9$; $QKS=QKS\,0×0.9$; $\tau^{zj}=\tau_{j_0}^{z}×0.8$; $\tau_{de}=\tau_{de0}×0.8$ | |
|---|---|---|---|---|---|---|---|
| 产出变化率（%） | 产出变化量（亿元） | 产出变化率（%） | 产出变化量（亿元） | 产出变化率（%） | 产出变化量（亿元） | 产出变化率（%） | 产出变化量（亿元） |
| −4.24 | −12819.41 | −3.49 | −10586.13 | −9.89 | −29911.82 | −9.21 | −27854.57 |

## 四、主要结论和启示

科学准确地测度沿海产业转移的潜在规模和结构十分重要。对于潜在的转移企业而言，有助于研判所在行业的发展动态和市场走向，从而及时规避市场风险；对于产业转移的承接地而言，有助于有针对性地改善投资环境，从而更好地改进承接转移工作；对于产业转出地而言，有助于及时洞察本地区产业发展的趋势，从而及时发展替代产业和推动产业结构调整升级，避免产业"空心化"；对于产业转移的政策制定者而言，有助于更好地认识和把握国民经济发展的宏观态势和区域特征，制定更加有效的产业转移调控政策，从而促进生产力的合理布局和区域经济协调发展。本节在一般均衡的分析框架之下，采用区域可计算一般均衡模型测算了不同外生冲击条件下沿海地区产业转移的潜在规模，并分析了潜在转移的行业结构，情景模拟分析的主要结果如下：

（一）劳动力投入量和资本投入量对沿海地区产业发展和产业转移具有重要影响

其中，当劳动力投入下降5%时，长三角地区、粤闽地区和沿海五省对应的产业转移潜在规模分别为4078.92亿元、1927.15亿元和6322.69亿元；当资本投入量下降5%时，三大区域的产业转移潜在规模分别为5420.79亿元、5435.89亿元和8833.62亿元。这表明，充沛的劳动力资源是中西部地区吸引产业转移的重要优势，而适度宽松的金融环境是沿海产业发展的重要基础。当劳动力和资本投入量分别下降10%的模拟结果显示，如果"民工荒"和"钱荒"加剧，将会导致沿海产业转移潜在规模大幅增加。

（二）税率下调使沿海地区总产出水平增加或产业转移潜在规模小幅下降

相比之下，企业间接税下调对沿海地区总产出的促进作用比企业所得税更为明显。这表明，适度的减税特别是降低企业间接税，有利于减轻企业负担、增强企业活力，能够为沿海产业转型升级提供必要的缓冲，从而有利于沿海企业渡过难关。

（三）长三角和粤闽地区的产业发展对外生冲击的反馈存在明显差异

不同外生冲击导致沿海各行业产出水平出现相应的变化，反映出经济环境改变引致地区产业结构调整。由于闽粤地区特别是珠三角地区加工贸易企业的比例更大，总体来看，不利外生冲击对当地产业发展所造成的影响比长三角地区更为严重。文中详细计算了多种典型情景下两大地区和沿海五省25个产业的转移潜在规模，据此，中西部地区可以结合本地区的资源禀赋和产业基础，有针对性地选择本地区适宜承接的沿海产业。

需要指出的是，本书虽然测算了不同外生冲击条件下沿海产业转移的潜在规模，但是如果没有一定的条件相配合，产业转移的潜在规模并不一定能够转化为向中西部地区转移的现实规模。伴随国内外产业发展环境和综合比较优势的相对变化，沿海产业也可能向海外转移。尤其值得注意的是，在未来几年内，随着我国人口红利的逐步消失，不仅沿海地区的工资水平将进一步上涨，而且广大中西部地区的工资水平也会随之上涨。日本贸易振兴机构（Japan External Trade Organisation，简称 JETRO）[①] 在 2011年 10月发表的一份调查报告显示，中国、印度、印度尼西亚、越南、孟加拉国制造业普通工人的平均工资分别为 306 美元、280 美元、205 美元、123 美元、78 美元，东南亚等一些周边国家的工资水平明显低于我国。虽然这些国家在产业基础、员工素质、电力供应、社会安定等方面有所不

---

① Japan External Trade Organization（JETRO），*Survey of Japanese-Affiliated Firms in Asia and O-ceania*，October，2011，http://www.jetro.go.jp/en/reports/survey/pdf/2011_11_07_biz.pdf.

足，但其仍然是我国中西部地区承接产业转移的强有力竞争者。因此，要想吸引沿海产业向我国中西部地区有序转移，中西部地区须扬长避短，努力打造有利于降低企业综合成本的良好投资环境。

在影响潜在转移企业经营成本的诸多因素中，硬的因素包括人力资源、配套设施、交通运输、产业基础、优惠政策等；软的因素包括政府服务、社会网络、风俗习惯等，其中，地方政府的服务效率尤为重要。笔者在对沿海企业的实地调查和访谈中发现，企业家普遍认为硬的因素是可以计算的，因而是可以清晰地纳入生产成本的，而软的因素由于无法准确预计，甚至可能发展成为成本"黑洞"，因此是潜在的转移企业最为担心的。沿海地区由于市场化程度高，地方政府的市场意识浓厚，办事程序规范透明，行政干扰少，办事效率高。相比之下，中西部地方政府特别是基层部门的服务意识仍存在很大差距，不规范的政府行为会增加企业后续运营成本的不确定性，这成为很多沿海企业不愿意转移到中西部地区的根本原因。鉴于此，为推动区域经济的持续健康发展，对东部地区而言，一方面要创新体制机制，加快现有产业的转型升级，允许和鼓励本地丧失比较优势的产业向外转移；另一方面应进一步发挥较低交易成本的优势，吸引优质外资，发展总部经济，大力发展战略性新兴产业和高端服务业等，持续增强自主创新能力。对中西部地区而言，为吸引符合当地产业发展要求的潜在转移企业向中西部地区有序转移，一方面要着力改善投资环境，有效降低物流成本，培育和增强地区经济的自生能力；另一方面则要提高政府服务的规范性和透明度，努力提升政府服务效率，打造公开、公平、公正的市场环境，使企业经营者能够形成相对稳定的成本预期。

## 第五节　沿海产业难以向中西部地区
## 大规模转移的成因

沿海产业发展对我国区域经济发展和区域经济格局具有重要影响。学术界普遍认为，推动沿海地区丧失比较优势的产业向中西部地区转移，是缩小地区差距、促进区域经济协调发展的重要途径。但是,从产业转移的实际效果来看,迄今中西部地区承接沿海产业转移规模明显低于人们的预期。下面将从三个方面分析沿海产业难以向中西部地区大规模转移的成因。

## 一、中西部地区综合比较优势不足以吸引大规模产业转移

降低生产成本是现阶段我国沿海产业转移的最主要动因。近年来,我国东部地区产业并未向中西部地区大规模转移的根本原因在于,中西部地区的综合比较优势不足,沿海企业转移到中西部地区之后并不能带来明显的生产成本下降,地区间资源禀赋差异所带来的成本节约尚不足以驱动大规模的产业转移。

（一）劳动力跨区域自由流动抑制了沿海地区劳动力成本上涨趋势

改革开放以来,我国劳动力在国内流动日趋自由和畅通,直接导致中西部地区劳动力向东部地区大规模流动,使东部地区劳动力供给具有无限弹性或完全弹性,大量廉价劳动力供给抑制了东部地区传统产业劳动力成本的持续上涨。另外,持续三十多年的计划生育政策使我国多年享有的人口红利逐步走向终结,中西部地区劳动人口过剩的现象一去不复返,有的地区甚至出现了"用工荒",劳动力成本也随之上涨。实地调研显示,如果考虑到劳动力质量的地区差异,沿海和中西部地区的劳动力成本差别不大。本书利用企业网络招聘工资数据的实证研究也表明:虽然中西部地区的工资水平相对较低,但是地区工资差距不大,而且中西部工资增长速度快于沿海地区,地区间工资差距趋于缩小,到2011年我国工资报酬最高的东部沿海地区的工资仅为工资报酬最低的中西部地区工资的 1.28—1.33倍,而20世纪80年代香港地区出口加工业向大陆沿海地区大规模转移时期,香港地区工人工资水平约为大陆地区工人工资水平的 8 倍以上。[1] 显然,劳动力的自由流动降低了地区间的工资差距,依靠劳动力成本差异驱

---

① 罗浩:《中国劳动力无限供给与产业区域粘性》,《中国工业经济》2003 年第 4 期。

动的大规模产业梯度转移尚难以实现。[①]

（二）交通区位因素提高了产业转移运输和原材料进口成本

东部地区的许多工业原材料和中间产品的供应依靠海外进口，产品主要出口国外市场，大量"两头在外"的加工贸易企业更加依赖海外市场。东部地区拥有便捷的高速公路、铁路和优质海港，能够有效缩短原料供应地和产品市场之间的距离，节约时间，为企业节约大量的产品运输成本和原材料进口成本。例如，目前从深圳出发运送一个40英尺集装箱到意大利热那亚港（Genova）的海运运费约为1800美元（或人民币11196元），如果从毗邻广东的中部地区城市湖南郴州出发（郴州属于"湘南国家级承接产业转移示范区"），则要多支付从郴州到珠三角出海口的陆路运费人民币约6500元，运费增幅高达58%。特别是在能源价格上涨和运输成本不断攀升的背景下，这个区位优势是深居内陆的中西部地区无法比拟的，即能够增强沿海企业的国际竞争力，也极大地抵消了中西部地区在生产要素价格方面的成本优势。

（三）产业集群化发展的集聚经济效益增加了产业转移粘性

我国东部地区传统产业经过多年的发展，产业集聚效应明显，形成众多产业集群。以2007"中国百佳产业集群"为例，被公布的100个产业集群中沿海地区浙江、广东、江苏、福建、山东五省占了85个。其中，浙江36个，广东21个，江苏17个，福建和山东分别为6个和5个。这些产业集群具专业特色明显、产业链完整、规模效益明显、支撑体系完善、政府服务规范等特点。浙江省的产业集群经济占到该省GDP的50%左右。产业集群内企业在营销、技术、信息共享以及培训等方面，可以在专业化分工的基础上利用规模经济效益，从而对当地产业产生强大的吸引力，导致产业转移时无法忽视产业链与产业集群的重要影响。中西部地区虽然自然资源丰富，但长期以来扮演着东部能源，原材料供应基地的角色，工业中采

---

① 贺胜兵、刘友金、周华蓉：《沿海地区为何难以向中西部地区转移——基于企业网络招聘工资地区差异的解析》，《中国软科学》2012年第1期。

掘业、原材料工业所占比重大，加工工业基础薄弱，产品附加值低，增值能力弱。产业发展呈现"小、散、弱"的特征，地区产业链不完整，产业分工协作不充分，规模效应、集聚效益不足，不能为转移产业提供完善的产业配套，因此沿海产业的吸引力有限。从区位格局来看，中西部地区与东部地区相比也存在明显劣势，如城市集聚规模小、密度低，城市间、聚落间的平均距离远，本地市场容量小，对外贸易机会少，交易成本高，难以承接大规模的沿海加工贸易转移。

（四）中西部地区产业发展支持体系的较大差距削弱了产业转移动力

改革开放以来，东部地区由于地理区位、产业基础、政策倾斜等优势发展迅猛，市场经济体制不断完善。东部地区基础设施完善，生产性服务业发达，与国际经济联系紧密，政府服务规范透明，市场交易成本低。同东部地区相比，中西部地区在产业发展的硬环境和软环境方面，仍然存在较大的差距。在产业发展的硬件方面，中西部地区的交通、通信、供水、供气、供电、环保等基础设施建设滞后，职业教育、医疗卫生、就业服务等配套设施不足，非公有经济发展、要素和产品市场发育、生产性服务业发展、产业配套能力、对外经济联系等多个方面存在明显差距；在产业发展的软件方面，中西部地区的市场化程度相对较低，一些地区观念陈旧、机制僵化，地方政府行为不透明、不规范，政府干预企业正常经营活动的现象时有发生，不同地区在信用、法制、文化等多个方面也存在较大差异，使产业转移面临很高的隐性成本。一部分沿海产业转移到中西部地区之后出现"水土不服"，成本上升、利润下降，甚至不得不回迁或二次转移。例如，由于软环境不适应，硬环境又得不到保障，2009年，转移到湖南临湘的兆邦陶瓷将生产线回迁到了广东佛山。

## 二、地区政府干预导致沿海产业转移产生"滞阻"效应

（一）中西部承接产业转移过度竞争扰乱了市场信号

对于中西部欠发达地区而言，承接产业转移是加快本地经济社会发展的捷径，因而中西部地区地方政府有强烈的动机参与产业承接竞争。中西

部地区纷纷出台各式优惠政策，以税收优惠、税收返还、零地价、租金补贴、投资奖励等方式大力招商引资，积极争夺产业转移项目。例如，2009年郴州市北湖区提出"全力招商、全民招商、全年招商、全体招商"，区委、区政府对18个乡镇、街道和湘南国际物流园、71个区直单位都安排了招商引资任务，并递交了责任状。要求所有目标管理责任单位都要按照责任书的要求，在当年4月15日前向区财政缴纳风险抵押金3000元，一年内完成引资任务的，所缴风险抵押金予以退还，并由财政部门发放与其风险抵押金等额的奖金；没有完成任务的，所缴风险抵押金上缴财政。在各地产业转移优惠政策的诱惑下，沿海地区部分企业为追逐政策洼地分散而无序地向各地转移，形成"遍地开花"的低水平重复建设的不利局面。这种产业转移因分散而规模过小，不能有效地形成规模经济、集聚经济效应和产业带动效应，容易导致地区产业同构的不合理布局，加剧了企业间的恶性竞争，不利于地区产业的长期可持续发展。

（二）地方政府为保护地方利益不愿意推动本地产业向外转移

当前，我国行政区的经济功能仍然十分突出，地方政府对区域经济具有强烈的干预倾向，在追求地区经济利益最大化，以及在由此形成的GDP政绩考核与晋升体制驱使下，东部地区的地方政府不愿意现有企业和产业转移出去。例如，"浙商回归"工程成为2012年浙江省政府的"头号工程"。为推动这项工程，浙江省各级政府除了为回归企业制定税收、土地等方面的优惠政策外，还启动对11个市、20个省级相关部门以及29个省外浙江商会的目标责任制考核。2013年，福州市委、市政府出台《关于进一步推进回归工程的若干意见》，提出以乡亲乡情为纽带，通过政策引导，组织发动异地榕商以总部回归、项目回迁、资金回流等方式，在辖区内投资创办新企业。沿海地区类似的"回归工程"有很多，还包括"省外苏商回归工程（江苏）""温商回归工程（温州）""义商回归工程（义乌）""乐商回归工程（乐清）""明商回归工程（三明）"等等。这些措施，不仅吸引了一部分外迁的沿海企业回流，也在很大程度上降低了沿海潜在转出企业向外转移的意愿。

（三）"产业空心化"忧虑下沿海地区采取措施滞阻本地产业向外转移

沿海地方政府在财政上对某些成规模的产业和大型企业具有依赖性，本地产业一旦转出，如果没有替代产业填补空白，地方经济增长、就业水平、财政收入都会受到影响。出于"产业空心化"的顾虑，一些地方出台补贴、优惠等保护性政策措施，千方百计挽留潜在转移企业，甚至采用行政手段阻止产业的正常转移以确保本地财源，导致产业跨区转移被滞阻甚至锁定。例如，2008年广东省提出产业和劳动力"双转移"战略，即珠三角劳动密集型产业向东西两翼、粤北山区转移，而东西两翼、粤北山区的劳动力，一方面，向当地二三产业转移；另一方面，其中的一些较高素质劳动力，向发达的珠三角地区转移。但是，在当前国际经济持续增长乏力、国内经济增速换挡的背景下，外贸订单大幅缩减，企业倒闭和外迁增加，深圳市在工业结构调整中明确提出"先长后消、长大于消、积极有序"的方针，防止出现地区产业空心化；由于产业转型升级乏力，东莞市的一些村镇提出"新鸟不来，旧鸟不走"，对当地产业向外转移持消极态度。

## 三、部分沿海产业向新兴市场国家转移或回迁发达国家

（一）东盟、南亚等亚洲新兴市场国家的强力竞争分流了部分沿海产业

在沿海产业转移资源总量既定的条件下，向海外转移越多，可供向中西部地区转移的产业资源必然越少。近年来，我国沿海产业越来越多地转移到东盟国家、孟加拉国、印度等地，例如，伊藤洋华堂已计划将75%的在华产能转移至泰国等东南亚国家，爱世克斯和水野也降低了在华运动鞋等运动用品的生产比例，同时扩大在越南、印度尼西亚的生产规模。刘友金和贺胜兵分析了沿海产业向东盟国家转移对我国中西部地区承接产业转移的影响。[①] 沿海产业向海外转移，主要是由综合比较优势相对变化所导致的。相对于我国中西部地区，亚洲新兴市场国家具有以下三个方面的比

① 刘友金、贺胜兵：《我国沿海产业转向东盟的隐忧及对策》，《人民论坛学术前沿》2014年第4期。

较优势：

一是人口密度大，发展制造业的劳动力成本低。东盟 10 国拥有 6.01
亿人口（2010 年数据），印度人口更是高达 12 亿。日本贸易振兴机构
（JETRO）2012 年 6 月发布的调查数据表明，东盟国家承接产业转移代表
性城市的制造业工人月平均基础工资分别为：马尼拉（325 美元）、曼谷
（286 美元）、雅加达（209 美元）、宿务（195 美元）、万象（118 美元）、
河内（111 美元）、金边（82 美元）、仰光（68 美元）。[①] 同时期，上海、
广州、深圳、武汉、沈阳的这一数据分别为 439 美元、352 美元、317 美
元、333 美元和 299 美元。显然，东盟大多数地区劳动力成本远低于我国
沿海地区，甚至明显低于我国中西部地区，对沿海劳动密集型产业或资本
密集型产业的劳动密集型区段具有更大的吸引力。

二是地区关税大幅消减，地区间贸易成本下降。东盟国家推动实现贸
易自由化以来，6 亿人口的市场已经连接成为一个整体。根据东盟自贸区
的原产地规则，我国沿海企业只要转移到东盟国家，如果在当地投资生产
的产品中本地含量达到 40% 以上，则视为本国产品，可享受更大范围优惠
关税。不仅如此，东盟还可利用与日本、韩国、印度、欧盟等国签署的自
由贸易协议，将产品销往更加广阔的国际市场，从而产生巨大的贸易创造
和贸易扩大效应。也就是说，在当前欧美国家对华贸易保护主义明显抬头
的背景下，沿海产业转移到东盟不仅有利于降低贸易成本，而且还有利于
绕过贸易壁垒和减少贸易摩擦。

三是各国出台多种投资优惠政策，对我国沿海产业的吸引力增大。越
南政府在《新投资法》等法规中明确规定了系列投资优惠政策，在此基础
上，越南广宁省等地还以协助兴建基础设施工程、根据投资项目的性质和
规模减免土地租金等多种方式，为外商在当地投资创造有利条件。从 2008
年 11 月开始，菲律宾政府规定，只要在该国投资并雇佣 10 名以上菲律宾
工人的外国人，就能获得永久签证，外国企业在菲律宾的经济园区投资落

---

[①] Japan External Trade Organization（JETRO），*Survey of Japanese-Affiliated Firms in Asia and Oceania*，October，2011，http://www.jetro.go.jp/en/reports/survey/pdf/2011_11_07_biz.pdf.

户时，不仅可以适用所得税和关税上的优惠政策，还可以享受经济园区的"一站式服务"及"全天候服务"，此外，菲律宾还确立半导体和电子、服装和纺织等9个鼓励外资进入的领域及其他优惠措施。泰国从2010年6月1日起出台新投资政策，规定外资在泰国设立企业总部，可免收15年法人所得税。这些措施，对我国沿海企业的吸引力很大。

（二）发达国家"再工业化"战略推动沿海地区部分跨国公司和订单回流

金融危机后，曾经大力发展虚拟经济的欧美各国不得不反思自己的经济增长模式，纷纷提出"再工业化"战略，大力发展实体经济。美国政府将斥巨资在俄亥俄州建立一所由政府部门和私营部门共同设立的制造业创新研究所。2010年，美国总统奥巴马签署制造业促进法案，帮助制造业降低成本，提高竞争力，创造就业岗位。不仅美国提出了"回归制造业"的战略，欧盟和日本等也纷纷出台重振制造业的政策措施，发达国家在税收、外贸以及投资等方面向制造业倾斜。例如，欧盟加大了2013财年预算方案对制造业研发的支持力度，日本则通过频繁的外汇市场干预大幅贬值日元，对本国的制造业出口形成有力支撑。

2011年，美国波士顿咨询集团发表《制造业重返美国》[①] 研究报告预测，2015年相比于2000年，中国单位劳动力成本占美国单位劳动力成本的比重将会从3%上升到17%，这意味着中国相对于美国的低成本劳动力优势会逐渐丧失，将从目前的55%骤减至2015年的39%。同时，发达国家庞大的国内市场、巨大的人才储备以及资本密集工业的普及程度，将能推动其在世界制造业中的份额回升，仍然占据关键地位。

美国等发达国家的"再工业化"战略已经导致一部分跨国资本从中国回撤。自2012年3月以来，已有美国建筑机械公司卡特彼勒公司（Caterpillar）、消费品巨头佳顿公司（Jarden）、福特汽车公司（Ford）、体育用品

①　Harold L. Sirkin, Michael Zinser, & Douglas Hohner, *Made in America*, *Again*: *Why Manufacturing Will Return to the U. S.*, AUGUST 25, 2011, https://www.bcgperspectives.com/content/articles/manufacturing_ supply_ chain_ management_ made_ in_ america_ again/.

制造商阿迪达斯（Adidas）、星巴克集团（Starbucks）、耳机生产商 Sleek Audio、玩具生产商 Wham-O、ATM 机器生产商 NCR 等将他们全部或部分产品制造从中国转回到美国。从数量比例来看，波士顿咨询集团 2011 年的调查显示，收入超过 100 亿美元的、总部设在美国的跨国公司中，愿意回撤美国的比例达到 48%。麻省理工学院对 108 家总部设在美国的跨国公司的调查也显示，有 14% 的企业明确表示打算将部分业务迁回美国本土，三分之一的受访企业则表示正在考虑为回迁采取措施。从所属行业来看，这些回流的企业不仅涉及信息技术等高科技产业，也涉及汽车、机械、电器等传统产业，甚至还包括一些普通日用消费品制造行业。在此背景下，如果沿海地区的外资企业不断流失，相关产业向中西部转移的规模也必然相应减少。

# 第三章　中部地区承接沿海产业转移的
# 承载能力研究

在沿海产业转移背景下，中部地区自身产业发展能力是否与沿海产业转移能力适配？如果失配，如何通过提升产业承载能力进行矫正等问题，成为加速产业转移进程关键因素。本章将重点研究以下三个问题：（1）界定承接沿海产业转移的承载能力概念及研究方法；（2）测度中部地区承接沿海产业转移承载能力，了解中部地区产业承载系统基本现状；（3）分析中部地区承接沿海产业转移承载能力的地区差异，为各个地区承接适配产业提供理论依据。

## 第一节　相关概念界定及国内外研究现状述评

区域承载力研究是科学判断区域可持续发展的基础，一直受到国内外学者的关注，并且随着科学技术和经济社会等不断发展，区域承载力的概念和方法也随之不断创新，是一个历久弥新的研究领域。本节首先界定产业转移承载能力概念，并对产业承载能力的国内外研究现状进行述评。

### 一、产业转移承载能力相关概念和内涵界定

（一）承载能力概念发展和本书研究范畴

承载能力（Carrying Capacity，或 Bearing Capacity），又称承载力、承受能力，早期的承载能力概念主要局限于生态学领域。20 世纪 40 年代后，世界主要国家经济快速增长，人类在享受经济增长成果的同时，也出现了

人口膨胀、自然资源短缺和环境污染等一系列危机，由此人们开始将承载能力的概念应用到人类生态学领域，逐渐兴起单要素承载能力的研究，主要集中在资源与环境承载能力研究。资源承载能力按其来源的不同又可分为土地资源、水资源、矿产资源，概念表达为"在一定时间、空间内某种自然资源所能支撑的一定物质生活水平下的人口规模"，[①] 即"数量"式定义。此外，一些学者也开始发展"能力"式定义，如张丽等定义为"一个国家或地区，按人口平均的资源数量和质量，对该空间内人口的基本生存与发展的支持能力"；[②] 环境承载能力也相继提出了以具体环境因素为承载主体的诸如土壤环境容量、水环境容量、大气环境容量、水环境承载能力等概念，并在 2002 年出版的《中国大百科全书·环境科学》中正式给出了环境承载能力的定义，即"在维持环境系统功能与结构不发生变化的前提下，整个地球生物圈或某一区域所能承受的人类作用在规模、强度和速度上的上限值"。[③]

20 世纪 80 年代后期，随着可持续发展理论的提出和广泛应用，承载能力研究突破了以前单因素承载能力概念，开始从系统的整合性出发提出了生态承载能力概念，使其由单一的承载主体和承载对象组成的简单系统发展到"自然—经济—社会"的复合系统，承载对象不再局限于人口，而是包括人口、经济、社会、科技等多方面有机结合的社会发展过程，从而形成以不同区域为研究目标的综合承载能力研究范畴，并以不同区域特点形成诸如城市综合承载力、地区综合承载力等概念，同时，单要素承载能力研究也更加关注其他要素对其的约束和提升作用，如资源环境经济承载能力、水资源经济承载能力、社会经济承载能力等综合承载能力概念。在此系统思想指导下，经济承载能力（Economic Carrying Capacity，简称ECC）不再是单要素承载能力，而是考虑资源、环境、社会等因素下的区

---

① 李文：《资源承载力与可持续发展》，《财经论丛：浙江财经学院学报》2003 年第 4 期。

② 张丽、董增川：《流域水资源承载能力浅析》，《中国水利》2002 年第 10 期。

③ 解振华：《中国大百科全书·环境科学（修订版）》，中国大百科全书出版社 2002 年版。陆建芬：《资源环境承载力评价研究——以安徽淮河流域为例》，硕士学位论文，合肥工业大学，2012 年，第 4 页。

域综合承载能力。[①]

综上所述，承载能力概念和研究范畴，本书研究认为从承接产业转移来理解承载能力概念和范畴更多的是区域综合经济承载能力。经济承载能力是一个相对陌生的新概念，目前国内外尚未形成比较公认的定义，较为典型的研究文献，如韦策尔（Wetzel）定义为"可持续生态系统所能提供的最大地球经济福利"，[②] 有限土地的生态系统特性和经济变革的现状决定了地球的经济承载能力；阿尼尔·马康德雅（Markandya）指出，在给定经济目标和生产力定义的前提下，经济承载能力由经济因素决定。[③] 因此，经济承载能力和生态承载能力有所不同，生态承载能力的退化被认为是有害的，而经济承载能力在经济报酬最大化的前提下，可以容许甚至是主动要求一定程度的退化，这也是经济承载能力不同于资源、环境、生态等承载能力的最典型特征，反映其软性和社会性的方面，用于解释沿海产业转移，即：沿海经济发展到一定规模，超出了自身资源、环境、社会等单要素承载能力，就会制约经济承载能力的无限度提升，因此，合理地转移部分要素约束下的产业，人为地使沿海某些产业的经济承载能力退化，对于沿海区域发展是非常有利的。由此可见，区域经济承载能力强调的是经济可持续发展，可持续发展定义为"既满足当代人的需求，又不对后代人满足其自身需求的能力构成危害的发展"，在此概念意义下，经济可持续发展概念可以被界定为"在一定的资源环境基础上，既满足当代经济发展需要又不降低环境质量和不破坏自然资源的经济发展，从而使后代人所得到的经济福利不小于当代人所享受的经济福利"，[④] 经济的可持续发展必定是

---

① 郭志伟：《经济承载能力研究——理论、方法与实践》，博士学位论文，东北财经大学，2009 年，第 13—45 页。

② Wetzel R. G., Hatcher P. G. & Bianchi T. S., "Natural Photolysis by Ultraviolet Irradiance of Recalcitrant Dissolved Organic Matter to Simple Substrates for Rapid Bacterial Metabolism", *Limnology & Oceanography*, Vol. 40, No. 8 (December 1995).

③ Markandya A. & Galinato S. P., *How Substitutable is Natural Capital ?* The World Bank, 2006, pp: 297–312.

④ 郭志伟：《经济承载能力研究——理论、方法与实践》，博士学位论文，东北财经大学，2009 年，第 15 页。

在经济承载能力可接受范围内的经济发展，超出经济承载能力的经济发展必将是短期的、不可持续的，如果经济以可持续的速度、规模和方式增长，严格维护人口、资源、环境与经济"四位一体"的大系统结构与功能，长此以往，经济承载能力将得到不断提升，实现经济可持续发展的良性循环。

（二）产业转移承载能力概念和内涵界定

通过上述承载能力相关概念发展和研究述评，笔者认为，产业转移承载能力从研究范畴上讲，属于区域综合承载力概念范畴，囊括了人口、经济、资源、环境、社会等子系统，是一个复合系统，因此，笔者必须明确区域综合承载力概念。区域承载力概念以毛汉英的定义最有代表性，认为"区域承载力是指不同尺度区域在一定时期内，在确保资源合理开发利用和生态环境向良性循环的条件下，资源环境能够承载的人口数量及相应的经济社会总量的能力"，具有系统性、开放性、动态性和综合性等特点，除受其物质基础——区域资源环境制约外，还受区域发展水平、产业结构特点、科技水平、人口数量与素质以及人民生活质量等多方面的影响，区域承载力的提高意味着区域可持续发展能力的增强。[1] 随后，经济学者根据经济发展需要，相继提出经济承载力、资源环境经济承载力等概念，如，郭志伟认为经济承载能力主要是指在当前的技术水平和生产条件下，在确保生态环境良性循环前提下，区域的经济资源总量对该空间内人口的基本生存和发展的支撑力，最直接的体现就是该区域在一定时期内经济活动所能吸纳的就业人口数量。[2] 周婷等（2008）认为区域资源环境的经济承载力是指在资源持续供给和环境长期有容纳量的基础上的经济增长能力。[3] 综上所述，"产业转移承载能力"是一个相对的、综合的区域经济承载能力概念，其"相对"概念既体现在"中部地区省际之间产业转移承载

---

[1] 毛汉英、余丹林：《环渤海地区区域承载力研究》，《地理学报》2001年第3期。毛汉英、余丹林：《区域承载力定量研究方法探讨》，《地球科学进展》2001年第4期。

[2] 郭志伟：《经济承载能力研究——理论、方法与实践》，博士学位论文，东北财政大学，2009年，第22—27页。

[3] 周婷、邓玲：《区域资源环境的经济承载力》，《求索》2008年第1期。

能力评分相对差异"，也体现在"以沿海产业承载规模为基准、中部地区产业转移承载的相对潜在规模能力差异"，"综合"概念是指中部地区承载产业转移能力隶属于综合经济承载能力范畴，是包含人口系统、资源系统、经济系统和环境系统等的复合系统。

对于如何测度区域承载能力，目前学术界主要集中在两个方面：第一，"相对承载"能力评分研究，主要是把研究区域分为若干次区域（如中国的省际区域），针对某个特定目标的区域承载能力（如资源承载能力、产业转移承载能力等），设计综合评价指标体系，获得次区域承载能力评分排序，以此反映不同区域承载能力大小，因此，这种承载能力评判是相对值的，所采用的评价模型一般是多指标综合评价模型，如主成分模型、灰色预测模型、层次分析模型等；第二，"规模总量"能力预测研究，主要是建立区域人口、经济、资源、环境等预测模型，用于预测区域内未来所能承载的最优规模能力。在经济承载能力最优规模预测研究中，从目前已有资料来看，主要是选取时间序列数据，运用自回归移动平均模型（ARIMA）等模型预测经济和人口等潜在承载最大规模，并以此反映经济承载能力的大小，如在经济最大承载规模预测方面，肖智、华鹏等利用自回归移动平均模型，或是建立在自回归移动平均模型基础上的组合预测模型，如 PSO-PLS 组合模型，预测了中国及个别省份的短期内经济最大承载规模，[①] 尤其是袁军特别检验了自回归移动平均模型与其他预测模型（如 SETAR 模型）的预测效果。[②] 结果表明，两个模型都比较令人满意，说明自回归移动平均模型预测经济承载规模是可行的，并且具有简单实用、预测精度高的特点，适合短期预测。在经济承载最优人口规模预测方面，最为典型的是郭志伟等建立了北京市 1978—2006 年三次产业就业自回归移动平均模型，预测了北京市 2007—2010 年经济承载人口规模，并以经济承载

①　肖智、吴慰：《基于 PSO-PLS 的组合预测方法在 GDP 预测中的应用》，《管理科学》2008 年第 21 期。华鹏、赵学民：《ARIMA 模型在广东省 GDP 预测中的应用》，《统计与决策》2010 年第 12 期。

②　袁军：《SETAR 模型在 GDP 预测中的应用》，《统计与决策》2007 年第 10 期。

最优人口数量为基准，得出 2010 年前北京市经济承载力一直处于超载状态；[①] 课题组成员肖雁飞、廖双红等利用自回归移动平均模型预测了中部地区承接沿海产业转移的经济人口、GDP 等的潜在承载规模。[②]

鉴于上述分析，本书把"中部地区承接沿海产业转移承载能力"视为"区域综合经济承载能力"范畴，并从两个方面反映"产业转移承载能力"：第一，根据沿海产业转移动力因素，设计中部地区承接沿海产业转移的综合承载能力评价指标体系，通过评分测度来研究中部地区承接沿海产业转移承接"相对"的能力；第二，根据沿海产业承载规模，设计中部地区产业承载规模预测模型，借此预测中部地区承接沿海产业转移"规模总量"的能力。

## 二、国内外研究现状述评

承载力（Carrying Capacity）概念来自生态学，指"某一特定环境下，某种个体存在数量的最高极限"。随后，相关学科引入"承载力"概念形成资源承载力、土地承载力、水资源承载力、经济承载力、环境承载力等单要素承载力研究，随着可持续发展的提出，生态承载力、区域承载力等综合承载力概念相继提出，并成为目前阶段承载力研究的重点。学者一般认为，一个区域的承载力不是单个要素所能决定的，而应该具有系统和综合的思维，应考虑一个区域的人口、资源、经济和环境等因素，构成了"区域承载力"概念。本书以"区域承载力"为研究内容，以省级行政区域为笔者研究的观测空间。

---

① 郭志伟、张慧芳、郭宁：《城市经济承载力研究——以北京市为例》，《城市发展研究》2008 年第 6 期。

② 肖雁飞、张琼、廖双红：《基于 ARIMA 模型的中部地区经济人口承载力研究——兼论承接沿海产业转移能力》，《湖南科技大学学报（社会科学版）》2012 年第 6 期。肖雁飞、廖双红、张琼：《中部地区承接沿海产业转移经济承载规模预测》，《系统工程》2014 年第 5 期。肖雁飞、万子捷、廖双红：《中部地区承接沿海产业转移现状及综合能力测度》，《经济问题探索》2014 年第 1 期。肖雁飞、万子捷、刘红光：《我国区域产业转移中的"碳排放转移"及"碳泄漏"实证研究——基于 2002 年、2007 年区域间投入产出模型的分析》，《财经研究》2014 年第 2 期。廖双红：《区域就业人口变动趋势视角下的沿海产业转移趋势及障碍因素研究》，《西北人口》2013 年第 5 期。

（一）国外相关研究

国外区域综合承载能力研究充分体现了综合性和系统性的思想，研究集中在以下四个方面：

1. 区域综合承载能力的概念和内涵研究

关于区域综合承载能力的理解，研究者普遍认为应包括生态环境、自然资源、社会发展、经济能力等方面的范畴，如，有学者将区域承载能力分为生态—自然承载力（Biophysical Carrying Capacity）和社会承载力（Social Carrying Capacity）两方面，认为区域之间是存在承载能力差异的，承载能力区域差异可通过产业转移和国际贸易等形式在区际间转嫁，因此，全球经济发展要共生，在国际贸易中也要建立区域承载能力转嫁的价格补偿机制，也就是说，国际和国内产业转移需要考虑承接地的环境效应和生态补偿；① 有学者认为区域承载能力运用于人类社会时必须进行二维考虑，不仅包括数量（密度）方面，且要将单位个体的影响（强度）纳入其中，并提出了社会最佳承载能力（Optimum Carrying Capacity）和安全承载能力（Safe Carrying Capacity）概念，这对于产业转移承接地来说，即需要考虑产业承接最佳规模和经济发展安全，产业承接不超出自身的区域承载能力。②

2. 区域综合承载能力的影响因素研究

有关区域综合承载能力的影响因素研究主要集中在科学技术、人类社会和经济增长等对区域承载能力影响。（1）在科学技术影响方面，主要观点有：科技在缓解资源压力、增大区域承载力方面有积极作用；③ 而也有学者则否定了经济增长和科技创新可以解决一切环境问题的主流观点，认为人类不仅是经济系统的代理，也是生态环境系统的代理，同样要遵从热力学第二定律，增长导向的全球扩张主义思维必将与长期的生态环境可持

① Gretchen D. & Paul E., "Population, Sustainability, and Earth's Carrying Capacity", *Bioscience*, Vol. 42, No. 10（November 1992）.

② Gary W., Barrett E. & Odumuch P., "The Twenty-First Century: The World at Carrying Capacity", *Bioscience*, Vol. 50, No. 4（April 2000）.

③ Mark S., "Carrying Capacity and Ecological Economics", *Bioscience*, Vol. 45, No. 9（October 1995）.

续发展背道而驰；① 此外，有诸多学者也反思了科技乐观主义，虽然不否定科技进步对于扩大区域承载力的可能性，但同时也强调科技最终无法逾越环境系统对承载力的客观约束；② 有学者则主张明确区别以可持续方式甄别需要的技术与危害地球的技术，对技术进行新的定位。③ （2）在人类社会影响方面，主要观点有：有学者运用黄金法则（The Golden Rule）思想，指出免责主义的信条（人类社会免受生态自然环境规律的控制）存在问题，认为人类社会活动对生态自然环境规律是有影响的，进而提出"环境保护论"，④ 提倡人类应转变思维方式，保护和积累自然资源，人类社会发展必须依赖生态生命支持系统。（3）在经济增长影响方面，1972 年诺贝尔经济学奖获得者肯尼斯（Kenneth）的成果最具代表性，指出经济增长与环境质量之间存在倒 U 型的经验性关系，分析了经济活动与区域承载力、环境恢复力的联系，形成三大观点：经济增长与环境质量之间存在倒 U 型经验性关系，以生态恢复力考虑环境的可持续更合适，经济自由化和促进 GDP 增长的政策不能代替环境政策。⑤ 进而，布莱恩（Brian）认为人均收入和环境质量的倒 U 型关系并不适用于环境资源，提倡多维度的价值观以在正确典范的指导下实现经济、社会和生态环境的可持续发展。⑥ 库

---

① William R., "Economic Development and Environmental Protection: An Ecological Economics Perspective", *Environmental Monitoring and Assessment*, Vol. 86, No. 1 (July 2003).

② Gretchen D. & Paul E., "Population, Sustainability, and Earth's Carrying Capacity", *Bioscience*, Vol. 42, No. 10 (November 1992). Gary W., Barrett E. & Odumuch P, "The Twenty-First Century: The World at Carrying Capacity", *Bioscience*, Vol. 50, No. 4 (April 2000). John C., "What You Expect Others to Do: A Universal Ethos and the Carrying Capacity of a Finite Planet", *Environmental Health Perspectives*, Vol. 2, No. 7 (February 2002).

③ Sandra B. & Lugo A. E., "Rehabilitation of Tropical Lands: A Key to Sustaining Development", *Restoration Ecology*, Vol. 2, No. 2 (June 1994).

④ John C., "Exemptionalism VS Environmentalism: The Crucial Debate on the Value of Ecosystem Health", *Aquatic Ecosystem Health and Management*, Vol. 110, No. 2 (November 1999). John C., "The Role of Ecotoxicology in the Protection and Accumulation of Natural Capital", *Ecotoxicology*, Vol. 9, No. 3 (June 2000).

⑤ Kenneth A. et al., "Economic Growth, Carrying Capacity and the Environment", *Ecological Economics*, Vol. 28, No. 2 (April 1995).

⑥ Brian W., "National, Regional and Local Scale Priorities in the Economic Growth Versus Environment Trade-off", *Ecological Economics*, Vol. 15, No. 2 (November 1995).

尔特（Kurt）和约翰（John）运用福利收益曲线（Welfare Return Curve）解释了经济承载力，认为其极限值即为生态圈可以承受的产量范围内的经济福利最大化之值，同时分析了经济与环境的关系。[1] 盖理（Gary）和巴雷特（Barrett）基于自然资本的价值难以完全货币化，格外强调经济与生态的耦合，界定了经济增长与经济发展的不同内涵。[2]

3. 区域综合承载能力的定量研究

早期的区域综合承载能力研究偏向于定性研究，随着实践发展的需要，越来越需要选择有效的量化方法和计算模型对区域综合承载能力进行定量研究。国外学者的研究比国内早，定量研究主要包括两个方面：第一是偏向于多指标综合评价，主要采用的方法有单要素加权模型、主成分分析模型等，所得的能力评价是一种相对得分，多用于区域之间的能力比较；第二是偏向于承载规模评价，主要采用的方法有生态足迹模型、供需模型、灰色预测模型、时间序列预测模型等。

（二）国内相关研究

国内关于区域综合承载能力研究起步较晚，理论主要是借鉴国外的学术成果，故纯粹的理论定性研究比较少，绝大多数成果集中在定量研究，相关的区域经济承载力不仅关注了不同区域的资源环境经济承载力研究，也关注了产业转移的承接能力研究，因此，总体可以概括为以下四个方面的研究。

1. 区域综合承载能力评价指标体系与个案研究

冯晓华（2009）探讨了城市经济承载力的构成要素，包括自然条件、自然资源、劳动力要素、基础设施、资本要素、技术要素、制度要素、政策要素等的城市经济承载力指标体系，得出武汉市面临资源、人口、环境

---

① Kur W. & John W., "Sizing the Earth: Recognition of Economic Carrying Capacity", *Ecological Economics*, Vol. 12, No. 1 (January 1995).

② Gary W., Barrett E. & Odumuch P., "The Twenty-First Century: The World at Carrying Capacity", *Bioscience*, Vol. 50, No. 4 (April 2000).

等多方面的约束，带来城市经济承载力不足的问题。[①] 王国红（2008）构建了基于区域承载力的产业集成影响因素：政府作用和制度环境；产业结构情况；产业关联性；产业要素集中；市场环境状况；资源的丰缺度和利用情况；基础设施建设程度。[②] 郭志伟（2008）认为城市经济承载力最直接的体现是该城市在一定时期内经济活动所能吸纳的就业人口和其供养的最优人口数量，提出基于城市经济承载力的自回归移动平均模型时间序列回归模型，对北京市 2007—2010 年三次产业就业人员数进行预测，得出北京市经济承载力将一直处于超载状态。[③]

2. 资源经济承载能力的区域差异研究

张燕利用熵值赋权法定量分析了中国各省区资源环境承载能力与区域经济发展的关系，得出区域发展潜力与资源环境承载力具有"东—中—西"趋同的空间梯度，即发展潜力高的省区集聚在东部，且资源环境承载力也高，发展潜力较低地区集聚于西部，而资源环境承载力较低省区集聚于西北，中部介于二者之间；[④] 孙莉探讨了中国城市承载能力区域差异问题，构建了城市承载能力指标体系，运用加权函数法计算，得出承载能力高和较高的区域主要分布在东部和东部南方地区，承载能力中等的区域主要分布在中部地区和北方，承载能力低的区域主要分布在西部和北方城市，这与张燕的分析一致。[⑤] 也就是说，区域承载能力的高低与经济发展有很强的关联效应，经济发达地区，承载能力越高。

3. 提升区域经济承载能力的对策研究

冯晓华提出大力发展金融服务业、健全创新体系、发展外向型经济等

---

[①] 冯晓华、曹暄：《城市经济承载力构成要素的比较分析——兼论武汉市经济承载力的提升策略》，《学习与实践》2009 年第 3 期。

[②] 王国红、刘颖、唐丽艳：《基于区域承载力的产业集成影响因素分析》，《科学学与科学技术管理》2008 年第 29 期。

[③] 郭志伟、张慧芳、郭宁：《城市经济承载力研究——以北京市为例》，《城市发展研究》2008 年第 6 期。

[④] 张燕、徐建华、曾刚：《中国区域发展潜力与资源环境承载力的空间关系分析》，《资源科学》2009 年第 8 期。

[⑤] 孙莉、吕斌、周兰兰：《中国城市承载力区域差异研究》，《城市发展研究》2009 年第 16 期。

是提高区域的经济承载能力的对策。[1] 郭志伟认为突出发挥科技进步和信息化，发展循环经济，建立节约型城市是增强城市经济承载能力的手段。[2] 王国红认为，产业集群受到区域承载能力的制约，而产业集成是有效解决途径，即产业集成促进区域承载力提升。[3] 王贵明认为资源承载能力是反映区域社会经济发展的潜在能力，主体功能区的划分有利于科学实施可持续发展战略，而"产业生态型经济"将不可持续变为可持续发展，对提高区域资源承载能力有很好的促进作用。[4]

4. 产业转移的承接能力研究

早期研究偏向于国际产业转移承接能力，[5] 目前阶段较为关注中西部地区承接沿海产业转移能力，[6] 主要有定性和定量分析两个方面的研究。

定性研究主要集中在对产业转移承接能力的概念界定和影响因素研究，主要观点有：展宝卫认为产业承接能力是产业承接地集聚转移产业的吸引力、准确甄别转移产业的选择力、稳固接纳转移产业的支撑力和融合提升产业的发展力等多种作用力的综合系统。[7] 刘君认为产业转移的动力机制，对于承接地区而言，主要影响因素为市场规模和市场增长、基础设施建设、劳动成本和生产率、开放程度、政府政策、地理接近和文化、语言亲和性，以及产业转移承接地的投资环境，包括硬环境、软环境、竞争环境。[8] 张冬梅认为影响西部产业承接能力的主要因素有两方面：一方面，

---

① 冯晓华、曹暄:《城市经济承载力构成要素的比较分析——兼论武汉市经济承载力的提升策略》,《学习与实践》2009 年第 3 期。

② 郭志伟:《经济承载能力研究——理论、方法与实践》,博士学位论文,东北财政大学,2009 年,第 100—103 页。

③ 王国红、刘颖、唐丽艳:《基于区域承载力的产业集成影响因素分析》,《科学学与科学技术管理》2008 年第 29 期。

④ 王贵明、匡耀求:《基于资源承载力的主体功能区与产业生态经济》,《改革与战略》2008 年第 24 期。

⑤ 展宝卫:《产业转移承接力建设概论》,泰山出版社 2006 年版。

⑥ 闫安、赵淑琪、裴凤:《皖北地区产业转移综合承接能力评价》,《合肥工业大学学报》(社会科学版) 2012 年第 2 期。

⑦ 展宝卫:《产业转移承接力建设概论》,泰山出版社 2006 年版。

⑧ 刘君:《重庆承接产业转移问题研究》,硕士学位论文,重庆工商大学,2008 年,第 14—23 页。

是西部地区产业承接的客观环境；另一方面，是西部地区承接产业的竞争力。① 江洪认为产业转移的拉力主要指产业承接的吸引力，包括产业吸引力、产业选择力、产业支撑力、产业发展力。②

定量研究主要集中在设计不同空间尺度的产业转移承接能力评价指标体系，并借以不同评价方法，获得产业承接能力评分排序，并以此指导产业有序转移、对口承接及空间布局。早期研究较多关注从全国层面探讨承接国际产业转移能力，主要观点有：展宝卫通过设计承接能力评价指标体系来研究产业承接能力建设，指标体系以专家打分评价；马涛等从成本因素、市场潜力、投资政策环境、产业配套能力、技术研发水平、经济效益等六方面构建地区工业产业转移承接能力，对全国各地区工业承接产业转移的能力进行了综合评价和全面比较，认为劳动力成本是主要成本因素，对物流、土地、资源等关键性因子显然关注不够。③ 随着 2008 年金融危机后，国务院明确提出"引导沿海产业向中西部地区转移"的指导意见，学者较多关注中西部地区承接沿海产业转移能力，主要观点有：杨凡等从产业移出方需要对承接地进行评价、产业承接方需要对可以承接的产业转移进行选择两个方面综合考虑，选取工业成本费用利润率、平均工资指数等16 项指标，运用主成分分析方法对中西部地区的产业承接能力进行衡量和评价，并给出了相关政策建议；④ 刘友金等从沿海产业转移动因出发，构建了中部地区承接沿海产业转移的竞争力评价指标体系，并利用因子分析模型，探讨了中部省级区域的产业承接竞争力，提出相应的空间布局对策；⑤ 赵淑琪、闫安等从地市角度出发，研究了安徽皖北地区产业转移综合承接能力评价，构建了包括基础承接条件、经济发展水平、产业结构和

---

① 张冬梅：《提升西部地区产业承接能力研究》，《现代经济探讨》2008 年第 10 期。

② 江洪：《中部地区承接产业转移的现状与对策》，《中国经贸导刊》2009 年第 18 期。

③ 马涛、李东、杨建华：《地区分工差距的度量：产业转移承接能力评价的视角》，《管理世界》2009 年第 9 期。

④ 杨凡、陶涛、家顺良：《中西部地区产业承接能力分析》，《合作经济与科技》2010 年第 16 期。

⑤ 刘友金、肖雁飞、廖双红：《基于区位视角中部地区承接沿海产业转移空间布局研究》，《经济地理》2011 年第 10 期。

发展水平、开放合作程度、技术创新能力、市场吸引能力等六个方面的指标体系，并运用灰色关联预测方法进行评价；① 肖雁飞等借鉴人口、资源、环境、经济（PREE）复合系统，从人口、资源、环境、经济四方面构建了中部地区承接沿海产业转移能力的综合评价指标体系，并利用主成分模型，对省级区域综合承接能力进行了测度。② 与此同时，部分定量研究偏重于单要素、单区域的产业转移承接能力评价。在单要素评价方面，主要观点有：孙君军构建了中西部承接东部产业转移的区域物流能力评价指标体系，涉及基础设施支撑能力、信息系统保障能力、经营管理运作能力、发展环境支持能力四个方面；③ 周劲风等就产业转移构建了肇庆市水资源承载能力指标，认为肇庆产业承接尚未超过水资源的承载能力；④ 而尹翠琴等针对广州花都狮岭产业转移工业园水环境承载能力实证分析，认为工业园区水环境承载能力指数在不断下降；⑤ 吴文洁利用波特的"钻石模型"实证了陕西省第二产业承接的影响因素，认为生产要素丰裕度、市场需求大小、产业发展状况、经济条件等因素对产业承接具有重要影响。⑥ 在单区域研究方面，陈湘满等从经济发展水平、产业结构水平、对外开放程度、基础设施条件、科学技术水平和市场吸引力等六个方面，构建了湖南承接产业转移能力评价指标体系，采用因子分析法对湖南 14 个市州承接产

---

① 赵淑琪：《皖北地区产业转移综合承载能力评价研究》，硕士学位论文，合肥工业大学，2012 年，第 15—25 页。闫安、赵淑琪、裴凤：《皖北地区产业转移综合承接能力评价》，《合肥工业大学学报》（社会科学版）2012 年第 2 期。

② 肖雁飞、廖双红、张琼：《中部地区承接沿海产业转移经济承载规模预测》，《系统工程》2014 年第 5 期。肖雁飞、万子捷、廖双红：《中部地区承接沿海产业转移现状及综合能力测度》，《经济问题探索》2014 年第 1 期。肖雁飞、万子捷、刘红光：《我国区域产业转移中的"碳排放转移"及"碳泄漏"实证研究——基于 2002 年、2007 年区域间投入产出模型的分析》，《财经研究》2014 年第 2 期。

③ 孙君军：《承接东部产业转移的中西部物流能力评价研究》，硕士学位论文，武汉理工大学，2009 年，第 21—33 页。

④ 周劲风、李耀初、林洁贞：《产业转移对肇庆市水资源承载力的影响研究》，《环境科学与管理》2009 年第 5 期。

⑤ 尹翠琴、金腊华、范利平：《广州花都狮岭（江城）产业转移工业园区水资源承载力研究》，《水资源保护》2009 年第 1 期。

⑥ 吴文洁、范磊：《产业承接的影响因素及其影响力分析——以陕西第二产业为例》，《西安石油大学学报》（社会科学版）2011 年第 20 期。

业转移能力的综合得分进行排序，其结果显示湖南产业承接能力整体水平偏低，内部差异显著。[①]

（三）简要述评

从上述研究来看，区域综合承载能力研究已经是一个越来越受到关注且不断创新的领域，有关承接产业转移的承载能力研究尚未形成统一认识，且集中在产业转移承接能力综合评价研究，因此，相关评价指标体系是以经济发展能力为目标构建的，对自然资源和环境资源的承载能力与约束机制相对缺乏关注，因此，迫切需要建立一个系统、全面的综合承载能力评价指标体系。同时，从目前研究来看，针对中部地区这一特殊承接区域、以承接沿海产业转移为目标的专项研究尚缺乏可量化评价指标体系。而区域经济综合承载能力测评是引导中部地区承接沿海产业转移空间布局等的理论基础和根本依据，具有重要的战略性意义。

# 第二节　中部地区承接沿海产业转移
# 相对承载能力研究

本书研究是把承接地区看成一个地域产业承载系统，包括自然资源、生态环境、经济社会等子系统，既反映了地域自然条件，也反映了人工发展因素，以此设计出科学合理的评价指标体系，并运用科学方法进行量化综合评分，用以科学判断地域产业承接系统及各子系统的相对承载能力。本节选取人口、资源、环境、经济复合系统，把地域产业承载系统分为人口、资源、环境、经济等子系统，借鉴已有产业转移承接能力指标体系，设计出中部地区承接沿海产业转移承载能力指标体系，并运用主成分分析法，进行综合评分，测度中部地区承接沿海产业转移的相对承载能力，明确承载能力短板因素及提升对策，以此科学指导产业转移空间布局。

---

① 陈湘满、刘海燕：《基于因子分析的湖南承接产业转移能力评价》，《湘潭大学学报》（哲学社会科学版）2013年第5期。

## 一、相对承载能力测度指标体系构建

（一）设计原则

中部地区承接沿海产业转移的区域经济承载力的度量与评价是一个涉及诸多方面、连续的动态过程。尽管区域经济承载力要求用明确、量化的方法表示结果，但是，如果只采用一个或几个指标是难以分析和评价人口系统、资源系统、环境系统和经济系统对产业转移可持续发展的承载问题。因此，需要构建一套分类指标体系，用以反映中部各省和各城市之间的产业转移承接能力。为此，笔者借用人口、资源、环境、经济复合系统构建指标体系的大类，即产业转移区域承载能力指标体系是由人口系统、资源系统、环境系统与经济系统组成的，各子系统的评价指标体系设计紧扣产业转移，旨在通过对子系统的评价指标体系设计，定量评价产业转移可持续承接能力的总体情况、运行状况，判断和测度产业承接可持续能力的水平、有利条件和不利条件，为各级政府及相关部门了解产业承接能力现状提供科学依据和重要信息来源。由于区域经济承接能力是一个综合性、系统性的概念，加上承接产业转移的特殊角度，单个指标难以反映中部地区承接沿海产业转移的承载能力状态和水平，必须根据产业承接区域经济承载能力的内涵、基本特征、主要内容，构建一套层次分明、结构完整的多指标评价体系，以便对产业承接可持续发展能力进行综合评分。

（二）已有的相关指标体系介绍

从有关区域承载力指标体系构建研究来看，毛汉英提出的环渤海地区区域承载力评价指标体系，[①] 成为区域经济承载力研究的基础，具体而言，区域综合承载力指标包括压力、承压、区际交流三个一级指标，其中压力指标包括经济增长和人口类两个二级指标，分别用 GDP 年均增长率、第一产业年均增长率、第二产业年均增长率、万元 GDP 废水排放量、万元 GDP 废气排放量、万元 GDP 工业固体排放量、万元 GDP 水资源消耗量、万元 GDP 钢材消耗量、总人口、人口自然增长率、城镇化水平等指标表

---

① 毛汉英、余丹林：《环渤海地区区域承载力研究》，《地理学报》2001 年第 3 期。毛汉英、余丹林：《区域承载力定量研究方法探讨》，《地球科学进展》2001 年第 4 期。

征；承压指标包括资源环境类、潜力类两个二级指标，分别用人均水资源、人均耕地面积、人均矿物资源探明潜在价值、工业废水处理率、工业废气处理率、工业固体废物综合治理利用率、工业废水处理率、工业废气处理率、工业固体废物综合治理利用率、人均 GDP、第三产业占 GDP 比重、科技进步在经济增长中的贡献率、科研与发展费用占 GDP 比重、城镇居民人均可支配收入、农民人均纯收入、恩格尔系数等指标表征；区际交流指标包括全社会货运周转量、全社会客运周转量两个二级指标。

一些学者从产业承接能力评价角度构建了相关指标体系，如马涛设计了工业承接产业转移能力的评价指标体系，[①] 如表 3-1 所示。

赵淑琪、闫安等构建了皖北地区产业转移综合承载能力评价指标体系，[②] 如表 3-2 所示。

表 3-1　工业承接产业转移能力的评价指标体系

| 影响因素 | 指标 | 计算指标 |
| --- | --- | --- |
| 成本因素 | 劳动力成本 | 工业职工平均工资 |
| 市场潜力因素 | 产品销售率 | 工业产品销售率 |
| 投资环境因素 | 市场化水平 | 市场化总指数 |
| | 基础设施建设程度 | 邮电、运输设施拥有量 |
| 产业配套能力 | 行业固定资产总额 | 工业全社会固定资产投资 |
| 技术研发水平 | 科研人才比例 | 科研人才比例 |
| | R&D 投资比例 | R&D 投资比例 |
| 经济效益因素 | 成本费用利润率 | 工业成本费用利润率 |
| | 工业总资产贡献率 | 工业总资产贡献率 |

---

① 马涛、李东、杨建华：《地区分工差距的度量：产业转移承接能力评价的视角》，《管理世界》2009 年第 9 期。

② 赵淑琪：《皖北地区产业转移综合承载能力评价研究》，硕士学位论文，合肥工业大学，2012 年，第 15—25 页。闫安、赵淑琪、裴凤：《皖北地区产业转移综合承接能力评价》，《合肥工业大学学报》（社会科学版）2012 年第 2 期。

表 3-2 皖北地区产业转移综合承载能力评价指标体系

| 一级指标 | 二级指标 |
|---|---|
| 基础承接条件 | 等级公路线网密度、人均邮电业务量、人均水资源总量、信息化配套设施水平、省级开发区数量 |
| 经济发展水平 | 地方生产总值、财政收入、固定资产投资、人均 GDP、人均固定资产投入、GDP 增长率 |
| 产业结构与发展水平 | 第二产业产值占 GDP 比重、第三产业产值占 GDP 比重、第二产业产值、第三产业产值、人均第三产业产值、规模以上工业企业数量、规模以上企业工业增加值 |
| 开放合作程度 | 利用外商投资资金、利用省外投资资金、外贸进出口总额占 GDP 比重、旅游总收入占 GDP 比重 |
| 技术创新能力 | 每万人专利申请数量、各类专业技术人员比重、每十万人拥有大专以上学历人数 |
| 市场吸引能力 | 人均社会消费零售额、城乡居民人民币储蓄存款、城镇居民家庭平均消费性支出、农村居民家庭人均纯收入 |

陈湘满等设计了湖南 14 个市州的承接产业转移能力的综合评价指标,[①] 如表 3-3 所示。

从上述产业转移承接能力指标设计来看，均有同一性和相似性，且表现出越来越贴近承接沿海产业转移特点，如陈湘满指标设计中把"实际利用内资"指标纳入，即为了反映沿海产业转移的"内联引资"特点。

表 3-3 湖南市州承接产业转移能力指标体系

| 一级指标 | 二级指标 |
|---|---|
| 经济发展水平 | GDP、财政收入、固定资产投资、人均 GDP、人均财政收入、人均固定资产投资、GDP 增长率、城镇化率、金融机构存款余额、等级公路线网密度、人均邮电业务量、人均水资源总量、信息化配套设施水平、省级开发区数量 |
| 产业结构水平 | 工业总产值、第二产业产值、第二产业贡献度、第二产业结构比、第三产业产值、第三产业贡献度、第三产业结构比 |

---

① 陈湘满、刘海燕：《基于因子分析的湖南承接产业转移能力评价》，《湘潭大学学报》（哲学社会科学版）2013 年第 5 期。

| 一级指标 | 二级指标 |
|---|---|
| 对外开放程度 | 实际利用外资、实际利用内资、进出口总额、进出口占 GDP 比重 |
| 基础条件设施 | 货物周转量、邮电业务总量、电信业务总量、新增城镇就业、单位 GDP 能耗、单位规模工业增加值能耗、单位 GDP 电耗 |
| 科学技术水平 | 专利授权量、高新技术产业增加值、普通高校在校学生 |
| 市场吸引能力 | 常住人口数、城乡居民人民币储蓄存款、人均社会消费零售额、城镇居民可支配收入、城镇居民家庭平均消费性支出、城镇居民恩格尔系数、农村居民家庭人均纯收入、农村居民家庭平均消费性支出、农村居民恩格尔系数 |

（三）指标体系构建框架——人口、资源、环境、经济复合系统

参照已有的评价指标体系研究，笔者选择人口、资源、环境、经济复合系统构建评价指标体系。人口、资源、环境、经济复合系统是包括人口系统、资源系统、环境系统和经济系统的区域可持续发展系统，概念来源于人口、资源、环境、发展（Population Resources Environment Development，缩写为 PRED）系统。20 世纪 70 年代以来，随着人口和经济活动的快速增长，人与生态环境之间日趋不和谐，人口（Population）、资源（Resources）、环境（Environment）和发展（Development）和谐问题成为世界突出问题，并由此形成现在对生态文明发展的共识。这四个问题相互影响、相互制约，构成区域人口、资源、环境、发展复合系统。人口、资源、环境、发展系统的协调发展，是实现区域可持续发展的基础与前提，曹利军（1998）认为区域人口、资源、环境、发展系统是指"一定区域的人口、资源、环境和经济发展之间通过相互作用、相互影响和相互制约等关系而构成的紧密相连的统一体"。其中，发展（D）系统主要指经济发展（Economic Development，ED），表示经济发展必然受到人口、资源、环境的制约和影响。因此，一个更明确的区域可持续发展的人口、资源、环境、经济复合系统被有关学者提出。中部地区承接沿海产业转移的承载能力主要反映的是区域经济承载能力，其目的是在承接过程中实现经济的可持续发展。因此，承载能力是一种经济可持续发展能力，承载理应是一个由人口系统、资源系统、环境系统与经济系统等构成的人口、资源、环境、经济

复合系统，如图 3-1 所示。

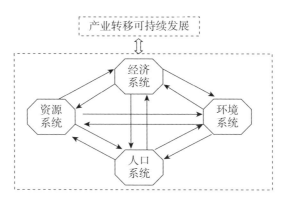

图 3-1　承接产业转移的区域经济承载力系统图解

在图 3-1 中，中部地区的人口系统、资源系统、环境系统与经济系统对承接沿海产转移的经济承载能力的最终影响既不是孤立的，也不是单向的，各系统之间是相互影响、相互作用的，尤其是当某个系统达到承载极限时，其他系统的支撑作用就会骤然下降。因此，只有人口系统、资源系统、环境系统与经济系统之间协调、有序发展才能促进经济承载能力水平的提升，才能有助于实现经济可持续发展。因此，经济系统活动的规模、强度对经济可持续发展的支撑，是经济承载能力关键因素之一而不是决定因素。经济系统是人口、资源、环境、经济复合系统的基础，如果要促使人口、资源、环境、经济复合系统的协调、有序发展，还要依靠资源系统可持续供给、环境系统的纳污能力、人口系统的劳动力有效供给等，还要依靠科技、政治、文化、政策等诸多的因素和条件。显然，中部地区承接沿海产业转移的区域经济承载系统构成必须要以人口、资源、环境、经济复合系统为基础，包括人口系统、资源系统、环境系统、经济系统等子系统，而要反映地区综合系统和子系统的承载能力，必须要设立各级指标体系来综合评价各地区的经济承载能力。

（四）指标体系构建理论基础

1. 海特（Hayter）"区位进入"模型框架下沿海产业转移动因分析

产业转移动因理论比较有代表性的有：弗农提出产品生命周期理论，

从产品生命周期角度论述企业投资空间行为，认为企业拥有相对技术优势是产业跨国区位转移动因；小岛清提出比较优势论，认为企业跨国投资动机主要包括资源导向、市场导向和生产要素导向；[1] 邓宁提出国际生产折衷理论，认为企业跨国投资基本要素是所有权优势、内部化优势和区位优势。这些理论构成跨国投资主要理论体系，但却没有回答企业跨国区位选择问题。直到 1997 年，经济地理学家海特提出"区位进入"模型，[2] 吸收垄断优势理论、内部化理论、折衷理论等研究成果，从进入优势和进入壁垒两个基本概念进行概括，核心观点是：企业要想进行跨国扩张，必须开发内部形成的某些进入优势（或称为竞争优势），这些进入优势具有足够势力去克服各种空间进入壁垒。虽然该模型解决的问题主要是企业跨国投资行为，但对企业国内或区域内投资行为同样可作出解释。在我国区域产业转移动因解释中，毛广雄用海特模型解释苏南产业向苏北转移优势和壁垒因素，[3] 刘友金等进而用以解释了沿海产业转移向中部地区转移动因，[4] 结合毛广雄等的分析和调研成果，本书主要从资源优势、市场优势、区位优势、技术优势等因素分析空间进入优势，从心理距离、承接区政策、承接产业转移环境、物流竞争力等因素分析空间进入壁垒，构建新海特模型（见图 3-2）。

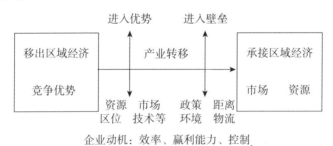

**图 3-2　沿海产业转移进入优势和进入壁垒**

---

① ［日］小岛清：《对外贸易论》，周宝康译，南开大学出版社 1987 年版。

② Hayter T., *The Dynamics of Industrial Location: the Factory, The Firm and the Production System*, New York: John Wiley & Sons Ltd, 1997.

③ 毛广雄：《基于区位进入理论的苏南产业向苏北转移的动因及模式分析》，《人文地理》2009 年第 24 期。

④ 刘友金、肖雁飞、廖双红：《基于区位视角中部地区承接沿海产业转移空间布局研究》，《经济地理》2011 年第 10 期。

图 3-2 中，资源、市场、区位、技术等构成了产业转移空间进入优势，而心理距离、承接区政策、投资环境、物流水平等构成了产业转移空间进入壁垒。具体而言，空间进入优势和壁垒分别如下：

（1）空间进入优势。

资源优势。沿海经过三十多年改革开放，产业高级化趋势明显，劳动和资源密集型产业发展空间日益受到局限。2012 年统计数据显示，东部地区第一、第二、第三产业 GDP 占全国相应产业比重分别为 36.5%、53.9%、57.8%，而中部地区第一、第二、第三产业 GDP 占全国相应产业比重分别为 27.3%、19.8%、16.9%。数据表明，东部地区第三产业具有明显比较优势，要完成从规模扩张向结构提升转变，东部加工工业和低端劳动密集型产业急需向中西部地区转移。而中部地区拥有丰富而廉价劳动力、土地、水电等资源，成为吸引沿海产业转移主要驱动力。调研结果也显示，不管是低端制造业还是高新技术产业，劳动力成本低、水电资源丰富、土地价格优惠成为大多沿海企业向内地迁移主要动因。因此，资源优势包括劳动力资源和自然资源优势，分别反映了人口系统和资源系统，选取"劳动力资源"（用"年末总人口、职工平均工资"描述）、"土地资源"（用"土地经济密度、商品房销售均价"描述）、"能源矿产资源"（用"人均能源生产量、人均矿产生产量、人均发电量"描述）、"水资源"（用"人均水资源、人均用水量"描述）等二级指标，[①] 反映中部地区的人口和资源优势。

市场优势。中部地区人口众多，拥有 3.56 亿人口，占全国人口比重

---

① 土地经济密度指单位面积土地的经济产出，用以表征土地的集约利用程度，计算公式：地区生产总值/土地面积；能源生产总量指煤炭、石油、天然气的当年储量之和，计算公式为：1 千克原油＝1.4286 千克标准煤和 1 立方米天然气＝1.3300 标准煤；矿产生产总量指铁矿、锰矿、钒矿、铬矿、原生钛铁矿、铜矿、铅矿、锌矿、铝土矿、菱镁矿、硫铁矿、磷矿、高岭土的当年储量之和。土地经济密度指单位面积土地的经济产出，用以表征土地的集约利用程度，计算公式：地区生产总值/土地面积；能源生产总量指煤炭、石油、天然气的当年储量之和，计算公式为：1 千克原油＝1.4286 千克标准煤和 1m 立方米天然气＝1.3300 标准煤；矿产生产总量指铁矿、锰矿、钒矿、铬矿、原生钛铁矿、铜矿、铅矿、锌矿、铝土矿、菱镁矿、硫铁矿、磷矿、高岭土的当年储量之和。

27%，2012 年人均 GDP 达到 32461.83 元，市场潜力巨大。调研发现，中部地区的较强消费能力和巨大市场潜力是很多企业投资的重要动因，尤其是以国内市场为主的内资企业具有选择中部地区的投资强烈愿望。针对市场潜力因素，本书采用具体产业"产品销售率"来衡量各省市场潜力，"产品销售率"指报告期工业销售产值与同期全部工业总产值之比，反映工业产品已实现销售的程度。而衡量一个地区经济效益高低可用"成本费用利润率""总资产贡献率"来描述。"成本费用利润率"反映转移产业在某地区获利情况，指在一定时期内实现利润与成本费用之比；"总资产贡献率"反映企业全部资产获利能力，是评价和考核企业赢利能力核心指标。同时，市场优势还反映在人民消费水平，可用"人均GDP""城镇可支配收入""农村人均纯收入""人均居民消费支出"等指标描述。

区位优势。中部地区具有"承东启西"的区位优势，成为沿海企业扩张西部市场的"中转站"，尤其是以安徽、湖南、江西等邻近省份区位优势更胜一等。在调研中，企业纷纷认为中部地区的区位优势明显，成为企业扩张区位选择重要因素，如物流企业怡亚通选择长沙是准备把长沙作为辐射中部和西部增长极。但是，区位优势是一个动态指标，定量评价比较困难。在实际调研中，笔者发现毗邻沿海的省份具较强区位优势，同时，这些省份由于具有地缘优势，赴沿海务工人数也更多，尤其是湖南、安徽、江西三省，每年超过 500 万人赴沿海务工。这些务工人员有些成为企业家，在本轮产业转移浪潮中，回家乡投资意愿特别强烈，反过来又加强毗邻省份区位优势。因此，为了消除定性评价主观性，选择"赴沿海务工人员数比重"（包括东部 5 省 1 市）来评价中部区位优势。同时，区位优势还反映区际交流程度，借用毛汉英指标，[①] 选取"全社会货运周转量"和"全社会客运周转量"指标来描述。[②]

技术优势。区域技术研发能力是决定区域产业发展水平和经济增长实

---

① 毛汉英、余丹林：《环渤海地区区域承载力研究》，《地理学报》2001 年第 3 期。

② 毛汉英、余丹林：《区域承载力定量研究方法探讨》，《地球科学进展》2001 年第 4 期。

力关键因素，也是实现中部地区在承接产业转移过程中结构升级助推器。一般而言，适宜产业是指技术上能适应移入地经济环境条件，易于实现产业本地化，又有相对先进性产业。这种产业与移入地关联产业对接能力比较强、带动作用比较大，从而转移可能性较大。问卷显示，沿海转移企业认为普通劳动力易获得，但技术人才在产业转移园区难以获得，尤其是研发、金融、信息等服务人才在中部要比沿海更难获得，转移企业对普通劳动力工资供给要稍低于沿海地区，但技术型人才跟沿海没有区别，以耒阳工业园区为例，2011 年普通劳动力工资 1500 元/月，同期沿海达到 2000元/月以上，技术人员工资 5000—6000 元/月，跟沿海总厂相当。因此，长沙、武汉、合肥等科研人才众多省会城市成为技术开发型企业首选，如麓谷高新区沿海转移企业落户长沙即是因为这里高等教育突出，科研院所众多，技术人才储备充足，利于企业技术人才获得。本书中，笔者选择"科研人才比例""R&D 投资比例""每十万人高等教育人数""R&D 项目数""科技经费支出比例""技术市场成交额""教育支出比例""高新技术总产值""高水平高校评分"[①] 等指标来反映中部各省技术竞争力。

（2）空间进入壁垒。

心理距离。海特认为，心理距离包括妨碍信息在各种市场间流动要素总和，诸如语言、教育、商业惯例、文化和工业发展水平等。沿海地区部分劳动、资源密集型产业正承受着要素资源匮乏、成本上升、价格上涨压力。[②] 因此，沿海政府提出"腾笼换鸟"政策，转移相关高耗能产业的主观意愿也在增强，在一定程度上削弱了心理距离对产业转移的不利影响。同时，中部地区毗邻沿海，成为沿海务工人员主要来源省，如在长沙高新区调研中，湖南籍企业老总表示，广东三个技术人才中有一个是湖南籍员

---

　　① "高水平高校评分"是为了评价高校科技创新能力。评分标准为：各省基础分值为 100分；211 高校赋值 5 分，985 高校赋值 15 分；有 985 "优势学科创新平台"的 211 高校再赋值 10分；一般普通高校赋值为 0 分。据此各省得分为：山西（105）、安徽（130）、江西（105）、河南（105）、湖北（165）、湖南（150）。

　　② Hayter T., *The Dynamics of Industrial Location: The Factory, the Firm and the Production System*, New York: John Wiley & Sons Ltd, 1997.

工，他们在广东的企业员工 60% 以上是湖南籍，愿意回家乡投资。改革开放三十年来"孔雀东南飞"积淀下来的文化联系、地域联系，在此轮产业转移过程中极大削弱了沿海与中部地区的心理距离，区域发展阶段也开始从"极化"阶段进入到"涓滴"阶段。本书选择区位优势指标"赴沿海务工人员数比重"（包括东部 5 省 1 市）来评价中部各省与沿海的心理距离，实际上，心理距离越近即反映了区位承接优势越明显。

承接区政策。在此沿海产业转移浪潮中，中部各省区积极制定优惠承接政策，以便更好地承接沿海加工贸易型企业。如湖南省提出"长沙为服务贸易承接基地，益阳、郴州为加工贸易承接基地"，尤其是益阳市更因出台免租减税、补贴物流成本、扶持产业链减税等"差别政策"；安徽省 2010 年 12 月 26 日与上海、江苏、浙江共同签署了《关于共同推进皖江城市带承接产业转移示范区建设合作框架协议》，积极探讨基础设施对接、资源开放利用、开放要素市场、园区合作共建、信息互通和人才交流等产业承接措施，本着"优势互补、注重实效、共同发展、实现双赢"的原则，以承接产业转移园为载体，通过政府引导、市场调节，推动沿海产业向中部地区转移。可以看到，中部六省对产业承接都是积极的，并且在政策上有很大的优惠。

投资环境。经过三十多年改革开放，中部交通、水利、能源、通讯等基础设施建设有了突破性进展，但与沿海还存在一定差距。在企业生产条件评价中，众多企业认为所在地交通设施较好，但通信、生活配套设施等基础设施亟待提高。因此，在衡量各省投资环境优劣方面，选择"基础设施"和"市场化水平"两个三级指标。其中"基础设施"选择"人均城市道路面积、每万人拥有公共汽车数量、单位面积铁路营业里程、单位面积高速公路、单位面积内河航道、每万人国际互联网用户、每万人公共图书馆总藏量"等指标；"市场化水平"反映地区经济开放和自由化程度，参照樊纲"市场化指数"指标，[①] 剔去某些相关度高的指标，选取"亿元

---

① 樊纲等：《中国市场化指数　各地区市场化相对进程 2009 年报告》，经济科学出版社 2010 年版。

以上商品交易市场个数、亿元以上商品交易市场成交额、地方财政公共支出比例、行政事业性收费收入比重、公共管理和社会组织职工比重、全社会固定资产总额、非国有经济投资比重、非国有经济就业人员比重、外商投资比重、货物进出口总额、外商投资企业货物进出口总额、外商投资企业数、外商投资总额”等指标。

物流水平。沿海产业向中部转移的阻碍之一是物流成本太高。在调研中，很多企业反映，虽然中部劳动力、土地、资源等成本低于沿海，但如果综合考虑物流成本，有些行业总体成本要高于沿海。因此，中部如何减少企业物流成本是关键因素。为此，笔者选取“物流规模”（用“货运量、客运量、物流产值比重、物流固定资产投资比重、物流从业人员比重”描述，由于统计年鉴没有明确物流业，采用“交通运输、仓储和邮政业”代表物流业）、“距离因素”（用“中心城市通海距离”描述，采用省会城市与最近港口的距离）、“航运能力”（用“泊位数、货物吞吐量、外贸货物吞吐量、外贸集装箱吞吐量”描述）等指标来反映各省物流成本竞争力。[①]

2. 压力状态响应模型（PSR）框架下产业承接环境影响因素分析

20 世纪 80 年代，随着世界各国经济的迅速发展，环境污染与资源短缺问题日益突出，环境可持续能力问题应运而生。区域环境可持续能力是指在一定时期内和一定区域范围内，在维持区域环境系统不发生质的改变、环境功能不朝恶性方向转变的条件下，环境系统所能承受的社会经济活动适宜程度。环境一般来说包括水环境、大气环境和固体废物三个方面，针对其研究有很多指标体系和实证研究，其中较有代表性的研究，如中国科学技术协会（2008）构建了包括水环境、大气环境、固体废物、城市生态等环境要素构成的城市环境可持续能力压力状态响应模型（PSR）评估指标体系，并对我国三大城市群环境可持续能力进行了评估。

---

① “航运能力”中“万吨级港口数”指标每个省的基础赋值为 100，每增加 1 个万吨级港口，增加赋值 30，中部六省仅安徽 2008 年开始具有 3 个万吨级港口。

压力状态响应模型框架模型显示，人类活动对环境施加了一定的压力，环境在一定范围内进行自我调节，而社会根据环境调节的状况作出响应，以维持环境系统的健康稳定状态。其中，各要素的基本环境容量总量及其分布即为模型的"状态"，反映的是生态环境的承载现状；污染控制措施与社会经济发展水平相当于模型的"响应"，反映的是人类对生态环境的改进及反馈；环境所承载的主要污染物排放量相当于模型的"压力"，反映的是生态环境所能承载的最大容量，这些共同构成环境承载力评估指标体系的压力状态响应模型框架模型，如图3-3所示。

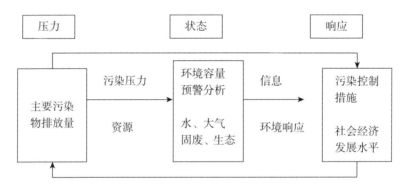

**图3-3　压力状态响应模型框架模型图**

注：中国科学技术协会主编：《中国城市承载力及其危机管理研究报告》，中国科学技术出版社2008年版。

沿海产业向中西部转移的原因之一在于沿海日益严厉环境规制政策，中西部相对宽松环境政策有利于其降低环境成本。但是中部地区承接沿海产业转移时，一定要注意本地区环境承载能力，即环境压力会成为产业承接短板。以压力状态响应模型逻辑关系为准则，环境承载力评估指标体系从"压力—状态—响应"模块构建，考虑环境状态（包括水环境容量、大气环境容量等指标）难以评判，结合统计数据，本书实际构建包括环境压力、生态状态、环境响应、环境保护等四大环境承载力模块。具体指标如下：

（1）环境压力。选择废水排放量、化学需氧量排放总量、二氧化硫排放总量、工业废气排放量、工业固体排放量、生活垃圾清运量、城市人口密度等指标表征。

（2）生态状态。选择人均绿地面积、受保护面积占国土面积比例、森林覆盖率等指标表征。

（3）环境响应。选择万元工业产值化学需氧量排放量、万元工业产值耗水量、万元工业产值二氧化硫排放总量、万元 GDP 能耗、万元 GDP 电耗、工业废水排放达标率、二氧化硫排放达标率、工业固废综合利用率、生活垃圾无害化处理率、"三废"综合利用产品产值、建成区绿化覆盖率等指标表征。

（4）环境保护。选择环境保护财政支出比重、工业污染治理投资比重等指标表征。

（五）综合评分指标体系构建

笔者把影响因素纳入人口、资源、环境、经济系统中，其中，人口系统指标包括劳动力资源指标，资源系统包括土地资源、能源矿产资源、水资源等指标；经济系统包括市场优势、区位优势、技术优势、投资环境、物流水平等指标；环境系统包括环境压力、生态状态、环境相应、环境投资等指标。由于各省承接沿海产业转移政策具有趋同性，且政策评价难以定量化，故承接区政策不计入承接沿海产业转移综合承载力评价指标体系，只作为参考性指标。因此，中部地区承接沿海产业转移承载能力综合评分指标体系具体如表 3-4 所示。

表 3-4　中部地区承接沿海产业转移承载能力综合评分指标体系

| 一级指标 | 二级指标 | 三级指标 |
|---|---|---|
| 人口系统 | 劳动力资源 | 年末总人口、职工平均工资（-） |
| 资源系统 | 土地资源 | 土地经济密度（-）、商品房销售均价（-） |
| | 能源矿产资源 | 人均能源生产量、人均矿产生产量、人均发电量 |
| | 水资源 | 人均水资源、人均用水量 |

续表

| 一级指标 | 二级指标 | 三级指标 |
|---|---|---|
| 环境系统 | 环境压力 | 废气排放量（-）、生活垃圾清运量、城市人口密度（-） |
| | 生态状态 | 人均绿地面积、森林覆盖率、受保护面积占国土面积比例 |
| | 环境响应 | 万元工业产值化学排放量（-）、万元工业产值耗水量（-）、万元工业产值二氧化硫排放总量（-）、万元GDP能耗（-）、万元GDP电耗（-）、工业废水排放达标率、二氧化硫排放达标率、工业固废综合利用率、生活垃圾无害化处理率、三废综合利用产品产值、建成区绿化覆盖 |
| | 环境投资 | 环境保护财政支出比例、工业污染治理投资比重 |
| 经济系统 | 市场优势 | 产品销售率、成本费用利润率、总资产贡献率、人均GDP、城镇居民可支配收入、农村居民纯收入、人均居民消费支出 |
| | 区位优势 | 赴沿海务工人员数比重、全社会货运周转量、全社会客运周转量 |
| | 技术优势 | 科研人才比例、R&D投资比例、每十万人高等教育人数、R&D项目数、技术市场成交额、专利申请数量/科技人员数、教育支出比例、高新技术总产值、高水平高校评分 |
| | 投资环境 | 人均城市道路面积、每万人拥有公共汽车数量、单位面积铁路营业里程、单位面积高速公路、单位面积内河航道、每万人国际互联网用户、每万人公共图书馆总藏量、亿元以上商品交易市场个数、亿元以上商品交易市场成交额、地方财政公共支出比例、行政事业性收费收入比重（-）、公共管理和社会组织职工比重（-）、全社会固定资产总额、非国有经济投资比重、非国有经济就业人员比重、外商投资比重、货物进出口总额、外商投资企业货物进出口总额、外商投资企业数、外商投资总额 |
| | 物流水平 | 货运量、客运量、物流产值比重、物流固定资产投资比重、物流从业人员比重、中心城市通海距离（-）、泊位数、货物吞吐量、外贸货物吞吐量、外贸集装箱吞吐量 |

注：带（-）指标表示负向指标，即得分越低，竞争力越强，数据处理时采用负数法。在实际统计中，对二级指标首先进行相关性分析，发现"人均土地面积"与"土地经济密度"（0.901）高度相关，"科研经费支出比例"与"专利申请数量/科技人员比"（0.983）高度相关，"每万人移动电话用户"与"每万人国际互联网用户"（0.983）高度相关，"万吨级港口数"与"外贸集装箱吞吐量"（0.973）高度相关，剔除相关度极高的指标，"承接区位优势"与"赴沿海务工人员比重"（0.988）高度相关，剔除主观分值指标"承接区优势"，把"赴沿海务工人员比重"指标并入区位优势，与客观现实基本一致。

资料来源：《中国统计年鉴》《中国高新技术产业统计年鉴》《中国城市统计年鉴》等。

## 二、相对承载能力测度模型选取

（一）多指标综合评分模型介绍

目前国内外提出的综合评分方法已有几十种之多，但总体上可归纳为两大类：主观赋权评价法和客观赋权评价法。前者多是采取定性的方法，由专家根据经验进行主观判断而得到权数，如层次分析法、模糊综合评价法等；后者根据指标之间的相关关系或各项指标的变异系数来确定权数，如灰色关联度法、逼近理想解排序法（TOPSIS）（Technique for Order Preference by Similarity to Ideal Solution，简称 TOPSIS）法、主成分分析法等。由于主观赋权法在应用中很难克服评价过程中的随机性和评价专家主观上的不确定性和认识上的模糊性及在赋权过程中的主观性，因此，主观赋权法在大多承载能力综合评价研究中的应用并普遍。从现有研究文献中，大多应用的是客观赋权评价法，如李晖等应用逼近理想解排序法模型评价了大湘南地区（衡阳、郴州、永州三市）在湖南省中的经济地位，以此探讨大湘南承接产业转移的运行机制和承载能力；[1] 闫安等运用灰色关联评价模型计算了皖北地区产业转移综合承接能力；[2] 马涛等运用主成分分析模型评价了中国地区产业转移承接能力。[3] 这些客观赋权评分法各具优势，具体优势如下：

1. 逼近理想解排序法模型评分法

逼近理想解排序法评价法是有限方案多目标决策分析中常用的一种科学方法。基本原理：在基于归一化后的原始矩阵中，找出有限方案中的最优方案和最劣方案（分别用最优向量和最列向量表示），然后分别计算出评价对象与最优方案和最劣方案间的距离，获得该评价对象与最优方案的

① 李晖、王莎莎：《基于 TOPSIS 模型评价承接产业转移的实证研究》，《系统工程》2010 年第 8 期。

② 闫安、赵淑琪、裴凤：《皖北地区产业转移综合承接能力评价》，《合肥工业大学学报》（社会科学版）2012 年第 2 期。

③ 马涛、李东、杨建华：《地区分工差距的度量：产业转移承接能力评价的视角》，《管理世界》2009 年第 9 期。

相对接近程度，以此作为评价优劣的依据。优点在于对数据分布及样本量、指标多少无严格限制，并对原始数据的利用比较充分，信息损失比较少；缺点在于需要事先确定权重，权重值通常是主观值，因而具有一定的随意性，同时，其所谓的"最优点"与"最劣点"一般都是从无量纲化后的数据矩阵中挑选的，因而当评判的环境及自身条件发生变化时，指标值也相应会发生变化，这就有可能引起"最优点"与"最劣点"的改变，从而使排出的顺序随之变化，导致评判结果不具有唯一性。

2. 灰色关联度评分法

灰色关联度分析（Grey Relational Analysis，简称 GRA）是针对少数且不明确的情况下，利用既有数据所潜在的信息来白化处理，并进行预测或决策的方法。该方法的基本原理为：如果若干个统计数列所构成的各条曲线几何形状越接近，即各条曲线越平行，则它们的变化趋势越接近，其关联度就越大。因此，可利用各方案与最优方案之间关联度的大小对评价对象进行比较、排序。该方法先是求各个方案与理想方案的关联系数矩阵，由关联系数矩阵得到关联度，再按关联度的大小进行排序、分析，得出结论。优点在于数据不必进行归一化处理，可用原始数据直接进行计算，也无需大量样本，也不需要经典的分布规律，只要有代表性的少量样本即可；缺点在于灰色关联度量化模型所求出的关联度总为正值，不能全面反映事物之间的关系，因为事物之间既可能存在正相关关系，也可能存在负相关关系。而且存在负相关关系的时间序列曲线的形状大相径庭，若仍采用常用的关联度模型，必将得出错误的结论，同时，该方法不能解决因评价指标相关所造成的评价信息重复问题，因而指标的选择对评判结果影响很大。

3. 主成分分析法

主成分分析法（Principal Component Analysis，简称 PCA）是利用降维的思想，把多指标转化为几个综合指标的多元统计分析方法。[①] 该方法的

---

① 毛旻旸：《企业技术引进再创新能力评价的指标体系研究》，硕士学位论文，南京理工大学，2007年，第36—37页。

基本原理是：把给定的一组相关变量通过线性变换转换成另一组不相关的变量，这些新的变量按照方差依次递减的顺序排列。在数学变换中保持变量的总方差不变，使第一变量具有最大的方差，称为第一主成分，第二变量的方差次大，并且和第一变量不相关，称为第二主成分，依次类推，K个变量就有K个主成分。通过主成分分析方法，可以根据专业知识和指标所反映的独特含义对提取的主成分因子给予新的命名，从而得到合理的解释性变量。其优点在于从多指标的相关性特点出发，用较少的指标来代替原来较多的指标，并使这些较少的指标尽可能地反映原来指标的信息，从根本上解决指标间的信息重叠问题，又大大简化了原指标体系的结构，因而在社会经济统计中，是应用最多、效果最好的方法。同时，各综合因子的权重不是人为确定的，而是根据综合因子的贡献率的大小确定的，克服了其他评价方法中人为确定权数的缺陷，使得综合评价结果唯一，而且客观合理。其缺点在于对样本量要求较大，评价结果跟样本量的规模有关系，同时，其假设样本指标之间的关系都为线性关系，但在实际应用中，若指标之间的关系为非线性关系，那么就有可能导致评价结果的偏差。

（二）综合评分模型选取：主成分分析模型

中部地区承接沿海产业转移的区域经济承载能力指标体系应包括四个一级指标（人口、资源、环境、经济）和若干个二级或三级指标，指标选取应全面，所涉及的指标和样本信息都会比较多。从上述几种主要的多指标综合评分模型介绍中，笔者可以看出，逼近理想解排序法模型要求指标选取不能太多。因此，在李晖的研究中，仅选取了六个关键经济指标，显然这种模型很难满足本书的指标设置需要，而灰色关联度模型不能解决指标的负相关性问题和指标信息重复问题。[①] 因此，在闫安的研究中，选取的指标都是经济发展的正向指标，而在本书研究中，势必包括一些负向指标，如职工平均工资越低越具有竞争优势，显然这种模型也不能满足本书

---

① 李晖、王莎莎：《基于 TOPSIS 模型评价承接产业转移的实证研究》，《系统工程》2010 年第 8 期。

的研究需要。① 虽然，主成分分析法也有一些缺点，但在处理大样本指标信息时具有不可替代的优点，鉴于此，本书选择主成分分析法研究中部地区承接沿海产业转移的区域经济承载能力。

1. 主成分分析法基本模型

假定有 $n$ 个样本，每个样本共有 $p$ 个变量，构成一个 $n \times p$ 阶的数据矩阵：

$$X = \begin{bmatrix} x_{11} & x_{12} & \cdots & x_{1p} \\ x_{21} & x_{22} & \cdots & x_{2p} \\ \vdots & \vdots & & \vdots \\ x_{n1} & x_{n2} & \cdots & x_{np} \end{bmatrix} \tag{3-1}$$

记原变量指标为 $x_1$，$x_2$，$\cdots$，$x_p$，设它们降维处理后的综合指标，即新变量为 $z_1$，$z_2$，$z_3$，$\cdots$，$z_m$（$m \leqslant p$），则：

$$\begin{cases} z_1 = l_{11}x_1 + l_{12}x_2 + \cdots + l_{1p}x_p \\ z_2 = l_{21}x_1 + l_{22}x_2 + \cdots + l_{2p}x_p \\ \cdots\cdots \\ z_m = l_{m1}x_1 + l_{m2}x_2 + \cdots + l_{mp}x_p \end{cases} \tag{3-2}$$

2. 系数 $l_{ij}$ 的确定原则

（1）$z_i$ 与 $z_j$（$i \neq j$；$i$，$j = 1$，$2$，$\cdots$，$m$）相互无关。

（2）$z_1$ 是 $x_1$，$x_2$，$\cdots$，$x_p$ 的一切线性组合中方差最大者，$z_2$ 是与 $z_1$ 不相关的 $x_1$，$x_2$，$\cdots$，$x_p$ 的所有线性组合中方差最大者；$z_m$ 是与 $z_1$，$z_2$，$\cdots$，$z_{m-1}$ 都不相关的 $x_1$，$x_2$，$\cdots$，$x_p$ 的所有线性组合中方差最大者。

新变量指标 $z_1$，$z_2$，$\cdots$，$z_m$ 分别称为原变量指标 $x_1$，$x_2$，$\cdots$，$x_p$ 的第 1，2，$\cdots$，$m$ 主成分。

从以上的分析可以看出，主成分分析的实质就是确定原来变量 $x_j$（$j = 1$，$2$，$\cdots$，$p$）在诸主成分 $z_i$（$i = 1$，$2$，$\cdots$，$m$）上的荷载 $l_{ij}$（$i = 1$，

---

① 闫安、赵淑琪、裴凤：《皖北地区产业转移综合承接能力评价》，《合肥工业大学学报》（社会科学版）2012 年第 2 期。

2，…，$m$；$j=1$，2，…，$p$）。

从数学上可以证明，它们分别是相关矩阵 $m$ 个较大的特征值所对应的特征向量。

3. 主成分分析的计算步骤

（1）计算相关系数矩阵：

$$R = \begin{bmatrix} r_{11} & r_{12} & \cdots & r_{1p} \\ r_{21} & r_{22} & \cdots & r_{2p} \\ \vdots & \vdots & & \vdots \\ r_{p1} & r_{p2} & \cdots & r_{pp} \end{bmatrix} \tag{3-3}$$

$r_{ij}$（$i$，$j=1$，2，…，$p$）为原变量 $x_i$ 与 $x_j$ 的相关系数，$r_{ij}=r_{ji}$，其计算公式为：

$$r_{ij} = \frac{\sum_{k=1}^{n}(x_{ki}-\bar{x}_i)(x_{kj}-\bar{x}_j)}{\sqrt{\sum_{k=1}^{n}(x_{ki}-\bar{x}_i)^2 \sum_{k=1}^{n}(x_{kj}-\bar{x}_j)^2}} \tag{3-4}$$

（2）计算特征值与特征向量：

解特征方程 $|\lambda I - R| = 0$，常用雅可比法（Jacobi）求出特征值，并使其按大小顺序排列 $\lambda_1 \geqslant \lambda_2 \geqslant \cdots \lambda_p \geqslant 0$。

分别求出对应于特征值 $\lambda_i$ 的特征向量 $e_i$（$i=1$，2，$L$，$p$），要求 $\| e_i \| = 1$，即 $\sum_{j=1}^{p} e_{ij}^2 = 1$，其中 $e_{ij}$ 表示向量 $e_i$ 的第 $j$ 个分量。

（3）计算主成分贡献率及累计贡献率：

$$贡献率：\frac{\lambda_i}{\sum_{k=1}^{p}\lambda_k} \quad (i=1，2，L，p) \tag{3-5}$$

$$累计贡献率：\frac{\sum_{k=1}^{i}\lambda_k}{\sum_{k=1}^{p}\lambda_k} \quad (i=1，2，L，p) \tag{3-6}$$

一般取累计贡献率达 85%—95% 的特征值，$\lambda_1$，$\lambda_2$，$L$，$\lambda_m$ 所对应的

第1，2，…，$m$（$m \leqslant p$）个主成分。

（4）计算主成分载荷：

$$l_{ij} = p\ (z_i,\ x_j)\ =\ \sqrt{\lambda_i}\,e_{ij}\ (i,\ j = 1,\ 2,\ \cdots,\ p) \tag{3-7}$$

（5）各主成分得分：

$$Z = \begin{bmatrix} z_{11} & z_{12} & \cdots & z_{1m} \\ z_{21} & z_{22} & \cdots & z_{2m} \\ \vdots & \vdots & & \vdots \\ z_{n1} & z_{n2} & \cdots & z_{nm} \end{bmatrix} \tag{3-8}$$

## 三、相对承载能力测度

（一）综合承载能力测度

1. 综合承载能力主要影响因子分析

首先，笔者采用2012年六省面板数据，利用SPSS17.0统计软件，通过相关系数矩阵，得到因子特征值、方差贡献率和累计方差贡献率（见表3-5），提取5个主成分，累计方差贡献率达到100%，说明这5个主成分保留了绝大部分原始变量的信息，具有很好的代表性。

表 3-5　综合承载能力总方差分解表

| 主成分 | 提取平方和载入 | | | 旋转平方和载入 | | |
| --- | --- | --- | --- | --- | --- | --- |
| | 特征值 | 方差的% | 累积% | 特征值 | 方差的% | 累积% |
| 1 | 29.696 | 36.215 | 36.215 | 23.240 | 28.342 | 28.342 |
| 2 | 18.342 | 22.368 | 58.583 | 20.579 | 25.097 | 53.438 |
| 3 | 14.573 | 17.772 | 76.354 | 15.044 | 18.346 | 71.784 |
| 4 | 12.566 | 15.325 | 91.679 | 14.515 | 17.701 | 89.485 |
| 5 | 6.823 | 8.321 | 100.000 | 8.622 | 10.515 | 100.000 |

对提取的5个主成分建立荷载矩阵，并采用方差最大化正交旋转后，得到旋转后的主成分荷载矩阵，如表3-6所示。

表3-6　综合承载能力旋转成分矩阵图

| | 成分 | | | | |
|---|---|---|---|---|---|
| | 1 | 2 | 3 | 4 | 5 |
| 年末总人口（X1） | 0.577 | 0.786 | 0.141 | -0.170 | 0.017 |
| 职工平均工资（X2） | 0.447 | -0.107 | -0.178 | -0.870 | -0.015 |
| 土地经济密度（X3） | 0.403 | 0.885 | 0.090 | -0.003 | 0.216 |
| 商品房销售均价（X4） | -0.018 | 0.168 | -0.009 | -0.981 | -0.098 |
| 人均能源生产量（X5） | -0.987 | 0.104 | -0.019 | 0.068 | -0.095 |
| 人均矿产生产量（X6） | -0.922 | -0.055 | -0.148 | 0.337 | -0.108 |
| 人均发电量（X7） | -0.935 | 0.281 | 0.179 | 0.052 | 0.113 |
| 人均水资源（X8） | 0.481 | -0.742 | -0.252 | -0.394 | -0.003 |
| 人均用水量（X9） | 0.843 | 0.191 | 0.122 | 0.770 | -0.018 |
| 废气排放量（X10） | 0.861 | -0.471 | -0.033 | -0.150 | 0.113 |
| 生活垃圾清运量（X11） | 0.358 | 0.545 | 0.641 | 0.023 | 0.404 |
| 城市人口密度（X12） | -0.132 | -0.377 | 0.594 | 0.695 | -0.064 |
| 人均绿地面积（X13） | 0.190 | -0.639 | -0.725 | 0.023 | 0.171 |
| 森林覆盖率（X14） | 0.921 | -0.676 | -0.198 | -0.458 | -0.120 |
| 受保护面积占国土面积比例（X15） | -0.746 | -0.499 | -0.088 | -0.427 | 0.067 |
| 万元工业产值化学需氧量排放量（X16） | -0.090 | 0.623 | -0.356 | 0.382 | 0.575 |
| 万元工业产值耗水量（X17） | -0.712 | 0.579 | -0.228 | -0.326 | 0.003 |
| 万元工业产值二氧化硫排放总量（X18） | 0.973 | -0.009 | 0.013 | 0.131 | 0.191 |
| 万元GDP能耗（X19） | 0.956 | -0.100 | -0.252 | -0.050 | 0.099 |
| 万元GDP电耗（X20） | 0.946 | -0.302 | 0.025 | -0.112 | -0.022 |
| 工业废水排放达标率（X21） | 0.331 | 0.523 | -0.055 | 0.659 | 0.424 |
| 二氧化硫排放达标率（X22） | 0.141 | -0.628 | -0.591 | 0.472 | 0.121 |
| 工业固体综合利用率（X23） | 0.308 | 0.455 | 0.601 | 0.534 | -0.226 |
| 生活垃圾无害化处理率（X24） | 0.018 | 0.130 | -0.448 | -0.847 | -0.256 |
| 三废综合利用产品产值（X25） | 0.685 | 0.066 | 0.655 | -0.308 | -0.046 |
| 建成区绿化覆盖率（X26） | 0.051 | -0.614 | -0.647 | -0.379 | 0.240 |
| 环境保护财政支出比例（X27） | -0.715 | -0.119 | 0.681 | -0.022 | 0.104 |
| 工业污染治理投资比重（X28） | -0.879 | -0.134 | 0.435 | 0.048 | 0.136 |

续表

| | 成分 | | | | |
|---|---|---|---|---|---|
| | 1 | 2 | 3 | 4 | 5 |
| 产品销售率（X29） | 0.797 | 0.016 | -0.213 | -0.565 | -0.015 |
| 成本费用利润率（X30） | 0.182 | 0.935 | 0.297 | 0.049 | -0.045 |
| 总资产贡献率（X31） | 0.726 | 0.306 | 0.044 | -0.524 | -0.320 |
| 人均GDP（X32） | -0.396 | 0.093 | 0.841 | -0.132 | 0.332 |
| 城镇居民可支配收入（X33） | 0.390 | 0.127 | 0.787 | -0.109 | -0.448 |
| 农村居民纯收入（X34） | 0.829 | -0.261 | 0.149 | -0.345 | 0.322 |
| 人均居民消费支出（X35） | 0.221 | -0.421 | 0.858 | 0.154 | -0.116 |
| 赴沿海务工人员数比重（X36） | 0.561 | -0.624 | -0.398 | 0.148 | -0.339 |
| 全社会货运周转量（X37） | 0.799 | 0.844 | 0.026 | 0.035 | -0.128 |
| 全社会客运周转量（X38） | 0.356 | 0.763 | -0.330 | 0.427 | 0.005 |
| 科研人才比例（X39） | -0.692 | -0.303 | 0.490 | 0.016 | 0.435 |
| R&D投资比例（X40） | -0.155 | -0.062 | 0.960 | 0.203 | 0.100 |
| 每十万人高等教育人数（X41） | -0.030 | -0.507 | 0.589 | 0.008 | 0.629 |
| R&D项目数（X42） | 0.528 | 0.746 | 0.336 | 0.172 | 0.147 |
| 技术市场成交额（X43） | 0.400 | -0.233 | 0.647 | 0.398 | 0.457 |
| 专利申请数量/科技人员数（X44） | 0.433 | 0.104 | -0.089 | 0.865 | -0.213 |
| 教育支出比例（X45） | 0.761 | 0.090 | 0.228 | -0.343 | 0.493 |
| 高新技术总产值（X46） | -0.459 | 0.827 | -0.103 | -0.274 | 0.139 |
| 高水平高校评分（X47） | 0.429 | -0.321 | 0.790 | 0.297 | 0.821 |
| 人均城市道路面积（X48） | 0.552 | -0.561 | -0.117 | 0.605 | -0.027 |
| 每万人拥有公共汽车数量（X49） | 0.561 | -0.278 | 0.755 | -0.104 | -0.163 |
| 单位面积铁路营业里程（X50） | -0.481 | 0.858 | -0.145 | 0.930 | 0.089 |
| 单位面积高速公路（X51） | 0.010 | 0.762 | -0.329 | 0.057 | 0.555 |
| 单位面积内河航道（X52） | 0.689 | -0.569 | 0.340 | 0.801 | -0.243 |
| 每万人国际互联网用户（X53） | -0.686 | 0.020 | 0.671 | 0.131 | 0.249 |
| 每万人公共图书馆总藏量（X54） | -0.281 | -0.733 | 0.436 | -0.190 | 0.396 |
| 亿元以上商品交易市场个数（X55） | 0.658 | 0.127 | 0.557 | -0.198 | -0.449 |
| 亿元以上商品交易市场成交额（X56） | 0.871 | 0.129 | 0.155 | 0.024 | -0.446 |

续表

| | 成分 | | | | |
|---|---|---|---|---|---|
| | 1 | 2 | 3 | 4 | 5 |
| 地方财政公共支出比例（X57） | 0.303 | 0.463 | 0.538 | -0.636 | 0.001 |
| 行政事业性收费收入比重（X58） | -0.748 | 0.196 | -0.311 | 0.440 | 0.334 |
| 公共管理和社会组织职工比重（X59） | 0.945 | 0.074 | -0.126 | 0.280 | 0.086 |
| 全社会固定资产总额（X60） | 0.603 | 0.958 | -0.067 | -0.046 | 0.194 |
| 非国有经济投资比重（X61） | 0.758 | 0.409 | -0.422 | -0.104 | 0.262 |
| 非国有经济就业人员比重（X62） | 0.986 | -0.024 | -0.071 | -0.133 | -0.066 |
| 外商投资比重（X63） | 0.356 | -0.685 | -0.233 | 0.127 | 0.577 |
| 货物进出口总额（X64） | 0.603 | -0.264 | -0.099 | 0.458 | 0.589 |
| 外商投资企业货物进出口总额（X65） | 0.488 | -0.536 | -0.267 | 0.119 | 0.624 |
| 外商投资企业数（X66） | 0.575 | 0.462 | -0.137 | -0.384 | 0.538 |
| 外商投资总额（X67） | 0.659 | -0.224 | -0.042 | -0.381 | 0.608 |
| 货运量（X68） | 0.294 | 0.697 | -0.285 | 0.444 | -0.386 |
| 客运量（X69） | 0.776 | 0.792 | 0.116 | 0.147 | -0.296 |
| 物流产值比重（X70） | -0.894 | -0.325 | 0.187 | -0.030 | -0.244 |
| 物流固定资产投资比重（X71） | -0.693 | -0.243 | 0.578 | -0.168 | -0.313 |
| 物流从业人员比重（X72） | -0.904 | -0.264 | 0.210 | -0.088 | 0.250 |
| 中心城市通海距离（X78） | -0.096 | 0.218 | -0.126 | 0.917 | -0.292 |
| 泊位数（X79） | 0.640 | -0.728 | 0.238 | 0.021 | -0.059 |
| 货物吞吐量（X80） | 0.613 | -0.444 | 0.010 | 0.620 | -0.206 |
| 外贸货物吞吐量（X81） | 0.307 | -0.404 | 0.774 | 0.040 | 0.376 |
| 外贸集装箱吞吐量（X82） | 0.348 | -0.047 | -0.222 | 0.904 | -0.102 |

从表3-6得出，第一个主成分 F1 在废气排放量（X10）（0.861）、万元工业产值二氧化硫排放总量（X18）（0.973）、万元 GDP 能耗（X19）（0.956）、万元 GDP 电耗（X20）（0.946）、人均用水量（X9）（0.843）、森林覆盖率（X14）（0.921）等指标上有较大荷载，反映资源与环境因素，将 F1 命名为资源环境约束因子；第二主成分 F2 在土地经济密度（X3）（0.885）、成本费用利润率（X30）（0.935）、全社会客运周转量（X37）

（0.844）、全社会货运周转量（X38）（0.763）、全社会固定资产总额（X60）（0.958）、货运量（X68）（0.697）、客运量（X69）（0.792）等指标上有较大荷载，反映经济发展能力，将 F2 命名为经济发展能力因子；第三主成分 F3 在人均 GDP（X32）（0.841）、人均居民消费支出（X35）（0.858）、研发投资比例（X40）（0.960）、外贸货物吞吐量（X81）（0.774）等指标上有较大荷载，反映社会发展程度，将 F3 命名为社会发展能力因子；第四主成分 F4 在单位面积铁路营业里程（X50）（0.930）、单位面积内河航道（X52）（0.801）、外贸集装箱吞吐量（X82）（0.904）、中心城市通海距离（X78）（0.917）、货物吞吐量（X80）（0.620）等指标上有较大荷载，反映地区开放能力，将 F4 命名为地区开放能力因子；第五主成分 F5 在每十万人高等教育人数（X41）（0.629）、教育支出比例（X45）（0.493）、高水平高校评分（X47）（0.821）、外商投资比重（X63）（0.577）、货物进出口总额（X64）（0.589）、外商投资企业货物进出口总额（X65）（0.624）、外商投资总额（X67）（0.608）等指标上有较大荷载，反映地区技术创新能力，将 F5 命名为技术创新能力因子，并对中部六省主要影响因子进行得分排名。

根据主成分得分系数矩阵和标准化后的各变量值，可计算出主成分表达式，再以各主成分的方差贡献率占 5 个主成分的累计贡献率的比值为权重，得到区域综合承载能力测度模型为：

$$F = 0.29696F1 + 0.18342F2 + 0.14573F3 + 0.12566F4 + 0.06823F5$$

根据上述公式，可以对中部六省综合影响因子进行得分排名，获得 5 个主成分得分及综合得分值进行测度，并进行排序（见表3-7）。

表3-7    中部地区综合承载能力影响因子得分及排名情况

| 省市 | F1 资源环境约束 | | F2 经济发展能力 | | F3 社会发展能力 | | F4 地区开放能力 | | F5 技术创新能力 | | F 总分 | |
|---|---|---|---|---|---|---|---|---|---|---|---|---|
| | 得分 | 位次 | 得分 | 位次 | 得分 | 位次 | 得分 | 位次 | 得分 | 位次 | 得分 | 位次 |
| 山西 | -1.58 | 6 | -1.15 | 6 | -0.01 | 3 | -0.29 | 4 | -0.52 | 6 | -3.55 | 6 |

| 省市 | F1<br>资源环境约束 | | F2<br>经济发展能力 | | F3<br>社会发展能力 | | F4<br>地区开放能力 | | F5<br>技术创新能力 | | F<br>总分 | |
|---|---|---|---|---|---|---|---|---|---|---|---|---|
| | 得分 | 位次 | 得分 | 位次 | 得分 | 位次 | 得分 | 位次 | 得分 | 位次 | 得分 | 位次 |
| 安徽 | -0.34 | 4 | 0.64 | 2 | -0.2 | 4 | 1.89 | 1 | 0.8 | 3 | 2.79 | 2 |
| 江西 | 1.05 | 1 | -1.05 | 5 | -1.14 | 6 | -0.09 | 3 | 0.17 | 5 | -1.06 | 5 |
| 河南 | -0.4 | 5 | 1.47 | 1 | -0.75 | 5 | -1.11 | 6 | 0.22 | 4 | -0.57 | 4 |
| 湖北 | 0.24 | 3 | -0.02 | 4 | 1.71 | 1 | -0.31 | 5 | 1.71 | 1 | 3.332.47 | 1 |
| 湖南 | 1.03 | 2 | 0.1 | 3 | 0.39 | 2 | -0.09 | 2 | 1.04 | 2 | | 3 |

从中部六省区域综合承载能力主成分的单项得分与排序情况，笔者可以看出：F1（资源环境约束）、F2（经济发展能力）、F3（社会发展能力）、F4（地区开放能力）、F5（技术创新能力）五个主成分得分排名第一的分别是江西、河南、湖北、安徽、湖北，说明江西的资源要素比较丰富、环境污染水平比较低，河南的经济发展能力较强，湖北的社会发展能力和技术创新能力较强，而安徽的地区开放能力强，基本与现实情况一致。

2. 综合承载能力得分及排序

为了消除单独一年统计的误差，选用2008—2012年连续五年的统计数据，分别获得五年的区域综合承载能力得分，并取五年得分的加权平均得分作为最后综合能力评价得分，见表3-8，并对各省综合能力进行比较（见图3-4）。

从表3-8和图3-4可以看出，山西在历年综合得分中都处于最低值，而湖北则相反，历年都处于最高值，且变化也较为平缓，属于能力平稳型；安徽、江西、河南、湖南四省历年得分有所波动，总体来讲，安徽、河南2012年得分相对于2008年略有上升，属于能力缓增型，江西、湖南2012年得分相对于2008年略有下降，属于能力缓降型。从平均得分来看，湖北具有较强的综合竞争优势，成为产业承接的主要阵地；安徽、湖南得分其次，从表3-7影响因子来看，安徽资源环境约束、湖南经济发展能力较弱成为影响综合得分提高的主要原因，安徽、湖南虽然综合能力远低于湖北，但这两省毗邻沿海省份，地缘优势明显，较易承接沿海产业转移；河南得分虽然比江西要高，但江西具有更强的区位和地缘优势，短时期内具有更强的承接优势，随着沿海产业转移的不断纵深，河南经济和开放能力要更为凸显，将成为未来产业转移承接的主要阵地；山西资源环境约束压力较大，经济开放能力较弱，综合竞争能力明显偏弱，因此，将成为中部六省承接沿海产业转移的经济洼地。

表 3-8　中部地区综合承载能力得分及排名情况（2008—2012 年）

| | 2008 年 | 2009 年 | 2010 年 | 2011 年 | 2012 年 | 平均分 | 排名 |
|---|---|---|---|---|---|---|---|
| 山西 | -0.8938 | -0.9327 | -0.8462 | -0.8445 | -0.9067 | -0.884 | 6 |
| 安徽 | 0.0516 | 0.0525 | 0.2483 | 0.3805 | 0.42482 | 0.231 | 2 |
| 江西 | -0.0517 | 0.1541 | -0.211 | -0.1059 | -0.11004 | -0.064 | 5 |
| 河南 | 0.2221 | 0.1307 | 0.1797 | -0.0555 | 0.2797 | 0.151 | 4 |
| 湖北 | 0.3923 | 0.4536 | 0.5106 | 0.4329 | 0.6064 | 0.479 | 1 |
| 湖南 | 0.2796 | 0.1938 | 0.1185 | 0.1925 | 0.2185 | 0.201 | 3 |

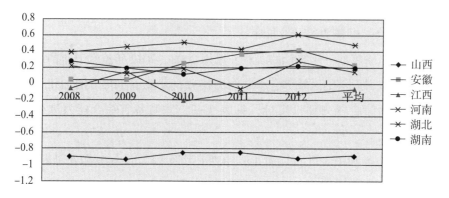

图 3-4　中部六省综合能力比较（2008—2012 年）

（二）子系统承载能力测度

1. 人口系统承载能力测度

选择 2008—2012 年连续五年的统计数据，分别获得五年的人口系统承载能力得分，并取五年得分的加权平均得分作为最后人口系统承载能力评价得分（见表3-9）。

表3-9　人口系统承载能力得分及排名情况（2008—2012年）

|  | 2008 年 | 2009 年 | 2010 年 | 2011 年 | 2012 年 | 平均分 | 排名 |
|---|---|---|---|---|---|---|---|
| 山西 | -0.1714 | -0.1741 | -0.8824 | -0.2453 | -0.4589 | -0.3864 | 5 |
| 安徽 | 0.4412 | 0.5396 | -0.462 | 0.6218 | 0.1142 | 0.2509 | 3 |
| 江西 | -0.9066 | -0.9445 | 0.2288 | 0.1048 | 0.1468 | -0.2741 | 6 |
| 河南 | 0.7637 | 0.6344 | 0.9284 | 0.8748 | 0.9878 | 0.8378 | 1 |
| 湖北 | -0.3293 | -0.0875 | -0.2036 | -0.0457 | -0.1084 | -0.1549 | 4 |
| 湖南 | 0.2024 | 0.032 | 0.3907 | 0.5892 | 0.4689 | 0.3366 | 2 |

从表3-9中可看出，河南、湖南等具有较强的人口资源优势，与这两个省人口众多及较低的职工平均工资是有关的，而人口较少的江西和山西省则较不具备人口优势。

2. 资源系统承载能力测度

选择2008—2012年连续五年的统计数据，分别获得五年的资源系统承载能力得分，并取五年得分的加权平均得分作为最后资源系统承载能力评价得分（见表3-10）。

表3-10　资源系统承载能力得分及排名情况（2008—2012年）

|  | 2008 年 | 2009 年 | 2010 年 | 2011 年 | 2012 年 | 平均分 | 排名 |
|---|---|---|---|---|---|---|---|
| 山西 | 0.4803 | 0.5607 | 0.7759 | 0.8142 | 0.6487 | 0.6559 | 1 |
| 安徽 | 0.4751 | 0.1123 | -0.4154 | 0.0481 | 0.3465 | 0.1133 | 3 |
| 江西 | -0.8411 | -0.7941 | -0.5458 | -0.6854 | -0.9652 | -0.7663 | 6 |
| 河南 | 0.3537 | 0.5936 | 0.7119 | 0.8531 | 0.4256 | 0.5876 | 2 |
| 湖北 | 0.0479 | 0.0927 | -0.2528 | -0.3841 | -0.1425 | -0.1278 | 4 |
| 湖南 | -0.5159 | -0.5653 | -0.2737 | -0.4891 | -0.3343 | -0.4357 | 5 |

3. 环境系统承载能力测度

选择2008—2012年连续五年的统计数据，分别获得五年的环境系统承载能力得分，并取五年得分的加权平均得分作为最后环境系统承载能力评价得分（见表 3-11）。

表 3-11　环境系统承载能力得分及排名情况（2008—2012 年）

| | 2008 年 | 2009 年 | 2010 年 | 2011 年 | 2012 年 | 平均分 | 排名 |
|---|---|---|---|---|---|---|---|
| 山西 | -0.6676 | -0.9262 | -0.624 | -0.7786 | -0.6984 | -0.739 | 6 |
| 安徽 | 0.3734 | -0.1019 | 0.3483 | 0.2689 | 0.3958 | 0.2569 | 3 |
| 江西 | 0.6376 | 0.4263 | 0.6297 | 0.8743 | 0.5463 | 0.6228 | 1 |
| 河南 | 0.2136 | 0.19 | -0.632 | -0.143 | -0.2185 | -0.118 | 5 |
| 湖北 | 0.5308 | 0.4327 | 0.1742 | 0.3128 | 0.6851 | 0.4271 | 2 |
| 湖南 | -0.514 | -0.021 | 0.1039 | -0.234 | 0.2578 | -0.0815 | 4 |

4. 经济系统承载能力测度

选择 2008—2012 年连续五年的统计数据，分别获得五年的经济系统承载能力得分，并取五年得分的加权平均得分作为最后经济系统承载能力评价得分（见表 3-12）。

表 3-12　经济系统承载能力得分及排名情况（2008—2012 年）

| | 2008 年 | 2009 年 | 2010 年 | 2011 年 | 2012 年 | 平均分 | 排名 |
|---|---|---|---|---|---|---|---|
| 山西 | -0.8898 | -0.9212 | -0.8315 | -0.9415 | -0.7568 | -0.8682 | 6 |
| 安徽 | 0.2133 | 0.183 | 0.3971 | 0.4156 | 0.4478 | 0.3314 | 2 |
| 江西 | -0.0186 | 0.1414 | -0.1694 | -0.1584 | 0.2879 | 0.0164 | 5 |
| 河南 | 0.0686 | 0.106 | 0.0317 | 0.0451 | 0.0962 | 0.0695 | 4 |
| 湖北 | 0.2864 | 0.3451 | 0.3889 | 0.2845 | 0.4521 | 0.3514 | 1 |
| 湖南 | 0.3401 | 0.1457 | 0.2517 | 0.3985 | 0.4213 | 0.3115 | 3 |

从表 3-12 中可看出，湖北、安徽等省具有较强的经济优势，而山西、安徽等省经济优势不明显。经济系统是构建中部地区承接沿海产业转移的基础，因此，有必要深入了解经济系统单要素的各省得分情况，选择 2008—2012 年统计数据，分别获得五年的单要素得分，并取五年得分的加权平均得分作为最后得分，如表 3-13 所示。

从表 3-13 中可看出，湖南、河南等省具有较强的市场优势，安徽、湖南等毗邻沿海的人口大省具有较强的区位优势，湖北、湖南等省具有较强的技术优势，而河南、安徽等省投资环境较为优越，湖北、安徽等省的物流水平较高。

表3-13　经济系统单要素得分及排序表

|  | 市场优势 | | 区位优势 | | 技术优势 | | 投资环境 | | 物流水平 | |
|---|---|---|---|---|---|---|---|---|---|---|
|  | 得分 | 排序 | 得分 | 排序 | 得分 | 排序 | 得分 | 排序 | 得分 | 排序 |
| 山西 | -0.33 | 5 | -1.11 | 6 | -0.37 | 5 | -0.93 | 6 | -0.05 | 3 |
| 安徽 | -0.6 | 6 | 0.75 | 1 | -0.17 | 4 | 0.24 | 2 | 0.43 | 2 |
| 江西 | -0.28 | 4 | 0.09 | 3 | -0.59 | 6 | 0.1 | 4 | -0.06 | 4 |
| 河南 | 0.4 | 2 | 0.05 | 4 | 0.02 | 3 | 0.26 | 1 | -0.73 | 6 |
| 湖北 | 0.19 | 3 | -0.28 | 5 | 0.96 | 1 | 0.23 | 3 | 0.48 | 1 |
| 湖南 | 0.63 | 1 | 0.51 | 2 | 0.14 | 2 | 0.09 | 5 | -0.07 | 5 |

## 第三节　中部地区承接沿海产业转移规模能力研究

"规模总量"承载能力研究是以区域现有经济规模为基础，通过构建短期预测模型，预测未来几年内区域潜在经济承载规模，并以此判断经济承载规模是否超出区域所能承受的最大规模。同时，通过对比中部地区与沿海地区的经济承载规模，可以大致测算出中部地区承接沿海产业转移的潜在经济承载规模。本节利用自回归移动平均模型，选择中部地区和沿海典型产业转出省份，预测中部地区三次产业就业人口和GDP承载规模总量，中部地区承接沿海产业转移的潜在就业人口和GDP规模总量，从而估计中部地区承接沿海产业转移的最大承载产业空间。

### 一、承载规模测度模型与指标选取

（一）承载规模测度模型

1. 承载规模测度模型介绍

目前，在对区域经济承载状况的评价过程中，最重要的是要确定区域内综合人类社会经济活动强度所带来的压力是否超出了生态系统的承受能力，一般用人口承载规模来衡量超载状态。这方面的研究地理工作者和环境工作者做了大量的研究，早期主要利用的研究方法有生态足迹法、状态空间法、能值分析法，随着 GIS（Geographic Information System，简称 GIS）和系统建模技术的出现和提高，利用系统动力学建立系统动态仿真模型（SD）模拟区域承载力的动态变化情况，成为区域承载力研究趋势。区域工作者更多地关注了资源、环境、人口等承载力的动态变化研究。相对而言，经济学者更加关注区域产业可持续发展人口规模和 GDP 规模的量化研究。一般而言，多采用时间序列预测模型测算区域经济产业承载就业规模[1]，以及 GDP 承载规模[2]。自回归移动平均模型预测经济承载规模是可行的，并且具有简单实用、预测精度高的特点，适合短期预测。

2. 承载规模预测模型选取：自回归移动平均模型

自回归移动平均模型全称为自回归整合移动平均模型，是一种精度较高的时间序列短期预测方法，其基本思想是：将预测对象随时间推移而形成的数据序列视为一个随机序列，用一定的数学模型来近似描述这个序列，对于非平稳时间序列，先用若干次差分使其成为平稳序列，再将其表示成关于前期值的自回归和关于白噪声的移动平均的组合，通过对该数学模型分析研究，能够更本质地认识时间序列的结构与特征，达到最小方差意义下的最优预测。用数学公式表示如下：

$$y_t = \alpha_0 + \sum_{i=1}^{p} \alpha_i y_{t-i} + \sum_{i=0}^{q} \beta_i \varepsilon_{t-i} \qquad (3-9)$$

如果自回归部分和运动平均部分的滞后阶数分别为 $p$，$q$，模型被称为自回归移动平均模型（$p$，$q$）。如果 $q=0$，这过程被称为自回归过程 $AR$（$p$），如果 $p=0$，这过程是运动平均过程 $MA$（$q$）。

在自回归移动平均模型中，允许 $p$，$q$ 是无限的。用滞后算子表示为：

---

① 郭志伟、张慧芳、郭宁:《城市经济承载力研究——以北京市为例》,《城市发展研究》2008 年第 6 期。

② 袁军:《SETAR 模型在 GDP 预测中的应用》,《统计与决策》2007 年第 10 期。

$$\alpha(L)y_t = \beta(L)\varepsilon_t \tag{3-10}$$

这里 $\alpha(L) = 1 - \sum_{j=1}^{p} \alpha_j L^j$，$\beta(L) = 1 - \sum_{j=0}^{q} \beta_j L^j$。

如果 $\alpha(z) = 0$ 的根在单位圆外，则过程是平稳的；如果过程是平稳的，则有一个等价的 $MA(\infty)$ 过程 $y_t = \sum_{j=0}^{\infty} c_j \varepsilon_{t-j}$，$c_0 = 1$；如果 $\beta(z) = 0$ 的根在单位圆 $|z| = 1$ 外（通常称为可逆性条件），则有一个等价的 $AR(\infty)$ 过程 $y_t = \sum_{j=1}^{\infty} d_j y_{t-j} + \varepsilon_t$。

这说明，一个平稳的自回归移动平均模型过程 $\{y_t\}$ 可以逼近高阶 MA 过程。如果过程 $\{y_t\}$ 满足可逆性条件，这过程可以逼近高阶 AR 过程。

（二）承载规模预测指标选取

首先，经济承载规模表现在就业人口承载规模上。郭志伟认为经济承载能力是在当前的技术水平和生产条件下，在确保生态环境良性循环前提下，区域的经济资源总量对该空间内人口的基本生存和发展的支撑力，最直接的体现就是该区域在一定时期内经济活动所能吸纳的就业人口数量。[1]因此，经济承载能力就是就业岗位的承载能力，没有就业岗位就没有现实的承载能力。鉴于此，本书选择就业数据作为经济承载能力评价指标。同时，经济承载能力是一个动态的概念，因此，"中部地区承接沿海产业转移经济承载能力"是中部地区相对沿海地区经济承载能力概念，仅单独测算中部地区自身经济承载能力很难反映承接沿海产业转移经济承载能力。为此，本书试图通过对比分析法，选择产业转移典型转出区（沿海省份）和典型转入区（中部省份）就业数据测算沿海和中部地区经济承载人口规模，并从沿海和中部地区就业变动趋势预测中反映中部地区承接沿海产业转移经济承载能力等问题。其基本思想是：产业转移势必带来劳动力转移和经济规模变化，对于转出区来讲，某种产业转出会减少该产业就业机会，产业的就业人口随之下降，迫使转出区转向另一种产业发展，带来该

---

① 郭志伟、张慧芳、郭宁：《城市经济承载力研究——以北京市为例》，《城市发展研究》2008 年第 6 期。

产业就业人口增加；反之，对于转入区来讲，某种产业转入会增加该产业就业机会，就业人口规模会增加，从而使其他产业比重相对降低。[1] 实际上，历次产业转移都会带来地区就业人口规模变动，如20世纪80年代西方发达国家产业逐步转移到中国，带来沿海产业人口急剧增加，同时也促使西方国家制造业萎缩，转型为服务经济。大多研究表明，沿海产业转移集中在第二产业，因此，如果发生大规模产业转移，将带来产业人口变化为：沿海第二产业大量转出，促使第二产业就业人口减少或增长率降低，迫使沿海产业转型与升级，第三产业将快速增长，促使第三产业就业人口增加或增长率提高；中部地区作为主要承接地区，表现则相反。因此，如果测算未来中部地区经济承载规模或增长率超过沿海地区，则可判断产业转移正在发生，虽然增长也来自地区自身产业增长，但考虑到沿海也有产业转出以外的自身产业增长，可大致抵消双方自身产业增长规模。因此，通过预测中部地区和沿海地区未来总就业人数、第二产业和第三产业就业人数规模的变动趋势，可以反映中部地区承接沿海产业转移的趋势、规模和能力等问题。本书运用自回归移动平均模型，选择中部地区和沿海地区1978—2012年第三产业就业数据，短期预测中部地区的经济承载就业人口规模，并以沿海地区经济承载就业人口规模为基准，得出中部地区承接沿海产业转移潜在的经济承载就业人口规模，并以此反映中部地区承接沿海产业转移的经济承载能力等问题。具体而言，选取中部六省和沿海三省（广东、江苏、浙江）1978—2012年第一产业、第二产业、第三产业的就业人员数，并以中部三省（安徽、江西、湖南）和沿海三省（广东、江苏、浙江）为比较对象。第一产业的就业人员数序列用 EX 表示，第二产业的就业人员数序列用 EY 表示，第三产业的就业人员数序列用 EZ 表示。为了消除数据的剧烈波动，分别对其取自然对数，分别表示为 LEX、LEY、LEZ。模型中原始数据来源于中经网统计数据库。

其次，经济承载规模还表现在 GDP 承载规模上。采取与就业人口承载

---

[1]　魏后凯：《产业转移的发展趋势及其对竞争力的影响》，《福建论坛》（经济社会版）2003年第4期。

规模同样的方法和思路，笔者选择自回归移动平均模型，并以中部六省和沿海三省 1978—2012 年第一产业、第二产业、第三产业的 GDP 数值为时间序列数据，预测中部地区和沿海三省的 GDP 承载规模，并通过比较分析法，测算中部地区潜在的经济承载规模。第一产业的 GDP 数序列用 GX 表示，第二产业的 GDP 数序列用 GY 表示，第三产业的 GDP 数序列用 GZ 表示。为了消除数据的剧烈波动，对其取自然对数，表示为 LGX、LGY、LGZ。模型中原始数据来源于中经网统计数据库。

## 二、就业人口与 GDP 承载规模测度

（一）中部地区承接沿海产业转移就业人口承载规模测度

1. 中部地区就业人口承载规模预测

（1）三次产业就业人口规模的自回归移动平均模型平稳性检验与识别

首先，选择中部六省 1978—2012 年的第一产业、第二产业、第三产业就业人口数据，利用 Eviews6.0 软件，得出中部六省三次产业就业人员取对数后的序列自相关和偏自相关情况，具体如表 3-14 所示。

表 3-14　中部六省自回归移动平均模型的识别与定阶选择表

| 产业 | 省份 | 自相关与偏自相关函数分析 | 模型选择 |
|---|---|---|---|
| 第一产业 | 安徽 | 原始序列取对数再进行一阶差分后平稳，自相关函数拖尾，偏自相关系数在 1 阶以后趋向于零 | (1, 1, 0) |
| | 河南 | 原始序列取对数再进行一阶差分后平稳，自相关函数拖尾，偏自相关系数在 1 阶以后趋向于零 | (1, 1, 0) |
| | 湖北 | 原始序列取对数再进行一阶差分后平稳，自相关系数在 4 阶以后趋向于零，偏自相关系数在 3 阶以后趋向于零 | (3, 1, 4) |
| | 湖南 | 原始序列取对数再进行一阶差分后平稳，自相关系数在 2 阶以后趋向于零，偏自相关系数在 2 阶以后趋向于零 | (2, 1, 2) |
| | 江西 | 原始序列取对数再进行一阶差分后平稳，自相关系数在 1 阶以后趋向于零，偏自相关系数在 1 阶以后趋向于零 | (1, 1, 1) |
| | 山西 | 原始序列取对数再进行一阶差分后平稳，自相关系数在 1 阶以后趋向于零，偏自相关系数在 2 阶以后趋向于零 | (2, 1, 1) |

续表

| 产业 | 省份 | 自相关与偏自相关函数分析 | 模型选择 |
|------|------|------------------------|---------|
| 第二产业 | 安徽 | 原始序列取对数再进行一阶差分后平稳，自相关系数在2阶以后趋向于零，偏自相关系数在4阶以后趋向于零 | (4, 1, 2) |
| | 河南 | 原始序列取对数再进行一阶差分后平稳，自相关系数在3阶以后趋向于零，偏自相关系数在2阶以后趋向于零 | (2, 1, 3) |
| | 湖北 | 原始序列取对数再进行一阶差分后平稳，自相关系数在3阶以后趋向于零，偏自相关系数在2阶以后趋向于零 | (2, 1, 3) |
| | 湖南 | 原始序列取对数再进行一阶差分后平稳，自相关系数在5阶以后趋向于零，偏自相关系数在1阶以后趋向于零 | (1, 1, 5) |
| | 江西 | 原始序列取对数再进行一阶差分后平稳，自相关系数在5阶以后趋向于零，偏自相关系数在1阶以后趋向于零 | (1, 1, 5) |
| | 山西 | 原始序列取对数再进行一阶差分后平稳，自相关系数在4阶以后趋向于零，偏自相关函数拖尾 | (0, 1, 4) |
| 第三产业 | 安徽 | 原始序列取对数再进行一阶差分后平稳，自相关系数在5阶以后趋向于零，偏自相关系数在3阶以后趋向于零 | (3, 1, 5) |
| | 河南 | 原始序列取对数再进行一阶差分后平稳，自相关系数在3阶以后趋向于零，偏自相关系数在4阶以后趋向于零 | (4, 1, 3) |
| | 湖北 | 原始序列取对数再进行一阶差分后平稳，自相关系数在3阶以后趋向于零，偏自相关系数在4阶以后趋向于零 | (4, 1, 3) |
| | 湖南 | 原始序列取对数再进行一阶差分后平稳，自相关系数在1阶以后趋向于零，偏自相关系数在4阶以后趋向于零 | (4, 1, 1) |
| | 江西 | 原始序列取对数再进行二阶差分后平稳，自相关系数在3阶以后趋向于零，偏自相关系数在2阶以后趋向于零 | (2, 2, 3) |
| | 山西 | 原始序列取对数再进行一阶差分后平稳，自相关系数在1阶以后趋向于零，偏自相关系数在1阶以后趋向于零 | (1, 1, 1) |

通过对表3-14分析，中部六省第一、第二、第三产业就业人员序列自相关与偏自相关系数都很快落在随机区间，说明所有序列都是平稳的，可以进行较好地预测。各省模型选择依据如表3-15所示。

表 3-15 中部六省三次产业自回归移动平均模型择

| 产业 | 省份 | 模型选择 | AIC 值 | SC 值 | 判定系数 $R^2$ | MAPE 值 |
|------|------|----------|--------|-------|---------------|---------|
| 第一产业 | 山西 | (2, 1, 1) | −3.748953 | −3.565736 | 0.224283 | 0.69 |
| | 安徽 | (1, 1, 0) | −5.009082 | −4.918384 | 0.430508 | 2.59 |
| | 江西 | (1, 1, 1) | −4.808621 | −4.672575 | 0.586308 | 1.16 |
| | 河南 | (1, 1, 0) | −4.298901 | −4.208204 | 0.346215 | 1.27 |
| | 湖北 | (3, 1, 4) | −8.738322 | −3.218598 | 0.538362 | 0.94 |
| | 湖南 | (2, 1, 2) | | −4.920641 | 0.528619 | 0.29 |
| 第二产业 | 山西 | (0, 1, 4) | −2.397547 | −2.173083 | 0.401158 | 1.4 |
| | 安徽 | (4, 1, 2) | −2.86253 | −2.535584 | 0.400133 | 3.5 |
| | 江西 | (1, 1, 5) | −2.222588 | −1.905147 | 0.243446 | 1.71 |
| | 河南 | (2, 1, 3) | −3.736749 | −3.461923 | 0.745104 | 0.71 |
| | 湖北 | (2, 1, 3) | −2.700218 | −2.425392 | 0.197013 | 0.83 |
| | 湖南 | (1, 1, 5) | −3.778106 | −3.460665 | 0.501373 | 1.05 |
| 第三产业 | 山西 | (1, 1, 1) | −2.744165 | −2.608119 | 0.209894 | 3.68 |
| | 安徽 | (3, 1, 5) | −2.490474 | −2.120413 | 0.203078 | 2.61 |
| | 江西 | (2, 2, 3) | −2.834067 | −2.556522 | 0.704842 | 0.96 |
| | 河南 | (4, 1, 3) | −2.963602 | −2.636656 | 0.476202 | 1.12 |
| | 湖北 | (4, 1, 3) | −3.254888 | −2.881236 | 0.513474 | 2.31 |
| | 湖南 | (4, 1, 1) | −2.189943 | −1.95641 | 0.071454 | 1.9 |

注：MAPE 值即平均绝对百分误差，其表达式为：MAPE = ( $\sum |(At-Ft)/At|$ )/n   t= 1, …, n (At: 实际值 Ft: 预测值) 一般认为如果 MAPE 值低于 10，则认为预测精度较高。表中各省的三次产业预测 MAPE 值都低于 10，可以认为实际值与预测值差别不大，模型的合适性通过检验，试预测精度也很高，可判断上述模型是可进行预测的。

（2）三次产业就业人口规模的自回归移动平均模型结果与参数检验

为了检验模型的预测效果，将 2010—2012 年的数据留出，作为评价预测精度的参照对象，将建模的样本期调整为 1978—2009 年，利用 Eviews 6.0 软件进行预测，结果见表 3-16。

表 3-16　2010—2012 年中部六省三次产业就业人口试预测值

单位：万人

| | | 第一产业 | | 第二产业 | | 第三产业 | |
|---|---|---|---|---|---|---|---|
| | | 实际值 | 预测值 | 实际值 | 预测值 | 实际值 | 预测值 |
| （山西） | 2010 年 | 638.24 | 644.16 | 442.81 | 457.79 | 604.90 | 587.33 |
| | 2011 年 | 649.40 | 650.13 | 468.00 | 469.50 | 621.50 | 609.79 |
| | 2012 年 | 647.11 | 653.83 | 489.92 | 487.45 | 653.14 | 633.26 |
| （安徽） | 2010 年 | 1583.60 | 1545.46 | 1016.50 | 1052.64 | 1449.90 | 1478.23 |
| | 2011 年 | 1598.90 | 1529.10 | 1038.50 | 1083.72 | 1483.50 | 1513.63 |
| | 2012 年 | 1531.20 | 1515.76 | 1107.30 | 1136.14 | 1568.30 | 1545.75 |
| （江西） | 2010 年 | 888.60 | 883.10 | 741.10 | 744.65 | 869.10 | 873.08 |
| | 2011 年 | 870.50 | 873.08 | 763.30 | 779.45 | 898.80 | 914.08 |
| | 2012 年 | 841.00 | 862.66 | 792.30 | 812.30 | 922.70 | 915.91 |
| （河南） | 2010 年 | 2712.00 | 2721.70 | 1753.00 | 1749.83 | 1577.00 | 1609.09 |
| | 2011 年 | 2670.45 | 2699.75 | 1852.50 | 1829.16 | 1674.90 | 1687.98 |
| | 2012 年 | 2628.00 | 2689.65 | 1919.00 | 1905.93 | 1740.00 | 1730.44 |
| （湖北） | 2010 年 | 1691.10 | 1691.63 | 754.70 | 754.55 | 1199.20 | 1212.62 |
| | 2011 年 | 1678.10 | 1684.69 | 771.12 | 758.23 | 1222.78 | 1255.45 |
| | 2012 年 | 1638.90 | 1678.38 | 781.60 | 775.41 | 1266.50 | 1306.14 |
| （湖南） | 2010 年 | 1690.03 | 1686.79 | 895.88 | 872.9 | 1377.27 | 1380.60 |
| | 2011 年 | 1679.94 | 1683.45 | 923.65 | 904.6 | 1392.47 | 1417.18 |
| | 2012 年 | 1668.99 | 1676.94 | 949.36 | 908.6 | 1401.54 | 1453.16 |

表 3-15 显示，各省的三次产业预测 MAPE 值都低于 10。具体而言，山西第一产业就业人员的 MAPE 为 0.69，第二产业为 1.40，第三产业为 3.68；安徽第一产业就业人员的 MAPE 为 2.59，第二产业为 3.50，第三产业为 2.61；江西第一产业就业人员的 MAPE 为 1.16，第二产业为 1.71，第三产业为 0.96；河南第一产业就业人员的 MAPE 为 1.27，第二产业为 0.71，第三产业为 1.12；湖北第一产业就业人员的 MAPE 为 0.94，第二产业为 0.83，第三产业为 2.31；湖南第一产业就业人员的 MAPE 为 0.29，

第二产业为 1.05,第三产业为 1.90。由此,可以认为表 3-16 中的实际值与预测值差别不大,模型的合适性通过检验,试预测精度也很高,可判断上述模型是可进行预测的。

(3)中部地区就业人口承载规模预测结果

利用上述模型对中部六省 2013—2017 年就业人口承载规模进行预测,结果如表 3-17 所示。

表 3-17 显示,根据预测,以中部地区目前的产业发展能力,河南省就业人口将在 2017 年达到 7045.28 万人,湖南、安徽等省也将超过 4000 万就业人口,而山西、江西将成为就业承载人口最少的省份。从第一产业、第二产业和第三产业就业人口预测来看,中部六省的主要就业人口增长将出现在第二产业,其次是第三产业,而第一产业将增长缓慢,甚至出现负增长。这些预测数据说明,未来几年内,中部六省将步入农业剩余劳动力向第二、第三产业转移的关键时期。因此,如何发展第二、第三产业成为实现未来就业增长的关键。需要说明的是,就业承载规模预测值不一定是未来中部地区实际的就业值,而只是一个可能的最高值。

表 3-17 2013—2017 年中部六省就业人口承载规模预测值

单位:万人

| 省份 | 山西 | 安徽 | 江西 | 河南 | 湖北 | 湖南 |
|------|------|------|------|------|------|------|
| 总就业人口 | | | | | | |
| 2013 年 | 1852.98 | 4251.96 | 2569.25 | 6412.25 | 3684.78 | 4046.08 |
| 2014 年 | 1893.83 | 4342.87 | 2618.36 | 6551.23 | 3721.86 | 4107.27 |
| 2015 年 | 1959.11 | 4409.09 | 2658.45 | 6709.04 | 3752.94 | 4148.39 |
| 2016 年 | 2027.40 | 4495.12 | 2696.55 | 6875.19 | 3811.99 | 4200.95 |
| 2017 年 | 2083.87 | 4591.46 | 2736.66 | 7045.28 | 3860.03 | 4249.91 |
| 第一产业就业人口 | | | | | | |
| 2013 年 | 646.98 | 1484.53 | 827.60 | 2604.48 | 1628.62 | 1664.91 |
| 2014 年 | 647.29 | 1451.30 | 814.59 | 2591.68 | 1628.90 | 1661.27 |
| 2015 年 | 647.89 | 1426.82 | 801.95 | 2585.02 | 1630.34 | 1656.56 |

| 省份 | 山西 | 安徽 | 江西 | 河南 | 湖北 | 湖南 |
|------|------|------|------|------|------|------|
| 2016 年 | 648.66 | 1408.10 | 789.62 | 2581.88 | 1635.05 | 1651.59 |
| 2017 年 | 649.53 | 1393.21 | 777.58 | 2580.78 | 1633.69 | 1646.86 |
| 第二产业就业人口 | | | | | | |
| 2013 年 | 522.87 | 1139.05 | 818.85 | 1996.61 | 789.15 | 948.27 |
| 2014 年 | 533.32 | 1199.52 | 843.50 | 2076.78 | 811.12 | 977.95 |
| 2015 年 | 567.46 | 1244.96 | 873.17 | 2164.23 | 822.11 | 989.79 |
| 2016 年 | 603.74 | 1301.93 | 906.07 | 2256.48 | 843.12 | 1017.00 |
| 2017 年 | 627.20 | 1357.46 | 939.62 | 2350.80 | 858.38 | 1041.82 |
| 第三产业就业人口 | | | | | | |
| 2013 年 | 683.13 | 1628.39 | 922.81 | 1811.16 | 1267.01 | 1432.90 |
| 2014 年 | 713.22 | 1692.05 | 960.26 | 1882.77 | 1281.83 | 1468.05 |
| 2015 年 | 743.76 | 1737.31 | 983.33 | 1959.79 | 1300.49 | 1502.04 |
| 2016 年 | 775.00 | 1785.09 | 1000.85 | 2036.82 | 1333.82 | 1532.35 |
| 2017 年 | 807.14 | 1840.79 | 1019.46 | 2113.69 | 1367.96 | 1561.24 |

2. 沿海地区就业人口承载规模预测

通过时间序列分析，虽然笔者大致可以预测得知中部六省未来几年的就业人口承载规模，但从中部地区自身的就业人口承载规模，笔者很难看出沿海产业转移是否促使了中部地区的就业人口增加，因此，有必要对沿海典型产业转移省份未来几年就业人口承载规模变化趋势进行分析，并从中部地区和沿海地区三次产业就业人口变化中获得相关经济承载力问题。

（1）三次产业就业人口规模的自回归移动平均模型平稳性检验与识别

笔者选择沿海典型产业转出省份（如广东、江苏、浙江）1978—2012年的第一产业、第二产业、第三产业就业人口数据，利用 Eviews6.0，得出三省的三次产业就业人员取对数后的序列自相关和偏自相关情况，具体如表 3-18 所示。

表 3-18 沿海三省自回归移动平均模型的识别与定阶选择表

| 产业 | 省份 | 自相关与偏自相关函数分析 | 模型选择 |
|---|---|---|---|
| 第一产业 | 广东 | 原始序列取对数再进行一阶差分后平稳，自相关函数拖尾，偏自相关系数在 2 阶以后趋向于零 | (2, 1, 0) |
| | 江苏 | 原始序列取对数再进行一阶差分后平稳，自相关系数在 3 阶以后趋向于零，偏自相关系数在 3 阶以后趋向于零 | (3, 1, 3) |
| | 浙江 | 原始序列取对数再进行一阶差分后平稳，自相关系数在 3 阶以后趋向于零，偏自相关系数在 5 阶以后趋向于零 | (5, 1, 3) |
| 第二产业 | 广东 | 原始序列取对数再进行一阶差分后平稳，自相关系数在 2 阶以后趋向于零，偏自相关系数在 3 阶以后趋向于零 | (3, 1, 2) |
| | 江苏 | 原始序列取对数再进行二阶差分后平稳，自相关函数拖尾，偏自相关系数在 1 阶以后趋向于零 | (1, 2, 0) |
| | 浙江 | 原始序列取对数再进行一阶差分后平稳，自相关系数在 4 阶以后趋向于零，偏自相关系数在 1 阶以后趋向于零 | (1, 1, 4) |
| 第三产业 | 广东 | 原始序列取对数再进行一阶差分后平稳，自相关系数在 5 阶以后趋向于零，偏自相关系数在 2 阶以后趋向于零 | (2, 1, 5) |
| | 江苏 | 原始序列取对数再进行二阶差分后平稳，自相关系数在 5 阶以后趋向于零，偏自相关系数在 5 阶以后趋向于零 | (5, 2, 5) |
| | 浙江 | 原始序列取对数再进行一阶差分后平稳，自相关系数在 1 阶以后趋向于零，偏自相关系数在 3 阶以后趋向于零 | (3, 1, 1) |

通过分析，沿海三省第一、第二、第三产业就业人员序列自相关与偏自相关系数都很快落在随机区间，说明所有序列都是平稳的，可以进行较好地预测。各省模型选择依据如表 3-19 所示。

表 3-19 沿海三省三次产业自回归移动平均模型选择

| 产业 | 省份 | 模型选择 | AIC 值 | SC 值 | 判定系数 $R^2$ | MAPE 值 |
|---|---|---|---|---|---|---|
| 第一产业 | 广东 | (2, 1, 0) | −5.004907 | −4.867494 | 0.312562 | 0.73 |
| | 江苏 | (3, 1, 3) | −2.41185 | −2.088046 | 0.307855 | 2.78 |
| | 浙江 | (5, 1, 3) | −3.839361 | −3.415028 | 0.577191 | 4.06 |

续表

| 产业 | 省份 | 模型选择 | AIC 值 | SC 值 | 判定系数 R² | MAPE 值 |
|------|------|----------|--------|-------|-------------|---------|
| 第二产业 | 广东 | (3, 1, 2) | −2.678249 | −2.400703 | 0.324418 | 3.18 |
| | 江苏 | (1, 2, 0) | −3.120199 | −3.028590 | 0.380568 | 1.21 |
| | 浙江 | (1, 1, 4) | −3.617197 | −3.345105 | 0.622588 | 1.16 |
| 第三产业 | 广东 | (2, 1, 5) | −3.114983 | −2.794353 | 0.53901 | 2.2 |
| | 江苏 | (5, 2, 5) | −4.953269 | −4.477482 | 0.736177 | 1.13 |
| | 浙江 | (3, 1, 1) | −3.944678 | −3.759648 | 0.400727 | 1.93 |

（2）三次产业就业人口规模的自回归移动平均模型结果与参数检验

为了检验模型的预测效果，将 2010—2012 年的数据留出，作为评价预测精度的参照对象，将建模的样本期调整为 1978—2009 年，利用 Eviews 6.0 软件预测，结果见表 3–20。

表 3—20  2010—2012 年沿海三省三次产业就业人员试预测值

单位：万人

| | 第一产业 | | 第二产业 | | 第三产业 | |
|------|------|------|------|------|------|------|
| | 实际值 | 预测值 | 实际值 | 预测值 | 实际值 | 预测值 |
| （广东）2010 年 | 1435.17 | 1447.54 | 2487.25 | 2402.63 | 1948.06 | 1960.57 |
| 2011 年 | 1427.34 | 1429.20 | 2526.48 | 2460.06 | 2006.92 | 1981.80 |
| 2012 年 | 1418.38 | 1435.36 | 2509.69 | 2597.83 | 2037.88 | 2133.94 |
| （江苏）2010 年 | 1060.29 | 1090.39 | 1996.97 | 1985.04 | 1697.42 | 1692.46 |
| 2011 年 | 1023.02 | 1048.19 | 2017.49 | 2033.15 | 1717.72 | 1730.51 |
| 2012 年 | 989.98 | 1020.07 | 2032.32 | 2078.39 | 1737.23 | 1777.91 |
| （浙江）2010 年 | 581.87 | 616.19 | 1810.36 | 1792.77 | 1243.79 | 1249.79 |
| 2011 年 | 535.27 | 567.60 | 1868.83 | 1847.08 | 1270.01 | 1292.99 |
| 2012 年 | 522.01 | 523.22 | 1880.92 | 1906.10 | 1288.31 | 1333.40 |

表 3-19 中沿海三省的三次产业预测 MAPE 值都低于 10，可以认为表 3-20 中的实际值与预测值差别不大，模型的合适性通过检验，试预测精度也很高，可判断上述模型是可进行预测的。

（3）沿海地区就业人口承载规模预测结果

利用上述模型对沿海三省 2013—2017 年就业人员承载规模进行预测，如表 3-21 所示。

表 3-21 显示，广东、江苏、浙江等沿海三省未来就业将继续增长，其中，广东省就业人数增长最快，不但超过了沿海其他省份，也超过了中部六省的就业人数。同时，沿海省份就业增长态势表现出与中部省份一致的特点，即第一产业人口将减少，第二产业、第三产业就业人口将继续增加，尤其是第三产业就业人口增加人数将超过中部地区。因此，未来几年，广东省将成为第二、第三产业就业人口增加最快省份，而江苏和浙江增加幅度则较不明显。

表 3-21 2013—2017 年沿海三省就业人口承载规模预测值

单位：万人

| 省份 | 2013 年 | 2014 年 | 2015 年 | 2016 年 | 2017 年 |
|---|---|---|---|---|---|
| 总就业人口 | | | | | |
| 广东 | 6169.70 | 6358.29 | 6648.95 | 6918.38 | 7231.05 |
| 江苏 | 4764.43 | 4776.42 | 4807.30 | 4844.02 | 4868.43 |
| 浙江 | 3774.89 | 3835.52 | 3884.02 | 3982.01 | 4078.08 |
| 第一产业就业人口 | | | | | |
| 广东 | 1409.96 | 1402.28 | 1394.91 | 1387.51 | 1380.01 |
| 江苏 | 964.99 | 940.06 | 917.68 | 895.86 | 874.26 |
| 浙江 | 501.01 | 468.97 | 439.67 | 414.97 | 391.04 |
| 第二产业就业人口 | | | | | |
| 广东 | 2662.08 | 2750.91 | 2884.21 | 3087.90 | 3305.02 |
| 江苏 | 2047.40 | 2059.59 | 2070.46 | 2079.14 | 2086.05 |
| 浙江 | 1955.82 | 2018.62 | 2064.98 | 2156.10 | 2244.39 |
| 第三产业就业人口 | | | | | |
| 广东 | 2097.67 | 2205.10 | 2369.83 | 2442.97 | 2546.03 |
| 江苏 | 1752.03 | 1776.76 | 1819.17 | 1869.03 | 1908.12 |
| 浙江 | 1318.06 | 1347.92 | 1379.37 | 1410.94 | 1442.66 |

### 3. 中部地区承接沿海产业转移的潜在就业人口承载规模预测

通过建立短期预测模型，笔者获得了中部六省和沿海三省未来几年就业人口承载规模的预测值，为了计算中部地区承接沿海产业转移的就业人口承载最大空间，根据笔者在"承载规模指标选取"中的假设逻辑，笔者以沿海省份的就业人口承载预测规模为基数，减去中部省份的就业人口承载规模，可以大致获得中部三省承接沿海产业转移的潜在就业人口承载规模。由于沿海省份只选取了广东、江苏、浙江三省，为了方便对比分析，笔者选择中部三个毗邻沿海的省份，如安徽、江西、湖南等省，这些省份具有较中部地区其他省份更强的地缘承接优势，根据产业梯度转移特点，这些毗邻沿海的中部三省将具有更优越的承接优势。笔者假设沿海三省将产业全部转移到中部三省，在减去中部三省现实的产业承载规模的基础上，笔者可以大致获得中部三省的最大产业转移承接规模。需要说明的是，这个承接规模是一个最大的预测值，并不是现实的转移规模和承载规模，但是，鉴于模型指标选择中，笔者按照产业转移引发的产业转出区与产业转入区的三次产业规模变化的分析逻辑，此种承载规模预测研究是可以判断产业转移趋势、规模等动向。因此，笔者将沿海三省的预测值（见表3-21）与中部三省（安徽、江西、湖南）就业人口承载规模预测值（见表3-17）进行相减，即可获得中部三省承接沿海产业转移潜在就业人口承载规模，如表3-22所示。

表3-22　中部三省承接沿海产业转移潜在经济承载人口规模预测值

单位：万人

|  | 2013 年 | 2014 年 | 2015 年 | 2016 年 | 2017 年 |
|---|---|---|---|---|---|
| 总就业人口 | 3841.73 | 3901.73 | 4124.34 | 4351.79 | 4599.53 |
| 一产就业人口 | -1101.08 | -1115.85 | -1133.07 | -1150.97 | -1172.34 |
| 二产就业人口 | 3759.13 | 3808.15 | 3911.73 | 4098.14 | 4296.56 |
| 三产就业人口 | 1183.66 | 1209.42 | 1345.69 | 1404.65 | 1475.32 |

从表3-22可看出，未来几年内，中部三省将有巨大的空间来承接沿

海产业转移。具体到三次产业，笔者发现，第一产业相对沿海而言，处于劳动力剩余状态，而第二产业和第三产业都具有充分的产业空间来容纳大量劳动力的转移，尤其是第二产业就业吸纳能力最强。可见，未来几年中，沿海可以将第二产业转移到中部地区，因为中部地区第二产业发展空间极大。

（二）中部地区承接沿海产业转移 GDP 承载规模测度

1. 中部地区三次产业 GDP 承载规模预测

按照三次产业预测思路，本书利用 Eviews6.0 对中部六省三次产业 GDP 进行预测。

（1）三次产业 GDP 规模的自回归移动平均模型平稳性检验与识别

利用 Eviews6.0，得出中部六省三次产业 GDP 取对数后的序列各自相关和偏自相关结果，如表 3-23 所示。

表 3-23　中部六省三次产业 GDP 自回归移动平均模型的识别与定阶选择表

| 产业 | 省份 | 自相关与偏自相关函数分析 | 模型选择 |
|---|---|---|---|
| 第一产业 | 安徽 | 原始序列取对数再进行一阶差分后平稳，自相关系数在 2 阶以后趋于零，偏自相关系数在 2 阶以后趋向于零 | (2, 1, 2) |
| | 河南 | 原始序列取对数再进行一阶差分后平稳，自相关系数在 3 阶以后趋于零，偏自相关系数在 4 阶以后趋向于零 | (4, 1, 3) |
| | 湖北 | 原始序列取对数再进行一阶差分后平稳，自相关系数在 5 阶以后趋于零，偏自相关系数在 5 阶以后趋向于零 | (5, 1, 5) |
| | 湖南 | 原始序列取对数再进行一阶差分后平稳，自相关系数在 5 阶以后趋于零，偏自相关函数拖尾 | (0, 1, 5) |
| | 江西 | 原始序列取对数再进行一阶差分后平稳，自相关系数在 1 阶以后趋于零，偏自相关系数在 1 阶以后趋向于零 | (1, 1, 1) |
| | 山西 | 原始序列取对数再进行一阶差分后平稳，自相关系数在 3 阶以后趋于零，偏自相关系数在 4 阶以后趋向于零 | (4, 1, 3) |
| 第二产业 | 安徽 | 原始序列取对数再进行二阶差分后平稳，自相关函数拖尾，偏自相关系数在 5 阶以后趋向于零 | (5, 2, 0) |
| | 河南 | 原始序列取对数再进行二阶差分后平稳，自相关系数在 5 阶以后趋向于零，偏自相关系数在 4 阶以后趋向于零 | (4, 2, 5) |

续表

| 产业 | 省份 | 自相关与偏自相关函数分析 | 模型选择 |
|---|---|---|---|
| 第二产业 | 湖北 | 原始序列取对数再进行一阶差分后平稳，自相关系数在4阶以后趋向于零，偏自相关系数在4阶以后趋向于零 | (4, 1, 4) |
| | 湖南 | 原始序列取对数再进行二阶差分后平稳，自相关系数在2阶以后趋向于零，偏自相关函数拖尾 | (0, 2, 2) |
| | 江西 | 原始序列取对数再进行二阶差分后平稳，自相关系数在3阶以后趋向于零，偏自相关系数在4阶以后趋向于零 | (4, 2, 3) |
| | 山西 | 原始序列取对数再进行一阶差分后平稳，自相关系数在5阶以后趋向于零，偏自相关系数在4阶以后趋向于零 | (4, 1, 5) |
| 第三产业 | 安徽 | 原始序列取对数再进行一阶差分后平稳，自相关系数在2阶以后趋向于零，偏自相关系数在4阶以后趋向于零 | (4, 1, 2) |
| | 河南 | 原始序列取对数再进行一阶差分后平稳，自相关系数在3阶以后趋向于零，偏自相关系数在3阶以后趋向于零 | (3, 1, 3) |
| | 湖北 | 原始序列取对数再进行二阶差分后平稳，自相关系数在4阶以后趋向于零，偏自相关系数在2阶以后趋向于零 | (2, 2, 4) |
| | 湖南 | 原始序列取对数再进行一阶差分后平稳，自相关系数在2阶以后趋向于零，偏自相关系数在2阶以后趋向于零 | (2, 1, 2) |
| | 江西 | 原始序列取对数再进行二阶差分后平稳，自相关系数在3阶以后趋向于零，偏自相关系数在2阶以后趋向于零 | (2, 2, 3) |
| | 山西 | 原始序列取对数再进行一阶差分后平稳，自相关系数在4阶以后趋向于零，偏自相关系数在4阶以后趋向于零 | (4, 1, 4) |

从表3-23可知，中部六省第一、第二、第三产业GDP序列自相关与偏自相关系数都很快落在随机区间，说明所有序列都是平稳的，可以进行较好地预测。各省模型选择依据如表3-24所示。

表3-24　中部六省三次产业GDP规模的自回归移动平均模型选择

| 产业 | 省份 | 模型选择 | AIC值 | SC值 | 判定系数 R² | MAPE值 |
|---|---|---|---|---|---|---|
| 第一产业 | 山西 | (4, 1, 3) | -1.115027 | -0.741375 | 0.479095 | 4.58 |
| | 安徽 | (2, 1, 2) | -1.388859 | -1.159838 | 0.362313 | 4.66 |
| | 江西 | (1, 1, 1) | -2.235835 | -2.099789 | 0.083116 | 1.74 |
| | 河南 | (4, 1, 3) | -1.773501 | -1.446555 | 0.323549 | 1.91 |

续表

| 产业 | 省份 | 模型选择 | AIC 值 | SC 值 | 判定系数 R² | MAPE 值 |
|------|------|----------|--------|-------|------------|---------|
| 第一产业 | 湖北 | (5, 1, 5) | -1.768764 | -1.250134 | 0.549217 | 3.76 |
| | 湖南 | (0, 1, 5) | -2.563373 | -2.294015 | 0.544116 | 7.82 |
| 第二产业 | 山西 | (4, 1, 5) | -2.47455 | -2.007484 | 0.582235 | 6.43 |
| | 安徽 | (5, 2, 0) | -1.453696 | -1.215803 | 0.330412 | 9.95 |
| | 江西 | (4, 2, 3) | -3.460639 | -3.083454 | 0.851902 | 8.73 |
| | 河南 | (4, 2, 5) | -2.519628 | -2.095295 | 0.657974 | 8.39 |
| | 湖北 | (4, 1, 4) | -3.435578 | -3.015219 | 0.667579 | 7.8 |
| | 湖南 | (0, 2, 2) | -2.426447 | -2.2904 | 0.246357 | 8.32 |
| 第三产业 | 山西 | (4, 1, 4) | -2.261613 | -1.841254 | 0.358135 | 2.32 |
| | 安徽 | (4, 1, 2) | -2.592018 | -2.265072 | 0.398681 | 3.42 |
| | 江西 | (2, 2, 3) | -2.444055 | -2.212767 | 0.295509 | 8.39 |
| | 河南 | (3, 1, 3) | -2.948615 | -2.624811 | 0.514308 | 5.62 |
| | 湖北 | (2, 2, 4) | -3.668973 | -3.345169 | 0.521032 | 2.16 |
| | 湖南 | (2, 1, 2) | -2.64594 | -2.416919 | 0.143643 | 3.25 |

注：MAPE 值即平均绝对百分误差，其表达式为：$MAPE = \left( \sum |(At - Ft)/At| \right) / nt = 1, \cdots, n$（$At$：实际值 $Ft$：预测值）一般认为如果 MAPE 值低于 10，则认为预测精度较高。表中各省的三次产业预测 MAPE 值都低于 10，可以认为实际值与预测值差别不大，模型的合适性通过检验，试预测精度也很高，可判断上述模型是可进行预测的。

（2）三次产业 GDP 规模的自回归移动平均模型结果与参数检验

为了检验模型的预测效果，将 2010—2012 年的数据留出，作为评价预测精度的参照对象，将建模的样本期调整为 1978—2009 年，利用 Eviews 6.0 软件进行预测，结果见表 3-25。

表 3-25　2010—2012 年中部六省三次产业 GDP 试预测值

单位：亿元

| | 第一产业 | | 第二产业 | | 第三产业 | |
|------|--------|--------|--------|--------|--------|--------|
| | 实际值 | 预测值 | 实际值 | 预测值 | 实际值 | 预测值 |
| （山西）2010 年 | 554.48 | 510.47 | 5234.00 | 4879.79 | 3412.38 | 3495.31 |

| | | 第一产业 | | 第二产业 | | 第三产业 | |
|---|---|---|---|---|---|---|---|
| | | 实际值 | 预测值 | 实际值 | 预测值 | 实际值 | 预测值 |
| | 2011 年 | 641.42 | 620.35 | 6635.26 | 6051.34 | 3960.87 | 4125.00 |
| | 2012 年 | 698.32 | 716.00 | 6731.56 | 6481.55 | 4682.95 | 4701.11 |
| （安徽）2010 年 | | 1729.02 | 1670.62 | 6436.62 | 5876.06 | 4193.68 | 4135.06 |
| | 2011 年 | 2015.31 | 1919.69 | 8309.38 | 7165.60 | 4975.95 | 4748.83 |
| | 2012 年 | 2178.70 | 2051.22 | 9404.80 | 8711.13 | 5628.50 | 5386.78 |
| （江西）2010 年 | | 1206.98 | 1206.24 | 5122.88 | 4528.16 | 3121.40 | 2974.19 |
| | 2011 年 | 1391.07 | 1345.13 | 6390.55 | 5573.62 | 3921.20 | 3454.08 |
| | 2012 年 | 1520.23 | 1492.19 | 6942.59 | 7066.98 | 4486.06 | 4103.57 |
| （河南）2010 年 | | 3258.09 | 3270.07 | 13226.38 | 12083.40 | 6607.89 | 6523.99 |
| | 2011 年 | 3512.24 | 3450.87 | 15427.08 | 13833.11 | 7991.72 | 7426.92 |
| | 2012 年 | 3769.54 | 3906.031 | 16672.20 | 15639.50 | 9157.57 | 8376.06 |
| （湖北）2010 年 | | 2147.00 | 2342.66 | 7767.24 | 7259.69 | 6053.37 | 5888.81 |
| | 2011 年 | 2569.30 | 2593.30 | 9815.94 | 8691.92 | 7247.02 | 7027.60 |
| | 2012 年 | 2848.77 | 2883.63 | 11193.10 | 10587.48 | 8208.58 | 8149.41 |
| （湖南）2010 年 | | 2325.50 | 2265.41 | 7343.19 | 6998.06 | 6369.27 | 6472.81 |
| | 2011 年 | 2768.03 | 2508.85 | 9361.99 | 8211.43 | 7539.54 | 7663.06 |
| | 2012 年 | 3004.21 | 2658.10 | 10506.42 | 9668.30 | 8643.60 | 9204.81 |

表 3-24 中，各省的三次产业预测 MAPE 值都低于 10，具体而言，山西第一产业 GDP 的 MAPE 为 4.58，第二产业为 6.43，第三产业为 2.32；安徽第一产业 GDP 的 MAPE 为 4.66，第二产业为 9.95，第三产业为 3.42；江西第一产业 GDP 的 MAPE 为 1.74，第二产业为 8.73，第三产业为 8.39；河南第一产业 GDP 的 MAPE 为 1.91，第二产业为 8.39，第三产业为 5.62；湖北第一产业 GDP 的 MAPE 为 3.76，第二产业为 7.80，第三产业为 2.16；湖南第一产业 GDP 的 MAPE 为 7.82，第二产业为 8.32，第三产业为 3.25。可以认为表 3-25 中的实际值与预测值差别不大，模型的合适性通过检验，试预测精度也很高，可判断上述模型是可行的。

（3）中部地区三次产业 GDP 承载规模预测结果

利用上述模型对中部六省 2013—2017 年 GDP 承载规模进行预测，结果如表 3-26 所示。从表 3-26 可看出，中部六省在未来几年内，GDP 增长规模空间巨大，其中，河南省 GDP 规模最大，接近 60000 亿元；安徽、江西、湖南等省可以实现快速增长，理论上可以翻番，而这恰好是笔者定义的毗邻沿海的三个最易承接产业转移省份，说明在目前阶段，沿海产业转移对这三个省份的经济增长作用是较为明显的。深入分析，笔者发现，三次产业 GDP 增长规模与三次产业就业人口增长规模特点一致，表现出第一产业 GDP 增长缓慢，第二产业、第三产业 GDP 增长迅速的特点，尤其是第二产业增长速度要大于第三产业，说明未来中部地区第二产业发展将更为迅速，具备承接沿海第二产业转移的发展潜力与空间。同样，需要说明的是，GDP 承载规模预测值并不一定是未来中部实际值，而只是一个可能的最高值。

表 3-26　2013—2017 年中部六省 GDP 承载规模预测值

单位：亿元

| 省份 | 山西 | 安徽 | 江西 | 河南 | 湖北 | 湖南 |
|---|---|---|---|---|---|---|
| 总 GDP | | | | | | |
| 2013 年 | 14372.09 | 20596.30 | 14522.52 | 33569.34 | 24920.03 | 25895.55 |
| 2014 年 | 17002.19 | 24638.86 | 16992.86 | 38104.90 | 28857.68 | 30808.68 |
| 2015 年 | 19385.78 | 29713.28 | 20414.72 | 43456.86 | 32310.13 | 36599.88 |
| 2016 年 | 22607.57 | 35712.35 | 24540.45 | 49993.91 | 36720.44 | 43458.03 |
| 2017 年 | 26446.52 | 42570.65 | 29085.83 | 57257.58 | 42052.78 | 51925.80 |
| 第一产业 GDP | | | | | | |
| 2013 年 | 654.01 | 2685.92 | 1683.07 | 3950.50 | 3458.24 | 1664.91 |
| 2014 年 | 707.06 | 2834.44 | 1872.85 | 4430.82 | 3985.83 | 1661.27 |
| 2015 年 | 783.69 | 3341.38 | 2080.43 | 4739.32 | 4410.56 | 1656.56 |
| 2016 年 | 844.18 | 3703.81 | 2312.38 | 5189.62 | 4779.11 | 1651.59 |
| 2017 年 | 978.45 | 4172.95 | 2569.67 | 5598.81 | 5327.70 | 1646.86 |

| 省份 | 山西 | 安徽 | 江西 | 河南 | 湖北 | 湖南 |
|------|------|------|------|------|------|------|
| 第二产业 GDP | | | | | | |
| 2013 年 | 8113.78 | 11294.86 | 7449.32 | 19029.49 | 12221.77 | 9482.7 |
| 2014 年 | 9784.27 | 13993.18 | 8719.46 | 21370.57 | 14752.45 | 12779.5 |
| 2015 年 | 10785.90 | 17174.42 | 10718.52 | 24109.58 | 17847.98 | 17897.9 |
| 2016 年 | 12501.69 | 21029.07 | 13179.89 | 27737.27 | 21642.58 | 21170.0 |
| 2017 年 | 14443.68 | 25431.72 | 15759.63 | 31410.98 | 26304.12 | 26418.2 |
| 第三产业 GDP | | | | | | |
| 2013 年 | 5604.29 | 6615.52 | 5390.12 | 10589.34 | 10215.54 | 14329.0 |
| 2014 年 | 6510.86 | 7811.24 | 6400.54 | 12303.51 | 12070.40 | 16680.5 |
| 2015 年 | 7816.19 | 9197.48 | 7615.77 | 14607.97 | 14341.33 | 18020.4 |
| 2016 年 | 9261.70 | 10979.47 | 9048.18 | 17067.02 | 17036.35 | 21323.5 |
| 2017 年 | 11024.39 | 12965.98 | 10756.54 | 20247.79 | 20293.98 | 24612.4 |

2. 沿海地区三次产业 GDP 承载规模预测

（1）三次产业 GDP 的自回归移动平均模型平稳性检验与识别

利用 Eviews6.0，求出沿海三省三次产业 GDP 取对数后的序列各自相关和偏自相关结果，如表 3-27 所示。

通过表 3-27 的分析，沿海三省第一产业、第二产业、第三产业 GDP 序列自相关与偏自相关系数都很快落在随机区间，说明所有序列都是平稳的，可以较好进行预测。各省模型选择依据如表 3-28 所示。

表 3-27　沿海三省三次产业 GDP 的自回归移动平均模型的识别与定阶选择表

| 产业 | 省份 | 自相关与偏自相关函数分析 | 模型选择 |
|------|------|--------------------------|----------|
| 第一产业 | 广东 | 原始序列取对数再进行二阶差分后平稳，自相关系数在 5 阶以后趋向于零，偏自相关函数拖尾 | (0, 2, 5) |
| | 江苏 | 原始序列取对数再进行一阶差分后平稳，自相关函数拖尾，偏自相关系数在 2 阶以后趋向于零 | (2, 1, 0) |
| | 浙江 | 原始序列取对数再进行一阶差分后平稳，自相关系数在 5 阶以后趋向于零，偏自相关系数在 2 阶以后趋向于零 | (2, 1, 5) |

| 产业 | 省份 | 自相关与偏自相关函数分析 | 模型选择 |
|---|---|---|---|
| 第二产业 | 广东 | 原始序列取对数再进行二阶差分后平稳，自相关系数在3阶以后趋向于零，偏自相关系数在3阶以后趋向于零 | (3，2，3) |
| | 江苏 | 原始序列取对数再进行一阶差分后平稳，自相关系数在2阶以后趋向于零，偏自相关系数在2阶以后趋向于零 | (2，1，2) |
| | 浙江 | 原始序列取对数再进行一阶差分后平稳，自相关系数在3阶以后趋向于零，偏自相关系数在1阶以后趋向于零 | (1，1，3) |
| 第三产业 | 广东 | 原始序列取对数再进行二阶差分后平稳，自相关系数在5阶以后趋向于零，偏自相关系数在2阶以后趋向于零 | (2，2，5) |
| | 江苏 | 原始序列取对数再进行一阶差分后平稳，自相关系数在2阶以后趋向于零，偏自相关系数在2阶以后趋向于零 | (2，1，2) |
| | 浙江 | 原始序列取对数再进行一阶差分后平稳，自相关系数在5阶以后趋向于零，偏自相关系数在1阶以后趋向于零 | (1，1，5) |

表3-28 沿海三省三次产业自回归移动平均模型选择

| 产业 | 省份 | 模型选择 | AIC 值 | SC 值 | 判定系数 $R^2$ | MAPE 值 |
|---|---|---|---|---|---|---|
| 第一产业 | 广东 | (0，2，5) | −2.625000 | −2.398256 | 0.524888 | 2.6 |
| | 江苏 | (2，1，0) | −2.082893 | −1.945481 | 0.121608 | 6.37 |
| | 浙江 | (2，1，5) | −3.225669 | −2.859235 | 0.774395 | 4.38 |
| 第二产业 | 广东 | (3，2，3) | −2.288483 | −2.008244 | 0.416145 | 7.41 |
| | 江苏 | (2，1，2) | −2.318881 | −2.089860 | 0.392998 | 4.59 |
| | 浙江 | (1，1，3) | −2.114955 | −1.888212 | 0.382281 | 7.46 |
| 第三产业 | 广东 | (2，2，5) | −3.057141 | −2.68708 | 0.546245 | 6.23 |
| | 江苏 | (2，1，2) | −1.956192 | −1.772975 | 0.243115 | 3.43 |
| | 浙江 | (1，1，5) | −3.022067 | −2.704626 | 0.580122 | 5.2 |

（2）三次产业 GDP 的 ARIMA 模型结果与参数检验

为了检验模型的预测效果，将 2010—2012 年的数据留出，作为评价预测精度的参照对象，将建模的样本期调整为 1978—2009 年，利用 Eviews 6.0 软件进行预测，结果见表3-29。

表 3-29　2010—2012 年各省三次产业 GDP 试预测值

单位：亿元

| | | 第一产业 | | 第二产业 | | 第三产业 | |
|---|---|---|---|---|---|---|---|
| | | 实际值 | 预测值 | 实际值 | 预测值 | 实际值 | 预测值 |
| （广东） | 2010 | 2286.98 | 2310.93 | 23014.53 | 20965.44 | 20711.55 | 20133.28 |
| | 2011 | 2665.20 | 2591.97 | 26447.38 | 23854.44 | 24097.70 | 22284.96 |
| | 2012 | 2847.26 | 2733.52 | 27700.97 | 26729.21 | 26519.69 | 24300.39 |
| （江苏） | 2010 | 2540.1 | 2509.98 | 21753.93 | 20949.92 | 17131.45 | 16647.74 |
| | 2011 | 3064.78 | 2789.95 | 25203.28 | 23219.77 | 20842.21 | 20023.78 |
| | 2012 | 3418.29 | 3112.24 | 27121.95 | 27716.29 | 23517.98 | 24353.07 |
| （浙江） | 2010 | 1360.56 | 1320.69 | 14297.93 | 12769.35 | 12063.82 | 11439.77 |
| | 2011 | 1583.04 | 1473.83 | 16555.58 | 14625.36 | 14180.23 | 13110.98 |
| | 2012 | 1667.88 | 1612.67 | 17316.32 | 17313.52 | 15681.13 | 15229.93 |

表 3-28 中各省的三次产业预测 MAPE 值都低于 10，由此，可以认为表 3-29 中的实际值与预测值差别不大，模型的合适性通过检验，试预测精度也很高，可判断上述模型是可行的。

（3）沿海地区三次产业 GDP 承载规模预测结果

利用上述模型对沿海三省 2013—2017 年 GDP 承载规模进行预测，结果如表 3-30 所示。

表 3-30　2013—2017 年沿海三省 GDP 承载规模预测值

单位：亿元

| 省份 | 2013 年 | 2014 年 | 2015 年 | 2016 年 | 2017 年 |
|---|---|---|---|---|---|
| 总 GDP | | | | | |
| 广东 | 61391.18 | 69180.48 | 78229.18 | 86163.98 | 96128.92 |
| 江苏 | 59866.06 | 67175.28 | 78711.01 | 90941.47 | 104548.73 |
| 浙江 | 39263.84 | 46727.29 | 54713.55 | 65115.31 | 78532.04 |
| 第一产业 GDP | | | | | |
| 广东 | 3257.23 | 3688.30 | 4015.25 | 4481.04 | 4981.51 |

| 省份 | 2013 年 | 2014 年 | 2015 年 | 2016 年 | 2017 年 |
|------|---------|---------|---------|---------|---------|
| 江苏 | 3855.57 | 4330.57 | 4863.28 | 5459.08 | 6126.96 |
| 浙江 | 1760.21 | 1957.26 | 2123.79 | 2323.86 | 2617.77 |
| 第二产业 GDP | | | | | |
| 广东 | 28697.63 | 32372.55 | 38267.59 | 43362.63 | 49474.51 |
| 江苏 | 29148.72 | 31882.23 | 38371.87 | 44834.66 | 51956.70 |
| 浙江 | 18690.63 | 21969.22 | 26009.56 | 30633.59 | 36135.50 |
| 第三产业 GDP | | | | | |
| 广东 | 29436.32 | 33119.63 | 35946.35 | 38320.30 | 41672.89 |
| 江苏 | 26861.76 | 30962.48 | 35475.86 | 40647.73 | 46465.06 |
| 浙江 | 18813.00 | 22800.81 | 26580.20 | 32157.86 | 39778.77 |

表 3-30 显示，未来几年内，沿海 GDP 承载规模将大幅度增长，其增长幅度及速度要大于中部地区，其中，江苏省的 GDP 增长幅度最大，超过了广东省，而浙江省 GDP 增长幅度最大，增长了 2 倍，远大于广东与江苏省。可见，未来几年内，广东省 GDP 增长速度将放慢，而江苏和浙江二省的 GDP 增长速度将加快。深入分析三次产业内部，笔者发现，第一产业 GDP 同样表现出增长缓慢特点，但第二产业、第三产业 GDP 增长速度将继续强劲，其中，广东、浙江二省 GDP 增长呈现出第二产业规模和速度大于第三产业的特点，而江苏省第三产业 GDP 增长幅度与速度则呈现出强于第二产业的特点。

3. 中部地区承接沿海产业转移的潜在 GDP 承载规模预测

根据对就业人口承载规模预测思路，笔者以沿海三省的 GDP 承载规模为基数，减去中部毗邻沿海的三省（安徽、江西、湖南）GDP 的承载规模，可以大致获得中部三省承接沿海产业转移的潜在 GDP 承载规模，具体如表 3-31 所示。

表 3-31　中部三省承接沿海产业转移潜在 GDP 承载规模预测值

单位：亿元

| | 2013 年 | 2014 年 | 2015 年 | 2016 年 | 2017 年 |
|---|---|---|---|---|---|
| 总 GDP | 160521.08 | 183083.05 | 211653.74 | 242220.76 | 279209.69 |
| 第一产业 GDP | 8873.01 | 9976.13 | 11002.32 | 12263.98 | 13726.24 |
| 第二产业 GDP | 76536.98 | 86224 | 102649.02 | 118830.88 | 137566.71 |
| 第三产业 GDP | 75111.08 | 86882.92 | 98002.41 | 111125.89 | 127916.72 |

从表 3-31 可看出，未来几年内，中部三省将有巨大的空间来承接沿海产业转移。具体到三次产业，笔者发现，第一产业 GDP 承载空间较小，而第二产业和第三产业 GDP 都具有充分的产业发展空间。

## 第四节　中部地区承接沿海产业转移承载能力省际差异

前面对中部地区承接沿海产业转移的"相对评分"和"规模总量"承载能力进行了测评，接下来笔者进一步探讨中部地区承接沿海产业转移承载能力的省际差异。本节将重点解决以下两个问题：（1）探讨相对承载能力的省际差异（包括综合承载能力、四大子系统的能力评分省际差异），从而提出中部地区承接沿海产业转移的空间布局措施及能力提升对策；（2）探讨规模总量能力的省际差异（包括中部地区承接沿海产业转移三次产业就业人口和 GDP 潜在规模总量的省际差异），并深入探讨中部地区三次产业与 GDP 空间失配问题，从而预测沿海产业转移趋势，并设计相应的空间适配机制。

### 一、相对承载能力省际差异

（一）综合评分省际差异

从表 3-7 综合承载能力影响因子得分情况，可以得出中部地区承接沿海产业转移的综合承载能力有五个主因子，归纳为资源环境约束、经济发展能力、社会发展能力、地区开发能力和技术创新能力。

从表3-8综合承载能力得分来看，中部地区2008—2012年平均得分排名依次是湖北、安徽、湖南、河南、江西、山西。可以看出，湖北、安徽等省具有较强的综合优势，而山西排名最后，与其环境制约、经济发展相对落后以及较差的地缘优势是分不开的，江西虽然毗邻沿海，具有相当的地缘优势，但由于经济、社会等发展不够，得分较低，综合排名较为靠后。

（二）子系统评分省际差异

1. 人口系统承载能力省际差异

从表3-9人口系统承载能力得分情况来看，排名依次是河南、湖南、安徽、湖北、山西、江西。再结合表3-32分析可以得出，河南、湖南等具有较多的人口和较低的平均工资，具有较强的人口系统优势，而山西由于人口较少和较高的平均工资，不具备劳动力优势，相比排名最后的江西，虽然不具备较强的人口系统优势，但由于拥有较好的区位优势，同样可以承接劳动力密集型产业。

表3-32　2012年中部各省劳动力资源对比

| 指标<br>地区 | 年末人口<br>（万人） | 农村劳动力人口<br>（万人） | 赴沿海务工人员<br>（万人）（2009年） | 各省职工平均工资（元） |
|---|---|---|---|---|
| 山西 | 3611 | 1851 | 200 | 44236 |
| 安徽 | 5988 | 3550 | 1290.89 | 44601 |
| 江西 | 4504 | 2518 | 897.63 | 38512 |
| 河南 | 9406 | 5910 | 552.32 | 37338 |
| 湖北 | 5779 | 3089 | 619.9 | 39846 |
| 湖南 | 6639 | 3639 | 1112.70 | 38971 |

资料来源：《中国统计年鉴（2013）》《中国城市统计年鉴（2010）》。

2. 资源系统承载能力省际差异

从表3-10资源系统承载能力得分情况来看，排名依次是山西、河南、湖北、湖南、安徽、江西。再结合表3-33分析，可以得出，山西、河南等省煤炭、石油等能源资源丰富，具有较强的资源优势，但两省水资源匮乏，生态承载能力差，如果承接不当，极易造成环境恶化。因此，在承接过程中要注意适度和产业结构升级。湖北、湖南、安徽、江西等省虽然能源资源不够丰富，但黑色金属和有色金属丰富，水资源丰富，适宜承接具有地区优势的冶金工业。

表 3-33　2012 年中部各省能源资源对比

| 指标<br>地区 | 能源生产总量（万吨） | 黑色金属总量（万吨） | 有色（非）金属（万吨） | 人均水资源（米³） |
|---|---|---|---|---|
| 山西 | 55902.2 | 18.7 | 13905.6 | 295.0 |
| 安徽 | 8413.93 | 25.1 | 14240.4 | 1172.6 |
| 江西 | 2390.6 | 3.9 | 18227.6 | 4836.0 |
| 河南 | 15487.36 | 2.2 | 30664.2 | 282.6 |
| 湖北 | 5335.98 | 910.8 | 4633.6 | 1411.0 |
| 湖南 | 5443.71 | 6109.3 | 8928.2 | 3005.7 |

资料来源：《中国统计年鉴（2013）》。

3. 环境系统承载能力省际差异

从表 3-11 环境系统承载能力得分情况来看，排名依次是湖北、江西、安徽、湖南、河南、山西。可以看出，湖北、江西等省具有较好的生态环境，环境污染水平相对较低，而河南、山西等北方省份环境制约尤为凸显，说明在产业承接过程中环境污染等因素是不可忽视的，生态能力脆弱地区是不适宜大规模承接产业转移的。

4. 经济系统承载能力省际差异

从表 3-12 经济系统承载能力得分来看，排名依次是湖北、湖南、安徽、河南、江西、山西。这说明湖北、湖南具有较强的经济优势，而江西和山西经济发展尚处于劣势状态。深入分析各单要素承载能力得分（如表 3-13 所示），其中，市场潜力得分排名依次是湖南、河南、湖北、江西、山西、安徽，说明湖南、河南等省具有较强的市场优势，跟湖南消费水平较高、河南人口众多是有关系的，因此，这些省份成为市场开拓型产业转移布局的重点省份；区位优势得分排名依次是安徽、湖南、江西、河南、湖北、山西，这说明安徽、湖南、江西等毗邻长三角和珠三角沿海的省份具有较强的区位优势，成为目前阶段产业转移的重点省份；技术优势得分排名依次是湖北、湖南、河南、安徽、山西、江西，这说明湖北、湖南等省份技术创新能力强，适合承接技术密集型产业转移；投资环境得分排名依次是河南、安徽、湖北、江西、湖南、山西，这说明河南、安徽等省市场化水平较高，对产业转移的制度阻碍程度将相对较低；心理距离得分排名依次是安徽、湖南、江西、湖北、河南、山西，与区位优势排名一致，符合一般现实：毗邻沿海的省份，具有较强的区位优势，赴沿海务工的人数就会越多，相对心理距离会拉近；物流能力得分排名依次是湖北、安徽、山西、江西、湖南、河南，这说明湖北、安徽等省物流水平较高，在实际承接中，会节约总体承接成本，更易受到沿海转移企业青睐，成为产业承接的重点省份。

## 二、规模总量省际差异

（一）中部六省就业人口承载规模省际差异

1. 从总就业人口承载规模来看，中部地区差异显著

从表3-17预测结果可以看出，中部六省未来五年总就业人口会不断增长，规模按大小排序依次为河南、安徽、湖南、湖北、江西、山西。其中，河南拥有绝对的优势，就业承载规模超过6000万人，安徽和湖南承载规模相近，都超过了4000万人，山西就业人口承载规模最弱，不到2000万人。就业人口承载规模的大小很大程度上反映了某地区的经济承载能力，因此，河南的经济承载力最强，山西的经济承载力最弱。为此，在承接沿海产业转移时，河南、安徽、湖南等经济承载能力较强的省份应重点承接，而江西由于靠近沿海地区，其地缘优势明显，具有较好承接产业转移的区位优势，湖北虽然经济承载力稍弱，但其位于长江经济带的中部地区，具有较好的承接长三角沿海产业转移的区位优势，因此，在实际承接中这些省份需要加强自身产业承接能力，如加强基础设施建设、加强产业

关联效应、提高技术水平等，以提高自身的经济承载能力适配产业转移规模。山西经济承载力最弱，同时受环境和资源的约束，生态环境相对中部其他省份更为脆弱，大规模的劳动力密集型和资本密集型产业在现阶段似乎不会涌向山西，但其能源优势明显，具有承接能源型产业的优势，因此，在承接过程中务必要注意清洁能源技术的引入。

2. 从就业增长速度来看，中部地区差异显著

总就业人口规模仅考虑中部地区自身的经济承载能力，但对于产业转移而言，地区经济承载能力不仅是自身所能承载的经济规模，更多的还是经济发展潜力。经济发展潜力可以用就业人口增加数和增长率来反映，就业人口数在未来几年增加的越多，增长率越高，说明这个地区的经济发展潜力大，经济发展潜力越大的地区，越容易承接沿海产业转移。如表3-34所示，从总就业人口增加数可以看出，河南、安徽、山西、湖南等省增加较为明显，都超过了200万人，同时这些省份就业增长率都保持在1%以上，虽然江西的就业增长率较快，但由于自身就业基数较小，未来几年就业增长人数都处于中部地区靠后的位次，而湖北则由于就业增长率较慢，就业增长人数不明显。深入分析三次产业内部，第一产业安徽、江西、河南、湖北等省都处于负增长状态，其余省份就业增长规模和速度都较小，如湖北是农业大省，第一产业就业人口增长规模也是最大的，仅为5.07余万人，说明未来几年中部地区产业结构升级迫不及待；第二产业就业人口增加在河南、安徽、江西、山西等省较为突出，增长率达到了2%以上，反映了这四省第二产业经济发展潜力较大，而沿海产业转移主要集中在第二产业转移上，因此，河南、安徽、江西、山西等第二产业发展潜力较大的省份成为承接的重点区域；从第三产业增加数和年均增长率来看，河南、安徽等省增加规模最大，达到200万人以上，年增长率也较快，达到了2%以上，而江西虽然增加规模不大，仅96.55万人，但年均增长率是最快的，达到3%以上，这说明江西省第三产业发展潜力在更远的未来会不断加强。虽然按目前沿海产业转移趋势来看，第三产业不是转移重点，但第三产业对于第二产业的结构升级和技术创新的作用是巨大的，是新型

工业化的必要辅助手段，因此，承接地区第三产业的发展对于承接和提升第二产业意义是重大的，也有利于产业承接能力的提升。从第三产业对第二产业发展意义来看，湖南、安徽等省在承接沿海产业转移中更具内生优势，而江西在未来产业承接中第三产业的提升优势会更为突出。

表 3-34　中部地区 2013—2017 年度就业人口增加规模和年均增长率

单位：万人、%

| 省份 | 总就业人数 | | 第一产业 | | 第二产业 | | 第三产业 | |
|---|---|---|---|---|---|---|---|---|
| | 增加数 | 年均增长率 | 增加数 | 年均增长率 | 增加数 | 年均增长率 | 增加数 | 年均增长率 |
| 山西 | 230.89 | 1.6 | 2.55 | 0.3 | 104.33 | 2.01 | 124.01 | 2.69 |
| 安徽 | 339.5 | 1.9 | -91.32 | 0.26 | 218.41 | 2.44 | 212.4 | 2.67 |
| 江西 | 167.41 | 1.16 | -50.02 | -1.13 | 120.77 | 2.08 | 96.65 | 3.05 |
| 河南 | 633.03 | 1.29 | -23.7 | -0.53 | 354.19 | 2.99 | 302.53 | 2.04 |
| 湖北 | 175.25 | 0.96 | 5.07 | 0.1 | 69.23 | 0.74 | 100.95 | 2.25 |
| 湖南 | 203.83 | 1.22 | -18.05 | -0.63 | 93.55 | 1.99 | 128.34 | 2.84 |

3. 从潜在就业人口规模来看，中部地区差异显著

目前，潜在就业人口承载规模难以评估，笔者以沿海就业人口承载规模为标准，假设中部地区的经济承载能力可以提升到沿海水平，那么，现阶段沿海与中部地区之间的就业人口承载差距就是未来中部地区的潜在就业人口承载规模。鉴于此，笔者可以得到中部各省的潜在就业人口承载规模具有现实就业承载能力越低而潜在就业人口承载规模越高的特点。因此，潜在就业人口承载规模越大的地区只能说明其经济承载能力提升空间越大，但并不能代表其实际的经济承载能力。

根据表 3-22 预测结果，从潜在总就业人口承载规模上看，2013 年中部毗邻沿海的三省总就业人口总数是 10867.29 万人，沿海三省总就业人口总数是 14709.02 万人，而 2017 年中部总就业人口估计是 11578.03 万人，沿海总就业人口估计是 16177.56 万人。沿海经济承载力还在不断增长，以沿海经济承载人口规模为基准，中部地区经济承载人口规模与沿海尚有较

大差距，可视为不饱和状态，其中，总就业人口将从 2013 年的 3841.73 万人拉大至 2017 年的 4599.53 万人，第一产业就业人口相对沿海处于饱和状态，将从 2013 年的 -1101.08 万人减少至 2017 年的 -1172.34 万人，第二产业就业人口将从 2013 年的 3759.13 万人拉大至 2017 年的 4296.56 万人，第三产业就业人口将从 2013 年的 1183.66 万人拉大至 2017 年的 1475.32 万人。同时，中部地区具较沿海更好的资源和环境优势，如果积极提升中部地区经济承载力，中部地区将具备充分产业发展空间来承接沿海转移产业。从省域角度来看，潜在就业人口承载规模大小排序依次是山西、江西、湖北、湖南、安徽、河南，正好与现实承载人口规模排序（河南、安徽、湖南、湖北、江西、山西）相反，这与笔者的分析思路一致。深入分析各省内部，跟广东省就业人口承接规模相比，2013 年，山西具有最大的潜在就业规模，达到 4000 万以上，而河南已经超载，超载大概在 240 万余人，深入分析三次产业内部，笔者可以得出，山西、湖北还具有较大的第一产业潜在就业人口承载规模，而河南、江西、湖南、安徽等省第一产业就业人口相对而言，都已处于超载水平，第二产业和第三产业，相对广东省而言，都具有较大的潜在就业人口承载规模，不同的是，第二产业相对第三产业而言，具有更大的潜在规模。从这些潜在就业人口规模数据，笔者可以得出以下四点结论：第一，山西省无论从总体规模和三产规模都处于极度不饱和状态，说明其现实的经济承载能力较低，未来如果提升其经济承载能力，就业增长空间相对大；第二，河南省从总体规模上看，基本已处于就业超载状态，但深入分析发现，主要是第一产业超载，达到 1000 余万，而第二产业和第三产业都具有较大的就业提升空间，因此，对于河南省而言，积极引导第一产业向第二、第三产业转移、实现产业结构升级是提升经济承载能力的关键；第三，安徽、湖北、江西、湖南等省具有相似的规模，即总就业人口提升空间在 1700 万至 3500 万之间，第一产业稍有超载，第二产业具有比第三产业更大的就业提升空间，反映了中部地区第二产业与沿海地区差距最大，第三产业差距并不是最突出的；第四，从中部与沿海的比较而言，笔者可以得出，中部地区潜在就业人口承载能力差异显著。第二产业不发达是制约中部地区承接沿海产业转移的重要因素，以2013年为例，安徽第二产业就业人口比重为24.8%，湖南为22.1%，江西为28.8%，广东省为39.1%，江苏为33.8%，浙江为47.2%。由此可见，中部省份第二产业比重均远低于沿海省份，说明其第二产业发展能力还不能与沿海第二产业发展能力相匹配，在某种程度上制约沿海制造业向中部地区转移，这个结论与实地调研一致，众多沿海转移过来的企业纷纷表示中部地区产业发展和配套能力差。与此同时，沿海第三产业比重过低是阻滞产业向中部地区转移的黏性因素，以2013年为例，安徽第三产业就业人口比重为37.7%，湖南为38.3%，江西为37.6%，广东为35.9%，江苏为44.3%，浙江为36.7%。由此得出中部地区第三产业比重与沿海相当，说明沿海第二产业依然是主体，第三产业发展相对滞后，导致沿海经济向服务型经济转型和升级困难，沿海只能留住不具备成本优势和竞争优势的制造业，以避免"产业空洞化"现象，阻滞大规模产业转移。

4. 从潜在就业人口增长数和增长率来看，中部地区承接潜力巨大

从产业转移动因来看，沿海产业转移可视为第二产业就业人口承载规模接近饱和，处于超载所致。因此，产业转移势必带来沿海第二产业减少、中部地区第二产业增加，这可以通过中部地区与沿海产业转移典型省份的就业变化对比得到（如表3-35所示）。

表3-35 中部六省和沿海三省2013—2017年就业人数增加规模和年均增长率

单位：万人/%

| 省份 | 总就业人数 | | 第一产业 | | 第二产业 | | 第三产业 | |
|---|---|---|---|---|---|---|---|---|
| | 增加数 | 年均增长率 | 增加数 | 年均增长率 | 增加数 | 年均增长率 | 增加数 | 年均增长率 |
| 山西 | 139.5 | 1.6 | 9.6 | 0.3 | 44 | 1.91 | 85.9 | 2.69 |
| 安徽 | 355.3 | 1.7 | 20.7 | 0.26 | 130.2 | 2.44 | 204.4 | 2.67 |
| 江西 | 148.1 | 1.16 | −49.1 | −1.13 | 56.2 | 1.48 | 141 | 3.05 |
| 河南 | 398.6 | 1.29 | −47.5 | −0.53 | 278.5 | 2.99 | 167.6 | 2.04 |

| 省份 | 总就业人数 | | 第一产业 | | 第二产业 | | 第三产业 | |
|---|---|---|---|---|---|---|---|---|
| | 增加数 | 年均增长率 | 增加数 | 年均增长率 | 增加数 | 年均增长率 | 增加数 | 年均增长率 |
| 湖北 | 178 | 0.96 | 8.8 | 0.1 | 28.3 | 0.74 | 140.9 | 2.25 |
| 湖南 | 248.8 | 1.22 | −53 | −0.63 | 94.8 | 1.99 | 207 | 2.84 |
| 广东 | 395.5 | 1.34 | −51.3 | −0.67 | 296.5 | 2.49 | 150.3 | 1.5 |
| 江苏 | −54.5 | −0.23 | −370.4 | −8.23 | 87.1 | 0.86 | 228.8 | 2.56 |
| 浙江 | 212.7 | 1.14 | −289.8 | −12.36 | 279 | 2.91 | 223.5 | 3.36 |

笔者可以看出，未来几年沿海三个典型产业转移省份第二产业就业人数仍将增加，并且远远大于大多中部省份，说明沿海产业转移尚未形成拐点，大规模产业转移尚未发生。但从第二产业就业人口年增长率来看，河南省位于第一，高于沿海和中部其他省份，而江苏低于中部大部分省份，说明中部各省就业增长幅度较高，提升能力较强，承接产业转移的潜力巨大。从第三产业就业人口年增长率来看，各省增长速度都比较快，一些中部省份，如江西、湖南等省增长速度较广东、江苏要更快。

（二）中部六省三次产业 GDP 承载规模省际差异

1. 中部地区经济承载规模省际差异

从表 3-26 可以看出，未来几年内，中部地区经济承载规模大小排序依次为河南、湖南、湖北、安徽、江西、山西，与就业人口承载规模排序（河南、安徽、湖南、湖北、江西、山西）相比，除了安徽省排名不一致，其他省份基本符合，这说明就业人口规模大小可以基本反映一个地区的经济规模，因此，就业人口承载规模与经济承载规模分析具有一致性，都可用来反映一个地区的经济承载能力和产业转移规律。所以，为了不重复分析，本节仅探讨经济承载规模大小，由此得出，河南、湖南、湖北等省具有较强的经济发展能力，成为承接沿海产业转移的重点省份，而山西省经济发展能力较差，制约产业承接。

2. 中部地区潜在经济承载规模省际差异

从表 3-31 可以看出，跟广东省相比，中部六省都具有巨大的潜在经济承载规模，其中河南的潜在经济承载规模最小，也达到了 3 万亿，并且从 2013—2017 年的增长趋势来看，中部地区潜在经济规模都增长了较大规模，说明在未来几年内，沿海地区的经济增长规模与中部地区差距越来越大，中部地区如果提升自身的经济承载能力，潜在的经济承载规模尚有很大的空间。与潜在就业人口承载规模相比，河南省从就业人口承载总数来看，高于广东省就业人口承载总数，因此，笔者认为河南省就业人口承载总数处于超载状态，但从经济承载规模来看，河南省的经济承载规模与广东省相差巨大，具有充分的产业发展空间。

从表 3-36 的 GDP 增加规模和年均增长率来看，2013—2017 年间，江苏、浙江、广东等沿海省份经济承载规模增加总量将大于中部六省，说明沿海未来经济承载规模还将持续增加，中部地区与沿海地区的经济差距还将在很长时间内存在，而分析各省的年均增长率，中部六省大多具有比沿海更高的 GDP 年均增长率，说明未来中部地区的经济发展潜力较大。

表 3-36　中部六省和沿海三省 2010—2015 年 GDP 增加规模和年均增长率

单位：亿元/%

|  | 山西 | 安徽 | 江西 | 河南 | 湖北 | 湖南 | 广东 | 江苏 | 浙江 |
|---|---|---|---|---|---|---|---|---|---|
| 增加规模 | 12074 | 21974 | 14563 | 23688 | 17132 | 26030 | 34738 | 44682 | 39268 |
| 年均增长率 | 15.00 | 18.16 | 16.35 | 18.59 | 19.75 | 16.46 | 12.58 | 16.7 | 15.34 |

## 三、区域就业与 GDP 承载规模失配分析

### （一）就业人口承载与 GDP 规模承载失配

以沿海三省经济承载规模为基准，中部三省（安徽、江西、湖南）产业转移承载能力表现出就业人口承载与经济规模承载失配特征。在未来几年内，中部三省总就业人口、总 GDP 与沿海三省尚有较大差距，与沿海产业承载能力相比，中部三省尚有很大提升空间，且 GDP 承载规模上升空间远大于就业人口上升空间。因此，与沿海三省相比，中部三省以较多产业人口创造了较少 GDP，存在产业承载人口能力与 GDP 承载能力失配现象，

制约中部产业转移承接能力提升。进一步分析三次产业内部，差异显著，表现为：第一产业中部三省承载就业人口（2017年为3817.65万人）超过沿海地区（2017年为2645.31万人）（如表3-17所示），但同时GDP承载规模（2017年为12070.32亿元）少于沿海（2017年为13726.24亿元）（见表3-26、表3-30），说明中部第一产业劳动力生产率较为低下，尚有大量农村剩余劳动力可转移，与沿海"民工荒"相比，中部尚有较大劳动密集型产业承载优势；第二产业中部承载就业人口（2017年为3338.9万人）和GDP承载规模（2017年为67485.47亿元）远低于沿海（2017年分别为7635.46万人/137566.71亿元）（见表3-17），处于极度不饱和状态，说明中部第二产业发展相对比较薄弱，制约地区产业转移承接能力提升，但同时也说明其具备相当大的第二产业转移承接空间；第三产业中部承载就业人口规模与沿海差距（2017年为1475.32万人）远低于第二产业差距（2017年为4296.56）（见表3-17），但第三产业GDP承载规模差距（2017年为127916.72亿元）稍低于第二产业（2017年为137566.71亿元）（见表3-26、表3-30），说明沿海第三产业劳动力生产率要远高于中部，同时也高于沿海第二产业，第三产业发展未来将成为沿海产业高增长点，其增长率将远远大于第二产业，中部地区似乎不可能大规模承接沿海第三产业转移。

（二）就业人口规模增长与GDP规模增长失配

从沿海三省与中部三省产业变化趋势来看，存在就业人口增长与GDP规模增长失配现象。由表3-30、表3-35、表3-36可知，从第二产业规模来看，沿海三省第二产业就业人口和GDP增加规模远高于中部三省，尤其是总就业人数少于安徽、湖南的浙江省最具典型，其第二产业就业人数和GDP增加数远高于安徽和湖南，说明目前阶段沿海省份就业主要集中在第二产业上，未来几年，沿海第二产业就业增长人数将远大于中部省份，意味着沿海产业转移尚未形成规模趋势，但从年增长率来看，安徽第二产业就业和GDP年增长率高于江苏、浙江两省，说明安徽省目前承接产业转移较多，长三角地区产业转移已初具成效，而广东第二产业就业和GDP年增长率仍处于最高值，相邻省份（湖南和江西）第二产业就业人口和GDP年增长率偏低，说明珠三角地区产业转移较不理想。从第三产业规模来看，未来几年沿海第三产业就业人口增加数与中部省份相当，江西等中部省份的年增长率甚至超过浙江、江苏等沿海省份，但GDP增加规模远远大于中部三省，年增长率也大多超过中部三省，说明沿海第三产业就业比重虽然较低，但GDP承载能力较强，增长速度较快，即沿海第三产业就业人口与GDP增加规模失配，第二产业向第三产业就业转移目标尚未实现，将成为未来产业转出阻滞因素。

# 第四章　中部地区承接沿海产业<br>转移的方式研究

　　面对国际国内产业转移的新态势，探索中部地区积极承接国际和东部沿海地区的产业转移的新方式、新途径和新模式，对于实现中部崛起、加快"两型"社会建设和产业功能区规划，缩小地方发展差距具有重要的理论和实践意义。因此，本章将重点研究以下五个方面的问题：（1）中部地区承接产业转移的主导方式；（2）产业转移承接过程中的企业集群行为；（3）中部地区集群式承接产业转移的内在条件；（4）中部地区集群式承接产业转移的平台建设；（5）中部地区政府主导的产业集群式承接案例与政策建议。

## 第一节　相关概念界定与国内外研究现状述评

　　国际学术界从 20 世纪初期伴随国际资本转移开始对国际产业转移动因和规律性的研究渐渐形成了较为成熟的理论，[①] 但对欠发达国家和地区如

---

　　① 关于产业转移规律性的代表性理论有韦伯的区位选择理论、列宁的国际资本流动理论、赤松要的产业转移雁行模式理论、刘易斯的劳动力部门转移理论、弗农的产品生命周期理论以及邓宁的国际生产折衷理论。与近期与产业转移方式相关的理论主要有梯度理论、价值链理论与产业集群理论。现在国内外学者基本认同产业转移一般是指在生产要素能够充分自由流动的条件下，先发地区的生产要素顺应产业演化规律的要求，通过跨区域对外投资或者将部分生产与服务环节外包，把部分产业的生产或服务活动转移到后发地区，从而使产业活动表现为空间上移动的现象。在具体操作层面上，产业转移常常以开工设厂、对外投资、区域贸易、服务外包或者技术转让等活动表现出来，产业转移是区域间产业分工重构的重要因素，也是转出地和转入地产业结构调整和产业升级的重要途径。

何承接产业转移的理论研究，特别是对区域之间的产业转移承接模式选择的研究较为薄弱。与此相反，从文献增加数量趋势来看，国内学者从2007年开始对区域承接产业转移的研究开始出现"井喷"现象。本节先对产业转移承接方式的内涵进行界定，然后就国内外学者关于承接产业转移方式的相关观点、理论和流派进行概括、比较与评述。

## 一、相关概念界定

目前国内外学术界对产业转移模式的研究较多，而对产业转移承接模式界定的文献则相对较少。从笔者所收集到的公开发表的文献来看，目前只有丁志良和高登榜对产业转移承接模式进行了界定。丁志良认为承接产业转移模式是指在产业转移过程中，承接地在既定的外部环境和内部环境因素的基础上，由内外部因素相互作用、相互组合所反映出来的产业资源重新配置的方式。[①] 高登榜认为承接产业转移模式是指在承接产业转移的过程中，基于特定的外部和内部环境因素以及它们之间的相互影响与组合，使得产业的承接转移过程体现出产业资源的跨地区再配置。[②]

关于产业转移承接模式的内涵界定，学术界比较关注以下四个方面的问题：第一，产业转移承接模式的选择要反映地方政府对本地产业结构调整的方向。因为任何一种承接产业转移的模式选择都可以通过某种结构调整反映出来。例如，芜湖承接产业转移的政府决策型模式，体现出政府决策对汽车产业的引导作用。第二，产业转移承接模式选择要反映某种资源的可利用价值。例如，资源型产业转移承接模式的选择就体现了承接地对劳动力资源、土地资源和人才资源等高度利用的价值判断。第三，产业转移承接模式的选择要反映承接地对生产要素组合效率的价值判断。因为承接产业转移模式的选择是承接地资本、劳动、土地、技术、人才等生产要

---

① 丁志良：《承接沿海产业转移的模式研究——以新余光伏产业为例》，硕士学位论文，湖南科技大学，2011年，第9页。

② 高登榜：《产业转移中的主导产业选择与承接模式研究》，博士学位论文，合肥工业大学，2013年，第43页。

素的重新高效配置，这些生产要素的配置效率是否优良能够体现出承接产业转移的模式是否给地区产业升级和经济发展带来了促进性作用。第四，产业转移承接模式的选择会受一定条件的制约。每个地区承接产业转移的方式方法不同，是因为受到的制约和约束条件不同。一个地区产业转移承接模式的选择应与该地区的资源禀赋条件和产业政策导向相适用。①

从上述两位学者对产业转移承接方式的内涵界定可以看出，产业转移承接模式是发生在产业转移的进程中，是承接地综合考虑本地的内外部因素而体现出来的一种资源配置方式。他们对产业转移承接模式的内涵界定至少还可以从以下三个方面进行补充：第一，产业转移承接模式选择的主体性。产业转移是企业的市场行为，而承接产业转移是地方政府行为。政府部门在产业转移承接模式选择中发挥主导性作用。第二，产业转移承接模式选择的适应性。企业的产业转移行为具有不同的动因，承接地政府根据本地产业发展导向和企业进行产业转移的不同动因，选择适当的承接模式。第三，产业转移承接模式选择的协同性。承接地根据不同产业转移的动因、本地资源禀赋差异和经济发展的需要可以同时选择几种不同的产业转移承接模式，但要考虑这几种承接模式的差异性、适应性和协同性。②

考虑到以上三个方面的因素，本章对产业转移承接模式做以下的界定：产业转移承接模式是指在企业主导的产业转移进程中，承接地政府根据企业不同的产业转移动因、承接地的资源要素禀赋和产业发展方向，并综合考虑既定的内外部环境因素，对转移产业进行吸纳和产业发展要素进行重新配置的方式。产业转移承接模式选择反映政府配置资源的一种特定方式。本章中所指的产业转移承接模式特指欠发达的中西部地区为了缩小区域经济发展差距，融入全球价值链而对发达国家和沿海地区的转移产业通过招商引资和承接产业外包等途径对产业转移采取的主动吸纳行为。而

---

① 丁志良：《承接沿海产业转移的模式研究——以新余光伏产业为例》，硕士学位论文，湖南科技大学，2011年，第9—14页。

② 刘友金、胡黎明、赵瑞霞：《基于产品内分工的国际产业转移新趋势研究动态》，《经济学动态》2011年第3期。

产业转移承接模式选择特指中西部地区的政府部门根据本地的资源禀赋和产业基础最优化吸纳发达国家和沿海地区产业转移的价值判断。

虽然学术界对产业转移承接模式存在多种分类方法，[①] 但本书按产业转移中企业的行为特征将产业转移承接分为分散式承接和集群式承接两种类型，并认为集群式承接应该成为中西部地区产业承接的主导方式，并在此基础上重点研究产业转移集群式承接的企业行为、内在条件与平台建设。

## 二、国内外研究现状述评

### （一）关于产业转移承接模式的研究

从已有的经济学和管理学文献来看，目前学术界对产业转移承接方式的分类还没有形成一个统一和权威的标准，不同学者从不同的角度对产业转移进行了分类，但对产业转移承接模式很少进行系统分类。

目前，国内外学者对产业转移模式的分类一般是基于以下视角考虑：产业转移规模、产业转移空间、产业转移链条、产业转移时序、产业转移内容和产业转移的诱因，许多学者从不同的角度对上述产业转移及其承接模式进行了论述。基于承接产业转移规模的视角，众多学者把产业转移承接模式分为单个企业的产业转移承接、产业价值链转移承接与集群式产业转移承接三种基本模式。依据价值链转移的完整性，价值链转移承接又可以分为整体价值链转移承接模式与部分价值链转移承接模式，并且整体式价值链转移承接又可分为整体价值链垂直型转移承接与整体价值链水平型转移承接两种模式。[②] 单个企业的产业转移承接是指单个的企业转移到地区设立制造厂、研发机构等，即企业将其部分价值链上的活动迁移到承接地区，具体方式包括生产型承接、销售型承接、办公型承接等，而集群式

---

① 如，按产业转移的空间边界不同，可以分为国际产业转移承接和区际产业转移承接；按产业转移承接的主体不同，可以分为政府主导型的产业转移承接和市场主导型的产业转移承接；按产业转移的内容不同，可以分为制造业的产业转移承接和服务业的产业转移承接等。

② 符正平、曾素英：《集群产业转移中的转移模式与行动特征——基于企业社会网络视角的分析》，《管理世界》2008 年第 12 期。

产业转移承接是指所有企业整体迁到一个地区，即企业价值链上的所有活动都被承接地区全部承接。①

上述三种产业转移承接模式所强调的侧重点不同，每一种产业转移承接模式所实现的功能也有所差异。集群式产业转移承接模式强调的是产业转移承接的整体性和企业网络关系的可复制性。② 通过国际产业转移，产业承接国（区域）能以全球价值链的治理来全方位地提升自己在价值链中的位置，从而获得价值链的整体升级优势。③ 而有学者指出运用外商直接投资引领国家间的产业集群式转移模式有利于欠发达国家产业集群与经济的发展。④

就产业转移的具体形式而言，转移企业有可能采取中间品外包和直接对外投资两种方式进行，因此，产业转移承接模式宏观上可以分为外包承接方式与直接对外投资的承接方式，但中间品外包的产业转移方式要求特定关系的投资，且不完全契约容易制约这种特定关系的投资，而直接对外投资的产业转移方式，具有显著增高的中间品生产成本。⑤ 虽然承接产业转移对于实现西部地区产业升级的意义被各级政府所意识到，但在实际产业转移承接进程中中西部地区政府部门却往往忽视对产业链进行整合，而片面追求绝对的产业链抱团式转移，因此，必须基于产业链整合的视角重新审视中西部地区承接沿海地区产业转移的整体迁移、内部一体化、梯度转移与集群转移等四种模式。⑥ 因此，从这个角度，笔者把产业转移承接

---

① 丁志良：《承接沿海产业转移的模式研究——以新余光伏产业为例》，硕士学位论文，湖南科技大学，2011年，第9页。

② 郑胜利：《复制群居链——台商在大陆投资的集群特征分析》，《经济评论》2002年第5期。

③ Gereffi G., Humphrey J. & Sturgeon T., "The Governance of Global Value Chains", *Review of International Political Economy*, Vol. 12, No. 1（August 2006）.

④ Pitelis D. C. N., "The Sustainable Competitive Advantage and Catching-up of Nations: FDI, Clusters and the Liability Asset of Smallness", *Management International Review*, Vol. 49, No. 1（February 2009）.

⑤ 赵伟、汪全立：《产业转移方式的动态均衡研究——基于泛珠三角的研究》，《数量经济技术经究》2005年第3期。

⑥ 庄晋财、吴碧波：《西部地区产业链整合的承接产业转移模式研究》，《求索》2008年第10期。

分为价值链的整体迁移承接、内部一体化承接、梯度转移承接和集群转移承接等四种产业转移承接模式。

根据国外经济学家赤松要提出的雁行形态产业转移模式、[1] 小岛清、弗农等人提出的产业生命周期梯度产业转移模式,[2] 笔者把产业转移承接模式分为梯度产业转移承接模式和逆梯度产业轻度承接模式。这种产业转移承接模式的依据是由于不同国家和地区存在产业发展所需的要素级差。国内学者武珺根据产业梯度转移的空间和时序特征把梯度产业转移承接模式又细分为顺梯度型产业转移承接模式、逆梯度型产业转移承接模式、中心辐射型产业转移承接模式与边际渗透型产业转移承接模式等四种。[3]

但从产业转移的具体对象来看,产业转移正在从传统的制造业产业转移为主转向现代生产性服务业产业转移与传统制造业产业转移并重的格局,但这两种不同形态的产业转移形式发生的原因、条件和特点各不相同。[4] 在纵向一体化条件下跨国公司主导的向发展中国家转移的劳动密集型产品中,存在着劳动环节转移这一产品内分工的新形态,[5] 且在产业转移过程中制造企业倾向于与他们的配套企业一起转移,[6] 由于企业的"抱团"流动形成了产业集群,而集群的自我强化功能产生强大的向心力,这样就可以吸引更多的产业转移到该地。[7] 因此,笔者也可以认为根据产业

① Akamatsu K., "A Historical Pattern of Economic Growth in Developing Countries", *The Developing Economies*, Vol. 1, No. 1 (August 1962).

② Kojima K., *Direct Foreign Investment: A Japanese Model of Multinational Business Operations*, London: Croom Helm, 1978. Vernon R., "International Investment and International Trade in the Product Cycle", *Quarterly Journal of Economics*, Vol. 80, No. 2 (May 1966).

③ 武珺:《产业转移的新形势及承接对策》,《经济导刊》2010 年第 8 期。

④ 张为付:《制造业与服务业国际转移特点比较》,《管理世界》2006 年第 4 期。

⑤ Helleiner G. K., "Manufacturing for Export, Multinational Firm and Economic Development", *World Development*, Vol. 1, No. 7 (July 1973).

⑥ Sammarra A. & Belussi F., "Evolution and Relocation in Fashion-led Italian Districts: Evidence from Two Case-studies", *Entrepreneurship & Regional Development*, Vol. 18, No. 6 (February 2006).

⑦ Klmienko M., "Competition, Matching and Geographical Clustering at Early Stages of the Industry Life Cycle", *Journal of Economics and Business*, Vol. 56, No. 3 (December 2003). 丁志良:《承接沿海产业转移的模式研究——以新余光伏产业为例》,硕士学位论文,湖南科技大学,2011 年,第 5 页。

转移承接的对象不同，产业转移承接模式可以分为制造业的产业转移承接和服务业的产业转移承接等两种模式。

此外，依据产业转移的目的不同，产业转移模式可分为淘汰型转移、产能型转移、扩张型转移、配套型转移和延伸型产业转移等五类类型。① 因此，笔者依据产业转移的目的不同，把产业转移承接模式分为淘汰型产业转移承接、产能型产业转移承接、扩张型产业转移承接、配套型产业转移承接和延伸型产业转移承接等五类产业转移承接模式。

（二）关于产业转移承接模式选择的研究

政府在产业转移承接过程中发挥主导性作用，因此，承接产业转移的模式选择会涉及如何正确处理好政府与市场的关系、区域战略定位以及产业对接等三个方面的问题。目前国内学术界对于区域产业转移承接模式选择的研究观点主要体现在以下三个方面。

一是从政府承接产业转移动因的角度认为中西部地区承接沿海产业转移的模式应该逐渐由政府政策的主导模式向由市场主导的模式过渡，由梯度的区域内产业转移承接模式向跨梯度的区域内产业转移承接模式过渡，由同质化的产业对接模式向异质化、内生性和创新驱动的产业对接模式转变。② 这主要是因为在地方政府 GDP 竞争压力之下，中国地方政府传统的产业转移承接模式选择是基于产能扩张和制造业导向的，往往忽视本地产业基础、配套能力、环境承载力以及未来本土产业结构升级的方向，容易导致区域产业发展中的产业结构雷同、重复建设、产能过剩、污染严重等诸多问题。③ 因此，必须转变政府政绩考核传统思维方式，促进传统产能扩张型产业转移承接模式向内生性和创新驱动模式转变，形成产业转移承接和本土产业结构升级的良性互动机制。刘丹根据国际产业转移的新趋势

①　郭元晞、常晓鸣：《产业转移类型与中西部地区产业承接方式转变》，《社会科学研究》2010 年第 4 期。

②　刘方瑜：《基于承接台湾产业转移的海峡西岸经济区发展模式研究》，硕士学位论文，天津财经大学，2010 年，第 47—51 页。

③　郭元晞、常晓鸣：《产业转移类型与中西部地区产业承接方式转变》，《社会科学研究》2010 年第 4 期。

以及国内资源利用的广度和深度，提出了"资源—全产业链—国际市场""国际品牌—专业化分工协作—国内市场"以及"技术—专业化分工协作—周边国家市场"等三种有助于中国资源优化配置与产业转型升级的产业转移承接模式。[①]

二是从承接地资源禀赋、产业配套能力和园区建设的角度认为中西部地区承接产业转移模式的选择会受到资源禀赋差异、地方政策支持以及金融资源配置等因素的影响，承接处于不同产业生命周期阶段的产业转移，[②]要优化产业转移承接模式，主要的关键性任务是要优化"打造精品园区、培育核心企业、助推直接融资与进行服务创新"等四位一体的产业转移承接模式。[③]目前中西部地区承接纺织产业转移普遍采用的是依托龙头企业带动、进行产业链异地再造与依托专业市场带动等三种承接沿海产业转移的成功模式，但这三种产业转移承接模式还没有解决产业转移承接进程中普遍存在的产业链不完整、产业配套能力较弱等困境。[④]但产业转移承接模式的选择也对区域经济增长具有明显的就业效应、产业结构升级效应与区域资本集聚效应，因此，产业转移承接模式的选择应该以产业规划为引导、以政府推进为中轴，以工业园建设为支点，而且要克服承接地的科技创新能力、支柱产业成长能力以及人力资源丰富程度等因素对承接地产业转移承接模式选择的制约。[⑤]

三是从产业转移承接模式选择的差异性和匹配性角度认为应该针对出于不同动机的产业转移确定差异化和匹配性的产业转移承接模式。一般而言，作为产业转移承接地，承接产业转移的行为往往具有被动性，因此，

---

[①] 刘丹：《国际产业转移对中国产业结构升级的影响度与承接模式研究》，《现代产业经济》2013年第6期。

[②] 何月冰：《广东省产业转移中的金融支持研究》，硕士学位论文，华南理工大学，2011年，第10—26页。

[③] 蒋国政等：《要素禀赋、政策支持与金融资源配置：产业转移的承接模式研究》，《南方金融》2011年第2期。

[④] 焦艳玲：《产业转移，承接模式"初长成"》，《技术纺织品》2012年第4期。

[⑤] 王海文：《南昌承接产业转移的经济增长效应及承接模式研究》，硕士学位论文，中央民族大学，2013年，第34—38页。

只能够按照产业转移的方式确定产业转移的承接方式，这样才具有可操作性。具体来说，对于腾笼换鸟式的产业转移，承接地只能进行选择性承接；对于规模扩张型的产业转移，承接地只能进行预测性承接；对于战略布局型产业转移，承接地只能进行瞄准性承接；对于产业集聚型产业转移，承接地只能进行关键环节承接；对于价值链布局型产业转移，承接地只能进行分工性承接；对于区域合作型产业转移，承接地只能进行利益共享性承接。① 如果从政府与市场、单个企业产业转移与集群企业产业转移的四维象限区分，那么产业转移承接模式就会有政府主导的单个企业产业转移承接、市场主导的单个企业产业转移承接、政府主导的集群企业产业转移承接与市场主导的集群企业产业转移承接等四种具体的产业转移承接模式，但每种具体模式都有其适应性条件，新余"光伏"产业的集群式发展经历就是一种典型的政府主导型的产业集群式承接。② 如果从产业转移承接载体的角度区分，目前也出现了特色产业园的产业转移承接模式、链式产业园的产业转移承接模式、循环产业园的产业转移承接模式、专业镇的产业转移承接模式与合作共建园的产业转移承接模式等五种产业转移承接模式，上述五种不同的产业转移承接模式均具有异质性的选择性条件。因此，中部地区为适应世界正在发生的第四次产业转移浪潮要作出适应本地资源禀赋的产业转移承接模式创新。③

国外学者对产业转移承接模式的相关研究主要是基于全球生产网络分工的视野，探讨发展中国家如何嵌入全球生产网络，通过吸收发达国家的外商直接投资，产业外包和技术转移等方式实现本土的技术吸收、价值链升级和经济赶超。如，有学者分析了中国和亚洲一些新兴市场经济国家能够比墨西哥和其他中美洲国家在全球服装价值链升级和重构中更胜一筹的原因，认为主要在于中国以相对低廉的劳动力成本和分权的自由终端市场

---

① 刘志迎：《产业转移与承接产业转移的方式和路径》，《安徽行政学院学报》2011 年第 1 期。

② 丁志良：《承接沿海产业转移的模式研究——以新余光伏产业为例》，硕士学位论文，湖南科技大学，2011 年，第 10—12 页。

③ 高登榜：《产业转移中的主导产业选择与承接模式研究》，博士学位论文，合肥工业大学，2013 年，第 44—52 页。

成功嵌入了全球的服装生产网络体系。①

（三）关于产业转移承接模式的理论解释

目前国内外学术界对产业转移承接模式的研究视角越来越多样化，除了传统的梯度转移承接理论和产业集群式承接理论以外，更多的研究视角是吸收了其他学科的一些基本理论，如虹吸理论、扎根理论、社会网络理论、核心企业成长理论、共生理论、协同管理理论、合约理论和全球价值链视角等。

由于地区之间在产业发展与技术前沿之间可能存在梯度差异，因此产业和技术有可能从高梯度区域向低梯度区域进行转移，但产业之间的梯度转移可能存在极化效应、回流效应与跳跃效应，而产业的集群式转移承接模式的选择有可能克服产业梯度转移本身固有的极化效应、回流效应与跳跃效应，黄玮较早地运用产业集群理论研究产业转移承接这个现实经济问题。② 但虹吸理论认为中西部地区克服承接沿海产业转移进程中的极化效应，首先应该抬高本地的产业承接平台，使本地产业自觉进入到产业生命周期的创新阶段，进而形成产业承接的虹吸模式，达到减弱高梯度地区承接产业转移的极化效应，相应提高低梯度地区产业转移承接的涓滴效应。李鹤虎借鉴物理学中的虹吸现象开创了研究中西部地区如何承接产业转移的虹吸理论视角，该理论研究视角的出发点是为了解释目前存在的产业跨梯度转移现象以及如何克服产业承接过程中的极化现象。③

集群式的产业梯度转移承接模式的选择不能回避的问题是转移企业进入承接地之后是否会存在排异反映，并且转移产业能否在承接地生根发芽与成长壮大。周静运用扎根理论分析了影响集群式产业转移承接模式选择

---

① Frederick S. & Gereffi G., "Upgrading and Restructuring in the Global Apparel Value Chain: Why China and Asia are Outperforming Mexico and Central American", *International Journal of Technological Learning, Innovation and Development*, Vol. 4, No. 1-3 (April 2011).

② 黄玮：《产业集群视角下产业梯度转移模式研究》，硕士学位论文，湖南科技大学，2009年，第13—38页。

③ 李鹤虎：《云南承接产业转移的机理与模式研究》，硕士学位论文，昆明理工大学，2010年，第32—47页。

的主要因素，通过问卷调查、实地调研和统计分析发现产业转移进程中的转出地与承接地的拉力与推力、阻力与斥力的大小是影响集群式产业转移承接模式选择的主要因素，只有使拉力大于阻力、推力大于斥力才能形成四力合一，使集群式转移产业在承接地扎根生长。① 集群式产业转移承接模式选择，除了考虑集群式转移的产业在承接地扎根以外，还需要涉及转移产业与本地产业的融合共生成长问题。余侃建立了基于政府作用的产业转移承接的共生理论模型，研究了"点—线—面—网络"等四个共生阶段政府作用发挥的形成机制。②

企业是产业转移承接模式选择的主体。承接产业转移也要最终落实到企业的成长。同时，产业集群中核心企业的成长对于集群网络的形成至关重要。钟晋建立了基于核心企业成长与产业转移集群承接模式选择内在互动机理的分析框架，并以新余"光伏"产业发展为案例，认为新余"光伏"产业之所以能够做到产业转移的集群式承接，主要在于"赛维"核心企业的成长及其引致的企业网络关系形成的集群效应。③ 鉴于产业转移涉及转出地与转入地之间的政府利益分配，政府双方的利益博弈可能会阻碍产业转移承接方式的选择，基于这样的背景考虑，黄畅莹运用协同管理理论分析了珠三角区域内的产业转移承接协同监管问题，以寻找转出地与转入地关于产业转移的利益均衡点与产业承接的对接点，并提出了完善承接产业转移承接进程中协同管理运行机制的对策建议。④

国外学者运用外包合约理论研究发达国家的产业转移和发展中国家产业转移承接模式选择中的产业布局。商务流程外包越来越成为国际产业转移的一种重要形式，但外包任务或者转移产业的地理定位影响供应商和消

---

① 周静：《基于扎根理论的集群式产业转移影响因素研究》，硕士学位论文，湖南科技大学，2012 年，第 7—40 页。
② 余侃：《产业转移过程中共生模型及机制研究——以安徽产业转移为例》，硕士学位论文，安徽财经大学，2014 年，第 17—30 页。
③ 钟晋：《基于核心企业成长的承接产业转移模式研究——以新余光伏产业为例》，硕士学位论文，湖南科技大学，2012 年，31—48 页。
④ 黄畅莹：《协同理论视角下珠三角产业转移及承接力管理探究》，硕士学位论文，广东工业大学，2014 年，第 62—100 页。

费者的关系治理，有学者运用交易成本经济学分析了外包合约中作为政府
战略的产业转移承接的地理位置选择，认为产业的国际化转移是一种相对
更为有效的供应商和消费者关系治理模式。①

（四）研究述评

产业转移与产业转移承接是一对既相辅相成又相互对立的概念。一般
来说，产业转移方式影响和决定了产业转移的承接方式。产业转移是先行
行为，承接产业转移是随从行为，因此，有多少类产业转移的方式，一般
就会有多少种承接产业转移的模式。但发达国家和地区的产业转移并不必
然意味着特定发展中国家和落后地区的产业转移承接。因为产业转移和承
接产业转移的动因以及条件可能各不相同。产业转移的动力是寻求更适宜
的产业发展空间和发展条件，每类产业都有自己相对独立的发展规律和要
素诉求。而产业转移承接既要考虑各类产业相对独立的发展规律和要素诉
求，更要考虑承接地的要素禀赋、地理环境、产业基础、发展战略以及资
源和环境的承载能力等因素。因此，全球化背景下的产业转移承接更是一
种适应性的产业转移承接以促进本地的产业价值链升级。

与此同时，产业转移方与承接产业转移方之间还存在种种利益博弈，
只有进行合作博弈，才能实现转移方与承接方的双赢。从地区产业发展角
度来说，产业转移只是提供一种产业转移承接的外部力量，而地区的产业
转移承接更需要一种内生的产业吸纳能力。因此，产业转移承接模式的选
择会受制于一个国家或地区的内生产业吸纳能力。

通过上文对国内外学者关于产业转移承接模式研究的代表性文献评述
可以得出，虽然国外学者对国际产业转移的规律性研究具有相对成熟的理
论，但对欠发达国家和地区如何承接发达国家和地区的产业转移的研究并
没有产生具有代表性的文献。这可能是因为发达国家和地区的学者所面对
的具体经济实践与发展中国家和地区的学者不同，从而使得对相同经济问

---

① Chakravarty A., et al., "Choice of Geographical Location as Governance Strategy in Outsourcing Contracts: Localized Outsourcing, Global Outsourcing, and Onshore Outsourcing", *Customer Needs and Solutions*, Vol. 1 (January 2014).

题所采用的研究视角和研究方法也有所差异。

## 第二节　集群式承接是中部地区承接
## 产业转移的主导方式

从上节的文献述评笔者知道，产业转移的方式有多种，产业转移承接的方式也有多种，承接地应该选择何种产业转移承接方式作为本地产业转移承接的主导方式，这种产业承接主导方式相对于其他非主导方式有何内在的优势，以及这种主导方式的选择有没有历史必然性，这些问题就是本节要重点研究的问题。

### 一、产业转移承接的主要方式、适应条件与特征比较

（一）产业转移承接的两种主要方式

虽然目前学术界对产业转移的方式从不同角度进行了分类，并且基于不同的产业转移方式，学者们也提出了许多不同的产业转移承接模式。但能够被学术界、产业界、媒体界和政府部门同时接受和经常引用的产业转移方式和产业转移承接模式通常是基于产业转移的规模程度进行分类的，即产业转移主要有单个企业的产业转移、价值链的产业转移和集群式产业转移。但这种分类的外延还存在模糊之处，本书尝试从价值链视角和产业转移中企业的行为特征把产业转移承接模式分成两类：产业转移的分散式承接和产业转移的集群式承接。而产业转移的分散式承接又可以具体细分为非价值链环节的单个企业产业转移承接和价值链环节的单个企业产业转移承接；产业转移的集群式承接也可以具体细分为价值链环节的产业转移集群式承接和价值链条的产业转移集群式承接。[①]

---

①　本书认为这种分类方法是参照企业、价值链和产业集群三个不同层面的标准，但这三个层面的外延存在交集，即产业集群包含了价值链的部分内涵、价值链也包含了企业的部分外延。因此，产业价值链的产业转移模式按照价值链转移的完整程度又可以分为产业价值链的集群企业转移和产业价值链环节单个企业转移和集群企业转移。

每一种具体的产业转移模式都会对应一种具体的产业转移承接方式。非价值链环节的单个企业分散式产业转移一般是指由于要素成本的变化，单个企业为了降低生产成本，实现更大利润而把生产经营地址从一个区域转移到另外一个区域的孤立迁移行为。价值链环节的单个企业分散式产业转移一般是指处于产品内分工某个环节的单个企业相应要素成本变化或者为了追求更加优惠的政策环境，实现更大利润而把生产经营地址从一个区域转移到另外一个区域的孤立迁移行为。价值链环节的集群企业转移主要是指生产某种产品的价值链上某一环节的企业整体转移。价值链条的集群企业产业转移主要是指具有上下游产业关联的若干产业价值链条上的企业集群或者抱团式的产业转移。价值链条的集群企业产业转移承接按照引导主体的不同可以分为市场引导的集群式产业转移承接和政府引导的产业集群式转移承接。市场引导下的集群式承接模式是指在产业链的依赖性较强的情况下，以区域地区比较优势为诱导的一种承接产业转移模式。承接产业转移的过程中，企业的成长必须扩大现有市场、开拓新的市场。在垂直产业链中，假设产业 A 使用产业 B 的产品作为产业 A 的"原料"，即产业 B 是提供中间产品的产业，它的主要顾客是产业 A。产业 A 转移时，对于产业 B 而言，它的市场发生了变化，即承接产业转移引起需求模式的变化。于是，对产业 A 进行承接时，产业 B 也可能会随之而承接。[①]

（二）分散式产业转移与集群式产业转移的适应条件

非价值链环节的单个企业分散式产业转移最初往往与社会生产分工联系不紧密。社会生产分工的程度决定了单个企业产业转移的容易程度。在社会化分工程度不紧密的年代，生产往往是单个企业之间的个体性行为，企业生产的产品，结构简单，功能单一，不需要复杂的生产程序，整个产品的生产流程能够在单个企业内部完成。在这种背景下，非价值链环节的单个企业进行产业转移和承接这种产业转移较为容易。

---

① 丁志良：《承接沿海产业转移的模式研究——以新余光伏产业为例》，硕士学位论文，湖南科技大学，2011年，第10页。

但随着人们需求消费水平的提高和市场容量的扩大，单个企业要完成整个产品生产所需的原材料供应和产品的销售越来越变得不可能，因为社会分工越来越演化为产品生产的垂直化社会分工，即一种产品的生产虽然可以在一个企业内部进行，但生产商需要与上游的原材料供应商和下游的产品销售商进行紧密的社会分工，原材料供应和产品销售不畅，会严重影响生产商产品价值的实现，正如马克思所言，如果商品生产商不能完成从商品到货币的惊险跳跃，摔坏的不是商品，而是商品生产者。生产的垂直化社会分工决定了单个企业的生产必须要有上下游企业的产业配套，因此与这种社会分工形式相适应的价值链环节单个企业分散式产业转移不容易成功，配套成本往往大于要素成本。

价值链环节的单个企业分散式产业转移只有在两种情况下才能比较成功。第一种情况是承接地本身不具有很强的产业配套能力，而进行产业转移的企业本身具有完整的产业链，从产品的研发设计、原材料供应、加工制造装配、仓储物流到品牌运作和产品销售等，都有科层式的运作体系，但承接地能提供优惠的产业发展政策，通过优惠政策吸引这类企业的产业转移；第二种情况是产业承接地具有很强的产业配套能力或者分散价值链招商能力，能满足任何层级的企业进行产业转移。

但在分工越来越社会化的经济全球化时代，生产扁平化趋势也越来越明显。任何企业不可能在产业价值链的所有环节都具有比较优势，产品内的社会分工越来越取代产业内和产业之间的社会分工，工序式的生产模式逐渐成为产品生产的主要形式。因此，价值链环节的单个企业分散式产业转移和承接在社会分工越来越复杂，产品生产表现为工序化生产的扁平生产组织时代，不能成为一种主流的产业转移承接方式。非价值链环节的单个企业分散式的产业转移也往往适应于产品结构比较单一的工场手工制造业，这种产业的价值链本身就比较短，例如，中部许多地区承接的沿海织袜业产业转移；或者承接地具有很强的产业配套能力，只需引进某种特定的产业来补齐产业价值链。

因此，在生产组织越来越扁平化的现代产业分工体系下，价值链环节的单个企业分散式产业转移承接也越来越不成为主流的产业转移和产业承接方式，除非在承接地的产业链中确实需要此类配套企业来补齐产业链，或者承接来自不同地区的单个企业的产业转移恰好能够组成承接地的一条完整产业链。但这种情况在承接产业转移实践中较少出现，因为承接地产业链的这种分散式补齐或者重构需要更多的搜寻成本和谈判成本。而且实际经验表明，中西部地区在招商引资的早期阶段，地方政府为了承接东部沿海地区的产业转移，采取了各种优惠措施吸引单个企业向内地工业园区进行转移。但由于转移进来的单个企业缺乏相应的上下游企业配套，加上内陆地区的交通条件较为落后，物流成本相对高昂，这些企业进行产业转移以后往往都表现出了"水土不服"，生产经营状况较没有转移之前并没有带来实质上的改变，有的甚至更差。

价值链环节的企业集群转移则主要表现为生产环节分离型下的企业抱团迁徙行为。生产环节的国际重组不但突破了传统国家之间的整体价值链的产业转移，而且通过中间产品贸易实现了国际分工的新形势，这种产业转移模式以产品内价值链分工为纽带，通过部分生产环节的转移，以及中间产品的国际贸易，把处于不同产业价值链环节的企业重新组合在一种新型的国际分工网络之中。

（三）分散式产业转移承接与集群式产业转移承接的特征比较

通过对分散式产业转移与集群式产业转移的概念界定以及发生条件的分析，笔者可以总结出这两类产业转移承接方式的不同特点。

1. 分散式产业转移承接的特征

分散式产业转移承接首先表现为非价值链环节，或者价值链环节上的单个企业的孤立迁徙行为，承接地对这种分散式的产业转移主要采取点对点的承接模式，这些单个的转移企业可能来自于不同的转移地，并且由于它们都是孤立的迁徙行为，所以承接地不能对这类产业转移承接做通盘的考虑，不能制订统一的产业承接布局规划，只能是一个一个地承接这些"散兵游勇"，这种分散式的产业转移承接显然会打乱承接地的产业承接布局规划，在产业承接进程中处于被动地位。而分散式产业转移的单个企业所关注的是各种补贴、廉价的土地和劳动力资源以及税收优惠政策。这种分散式产业转移承接可能带来的负面影响是转移企业在用足、用完承接地的各种优惠政策和条件之后，由于迁徙的沉没成本较小，可能会出现再次的孤立迁徙行为。显然，单个企业分散式的产业转移不是寻求综合要素的适配空间，而是追逐优惠政策的流动空间，这种分散式的产业转移可能表现为典型的机会主义行为，从而承接这种分散式的产业转移也可能会承受承接产业转移过程所固有的道德风险。

2. 集群式产业转移承接的特征

集群式产业转移承接首先表现为价值链环节，或者价值链链条上集群企业的抱团迁徙行为，承接地对这种集群式的产业转移主要采取面对面的承接模式，这些转移的集群企业由于是来自于相同的转移地，并且由于它们都是抱团的迁徙行为，所以承接地能够对这类产业转移承接做通盘的考虑，能够制订统一的产业承接布局规划，不再需要一个一个地承接"散兵游勇"。因此，这种集群式的产业转移承接显然能够按照承接地的产业承接布局规划来进行，承接地在产业承接进程中不仅处于主动地位，而且能够节省很多的时间和精力为集群转移企业更好地提供服务。集群式产业转移的抱团企业所关注的不仅仅是各种补贴、廉价的土地和劳动力资源以及税收优惠政策，更是承接地产业配套的综合比较优势。这些集群式产业转移企业由于迁徙的沉没成本和配套成本都比较大，可能出现再次抱团迁徙的概率较小，因而这种集群式产业转移具有本地根植性。显然，抱团式迁徙的集群企业进行产业转移不是追逐优惠政策的流动空间，而是寻求综合要素的适配空间。可见，这种集群式的产业转移具有典型的理性主义行为特征，从而这种集群式产业转移一般不会表现为逆向选择行为，承接地也不会承受这种道德风险。

## 二、产业转移承接方式演进的理论解释

上文分析了分散式产业转移和集群式产业转移的发生条件，比较了分散式产业转移承接和集群式产业转移承接的特征，下文主要从产品内分工

的角度解释这种产业转移承接方式演进的发生机理。①

（一）生产的标准化推进了产品内分工

经济学中的国际分工理论大概经历了产业间分工理论、产业内分工理论和产品内分工理论三个阶段。产品内分工是一种全新的国际分工模式，是某一特定产品生产过程中的不同工序或环节通过空间分散化而形成的一种跨国性生产体系。② 一般来说，产品内分工所研究的生产形式必须满足以下三个特点：一是产品的生产必须经过一个或者多个工序；二是产品生产跨越国界，两个或者多个国家为产品价值形成提供生产服务；三是至少一个国家在工序生产中运用了国外进口投入品，并且一部分生产出的最终产品或者中间产品必需出口到别国。③ 可见，产品内分工是一种产品内的国际分工，产品内分工为经济要素的跨国界流动作出了深刻的理论注解。在经济日益全球化背景下，产品内全球分工使得国际劳动分工呈现不平衡发展趋势和特征：一方面，它使处在分工的较低层次上的劳动横向差别减少，资产专用性弱化为通用性。这个层次的国际分工"进入壁垒"很低，是广大发展中国家参与国际分工的主要形式。另一方面，它又使得处在较高层次的劳动差别扩大，并使专业化知识在分工中的重要性日益显著。这个层次的国际分工"进入壁垒"和"退出壁垒"都较高，其参与者不仅以劳动，而且以专业化知识和专用性资产参与国际分配。④

值得注意的是，产品内全球分工是以标准化为前提的。产品内全球生产分工不仅要求产品有可解构性或生产过程的空间可分离性，而且无论将产品生产过程空间分离到哪个国家、哪个地区、哪个企业进行加工，最后都能够合成同质量、同性能、同外观、同技术参数的产品，这就是标准化

---

① 本节内容主要来自于课题组首席专家刘友金教授的论文《产品内分工、价值链重组与产业转移——兼论产业转移过程中的大国战略》，《中国软科学》2011年第3期。

② 卢锋：《产品内分工》，《经济学（季刊）》2004年第4期。

③ Hummels D., Ishii J. &Yi K. M., "The Nature and Growth of Vertical Specialization in World Trade", *Journal of International Economics*, Vol. 54, No. 1 (June 2001).

④ 黄建康、詹正华、孙文远：《产品内国际分工条件下我国产业升级路径探讨》，《江南大学学报》（人文社会科学版）2010年第4期。

的结果。可见，产品内分工是建立在标准化基础上的产物，只有标准化才能有利于产品内分工，并通过全球生产布局，利用全球的资源，实现全球化生产。在实现标准化之前，需要研发、设计、生产、营销及售后服务等所有环节，在时间和空间上的紧密联系和密切合作，很难进行产品生产链的时空分割。如果没有标准化，就没有全球化的产品内分工。全球的生产标准化趋势始于 20 世纪 80 年代，如发明于 19 世纪末 20 世纪初的空调、冰箱、电视、洗衣机等家用电器，直到 20 世纪 80 年代才进入标准化阶段；通信技术，早在 1947 年，美国贝尔实验室便设计了蜂窝移动通信系统，但是直到 1982 年，欧洲 ETSI 才建立 GSM 标准。[1] 随着科学技术的飞速发展尤其是信息技术的突飞猛进，集成电路模块化技术和软件程序革命性地简化了绝大多数产品的生产工艺和管理程序，导致高科技产品由创新到标准化的过程大大压缩。产品技术的标准化，再加上现代交通通讯技术的迅速发展，导致研发、设计、生产、营销到售后服务的生产链各个环节实现了时空分离。有了生产的标准化，产品可以通过全球分工进行生产，产品生存的关键就在于成本和价格。这样可以突破二元资本、技术与经济环境的局限，从而加速了国际产业转移，提高了全球生产效率与资产利用效率。

（二）新一轮国际产业转移是产品内分工主导下的产业转移

第二次世界大战以来，国际产业转移共掀起了三次浪潮，每一次都在很大程度上改变了世界经济发展的格局。第一次是从 20 世纪 50 年代至 60 年代，欧美等发达国家将纺织、钢铁等传统的劳动密集型产业、高耗能工业向日本和联邦德国等后发国家转移，自己则集中力量发展半导体、集成电路、通讯与电子计算机、精密机械、精细化工、家用电器、汽车等资本和技术密集型产业，这一轮产业转移大约持续了近 20 年的时间，由此导致了日本继英国、美国之后，成为第三个"世界工厂"，联邦德国也发展成为世界经济强国。第二次国际产业转移是从 20 世纪 60 年代末至 80 年代，日本、联邦德国等国将劳动密集型产业转移到新兴工业化国家和地区，自

---

[1]　张立建：《两次国际产业转移本质探讨——基于产品生命周期理论视角》，《统计研究》2009 年第 10 期。

已集中发展精密机械等技术密集型产业，这一轮产业转移大约持续了15年左右的时间，前后经历了三波：第一波发生在20世纪60年代末70年代初，转移的产业主要是纺织等劳动密集型产业；第二波发生在20世纪70年代石油危机之后，转移的主要是钢铁、化工、造船等资本密集型产业；第三波发生在20世纪80年代，转移的产业扩展到汽车、电子等资本密集型和部分劳动密集型产业。在第二次国际产业转移过程中，日本处于"雁首"地位，最终催生了东亚经济奇迹。第三次国际产业转移始于20世纪80年代后期，美、日、欧洲等发达国家将重化工业和消费类电子等产业大量转移到发展中国家特别是中国东部沿海地区，他们集中发展知识密集型产业。这一轮产业转移经历了两波：第一波从20世纪80年代后期一直持续到进入21世纪。在此这一波产业转移过程中，亚洲"四小龙"起到了二传手作用，中国作为这波产业转移的主要目的地，成为了产业转移浪潮中最大的受益者之一。第二波则是从21世纪开始，特别是世界金融危机发生以后，呈现出产业从我国沿海地区向中西部地区、东北地区转移，同时有向周边越南、马来西亚等国家转移的趋势。这一波国际产业转移的浪潮虽然开始不久，但来势比较迅猛（本书称其为新一轮国际产业转移）。

国际产业转移是国家间（或地区间）因资源禀赋、区位、产业配套环境、制度环境等因素的差异所形成的比较优势动态发展变化的结果。每一次国际产业转移都是发达国家的跨国公司为了更加有效地利用全球资源以进一步发展和提升自己的竞争力而展开的全球性战略布局和调整，是实现新的国际产业分工与协作的一种重要途径。[①] 考察第二次世界大战以来的三次国际产业转移发现：第一次、第二次国际产业转移模式主要以垂直顺梯度型产业转移为主，发生于要素禀赋差异较大的国家之间，表现为发达国家和发展中国家在垂直型产业间、垂直型产业内（包括垂直型行业间和垂直型产品间）的国际转移，属于完整价值链的转移，不同国家和地区间转移的往往是某一产业或产品。然而，第三次产业转移与前两次产业转移

---

① 张少军、李东方：《全球价值链模式的产业转移：商务成本与学习曲线的视角》，《经济评论》2009年第2期。

有着明显的不同，其最重要的区别是不同国家和地区间转移的不再是某一产业或产品，而是某产业或产品中的不同要素密集环节和工序，国际产业转移逐步深入至生产工序层面，是产品内分工主导下的产业转移，并在跨国公司全球一体化生产体系内部率先展开，是跨国公司的一种新型全球布局。表现为跨国公司将产品的研发、销售、核心部件生产等工序安排在发达国家，将产品的主要零部件制造工序转移至应用技术方面存在竞争优势的新兴工业化国家，而将辅助零配件制造、组装等工序转移至非熟练劳动力上具有竞争优势的发展中国家。① 产品内全球分工使得产品价值链被分解成若干独立环节，在国际产业转移的分工基础从产品间深化到产品内之后，国际产业转移表现为生产环节的全球转移，就不再存在衰退产业或成熟产品，只存在低附加值和高附加值的环节。跨国公司在全球范围内整合资源，将价值链中的每个环节放到最有利于获得竞争优势的地点，导致国际分工的界限由产品转变为要素。显然，始于 20 世纪 80 年代后期的第三次国际产业转移，其本质是国际产业转移在产品内全球分工的体现，是跨国公司主导下不同国家（或地区）依据自身的成本优势对价值链的不同环节进行重整和承接。而 20 世纪 80 年代以前的两次国际产业转移，都表现为发达国家和发展中国家在垂直型产业间、垂直型产业内（包括垂直型行业间和垂直型产品间）的国际转移，一个重要的原因是没有标准化，难以进行产品内全球分工。

## 三、产品内分工与集群式承接产业转移的优势

*（一）集群式产业转移承接有利于形成产业网络与减少产业配套成本*

随着产业分工的深化，产品内分工越来越普遍，企业的生产对配套产业的要求大幅度提高。产业配套能力越强，产业链的基础越扎实，就越可能形成竞争优势明显的产业链，越容易吸引产业转移，该地区也就更加可能成为承接产业转移的目的地。因此，集群式产业转移承接对于提高落后

---

① 赵张耀、汪斌：《网络型国际产业转移模式研究》，《中国工业经济》2005 年第 10 期。

地区产业承接地的产业配套能力和产业链的完善程度具有重要影响，对于吸引产业转移具有累积的因果效应。因此，集群式产业转移承接模式适应于那些产业基础较薄弱，产业配套能力还不是很强的产业赶超型地区。就具体的产业来说，像纺织服装、电子信息产业、塑料、陶瓷、高端制造业等具有分工细、链条长、时效性强、对产业配套能力发展要求相对较高的产业，往往适应于产业价值链式的产业转移和产业承接模式。

集群式产业转移承接主要解决的是产业之间的配套问题。单个企业的产业转移行为往往只考虑迁入地的土地成本和人力成本，但是由于相关联的企业没有及时跟进、配套成本没有降下来，企业转移的总成本反而变得更高了。单个企业脱离产业链均难以迁往外地，产业链转移可以有效降低企业的综合成本，这样既能够保持转移的规模效应和相对完善的产业链，也有利于产业升级和城市功能提升的进一步协同，同一产业链的有序转移，将能更有效地整合资源，使产业链的上下游配套更趋完善。产业链式转移是一种趋势，政府或者商会可以鼓励同一产业链的企业"共进共退"，能使产业转移的效益产生最大化。

（二）集群式产业转移承接有利于形成规模经济和范围经济

价值链条的企业集群产业转移承接是基于价值链的产业转移基础上，如果产业价值链式产业转移追求的是产业配套，降低配套成本，是同一产业价值链上具有上下游配套关系的产业转移模式，那么，价值链条企业集群产业转移可以看成是若干条的产业价值链上的企业群同时转移的行为，这些转移的企业分属于不同的产业价值链。价值链条集群企业产业转移追求的是一种更高程度的规模经济和范围经济。这种集群式产业转移也可以看作是"复制群居链"，把具有上下游产业联系的企业或者产品内分工的所有工序型企业进行规模化的迁移。产品的标准化和模块化生产使得现代社会分工和产品生产越来越工序化，而生产的工序化又可以使原来纵向一体化的产业联系变成了横向一体化的产业联系，也就是生产越来越扁平化。生产的工序化也可以使原来整体的流水线型生产得以拆分成片段化的生产。社会分工重新表现为产品内分工，即从零部件的研发设计和生产，到产品的加工装配集成。

价值链条的企业集群转移是产业转移的高级形态，是与全球化时代的产品内分工形式相适应的，集群式产业转移不仅要求产业转移承接地要有一定的资源、能源和环境承载能力，也可以解决产业承接地的后期产业发展能力不足问题，能有效地缩短产业承接地的产业赶超时间。产业的集群式转移更主要地还能够为进行产业转移的企业和承接地带来规模经济、集聚经济和范围经济，提升承接地的产业竞争力、带动承接地的产业结构升级和经济实力的增强。

因此，价值链条的集群企业产业转移承接模式一般适应那些具有优越的地理条件、产业发展基础较好、配套能力较高，又渴望在较短的时间内实现产业赶超的地区。就具体的产业来说，集群式转移与承接模式对于那些具有很长的产业价值链和对规模经济、范围经济和集聚经济要求较高的产业来说比较合适。比如，战略性新兴产业的发展从产业链上游的基础研发、技术攻关环节、资本运作到产业链中游的产品开发设计、加工制造以及产业链下游的物流、品牌营销等都对这种规模经济、范围经济和集聚经济提出了很高的要求，以降低战略性新兴产业发展的潜在风险。

（三）集群式产业转移承接有利于企业网络的生产效率和竞争力提升

产业集群的核心作用主要体现在集群式产业转移承接的关联带动效应、产业集群能够更加容易整合产业资源、发挥集群内企业的"干中学"和技术溢出，节省技术创新成本、减少"产供销"之间的物流成本。政府的引导作用应该主要是制定有利于产业集群式转移承接的完善基础设施和公共服务平台。企业家的创新作用主要体现在企业家对商业机会的把握、基础知识和应用技术的产品化、对低商务成本的发现以及超强的融资和组织管理能力。

随着经济全球化进程加快，单个制造业产业转移逐步演进到价值链条的企业集群转移，企业经济活动区位出现了分散化和相互离化的趋势，在这种情况下，为了在全球范围内组织和调配各种资源，选择更合适的经济活动区位，除了传统的制造业活动外，其他生产经营环节如研究开发、设计、中试和公司总部等，也都出现了向其他地区集群转移的趋势，这种新的产业转移趋势是伴随企业规模的不断扩张以及区位条件的不断变化而出现的，它有利于提高企业网络的资源配置效率，提升企业网络的竞争力。

### 四、集群式承接将成为中部地区承接产业转移的主流模式

社会分工的细化和工序型的价值链拆分只是为单个企业的产业转移、价值链环节的产业转移和价值链条的产业转移提供了一种技术上的可能性，产业承接地区能否真正成功承接某种类型的产业转移，还取决于该承接地的产业发展战略、物流成本、内需水平、科技人文环境、政府职能部门的行政态度和行政效率等因素，更主要的是各级政府部门要根据各类产业自身的发展规律和承接地自身的产业条件灵活地、适应性地选择产业承接模式。

产业链分拆外包及由此引发的集群式的产业转移承接，已经逐步演变成中部地区承接产业转移的一种主流方式，国际产业转移也正在出现由单个企业产业转移向集群企业产业转移的过渡。早期产业转移主要是产业中的个别企业将部分生产环节搬迁至生产成本更为低廉的地区，如汽车行业的加工生产组装环节。而今发展到产业链条的集群企业整体转移，除了总装工序转移外，零部件的生产和产业链高端的设计研发、金融服务、物流管理等生产性服务环节也逐步开始转移，实现就近配套和外包提供。

根据目前我国东部产业向中西部转移的特征可以断定产业转移将不再是个别企业的孤立行为，而是产业链、供应链的区位中心转移，产业转移的环节越来越细化和分散化，最后形成涵盖产供销等全部产业链条的企业集群式、组团型转移。

适应性产业集群式转移承接模式，应该逐渐成为中部地区承接产业转移的一种主要模式。因为适应性的产业集群式转移承接即使在产业基础和产业配套条件较差的地区也能取得成功，对于产业基础相对落后的中部地区实现产业赶超具有重要的实践意义。一般而言，产业链的关键环节，一旦在某一区域形成规模，其上下游企业就会围绕关键环节产品生产企业进

行布局，从而形成产业集群式转移。如：家电整机厂家布局合肥，零部件厂家逐渐迁移到合肥；奇瑞汽车上规模后，大量的零部件企业就在一定的半径内布局设厂，形成产业集群式转移。因此，注重引入产业链"关键环节"的生产项目，从而诱致产业集群式转移。

## 第三节　承接产业转移过程中的企业集群行为研究

正如上节所言，产业转移的主体是企业，产业转移是企业在市场激励或者政策激励下对产品和服务提供所需的各要素在空间的重新配置行为。在产品内分工背景下，企业的产业转移行为越来越表现为抱团迁徙，这主要是因为处于不同价值链条上的企业具有供应链上的上下游之间的产业关联，企业的集群迁徙行为可以减少产业配套成本，提高网络企业的范围经济、规模经济以及生产效率和产业竞争优势等。因此，本节主要运用社会网络理论和课题组的调研数据研究产业转移进程中的企业集群行为。[①]

### 一、研究假设与研究方案设计

(一) 研究假设

美国哈佛商学院教授波特认为，产业集群是指某一特定区域空间内，许多联系密切的生产企业、辅助性产品制造商以及提供相关支撑服务等组织机构集聚在一起，形成产业竞争优势的现象。[②] 社会网络是指相互作用的社会个体成员之间相对稳定的关系体系，社会网络关注社会个体之间的互动和联系，这种互动联系影响着个体的社会行为。产业集群内企业社会网络，是指大量有联系的企业以及政府、科研机构、行业协会等相关支撑机构之间在业务合作、信息资源传递等活动中建立的各种关系的总和。社

---

[①] 刘友金、李彬：《社会网络视角下的产业转移集群行为研究——以湖南株洲栗雨工业园汽车产业为例》，《中国软科学》2015 年第 1 期。

[②] Porter M. E., "Clusters and Competition: New Agendas for Companies, Governments and Institutions", *On Competition*, 1998, pp. 197–287.

会网络分析，是国外于 20 世纪 30 年代末出现并在最近二十多年得到快速发展和应用的一种全新的社会科学研究范式。本书将运用社会网络分析的最新研究成果，提出相关假设，展开系统分析。

1. 网络联系密度与产业转移中的企业行为

韦伯（Weber A.）在阐述集聚经济时提出，将存在各种内外联系的企业按合理组合集中布局在生产和流通最节省的特定地点，使得企业获得最大的成本节约程度，认为产业间的相关性和企业间的合作关系是产生集聚经济的必要条件。[1] 在社会网络理论中，网络密集性包括节点（个体）的密集性和边（连接节点之间的关系）的密集性两个含义。节点的密集性表示一定空间范围内群体中个体存在的密度，而边的密集性用于说明群体内个体间互动关系的频率和亲密度。由于产业集群内企业间的地理位置较为接近，所以产业集群社会网络一般具有较高的节点密集性。虽然节点密集性较高的网络一般更容易具有较高的关系密集性，但社会网络的关系密集性不仅受到节点密集性的影响，还受到个体间连接偏好、亲疏关系以及群体内联系交流氛围等因素的影响。实际上，长期以来被忽视的企业社会网络关系密集性对集群内企业"抱团迁徙"行为才有直接的、内在的影响，所以本书主要研究的是产业集群企业社会网络中的关系密集性。

由于集群内企业之间存在共同的地区文化背景、亲疏关系并且有着高度的专业化分工与协作关系，在相互的交往中形成了共同的行为规范准则，相互间有着良好的信任基础，形成了交易性的内部依赖，可以降低交易费用。另外，根据重复博弈理论，保持长期合作关系的行动者之间存在长期收益，可以遏制机会主义行为，降低信息不对称程度和交易风险。[2] 有学者认为在产业集群式转移过程中，企业倾向于与彼此信任的合作企业一同转移，[3] 保持在以往合作中已经形成的企业间合作模式以及企业间重

---

① Weber A., *Theory of the Location of Industries*, Chicago: The University of Chicago Press, 1929, p. 106.

② 周群力、陆铭:《拜年与择校》,《世界经济文汇》2009 年第 6 期。

③ Sammarra A. & Belussi F., "Evolution and Relocation in Fashion-led Italian Districts: Evidence from Two Case-studies", *Entrepreneurship & Regional Development*, Vol. 18, No. 6 (February 2006).

要隐性知识的传递。[①] 基于以上分析，本书提出：

假设1：企业社会网络密度越大，在产业转移中企业越倾向于采取集体行动。

2. 网络中心性与产业转移中的企业行为

在社会网络分析中，中心度是衡量个体行动者在网络中重要性和显著性的变量，可用来考察企业充当社会网络中心枢纽的程度和比其他个体更具有可见性程度。[②] 相对于中心性弱的企业来说，网络中心性强的企业，与更多的集群内企业有着直接联系或邻接关系，这种广泛联系使得中心性强的企业比其他企业更具有可预见性，在集群中掌握更多的信息资源和控制更多的利益，议价能力也较高，企业成长也更快。

在面临产业转移决策时，中心性强的企业一般会根据自身的需求和所掌握的广泛资源单独进行转移选择决策（符正平等，2008）。而且企业社会网络中心性越强，企业越可能发展新的网络关系，更容易获取新信息与互补性资源，从而产生"强者愈强"的马太效应。[③] 相对于那些网络中心性较弱的企业来说，网络中心性强的企业决策行为会对它们产生示范效应，进而采取跟随和模仿策略。据此本书提出：

假设2：企业社会网络中心性越强，在产业转移中企业越倾向于采取独立行动。

3. 网络异质性与产业转移中的企业行为

结构洞越多、与群体外部有越多弱联系的社会网络异质性越强。而且结构洞类似于电线线路中的绝缘体，用来描述非重复行动者之间的断裂，

---

① 符正平、曾素英：《集群产业转移中的转移模式与行动特征——基于企业社会网络视角的分析》，《管理世界》2008年第12期。

② 钱锡红、杨永福、徐万里：《企业网络位置、吸收能力与创新绩效——一个交互效应模型》，《管理世界》2010年第5期。

③ Koka B. & Prescott J. E., "Designing Alliance Networks: the Influence of Network Position, Environmental Change and Strategy on Firm Performance", *Strategic Management Journal*, Vol. 29, No. 6 (June 2008).

非重复行动者向处在结构洞位置的节点提供可累加而非重叠的异质信息资源。[1] 结构洞能够带来信息利益和控制利益，使得处在结构洞位置的行动者占据优势。弱联系是指联系亲密程度弱和联系频率低的联系，是搭建与群体外部的非重复行动者之间的桥梁，从而获取信息利益。

网络异质性强的企业在社会网络中存在更多的结构洞和弱关系，这种企业也就更容易获取关键有用的信息利益和控制利益，进而在集群中处于优势地位。一方面，在变化快速、竞争激烈的市场环境中，企业需要从多渠道获得不同的信息资源来满足市场需求、应对市场竞争，这就凸显出企业社会网络异质性的重要性；另一方面，网络异质性强的企业，在新环境下，也具备对新资源更强的资源整合能力。相比之下，处于同一集群内相互有联系、网络异质性较低的企业，容易产生集体行动思维模式，在产业转移决策时更倾向于采取集体行动（符正平等，2008）。基于以上分析，本书提出以下假设：

假设 3：企业的社会网络异质性程度越强，在产业转移中企业越倾向于采取独立行动。

4. 网络结构平衡与产业转移中的企业行为

弗里茨·海德（Fritz Heider）被公认为第一个系统地阐述结构平衡理论（Structural Balance Theory）的学者。[2] 他提出了社会关系认知理论，并分析了 P—O—X 三元关系结构平衡。[3] 在社会网络中，结构平衡关注个体的集合或群组，要求在群组内个体之间的关系是可以被度量的，可以是带有符号的正关系（"+"）或负关系（"-"），并且正关系的对立面是负关系，从而在判定一个特定网络的结构平衡度时，根据"负负为正，正正为正"的运算法则判断一个网络图的回路是否为正回路，正回路则表明该网

---

① Burt R. S., *Structural Holes：The Social Structure of Competition*, Explorations in Economic Sociology, 1993, pp. 7060-7066.

② Heider F., "Attitudes and Cognitive Organization", *Journal of Psychology Interdisciplinary & Applied*, Vol. 21, No. 1 (January 1946).

③ Heider F., "Attitudes and Cognitive Organization ", *Journal of Psychology Interdisciplinary & Applied*, Vol. 21, No. 1 (January 1946).

络结构平衡。社会学家和社会心理学家用"结构平衡"这一术语来表示群组中的个体和情感所构成的关系基本上是"愉悦的"或者有利于减少个体之间的冲突。

同理，处在一个结构平衡的社会网络中的企业，一般对当前的社会网络环境比较满意，与其他企业相处和谐，容易达成共识。泰费尔（H. Tajfel）提出的社会认同理论认为，社会成员的这种共同拥有的信仰、价值和行动取向，本质上是一种集体观念。① 与利益联系相比，注重归属感的社会认同更加具有稳定性。② 在社会群体中，每个成员都逃离不了这种来自于其他成员的社会影响。当这种影响为"正影响"时，该社会群体中的成员有共同的行动和价值取向，群体决策容易达到共识。③ 反之，若为"负影响"，处于不同子群（特别是具有冲突和异质性明显的不同子群）内的个体面对群体决策时，则难以达成共识。根据以上的分析，提出以下假设：

假设 4：企业所处社会网络的结构平衡，在产业转移过程中企业倾向于采取集体行动。

（二）研究方案设计

湖南省株洲市是"一五""二五"期间国家重点布局建设的八个老工业基地城市之一，地处中部腹地湖南省东部，湘江下游，是贯穿南北、连接东西的重要交通枢纽，物流辐射能力强，现在已经成为我国沿海发达地区产业向中西部地区战略转移的一个重要桥头堡。株洲国家高新技术产业开发区是 1992 年湖南省首批经国务院批准的国家级高新技术产业开发区，栗雨工业园是位于株洲国家级高新技术产业开发区内的一个专业化产业园区。

---

① Tajfel H. & Turner J. C., "The Social Identity Theory of Intergroup Behavior", *Political Psychology*, Vol. 13, No. 3 (March 1986).

② 李振鹏、唐锡晋：《外生变量和非正社会影响推动群体观点极化》，《管理科学学报》2013 年第 3 期。

③ Stanley Wasserman & Katherine Faust, *Social Network Analysis*：*Methods and Applications Structural Analysis in the Social Sciences*, Cambridge University Press, 1995.

在产品内分工背景下，以 2007 年 12 月北京汽车股份有限公司株洲分公司（以下简称"北汽"）落户株洲高新区栗雨工业园为契机，吸引、带动上下游众多汽车零部件企业和相关配套企业转移至株洲，形成了汽车产业链，并逐步发展成为产业集群。目前该园区内共有汽车行业相关企业 63 家，其中，约有 13 家企业是从北京、天津等地区跟随北汽转移到栗雨工业园，有 6 家株洲本土企业作为北汽的合作伙伴进驻了园区。湖南株洲栗雨工业园是一个典型的企业"抱团迁徙"形成的产业承接园，所以本书选取该园区为研究对象。

2014 年 3 月，项目组对株洲栗雨工业园汽车产业集群进行了预调研，采访了株洲汽车工业协会、园区内汽车整车制造企业和几家重点汽车零配件生产企业，了解了该园区中汽车企业"抱团迁徙"的基本过程以及龙头企业与配套企业之间的关系，并根据预调研获取的信息，参考相关文献，拟定了项目研究测量问题（如表 4-1 所示），在此基础上设计正式调查问卷。

表 4-1　被访企业社会网络特征的测量问题设计

| 变量维度 | 测量问题 | 相关研究文献 |
|---|---|---|
| 网络联系强度 | （1）企业与合作伙伴间的合作频率大小；<br>（2）企业与重要合作伙伴间的相互信任程度；<br>（3）重要合作伙伴对企业业务发展提供的帮助大小 | Linton<br>C. Freeman<br>（1979） |
| 网络中心性 | （1）企业是否与园区内大量企业存在合作关系；<br>（2）企业对园区内其他企业或组织的影响力大小；<br>（3）企业通过园区内的企业或组织获取信息资源的速度快慢 | Bavelas<br>（1948） |
| 网络异质性 | （1）企业是否与大量园区外的企业保持合作；<br>（2）企业是否与大量非企业组织机构（如研发机构、高等院校等）保持合作；<br>（3）企业的合作对象中，园区外合作企业占所有直接合作企业的比例 | Ronald Burt（1992）<br>Mark Granovetter<br>（1973） |
| 网络结构平衡 | 企业与园区内其他企业的合作意愿程度 | William Lloyd Warner<br>（1988）<br>S. F. Sampson（1968） |

2014 年 4 月，项目组成员采用问卷调查和访谈法对株洲市汽车产业集群进行实地调研，走访后也采用电话调查法进行补充。调查样本企业的选择依据以下规则：（1）调查样本以龙头企业及上下游配套关系为主线，以跟随迁徙企业为主体。（2）调查样本既要兼顾到企业生产规模，也要兼顾到企业业务特征。据此，项目组选取了 24 家企业进行调研访谈，[①] 相应得到 24 个样本数据，并且按照销售收入和业务特征将样本分为四种类型（如表 4-2 所示）。

表 4-2　汽车产业集群被访企业的类型

| 类　型 | 一类企业 | 二类企业 | 三类企业 | 四类企业 |
|---|---|---|---|---|
| 样本数量 | 5 | 7 | 9 | 3 |
| 销售收入（万元） | > 50000 | 50000—10000 | 10000—8000 | < 8000 |
| 被访企业样本代码 | A、B、D、L、N， | C、F、G、M、Q、T、W | E、H、I、J、K、O、P、R、V | S、U、X |

注：为了表述方便，将被访的 24 家样本企业，分别以大写英文字母 A—X 表示，其顺序为企业在问卷表中的相应排列次序，下同。

## 二、社会网络特征分析及假设检验

为了将实证数据分析结果与研究假设相比较，本书采用"模式匹配"方法，[②] 这一方法就是把数据与假设联系起来，比较数据的分析结果是否与假设模式相符。这是国外用以连接实证数据与假设、解释研究成果的一种典型假设检验方法。为了验证假设，本书结合研究样本的社会网络特征分析结果和调研获取的其他相关信息，验证实证结果是否符合假设。

---

①　事实上，由于栗雨工业园汽车产业集群不大，所有规模以上企业都已进行了调研，未调研的企业一般为小微企业，对本书研究结果影响小。另外，对株洲高新区管理委员会、株洲汽车工业协会等也进行了访谈，以此作为补充数据。

②　唐纳德·坎贝尔（Donald Campbell，1968）最早运用"模式匹配"方法分析美国康涅狄格州出台的《交通限速法》对交通事故死亡率的影响，坎贝尔首先描述了"有影响"和"无影响"两个相互矛盾的假设模式，然后看实证分析结果与哪种假设模式更匹配。著名学者罗伯特（Robert，2004）认为，案例研究中假设检验最值得提倡的方法就是"模式匹配"法。这一方法在国外很多案例研究中得到了广泛的应用。

（一）社会网络联系密度测度及假设检验

首先，参考前人研究方法，从集群内成员间网络联系频率、信任程度和提供帮助程度三个指标测量网络联系密度，调查问卷中设计了"贵公司与重要合作伙伴间的相互信任程度如何""贵企业的重要合作伙伴对贵企业业务发展提供的帮助多大"和"贵企业与合作伙伴间的合作频率如何"等三类问题，并按合作次数多少依次填列出合作密切的合作伙伴企业名称，然后对调查访谈获得的信息进行整理。

关于社会网络联系密度的测度，本书采用刘军[1]等学者的社会网络联系密度计算方法：（1）在整体网是无向关系网的情况下，若有 $n$ 个行动者，那么理论上该整体网中所包含的关系总数的最大可能值为 $n(n-1)/2$，若该网络中包含的实际关系数量为 $m$，该网络的密度就是若该网络中包含的实际关系数量为 $m$，该网络的密度就是"实际关系数"除以"理论上的最大可能关系数"，即该网络的密度为：

$$2m/[n(n-1)] \tag{4-1}$$

（2）在整体网是有向关系网的情况下，若有 $n$ 个行动者，那么其中包含的关系总数在理论上的最大可能值是 $n/(n-1)$，该网络的密度为：

$$m/[n(n-1)] \tag{4-2}$$

将调查问卷整理后的数据输入 Ucinet 分析软件中，运行结果见表4-3。

表4-3　社会网络密度计算结果

| Block Densities or Averages |
| --- |
| Relation：1 |
| Density（Matrix Average）= 0. 1449 |
| Standard Deviation = 0. 3520 |

从表4-3可见，整体的社会网络密度为0.1449，网络中关系的标准差为0.3520。由此可知，该社会网络密度数值并不大，[2] 这是由于选取的研

---

① 刘军：《整体网分析讲义——UCINET 软件实用指南》，格致出版社2009年版。

② 一般来说，整体网络密度的取值范围是0—1，越靠近1表示密度越大。

究样本为中心—卫星式（中卫式）产业集群的特征所致。社会网络密度测度只是"远镜头"观察并说明了汽车配套企业与作为该集群中心的汽车整车制造企业间存在密切联系，却忽略了配套企业间的弱联系和间接联系。所以，需要继续运用 Ucinet 软件计算整体网络内个体间的捷径距离，分析企业社会网络密度的强弱（其数据见表4-4）。

表4-4　整体网络中企业捷径距离

| Average Distance | =1.855 | 说　明 |
|---|---|---|
| Distance-based Cohesion（"Compactness"）　　=0.572<br>（range 0 to 1；larger values indicate greater cohesiveness）<br>Distance-weighted Fragmentation（"Breadth"）　　=0.428<br>Geodesic Distances | | |

| | A | B | C | D | E | F | G | H | I | J | K | L | M | N | O | P | Q | R | S | T | U | V | W | X | 说明 |
|---|---|---|---|---|---|---|---|---|---|---|---|---|---|---|---|---|---|---|---|---|---|---|---|---|---|---|
| A | 0 | 1 | 1 | 1 | 1 | 1 | 1 | 1 | 1 | 1 | 1 | 1 | 1 | 1 | 1 | 1 | 1 | 1 | 1 | 1 | 1 | 1 | 1 | 1 | （1）表中0、1、2表示网络内个体间的捷径距离，企业与自身间的捷径距离为"0"，存在密切联系的企业间捷径距离为"1"，存在弱联系以及间接联系的企业间捷径距离为"2"。 |
| B | 1 | 0 | 2 | 1 | 2 | 2 | 1 | 2 | 1 | 2 | 1 | 2 | 2 | 2 | 2 | 1 | 1 | 2 | 2 | 2 | 2 | 2 | 2 | 2 | |
| C | 1 | 2 | 0 | 2 | 2 | 2 | 2 | 2 | 2 | 2 | 2 | 1 | 2 | 2 | 2 | 2 | 2 | 2 | 2 | 2 | 2 | 2 | 2 | 2 | |
| D | 1 | 1 | 2 | 0 | 2 | 2 | 2 | 2 | 1 | 2 | 2 | 2 | 1 | 1 | 2 | 2 | 2 | 2 | 2 | 2 | 2 | 2 | 2 | 2 | |
| E | 1 | 2 | 2 | 2 | 0 | 2 | 2 | 2 | 1 | 2 | 2 | 2 | 2 | 2 | 2 | 2 | 2 | 2 | 2 | 2 | 2 | 2 | 2 | 2 | |
| F | 1 | 2 | 2 | 2 | 2 | 0 | 2 | 2 | 2 | 2 | 2 | 2 | 2 | 2 | 2 | 2 | 2 | 2 | 2 | 2 | 2 | 2 | 2 | 2 | |
| G | 1 | 1 | 2 | 2 | 2 | 2 | 0 | 2 | 2 | 2 | 2 | 2 | 2 | 2 | 2 | 2 | 2 | 2 | 2 | 2 | 2 | 2 | 2 | 2 | |
| H | 1 | 2 | 2 | 2 | 2 | 2 | 2 | 0 | 2 | 2 | 2 | 2 | 2 | 2 | 2 | 2 | 2 | 2 | 2 | 2 | 2 | 2 | 2 | 2 | |
| I | 1 | 1 | 2 | 1 | 1 | 2 | 2 | 2 | 0 | 2 | 2 | 2 | 2 | 2 | 2 | 2 | 2 | 2 | 2 | 2 | 2 | 2 | 2 | 2 | （2）凝聚力指数取值范围在0—1之间，越靠近1表明越具有凝聚力。 |
| J | 1 | 2 | 2 | 2 | 1 | 2 | 2 | 2 | 2 | 0 | 2 | 2 | 2 | 2 | 2 | 2 | 2 | 2 | 2 | 2 | 2 | 2 | 2 | 2 | |
| K | 1 | 1 | 2 | 2 | 2 | 2 | 2 | 2 | 2 | 2 | 0 | 2 | 1 | 1 | 1 | 2 | 2 | 2 | 2 | 2 | 2 | 2 | 2 | 2 | |
| L | 1 | 2 | 1 | 2 | 2 | 2 | 2 | 2 | 2 | 2 | 1 | 0 | 1 | 2 | 2 | 2 | 2 | 2 | 2 | 2 | 2 | 2 | 2 | 2 | |
| M | 1 | 2 | 1 | 2 | 2 | 2 | 2 | 2 | 2 | 1 | 1 | 1 | 0 | 2 | 1 | 2 | 2 | 2 | 2 | 2 | 2 | 2 | 2 | 2 | |
| N | 1 | 2 | 2 | 1 | 2 | 2 | 2 | 2 | 2 | 2 | 1 | 2 | 1 | 0 | 2 | 2 | 2 | 2 | 2 | 2 | 2 | 2 | 2 | 2 | |
| O | 1 | 2 | 2 | 2 | 2 | 2 | 2 | 2 | 2 | 2 | 1 | 2 | 1 | 2 | 0 | 2 | 2 | 2 | 2 | 2 | 2 | 2 | 2 | 2 | |
| P | 1 | 1 | 2 | 1 | 2 | 2 | 2 | 2 | 2 | 2 | 2 | 2 | 2 | 2 | 2 | 0 | 2 | 2 | 2 | 2 | 2 | 2 | 2 | 2 | |
| Q | 1 | 1 | 2 | 2 | 2 | 2 | 2 | 2 | 2 | 2 | 2 | 2 | 2 | 2 | 2 | 2 | 0 | 2 | 2 | 2 | 2 | 2 | 2 | 2 | |
| R | 1 | 2 | 2 | 2 | 2 | 2 | 2 | 2 | 2 | 2 | 2 | 2 | 2 | 2 | 2 | 2 | 2 | 0 | 2 | 2 | 2 | 2 | 2 | 2 | |
| S | 1 | 2 | 2 | 2 | 2 | 2 | 2 | 2 | 2 | 2 | 2 | 2 | 2 | 2 | 2 | 2 | 2 | 2 | 0 | 2 | 2 | 2 | 2 | 2 | |
| T | 1 | 2 | 2 | 2 | 2 | 2 | 2 | 2 | 2 | 2 | 2 | 2 | 2 | 2 | 2 | 2 | 2 | 2 | 2 | 0 | 2 | 2 | 2 | 2 | |
| U | 1 | 2 | 2 | 2 | 2 | 2 | 2 | 2 | 2 | 2 | 2 | 2 | 2 | 2 | 2 | 2 | 2 | 2 | 2 | 2 | 0 | 2 | 2 | 2 | |
| V | 1 | 2 | 2 | 2 | 2 | 2 | 2 | 2 | 2 | 2 | 2 | 2 | 2 | 2 | 2 | 2 | 2 | 2 | 2 | 2 | 2 | 0 | 2 | 2 | |
| W | 1 | 2 | 2 | 2 | 2 | 2 | 2 | 2 | 2 | 2 | 2 | 2 | 2 | 2 | 2 | 2 | 2 | 2 | 2 | 2 | 2 | 2 | 0 | 2 | |
| X | 1 | 2 | 2 | 2 | 2 | 2 | 2 | 2 | 2 | 2 | 2 | 2 | 2 | 2 | 2 | 2 | 2 | 2 | 2 | 2 | 2 | 2 | 2 | 0 | |

从表4-4计算结果可以看出：（1）汽车整车制造企业A（龙头企业）与其他样本企业（配套企业）的捷径距离均为"1"，表明龙头企业A与其他样本企业的联系都非常密切。（2）大多数样本企业之间的捷径距离为"2"，说明大多数样本企业之间的直接联系较少，他们更多地是以龙头企业A或者少数几个关键配套企业（如企业M、K、B）作为"连接点"而形成间接联系。（3）尽管全部样本企业之间的平均捷径距离为1.855，但建立在捷径距离基础上的凝聚力指数为0.572，表明总体凝聚力较强。

综上所述，可以认为，24家样本企业形成的整体社会网络联系较强，且从调研和访谈获取的信息可知，不管企业间捷径距离为"1"还是为"2"，只要存在社会网络密度较大的共同"连接点"，企业则倾向于跟随其联系密切的共同"连接点"而"抱团迁徙"。可见，社会网络联系越密切的企业，在产业转移中越倾向于采取"抱团迁徙"集体行动。假设1得到支持。

（二）社会网络中心性测度及假设检验

关于企业社会网络中心性的测量，结合株洲汽车产业实际情况，设计的问题是："贵企业与园区内多少企业存在合作关系""贵企业通过园区内的企业或组织获取信息资源的速度如何"和"贵企业对园区内其他企业或组织的影响力如何"等三类问题并要求填列出受到指定调研企业转移决策影响的企业名称。

在社会网络分析方法中，中心度用来描述社会网络中任何一节点在网络中占据的中心性，而中心势则是用来刻画社会网络的整体中心性。其中，中心度又可以分为绝对中间中心度和相对中间中心度，分别用$C_{ABmax}$与$C_{RBmax}$表示。

点$i$的绝对中间中心度记为$C_{ABi}$，可表示为：

$$C_{ABi} = \sum_{j}^{n} \sum_{k}^{n} b_{jk(i)} \ （其中，j \neq k \neq i \ 并且 \ j < k） \qquad (4-3)$$

$b_{jk(i)}$是指点$i$能够控制点$j$与点$k$之间交往的能力，即点$i$处于点$j$与$k$之间捷径上的概率，用$g_{jk}$表示点$j$与点$k$之间存在的捷径数目，$g_{jk(i)}$表示点$j$与$k$之间存在的经$i$的捷径数目，那么，$b_{jk(i)} = g_{jk(i)} / g_{jk}$。

点 $i$ 的相对中间中心度记为 $C_{RBi}$，可表示为：

$$C_{RBi} = 2C_{ABi}/(n^2 - 3n + 2) \tag{4-4}$$

社会网络图的中心势用 $C_B$ 表示，$C_B$ 的取值在 0 到 1 之间，越趋向于 1，表明中心性越强。$C_B$ 的计算公式为：

$$C_B = \frac{\sum_{i=1}^{n}(C_{AB\max} - C_{ABi})}{n^3 - 4n^2 + 5n - 2} = \frac{\sum_{i=1}^{n}(C_{RB\max} - C_{RBi})}{n - 1} \tag{4-5}$$

运用 Ucinet 软件对调研收集整理后的数据进行处理，运行结果如表 4-5 所示。

表 4-5　点的中心度与图的中间中心势

| Un-normalized centralization：10184.000 | | | 说　明 |
|---|---|---|---|
| | 1 | 2 | |
| | Betweenness | nBetweenness | |
| A | 444.000 | 87.747 | |
| B | 9.667 | 1.910 | |
| M | 8.167 | 1.614 | |
| K | 5.833 | 1.153 | |
| D | 3.333 | 0.659 | |
| O | 0.667 | 0.132 | |
| Q | 0.333 | 0.066 | |
| F | 0.000 | 0.000 | 表中： |
| I | 0.000 | 0.000 | "Betweenness"表示网络中 |
| J | 0.000 | 0.000 | 个体的绝对中心度 $C_{ABi}$； |
| H | 0.000 | 0.000 | "nBetweenness"表示咨网络 |
| L | 0.000 | 0.000 | 中个体的相对中心度 $C_{RBi}$； |
| C | 0.000 | 0.000 | "Network Centralization Index" |
| N | 0.000 | 0.000 | 表示整体网络的标准化中 |
| E | 0.000 | 0.000 | 心势 |
| P | 0.000 | 0.000 | |
| G | 0.000 | 0.000 | |
| R | 0.000 | 0.000 | |
| S | 0.000 | 0.000 | |
| T | 0.000 | 0.000 | |
| U | 0.000 | 0.000 | |
| V | 0.000 | 0.000 | |
| W | 0.000 | 0.000 | |
| X | 0.000 | 0.000 | |
| Network Centralization Index = 87.51% | | | |

与此同时，在对收集到的信息进行反复甄别及交叉重叠比对的基础上，运用 Ucinet 软件对整理后的调研数据进行可视化分析，获得集群内企业间社会网络结构图（如图 4-1 所示）。

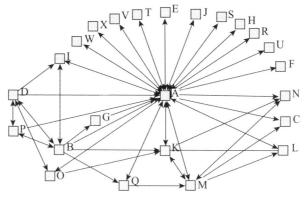

图 4-1　社会网络结构图

结合表 4-5、图 4-1 以及调研问卷信息，可得出：（1）企业 A（汽车整车制造企业）中心度最高，为 87.747，调研发现，该企业是整个园区内汽车产业集群的龙头企业，也正是该企业独立作出了落户栗雨工业园的转移决策。（2）除企业 A 之外，企业 B（另一个较小汽车整车制造企业）、企业 M（企业 A 的配套物流公司）、企业 K（专业活塞销制造企业）的中心度也分别达到 9.667、8.167 和 5.833，表明具有相对较高的中心度。调查同时发现，中心度较高的企业 B 和企业 K 都是独立作出转移决策的，只有企业 M 例外。之所以出现这种现象，是因为尽管物流企业 M 与园区内其他企业合作较多，具有较大的中心度，但企业 M 与中心度最高的企业 A 属于同一集团，因此是作为其配套物流公司一起转移到园区的。（3）整个网络的标准化中心势为 87.51%，这个值是比较大的，说明整体网络中心势较强。

综上所述，社会网络中心性较高的企业更倾向于采取独立行动，假设 2 得到了证明。

（三）社会网络异质性测度及假设检验

关于企业社会网络异质性测量，调查问卷设计的问题是"企业是否与多家园区外的企业组织或非企业组织机构（如研发机构、高等院校）保持合作""园区内企业是否能快速通过园区外的其他企业或组织获取信息""直接合作企业有哪些""与园区外哪些企业存在合作关系"。同时，在被调研企业的帮助和引介下，也对其园区外合作企业进行访谈调研，然后整理调研数据。

关于社会网络异质性的测度，本书采用方壮志等学者的研究成果，将社会网络中个体的异质性规模表示为 $H_i$，[①] 其变化范围是 0—1 之间。$H_i$ 的计算公式为：

$$H_i = 1 - \sum_{i=1}^{m} (y_i p_{ji}^2) \qquad (4-6)$$

式中，$p_{ji}$ 表示"行动者"与不同群体成员之间关系占"行动者"在整个网络中的关系比例，$y_i$ 表示网络成员间是否有联系和交往关系，如有则取值为 1，否则为 0。关于 $p_{ji}$ 的测量，则是分别计算各企业主体与园区外企业合作关系总数占企业所有合作关系总数的比例。关于 $y_i$ 的测量可以运用调研中获得的关于社会网络联系密度的数据、集群内实际合作关系总数占在理论上集群内最大可能所包含的关系总数的比例，运用 Ucinet 计算出个体网络密度，从而得出交往企业之间紧密的连接程度。若社会网络异质性规模 $H_i$ 为 1，表示企业所有合作关系均是异质性合作关系；若 $H_i$ 为 0，则表示企业的所有合作伙伴都在园区内部，从合作伙伴获取的网络资源与企业自身资源同质。$H_i$ 值越靠近 1 则异质性越大，$H_i$ 值越靠近 0 则异质性越小。将调查问卷整理后所得到的数据代入公式（4-6），得到表 4-6 所示的企业社会网络异质性测量结果。

表 4-6　企业社会网络异质性测量结果

| 企业 | A | B | C | D | E | F | G | H | I | J | K | L |
|------|------|------|------|------|------|------|------|------|------|------|------|------|
| $H_i$ | 0.93 | 0.72 | 0.93 | 0.76 | 0.92 | 0.96 | 0.92 | 0.96 | 0.90 | 0.9 | 0.76 | 0.80 |
| 企业 | M | N | O | P | Q | R | S | T | U | V | W | X |
| $H_i$ | 0.84 | 0.86 | 0.87 | 0.91 | 0.90 | 0.91 | 0.90 | 0.88 | 0.91 | 0.90 | 0.87 | 0.91 |

---

① 方壮志：《社会网研究的基本概念和方法》，《华中科技大学学报》（社会科学版）1995 年第 3 期。

从表 4-6 可看出，整体上这 24 家企业的社会网络异质性都比较大。其中，个体异质性规模最大的是企业 F（冲压件和车身厂外协件生产企业）和企业 H（汽车内饰件生产企业），两者的社会网络异质性规模分别为 0.9620、0.9593。从问卷及访谈了解到，之所以这两家中心性弱的企业异质性却很大，是因为两者通过其大股东或母公司与"群体外部有较多弱联系"：持有企业 F 40% 股份的大股东，是一家目前国内最大、世界一流的汽车模具企业，为国内外众多整车企业提供高品质的模具；企业 H 的母公司是从事汽车内饰件生产的企业集团，主要为国内多家整车制造厂提供系统化、模块化的产品配套服务。

而中心性最强的企业 A（汽车整车制造企业北汽）的社会网络异质性规模为 0.9301，相比之下异质性只是处于中上水平。这一现象可以从两个方面解释：一方面，较高的社会网络中心度是一把双刃剑，为企业带来"强者愈强"马太效应的同时，也存在着负面锁定效应，可能把企业锁定于重复性高、同质性强的关系网络中，受到资源有限的制约，在一定程度上阻止企业寻求更具有异质性、能带来新的信息资源的合作伙伴。[1] 也就是说，网络结构具有过高的集聚系数可能会导致网络结构的僵化，阻碍了集群网络与外来资源和信息的交流。另一方面，是由于中心性强的社会网络往往对于其成员有着忠诚性的要求，使得中心性强的社会网络内存在大量的信息冗余，缺少新信息的获取。[2]

从调研获取的信息可知，异质性高的企业（如企业 F 和企业 H）是跟随企业 A（汽车整车制造企业）转移到园区的，并不是采取独立行动。综上所述，网络异质性对企业转移行动选择的影响不太明显，假设 3 没能得到证明。

（四）社会网络结构平衡检验及假设检验

一个结构平衡的社会网络，可以被分类为两个或多个子集，在子集内

———————

① Uzzi B., "Social Structure and Competition in Interfirm Networks: The Paradox of Embeddedness", *Administrative Science Quarterly*, Vol. 42, No. 1 (March 1997).

② 蔡宁、吴结兵：《产业集群组织间关系密集性的社会网络分析》，《浙江大学学报》（人文社会科学版）2006 年第 4 期。

部都是正关系，而子集间都是负关系。当该正负关系网络不能达到结构平衡时，可以用团体分类算法找出使该社会网络达到最佳结构平衡时的子集分类。所以，对于寻找最佳平衡结构问题，实际上就是通过划分小团体的结构来寻找最小不平衡的网络结构。[①]

为了保证对于假设测度的正确性、可靠性，本书参考国内外的相关研究成果，[②] 设计了社会网络结构平衡测量尺度：让企业之间互相打分，为了表示一个企业对另外一个企业的合作意愿，由强到弱依次排列，"2"代表合作意愿很强，"1"代表较强，"0"代表一般，"-1"代表较弱，"-2"代表很弱，如果企业之间在打分时没有给出上述的任何数值，则用"0"表示。将整理后的数据输入到 Ucinet 软件，运用迭代相关收敛法（Convergent Correlation，简称 CONCOR 方法[③]），获得清晰的、概括性认识的分块矩阵，可以明确哪些企业组成一个结构平衡团体，结果如表4-7所示。

表4-7　迭代相关收敛法分析后的社会网络关系分块矩阵

| | A | N | O | K | J | F | G | H | U | V | E | L | M | T | C | S | Q | R | W | X | B | D | P | I |
|---|---|---|---|---|---|---|---|---|---|---|---|---|---|---|---|---|---|---|---|---|---|---|---|---|---|
| A | | 2 | 2 | 2 | 1 | 2 | 2 | 2 | 2 | 2 | 2 | 2 | 2 | 2 | 2 | 1 | 2 | 2 | 2 | 2 | 2 | | 1 | 2 |
| N | 2 | | | 2 | | | | | | | | | 1 | | | | | | | | | | | |
| O | 2 | | | 2 | | | | | | | | | | | | | | | | | | 1 | | |
| K | 2 | 2 | 2 | | | | | | | | 1 | 1 | | | | | | | | 1 | | | | |
| J | 2 | | | | | | | | | | 1 | | | | | | | | | | | | | |
| F | 2 | | | | | | | | | | | | | | | | | | | | | | | |
| G | 2 | | | | | | | | | | | | | | | | | | | 1 | | | | |
| H | 2 | | | | | | | | | | | | | | | | | | | | | | | |
| U | 2 | | | | | | | | | | | | | | | | | | | | | | | |

---

①　耿晓鹏、李庆军：《基于结构平衡理论的企业正负关系网络及实例研究》，《统计与信息论坛》2012年第9期。

②　Sampson S. F., *A Novitiate in a Period of Change: An Experimental and Case Study of Social Relationships*, Cornell University, 1968. 刘军：《整体网分析讲义——UCINET 软件实用指南》，格致出版社2009年版。耿晓鹏、李庆军：《基于结构平衡理论的企业正负关系网络及实例研究》，《统计与信息论坛》2012年第9期。

③　CONCOR 方法是一种迭代相关收敛法，研究的是行动者a的相似性向量与行动者b的相似性向量在多大程度上相似。

续表

| | A | N | O | K | J | F | G | H | U | V | E | L | M | T | C | S | Q | R | W | X | B | D | P | I |
|---|---|---|---|---|---|---|---|---|---|---|---|---|---|---|---|---|---|---|---|---|---|---|---|---|
| V | 2 | | | | | | | | | | | | | | | | | | | | | | | |
| E | 2 | | | 1 | | | | | | | | | | | | | | | | | | | | |
| L | 2 | | 1 | | | | | | | | | 1 | 1 | | | | | | | | | | | |
| M | 2 | 1 | 1 | | | | | | | | | 1 | | | 1 | | 1 | | | | | | | |
| T | 2 | | | | | | | | | | | | | | | | | | | | | | | |
| C | 2 | | | | | | | | | | | | | | 1 | | | | | | | | | |
| S | | | | | | | | | | | | | | | | | | | | | | | | |
| Q | | | | | | | | | | | | | | | 1 | | | | | | | | | |
| R | | | | | | | | | | | | | | | | | | | | | | | | |
| W | | | | | | | | | | | | | | | | | | | | | | | | |
| X | 2 | | | | | | | | | | | | | | | | | | | | | | | |
| B | 1 | | | 1 | | 1 | | | | | | | | | | 1 | | | | | | 1 | 1 | 1 |
| D | 2 | | 1 | | | | | | | | | | | | | | | | | | 2 | | 1 | 1 |
| P | 1 | | | | | | | | | | | | | | | | | | | | 1 | 1 | | |
| I | 2 | | | | | | | | | | | | | | | | | | | | 1 | 1 | | |

在表4-7所示的分块矩阵中，对初始数据的行和列都自动进行了重新排列，并加入了一些分块线，从而把在同一块（组）的企业放在一起。表4-7得出4个组块：（A，N，O，K）；（J，F，G，H，U，V，E，L，M，N，C，S，Q，R，W，X）；（B）；（D，P，I）。为了明晰各组间的合作意愿强度，运用 Ucinet 软件可以获得如表4-8所示的分块后的密度矩阵。

表4-8　迭代相关收敛法分析后的社会网络关系密度矩阵

| | 1 | 2 | 3 | 4 |
|---|---|---|---|---|
| 1 | 1.667 | 0.531 | 0.250 | 0.333 |
| 2 | 0.547 | 0.033 | 0.063 | 0.000 |
| 3 | 0.500 | 0.125 | | 1.000 |
| 4 | 0.500 | 0.000 | 1.333 | 0.667 |
| $R^2 = 0.321$ | | | | |

为了进一步从整体上刻画整个网络的分组情况以及各分组之间关系，笔者把上述密度矩阵中大于社会网络整体密度 0.1449（表4-2 已计算出该

社会网络的整体密度）的项目都改写为1，小于整体密度0.1449的项目都改写为0，从而将上述密度矩阵变为该密度矩阵的"像"，称为像矩阵，如表4-9所示。

表4-9　像矩阵

| | 1 | 2 | 3 | 4 |
|---|---|---|---|---|
| 1 | 1 | 1 | 1 | 1 |
| 2 | 1 | 0 | 0 | 0 |
| 3 | 1 | 0 | 0 | 1 |
| 4 | 1 | 0 | 1 | 1 |

从分块矩阵（表4-7）以及像矩阵（表4-9）可以看出：（1）第1组由四家企业（A，N，O，K）组成，并且第一组内企业间的联系最多、彼此间合作意愿强、相似程度最高，这是因为企业A（汽车整车制造企业）、企业K（成立时间早、专业制造活塞销）以及企业O（专业生产汽车灯具，集团公司的子公司）都在该集群内中心度较高，而企业N是另一汽车整车制造集团公司下的活塞分公司，这四家企业之间可以存在良好的市场信息、技术信息共享氛围。（2）第4组内部的企业之间相似认同度高、合作意愿强，这是由于第4组内企业经营范围相同，彼此间存在更多的信息技术交流以及协作。（3）第3组仅仅只有企业B（一家较小的汽车整车制造企业），由于企业B主要是生产轨道交通装备与客车等订制化产品，是根据客户的需求订制生产产品，大部分零配件是从外地厂商购入，目前在当地没有形成以企业B为龙头的配套产业链。（4）第2组和第4组之间的关系比较疏远，这是由于两组间没有配套关系，也不存在技术信息共享等协作关系，合作意愿很弱。第4组中的企业主要是护板、护盖等材料生产企业，而第2组主要是汽车内饰、冲压件等生产企业，所以两组间需要的技术信息不同，合作需求小，合作意愿弱。（5）第1组企业A（汽车整车制造企业）和其他三组内的企业之间也关系和睦，可以明显看出，第1组的企业A处于连接各子群、维持整个网络结构平衡的中心位置。

从调研访谈获取的信息可知，组群内企业大多数是"抱团迁徙"至园区的，其中个别株洲本土企业是采取了拓宽和变更生产范围等方式融入各组群的。综上所述，假设3得到证明。

### 三、引导企业集群行为推进产业转移集群式承接

通过上述分析，笔者可以得到以下四个结论：第一，在整体社会网络联系较强的集群中，只要存在社会网络密度较大的共同"连接点"，企业则倾向于跟随其联系密切的"连接点"采取集体行动，形成"抱团迁徙"；第二，社会网络中心性较强的企业倾向于采取独立行动，龙头企业的社会网络中心性最强，更倾向于作出独立转移决策；第三，网络异质性的大小对于企业选择独立行动还是集体行动并没有明显的影响；第四，结构平衡的社会网络内，企业间相似认同度高，合作意愿强，更倾向于集体行动。

上述结论对于引导企业集群行为推进产业转移集群式承接，具有重要的政策启示：第一，地方政府引资工作重点是创造条件引进网络中心性强的龙头企业和社会网络密度较大的关键"连接点"企业，通过这些企业的引进，带动产业链上下游企业和相关配套服务机构"抱团迁徙"，进而实现"以商引商""产业链招商"，节约招商成本，提高招商效率，变承接企业为承接产业集群。第二，政府应当通过环境建设和政策引导，促进企业间的协作，强化企业间的相似认同度，提升整体网络结构平衡，使园区企业借助社会网络强关系迅速获取和共享网络资源，以寻求网络化成长，增强企业集体行动取向。第三，尽管网络异质性大小对于企业是否选择集体行动没有明显的影响，但提高社会网络的异质性水平有助于资源和信息交流，增强企业的动态竞争能力。因此，政府方面可以举办多种投资洽谈、业务合作交流活动，促进当地的企业与外地的企业以及机构之间的交流与合作来优化网络结构、提高企业的社会网络异质性程度、拓宽资源和信息的来源渠道。

## 第四节 中部地区集群式承接产业转移的内在条件

上一节从微观角度运用社会网络理论检验了产业转移中的集群企业行为，本节将从宏观角度进一步研究中部地区集群式承接产业转移的内在条件，主要包括运用共生理论研究产业转移的企业集聚过程机理以及基于案例研究的集群式承接产业转移的适配性条件。[①]

### 一、产业转移的企业聚集过程机理

（一）实现产业集群式转移的动力机制

产业集群式转移是一个规律的、类似于生物共生迁徙的过程，这个过程的发生是在一定的动力作用下实现的。与生物为获取更多共生能量而共生迁徙类似，产业集群式转移也是为了通过合作转移、合作生产、合作发展而获取更多合作收益。促进这些合作收益生成的因素就是产业集群式转移的动力因素。同样类似于生物群落共生迁徙，产业集群式转移受集群外部和集群内部两个动力因素的推动，集群外部动力主要是指集群转出地共生环境、转入地共生环境及两地之间的联系，而集群内部动力因素主要体现为集群共生能量，即合作收益的生成。

1. 集群外部动力——共生环境

产业集群式转移外部共生环境是指产业集群之外导致集群企业整体或大部分抱团转移的因素，与生物种群共生迁徙一样，必须从迁出地、迁入地及迁出地与迁入地的关系三个角度来分析集群式转移的外部动力因素。对于产业集群式转移的外部环境动力因素主要有：转出地共生环境的推动作用、转入地共生环境的拉动作用、转出地与转入地梯度作用，如图4-2所示。

---

① 本节的主要内容来自课题组首席专家刘友金教授和课题组成员袁祖凤和周静的论文《共生理论视角下产业集群式转移演进过程机理研究》，《中国软科学》2012年第8期。

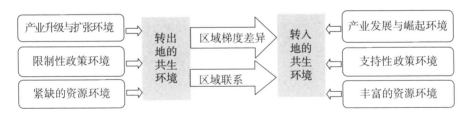

图 4-2　产业集群式转移的外部动力因素

**2. 转出地共生环境的推动作用**

转出地产业集群共生环境的变化是产业集群式转移的推动力。转出地的环境推动主要可以从产业升级与扩张、限制性政策环境、紧缺的资源环境三个方面来分析。

（1）产业升级与扩张环境。转出地寻求产业升级与扩张派生出产业集群式转移供给。在每次产业转移浪潮中都存在着双转移的现象，即转出劣势产业、转入优势产业。目前我国沿海地区明显存在双转移的现象，我国沿海地区一方面成为国际产业转移的承接地，另一方面成为我国区际产业转移的转出地。正是由于新一轮国际产业转移正在向价值链高端部分推进，沿海地区正可以借助承接国际产业转移的机遇进行自我升级，在这个产业升级过程中需要转移大量不利于当地产业升级的企业。同时，沿海地区还有更多的产业集群经过长期发展，集群规模不断扩大，为了获得长足发展、寻求更广阔的市场，集群企业进行集体转移，共同寻求更广阔的发展空间。

（2）限制性政策环境。随着沿海经济的发展、沿海产业集群的发展，沿海相关的产业政策、环境政策都在发生着巨大的变化。沿海很多地区已经不鼓励大规模传统产业的发展，因为这种传统产业集群占地面积大、耗费劳动力资源多、对经济发展贡献相对较少，因此对于传统产业集群的支持与优惠政策反而变为限制政策。另外，沿海地区越来越严的环境标准也限制了许多传统产业集群的发展，使许多传统产业集群在沿海地区的生存成本越来越大。

（3）紧缺的资源环境。随着沿海企业的日益增多、产业集群的日益集聚，企业发展所需的各种生产要素都非常紧缺，如各种原材料资源、能源资源经常出现供不应求的情况，生产要素价格的上涨导致企业生产成本上升，而土地资源的紧缺与昂贵也成为传统产业继续发展的一个瓶颈。

3. 转入地共生环境的拉动作用

转出地共生环境的改善是产业集群式转移的拉动力，转入地的拉动环境主要可以从产业发展与崛起环境、支持性政策环境、丰富的资源环境。

（1）产业发展与崛起环境。在中西部地区经济崛起的经济发展的背景下，通过产业承接可以对接优势产业、发展弱势产业。通过优势产业已经拥有的成熟的产业基础如市场环境、技术人才、制度环境等可以拉动沿海产业转移。而对于在沿海发展起来的集群企业更盼望有一个产业基础好的地区可以成为它们的新家，成熟的产业环境对同类产业的集群具有更大的吸引力。产业集群式承接某个产业，有利于发展弱势产业。发展弱势产业也可以产生集群式产业承接需求。因为一个地区如果想发展其弱势产业，引进一两个企业是远远不够的，一两个企业的引进并不能保证其顺利生存，更谈不上顺利发展。承接地对于弱势产业既没有该产业的发展基础，也没有该产业未来发展的蓝图，只有通过集群式承接，才有可能带来完善的配套、熟练的技术、光明的产业发展前景。

（2）支持性政策环境。转入地对于产业承接的支持政策是转移企业发展的重要保障。中西部地区从不同角度为转移企业提供支持与优惠政策。这些优惠政策不仅包括税收优惠、土地价格优惠，同时还从其他方面提供支持，如提供银企合作平台，为转移企业提供便捷的融资服务；开办工业园人才交流会，为转移企业人才获取提供平台；建立各种大市场，为转移企业提供原材料供应或销售市场等。很多地区还在产业承接地区建立专门对接某个地区的产业转移工业园，并且按照一定的标准建立厂房与基础设施，从而为转移企业节约了厂房建设时间。

（3）丰富的资源环境。利用优势资源同样可以吸引产业集群式转移。资源主要包括人力、原材料、能源、土地等。人力资源优势可以产生对高新技术产业的承接需求；原材料优势可以产生对某种原材料密集型产业的承接需求；非可再生能源优势可以产生对传统制造业的承接需求，可再生能源则可产生对新能源产业的承接需求；土地资源是产生集群式承接需求最直接的条件，因为如果没有丰富土地资源集群式产业承接需求根本就不可能产生。

4. 集群内部动力——共生能量

产业集群式转移的发生，除了外部共生环境的驱动之外，最重要的是内部驱动因素——共生能量。集群企业的长期共存与共生使得企业之间已经形成了生成共生能量并进行分配的一种共生机制。在这个共生机制下，集群企业可以通过适当的合作与竞争获取自身的能量，正是集群企业长期的这种共生关系所能产生的共生能量促使集群企业可以在转移方向等方面达成一致从而形成产业集群式转移。

共生能量是共生系统共生的具体表现是共生系统继续维持共生状态的前提。在产业集群的发展过程中，正是集群企业共生能量的存在，如规模地扩大、产量地增加、质量地提高、市场占有率地上升、成员关系地稳定，才促使集群企业进行集群式转移，从而继续获取共生能量。所有影响共生能量生成的因素可以用一个共生能量函数来表示即：$E_s = f_s(Z_a^m, Z_b^m, \theta_{ab}, \lambda, \rho_{sa}, \rho_{sb}, \eta_{sa}, \eta_{sb})$。共生能量函数的存在反映了生物共生进化的动力机制，从函数可知影响共生能量关键变量有：共生界面的特征值 $\lambda$，$\lambda$ 是衡量共生界面交流阻力大小的参量，共生界面越多，接触面越大，接触介质越好，则交流阻力越小，对应的 $\lambda$ 就越接近于零；共生度，共生度的大小与共生单元中质参量 $Z$ 的个数及关联度密切相关，共生度越大，共生能量越大。

（二）产业集群式转移的阶段路径

由于产业集群式转移与生物群落共生迁徙的相似性，本书将先行企业探索性转移形成的先行企业与群外企业个体之间的短暂、偶尔合作共生称为"点共生"阶段，将相关企业跟随转移形成的横向、纵向频繁生产联系的间歇共生阶段称为"线共生"阶段，将群外企业嵌入集群形成全方位的、更有规律的连续共生阶段称为"面共生"阶段，将相关产业跟随转移后，通过产品、服务、配套等各种纽带连接起来形成"产业面"与"产业面"一体化共生的阶段称为"网络共生"阶段，从而构建出共生理论视角下产业集群式转移演进过程 DLSN 模型，即"点共生"→"线共生"→"面共生"→"网络共生"演进过程，如图 4-3 所示。

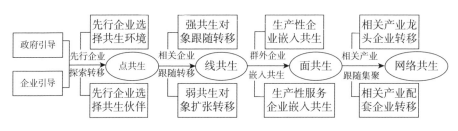

图 4-3　产业集群式转移 DLSN 共生模型

1. 先行企业试探转移形成"点共生"阶段

产业转移实质是企业空间扩张过程，也是企业的再区位和区位调整过程。拥有最雄厚的经济实力、最扎实的技术基础、最广泛的网络关系的先行企业，往往具有最强的适应与生存能力，群体的连接主要靠这类企业来实现。所以，这类先行企业势必会成为集群式转移的试探者。先行企业试探转移，主要包括对新共生环境与共生伙伴的选择。一般来说，先行企业在选择外部共生环境时，会根据自身对于要素和市场等因素的依赖程度选择最适合自身发展的共生环境，如对于外向型产业集群会更偏向于选择沿海周边地区，而对于要素依赖型集群则更偏向于选择要素资源丰富的地区。先行企业一方面可以把承接地相关企业作为其新共生伙伴，另一方面可以继续与原产业集群共生企业保持远距离共生关系。由于在此阶段，单独转移的先行企业只与其他企业发生短暂的、偶然性的合作，称其为产业集群式转移的"点共生"阶段。

2. 相关企业跟随转移形成"线共生"阶段

就像生物中的个体倾向于与它的同类物种一起迁徙，在规模较大、技术先进的先行企业转移之后，集群相关企业倾向于与他们的供应商和所信任的合作伙伴一起转移。在产业集群式转移过程中，先行企业的强共生企业为了获取与先行企业继续共生所产生的能量，必定跟随先行企业进行转移。在强共生企业跟随转移的背景下，先行企业在完成自身的建设甚至扩大建设规模的同时，加强与集群原共生企业及当地企业的合作，从而开始积极的根植当地。随着先行企业的快速发展与产业纵向关联与横向关联企业大规模跟随转移，形成了类似于间歇共生的"线共生"阶段。

3. 群外企业嵌入集群形成"面共生"阶段

产业链相关产业跟随转移之后，一方面，集群的自我强化功能产生的强大向心力会吸引更多群外相关企业入驻该产业集群；另一方面，群外理性企业也会为了获取规模效应、共生效应及日后的区域品牌效应，嵌入该集群或者在该集群进行再投资。通过群外企业的嵌入，使得集群内横向、纵向生产及横向、纵向服务等线条得到不断完善，从而集群企业之间的共生关系不断增强，企业之间的合作次数越来越频繁，形成了类似于连续共生的"面共生"阶段。

4. 相关产业转移形成"网络共生"阶段

当某产业在一个地方集聚之后，该区域的配套与服务越来越齐全，于是集聚效应越来越明显，如基础配套设施不断完善，制度创新对经济发展的促进作用开始增强，商业环境也得到改善，关联企业之间运输费用及交易费用不断降低，这不仅可以吸引相关企业的转移，还可以吸引相关产业的转移。相关产业转移形成的产业与产业即面与面的共生构成了类似于一体化共生的"网络共生"阶段。

## 二、产业集群式转移阶段形成与转换条件

### (一) "点共生"阶段形成与转换条件

"点共生"阶段形成的条件可以从转出地的推力与转入地的拉力两个角度来分析，这正如生物群落共生迁徙是在转出地环境恶劣与转入地环境优越的条件下发生的。形成转入地拉力条件主要有两种情况：一是当先行企业发展前景非常好，为了寻找更广阔的发展空间，先行企业将部分环节进行转移或者通过新投资来扩大公司规模。二是当转出地各种环境开始并

继续恶化，集群企业在转出地的生存与发展受到威胁，先行企业将寻找机会主动迁徙。目前，政府主导下的产业转移成为我国产业转移的主要形式，转入地拉力条件的形成主要有：转入地为即将转入的先行企业提供融资、税收、土地等优惠政策，提供完善的配套条件如基础设施配套、生产配套、服务配套等。尤为重要的是，通过政策引导提供生产配套，包括资源供应、生产性服务供应等等。

（二）"线共生"阶段形成与转换条件

"线共生"阶段是产业链相关企业跟随转移的阶段，该阶段能顺利进行必须具备两个非常重要的条件：集群企业之间具有较强的互补性或共享性共生关系，先行企业具有比较好的发展环境与势头。这正如只有在生存环境优越的条件下，与其关系密切的同类种群或关系密切种群才会跟随迁徙一样。首先，只有当集群企业之间拥有互补性或共享性的共生关系，在先行企业转移之后配套企业与服务企业才有动力随其转移，否则，配套企业更愿意通过寻找新共生伙伴以获取更强共生关系。而对于承接地来说，只有当集群企业之间拥有互补性或共享性的共生关系，才可以利用其共生关系创造条件对其相关配套与服务企业进行承接。其次，只有当先行企业发展得好、发展前景较好、拥有良好的配套与优越环境，才会形成对原共生企业的吸引作用，从而促进其共生企业跟随先行企业一起转移。

（三）"面共生"阶段形成与转换条件

"面共生"阶段是外地或本地相关企业嵌入产业集群而形成的，这个阶段的顺利进行要有两个条件，即系统的非完整性与嵌入企业的供应，这正如生物群落的迁徙过程中，本地生物与迁徙群落建立共生关系的条件是迁徙群落的非完整性以及迁徙生物对本地环境的适应性，如植物的固定性就导致了迁徙群落的非完整性，这只能通过人工移植或本地嵌入来实现与迁徙群落的共生。产业集群式转移是产业链上下游企业与配套企业集体转移的过程，而在现实中，不可能每个企业都可以参与产业集群式转移，即在转移过后总是存在一些由于上下游企业或配套企业缺失而形成的产业链空缺，正是这种产业链空缺加速了面共生阶段的形成，即为了加强集群企业共生关系的稳固，外地或本地相关企业积极嵌入。为了保证嵌入企业的供应，需从以下两个方面着手：一方面，鼓励当地相关企业嵌入产业集群或企业家于产业集群中投资建厂；另一方面，继续从转出地引进相关生产环节或者从其他地区引进产业链空缺环节。

（四）"网络共生"阶段的形成条件

"网络共生"阶段形成的条件主要有两个，即产业集聚效应足够大，跟随转移产业与已转移产业具有一定相关性。这正如迁徙群落要重新形成一个完整、庞大的群落系统要满足两个条件：一是群落本身须具有一定的规模；二是迁徙到该地的生物与该群落生物本身存在着横向分工或纵向食物链关系。在网络共生形成阶段，一方面，要使集群集聚作用足够大：首先，转移集群中的主导产业应具有较强的产业关联度，如汽车工业可以带动上下游150多个产业部门的发展；其次，产业集群已经形成了一定规模且发展顺利，这主要取决于集群在承接地的发展前景及承接地对于该产业的重视程度。另一方面，产业集群是通过生产相同、相似产品或横、纵向关联产品的关联企业的集聚而形成的，要使相关产业企业跟随转移，则该产业集群一定要与其相关产业具有比较强的相关性，它们不仅可以形成上下游的共生关系，还可以共享配套企业所提供的生产配套和服务配套等等。

## 三、集群式产业转移承接适配条件的典型案例

上文运用共生理论解释了产业集群式转移的动力机制、路径阶段以及各路径阶段共生转换的条件，承接地如何遵循集群式产业转移路径转换阶段的共生性规律，创造适配性条件承接集群产业转移。随后，本书以郎溪集群式承接产业转移的典型案例进一步说明。

2008年开始，江苏省无锡县的特种装备制造业通过集群式转移方式转移到距离其170公里的安徽省宣城市郎溪县无锡工业园，到2011年5月郎溪县无锡工业园累计签约项目达563个，总投资232亿元，其中超亿元项目61个，拥有国家和江苏省高新技术企业称号或相关产品认证的企业200

余家、外贸企业 200 余家，现已分七批开工 274 家。2010 年郎溪县无锡工业园已实现工业总产值 57 亿元，工业增加值 11 亿元。郎溪县无锡工业园中主要包括印染机械—印染配件、压力容器—压力容器配件、锅炉—锅炉配件等产业链企业。短短的几年时间内，江苏无锡特种装备制造业向安徽郎溪集群式转移形成了相当的规模，该过程遵循产业集群式转移一般演进过程，下面笔者将对这一案例做比较系统的解析。

（一）无锡先行企业试探性转移形成"点共生"阶段

无锡是一个众多制造企业集聚的地方，在无锡产业结构调整、太湖退耕还湖、新城区建设三个大项目如火如荼开展背景下，制造企业发展所需大量土地资源、大量能源及其他原材料、政策优惠、廉价劳动力都不能得到继续满足，于是在无锡已经有相当规模的特种装备制造业产业集群面临着生存问题，产业转移是其寻求生存与发展的一条最佳途径。2009 年 3 月 31 号，图强生化容器公司、凯林日化装备等 8 家企业，为了寻求更好的发展空间、更低的经营成本，在郎溪县丰富的土地资源、淳朴的风土人情、政府官员热情的工作态度及相似的文化氛围等优势吸引下，于郎溪县无锡工业园举行了隆重的开工仪式。这标志着以图强生化容器公司为先行企业的产业集群试探转移的开始，也标志着郎溪经济开发区无锡工业园项目全面开工建设。不久，集群中的东日昌轴承有限公司为了扩大公司生产规模也通过考察落户郎溪县无锡工业园，成为带动轴承配套企业转移的轴承先行企业。这些试探转移的先行企业生存能力都非常强，很多生产环节都能由自己完成，在近距离转移后，原材料市场与销售市场也没有发生变动，从而形成先行企业与承接地其他企业之间的偶然性的、无规律性的合作关系。

作为农业县的郎溪，20 世纪 90 年代发展起来的工业只有花炮与箱包产业，因此工业基础设施包括公路、住宅、厂房等设施是郎溪非常欠缺的。工业基础设施薄弱与交通落后是郎溪承接先行企业非常不利的因素，但是郎溪县政府部门通过扬长避短吸引无锡先行企业的转移：（1）郎溪县充分利用自身距无锡不到 2 小时车程的区位优势以及郎溪县的低成本优势到无锡装备制造业集群中招商。（2）郎溪县加速各种工业设施的建设，并且积极引进那些产业链较长、生存能力较强的企业到当地落户。（3）郎溪县政府通过系列措施展示其招商诚意、高效办公效率及两地相似的社会风俗，从而吸引客商。

（二）无锡相关与配套企业跟随转移形成"线共生"阶段

在这个共生阶段，与先行企业具有强共生关系的企业，特别是在生产环节上相关联的企业通过跟随先行企业进行转移，这就类似于生物种群迁徙过程中，亲缘关系越近的物种，由于生态特征越相似，对类似环境的适应能力就越一致。相关与配套企业在转移之后继续保持原有共生关系，从而形成先行企业与上下游企业的有规律的、非偶尔性的、长期的"线共生"的特征。随着安徽东日昌轴承制造有限公司进入郎溪，有很多做轴承制造与轴承配件相关企业如无锡市华润轴承配件厂、无锡市宇寿医疗器械有限公司等，纷纷通过各种渠道与方式来郎溪进行考察，随后跟随东日昌轴承有限公司签约落户郎溪县无锡工业园。它们通过生产环节上的继续合作继续维持着原有的强共生关系，或者使共生关系得到进一步增强。

在大批相关企业跟随转移的情况下，郎溪作为一个经济还不发达的小县城，劳动力供应、市场体系建设、制度建设等各方面都还存在一定的滞后。首先，虽然针对劳动力供应问题，郎溪县提出了三个"万人计划"，通过万人计划培训、万人回归计划、万人引进计划缓解人才供应难题，但是解决劳动力问题还得从生活环境、商业环境等各方面下功夫，只有为劳动力提供良好的环境与发展前景才是吸引劳动力的硬道理。其次，在各种基础设施建设初期，由于市场自动调节能力相对较差，很多生产要素价格呈现出脱离使用价值的市场价格，从而不利于建立良好的市场秩序，因此当地政府部门根据企业反映的情况对超出使用价值太多的生产要素价格进行限制。最后，郎溪制度建设暂时还跟不上经济发展，虽然很多审批程度得到简化，但其他方面还存在很多不足如企业到政府部门办事时间不具弹性，当地政府应该根据沿海企业的习惯为其提供全面、高效的服务。

（三）郎溪本地企业与外地企业嵌入产业集群形成"面共生"阶段

在无锡特种装备制造业向郎溪集群式转移的"线共生"阶段结束之前，集群式转移的"面共生"阶段已经开始，即相关企业跟随转移与群外企业嵌入集群具有一定的同步性。嵌入产业集群的企业集中于服务业，多为与产业相关性非常大的生产性服务业及金融服务业（2008年以来郎溪服务业发展情况如表4-10所示）。在这一阶段，各种生产与生活性的专业市场纷纷建立，各种金融机构特别是安徽本省的金融机构也陆续嵌入，郎溪政府从土地、规费、引导、财税等各方面对服务业的发展进行扶持从而支持本地或其他地方的配套服务企业嵌入集群。郎溪企业、外地企业嵌入集群，为集群企业提供全面的配套服务与生产欠缺环节，从而形成集群企业之间多方位的、长期的、稳固的"面共生"阶段。

表4-10 郎溪服务业发展情况

| 已发展服务业 | 享受优惠政策对象 | 扶持政策 |
|---|---|---|
| 生产性服务业：启动建设县综合物流园、定埠港物流基地，加快建设建材市场、钢材市场等一批重点项目 | 一次性固定资产投资在2000万元以上的现代物流业项目 | （1）土地政策：对重点扶持且投资超亿元的具有辐射带动作用的服务业项目的用地出让净收益部分，全部奖励所在乡镇或开发区，用于基础设施配套和扶持服务业企业发展。 |
| 生活性服务业：加快建设中国茶城、箱包专业市场、瀚海国际大酒店、商会大厦等一批重点项目 | 建筑面积在20000平方米以上的专业市场项目；四星级以上宾馆项目 | （2）规费政策：规范服务业收费并一律按最低标准收取，切实降低服务业企业运营成本。 （3）引导政策：县财政设立促进服务业发展专项资金，每年按一定幅度增加，实行专款专用。 （4）财税政策：对符合优惠条件的服务业项目经营户给予三年培育期，实行优惠政策。 |
| 金融服务业：大力引进各类金融机构，县农合行、新华村镇银行先后挂牌运营，积极争取徽商银行、中国银行、无锡农村银行 | 经营面积在5000平方米以上的大型超市项目 | （5）其他政策：鼓励各类就业服务机构发展，完善就业服务网络，加强农村剩余劳动力转移、城市下岗职工再就业、高校毕业生就业等服务体系建设。 |

资料来源：郎溪新闻网《今日郎溪》。

"面共生"阶段的关键是加强、稳固集群中嵌入企业、原有企业、新建企业等各种企业之间的共生关系。郎溪县无锡工业园成立了专门的商会来加强转移企业之间的凝聚力以及转移企业与集群外部环境如政府部门之间的沟通；同时，郎溪县政府通过完善五金、钢材等市场的建设、生活配套服务区和星级宾馆的建设、各种制度的建设，为集群企业提供更好的共生环境。此外，由于郎溪县无锡工业园的"面共生"阶段开始于"线共生"阶段没有结束之前，所以，对于"面共生"阶段的群外生产性企业的嵌入可能不具有针对性，即从其他地方嵌入集群的企业可能是相关企业，但却不一定是集群产业链中最需要的环节。郎溪县应该在"线共生"阶段过后，适当延长"面共生"阶段，加强特种装备制造业产业集群的产业链管理，了解每个企业对于上下游和横向合作企业的需求程度，引进相关企业从而填补产业链的空缺，集中资源做强特种装备制造业。

（四）"一区多园"经济的发展形成"网络共生"阶段

郎溪经济开发区的"一区多园"经济发展不仅在园区之间形成资源共享网络共生，而且还形成了生产网络共生，即多个产业之间相互关联，相互可以提供中间品或者配套产品，通过资源、信息、生产合作等多个面的合作从而形成"网络共生"。截至2011年1月，郎溪县经济开发区初步形成了郎溪县无锡工业园、锦城科技创业园、台湾工业园等"一区多园"的经济发展格局。这些工业园不仅在物流、金融服务、贸易市场以及制度等资源方面实现了共享，形成了一定的网络，而且在配件生产等方面也形成了网络，三个工业园都涉及精密机械等特种装备制造业，它们既可以形成技术、产品等方面的合作，还可以通过竞争激发各自的创新活力。

郎溪县通过构建一区多园，使得郎溪特种装备制造业"网络共生"阶段开始形成。这些园区不仅在生产上有一定的相关性，而且在地缘上也存在着关系，它们都是从无锡周边地区转移过来的。在这个阶段除了要引进相关产业还要加强各园区之间的联系，提高产品生产本地配套率，可以在园区之间完成的环节尽量通过园区合作完成。所以，郎溪政府还应该为园区之间的交流提供全面的服务，如建立产业集群各园区之间的信息交流平台、建立园区内部交流市场等措施来完善各园区企业之间的合作竞争机制。

## 第五节　中部地区集群式承接产业转移的平台构建

企业是产业转移的主体，企业的产业转移行为模式在某种程度上决定承接地产业转移的承接模式选择。产业转移承接的平台不同会影响企业的集群行为，平台构建是实现产业转移集群式承接的重要前提条件。集群式承接产业转移的平台主要有两类：一类是承接产业转移示范区；另一类是承接产业转移园区或者承接产业转移集中区。

### 一、中部地区承接产业转移示范区建设

（一）示范区建设的现状与存在的问题

为了应对国际第四次产业转移浪潮，给东部沿海地区的产业升级预留空间、国家实施了产业转移承接战略以带动中西部地区的产业均衡发展。从 2009 年开始国家先后在中西部地区设立了安徽皖江城市带、广西桂东、重庆沿江、湖南湘南、湖北荆州、黄河金三角（跨山西、陕西、河南 3 省）等 10 个国家级产业转移承接示范区，其中，中部地区 5 个国家级产业转移承接示范区。国家设立承接产业转移示范区的目的是预期通过示范区建设的示范和引领作用，给中西部其他地区承接产业转移创造和积累经验，从而推动中西部地区以承接东部地区产业转移来实现本地的产业转型升级，以及国家层面的区域产业经济均衡发展。从中部地区 5 个国家级产业转移承接示范区运行的现状来看，它们有以下基本的共同特征：

一是产业发展基本处于工业化中期阶段，传统工业，特别是制造业发展有较大的空间，因此适合承接国际和沿海地区的制造业产业转移。二是地理位置基本毗邻产业发展需要腾笼换鸟的长三角、珠三角或者京津冀经济发达的东部沿海地区，地理位置的邻近性或者交通的便利性能够降低产业转移的成本，增加了区域产业转移承接的相对空间优势。三是承接地都

有一定的产业基础，通过对接转移地的产业转移，带动本地的产业转型升级，或者补齐本地产业价值链，发展特色产业集群。四是承接产业转移方式上都追求产业转移集群式承接模式，希望转移地的企业"抱团式"迁移，以迅速实现承接地的产业转型升级。五是产业承接都有明确的战略定位。皖江城市带承接产业转移示范区的战略定位是深化与长三角的产业分工合作，通过承接长三角的产业转移，把产业发展的层次定位在全国重要的先进制造业和现代服务业基地；湘南承接产业转移示范区的战略定位是深化与珠三角的产业分工合作，把产业发展的层次定位在加工贸易的集聚区；桂东承接产业转移示范区的战略定位是建设承接产业转移的生态工业园示范区；荆州承接产业转移示范区的战略定位特别强调通过与珠三角、长三角与京津冀的跨区域合作，引领本地的产业转型发展。六是通过示范区建设，产业承接的规模较之前有较大程度的扩张。如湘南产业转移承接示范区 2013 年实际引进内资 239.91 亿元，增长 42.9%。

目前，国家级产业转移承接示范区建设存在的问题主要表现在交通基础设施、载体建设、产业配套、通关物流和土地、金融、人才等要素保障方面。但处于不同地理位置的国家级产业转移承接示范区建设存在的具体问题可能有差异。下面以湘南国家承接产业转移示范区建设为例来说明此问题。2011 年 10 月，湘南地区正式获国家发改委批复，成为继安徽皖江城市带、广西桂东、重庆沿江承接产业转移示范区后，第 4 个国家级承接产业转移示范区。[①] 从示范区运行三年的情况来看，目前还存在以下问题。[②]

第一，在示范区交通基础设施方面，出省通道有待打通，示范区内的交通条件有待进一步完善。皖江示范区与长三角两省一市有较为完善的交通运输基础设施，主动融进"泛长三角"都市圈。而湘南三市与珠三角、北部湾的出省通道不多，省际断头卡口不少，区域内路网密度不够，京港澳高速不堪重负。

---

① 李轶敏:《湖南承接珠三角产业转移问题研究》,《改革与开放》2009 年第 4 期。
② 下文中提出的五个方面的问题，主要参考《关于湘南承接产业转移示范区建设情况的调研报告》，见 http://www.mofcom.gov.cn/aarticle/difang/ak/201207/20120708228948.html。

第二，在承接产业转移的载体建设方面，与皖江示范区"产城一体"和江南江北产业集中区的产业布局相比，目前示范区内共有省级以上园区25个，尚未达到平均每区县1个，而且还没有一家国家级经开区和高新区。并且，现有园区的基础设施也较薄弱，很多园区水、电、气、通讯、热等供应不足。

第三，在示范区产业配套方面，示范区三市虽然工业门类齐全，具备一定的产业基础，但与皖江示范区相比还缺乏较强竞争力的产业集群，特别是在着力培育的新兴产业如电子信息、汽车零部件、新材料、装备制造、生物医药等，更是缺乏龙头企业带动力强、配套企业相互衔接、关联企业紧密对接的完整产业链。

第四，在探索产业承接新模式新途径方面，与皖江示范区的高端承接、绿色承接、科学承接与集群承接相比，湘南示范区还缺乏系统规划。衡阳综合保税区、华南城、文化创意园和永州"万商红"商贸物流、无水港、神华火电等一批改善示范区通关、物流、能源条件的重大项目，用地规模大，单靠市里难以保障项目用地。在土地供应紧张的形势下，只有使用省用地计划指标，才能够保证项目落地。

第五，在争取国家政策支持方面，皖江示范区与国家相关职能部门紧密沟通合作，而湘南示范区在争取国家相关政策支持的力度还不够。如郴州和永州设置独立的海关和检验检疫机构需要国家海关总署和国家质检总局进一步的国家政策支持，给湘南示范区承接产业转移便利的通关和外贸条件。

（二）产业集群式承接示范区建设要与新型城镇化建设互动

为了有效克服中部地区产业转移承接示范基地建设中存在的上述主要问题，在国家新型城镇化建设背景下，要积极探索承接产业转移示范基地建设与新型城镇化建设"产城互动"的适应性成长发展思路。[1]

---

[1]　本节的主要内容来自于课题组成员曾祥炎和首席专家刘友金教授的论文《基于地域产业承载系统适配性的产—城互动规律研究——兼论中西部地区新型城镇化对策》，《区域经济评论》2014年第1期。

1. 承接产业转移与城镇化的内在关联性

产业转移能够推动城镇化的发展，但从企业进行产业转移的初始动因来看，其目的并不在于提升承接地的城镇化水平，而是寻找适宜自身发展的"地域产业承载系统"。地域产业承载系统概念源于"承载力"概念，一定地域在一定时期内，存在所能承受的产业种群、规模、强度和速度的限值，这就是这一地域在一定时期内的产业承载力，而所谓地域产业承载系统，则是一定时期、一定空间区域内由硬件资源和软件资源的诸多要素构成的反映其产业承载力的综合系统，是这一地域产业发展赖以支撑的经济、社会、资源、环境等组成的巨系统。地域产业承载系统包括自然资源、生态环境、社会经济等若干子系统，既反映了地域自然条件，也反映了人为因素。对于自然条件而言，矿产、土地、水、气候等自然资源禀赋在短期内是不可调控的，而对于人为因素而言，基础设施、技术、劳动力规模、制度等人工资源禀赋在短期内是可以调控的，通过调控经济社会子系统，可以有效改变地域产业承载系统的产业承载能力，实现地域产业承载系统的产业承载能力的动态化。

地域产业承载系统是产业成长的空间载体，不同的产业要求有不同的产业承载系统相适应，同时，产业发展的不同阶段也要求有不同的产业承载系统相适应。当某一区域产业承载系统不能满足某一产业的发展要求时，或者另一区域产业承载系统能更好地满足这一产业的发展需要时，产业就有可能在这两个区域间进行区位再调整，产业转移藉此发生。因此，产业转移既是产业转出地产业承载系统"失配"所致，又是承接地产业承载系统"适配"的结果。承接产业转移需要求有"适配"的产业承载系统，产业转移的不断升级要求有不断升级的产业承载系统进行"适配"，而这种不断升级的产业承载系统本身就是基础设施、经济社会制度的不断完善与劳动力规模不断扩张的过程，这一过程内在地要求产业与人口的空间规模集聚，因而要求有相应城镇化进程予以对应。同时，城镇化的产业与人口的空间规模集聚意味着区域聚集效应不断提升，并最终反映在地域产业承载能力的不断提升上，进而能够吸引更多的产业转移到该区域。由此可见，城镇化的外在形式虽然表现为产业规模聚集与人口规模聚居，内在本质却是地域产业承载系统的不断升级与完善。

2. 承接产业转移与城镇化的互动过程

承接产业转移、地域产业承载能力与城镇化的互动关系说明，以产业承载系统的动态变迁为纽带，承接产业转移与城镇化成为了互相促进、协同发展的耦合体：承接产业转移是城镇化的核心动力，而城镇化则是承接产业转移最为重要的功能载体。承接产业转移与城镇化的互动过程有着明显的阶段性特征，基于产业聚集与人口聚居的完成程度进行考量，从承接产业转移到实现城镇化的过程，可以简单地分为"企业个体移植与初始城镇化阶段—企业集聚与空间城镇化阶段—产业链整合与产业城镇化阶段—产业集群与人口城镇化阶段"四个基本阶段，可称其为"承接产业转移—城镇化"互动（简称为"产—城"互动）的适应性成长阶段模式。在"产—城"互动的过程中，四个基本阶段都有其自身的特征与形成条件。

（1）企业个体移植与初始城镇化阶段。在承接产业转移的初期，承接的往往是单个项目、单个企业，嵌入性与不稳定性是这些移植企业的共同特点。一方面，这些转入承接地的企业在一定时期内，会与转出地企业存在千丝万缕的联系，而与承接地企业的合作具有偶然性，导致在产业功能上，此阶段的转移企业很大程度上只是作为转出地产业链的某个环节存在，而不是承接地产业链的一部分，因而具有明显的嵌入性特征；另一方面，由于没有与承接地企业形成稳定的合作关系，个体移植的企业很容易成为产业转移中的"候鸟"，因而具有显著的不稳定性，一旦出现更适宜的生存环境，这些企业就完全有可能再次"迁徙"。个体移植企业的嵌入性与不稳定性，也使得这一阶段的城镇化存在空间布局的点散性与发展前景的不确定性等特点。一方面，在始城镇化阶段，基础设施配套还较为落后，产业与人口的聚集效应还不明显，企业的选址存在一定的随机性；另一方面，个体移植企业的"候鸟"特性使城镇化面临较大的不确定性，因为一旦承接地未能有效地拴住这些"候鸟"，导致这些"候鸟"再"迁徙"，同时又没有新的企业进驻，城镇化就有可能陷入停顿。

作为承接产业转移的初始时期，转移企业对地域产业承载系统的要求还处于较低阶段，可称企业对地域产业承载能力的政策优惠敏感期。转入企业主要考虑的是承接地的成本比较优势，包括承接地的资源禀赋、区位条件等，并且在政府主导下的产业转移已经成为我国产业转移的主要形式的背景下，对承接地政府的融资、税收、土地等优惠政策较为敏感。政府的惠价措施在一定程度上可以为企业转移创造有利条件，但同时也会助长企业过度追逐靠政策"生利"的机会主义行为，扰乱市场秩序并引发产业转移空间错配的可能，最终为城镇化的长期发展带来巨大风险。比如，近年来，我国一些地区不顾自身的优势特点，盲目引进光伏项目，由于不具备产业基础、资金和研发优势，企业发展不具有可持续性，许多上马不久的项目很快遭遇"寒冬"，产业的不可持续也引致了多地城镇化的种种不良后果。

（2）企业集聚与空间城镇化阶段。企业集聚是"同一类产业或者不同类产业及其在价值链上相关的支撑企业在一个地区集中、聚合"，其主要特点是企业的汇聚性与非根植性。企业的汇聚性是指随着转入企业的增加，而使企业出现了"扎堆"现象，但这些"扎堆"企业之间并未成为有序性的、自组织的有机体；企业的非根植性是指"区内企业之间的联系紧密不是广泛存在的"，未形成长期的信任和合作关系网络，最后，这些企业在该地区是不定、容易移动的。企业的汇聚性与非根植性，使得这一阶段的城镇化主要表现在地理空间上，因为企业"扎堆"会使得城镇空间快速延展，但企业的非根植性也会使得城镇的前景仍然存在一定的可变性，一旦较多企业不能在承载地"扎根"，城镇化的可持续性就会面临严峻挑战。

企业集聚"扎堆"要求地域产业承载系统能够容纳众多企业的生产活动，可称企业对地域产业承载能力的投资环境敏感期。转入企业会对自然资源（特别是土地与水资源）、生态环境、基础设施等"硬件"方面的条件会提出比较高的要求。但由于这一阶段"供应商、生产商、客商三方企业'扎堆'的主要动力是节约运输成本，获取集聚的外部规模经济。"因而对承接地的技术、制度环境等"软件"方面的要求不会太高。因此，在这一阶段，承接地政府的优惠政策仍然能够发挥较大的吸引作用，国内部分不是以自身综合优势为考量，而是单纯依靠"拼土地、拼资源、拼生态"打造的企业集聚"园区"就是这一阶段的产物，这些单纯依靠优惠政策打造的"园区"部分已经未兴先衰或短兴即衰，很快变成了城镇化的障碍而不是动力。

（3）产业链整合与产业城镇化阶段。当承接产业转移发展到一定程度，承接地的集聚效应日益凸显，会吸引基于产业链的上下游企业与配套企业抱团迁徙。从企业转入到产业链的形成，是一个动态协调的过程，表现为供需链、价值链、产品链、技术链和空间链5个维度的逻辑关系的不断重构的产业链整合过程。产业链整合强调企业之间的协作性与根植性。一方面，产业链描述了从原材料到产品的企业网链结构，它的整合方式分为纵向一体化、横向一体化和产业链融合。无论是哪种整合方式，都是以企业之间的更为紧密的合作为基础。另一方面，产业链整合可以将企业内的竞争优势转化为产业链的竞争优势，承接产业转移地会因此产生具有国际竞争力或区域特色的优势产业，完整的产业链竞争优势也有利于深化企业间的长期信任和合作关系网络，有利于企业在承接地"扎根"。企业的根植性是产业转移内在地驱动城镇化的重要条件，有产业支撑的城镇化也是城镇化能够可持续发展的根本所在。

在产业链整合过程中，会形成对地域产业承载能力相对较高的要求，可称企业对地域产业承载能力的产业环境敏感期。由于承载地的基础设施、资源禀赋、生态环境、技术创新、政府组织管理和本地产业发展等都会影响到产业链整合的难度、深度与广度，在产业链整合背景下，"供应商、生产商、客商三方接近的主要目的不再是运费的考虑，而是交易费用的减少。"这不仅要求企业之间从松散的合作关系过渡到网络"生态"关系，还要求转入产业与承载地资源优势之间的高度融合，承载地不仅要有良好的产业空间布局，还要有宽松的制度环境。因此，在这一阶段，承接地政府的优惠政策能够发挥的吸引作用已经较为有限，城镇化的发展已经由原来的"外延"式扩张过渡到"内涵"式发展，制度环境等"软件"条件已经成为承接产业转移与推进城镇化的关键影响因素。

（4）产业集群与人口城镇化阶段。随着产业链整合的深入，区内企业之间会逐渐形成相互依存的产业关联和共生的产业文化，进而形成产业集群。众多成功承接产业转移的区域，如苏南地区（IT产业）、广东顺德（家电产业）、福建晋江（制鞋业）、浙江绍兴（轻纺产业）等的经验表明区域的产业国际竞争力并不在于该区域发展的是高新技术产业还是传统产业，而在于该区域是否形成了优势产业集群。集群中企业具有强共生与创新网络化的特点。一方面，集群中企业的共生关系往往是"包含由配套企业、服务企业、中介机构作为产业之间共生的连接纽带而形成的不止限于产品、信息、技术，还扩充到人才、制度、创新模式等全方位交流的共生关系"。另一方面，产业集群不仅是提升区域国际竞争力的重要支点，也是创新体系的主要载体，集群企业的空间邻近、互相依赖、相互合作、资源互补等特点为集群企业间构造创新的网络环境提供了极为便利的条件。产业集群的发展，已经超出了承接产业转移扩大地方生产的目的，还能够催生和吸引流通业、生产性服务业和中介机构在产业集群区域内集聚，以及强化学校、医疗机构、各种生活服务设施的配套，实现产城融合发展。人口的汇集并定居是产业集群的结果，也这一阶段城镇化的核心内容，只有在产业聚集的基础上实现了人口聚居，可持续发展的城镇化才能变为现实。

产城融合发展会对地域产业承载系统形成全方位的高要求，可称企业对地域产业承载能力的人居环境敏感期。产城融合发展的根本点是生活、生产与生态三大功能的平衡，因此不仅要求承载地有显著的资源优势、良好的基础设施、畅通的融资渠道、宽松的制度环境、完备的公共服务，还要有优越的人居环境与具地方特色的集群文化。能够通过产业来吸纳足量的人口聚居是实现产城融合发展的重要条件，因此，在推进城镇化的过程中，不仅要考虑如何承接产业转移，还要充分考虑人口流动的特点。一些地方在加快城镇化发展的过程中，盲目"摊大饼"，由于没有吸纳到足够多的人口流入，成为产业"空转"之城，最终在产业"空转"乏力衰退后成为"鬼城"。

"产—城"互动过程说明，城镇化一定要体现其地域产业承载能力提升的内在本质，才能实现可持续发展。拉美国家城镇化过程中出现大规模贫民窟，是因为这些国家只是看到了人口集居的城镇化外在表现形式，未能实质上理解城镇化的地域产业承载能力提升本质，导致人口集居过度超越承接产业转移水平；重工业化国家，城镇化水平落后于承接产业转移的水平导致经济长期失衡，则是因为这些国家将城镇化纯粹视为工业化的产物，没有考虑到城镇作为产业承载系统是一个包含经济、社会、资源、环境等的巨系统，忽视了其中"人"的因素，导致人口集居长期低于承接产业转移水平。目前，我国中西部地区正面临着城镇化的重大机遇，同时也是重大挑战，遵循"产—城"互动规律，合理进行承接产业转移，走集约、绿色、低碳、以人为本的新型城镇化道路，是中西部地区真正实现承接产业转移与城镇化良性互动，避免陷入拉美国家和重工业化国家"产城脱节"误区的必由之路，应坚持以下发展思路。

（1）建立承接产业转移与新型城镇化一体化的管理机构。目前，中西部地方政府管理承接产业转移的部门往往是承接产业转移工作领导小组、产业促（推）进办、园区办等，而管理城镇建设的往往是住建局、城乡规划局、国土资源局等。管理机构的多头分设难免会出现政府职能交叉、政出多门、多头管理，不利于科学引入与地域产业承载系统的相适配的产业，也不利于地域产业承载的动态优化提升，最终可能导致承接产业转移与城镇化的错位发展。基于"产—城"互动的适应性成长的需要，有必要改变目前承接产业转移与新型城镇化分头管理的现状，建立一体化的管理机构，以充分发挥两者相互协调功能，推进承接产业转移与城镇化的良性互动。

（2）系统评估所在地域的产业承载能力，合理规划城镇规模。改革开放以来，一些地方逐渐形成了盲目扩城的偏好。20 世纪 90 年代，国内掀起建设"国际化大都市"热潮，截至 2001 年有 182 个城市提出了建设国际化大都市的战略目标，虽然这一热潮在进入 21 世纪后有所退却，但在庞大的土地出让金收益、房地产拉动的就业和 GDP 等"造城政绩"的激励下，近年来，不少地方的大规模造城计划仍如火如荼。虽然在短期内打造新城可能会因资源投入的高增长及房地产业的兴盛而带来经济繁荣，但从长期来看，如果"造城"超出了地域产业承载能力，没有产业的持续发展，哪怕给新城人为地"引入"大量人口，也造就不了一座真正的城市，内蒙古鄂尔多斯就是一个典型的例子。因此，在中西部地区新一轮城镇化进程中，既要防止"产业空转"，也要防止"人口空转"。其中最为重要的一项任务就是根据"产—城"互动规律，在系统评估所在地域的产业承载能力的基础上，科学合理地引入可持续发展的产业，再通过产业发展吸纳适度的人口规模，将城镇规模控制在合理范围，实现经济、社会、人口、资源、环境协调发展。

（3）以地域产业承载系统动态"适配"为依据，有选择地承接产业转移。近年来，随着产品内分工成为新国际分工的主要形式，产业集群式转移正在成为产业转移的最重要方式，同时，根据"产—城"互动规律，形成稳定的产业集群也是实现可持续城镇化的重要条件，因此，在中西部新一轮承接产业转移过程中，要从一开始就以地域产业承载系统动态"适配"为依据，立足于集群式承接产业转移。集群式承接要求承接地综合考虑自身发展产业集群的资源优势与在价值链跨区域重组中的地位，从而确定承接产业的范围、规模与结构。一般情况下，对于那些有打造某类或某些产业集群的资源优势的区域来说，在承接产业转移的过程中应紧密地围绕优势资源产业进行承接，以确保竞争优势。而对于那些资源优势不明显，缺乏打造产业集群潜力的地区来说，则应根据价值链跨区域整合所可能形成的产业体系，以接受周边较大城镇的辐射带动效应为重要参考，通过与周边较大城镇价值链跨区域整合来承接产业转移，以达到可持续发展的目的，而不能"捡到篮子都是菜"。

（4）以地域产业承载能力提升为政策着力点，实现产城融合。中西部地区的地方政府在承接产业转移的竞争中，纷纷推出税收减免、投资奖励、各种补贴、零地价、代建厂房和配套设施等"惠价"政策或措施，力求把企业或产业引入进来。但这种"惠价"政策只有在企业对地域产业承载能力的政策优惠敏感期与投资环境敏感期才能发挥作用，因而对于提升区域产业承载能力只能是短期的，其作用也是相当有限的，从长期来看，如果缺乏承载转入产业的综合比较优势，这种惠价政策甚至可能对地区的城镇化带来持久的负面影响。因此，承接地政府的政策，应着眼于产城融合生长，以产业环境与人居环境改善等长远目标为导向，将政策重点放在基础设施建设、提高公共服务水平、消除农村劳动力入城的障碍、提升农民与农民工的人力资本、改进移民的生存条件、鼓励有效的土地使用、加强环境保护等提升城市长期产业承载能力方面，尽可能缩小"惠价"政策的影响范围，特别是要严格限制中小城镇通过"惠价"政策吸纳与本地资源特色不相匹配的工业企业的行为。

## 二、中部地区承接产业转移园区建设

（一）产业承接园区、产业承接集中区建设的现状与问题

随着地区竞争升级，中西部地区的各级政府部门都把产业承接园区或者产业集中区建设作为承接国际和沿海地区产业转移的重要载体和招商引资的重要平台，期望把产业承接园区或者产业承接集中区建设成为专业化的特色产业集聚区。在这种目标激励背景下，中部地区的每个区县乃至乡镇基本都有经济开发区、工业园区或者产业承接园区、特色产业园区。根据课题组的走访调研发现，目前，中部地区的产业承接园区和产业集中区建设至少存在以下三个方面的问题。

第一，产业承接园区或者产业承接集中区建设缺乏全盘规划，特别是与新型城镇化建设的功能规划不协调。产业承接园区和产业承接集中区建设一般都是以工业园区建设为主，而工业园区的建设规划过多注重传统制造企业的厂区规划，而没有园区的其他配套设施建设规划，特别是较少考虑生产性服务业和生活性服务业的配套区建设规划。并且各产业承接园区规划与新型城镇建设规划相脱节，往往是就产业承接园区建设而产业承接

园区建设，城市新区开发而城市新区开发，产业发展与城镇发展表现为"两张皮"，两者不能很好地相互补充和相互融合，"产—城"互动效果较差。

第二，产业承接园区的招商机制欠灵活，集群式产业承接的目标较难实现。虽然各地产业承接园区或者产业承接集中区实施了领导干部招商引资的责任状，并且出台了许多的招商引资优惠政策，但招商引资的机制是关门杀猪，闭门宰客，"重引资，轻亲资"，政府的承诺很难兑现，市场机制不能发挥作用，导致许多地方集群式产业承接的目标较难实现。

第三，产业承接园区和产业承接集中区的行政管理体制不畅、行政运行机制不活，行政效率不高。目前的产业承接园区和产业集中区的行政管理体制是参照本级政府部门的行政管理体制，但管理人员没有公务员身份，都是从各个部门抽调组成的机构，上级政府部门对园区的责权利授权不够、园区没有法人资格，不具备相应行政职能等，这些都约束了产业承接园区和集中区的行政效率发挥。

（二）产业承接园区、产业承接集中区建设的模式创新

地方政府把工业园建设作为承接产业转移的主要载体。产业集聚是发达国家和东部沿海地区经济发展的成功模式，工业园是产业集群发展的空间载体。地方政府希望通过集群式产业转移承接来迅速补齐本地产业价值链和加入全球价值链分工。工业园的基础设施建设可以实现"产城一体"的发展模式，这有利于推进当地城镇化建设。

皖江城市带作为第一个国家级承接产业转移示范区，设有江南、江北两个产业转移承接集中区，每个集中区设有若干个特色的专业化产业转移承接园区，其5年的建设经验对于其他示范区的产业承接集中区或者产业承接园区的建设具有重要的启示意义。

1. 逆势而动，谋求更大的国家政策新支持

受国际金融危机的严重冲击，沿海地区加快经济转型和结构调整迫切需要"腾笼换鸟"式的产业转移。

而中西部地区具有资源丰富、生产要素的成本相对较低、市场容量较大和政策优惠条件，迫切需要承接东部沿海的产业转移来加快发展和实现

赶超。如何通过承接沿海地区的产业转移加快区域经济发展，中部六省在争夺沿海地区产业转移的大战中都进行了精心策划。而安徽省在中部六省中，在产业基础、人力资源、科技水平、经济发展等方面并不是最具实力，但安徽省委、省政府逆势而动，积极谋求国家层面的政策支持。

早在20世纪90年代，安徽省委省政府就提出了开发皖江的重大决策，进入21世纪后进一步明确了向东发展战略，主动参与"泛长三角"的区域发展分工，积极争取国家承接产业转移的相关政策支持。

金融危机发生后，沿海地区产业转移的趋势更加明显，这给中西部地区的区域经济发展带来了新的机遇。国家为了实施"中部崛起"战略，制定中西部地区承接沿海产业转移的相关政策，需要若干地区采取先行先试的办法积累经验。安徽省委省政府抓住机遇，结合自身实际，多次邀请国务院和国家发改委的部门领导和专家来考察指导工作，提出了皖江城市带承接沿海产业转移的战略构想。

经过多次领导考察和专家论证，2010年1月12日国务院批准成立皖江城市带承接产业转移示范区，并成为第一个国家级承接产业转移示范区，承接沿海产业转移上升为国家战略。

更为重要的是，皖江城市带承接产业转移示范区成为国家发展战略以后，安徽省委、省政府凭借这个承接产业转移平台得到了国家各部委的相关政策性支持，并实现了与"江浙沪"两省一市的联动发展，承接长三角地区的产业转移顺理成章。

2. "产城一体"，谋划产业城市统筹发展

皖江城市带承接产业转移示范区规划批复后，安徽省委、省政府迅速出台了《关于推进皖江城市带承接产业转移示范区建设的决定》《关于皖江城市带承接产业转移示范区规划的实施方案》和《关于加快推进皖江城市带承接产业转移示范区建设若干政策意见》等三个纲领性文件，提出了"一年打基础、三年见成效、五年大发展"的战略步骤，并从开发区建设、土地、财税、金融、人才、基础设施等十个方面提出了四十条可操作性意见。

在完善皖江示范区产业承接政策、组织和规划体系的同时，安徽省委、省政府着重抓好产业承接的载体建设，其中最大的亮点就是把园区建设和城市规划统筹安排，走出了一条"产城一体"的发展道路。

皖江是安徽城市密度最高的地区，沿江分布着马鞍山、芜湖、铜陵、池州和安庆五座城市，约占安徽全省城市的 1/3，而这五座城市过去均为沿江单边格局。随着安徽经济进入城市化和工业化中期的快速发展阶段，产业资源和人口要素要向区位条件较好的城市大规模集聚。因此，沿江城市通过跨江发展的路径推进城市空间扩张和功能扩散便成为必然。①

在产业空间布局上，通过马、芜两市跨江发展，两市的城市空间结构和城市功能由单一中心向多中心转变。按照"产城一体"发展的理念，马、芜两市与江北集中区建设融为一体，建设成为江北产业集中区，使产业开发和新城建设互为配套、一体化同步实施，构筑起现代化、高水平的产业—城市新功能区②。相应的，在皖江城市带南端的池州市建设江南产业集中区。

除了江南江北产业集中区外，皖江城市带各市区县均有一个经济开发区或者承接产业示范园，开发区和产业园的建设均体现了产业集中区和城市功能区的统筹规划。尤为重要的是在整个皖江示范区实现了与长三角城市群无缝对接的立体交通网络。

3. "飞地经济"，探索产业承接新途径

"产城一体"的发展模式，把皖江示范区打造成了一道承接产业转移的亮丽风景。皖江示范区承接产业转移的抢滩效应和磁场效应立即显示出来。

正是产业转移的"抢滩效应"和"磁场效应"对皖江示范区提出了一个"示范区的内涵是什么，又要示范什么"的严肃问题。承接产业转移要打破过去那种"捡到篮子里的就是菜"的急功近利思想，探索中西部地区大规模承接产业转移的新途径和新模式是示范区的时代意义所在。

---

① 宋宏：《皖江城市跨江发展：考量与策略》，《安徽日报》2012 年 7 月 9 日。

② 孙都光、洪绍明：《皖江城市跨江联动发展》，《中国城市经济》2010 年第 3 期。

　　皖江示范区开创新地探索了基于利益分享的"飞地经济"承接产业转移新园区模式建设。其具体做法是通过探索按要素投入比例分成机制、招商奖励机制、股权分成机制、土地使用权免费奖励机制、政府援建机制等多种形式的利益共享机制推动园区合作共建。比较成功的案例是苏滁现代产业园的建设。

　　4. 机制创新，探索承接产业转移新模式

　　皖江示范区通过机制体制创新，积极探索承接产业转移的新模式，在产业转移承接进程中注重符合科学、高端、绿色与集群的承接原则，积极吸引处于产业链上的集群企业抱团转移[①]，并且始终强调产业转移承接要促进本地产业结构的产转型升级与本地企业的自主创新。

　　（1）科学承接。通过把节能减排、工业投资强度、产业集中度、产业容积率与产业集聚度等导向性指标纳入产业转移承接园区的综合考评体系，确保把稀缺的土地资源优先向大项目和重点项目供给，为战略性新兴产业转移承接扩充空间。[②] 截至 2012 年 7 月底，示范区内升级以上开发区亩均投资强度大多提升至 400 万元，提高投资门槛的开发区数量占到全省86%以上，示范区累计建设标准化厂房 200 万平方米，节约了土地资源。

　　（2）高端承接。通过创导招商选资，注重把优质的产业资本、人力资本和先进技术等生产要素引进产业转移承接园区内的骨干企业、从而引导本地企业的技术创新研发，增强本地企业掌握核心技术与系统集成能力。如奇瑞汽车的全资子公司奇瑞科技与法国法雷奥集团签署协议，合资成立芜湖法雷奥汽车照明系统有限公司、联想集团与台湾仁宝电脑合作建设合肥电子产业基地，并与长虹、海尔和荣事达等著名家电企业联合推动合肥进入世界知名家电电子产业基地的行列。[③]

————————

　　① 《皖江示范区建设开局良好》，见 http://www.aqzyzx.com/system/2011/01/04/002225662.shtml。

　　② 《皖江示范区积极探索承接转移新模式，努力打造中部崛起增长极》，《安徽日报》2011 年1 月 11 日。

　　③ 伍万云等：《皖江城市带率先崛起的研究——基于优惠政策的视角》，《山东省农业管理干部学院学报》2011 年第 11 期。

（3）绿色承接。承接地始终坚持产业转移承接"四个一律不批准"原则：凡是国家法令禁止或淘汰的产业项目一律不得批准；凡是属于高能耗、高物耗与高水耗，而且对环境带来严重污染的产业项目一律不得批准；凡是环境发展质量不能满足功能分区基本要求、没有取得排放总量指标的产业项目一律不得批准；凡是投资于自然保护的核心区与缓冲区内的产业项目一律不得批准。

（4）集群承接。通过推进产业链整体转移来构建园区完整产业价值链，以增强园区产业配套能力，重点引进战略性新兴产业。如：合肥新站综合开发区通过引进京东方，吸引了彩虹高世代液晶玻璃基板、乐凯光学膜、蓝光LED、海润光伏电池等一批国内自主创新型企业以及包括法国液化空气集团、日本住友化学株式会社、法国威立雅水务集团等世界500强企业在内的多家海外企业进驻，形成了一条以液晶、等离子显示器为核心的平板显示器完整产业链。而郎溪凭借产业链招商使无锡六百多家企业整体产业链迁移，原本工业基础薄弱、产业配套能力较差的小县城成为"飞地经济"模式的典型代表。

5. 服务创新，强化承接产业转移新支撑

金融危机背景下中西部地区都出台了许多承接产业转移的优惠措施。但实践经验表明，政策洼地效应并不唯一的决定中部地区能否成功承接产业区际转移的关键要素。而且单纯靠"拼"优惠政策来吸引产业转移往往容易失掉资源能源环境约束底线。皖江示范区的成功之处还在于通过服务创新，强化承接产业转移新的支撑体系。

服务创新有两方面的含义。一方面是园区承接产业转移的政府服务创新，真正做到园区所有工作人员都是服务人员，所有工作都是服务工作。对转移企业开展全方位的全程高效代理服务，并对园区的政府服务水平纳入了示范区的考核评价指标体系。政府服务创新进一步强化了政策洼地效应，节省了企业许多交易成本。另一方面是园区承接产业转移的生产性服务配套创新，做好示范区的各类市场要素培育，强化金融保险、现代物流、设计研发、教育培训与信息中介等生产性服务业对制造业的支撑。

皖江城市带的承接产业转移园区和集中区建设在近五年时间内使各园区充分产生了产业转移的集聚效应、产业转移升级的带动效应、区域发展的引擎效应、国家规划的战略效应以及战略品牌的放大效应。

综合以上建设经验，其他示范区作的产业转移园区和集中区建设至少有以下三个方面的思路可以借鉴。

第一，在载体建设方面，应启动示范区内开发区新一轮规划修编工作，突出"产城一体"发展理念，对现有开发园区进一步扩容升级，加快基础设施、产业配套和服务能力建设，把好项目准入关、环保评审关和投资强度关，不断提升承接产业转移的能力与水平。主要是对各示范区的现有园区升级扩容，打通各示范区与长三角、珠三角、北部湾的连接通道；严格控制单位能耗高和投资强度低的项目转入。

第二，在争取政策支持方面，要加强与国家相关职能部门和相关兄弟省市的沟通，争取承接产业转移相关的政策支持。主要是要与国家海关总署、国家开发银行、国家税务总局、国家质检总局等相关国家职能部门进行交流合作，争取通关便利、信贷支持、税收优惠、检疫检验等方面的国家政策支持以及与珠三角、北部湾等职能部门签署共同推进示范区承接产业转移建设战略合作框架协议，研究制定合作共建园区的政策措施。

第三，在产业发展布局方面，要坚持优化产业布局，加快培育与壮大示范区内各主导产业，特别是首位产业的发展；注重产业集群转移的抱团承接，促进生产要素集群创新，大力提升产业结构层次和水平。主要是"招商选资"要从追求数量向追求规模与效益并重转变，大力引进战略性新型产业和现代服务业。

## 第六节　政府主导的集群式承接产业转移案例

以上章节分别研究了产业转移承接模式的分类，集群式产业转移承接的企业行为、发生的内在条件以及平台建设，从理论上论证了产业转移集群式承接的必然趋势和内在机理，本节重点运用案例研究产业转移集群式承接的实践，主要包括政府主导的补链式产业承接的成功经验和政府主导的产业转移集群式承接的负面影响。

## 一、政府主导的补链式产业承接的成功经验：河南纺织产业集群案例

补链式产业承接可以有效解决当地产业基础较差，产业配套不全的难题，为地方政府在相对较短的时间里补齐区域产业价值链，形成特色鲜明的产业集群提供有效途径。补链式产业承接的基本方式是围绕某个主导产业的产品，抱团承接能提供与之配套的各类相关联企业，从而形成承接企业的倍增效应。这种基于"产业价值链"基础之上的企业"抱团式"产业转移承接，是以全球产业价值链的拆分为基础，以满足补齐本地产业链为目标。补齐产业链式的集群承接能够带动本地产业集群发展，降低本地企业的生产交易成本，延伸本地产业的发展空间，优化本地产业的发展环境，从而能够提高产业竞争力和可持续发展的能力。

产业链补齐式集群承接需要充分发挥政府的主导作用，同时遵循市场经济的客观规律，以市场需求为导向，以本地资源禀赋为基础，以补齐地方产业链为重点，以发展特色产业集群为目的，制定长远的产业集群式承接战略。河南省作为中部地区的重要粮食生产基地，近年来注重补链式产业承接的模式创新，把承接产业转移和升级产业结构相结合，形成了扬名海内外的服装产业集群区。

河南省政府早在 2009 年就制订了关于推进纺织产业转移与承接的指导意见和振兴规划，在 2013 年制订了河南省加快产业集聚区建设专项工作方案，开始谋划和积极推进纺织服装产业集群建设。河南省以郑州、开封、南阳、新乡、许昌、安阳、商丘等地市为网格，目前形成了 14 个特色纺织服装产业集群。①

---

① 李秀明：《河南产业集群优势发酵》，《中国纺织报》2013 年 12 月 25 日。

服装产业的产业链条涉及市场需求预测、品牌设计、棉纺、面料加工、印染、成衣制作、仓储物流、零售批发等诸多环节。虽然河南省发展服装产业在面纱原材料以及劳动力等生产要素方面体现了比较优势，但在整条服务产业价值链条中，印染产业链条环节的缺失一直制约着河南服装产业集群的发展壮大。为了补齐河南的服装产业链条，壮大服装产业集群，通过对浙江绍兴印染、山东即墨印染等相关企业的集群式承接，补齐了印染产业链条的缺失。目前河南省正围绕以补齐纺织产业链，壮大服装产业集群为目标，积极构建具有较强区域竞争力的服装产业价值链体系，重点抓好棉纺、服装、面料、印染等4个产业链环节的补齐式集群承接，重点培育10个服装加工特色产业集聚区和6个印染产业集群。①

## 二、政府主导集群式产业承接模式的负面影响：新余"光伏产业"发展案例

新余市地处江西省中部略偏西位置，是连接我国东西部地区的重要走廊，江西新余高新技术产业园区位于新余城区东部，毗邻"长株潭"城市群、环鄱阳湖城市群、武汉城市圈三个城市群，是长三角、珠三角以及东部地区产业转移的重要承载地。②

新余高新技术产业园以"光伏产业"闻名于世，作为战略性新兴产业，新余市原本没有发展"光伏产业"的产业配套基础，但通过对"光伏"产业价值链的集群式产业转移承接，新余市在短短的几年时间内便实现了产业赶超，一跃成为中国最大的"光伏"产业发展基地。

新余"光伏"产业的发展经历了三个集群式产业转移承接阶段（丁志良，2011）。2005—2006年为新余市承接"光伏产业"转移的初期发展阶段，在此阶段，政府通过加大对基础设施的投入和出台诸多有利于"光伏

---

① 孙雅琼：《河南服装产业集群优势凸显》，《经济视点报》2013年11月7日。

② 该案例前半部分的基本情况介绍改编自课题组成员丁志良：《承接沿海产业转移的模式研究——以新余光伏产业为例》，硕士学位论文，湖南科技大学，2011，第15—40页。后半部分数据综合各大网站，在此不一一列出，敬请谅解。

产业"发展的政策，通过引进"一个项目"（赛维 LDK 公司）带动整个"光伏产业"的发展。

2006 年到 2008 年为新余市承接"光伏"产业转移加速发展的阶段。在此阶段，新余"光伏"产业的发展尤为迅猛，在短短的几年时间里，"光伏"产业从无到有，从小到大，发展势头日趋强劲，呈现出上游企业不断发展、中游企业迅速壮大、下游企业不断涌现的特点，一跃成为在国内外具有一定影响力的"光伏"产业基地，并展现出巨大的发展潜力和广阔的发展前景。

通过集群式的产业转移承接，目前，新余"光伏"产业已有赛维 LDK、升阳光电、中材太阳能、天能电力、圣伯德太阳能、奥曼特等二十余家光伏企业，形成了国内首个"硅料—硅片—配辅料—电池片—电池组件—应用产品"较完整的"光伏"产业链，规模大、技术领先，有着鲜明的特色和强大的竞争力。此外，新余市已与赛维 LDK、大美国际资讯等大企业集团"强强联手"，开始建设国内首个光伏要素市场，一期可容纳 500 余家光伏企业，到 2012 年高纯硅料产能达到 4 万吨、硅片达到 1 万兆瓦，太阳能电池、组件均达到 5000 兆瓦，全行业销售收入超千亿元，力争把新余高新技术产业园打造成为集光伏企业、信息传媒、培训论坛、展览采购及服务外包于一体的全球一流"光伏"产业集群，成为世界级的"光伏"产业基地。

第三个阶段，从 2009 年开始，一直延续到当前，是新余"光伏"产业规模盲目扩张导致债务风险开始显现的阶段。金融危机给新余"光伏"产业带来了严重冲击，国际硅料价格几乎是一夜之间由每公斤 400 美元跌至 40 美元，硅片由 70 元 1 瓦下降到 7 元 1 瓦，全行业基本处于亏损状态。虽然新余感受到"光伏"产业的危机，但没有就此止步。在外部恶劣环境下，新余市政府仍"逆势而上"，远赴香港等地招商，当年投资额就达 200 多亿元。至 2010 年，在新余注册的"光伏"企业超过 20 家，目前已有超 35 家"光伏"企业落户新余。[1]

---

[1] 《新余"救赎"危局：赛维倒闭将致新余经济倒退 10 年》，中国经营网 2013 年 1 月 22 日，见 http://www.cb.com.cn。

从 2011 年的下半年伊始，作为新余光伏产业领头羊的赛维 LDK 股东净亏损 1.369 亿美元，每股亏损 1.08 美元，2011 年同期为亏损 1.145 亿美元，每股亏损 0.87 美元。净利润率为 -32.91%，2011 年同期为 -28.22%；平均股本回报率 -544.88%，2011 年同期为 -80.47%。伴随着新余市政府的过度参与，至 2012 年第三季度，赛维 LDK 拥有的现金和现金等价物仅为 1.119 亿美元，另有 3.407 亿美元短期可抵押银行存款。与此相对应的是，赛维在 2012 年内有大约 20 亿美元债务到期。2012 年年底，赛维的负债总额为 302.30 亿元。[①]

赛维每向前跨一步，都有赖于地方政府在其背后的强劲"推力"。地方政府甚至越过企业及产业本身的发展规律，直接设定轨道让赛维等企业上轨。而地方政府想要实现的，仅仅是 GDP 的增长及"进位赶超"。赛维原先的计划是在 2006 年建成投产的硅片产能为 100 兆瓦，此后两三年逐步提升到 200 兆瓦。但在新余市政府的重点"帮扶"下，赛维以令人难以想象的速度获得爆发式增长。2007 年，赛维在投产第二年即实现主营业务收入 40.8 亿元，硅片产能达 400 兆瓦，居亚洲第一、世界第二位。

新余市政府的"推力"除了当初 1.5 万亩的巨量廉价土地外，更不遗余力地协调供电部门为高能耗的生产线提供低价电力。此外，新余市政府还在税收、人才引进等方面出台一系列优惠政策，并在企业融资方面向各金融机构协调，甚至用政府财政为企业提供贷款担保。

新余市政府主导的"光伏"产业集群式转移承接造成的困局，其原因可能有许多，但至少与以下两个方面的因素相关。

第一，政府在承接产业转移过程中的过度参与造成政府职能越位。政府在产业转移承接过程中的主要职能应该是完善承接地的基础设施建设、搭建均等化的公共服务平台、提供平等竞争的市场环境。而新余市政府在"光伏"产业的集群式承接过程中充当的是"推手"的作用。

第二，承接产业转移过程政府过度参与削弱了市场配置资源的决定性

---

① 熊学慧：《江西新余"救赎"危局》，《中国经营报》2013 年 1 月 7 日。

作用。企业的投资行为应当对根据行业的市场前景和企业自身的成长能力综合作出，而不是政府凭借公共财政对招商引资的企业进行撑腰打气。一方面，生产要素价格被政府补贴行为扭曲，不能反映"光伏"企业的生产经营成本；另一方面，金融危机造成的"光伏"出口市场萎缩的业态也被政府的"推手"所遮掩，造成"光伏"企业的供给严重大于需求，导致整个行业进入产能过剩，产品积压、企业利润下滑、资金链断裂、企业破产的产业生态链恶性循环。

## 三、政府有效引导产业转移集群式承接的政策建议

虽然政府主导对新余"光伏"产业集群式承接在国际国内诸多因素的影响下造成了发展进程中的困局，也不能完全否认产业集群式转移承接能够得以进行的一些必要性因素和适应性条件。从河南纺织产业集群发展和新余"光伏"产业集群的发展案例来看，政府有效引导产业集群式承接的政策建议有以下三方面。

第一，适应性地选择产业转移承接方式，补齐本地现代产业价值链和构建本地现代产业集群。由于国家和地区之间存在竞争压力，发达国家不会把全部制造环节向发展中国家集群式转移，东部沿海地区的地方政府也不会鼓励本地的全部制造环节向中西部地区转移。因此，中部地区一般不能从某一个国家或者某一个地区集群式地承接某个产业抱团式转移。但社会分工的细化和工序型的价值链拆分能够为单个企业的产业转移、产业价值链式和集群式产业转移提供了一种技术上的可能性，产业承接地区能否真正成功承接某种类型的产业转移，还取决于该承接地的产业发展战略、物流成本、内需水平、科技人文环境、政府职能部门的行政态度和行政效率等因素，更主要的是各级政府部门要根据各类产业自身的发展规律和承接地自身的产业条件灵活地、适应性地选择产业承接模式，通过承接不同国家和不同地区某个具有相对比较优势的生产环节或者服务行业的"抱团式"转移来达到集群承接的目的。

第二，严禁地方政府用过度举债方式来推进产业转移承接。加快修订

《地方政府预算法》。明确地方政府承接产业转移的支出项目，支出总额不能超出当年政府收入的1/4。中央财政对符合规定的承接产业转移示范区给予适当的转移支付与税收抵免，对于不适合产业转移承接的地区给予相应生态补偿。

第三，用市场手段来解决工业园区建设的资金需求。用农民土地入股的形式化解工业园区建设的征地拆迁费用。城市建设投资公司可以吸纳被征地农民以土地入股，通过按股份红的方式补偿拆迁费用。吸纳民间资本参与工业园区的基础设施建设，民间资本按出资比例享受相应的所有权、经营权和收益权。鼓励转移企业按照园区统一标准自建工业、办公和生活用房，转移企业拥有房屋的所有权和使用权。用招投标的方式吸引民间资本为园区提供文化教育、医疗卫生、休闲娱乐、餐饮住宿等生活性服务与公共服务。

# 第五章 中部地区承接沿海产业
# 转移的效应研究

承接沿海产业转移已成为中部地区实现中部崛起的一项重大战略举措。中央政府希望通过引导中部地区承接产业转移，缩小地区差距，实现区域经济协调和可持续性发展；中部地区各级政府则希望通过承接产业转移来获取其资本挤入、技术溢出、产业结构升级及就业扩大等多方面的正向效应，解决地区经济发展面临的一系列瓶颈问题，从而促进区域经济实现跨越式发展。本章将重点研究以下五个问题：（1）从产业转移效应的相关概念及文献分析出发，探讨承接产业转移的效应；（2）构建产业转移过程的效应分析模型，对承接产业转移效应进行理论探讨；（3）以中部地区为对象，对承接产业转移效应进行计量检验和案例分析；（4）探讨承接产业转移效应的形成机制；（5）系统地分析中部地区承接产业转移效应的影响因素。

## 第一节 相关概念界定及国内外研究现状述评

### 一、产业转移效应概念及内涵界定

产业转移，从新经济地理学角度来看，是产业区位响应不同分工形势而再调整的动态过程，是区域产业结构演进的自然经济现象，是对区域产业形成与发展的历史描述。[①] 多年来，关于产业转移效应的理论研究一直

---

① 刘友金、胡黎明：《产品内分工、价值链重组与产业转移——兼论产业转移过程中的大国战略》，《中国软科学》2011 年第 3 期。

是产业转移研究中受到关注的重要问题之一。国际产业转移对区域资源配置具有非常显著的效应，他们进而指出国际产业转移的强行进入，会冲破东道国具有强大行业壁垒的产业，从而使垄断扭曲受到遏止，资源配置得到改善。① 国际产业转移对承接地的效应主要体现为资本效应和经济增长效应，同时指出，国际产业转移对东道国私人投资水平和出口有着直接而重要的影响，并能提高东道国的整体经济效率，由此带来当地较高的经济增长。② 国际产业转移对东道国的一个主要效应就是就业效应，他们指出，跨国公司直接投资的流入与流出不仅会影响东道国就业的数量以及质量。③ 卢根鑫认为产业转移对承接地具有产业结构效应，这一效应既可能是正面的，也可能是负面的。④ 朱华友等指出了产业转移具有显著的集群效应，并从转出地和承接地两个方面分别研究了产业转移集群效应的积极方面和消极方面。⑤ 陈刚等认为产业转移对承接地的效应主要体现在三个方面：一是产业优化效应，它是由产业间的替代作用而产生的；二是就业扩大效应，它是由转移产业的引致作用而产生的；三是产业发展效应，它是由产业间的关联作用而导致的。⑥ 陈红儿认为对于产业承接地来说，产业转移的正面效应主要体现在结构优化效应、技术溢出效应、要素注入效应、关联带动效应、竞争引致效应及观念更新效应等多个方面。⑦ 国际产业转移

---

① Koizumi T. & Kopecky K. J., "Economic Growth, Capital Movements and the International Transfer of Technical Knowledge", *Journal of International Economics*, Vol. 7, No. 1 (February 1977).

② Kojima K., *Direct Foreign Investment: A Japanese Model of Multinational Business Operations*, London: Croom Helm, 1978.

③ Caves R. E., "Multinational Firms, Competition, and Productivity in Host-Country Markets", *Economica*, Vol. 41, No. 162 (May 1974).

④ 卢根鑫：《试论国际产业转移的经济动因及其效应》，《上海社会科学院学术季刊》1994 年第 4 期。

⑤ 朱华友、孟云利、刘海燕：《集群视角下的产业转移的路径、动因及其区域效应》，《社会科学家》2008 年第 7 期。

⑥ 陈刚：《区际产业转移的效应分析及相应政策建议》，《华东经济管理》2001 年第 2 期。

⑦ 陈红儿：《区际产业转移的内涵、机制、效应》，《内蒙古社会科学》（汉文版）2002 年第 23 期。

会减少国内相应的就业机会，但是会提高公司效率。[①] 俞国琴认为，产业转移对转出地具有产业结构升级效应。[②] 郑胜利认为，对于产业转出地来说，产业向外转移是导致其产业空洞化的根本原因。[③] 从分析来看，学者们对产业转移效应的论述较为笼统，缺少较为细致的梳理归纳，没有对产业转移效应进行更深层次的理论探讨，更没有建立起清晰而完善的解析产业转移效应的框架。

对于产业转移效应的概念，虽然国内外学者们并没有对其进行严格的定义，但大多都认为其实质是指产业转移行为对其所涉及区域的经济社会的影响。[④] 郝洁认为，产业转移效应是一个动态显现过程，其作用具有双向性，主体呈现多元化特征。[⑤] 因此，从理论上讲，产业转移效应既包括对转出地的效应，也包括对承接地的效应；既包括正面的效应，也应包括负面的效应。对于产业转出地来讲，产业转移效应主要是指产业转移行为对转出地经济社会发展的影响，其主要体现在产业结构升级、区域竞争力、就业及生态环境等方面；对于产业承接地来讲，产业转移效应主要是指产业转移行为对承接地经济社会发展的影响，其主要体现技术、资本、就业、经济增长及制度变迁等方面。从现有的文献资料来看，学者们对产业转移效应的研究主要是以承接地为对象来进行探讨的。

综上所述，结合本书的基本书内容，本章着重探讨产业转移对中部地区经济社会发展的主要影响，具体来说，主要分析产业转移对中部地区的技术效应、资本效应、就业效应、经济增长效应及制度变迁效应。

---

① Blomstrom M., "Host Country Competition, Labor Skills, and Technology Transfer by Multinationals", *Weltwirtschaftliches Archiv*, Vol. 130, No. 3 (September 1994).

② 俞国琴：《我国地区产业转移的系统优化分析》，博士学位论文，上海社会科学院，2005年，第118—130页。

③ 郑胜利：《复制群居链——台商在大陆投资的集群特征分析》，《经济评论》2002年第5期。

④ 汪瑞、安增军：《区域产业转移效应评价指标体系的构建——以F省产业转移为例》，《河北科技大学学报》（社会科学版）2014年第14期。

⑤ 郝洁：《产业转移承接地效应的理论分析》，《中国流通经济》2013年第1期。

## 二、国内外研究现状评述

有关承接产业转移效应的研究主要集中在技术溢出效应、资本溢出效应、就业效应、经济增长效应和制度变迁效应等五个方面。

(一) 承接产业转移的技术溢出效应研究

早期的产业转移以外商直接投资为主渠道，而对外商直接投资的技术溢出效应研究最早可以追溯到 20 世纪 60 年代，珍·麦道格 (Mac Dougall) 从国外投资对东道国的成本与收益的角度，最早提出了技术溢出效应的概念。[①] 麦道格认为，技术溢出效应是指技术拥有者非自愿地或非主动地提供技术给受让者，而技术拥有者不享有或不能享有任何回报的现象。麦道格对技术溢出效应的研究，引起了各国学者的关注，之后的十多年里，学者们以外商直接投资这一跨国产业转移模式为对象，开展了大量的研究，其中最有代表性的有两位学者。其中有位学者他认为外商直接投资的技术溢出效应存在三种渠道：一是跨国公司强行进入承接地具有强大行业壁垒的产业，可以使得该行业长期形成的垄断势力受到遏制，从而使资源配置得到改善；二是跨国公司一般具有行业优势地位，会对承接地企业带来竞争压力或示范效应，从而可以刺激承接地企业主动提供技术水平；三是由于竞争、反复模仿等原因，跨国公司的进入会加速技术转移和扩散的速度，从而提高承接地企业的技术水平。[②] 另一位学者将跨国公司的技术溢出效应大胆地引入传统的国际资本流动模型，首次建立了关于产业转移和技术转移的研究模型。[③] 由于在他的模型中，技术溢出效应被假定为产业转移企业所拥有资本量的增函数，因此，产业转移企业的先进技术向承接地溢出被认为是"自动的"，而且产业转移企业的专有知识被认

---

① MacDougall D., "The Dollar Problem: A Reappraisal", *Actualité Économique*, Vol. 36, No. 4 (January 1974).

② Caves R. E., "Multinational Firms, Competition, and Productivity in Host-Country Markets", *Economica*, Vol. 41, No. 162 (May 1974).

③ Koizumi T. & Kopecky K. J., "Economic Growth, Capital Movements and the International Transfer of Technical Knowledge", *Journal of International Economics*, Vol. 7, No. 1 (February 1977).

为是公共品。通过该模型得到的一个重要的结论就是，两个具有相同生产函数的国家通过跨国公司的技术转移与技术溢出，在足够长的时间内两国的技术水平会最终收敛与同一水平。

20 世纪 80 年代，产业转移的基本模式主要是跨国公司的对外投资。跨国公司与一般的外商直接投资不同，由于跨国公司本身一般具有雄厚的资本实力和先进的技术水平，因此，这一时期各承接地区对引进跨国公司在本地投资都表现出了极大的兴趣，作为典型的就是"以市场换技术"作为了许多政府部门的经济发展战略。在此背景下，关于产业转移技术溢出效应的研究越来越多。① 他们构建了一个价格领先模型，通过该模型分析了跨国公司对外投资所伴随的技术转移行为及其机制，并认为，承接地企业会从跨国公司学习到先进的技术与知识，从而提升自身的技术水平，这种类似免费搭便车行为最终会到达与跨国公司向抗衡的程度。因此，他们据此认为跨国公司对外投资的技术溢出效应实际上可以看作为跨国公司的一种潜在成本或风险，跨国公司有必要通过策略性的技术转移策略来弱化这一风险。

21 世纪以来，随着国际分工的不断细化，生产要素的自由度被不断释放，其流动性越来越强，在此背景下，产业转移的方式也越来越多样化，除了传统的外商直接投资外，外包、战略联盟、产业集群跨区域衍生等都成为产业转移的新模式，由此"产业转移"正式地作为一个抽象的学术概念被提出，并迅速成为国内外学术研究的热点和焦点。遵循原有的外商直接投资技术溢出效应研究框架，产业转移对承接地的技术溢出效应也成为了产业转移理论研究的一个主要方向。在研究初期，由于产业转移与外商直接投资不同，没有直接的量化统计数据，关于产业转移的技术溢出效应主要集中于理论探讨。如有学者认为产业转移可能存在负向的技术溢出效

---

① Sadgopal A. & Das S. K., "Bhopal: The Continuing Toll", *Economic & Political Weekly*, Vol. 22, No. 48 (November 1987).

应，他们以委内瑞拉和捷克等国的案例进行了论证。[1] 也有学者则认为产业转移有利于承接地的技术进步，在产业转移技术溢出效应的正负抵消后，对于大多数承接地来说，其总体上的技术溢出效应应该为正。[2] 在国内陈刚率先利用 C—D 生产函数，构建了产业转移效应模型，并把模型分解成三个部分，在根据每部分参数的意义，分别定义为技术溢出效应、资本溢出效应及就业效应。[3] 他的研究从理论上证明了技术溢出效应的存在性。而之后有学者从理论上论证了产业转移对承接地技术溢出效应的正向作用。[4] 随着研究的深入，对产业转移的直接量化测度研究取得了较大进展。学者们开始对产业转移的技术溢出效应进行实证检验。如有些学者利用计量工具对产业转移的技术溢出做了研究。[5] 关爱萍等用省外投资作为区际产业转移的代理变量，从行业和区域的角度分别验证了区际产业转移的技术溢出效应，其结果都为正。[6] 而胡黎明等设计了产业转移指数，构建了中部地区的区域可计算一般均衡模型分析了产业转移的技术溢出效

---

① Djankov S. & Hoekman B., "Foreign Investment and Productivity Growth in Czech Enterprises", *Social Science Electronic Publishing*, Vol. 14, No. 1 (January 2000). Kinoshita Y., "R&D and Technology Spillovers via FDI: Innovation and Absorptive Capacity", *Ssrn Electronic Journal*, Vol. 29, No. 41 (November 2000).

② Panayotou T., "Demystifying the Environmental Kuznets Curve: Turning a Black Box into a Policy Tool", *Environment & Development Economics*, Vol. 2, No. 4 (November 1997). Mielnik O. & Goldemberg J., "Communication the Evolution of the 'Carbonization Index' in Developing Countries", *Energy Policy*, Vol. 27, No. 5 (May 1999).

③ 陈刚、张解放：《区际产业转移的效应分析及相应政策建议》，《华东经济管理》2001 年第 2 期。

④ 魏后凯：《产业转移的发展趋势及其对竞争力的影响》，《福建论坛》（经济社会版）2003 年第 4 期。周礼、张学勇：《FDI 对国有工业企业技术外溢效应的实证研究——基于宏观数据的联立方程模型分析》，《国际贸易问题》2006 年第 4 期。龚雪、高长春：《国际产业转移技术溢出效应的实证研究：以中国为例》，《管理现代化》2008 年第 3 期。

⑤ 吴玉鸣：《空间计量经济模型在省域研发与创新中的应用研究》，《数量经济技术经济研究》2006 年第 23 期。王锐淇、彭良涛、蒋宁：《基于 SFA 与 Malmquist 方法的区域技术创新效率测度与影响因素分析》，《科学学与科学技术管理》2010 年第 31 期。王锐淇：《我国区域技术创新能力提升与区域追赶的空间特征研究》，博士学位论文，重庆大学，2010 年，第 39—83 页。赵放：《制造业与物流业的空间协同集聚及其增长效应研究》，博士学位论文，南开大学，2012 年，第 118—144 页。

⑥ 关爱萍、魏立强：《区际产业转移技术创新溢出效应的空间计量分析——基于西部地区的实证研究》，《经济问题探索》2013 年第 9 期。

应，研究认为，产业转移的技术溢出效应存在明显的行业差异，劳动和原材料密集型行业的产业转移技术溢出效应不明显，技术密集型行业的产业转移才具有显著的技术溢出效应。[①]

（二）承接产业转移的资本溢出效应研究

资本作为国民经济增长的核心要素，自亚当·斯密开始，就一直为主流经济学家所重视。从很大程度上来讲，区域间的产业转移主要就是资本跨区域、跨国界流动的结果。一般而言，产业转移在循环累积机制的作用下，会表现为承接地的资本存量的增加。目前，学术界对产业转移的资本效应的作用机制的看法比较一致，认为产业转移对承接地资本存量扩张的影响机制大致可归结为三种：产业转移对承接地资本存量扩张的影响机制大致可归结为三种：第一种为资本供给，即产业转移的流量资本促使承接地存量资本的增加。产业转移直接增加了承接地可用于投资的资金，弥补承接地的资金缺口，为承接地的经济增长提供了一段时期内持续稳定的资本要素供给，有利于承接地经济增长的短期稳定性。第二种为资本挤入，即产业转移带动了承接地的投资，使承接地总投资的增量超过产业转移本身的增量，或者说产业转移与承接地投资存在互补关系。资本挤入能够通过扩大承接地资本供给规模和结构性调整促进其产业结构优化和未来增长的持续性。第三种为资本挤出，即产业转移阻碍或抑制了承接地的投资，从而使承接地总投资的增量小于产业转移的流入量。很显然，在这三种机制中，资本供给和资本挤入是正向的，而资本挤出是负向的。[②]

在实证中，有学者通过研究泰国的外商直接投资发现，以外商直接投

① 胡黎明、赵瑞霞：《中国区域间产业转移的定量测度与特征研究》，《河北科技师范学院学报》（社会科学版）2014年第1期。

② Borensztein E., Gregorio J. D. & Lee J. W., "How does Foreign Direct Investment Affect Economic Growth?", Journal of International Economics, Vol. 45, No. 1 (June 1998). Cyhn J. W. & Lall S., Technology Transfer and International Production: The Development of the Electronics Industry in Kor, Korea: Elgar E., 2002, pp. 197-199. 魏后凯：《产业转移的发展趋势及其对竞争力的影响》，《福建论坛》（经济社会版）2003年第4期。许经勇：《国际资本流动与产业转移的正负效应》，《南通大学学报》（社会科学版）2009年第25期。胡黎明、刘友金、赵瑞霞：《承接产业转移的经济效应研究——以新余承接光伏产业转移为例》，《云南财经大学学报》（社会科学版）2012年第3期。

资为主导的产业转移模式对承接地私人投资水平和出口有着直接而强烈的正向影响，并能提高当地的经济效率，由此带来较高的经济增长。[1] 有学者的研究表明，外商直接投资对经济合作与发展组织成员的经济增长的作用，结果表明只有在国内资本与外国资本是互补的前提下外商直接投资才能提高这些国家经济增长。[2] 有学者认为承接地通过优惠政策吸引的产业转移会阻碍国内投资，当这种招商政策与内资企业的相关政策差异过大时产业转移反而会阻碍经济增长。[3] 有学者通过对 69 个发展中国家进行了实证研究，结果表明单纯的外商直接投资并没有对这些发展中国家国内资本产生"挤出效应"。[4] 罗长远等以我国为样本，对产业转移与国内资本的关系进行了实证研究。研究认为，产业转移资本挤入效应存在且大于其挤出效应，其原因与产业转移资本进入方式及承接地制造业实力相关，也与承接地的市场整体竞争程度具有较高相关性，他特别强调了承接地金融支持对产业转移资本溢出效应的正面作用。[5] 当前的学术界对资本挤入和资本挤出的效应大小问题还存在争议，而对其总的资本效应则普遍认为是正向的。

(三) 承接产业转移的就业效应研究

西方就业理论的基本框架下，现有的关于产业转移的就业效应的理论基础主要来源于三个方面。一为钱纳里和斯特劳特提出的两缺口模型，[6] 该理论认为产业承接地经济欠发达的主要原因是由于存在储蓄缺口和外汇

---

① Jansen W. J. & Edison H. J., "Stopping Hot Money", *Journal of Development Economics*, Vol. 66, No. 2 (April 2003).

② De Mello L. R., "Foreign Direct Investment-led Growth: Evidence from Time Series and Panel Data", *Oxford Economic Papers*, Vol. 51, No. 1 (February 1999).

③ Easterly W., "The Ghost of Financing Gap: Testing the Growth Model Used in the International Financial Institutions", *Social Science Electronic Publishing*, Vol. 60, No. 2 (December 1999).

④ Borensztein E., Gregorio J. D. &Lee J. W., "How does Foreign Direct Investment Affect Economic Growth?", *Journal of International Economics*, Vol. 45, No. 1 (June 1998).

⑤ 罗长远:《FDI 与国内资本: 挤出还是挤入》,《经济学: 季刊》2007 年第 2 期。Kling G., Baten J. & Labuske K., "FDI of German Companies During Globalization and Deglobalization", *Open Economies Review*, Vol. 22, No. 2 (April 2011).

⑥ 两缺口模型是 20 世纪 60 年代由美国经济学家 H. B. 钱纳里等提出的, 用以分析发展中国家投资大于储蓄和进口大于出口的一种经济模型。

缺口，而产业转移可以弥补承接地的投资不足，进而提升承接地的经济发展速度与就业水平。二为国际直接投资理论。[1] 跨国公司的对外投资会直接影响承接地的就业数量与质量，其机制为：一方面，跨国公司在承接地设立的子公司一般会提供优于承接地当地企业的工作环境与工作报酬，从而会吸引各类人才的加盟；另一方面，跨国公司会为承接地员工提供优质的人力资源培训，在人员自由流动下，会提升承接地的人力资源质量。三为跨国公司直接投资的就业效应理论。[2] 他认为，跨国公司对外直接投资对承接地就业效应主要通过两个机制发生作用，一个机制为直接效应机制，它是指跨国公司在承接地设立子公司所直接吸纳的就业数量和提升的就业质量；另一个机制为间接效应机制，它是指跨国公司对承接地的直接投资所引致承接地相关活动的调整，进而传导到承接地的就业体系。他同时强调，在跨国公司对外直接投资所产生就业效应的两种机制中都存在着积极和消极的双重影响。

从不同的视角或者运用不同的理论，分析产业转移对承接地就业数量的影响，得出的结论也不尽相同。在研究跨国公司全球化问题时有学者指出，跨国公司对外直接投资可以改善欠发达国家工人的福利状况，一般而言，在东道国的跨国公司子公司会向员工支付更高的工资，从而拉动了对东道国的劳动力需求。[3] 有学者运用博弈论工具，把跨国公司和工会组织作为博弈局中人，分析了跨国公司对母国和东道国的就业和工资水平的影响。其基本结论是：无论作为单个的还是整体的跨国公司，如果它与全国性的工会进行博弈，以确定工资和就业数量，都会不同程度地导致就业数量和工人工资的下降。[4] 在实证方面，联合国贸易和发展会议（UNCTAD，

① Dunning J. H., "The Eclectic Paradigm of International Production", *Journal of International Business Studies*, Vol. 19, No. 1 (March 1988).

② Campbell D., "Foreign Investment, Labour Immobility and the Quality of Employment", *International Labour Review*, Vol. 133, No, 2 (April 1994).

③ Graham E. M., "Market Structure and the Multinational Enterprise: A Game - theoretic Approach1", *Journal of International Business Studies*, Vol. 29, No, 1 (March 1998).

④ Zhao L., "Labor-Management Bargaining and Transfer Pricing in Multinational Corporations", *Social Science Electronic Publishing*, Vol. 31, No, 4 (October 1998).

1993）的一项研究表明，跨国公司进行的直接投资只影响全世界总劳动力的 2%—3%，而且对发展中国家的影响更大，进而指出在东道国，跨国公司还可以通过影响上下游企业间接地创造就业效应。[1] 国内有些学者对我国外商投资企业的就业人员与每年的外商投资量作了计量分析，得出结论：自从 20 世纪 90 年代以后，外商投资直接增加就业的作用明显弱化，这主要是在华外商直接投资由劳动密集型加工行业向资本和技术密集型行业发展导致的。[2] 也有学者则认为，以外商直接投资为主要方式的产业转移对承接地的直接就业效应有限。[3] 邓涛利用协整理论和 Granger 因果检验，认为产业转移对第三产业就业具有重要的促进作用。[4] 冯大威利用河南省的面板数据实证分析认为，产业转移对整体的就业具有显著的正向影响，但是存在产业差异，国内区域产业转移对第一产业和第三产业的就业都有显著地促进效应，但对第二产业就业的影响不显著；而国际产业转移对第一产业就业的影响显著为负，对第二产业和第三产业就业的影响均显著为正。[5]

学者们大多认为，产业转移对承接地就业质量产生了正向影响。有国外学者从劳动经济学理论出发，以中国为样本的研究表明：由于外商投资企业相对于国有企业来说，一般具有较高的生产效率和工资水平，因此，其在劳动力市场上更有利于吸引高素质工人的加入，而当这部分工人成为熟练工人后，在人才扩散与交流机制下，必然带动投资地工人整体素质的

---

[1]　Lecraw D. J., "World Investment Report 1992: Transnational Corporations as Engines of Growth", *Journal of International Business Studies*, Vol. 24, No, 3 (March 1993).

[2]　霍倩佳、罗良文：《外商直接投资的就业效应分析》，《华中农业大学学报》（社会科学版）2003 年第 4 期。江绮萍：《试论我国外商投资的就业效应》，《广州城市职业学院学报》2002 年第 4 期。邱晓明：《外商直接投资的就业效应变迁分析》，《中国软科学》2004 年第 3 期。

[3]　曹小艳：《外商直接投资对我国劳动力就业影响的计量分析》，《统计教育》2003 年第 5 期。熊焰、林和生、张钰：《竞争、市场结构与国际直接投资效应分析》，《经济师》2004 年第 11 期。

[4]　邓涛、刘红：《我国产业转移对经济增长与就业的影响分析》，《贵州商业高等专科学校学报》2010 年第 3 期。

[5]　冯大威：《承接产业转移的就业效应研究——以河南省为例》，硕士学位论文，吉林大学，2014 年，第 2—8 页。

提高。① 也有国外学者认为产业转移往往是增加承接地劳动力就业的十分重要的途径，不仅可以为承接地提供更多的就业岗位，而且可以大大提高劳动力素质。② 国内有学者从劳动力结构的角度，认为在梯度产业转移的情况下，转移而来的产业大多集中于劳动或资本密集型产业，会改变就业人数在三次产业间的分布，进而会改变承接地的工人的能力素质结构。③ 国内也有学者从劳动力回流的角度，认为产业转移的过程伴随着劳动力的回流，在乡土观念影响下，具有较高综合素质的回流劳动力会扎根于本土，进而带动本地劳动力素质的提升。④

（四）承接产业转移的经济增长效应研究

关于承接产业转移经济增长效应问题的研究是从20世纪60年代麦道格首次把技术溢出效应作为外商直接投资的一个重要现象进行分析开始的。⑤ 之后，中外学者对此进行了大量的理论与实证研究。而凯夫斯（Caves）的研究则具有里程碑意义，他认为，外资企业对本地企业劳动生产率的促进作用可以体现在三个方面：分配效率、技术效率的提高和技术转让的加快。⑥ 克鲁格曼（Krugman）提出了一个两地区、两部门的一般均衡区位模型，指出在较低的运输成本下，制造业的区域转移会带来集聚经济效益。⑦ 之后，克鲁格曼进一步指出，这种集聚经济效益主要通过劳动力市

① Gourevitch P., Bohn R. & Mckendrick D., "Globalization of Production: Insights from the Hard Disk Drive Industry", *World development*, Vol. 28, No. 2 (February 2000).

② McKeon H., Johnston K. & Henry C., "Multinational Companies as a Source of Entrepreneurial Learning: Examples from the IT Sector in Ireland", *Education & Training*, Vol. 46, No. 8-9 (October 2004).

③ 卢根鑫：《试论国际产业转移的经济动因及其效应》，《上海社会科学院学术季刊》1994年第4期。

④ 王晓刚、郭力：《产业转移、经济增长方式转变与中国就业变动机制的区域差异分析》，《统计与决策》2013年第7期。郭力：《产业转移背景下区域就业变动及其影响因素的地区差异》，《经济经纬》2012年第3期。

⑤ MacDougall D., "The Dollar Problem: A Reappraisal", *Actualité Économique*, Vol. 36, No. 4 (January 1974).

⑥ Caves R. E., "Multinational Firms, Competition, and Productivity in Host-Country Markets", *Economica*, Vol. 41, No. 162 (May 1974).

⑦ Krugman P., "Increasing Returns and Economic Geography", *Journal of Political Geography*, Vol. 99, No. 3 (June 1991).

场共享、中间产品的供求关系和技术外溢及资本外在性表现出来。[1] 在传统经济学中，"技术"和"资本"这两种外在性长期存在分界，相对于"技术外部性"而言，克鲁格曼更关注"资本外部性"。[2] 目前学术界基本的看法是，承接产业转移经济增长效应的存在性已经在理论分析上获得了一致性的认可，但关于实证研究的结果却不一致。主流观点对承接产业转移经济增长效应存在正负两个方面的争论，对正效应的分析认为，产业转移通过资本挤入、竞争效应、培训效应、示范—模仿效应、链接效应、工资效应等加速了承接地的资本形成、技术提升及劳动就业。对负效应的分析则认为作为产业转移主体的跨国公司要么凭借高技术水平"挤占"了国内市场，对内资部门造成冲击，阻碍了其技术水平的提升，要么依据产业梯度，转移技术含量低的边际产业或劳动力密集的生产环节，无助于承接地区的技术提高。

从实证方面来看，标准的新古典增长模型认为，通过促进资本形成，FDI 能够增加东道国的资本存量，从而促进东道国经济增长。同时，内生经济增长理论主要强调科学技术、人力资本和经济发展的外部因素。[3] 外商直接投资被认为比国内投资有更高的效率，这是因为外商直接投资更有可能生产过程中使用新的生产技术。尽管关于外商直接投资能够促进经济增长的文献有很多，但是仍有相当一部分学者的研究结论表明，外商直接投资与经济增长呈现负的相关关系或者是没有显著的相关关系。有学者认为，跨国公司所拥有的优势使得他们很容易的从本土企业手中抢走客户，从而使本土企业降低生产规模，提高它们的单位生产成本。有研究指出外商直接投资在那些出口导向型国家的经济增长效应为正，而在那些进口替

① Krugman P., "Complex Landscape in Economic Geography", *American Economic Review*, Vol. 84, No. 2 (May 1994).

② Krugman P. & Fujita M., "The New Economic Geography: Past, Present and the Future", *Regional Science*, Vol. 83, No. 1 (January 2004).

③ Romer P. M., "Increasing Returns and Long-Run Growth", *Journal of Political Economy*, Vol. 94, No. 5 (October 1986). Romer P. M., "Growth Based on Increasing Returns Due to Specialization", *The American Economic Review*, Vol. 77, No. 2 (May, 1987). Lucas R. E., "On the Mechanics of Economic Development", *Journal of Monetary Economics*, Vol. 22, No. 1 (July 1988).

代型的国家经济增长效应为负。① 还有一些研究表明，外商直接投资的效应取决于外商直接投资流入了哪些经济部门，以及与其他经济部门的联系。根据世界投资报告，② 这种关联效应的大小在初级部门、制造业和服务业部门各有不同。以初级经济部门为例，由于该部门主要是资本密集型，并且与其他部门的联系程度较低，因此其关联效应较小。另外，流入制造业部门的外商直接投资将会对经济有更大的影响，因为制造业内部各子部门之间联系紧密。通常来说，服务业包括金融行业、基础设施行业、交通通讯服务流通行业、旅游等等。流入该行业的外商直接投资大多是为东道国市场提供服务，直触当地客户，因此前向关联效应比较大，但是后向关联效应在不同服务行业会有很大不同。如果外商直接投资能够提高东道国服务业的质量和效率，则其他经济都将得到正面的影响。

（五）承接产业转移的制度变迁效应研究

随着制度经济学的兴起，诺思（North）认为制度才是区域经济长期增长的最根本推动力。③ 在他的学术视域中，产业转移的制度效应主要表现在两方面：一方面，先进的制度可以影响承接地生产要素的形成，进而影响要素的规模及生产潜能；另一方面，制度变迁的本质是激励机制的改进，而承接地激励机制的改进可以提升生产要素的效率。循此思路，有些学者考察了产业转移对承接地制度变迁的积极作用。④ 随后，对产业转移

---

① Balasubramanyam V. N., Salisu M. & Sapsford D., "Foreign Direct Investment and Growth in EP and IS Countries", *Economic Journal*, Vol. 106, No. 434 (January 1996).

② Krüger R., "World Investment Report 2001 UNCTAD", *Weltwirtschaftliches Archiv*, Vol. 138, No. 2 (April 2002).

③ North, D. C., "Structure and Performance: The Task of Economic History", *Journal of Economic Literature*, Vol. 16, No. 3 (September 1978).

④ Agodo O., "The Determinants of U. S Private Manufacturing Investments in Africa", *Journal of International Business Studies*, Vol. 9, No. 9 (November 1978). 刘军梅：《经济全球化与转型国家的制度变迁》，《世界经济研究》2002 年第 5 期。王韧、曾国平：《内生性制度变迁传导与外商直接投资的挤出效应分析》，《国际贸易问题》2004 年第 6 期。王雷、韦伟鸣：《外商直接投资与中国区域经济制度变迁》，《财经科学》2003 年第 5 期。Chow G. C., "Tests of Equality Between Sets of Coefficients in Two Linear Regressions", *Econometrica*, Vol. 28, No. 3 (July 1960). Xing Y. & Kolstad C. D., "Do Lax Environmental Regulations Attract Foreign Investment?", *Environmental & Resource Economics*, Vol. 21, No. 1 (January 2002).

制度效应的分析进一步细化，如周骏宇、王霞通过构建理论模型分析了产业转移对我国市场准入制度变迁的影响机制。[①] 有学者从宏观上分析产业转移对我国制度变迁的影响，认为制度效应是溢出效应的基础和约束条件。[②] 袁鹏分析了跨国公司投资进入，对我国市场结构的影响以及在市场结构变迁过程中跨国公司的竞争行为变化。[③] 国外有学者的研究指出国际间的产业转移推进了国际贸易规则的完善，进而能够促使各国进行国内改革。[④] 也有学者从区域经济的视角，把外商直接投资分为内部的外商直接投资和外部的外商直接投资，然后通过回归分析，验证了外部的外商直接投资通过引导区域制度变革在推进区域经济一体化中的重要作用。[⑤] 国内外也有些学者认为，产业转移通过降低市场分割程度而存在正的制度变迁效应，他们进而指出，随着产业转移规模的不断扩大，承接地的市场结构、公司的竞争行为以及地方政府的相关政策等都会进一步优化。[⑥]而有些学者通过引入贸易引力模型，以我国服务业的产业转移为例，把产业转移对经济增长的促进作用进行了分解，结果都认为产业转移的制度效应不明显。[⑦]

---

① 周骏宇：《外商直接投资与市场准入制度变迁》，《世界经济研究》2007 年第 4 期。王霞、陈柳钦：《FDI 对中国制度变迁的影响》，《北京科技大学学报》（社会科学版）2007 年第 3 期。

② 蒋殿春、张宇：《经济转型与外商直接投资技术溢出效应》，《经济研究》2008 年第 7 期。张宇：《制度约束、外资依赖与 FDI 的技术溢出》，《管理世界》2009 第 9 期。

③ 袁鹏：《跨国公司对我国市场结构的影响与竞争行为的变化》，《对外经贸实务》2005 年第 5 期。

④ Dirk W. & Swapna N., "Foreign Direct Investment, Services Trade Negotiations and Development", *Development Policy Review*, Vol. 24, No. 4（July 2006）.

⑤ Feils D. J. & Rahman M., "The Impact of Regional Integration on Insider and Outsider FDI", *Management International Review*, Vol. 51, No. 1（January 2011）.

⑥ 赵奇伟、熊性美：《中国三大市场分割程度的比较分析：时间走势与区域差异》，《世界经济》2009 年第 6 期。郑若谷、于春晖、余典范：《转型期中国经济增长的产业结构和制度效应——基于一个随机前沿模型的研究》，《中国工业经济》2010 年第 2 期。李亚玲：《FDI 引进与中国区域制度变迁的互动机制研究——来自中国各地区的经验证据》，《科学决策》2010 年第 6 期。Breuss F., Egger P. & Pfaffermayr M., "Structural Funds, EU Enlargement, and the Redistribution of FDI in Europe", *Review of World Economics*, Vol. 146, No. 3（September 2010）.

⑦ 庄丽娟、贺梅英：《服务业利用外商直接投资对中国经济增长作用机理的实证研究》，《世界经济研究》2005 年第 8 期。黄玉霞、徐松：《FDI 影响中国服务业发展的实证研究》，《兰州商学院学报》2008 年第 24 期。于海静、吴国蔚：《北京 FDI 对服务业增长的作用机制探析》，《商业时代》2009 年第 14 期。Ramirez M., "Foreign Direct Investment in Mexico: A Cointegration Analysis", *Journal of Development Studies*, Vol. 37, No. 1（March 2010）.

整体来看，已有的研究主要存在两点不足：第一，从研究内容来看，学者们关于承接产业转移经济效应的研究大多以新古典增长理论作为主要依托，侧重于对资本效应、溢出效应、就业效应等某一个方面的存在性和作用机理的研究，很少有学者把这些效应综合起来进行考察，这与产业转移是囊括资本、劳动、技术、制度等多种要素资源转移的实际不相符；也很少有学者将承接地的制度变革作为一个重要因素来考虑其对经济增长的影响，而对产业转移诱致制度变迁的分析比较缺乏。第二，从实证研究自变量的选择上来看，关于承接产业转移经济效应的研究主要围绕外商直接投资展开，而当前的产业转移中区际产业转移已经成为主体，仅用外商直接投资对承接产业转移经济效应进行解释存在缺陷。

## 第二节 承接产业转移效应的理论分析基础

### 一、产业转移过程的效应分析模型

产业转移在产业转出地和产业承接地之间不仅涉及大量的资金、技术、人员等硬要素的流动，而且还涉及管理制度、企业文化等软要素的流动，因此，从理论上讲，它无论对产业转出地还是产业承接地的经济发展都会产生十分重要的影响。但就现实情况来看，学者们对产业转移效应的研究大都是对产业承接地而言的，也即承接产业转移的效应。根据前述的相关文献综述，笔者构建一个产业转移过程与效用的概念模型（如图5-1所示），并着重分析产业转移对产业承接地的经济增长、技术水平、资本投入、劳动就业等方面的影响。

### 二、不同经济学分析框架下的承接产业转移效应

（一）新古典经济学视角下承接产业转移效应分析

在新古典经济学理论视角下，陈刚等以柯布—道格拉斯生产函数为基础构造了产业转移效应模型，笔者在该模型的基础上，引入新的变量，从

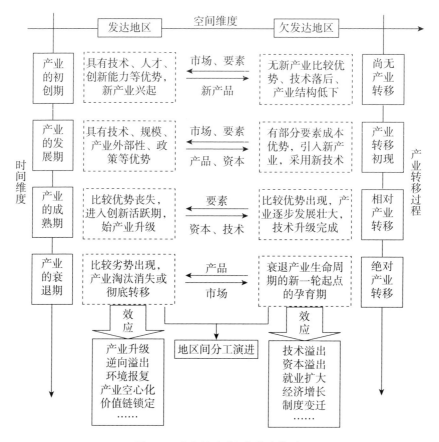

图 5-1  产业转移过程与效应模型

理论上来分析产业转移存在的客观效应。[①]

假设条件：产业转移从技术水平高的地方移入技术水平低的地方。设某区域的基本柯布—道格拉斯生产函数为：

$$Y = AL^{\alpha}K^{\beta} \tag{5-1}$$

式中，$Y$ 表示区域产出，$K$ 表示区域资本投入，$L$ 表示区域劳动力投入，$A$ 表示区域生产技术系数，$\alpha$、$\beta$ 是参数。一般认为，一个地区的生产技术系数 $A$ 通常与该地区的劳动力素质、生产组织方式、规模经济等与有

① 陈刚、张解放：《区际产业转移的效应分析及相应政策建议》，《华东经济管理》2001 年第2 期。

关，而这些因素促进经济增长的作用也常常可以用资本技术水平来概括。也就是说，生产技术系数 $A$ 主要体现在资本技术水平 $t$ 上，$A$ 是 $t$ 的函数，表示为 $A=A(t)$，该区域的生产函数可以进一步扩展，写成：

$$Y=A(t)L^{\alpha}K^{\beta} \tag{5-2}$$

设产业承接地为 $P$ 区，产业转出地为 $R$ 区，设 $P$ 区在未承接产业转移之前的生产函数为：

$$Y_0=A(t_0)L_0^{\alpha}K_0^{\beta} \tag{5-3}$$

式中，$Y_0$ 表示 $P$ 区在没有承接产业转移之前的产出，$L_0$ 表示 $P$ 区在没有承接产业转移之前的劳动力投入，$K_0$ 表示 $P$ 区在没有承接产业转移之前的资本投入水平，$t_0$ 表示 $P$ 区在没有承接产业转移之前的资本平均技术水平。随着产业由 $R$ 区转移到 $P$ 区，$P$ 区的生产函数将发生相应的改变。假设 $P$ 区在承接产业转移后，由于区域生产要素发生了较大变化，使得 $P$ 区的生产函数变为：

$$Y_1=A(t_1)L_1^{\alpha}K_1^{\beta} \tag{5-4}$$

式中，$Y_1$ 表示 $P$ 区承接产业转移后的地区总产出；$L_1$ 表示 $P$ 区承接产业转移后的劳动力投入，且 $L_1$ 是 $D$（$D$ 表示转入产业转移指数，其含义后面再具体解释）的函数，表示为 $L_1=L(D)$；$K_1$ 表示 $P$ 区承接产业转移后的区域总资本投入量，其中，这一总资本投入量与 $D$ 密切相关，因此，$K_1$ 与 $D$ 也构成函数关系，可以表示为 $K_1=K(N)$；$t_1$ 表示 $P$ 区承接产业转移后的区域平均资本技术水平。在理论上，$P$ 区在承接产业转移后对该区域的资本投入和生产规模、增加本地就业人数存在的影响既有可能是正向的，也有可能是负向的，因此可以在理论上认为 $K_1 \neq K_0$，$L_1 \neq L_0$。设 $C$ 为成本，则 $P$ 区的成本函数可以表示成：

$$C=C(D,\ \pi,\ M,\ T) \tag{5-5}$$

式中，承接产业转移不可避免地存在一些纯的负效应，典型的如环境污染效应。因此，为了避免或削弱这些纯的负效应，$P$ 区还要在环境保护等方面投入更多的人力、资金等，这可以看作是 $P$ 区为承接产业转移而额外支出的费用；如果转移企业规模比较大，生产效率高、平均成本低，则

$P$ 区与转移产业属同一行业的小企业因较高的平均成本而关闭或移出 $P$ 区，在一定程度上影响着 $P$ 区的总产出；$P$ 区为移入产业专门配套建设的产业链和专用性资产有一定的风险性，并成为沉没成本等。这些成本和挤出的产出，可以理解成 $P$ 区为承接产业转移而付出的产业转移资本，记作 $C$。通常认为，转移成本受资本技术水平变化的影响，随着产业转移指数、区域间平均利润率差异、超出预算支出的增加而增加，因此，$C$ 的大小和产业转移指数 $D$、产业移出地和承接地之间的平均利润率差异 $\pi$、政府间争夺转移产业而额外产生的代价差 $M$、产业转移引起的 $P$ 区资本平均技术水平的变化 $T(T=t_1-t_0)$ 有关。

根据经济学的效应理论，进一步，可以把产业转移的效应函数可以定义为：

$$U = A(t_1,\ D)L_1\alpha(D)K_1\beta(D) - A(t_0)L_0^\alpha K_0^\beta - C(D,\ \pi,\ M,\ T)$$

$$(5-6)$$

根据式（5-6）所定义的承接产业转移的理论模型，由于 $A(t_0)L_0^\alpha K_0^\beta$ 是 $P$ 区未承接产业转移前的生产函数，与承接产业转移后 $P$ 区状况无关，是外生变量，所以影响效应 $U$ 的内生变量只有 $D$、$\pi$、$M$、$T$。故可以将承接产业转移效应函数进一步简化为：

$$U = A(T,\ D)L_1^\alpha(D)K_1^\beta(D) - C(D,\ \pi,\ M,\ T) \qquad (5-7)$$

式（5-7）表明，产业转移的效应 $U$ 与转移数量、各地政府间的招商引资产生的额外代价、移出地和承接地之间的平均利润率差异、转移产业的平均技术水平有关。对于承接地而言，移出地和承接地之间的平均利润率差异、各地政府间的招商引资产生的额外代价、转移产业的平均技术水平在一定的时期、一定的范围一般保持相对的稳定，因此，将式（5-7）两边对 $D$ 求导，得：

$$
\begin{aligned}
dU/dD = {} & L_1^\alpha(D)K_1^\beta(D)\big[dA(T,\ D)/dD\big] + \\
& \alpha A(T,\ D)L_1^{\alpha-1}(D)K_1^\beta(D)\big[dL(D)/dD\big] + \\
& \beta A(T,\ D)L_1^\alpha(D)K_1^{\beta-1}(D)\big[dK(D)/dD\big] - \\
& \big[dC(D,\ \pi,\ M,\ T)/dD\big]
\end{aligned}
$$

$$(5-8)$$

通常，产业转移成本 $C$ 会随着产业转移指数 $D$ 的增加而增加，同时，随着外部产业不断转移到 $P$ 区，$P$ 区承接的产业所属产业的市场结构会相应地发生变化，与该产业相关的资源可得到最大限度地利用，再加上承接地的承载力的约束，会对同一产业移入起到一定的限制作用。这些因素起相反的作用，互相抵消，随着产业转移指数 $D$ 以递减的速度增大，产业转移效应 $U$ 又限制 $D$ 无限增大，同时考虑到产业之间的相互替代性，这样就存在一个产业转移的最佳规模区间 $D^*$，当 $D$ 属于 $D^*$ 时，$U$ 趋向于最大化。在此最佳集合范围内，对式（5-8）进行进一步分解可得：

$$
\begin{aligned}
dU/dD &= L_1^{\alpha}(D)K_1^{\beta}(D)[dA(T, D)/dD] + \\
&\quad \alpha A(T, D)L_1^{\alpha-1}(D)K_1^{\beta}(D)[dL(D)/dD] \\
&\quad + \beta A(T, D)L_1^{\alpha}(D)K_1^{\beta-1}(D)[dK(D)/dD] - \\
&\quad [dC(D, \pi, M, T)/dD] \\
&= L_1^{\alpha}(D)K_1^{\beta}(D)[dA(T, D)/dD] - \\
&\quad 1/3[dC(D, \pi, M, T)/dD] + \alpha A(T, D) \\
&\quad L_1^{\alpha-1}(D)K_1^{\beta}(D)[dL(D)/dD] - 1/3 \\
&\quad [dC(D, \pi, M, T)/dD] + \beta A(T, D)L_1^{\alpha}(D) \\
&\quad K_1^{\beta-1}(D)[dK(D)/dD] - 1/3[dC(D, \pi, M, T)/dD] \\
&= U_1 + U_2 + U_3
\end{aligned}
\tag{5-9}
$$

由式（5-9）可知，承接产业转移效应主要来自以下四个方面：

技术溢出效应 $U_1$ ——这是由区域生产技术系数水平变化带来的。$U_1$ 是由于产业转出地的企业相对于产业承接地企业具有较为明显的技术水平差异，从而引起了承接地产业技术水平的变化，可以理解为产业转移的技术溢出效应。对于承接地而言，如果承接的产业是原来就有的产业，则在规模效应和集群效应的作用下，将会促使承接地该产业技术水平的提高；如果承接的产业是原来没有的产业，则该产业的转入，必然会改变原有的产业结构，进而促进承接地产业技术体系的变化。

就业效应 $U_2$ ——这是由区域劳动力投入数量变化带来的。$U_2$ 是由于承接地通过承接产业转移而引起该地劳动力投入变化，从而促使承接地就业率变动而带来的，可以理解为就业效应。一般来说，由于发达地区 $R$ 的生活成本会越来越高、个人的生活压力会越来越大，欠发达地区 $P$ 的劳动力跨区域迁移会越来越弱，从而导致发达地区 $P$ 的劳动力市场出现供需失衡。而欠发达地区 $P$ 通过承接产业转移，一般来说都会在当地招聘员工，还会进行相应的人力资源培训，从而改变当地的劳动力就业市场的供求关系。

资本效应 $U_3$——这是由区域资本投入变化带来的。$U_3$ 是由于承接地通过承接产业转移而引起该地资本投入变化，可以理解为资本效应。与劳动力要素不同，资本流动的自由度更大，当产业转移携带大量资本转移到承接地时，必然会对承接地原本的资本市场产生重要影响：一方面，在产业关联机制的作用下，它可能带动更多的资本涌入承接地；另一方面，在竞争机制的作用下，它也可能对承接地原来的资本形成挤压，即产业转移存在着资本的"挤入"与"挤出"效用。

经济增长效应 $U_4$——这是由承接地技术溢出效应 $U_1$、就业效应 $U_2$、资本溢出效应 $U_3$ 共同带来的，可以理解为经济增长效应。通过 $U_1$、$U_2$、$U_3$ 的共同作用，最终必然会改变承接地经济增长速度，即体现为承接产业转移的经济增长效应。

（二）新制度经济学视角下承接产业转移效应分析

在新古典增长模式下，如前所述，产业转移通过对承接地资本、技术及就业的影响，最终形成经济增长效应。这在较大程度上解释和回答了各承接地竞相招商引资的内在动力，但单纯从生产函数出发，以对要素投入的影响来解释分析产业转移效应问题，却不能很好地解释我国东部沿海发达地区自 20 世纪 80 年代中晚期开始大规模承接国际产业转移而导致的经济社会迅速发展的事实，也不能很好地解释其与中西部欠发达地区经济社会发展整体所存在的巨大差距的内在根源，更不能很好地从理论上解释资本积累、人力资本投资以及技术进步的根本原因。而且，从当前学术研究的基本结论上看，产业转移的资本效应、技术效应及就业效应都存在正负两方面的争论，因而其最终的经济增长效应的正负性也难以被确认。为什么会出现这种情况呢？有学者认为产业转移的综合效应之所以会出现正负两方面的争论，原因在于现有的理论分析及实证检验当中忽略掉了制度变迁因素，从而使产业转移的综合效应没能被准确估计。[①] 随着新制度经济学的兴起，诺思认为，制度就是人们在相互交往中形成的一系列约束所组成的约束集，主要包括正式制度（法律、法规、条例、规章等）、非正式制度（惯例、潜规则、习俗、行为规范等）及他们的实施机制三个组成部分，他进一步指出制度才是影响区域经济社会发展的最根本因素。新制度经济学是在批判新古典经济学的零交易成本假设缺陷的基础上而发展起来的，他提出并利用制度理论来弥补这一不足。[②] 把产业转移纳入到新制度经济学的分析框架内，其内涵可以界定为产业区位响应不同制度环境而再调整的动态过程，是区域产业结构演进的自然经济现象，是对区域产业形成与发展的历史描述。对于新制度经济学视角下的产业转移概念，可以从这两个方面来进一步辩证地理解：一方面，产业转移是生产要素跨区流动的结果，生产要素的不同组合构成不同的产业，在日益开放的全球化市场体制下，生产要素跨区域流动速度加快，无疑导致产业在区域间的此消彼长。另一方面，产业转移是区域制度变迁的原因，产业转移作为一个重要的外生变量，必然会打破承接地原有的制度均衡状态，从而推进承接地的制度变迁。因此，产业转移对承接地除了存在直接的、可见的要素注入效应之外，还在诸多领域存在间接的、不易见的其他效应。其中最为重要的就是对承接地制度环境的深刻影响，即产业转移的制度变迁效应。对于产业转移的制度变迁效应可以从以下两个方面来进一步分析。

　　第一，产业转移在承接地制度变迁中的作用与地位。首先，产业转移本身作为一种内含制度安排的一揽子协议构成了承接地制度变迁的基本内容之一。随着欠发达地区经济认识、意识形态和思想观念的转变，国际产

---

　　① Hale G. & Long C., "Are There Productivity Spillovers from Foreign Direct Investment in China?", *Pacific Economic Review*, Vol. 16, No. 2（May 2011）. 蒋殿春、张宇：《经济转型与外商直接投资技术溢出效应》，《经济研究》2008 年第 7 期。

　　② North D. C., "Structure and Performance: The Task of Economic History", *Journal of Economic Literature*, Vol. 16, No. 3（September 1978）.

业转移作为一种在原有封闭经济条件下不曾出现的新的制度形式被引入欠发达地区，开启了欠发达地区经济转型的序幕。产业的大量转入，不仅使得承接地利用境外资金额逐步上升，而且还使外资经济在承接地经济体系中所占比重不断加大，成为承接地经济发展中不可或缺的一种经济构成和制度模式。转移企业制度安排的引入与承接地的经济增长存在内在的同步性，使得产业转移在承接地经济中占有着举足轻重的地位，并发挥着重要的作用。如我国始于 20 世纪 70 年代末期的对外开放就是在第二轮国际产业大转移的背景下展开的，并造成了我国沿海经济社会制度的巨大嬗变。其次，产业转移企业成为引领承接地制度变迁的主导力量。欠发达地区大多处于传统经济向市场经济转轨的阶段，很多制度安排还不能适用市场经济发展的需要，而产业转移企业一般都是从市场经济相对成熟的地区转移而来，它需要相对完备的市场体制与之配套，因此，其作为一种制度安排带动制度变迁就可能成为承接地迈向市场化经济制度转型所依赖的主导力量。

第二，产业转移促进承接地制度变迁的理论基础。首先，产业转移企业以其所有权优势影响承接地制度变迁。这些所有权优势包括资金、原材料、技术等有形资产优势以及商标、信誉、信息、管理优势、管理经验等无形资产优势。这种所有权优势在宏观方面会使得承接地主动优化投资环境、完善区域法制法规，保障产业转移企业应有的权利，从而获取产业转移项目以解决自身经济发展的资金缺口问题和提升区域技术创新水平。这种所有权优势在微观方面会加剧承接地的竞争压力，迫使承接地企业加快先进技术的学习和研发，并带动其经营模式和整体企业制度的变革。其次，产业转移企业作为利益集团影响承接地制度变迁路径。产业转移企业作为一种特有的、外在的利益集团，在承接地的经济体制变迁过程发挥着重要的作用。一方面，转移企业作为利益集团有着巨大的内在动力关注、参与并影响制度变迁过程。一般情况下，转移企业进入承接地时自身利益最大化的结果，在经济运营的过程中必然会对承接地的制度环境提出要求。相对承接地本土企业，转移企业这一利益集团更加具有左右政府决策、影响政府制度实施的能力。另一方面，转移企业利益集团的进入打破了承接地原有制度格局和所有制结构，以股权等形式为承接地企业的制度变革注入新鲜血液和活力。最后，产业转移对区域优势的依赖促进承接地制度变迁。产业转移的主要动机从宏观方面来讲就是为了获取承接地的区位优势，这一优势具体包括运输成本、市场需求、要数价格等。承接地政府为了能够有效地吸引产业转移，必然通过各种措施改善其区位优势，其中改善区域优势的一个重要方面就是对承接地的原有制度安排作出调整，降低区域交易成本。总之，产业转移的进入会对承接地政府的制度变迁带来外在压力，也会通过间接和直接的影响带动承接地各方面整体制度变革的实现与实施。

### 三、产业关联与承接产业转移效应

#### （一）产业转移背景下的产业关联

产业关联是德国发展经济学家赫希曼（Hirschman）提出的概念。[①] 具体是指某一产业的投入产出变化能够通过产业之间相互影响的关系波及其他产业。他提出产业关联的目的是通过分析产业间彼此依赖和相互联系程度的大小来选择需要重点扶持的产业。产业关联效应较高的产业通过前向关联、旁侧关联及后向关联机制对其他产业会产生很强的关联带动作用，然后再通过扩散机制及加速机制波及整个区域经济体系，进而促进区域经济发展。

借鉴赫希曼的产业关联思想，学者们大多认为产业转移之所以能对承接地经济社会发展产生巨大的影响，关键在于产业间普遍存在的产业关联，也即承接产业转移会激化承接地产业间的关联机制，它是其他产业转移效应发生作用的基础。王夏阳认为，在产业转移背景下，产业关联的作用机制是指某一产业由转出地转移到承接地并融入当地生产系统后，由于

---

① Hirschman A. O., "A Propensity to Self-Subversion Cambridge", *Economic Development and Cultural Change*, Vol. 46, No. 2 (January 1998).

产业自身的发展而引起的承接地其他相关产业发展的作用效果。[①] 这里的产业发展不仅仅局限于赫希曼所指的投入产出水平变化，也包括承接地产业技术水平的提高、市场结构、就业结构的变化等。曾巧生认为，国际产业转移对承接地产生的动态效应之一就是激化产业关联。[②] 他进而指出转入企业特别是转入的跨国公司是从全球范围来进行价值链的分工与整合的，产品的设计、生产、销售等各个环节乃至各个环节中的不同工序都推行的是全球化的专业化生产与协作，因而具有较高的生产率，同时通过对承接地价值链重组，也就把承接地的生产网络纳入了全球生产网络中，从而提高承接地的全要素生产率和企业竞争力、产生较强的产业关联。在有的文献中，产业转移所导致的"产业关联"也被称作"产业链接"，并且认为转入企业通过与承接地企业上下游产业的链接效应可以带动当地企业的技术进步。有研究认为，若产业转移不引起承接地相关产业劳动投入与生产技术水平系数的变动，而只导致承接地资本的投入增加，则这种情况下所产生的效应是由于高质量的产业进入带动了承接地关联产业的发展，从而拉动了投资和产出的增长。[③]

综上所述，笔者认为在产业转移背景下，产业关联指转入企业与承接地企业之间通过市场关系长期形成的一种供需的契约，它在引起该产业变化的同时，对其上下游产业也产业影响。这种影响主要包括产业投入产出水平的变化、产业市场结构的变化、产业技术水平的变化等。具体来说，产业转移背景下的产业关联可以分解为前向关联、后向关联和旁侧关联。以转移产业在产业价值链中的位置为界，前向关联即为对此界点之上产业的影响，后向关联即为对界点之下产业的影响。而旁侧关联，则是指对转移产业所处价值链之外的其他产业的影响。可以说，正是有了产业间普遍存在的产业关联，承接产业转移的各类其他效应才有了作用的基础。

---

①　王夏阳：《跨国公司对华投资的产业关联效应研究》，《经济师》2001年第4期。

②　曾巧生：《试析外商直接投资的动态效应》，《江西财税与会计》2002年第11期。

③　方慧、吕静、段国蕊：《中国承接服务业国际转移产业结构升级效应的实证研究》，《世界经济研究》2012年第6期。贾广森：《产业转移效应评价及其区域政策取向》，硕士学位论文，天津财经大学，2010年，第22—24页。

（二）产业关联对承接产业转移效应的影响

按照列昂诺夫的观点，只要一个产业部们将其产出的一部分销售给另一个产业部们，或者只要一个产业部们从另外一个产业部们购买其投入的一部分，那么这两个产业部们就被认为具备某种功能联系，也即产业间的产业关联。这种关联关系本质上是产业间的相互依赖和制约关系，也即投入—产出关系。产业之间这种关系是靠供给和需求所维系的，然而维系的方式却因各产业在产业链中的位置不同而不同。产业通过中间产品的供给与其他产业发生的关系叫作前向关联关系，通过中间产品的需求与其他产业发生的关系则成为后向关联关系，而对其周围地区的社会经济所产生的联系称为旁侧关系。

转移产业的进入，不仅可以促进承接地该产业的发展，还可以通过移入产业的产业关联机制，促进承接地产业乃至经济社会的互动演进，其基本的过程机制如图5-2所示。[①]

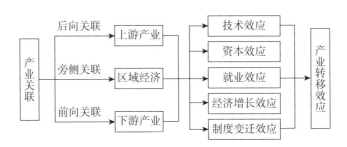

**图5-2　产业转移过程与效应模型**

产业关联作用于产业转移可以通过三个途径来实现：一是通过前向关联机制发挥作用，它是指产业转移到承接地后，通过其自身的生产活动可以削减下游产业的投入成本，从而促进承接地下游产业的发展，或者客观上造成承接地产业间结构失衡而使原有的瓶颈问题得以解决，从而为承接地的生产系统完善创造条件。二是通过后向关联机制发挥作用，它是指产业转移到承接地后为当地其他产业的发展提供了市场条件，也就是说转移

---

① 这里所指的产业转移效应仅是从承接方来说的，即承接产业转移的效应。

产业的生产以承接地其他产业生产的产品为中间投入品。三是通过旁侧关联机制发挥作用，它是指产业转移到承接地后通过劳动力市场、金融市场等对承接地的社会经济发展所起的作用。总之，对于承接地来说，无论是前向关联、后向关联还是旁侧关联的产业和部门，在产业转移到该地区后，都会通过改变当地的产品市场、金融市场及劳动力市场来影响其他产业的资本、技术及劳动投入，形成产业转移的技术效应、资本效应、就业效应、经济增长效应及制度变迁效应，从而最终对承接地的经济社会发展产生深刻的影响。

## 第三节　中部地区承接产业转移效应的实证分析

### 一、中部地区承接产业转移效应的计量模型构建

（一）产业转移的定量测度

产业转移从起源上说是企业的自发行为，是经济发展到一定程度，由于本地资源、生产要素、产品需求状况发生改变后，生产相似类型产品或者提供同类服务的几个或一群企业在不同的国家或地区间进行相互转移的行为。产业是一个总体概念，而不是单个实体，其自身不可能实现空间上的位移，产业转移是以企业为主体的直接投资或转移的结果。企业通过跨区域转移，促进资本、技术、劳动力、土地等生产要素的流动，并使这些要素得到合理配置，进而表现为产业在空间上的转移。

在对产业转移内涵分析的基础上，再来考察一个两区域两产业之间产业转移的实际过程。假设有 A、B 两个区域，A 区域只从事某一中间产品甲产业生产，B 区域以甲产业的产品作为中间投入只从事乙产业生产，两区域存在相互贸易且都存消费活动。那么 A 区域甲产业产量的增加的原因有且仅有这三个方面的来源：一是 A 区域最终需求的增加；二是 B 区域最终需求的增加；三是 B 区域乙产业对甲产品中间投入的增加。根据产业转移的广义含义，对于第二个原因，笔者可以将 B 区域最终需求增加引起的 A 区域甲产业增加看作 B 区域向 A 区域的产业转移。而对于第三个原

因，即 B 区域乙产业中间投入增加引起的甲产业增加能否看作 B 区域向 A 区域的产业转移呢？刘红光认为，因为乙产业产出也可能用于 A 区域最终消费，所以这种贸易量的变化不能全部视为产业转移。① 笔者认为，这种思想忽视了区域产业分工的历史事实，而且从实践角度来看，中间投入品的生产区位变化是典型的产业转移现象，我国许多中间产品的加工贸易正是这类产业转移的集中表现。所以，宏观尺度上，区域间产业转移问题实际上就是由异地需求变化引致的区域产值的变动。

因此，在此基础上，可以将产业转移分为绝对产业转移和相对产业转移两种类型。② 绝对产业转移是指转出地区产业绝对规模逐渐减小，而转入地区产业绝对规模逐渐增大；相对产业转移是指产业规模在转出地区和转入地区都同时增长，但是转入地区的产业增长速度相对更快，产业的空间分布表现出由转出地区向转入地区推移的趋势。一般而言，产业转移具有阶段性，相对产业转移属于产业转移的起始阶段，绝对产业转移属于产业转移的成熟阶段。通常，产业转移是经相对产业转移阶段再逐渐过渡到绝对产业转移阶段。

对于产业的国际转移，可以用对外直接投资数据进行准确的衡量。然而，由于我国缺乏各省之间准确的直接投资统计数据，所以研究我国地区间的产业转移还难以采用上述方法。对于产业区域转移的衡量，学者们大多采用的是间接方法，并且所采用的方法各不相同。如有的学者使用针对企业的问卷调查来研究产业转移。③ 由于该方法只是针对企业生产转移进行的微观分析，因而并不适合进行行业层面的产业转移分析。有的学者采用产业产值占相应产业总产值份额最高省份的变动来衡量产业转移。该方

① 刘红光、刘卫东、刘志高：《区域间产业转移定量测度研究——基于区域间投入产出表分析》，《中国工业经济》2011 年第 6 期。

② 冯根福、刘志勇、蒋文定：《我国东中西部地区间工业产业转移的趋势、特征及形成原因分析》，《当代经济科学》2010 年第 2 期。覃成林、熊雪如：《我国制造业产业转移动态演变及特征分析——基于相对净流量指标的测度》，《产业经济研究》2013 年第 1 期。

③ 陈建军：《中国现阶段产业区域转移的实证研究——结合浙江 105 家企业的问卷调查报告的分析》，《管理世界》2002 年第 6 期。

法虽有较强的合理性，但仍存在不足。比如，当存在多个省份时，即便原本产值份额最大省份的产业发生了较大规模转移，但只要其仍保持最高市场份额的地位不变，则产业转移的事实就会被掩盖。此外，该方法还难以揭示承接产业转移的地区分布特征。一般而言，产业转移会使产业中相关产品的市场供应从一些地区转向另一些地区，这通常又会导致不同地区产业（产值）所占（全国）比重的此消彼长。因此，笔者在借鉴范剑勇的区域产业转移衡量方法中的相对比较思想的基础上，[①] 拟采用各地区相应行业总产值占全国该行业总产值比例的变化，对地区的产业相对转移状况进行衡量。该方法具有两个优点：一是可以克服只考虑产值份额最高地区变化进行衡量所带来的准确性不足的缺陷；二是有利于揭示产业转移的承接地区的分布特征。

具体而言，假设地区 $j$ 中产业 $i$ 在第 $n$ 年和 $m$ 年（$n<m$）的增加值占全国比重分别为 $p_{nij}$ 和 $p_{mij}$，若 $p_{nij}/p_{mij}>1$，表明从第 $n$ 年到第 $m$ 年地区 $j$ 中产业 $i$ 的总产值在全国所占份额减少，即在此期间地区 $j$ 中产业 $i$ 存在产业转出；反之，若 $p_{nij}/p_{mij}<1$ 则表明从第 $n$ 年到第 $m$ 年地区 $j$ 中产业 $i$ 的总产值在全国所占份额增加，即地区 $j$ 中产业 $i$ 存在产业转入。进一步，在地区 $j$ 的产业 $i$ 发生产业转移的情况下，如果该地区产业的绝对规模同时减小，则属于绝对产业转移；如果该产业的绝对规模同时增加，则属于相对产业转移。[②]

（二）中部地区承接产业转移效应的计量模型

为了分析中部地区产业转移的效应，可以建立一个表征产业转移效应与产业转移变量之间的函数关系。以 $U$ 表示产业转移效应，$ITD$ 表示产业转移变量，则产业转移效应可用如下函数来表示：

$$U=f\ (ITD,\ \cdots) \qquad\qquad (5-10)$$

函数表示：如果坠 $\partial U/\partial ITD>0$，则表明利用产业转移对承接地产生了

---

① 范剑勇：《长三角一体化、地区专业化与制造业空间转移》，《管理世界》2004 年第 11 期。

② 胡黎明、赵瑞霞：《中国区域间产业转移的定量测度与特征研究》，《河北科技师范学院学报》（社会科学版）2014 年第 1 期。

正效应；反之，则表明产业转移对承接地产生了负效应。

我国比较完善的经济统计数据库大多是筹建较晚，再加上我国处于经济转轨的时期，在进行计量分析时，一个非常普遍的问题就是现有样本数据区间太短。因此，为了使回归分析不至于数据太少，笔者采用在国际上常用的面板数据模型（Panel Data 模型）进行计量分析。面板数据模型，是指把时间序列沿空间方向扩展或把截面数据沿时间方向扩展而成的二维结构的数据集合。面板数据模型综合了截面数据和时间序列的优点，它既可以反映某一时期各个截面数据的规律，也可描述每个截面随时间变化的规律。具体的，相对于时间序列数据和截面数据来说，面板数据模型具有以下优点：第一，时间变量和截面变量的结合信息可显著减少缺省变量所产生的问题；第二，能给研究者提供大量数据点，增加了自由度并减少了解释变量之间的共线性问题，从而增加了计量估计的有效性；第三，可用于构造更复杂的计量经济学模型，有利于从多层面解释经济问题。

为验证产业转移效应的存在性和正负性，可以构建如下基本的面板计量模型：

$$U^j_{i,t}=c+ITD_{i,t}+u_i+v_t+\varepsilon_{it} \qquad (5-11)$$

式中，$U$、$c$、$ITD_{i,t}$、$u_i$、$v_t$、$\varepsilon_{it}$ 分别表示产业转移效应、截距项、产业转移指数的对数、个体随机误差分量、时间随机误差分量、混合随机误差分量，$i$ 表示行业或区域，$t$ 表示时间，$j=1$，$2$，$3$，$4$，$5$ 分别表示技术溢出效应、资本效应、就业效应、经济增长效应及制度变迁效应，$u_i$、$v_t$、表示区域或时间的个体效应，用来反映地区或时间的差异。

## 二、中部地区承接产业转移效应的计量检验

### （一）数据来源与变量选取

行业面板样本选取为 2003—2010 年我国中部六省制造业 27 个部门，区域面板样本选取 2001—2010 年中部六省工业行业的数据。数据主要来自各年《中国工业经济统计年鉴》《中国统计年鉴》、中部六省《统计年鉴》《中国科技统计年鉴》、中经网数据库、国研网数据库、中宏数据库等。由

于我国自 1984 年首次实施国民经济行业分类标准以来，之后又对这一标准进行了两次进行修订，因此，尽管新旧标准中制造业都包含 30 个部门，但部分行业的具体分类稍微有所差别，所以，笔者的行业面板数据按照 2002 年以后统计年鉴使用的最新标准（GB/T4754-2002）为基础进行中部六省的产业数据整理。同时，因为中部地区一些省份的通用设备制造业和专用设备制造业放在一起统计，而且其中的数据口径不一致，不便比较，因此对这两个行业进行了剔除。这样就包括了农副食品加工业、食品制造业、饮料制造业、烟草制品业、纺织业、纺织服装、鞋、帽制造业、皮革毛皮羽毛（绒）及其制品业、木材加工及木竹藤棕草制品业、家具制造业、造纸及纸制品业、印刷业和记录媒介的复制、文教体育用品制造业石油加工、炼焦及核燃料加工业、化学原料及制品制造业、医药制造业、化学纤维制造业、橡胶制品业、塑料制品业、非金属矿物制品业、黑色金属冶炼及压延加工业、有色金属冶炼及压延加工业、金属制品业、交通运输设备制造业、电气机械及器材制造业、通信设备、计算机及其他电子设备制造业、仪器仪表及文化办公用机械、工艺品及其他制造业等 27 个制造业分行业。对于中部地区的区域面板数据，直接以工业行业相关数据为计量的原始数据。

1. 测算全要素生产率及其分解部分所需变量

对某一经济活动技术效应进行精准的定量化衡量一直是经济学界比较棘手的难题。当前文献中普遍采用的一个办法就是用全要素生产率（TFP）来代表技术进步。尽管采用这种方法存在一定的偏差，甚至可以说它是人们鉴于对经济增长的过程所知甚少，而不得不采取的一种衡量方法。[1] 本章在对技术溢出效应进行实证检验时，将全要素生产率而不是真实产出作为被解释变量。这一被解释变量指标的设置对于计量实证检验具有两个明显的好处：一是可以减少实证检验存在的内生性问题；二是可以使得技术效应独立出来，从而避免其在要素投入市场中被内部化。对于产业全要素

---

① 林毅夫：《发展战略、自生能力和经济收敛》，《经济学：季刊》2002 年第 1 期。

生产率及其分解部分的具体测度方法，笔者使用 DEA 的非参数马奎斯特生产率指数法。马奎斯特指数可以分解为不变规模报酬参考技术下技术效率变化指数和技术进步指数（简称 techch），技术效率变化指数还可以继续分解成可变规模报酬参考技术下规模效率指数（简称 sech）和纯技术效率指数（简称 pech），笔者可以利用 DEAP2.1 软件得出全要素生产率及其分解部分。在测算马奎斯特生产率指数时，笔者假定每个产业或每个区域为一个决策单位（DMU），使用劳动和资本生产单个产出。通过 DEAP2.1 软件计算各全要素增长率的平均值如下表。介于篇幅，只列示平均值。

表 5-1　中部地区制造业全要素增长率年度平均数

|  | effch | techch | pech | Sech | tfpch |
|---|---|---|---|---|---|
| 2003/2004 | 0.986 | 1.21 | 1.018 | 0.968 | 1.193 |
| 2004/2005 | 1.03 | 1.556 | 1.143 | 0.901 | 1.603 |
| 2005/2006 | 1.008 | 1.003 | 1.031 | 0.977 | 1.011 |
| 2006/2007 | 0.85 | 1.337 | 0.859 | 0.989 | 1.136 |
| 2007/2008 | 1.307 | 0.624 | 1.348 | 0.97 | 0.815 |
| 2008/2009 | 0.848 | 1.07 | 0.866 | 0.979 | 0.907 |
| 2009/2010 | 0.952 | 1.12 | 1.034 | 0.921 | 1.066 |

从表 5-1 中可以看出，各个制造业行业的全要素增长率总体上呈现增长趋势，从各项分解的结果中，除 2007—2008 年之外，技术变化（techch）的增长率指数一直都大于 1，这是全要素生产率提高的主要原因。这说明中部地区制造业生产率的提高主要是依靠技术水平的改进和创新。技术效率（effch）的增长率指数大多小于 1，这是中部地区全要素生产率低增长的根源，它实际上是反映了中部地区制造业还没有充分发挥出技术和资源的潜力，从而使得生产还没能接近生产可能性边界。因此，总体上讲，这表明当前中部地区制造业的发展还处于初级的发展阶段。

从时间的角度来看（如表 5-2 所示），中部地区制造业各行业全要素增长率自 2008 年以来，出现了比较明显的负增长，这可能与全球的金融危机相关，而从笔者前面对产业转移指数的测算可知，恰恰是在这样的一个大的背景下，中部地区承接产业转移的趋势在增强。因此，可以预见的是，在金融危机的背景下，中部地区承接产业转移的技术溢出效应可能是负的。

表5-2　中部六省工业行业年度全要素增长率

| 省份 | 2001年 | 2002年 | 2003年 | 2004年 | 2005年 | 2006年 | 2007年 | 2008年 | 2009年 | 2010年 |
|------|--------|--------|--------|--------|--------|--------|--------|--------|--------|--------|
| 山西 | 1.086 | 1.125 | 1.162 | 1.167 | 0.882 | 1.17 | 1.056 | 1.056 | 1.013 | 1.066 |
| 安徽 | 1.085 | 1.124 | 1.142 | 1.182 | 0.888 | 1.121 | 1.073 | 1.046 | 0.992 | 1.044 |
| 江西 | 1.079 | 1.123 | 1.125 | 1.202 | 0.911 | 1.081 | 1.083 | 1.035 | 1.015 | 1.014 |
| 河南 | 1.079 | 1.122 | 1.108 | 1.242 | 0.9 | 1.095 | 1.078 | 1.037 | 1.01 | 1.026 |
| 湖北 | 1.09 | 1.125 | 1.204 | 1.089 | 0.814 | 1.334 | 1.1 | 1.053 | 1.067 | 1.059 |
| 湖南 | 1.083 | 1.124 | 1.142 | 1.186 | 0.906 | 1.096 | 1.078 | 1.033 | 1.014 | 1.022 |

资料来源：依据相关资料计算而得。

## 2. 承接产业转移变量

承接产业转移的定量测度是产业转移理论继续推进的瓶颈，目前已有一些学者在具体操作层面上，产业转移常常以相关国家或地区间的投资、贸易以及技术转移活动等形式表现出来。因此，在实际经济活动中有时很难将产业转移和国际间或地区间的投资和贸易及技术转移活动截然区分开来。[1] 这就使得对产业转移的定量测度变得十分的困难，有学者运用赫芬达尔指数、区位熵与产业的绝对份额等指标综合考察了产业转移的程度，但是他们的研究是多指标的，不便于直接运用作为一个合适的核心解释变量，来对产业转移进行经验研究。[2] 刘红光等从区域间投入产出表的角度，探索了区域间产业转移的定量测度方法，但却忽视了区域产业分工的历史

① 陈建军：《中国现阶段产业区域转移的实证研究——结合浙江105家企业的问卷调查报告的分析》，《管理世界》2002年第6期。

② Maria B. A. S., "Trade, Technology Adoption and Wage Inequalities：Theory and Evidence"，*PSE Working Papers*，(November 2008). 张公嵬、梁琦：《产业转移与资源的空间配置效应研究》，《产业经济评论》2010年第3期。

事实，且不能准确地刻画中间投入品的生产区位变化。[①] 有些学者直接用
FDI 或其变化形式作自变量来进行实证分析，但 FDI 仅仅是产业转移的一
种具体的方式，当前，产业转移的形式已日趋多样化，除了 FDI 外，还存
在外包、战略联盟等其他多种方式，仅用 FDI 对承接产业转移的效应进行
解释存在缺陷。因此，笔者在冯根福等人的研究基础上，[②] 并借鉴范剑勇
等人的思想，[③] 建立了产业转移指数，该指数可以方便而简洁地反映一个
区域或一个行业的产业转移情况，前文已经运用该指数对中部地区承接产
业转移的状况做了一个简单的分析，其结论与当前的相关文献及中部地区
承接产业转移的实践吻合程度较高，因此在笔者的经验研究中，运用该指
数作为核心解释变量。

3. 资本变量

$K$ 表示行业的总固定资本净值年均余额。$K/L$ 是资本密集度，以行业
固定资本存量与劳动人数之比来表示。有学者研究发现资本因素是影响中
国工业全要素生产率增长的重要原因。[④] 一般认为，固定资本存量和资本
密集度会影响一个行业的技术水平，固定资本存量越多，资本密集度越高
的行业，该行业的资本装备水平越好，其技术含量也越高，技术进步也
越快。

4. 工资变量

$S$ 表示行业职工平均工资，笔者按照居民消费价格指数把职工年平均
工资都调整为 2000 年不变价，数据来自《中国统计年鉴》。根据效率工资
理论，企业给予员工的报酬越高，越会激励员工更加努力工作，从而提高

---

① 刘红光、刘卫东、刘志高：《区域间产业转移定量测度研究——基于区域间投入产出表分析》，《中国工业经济》2011 年第 6 期。

② 冯根福、刘志勇、蒋文定：《我国东中西部地区间工业产业转移的趋势、特征及形成原因分析》，《当代经济科学》2010 年第 2 期。

③ 范剑勇：《长三角一体化、地区专业化与制造业空间转移》，《管理世界》2004 年第 11 期。

④ 张军：《增长、资本形成与技术选择：解释中国经济增长下降的长期因素》，《经济学：季刊》2002 年第 1 期。朱钟棣、李小平：《中国工业行业资本形成、全要素生产率变动及其趋异化：基于分行业面板数据的研究》，《世界经济》2005 年第 9 期。李小平、卢现祥、朱钟棣：《国际贸易、技术进步和中国工业行业的生产率增长》，《经济学：季刊》2008 年第 2 期。

企业的效率水平。另外，增加对员工的工资会增加企业的生产成本，也可能会不利于企业提高技术水平。

5. R&D 投入

国际上通常采用 R&D 活动的规模和强度指标反映一国的科技实力和核心竞争力。R&D 投入表示区域 R&D 经费，数据来自《中国统计年鉴》，笔者按照固定资产投资价格指数把职工年平均工资都调整为 2000 年不变价。R&D 投入是影响技术进步的重要因素。R&D 投入对工业或制造业生产率增长的促进作用得到了国内外学者充分的关注，国外大部分文献都证实了 R&D 投入对生产率增长具有正向促进作用。①

6. 研究与试验发展人员全时当量

它是指全时人员数加非全时人员按工作量折算为全时人员数的总和。例如：有两个全时人员和三个非全时人员（工作时间分别为 20%、30% 和70%），则全时当量为 3.2 人/年，为国际上比较科技人力投入而制订的可比指标。

7. 制度变量

制度是约束人与人之间关系的规则和秩序的统称，是社会状态、经济体制、经济环境或风俗习惯等的综合反映，是难以直接而准确地量化的。所幸的是中外学者通过多年的研究，已经找到了比较一致的代理变量，本书通过综合借鉴现有学者的研究成果②，分别从私有产权保护力度、政府经济服务水平、对外开放程度等三个方面来分别设定制度变量。第一，私有产权保护制度（*pr*）。产权在新制度经济学中具有的核心地位，它主要的功能是防止"公共地悲剧"的出现。当前学者们大多用工业总产值（或

---

① USCB Office, *The Budget and Economic Outlook : Fiscal Years* 2006 to 2015, Congressional Budget Office, 2005, pp. 377-396.

② 樊纲等：《中国市场化指数——各地区市场化相对进程 2009 年报告》，经济科学出版社 2010 年版。李亚玲：《FDI 引进与中国区域制度变迁的互动机制研究——来自中国各地区的经验证据》，《科学决策》2010 年第 6 期。张宇：《制度约束、外资依赖与 FDI 的技术溢出》，《管理世界》2009 第 9 期。王霞、陈柳钦：《FDI 对中国制度变迁的影响》，《北京科技大学学报》（社会科学版）2007 年第 3 期。

增加值）中非国有工业的总产值（或增加值）来代表，本书介于统计资料的可获得性，用工业总产值来计算，即 $pr$ = 非国有工业总产值/全部工业总产值。这一指标笔者预期为正，即产业转移会促进承接地的产权保护制度的变迁。第二，政府经济服务水平（$gs$）。一般认为，大多数宏观层面的基本经济制度主要由政府制定，而维持基本经济制度的有效运转则主要依靠政府的经济服务水平。学者们大多认为，政府的经济服务水平与其财政支出密切关联，因此，当前文献普遍以财政支出占 GDP 比重作为政府经济服务水平的替代变量，即 $gs$ = 财政收入/当年 GDP。这一指标笔者预期为正，即产业转移会促进承接地政府服务水平的提高。第三，对外开放程度（$wf$）。新制度经济学认为，一个地区各种制度越是完善，就越能够以全方位的对外开放的姿态融入世界经济体系，这表现在经济上的一个典型特征就是进出口总值在其 GDP 中的比重不断提高。参照学者们的习惯做法，本书也以进出口贸易总额占 GDP 的比重来表示，即 $wf$ = 进出口总值/当年 GDP。这一指标笔者预期为正，即产业转移会促进承接地的对外开放程度。

从业人员年均人数、固定资产净值年均余额、总产值、增加值和企业个数都来自于《中国统计年鉴》（2000—2011）。其中，笔者以工业品出厂价格指数将当年价的工业总产值和增加值都折算为以 2000 年为基期的不变价，而固定资产净值年均余额则按照固定资产投资价格指数进行平减，也折算成以 2000 年为基期的可比价。

（二）面板数据平稳性检验

按照正规的计量分析程序，面板数据模型在回归前需要对数据的平稳性进行检验。为提高检验的准确性，笔者利用相同根的检验方法 LLC 检验、Breitung 检验，以及结合不同根的检验方法 IPS 检验、Fish-er-ADF 检验和 Fisher-PP 检验进行综合检验。笔者运用 Eviews6.0 软件，对相关变量进行面板单位根检验，检验结果如表 5-3 所示。

表 5-3　变量单位根检验结果

| 变量序列 | 区域 | | | | 行业 | | |
|---|---|---|---|---|---|---|---|
| | 检验形式 | 检验方法 | 水平值 | 平稳性 | 检验形式 | 水平值 | 平稳性 |
| tfpch | (c, 0, 0) | LLC 检验 | -6.22* | 平稳 | | | |
| | | Breitung 检验 | | | | | |
| | | ISP 检验 | -3.33* | 平稳 | | | |
| | | Fisher-AD 检验 | 30.12* | 平稳 | | | |
| | | Fisher-PP 检验 | 38.97* | 平稳 | | | |
| effch | (c, 0, 0) | LLC 检验 | -4.87* | 平稳 | | | |
| | | Breitung 检验 | | | | | |
| | | ISP 检验 | -2.18** | 平稳 | | | |
| | | Fisher-AD 检验 | 21.56** | 平稳 | | | |
| | | Fisher-PP 检验 | 27.23* | 平稳 | | | |
| techch | (c, 0, 1) | LLC 检验 | -6.81* | 平稳 | | | |
| | | Breitung 检验 | | | | | |
| | | ISP 检验 | -3.15* | 平稳 | | | |
| | | Fisher-AD 检验 | 29.29* | 平稳 | | | |
| | | Fisher-PP 检验 | 38.16* | 平稳 | | | |
| tk | (c, t, 1) | LLC 检验 | -5.91* | 平稳 | (c, 0, 0) | -9.23* | 平稳 |
| | | Breitung 检验 | 0.15 | 不平稳 | | | |
| | | ISP 检验 | -1.72** | 平稳 | | -3.70* | 平稳 |
| | | Fisher-AD 检验 | 27.29* | 平稳 | | 97.74* | 平稳 |
| | | Fisher-PP 检验 | 48.61* | 平稳 | | 135.52* | 平稳 |
| tl | (c, t, 1) | LLC 检验 | -3.68* | 平稳 | (c, t, 0) | -17.70* | 平稳 |
| | | Breitung 检验 | -0.16 | 不平稳 | | -2.51* | 平稳 |
| | | ISP 检验 | -1.06**** | 平稳 | | -1.87** | 平稳 |
| | | Fisher-AD 检验 | 21.19** | 平稳 | | 106.47* | 平稳 |
| | | Fisher-PP 检验 | 23.21* | 平稳 | | 196.01* | 平稳 |

续表

| 变量序列 | 区域 | | | | 行业 | | |
|---|---|---|---|---|---|---|---|
| | 检验形式 | 检验方法 | 水平值 | 平稳性 | 检验形式 | 水平值 | 平稳性 |
| gdp | (c, t, 1) | LLC 检验 | -8.77* | 平稳 | (c, t, 0) | -22.01* | 平稳 |
| | | Breitung 检验 | -3.27* | 平稳 | | -8.12* | 平稳 |
| | | ISP 检验 | -2.51* | 平稳 | | -1.79** | 平稳 |
| | | Fisher-AD 检验 | 35.92* | 平稳 | | 99.19* | 平稳 |
| | | Fisher-PP 检验 | 59.16* | 平稳 | | 171.29* | 平稳 |
| pr | (c, t, 1) | LLC 检验 | -7.58* | 平稳 | | | |
| | | Breitung 检验 | -3.47* | 平稳 | | | |
| | | ISP 检验 | -1.59** | 平稳 | | | |
| | | Fisher-AD 检验 | 22.19** | 平稳 | | | |
| | | Fisher-PP 检验 | 44.25* | 平稳 | | | |
| gs | (c, t, 1) | LLC 检验 | -6.39* | 平稳 | | | |
| | | Breitung 检验 | -3.69* | 平稳 | | | |
| | | ISP 检验 | -1.87* | 平稳 | | | |
| | | Fisher-AD 检验 | 30.54** | 平稳 | | | |
| | | Fisher-PP 检验 | 62.97* | 平稳 | | | |
| wf | (c, t, 1) | LLC 检验 | -6.54* | 平稳 | | | |
| | | Breitung 检验 | -3.06* | 平稳 | | | |
| | | ISP 检验 | -1.89** | 平稳 | | | |
| | | Fisher-AD 检验 | 27.55** | 平稳 | | | |
| | | Fisher-PP 检验 | 43.23* | 平稳 | | | |
| ITD | (c, t, 1) | LLC 检验 | -10.46* | 平稳 | (c, 0, 0) | -16.64* | 平稳 |
| | | Breitung 检验 | -1.78** | 平稳 | | | |
| | | ISP 检验 | -2.29** | 平稳 | | -8.05* | 平稳 |
| | | Fisher-AD 检验 | 32.75* | 平稳 | | 173.46* | 平稳 |
| | | Fisher-PP 检验 | 38.30* | 平稳 | | 247.23* | 平稳 |

注：检验形式（c，t，k）分别表示单位根检验方程包括常数项、时间趋势项和滞后阶数。*、**、***、****分别代表1%、5%、10%、15%水平上显著。所有结果均由 Eviews6.0 计算得到。

　　其一，在检验形式的确定上，对于单位根是否应该包括常数项和趋势项通过观察序列图确定，通过 Eviews6.0 上的 Quick-graph-line 的功能观察序列数据，若数据随时间变化有明显的上升或下降趋势，则有趋势项，若围绕 0 值上下波动，则没有趋势项；其二，关于是否包括常数项有两种观点，一种是其截距为非零值，则取常数项，另一种是序列均值不为零则取常数项，笔者主要采用第二种观点来进行选择。对于滞后阶数的问题，一般来说，最佳滞后阶数主要根据赤池信息准则（AIC）和施瓦茨准则（SC）判定，一种方式是当选择好检验方式，确定好常数项、趋势项选择后，通过 Eviews6.0 在"Lagged Differences"栏里可以从 0 开始尝试，最大可以尝试到 7，然后，一个个打开去观察，看哪个滞后阶数使得结论最下方一栏中的赤池信息准则（AIC）和施瓦茨准则（SC）值最小，那么该滞后阶数则为最佳滞后阶数。另一种方式就是通过 Eviews6.0 的采用"Automatic Selection"程序使计算机根据赤池信息准则（AIC）和施瓦茨准则（SC）自动选择，然后在结果中直接获取滞后阶数，由于这一方式简单易行，笔者采用此方式。

　　表 5-3 的检验结果显示，区域角度的技术溢出效应变量及其分解变量、经济增长变量、制度变迁变量、产业转移变量的水平值在各类检验方法下都显著，表明它们为 I（0）的。资本效应变量和就业效应变量除了 Breitung 检验显示为不平稳外，其他四种方法下其水平值都显著，因此，也可以综合判定其为 I（0）的。行业角度的资本效应变量、就业效应变量、经济增长效应变量及产业转移变量在各类检验方法下都显著，表明它们都为 I（0）的。对于面板模型，如果变量是非平稳的，进行回归分析之前有必要进行面板协整检验，以规避伪回归问题，而如果变量都是 I（0）的，则可以直接进行回归分析。

　　（三）面板模型形式选择

　　面板数据模型可以分为三类：固定系数固定截距模型、变系数模型和固定系数变截距模型（分固定影响变截距模型和随机影响变截距模型），笔者在进行回归检验之前，需进行 F 检验和豪斯曼检验来判断采用哪种模型形式。具体的，笔者先进行 F 检验，如果 F 统计值不显著则接受原假设并采用混合最小二乘法模型进行估计；如果 F 值显著，则拒绝原假设，即采用变截距模型，这时还需进行豪斯曼检验。如果豪斯曼检验值不显著（$P>0.15$），则采用随机效应模型，否则就采用固定效应模型。计算的豪斯曼统计量用 H 表示，EViews 中用 chi-sq statistic 表示，它服从卡方分布，Eviews 中还给出了其概率值，如果相应的概率低于给定的显著性水平，就拒绝原假设，应该建立个体固定效应模型。检验结果如表 5-4 所示。

表 5-4　模型形式选择结果

| 效应类型 | 个体/时间 | LM 值及对应 P 值 | 结论 | H 值及对应 P 值 | 结论 | 模型形式选择 |
|---|---|---|---|---|---|---|
| 溢出效应（tfpch 为被解释变量） | 个体固定 | 0.66 (0.99) | 不存在个体固定效应 | | | 固定系数时间固定模型 |
| | 时间固定 | 47.09 (0.00) | 存在时间固定效应 | | | |
| | 时间随机 | | | 3.03 (0.08) | 存在时间固定效应 | |
| 溢出效应（effch 为被解释变量） | 个体固定 | 0.10 (0.99) | 不存在个体固定效应 | | | 固定系数时间随机模型 |
| | 时间固定 | 29.76 (0.00) | 存在时间固定效应 | | | |
| | 时间随机 | | | 0.14 (0.71) | 存在时间随机效应 | |
| 溢出效应（techch 为被解释变量） | 个体固定 | 0.11 (0.99) | 不存在个体固定效应 | | | 固定系数时间随机模型 |
| | 时间固定 | 106.82 (0.00) | 存在时间固定效应 | | | |
| | 时间随机 | | | 0.66 (0.20) | 存在时间随机效应 | |

| 效应类型 | 个体/时间 | LM 值及对应 P 值 | 结论 | H 值及对应 P 值 | 结论 | 模型形式选择 |
|---|---|---|---|---|---|---|
| 区域资本效应 | 个体固定 | 6.94 (0.23) | 不存在个体固定效应 | | | 固定系数时间随机模型 |
| | 时间固定 | 42.62 (0.00) | 存在时间固定效应 | | | |
| | 时间随机 | | | 0.01 (0.96) | 存在时间随机效应 | |
| 行业资本效应 | 个体固定 | 15.57 (0.95) | 不存在个体固定效应 | | | 固定系数时间随机模型 |
| | 时间固定 | 48.86 (0.00) | 存在时间固定效应 | | | |
| | 时间随机 | | | 0.23 (0.63) | 存在时间随机效应 | |
| 区域就业效应 | 个体固定 | 6.45 (0.26) | 不存在个体固定效应 | | | 固定系数时间固定模型 |
| | 时间固定 | 37.02 (0.00) | 存在时间固定效应 | | | |
| | 时间随机 | | | 2.17 (0.14) | 不存在时间随机效应 | |
| 行业就业效应 | 个体固定 | 28.66 (0.32) | 不存在个体固定效应 | | | 固定系数混合模型 |
| | 时间固定 | 8.14 (0.23) | 不存在时间固定效应 | | | |
| 区域增长效应 | 个体固定 | 7.00 (0.22) | 不存在个体固定效应 | | | 固定系数时间随机模型 |
| | 时间固定 | 47.18 (0.00) | 存在时间固定效应 | | | |
| | 时间随机 | | | 0.12 (0.72) | 存在时间随机效应 | |

续表

| 效应类型 | 个体/时间 | LM 值及对应 P 值 | 结论 | H 值及对应 P 值 | 结论 | 模型形式选择 |
|---|---|---|---|---|---|---|
| 行业增长效应 | 个体固定 | 12.28（0.99） | 不存在个体固定效应 | | | 固定系数时间随机模型 |
| | 时间固定 | 34.78（0.00） | 存在时间固定效应 | | | |
| | 时间随机 | | | 0.37（0.55） | 存在时间随机效应 | |
| 制度变迁效应（pr 为被解释变量） | 个体固定 | 6.86（0.21） | 不存在个体固定效应 | | | 固定系数时间随机模型 |
| | 时间固定 | 46.67（0.00） | 存在时间固定效应 | | | |
| | 时间随机 | | | 0.13（0.75） | 存在时间随机效应 | |
| 制度变迁效应（gs 为被解释变量） | 个体固定 | 13.23（0.98） | 不存在个体固定效应 | | | 固定系数时间随机模型 |
| | 时间固定 | 35.56（0.00） | 存在时间固定效应 | | | |
| | 时间随机 | | | 0.39（0.58） | 存在时间随机效应 | |
| 制度变迁效应（wf 为被解释变量） | 个体固定 | 7.43（0.25） | 不存在个体固定效应 | | | 固定系数时间随机模型 |
| | 时间固定 | 43.78（0.00） | 存在时间固定效应 | | | |
| | 时间随机 | | | 0.14（0.76） | 存在时间随机效应 | |

注：括号内数值为 p 统计值。

　　一般而言，面板数据可用固定效应和随机效应估计方法，即如果选择固定效应模型，则利用虚拟变量最小二乘法（LSDV）进行估计；如果选择随机效应模型，则利用可行的广义最小二乘法（FGLS）进行估计（Greene，2005）。[①] 至于究竟是采用固定效应还是随机效应，则要看豪斯曼检验的结果。

（四）回归结果及解释

中部地区承接产业转移效应可以从区域和行业两个层面来具体分析，由于行业技术溢出效应量化所需的相关统计数据的缺乏，对于产业转移技术溢出效应仅从区域角度来进行实证检验，对于资本效应、就业效应和经济增长效应则分别从区域和行业两个角度来进行实证检验。通过前述对面板数据的平稳性检验和模型形式的最终设定，可得其回归结果如表5-5所示。

表5-5　回归结果

| 效应类型 | 溢出效应（tfpch 为被解释变量） | 溢出效应（effch 为解释变量） | 溢出效应（techch 为被解释变量） | 制度变迁效应（pr 为被解释变量） | 制度变迁效应（gs 为被解释变量） | 制度变迁效应（wf 为被解释变量） |
|---|---|---|---|---|---|---|
| 模型 | 模型1：固定系数时间固定模型 | 模型2：固定系数时间随机模型 | 模型3：固定系数时间随机模型 | 模型10：固定系数时间随机模型 | 模型11：固定系数时间随机模型 | 模型12：固定系数时间随机模型 |
| C | 0.22 (1.10) | 0.28 (1.21) | 1.13* (12.10) | -0.71** (-2.97) | -0.27ᴬ (-3.88) | -0.21 (-1.29) |
| ITD | 0.87* (4.45) | 0.82* (4.92) | -0.14**** (-1.46) | 1.18* (5.10) | 0.40* (6.00) | 0.34*** (2.09) |
| $R^2$ | 0.58 | 0.30 | 0.04 | 0.76 | 0.86 | 0.42 |
| F | 6.70* | 24.62* | 2.12 | 26.02* | 35.68* | 4.38*** |
| D-W | 1.91 | 2.16 | 2.54 | 1.59 | 2.06 | 1.01 |
| 观测值 | 60 | 60 | 60 | 60 | 60 | 60 |

---

[①] Greene W., "Fixed and Random Effects in Stochastic Frontier Models", *Journal of Productivity Analysis*, Vol. 23, No. 1 (January 2005).

| 效应类型 | 资本效应 | | 就业效应 | | 增长效应 | |
|---|---|---|---|---|---|---|
| | 区域 | 行业 | 区域 | 行业 | 区域 | 行业 |
| 模型 | 模型4：固定系数时间随机模型 | 模型5：固定系数时间随机模型 | 模型6：固定系数时间固定模型 | 模型7：固定系数混合模型 | 模型8：固定系数时间随机模型 | 模型9：固定系数时间随机模型 |
| C | $0.92^*$ (5.34) | $0.33^*$ (2.95) | $0.99^*$ (36.50) | $0.57^*$ (6.13) | $0.81^*$ (15.53) | $-0.02$ ($-0.05$) |
| ITD | $0.31^{***}$ (1.51) | $0.83^*$ (8.11) | 0.02 (0.89) | $0.50^*$ (5.71) | $0.32^*$ (6.37) | $1.31^*$ (2.93) |
| $R^2$ | 0.06 | 0.26 | 0.51 | 0.15 | 0.41 | 0.05 |
| F | $3.67^{***}$ | $66.11^*$ | $5.24^*$ | $32.64^*$ | $41.20^*$ | $8.61^*$ |
| D-W | 1.37 | 2.36 | 1.71 | 2.49 | 1.98 | 2.60 |
| 观测值 | 60 | 189 | 60 | 189 | 60 | 189 |

注：括号内数值为 t 统计值；$^*$、$^{**}$、$^{***}$、$^{****}$ 分别表示 1%、5%、10%、15% 的显著性水平。

通过分析上述的计量检验结果，并结合变量的经济含义，笔者认为：

1. 模型1、模型2、模型3反映的是产业转移对承接区域全要素增长率及其分解项的影响

模型1的回归结果表明，从区域整体的角度来看，中部地区承接产业转移存在正的技术溢出效应，模型的回归系数达到了0.87，也表明了产业转移在过去的近十年中，对中部地区整体技术水平的提升起到了十分重要的作用。模型2和模型3的被解释变量为技术效率变动（effch）和技术变动（techch），它们分别进一步地反映了产业转移对区域技术结构的影响。模型2的回归结果表明，从区域整体的角度来看，产业转移对中部地区的技术效率变动存在显著的正向影响；而模型3的结果表明，产业转移对中部地区的技术变动存在比较弱的负向影响；模型1、模型2、模型3综合表明，中部地区承接产业转移存在显著的正向技术溢出效应，这种正向的技术溢出效应主要是通过承接产业转移对区域技术效率变动的影响来实现

的，而单纯技术变动对整体的技术溢出效应有一定的抵消作用。这说明当前中部地区承接产业转移对区域技术进步的提升虽然起到了巨大的作用，但还是比较粗放的；同时，也说明对于一些关键核心技术，很难通过承接产业转移来获取，甚至有可能使承接地满足现状，出现所谓的"技术低端锁定"效应。这启示笔者在承接产业转移过程中，一方面要适时调整承接产业的结构，另一方面也要加强自身的科技研究，以促进区域技术水平朝着高速度、优结构的方向发展。

2. 模型4、模型5反映的是产业转移对承接区域资本投入的影响

模型4的回归结果表明，从区域整体的角度来看，中部地区承接产业转移存在正的资本效应，也就是说中部地区近十年来，通过承接产业转移拉动了区域投资。模型5的回归结果表明，从行业的角度来看，中部地区承接产业转移也存在正的资本效应，且模型的回归系数达到了0.83，表明了产业转移在过去的近七年中，对中部地区制造业各行业的资本积累起到了十分重要的作用。模型4、模型5综合反映了中部地区承接产业转移存在正向的资本效应，也从反面说明了学界所当心的所谓"资本挤出"效应在中部地区承接产业转移的过程中并不存在；通过对模型4、模型5的比较，可以进一步发现产业转移的资本效应是通过行业内不断向行业间收敛扩散的。产业转移的一个核心本质就是产能的区域移动，而产能的区域移动的本质表现就是区域生产资本的累积，因此，地区通过承接产业转移可以快速地促进区域的资本累积。

3. 模型6、模型7反映的是产业转移对承接区域就业的影响

模型6的回归结果表明，从区域整体的角度来看，中部地区承接产业转移的就业效应虽然回归系数的符号为正，但系数只有0.02，且不显著，因此，从整体来看中部地区近十年来承接产业转移的就业效应并不显著。模型7的回归结果表明，从行业的角度来看，中部地区承接产业转移存在正的就业效应，且模型的回归系数达到了0.50，表明了产业转移在过去的近七年中，对中部地区制造业各行业就业水平的提升起到了十分重要的作用。模型6和模型7对产业转移就业效应的实证出现了比较大差异，对于

这一差异，笔者的解释是，在过去的几十年，我国长期处于劳动力供大于求的状态，而这一状态中西部地区尤为凸显，因此中部地区制造业各行业在承接产业转移中，吸纳了大量本地劳动力。而由于劳动力市场存在较大的替代效应和劳动力本身的跨区域流动性，从而使得产业转移对整个区域劳动力就业水平的提高并不显著。通过对模型6、模型7的综合分析启示笔者单独以区域就业为目标来承接产业转移似乎难以实现，产业转移的就业效应在总体上会被劳动力的跨区域流动所抵消，但是，行业的实证也有力地证明了，利用产业转移可以有效地促进劳动力结构的优化。

4. 模型8、模型9反映的是产业转移对承接区域经济增长的影响

模型8、模型9的回归结果都一致地反映了中部地区承接产业转移存在显著正向的经济增长效应。行业的回归结果更是明确表明了产业转移对行业增长立竿见影的效果。

5. 模型10、模型11、模型12反映的是产业转移对承接区域制度变迁的影响

模型10反映的是产业转移对承接地产权保护制度的影响。从模型回归结果来看，产业转移变量的符号都显著为正，因此，可以认为产业转移推进了承接地的产权私有化进程。一个可能的解释是，包括国际直接投资在内的产业转移，绝大部分都是私人投资，一般而言，产业转移会加速承接地的私有化进程，而私有经济的发展，必然要求私有产权保护制度的完善。模型11反映的是产业转移对承接地政府经济服务水平的影响。回归结果表明产业转移对承接地政府的经济服务水平存在显著的正向影响。因此，可以推断产业转移有利于促进承接地政府经济服务职能的完善。对此的解释是，产业转移作为地方经济实现跨越式发展的重要战略抓手，而地方政府又是区域经济制度变迁的核心主体，这样特别是在以GDP为地方政府政绩的重要考量标准的背景下，地方政府必定竞相出台优惠的招商引资政策，从而为转移企业提供便捷的服务，降低交易成本。模型12反映的是产业转移对承接地对外开放程度的影响。回归结果表明产业转移在总体上有利于促进对外开放。笔者认为，区域经济的对外开放程度体现了地区经

济与区外、境外经济联系的密切程度，而区域间大规模的产业转移正是这种密切程度的集中表现。根据模型 10、模型 11、模型 12 的回归结果，笔者认为总体上产业转移对承接区域制度变迁具有正效应。

## 第四节　中部地区承接产业转移效应的案例分析

新余市作为江西省的一个人口不多、面积不大的地级城市，却是江西的产业大市。近年来，新余市经济飞速发展，已经成为江西省工业化程度最高的城市，工业对经济增长的贡献率达 69.3%，工业化率达到 55.9%。在促进经济飞速发展的诸多因素中，一个不可回避的就是成功地承接光伏产业转移。从 2005 年起，已有 40 余家光伏企业转移到新余市，形成了比较完整的产业链，产业转移效应已经逐步显现。光伏产业已经成为支撑新余经济实现跨越式发展的主导产业。如今的新余因为对光伏产业的有效承接，而拥有了新的名片——"多晶硅片之都""太阳能之城"。本节通过对江西新余承接光伏产业转移这一典型案例的系统研究，具体分析新余承接光伏产业的资本效应、技术效应、就业效应、制度变迁效应及经济增长效应。

### 一、新余承接光伏产业转移概况

新余地处江西省中部略偏西位置，是连接东部地区和西部地区的重要纽带，从 2005 年首家光伏企业——赛维公司落户新余以来，在光伏产业的强劲拉动下，新余经济增长总体上进入了快速发展通道（如图 5-3 所示）。图 5-3 中新余市光伏产业总产值和 GDP 的变化曲线，在 2005 年以及 2008 年处明显地存在两个拐点，同时结合新余承接光伏产业的实际情况，大致可以把新余近年的经济发展分成这三个阶段。

第一个阶段，以 2005 年为拐点，在此之前，新余市的支柱产业为单一钢铁产业，产业结构比较单一，资源禀赋和市场环境已经成为制约新余市经济发展的瓶颈，造成的结果就是每年 GDP 增幅都非常有限。

第二个阶段，是从 2005 年到 2008 年这一段时期。在这一段时期新余的光伏产业实现了从无到有，从有到强的飞速发展，而在此期间尤以塞维公司最为突出，该公司处于整个光伏产业链的中游，对整个产业链上游和下游的关联带动作用明显。在这一阶段，大量的光伏企业开始向新余转移，如天能电力、新余奥曼特、台湾升阳、新余金品德、江西瑞晶等，这些企业的转移，使得新余光伏产业链初见雏形。从图 5-3 中可以看出，2005 年之后新余市的 GDP 增长速度呈明显上升趋势。从总体来看，新余市 GDP 的年度增长趋势与光伏产业总产值的增长趋势保持高度一致。从量的角度来看，光伏产业对新余 GDP 增量的贡献在 2006 年塞维公司开始规模投产的第一年就达到了 28.17%，2007 年为 54.11%，2008 年为 61.5%。

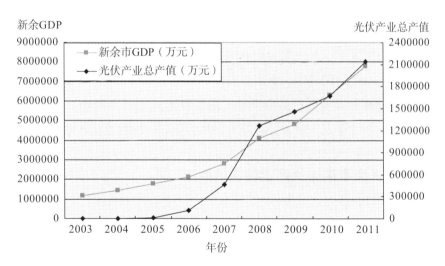

图 5-3 新余市光伏产业总产值与新余市 GDP 关系

资料来源：依据 2004—2011 年《新余统计年鉴》及新余市 2011 年国民经济和社会发展统计公报数据制作。

第三个阶段，从 2009 年开始，一直延续到当前。从图 5-3 中可以看出，从 2009 年开始，光伏产业的总产值和新余市 GDP 在绝对值快速增长的同时，其增长的相对值有放缓的迹象。这主要可以从两方面来理解，一方面，2009 年受国际金融危机的影响，国际光伏产业市场不景气，出口也受到严重阻碍。然而，就是在这种情况下，其对当年的 GDP 增量的贡献率也达到了 26.51%，且在当年第一季度新余市光伏产业增值 17.9 亿元，首次超过了同期钢铁产业的增值。另一方面，也表明新余市的整体经济在前几年的高速增长下已进入了一个新的发展平台，光伏产业对经济增长的贡献将由直接效应转变为间接效应。事实上，新余市的"十二五"规划就提出要把新余建设成以光伏产业为核心，以动力和储能电池、风电、节能减排设备制造为补充的"一大三小"新能源经济基地。

2009 年 12 月，国务院批复了建设鄱阳湖生态经济区的规划，新余市被划入《鄱阳湖生态经济区规划》之新能源产业基地，以新能源产业为支撑，全力打造三个世界级基地。同时，首期投资 5 亿元人民币的我国首个光伏要素市场在新余高新区诞生，为上下游企业交易、交流提供了平台。目前已签约入驻和已签订意向性入驻的企业达 200 余家。据估计，光伏企业客商从这里采购，至少能为企业减少 10% 至 20% 的采购中间成本，从而降低整个终端产品的成本。新余市力争通过 5 至 8 年的时间，把该市场建设成为全国最大的光伏产品集散地，同时打造成集展览展销、信息传媒、贸易采购、会议论坛及服务外包等为一体的全球一流的光伏专业市场。

## 二、新余承接光伏产业转移的效应

### （一）技术效应

光伏产业链主要包括多晶硅料、多晶硅片、太阳能电池及组件、发电工程四个相关的环节，每个环节都对技术要求很高，是典型的技术密集型产业。近年来，新余在光伏产业各环节及辅料开发、废料再生、资源能源回收利用等方面形成较强研发能力，为江西省光伏产业发展提供技术支撑。如赛维公司在刚成立之初就积极对外合作，引进国际先进技术和设备，通过不断学习外国先进工艺技术，在控制硅片性能、增大硅锭尺寸及多种辅材耗件国产化等方面取得了很大的技术进步；江西中能自主开发的多晶硅锭石英坩埚，打破了国外对多晶硅锭石英坩埚产品和技术的行业垄断，对我国光伏产业总体技术水平的提升意义重大。

光伏产业的迅速发展，已经成为了整个江西省的技术引擎。近年来，新余市企业与上海交通大学、南昌大学、新余高专等省内外高校通过各种方式开展合作，建立多个研发小组或研究中心，引进了一些国际和国内知名专家，招聘了大量的高技术人才，同时培训了一批优秀的光伏材料生产工艺技术工人。截至 2011 年年底，新余市各类人才总数超过 22 万人，高技能人才占技能劳动者比例超过 32%，主要劳动年龄人口受过高等教育比例超过 21%。这些为新余的经济发展和技术进步奠定了坚实的人才基础。在光伏产业的引领下，新余市的科技创新平台得到加强，全市大中型骨干企业普遍建立了技术开发中心，目前已有 1 个国家级企业技术中心和 4 个省级工程技术（研究）中心，2007 年，新余经济开发区被国家商务部、科技部授予"国家科技兴贸创新基地"。最近几年全社会 R&D 经费支出占GDP 的比例都超过了 3%，高于全国平均水平。

（二）就业效应

到 2011 年，在赛维公司的带动下，新余市已吸引了四十余家光伏企业落户，直接从事光伏产业人员超过 4 万人。一方面，光伏产业的快速发展，导致该产业对人才需求量的剧增。经测算，在现有的技术水平条件下，到2020 年如果光伏产业的产值突破千亿的规模，那时需要各类、各层次人才就将达二十余万人。

另一方面，由于光伏产业的强劲增长，增大了对各层次劳动力的需求，使得原有的劳动力市场均衡局面被打破，从而提升当地的平均工资率，而平均工资率的提升又会吸引更多劳动力的流入。在 2005 年到 2007年新余光伏产业发展最为迅速的三年中，新余市非国有单位职工平均工资增长率分别达到了 9.88%、25.24%、23.53%，明显高于江西省的同期平均工资增长率，体现了光伏产业的强劲拉动作用。2009 年在全球失业率高企的情况下，新余在维持原有就业水平的前提下，平均工资水平基本保持与 2008 年持平，这些无疑得益于以光伏产业为核心的合理产业体系的基础性作用。

（三）资本效应

在承接光伏产业之前，新余市资金每年都呈净流出状态。2005 年年末，全市金融机构各项存款余额为 159.05 亿元，而金融机构各项贷款余额为 100.65 亿元。自 2005 年塞维公司落户新余以来，在一期总投资就达 7250 万美元，2007 年赛维公司在美国纽约证交所上市，融资达 4.86 亿美元。在科技融资渠道方面，新余市逐步形成了以政府投入为引导、企业投入为主体、民间投资跟进的多元化投入体系。光伏产业不但是一个技术密集型产业，而且是一个资本密集型产业，对承接地来讲，其资本效应是十分明显的（如图 5-4 所示）。

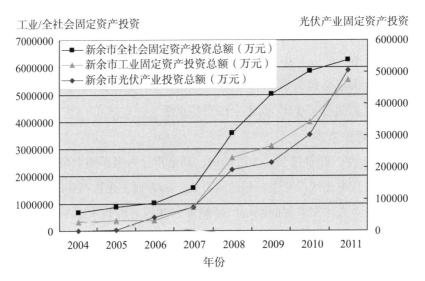

**图 5-4　新余市光伏产业的资本效应**

资料来源：依据 2005—2011 年《新余统计年鉴》及新余市 2011 年国民经济和社会发展统计公报数据制作。

从图 5-4 中可以看出，从 2006 年开始，新余光伏产业的投资开始呈现爆发式的增长，2006 年的增长率为 1332.4%，2007 年为 76.3%，2008 年为 156.3%。值得关注的是，自 2006 年开始，新余市的全社会固定资产投资总额增长率和工业固定资产投资总额增长率走出了 2006 年以前的低增长趋势，进入了加速增长的趋势，2008 年分别达到了 128.9% 和 206.4%。可见，光伏产业对新余市的投资带动作用是明显的。2009 年，受世界金融危机的影响，光伏产业固定资产投资额和工业固定资产投资总额的增速有所放缓，但其增长率也都达到了两位数，而全社会的新增固定资产投资总额由于资本效应的滞后性，当年达到了 537.9 亿元，首次超过了当年全社会固定资产投资总额 500.8 亿元，其增速更是高达 207.1%。

（四）经济增长效应

从 2005 年新余开始大力承接光伏产业转移以来，通过技术效应、就业效应、资本效应和制度效应等的综合作用，带动区域经济的跨越式增长，已经初步形成了产业集聚效应。目前，新余市光伏产业的主要产品包括各种多晶硅铸锭、多晶硅片、石英坩埚、太阳能电池板、组件系列等，已形成了比较完整的光伏产业价值链体系，呈现出上游企业不断发展、中游企业迅速壮大、下游企业不断涌现的特点，光伏产业的集群效应已初步显现。在光伏产业的驱动下，新余市目前已经形成了比较合理的产业结构和产业体系（如图 5-5 所示），这一产业体系以光伏产业为内核，以动力与储能电池产业、风电产业及节能减排设备制造业等新能源产业为外核，以钢铁产业、新材料产业、再生循环利用产业及物流服务产业为支撑和配套。在这些产业的强劲驱动下，即使是在国际金融危机的影响不断蔓延的背景下，新余经济依旧保持平稳快速发展，成为江西省的经济"小巨人"。"新余现象"是一个颇具特色的承接产业转移的成功典型。

**图 5-5 新余产业体系**

（五）制度变迁效应

对于正处在制度转型期的新余来说，在政府的引导下主动承接光伏产业跨区域转移本身就是一种制度创新，承接光伏产业转移在很大程度上意味着引进了一种新的投资主体、新的资源分配方式和新的企业制度。在新余光伏产业发展的近十年的历程里，这一局部的制度安排以"推"（强制性制度变迁）和"拉"（诱致性制度变迁）两种力量促进了新余的各类制度转型速度，其中，主要包括产权制度、市场化程度、政府效率、对外开放程度等四个方面。

在产权制度方面，截至2011年，新余的国有化比例在经济总体中的比例与2003年相比，降低了50%以上；在市场化程度方面，由于转移的许多光伏企业更了解市场经济规则，也更习惯按市场规则进行企业营运，这样就充分地降低了当地的市场分割程度，随着光伏产业转移规模的不断扩大，新余的整体市场结构、公司的竞争行为以及新余政府的相关市场政策等都出现了进一步的优化；在政府效率方面，由于新余承接光伏产业从某种程度上，可以说是政府主导的结果，在此过程中，政府出台了诸多的优惠政策，也为此设置的许多专门的服务机构，从而为当地企业提供了更便捷的服务，降低了交易成本；在对外开放程度方面，由于光伏产业是出口导向型产业，到2007年，新余光伏产业的出口额就占全市总出口额的比例就达到了60%以上，其后虽受全球经济危机和以美国和欧盟的贸易保护主义的影响，其增速有所放缓，但总体的出口比例还是很高。通过光伏产业的带动，无疑把新余由一个默默无闻的内陆二级城市变成了一个有一定国际知名度光伏产业之都。

产业转移作为实现我国区域经济协调发展的重大战略举措，是优化生产力空间布局、形成合理产业分工体系的有效途径，是推进产业结构调整、加快经济发展方式转变的必然要求。研究产业转移的效应对中西部地区各级地方政府制订承接产业转移规划，设计产业转移引导政策非常重要。本节通过对江西新余承接光伏产业转移这一典型案例的系统研究，认为新余对光伏产业的承接，主要存在资本效应、技术效应、就业效应、制度变迁效应及经济增长效应。在这五类效应的综合作用下，新余市经济社会实现了跨越式的发展。但是，值得指出的是，在新余承接光伏产业的过程中，政府起到了关键性的作用，在某种程度上替代了市场的功能，这使得在2012—2013年世界光伏产业整体不景气的背景下，新余的社会经济遭受到了很大的波动。

## 第五节　承接产业转移效应的形成机制

### 一、产业转移技术溢出效应形成机制

产业转移对承接地经济长期发展的根本性影响在于其技术溢出效应。早在1974年，美国哈佛大学一经济学家首次将计量经济方法运用到产业转移溢出效应实证研究中，[①] 随后大量的学者在对产业转移技术溢出实证检验中，得出了正的技术溢出效应和负的挤出效应。一些学者在前人研究成果的基础上提出了产业转移技术溢出的四种机制，即示范与模仿效应、竞争效应、关联效应和人力资本流动效应。[②] 由于产业转移技术溢出是一个综合性、交互性的过程，从上述提到的四种溢出机制上也难以清晰地辨别出各种机制的路径选择。因此，笔者在已有研究成果的基础上，提出了产业转移技术溢出的三种机制，即直接作用机制、中介作用机制以及调制作用机制。引入科技投入中间环节，从技术进步的流程出发，深入研究了产业转移技术溢出的微观作用机制，并探讨了各种作用机制相对应的路径选择，具体如图5-6所示。

（一）直接作用机制

产业转移技术溢出的直接作用机制是指产业转移的发生直接促进移入地工业产业技术进步的传导机制。国内外的学者大多选择外商直接投资

① Caves R. E., "Multinational Firms, Competition, and Productivity in Host-Country Markets", *Economica*, Vol. 41, No. 162 (May 1974).

② Kinoshita Y., "Technology Spillovers through Foreign Direct Investment", *Ssrn Electronic Journal*, Vol. 22, No. 31 (January 1999). 张建华、欧阳轶雯：《外商直接投资、技术外溢与经济增长——对广东数据的实证分析》，《经济学：季刊》2003年第2期。

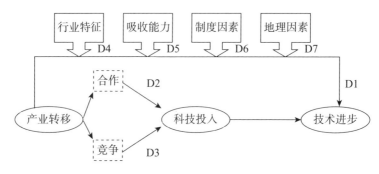

图 5-6　产业转移技术溢出机制模型

（FDI）作为产业转移研究对象，并建立了相关的实证分析模型，具有代表性的研究为：有学者选择劳动生产率作为技术进步的测度变量，运用 1962 年加拿大和 1966 年澳大利亚的 23 个制造业的截面数据为样本，对技术溢出效应进行实证分析，得出了外商直接投资对技术进步的促进作用。[1] 有学者则选择了全要素生产率（TFP）作为技术进步的测度变量，选择 22 个 OECD 成员作为研究对象，研究发现外资企业研究与发展对当地生产力有益，且当地经济的对外贸易越开放效果越好。[2] 其他学者的研究也得出了类似的结论。[3]

　　综上所述，笔者可以发现产业转移的发生会直接促进移入地的技术水平。因此，笔者可以将产业转移技术溢出的直接作用机制模型归纳如图 5-7 所示。

　　模仿和学习是当地企业在产业转移中直接提高自身的技术水平有效手

---

　　[1]　Caves R. E., "Multinational Firms, Competition, and Productivity in Host-Country Markets", *Economica*, Vol. 41, No. 162（May 1974）.

　　[2]　Coe D. T. & Helpman E., "International R&D Spillovers", *European Economic Review*, Vol. 39, No. 5（May 1995）.

　　[3]　Globerman S., "Foreign Direct Investment and Spillover Efficiency Benefits in Canadian Manufacturing Industries", *Canadian Journal of Economics/revue Canadienne D'economique*, Vol. 12, No. 1（February 1979）. Blomstrom M. & Wolff E. N., "Multinational Corporations and Productivity Convergence in Mexico", *Social Science Electronic Publishing*, Vol. 15, No. 30（October 1989）. Blomstrom M. & Kokko A., *Home Country Effects of Foreign Direct Investment: Evidence from Sweden*, No. W4639, National Bureau of Economic Research, 1994. 陈涛涛：《移动电话制造业：外国直接投资溢出效应案例研究》，《国际经济合作》2005 年第 1 期。

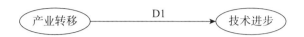

**图 5-7　产业转移技术溢出直接作用机制模型**

段。跨国公司作为产业转移的绝对主体，同样也是产业转移的产物。跨国公司是世界上产业技术的主要创新者，核心技术是维持其垄断优势的基础。随着跨国公司转移到东道国，跨国公司不仅会带来新设备、新产品或者新的加工方法，而且还将产品选择、销售策略以及管理理念等非物化技术引入东道国，于是，就为当地企业采用新技术或者进行技术仿制提供了良好的机会。关于示范和模仿直接产生技术溢出效应的直接证据是充分的，有学者在研究欧洲半导体工业时，都强调了美国跨国公司在欧洲半导体工业的技术示范效应。[①]

　　进一步分析产业转移的技术溢出直接形成机制的路径，笔者认为产业转移的发生，当地企业可以通过"技术监听站"[②]"逆向工程"[③] 等手段以尽快获取最新的知识和信息，并进行研究、学习和模仿，启发东道国当地企业的创新意识，甚至开发出具有竞争性的相似产品。这种路径的优点在于它能够绕开和突破跨国公司的技术封锁，在迅速学习和掌握跨国公司子公司的管理模式、市场技巧和产品技术信息以后而不用任何补偿。有学者通过对韩国电子消费品生产厂商的研究发现，1975 年在 15 个黑白电视机组装厂商中，有 11 个是通过引进其他厂商的工程技术人员，借助于逆向工程掌握必要的技术后才得以进入该行业的。[④]

　　人力资本流动也是产业转移直接技术溢出的一种重要方式。人力资本

　　① Cogburn R. R., Brower J. H. & Tilton E. W., "Combination of Gamma and Infrared Radiation for Control of the Angoumois Grain Moth in Wheat", *Journal of Economic Entomology*, Vol. 64, No. 4 (August 1971). Lake A. W., "Technology Creation and Technology Transfer by Multinational Firms", *Research in International Business and Finance*, Vol. 1, No. 2 (April 1979).

　　② Mansfield E. & Romeo A., "Technology Transfer to Overseas Subsidiaries by U. S. – Based Firms", *Quarterly Journal of Economics*, Vol. 95, No. 4 (December 1980).

　　③ Kim L., "Technological Innovation in the Capital Goods Industry in Korea: A Micro Analysis", *International Laborer Office In Geneva*, 1982, pp. 216–224.

　　④ Kim L., "Technological Innovation in the Capital Goods Industry in Korea: A Micro Analysis", *International Laborer Office In Geneva*, 1982, pp. 216–224.

是一种具有创造性的资源，对于消化、吸收、促进技术进步的工作都需要人力资本来进行。人力资本的流动既包括人力资本的"有形"转移，也包括人力资本的"无形"转移。跨国公司为了保持其子公司的竞争优势，会注重对当地各个层次的雇员提供大量形式灵活多样的培训。当这些经过技术培训的技术工人和管理人员一旦被其他企业所聘用或自主创业时，其所学的专业技术和管理方式也随之外流，从而引起技术的直接溢出。有学者在对台湾当地企业研究后发现，当地技术扩散的主要媒体是技术人员的流动，他们在外资企业工作若干年后，用学到的技术、信息和其他形式的技术诀窍创立自己的企业。①

（二）中介作用机制

产业转移技术溢出的中介作用机制指的是产业转移的发生引起移入地企业科技投入的增加，进而促进移入地工业产业技术水平进步的作用机制。根据联合国教科文组织所下的定义，科技投入是指投入在研究与发展（R&D）活动中的人力、物力、财力资源。科技投入反映的是企业在特定时期内投资于创新活动的资源总量。② 科技投入的大小与技术水平的高低紧密联系在一起。随着国际与区域产业转移的发生，特别是产业转移主要形式的跨国公司，为了开发利用国外的自然资源、廉价生产要素以及产品市场，纷纷在国外设立分公司。而当地的供应商和销售企业在与其子公司进行合作的时候，往往需要增加科技投入以提升自身的技术水平，从而满足子公司高技术、高标准的需要。同时，跨国公司子公司的入驻，当地企业为了能与子公司进行竞争，也要加大科技投入力度以促进自身的技术水平的提高。

综上所述，笔者可以发现，产业转移的发生，当地企业在与跨国公司子公司进行合作与竞争的作用下，会间接增加科技投入，并最终促进自身的技术水平。因此，笔者得出产业转移技术溢出的中介作用机制模型见图5-8。

---

① Simon J. L., *The Ultimate Resource 2*, Princeton University Press, 1996.

② Ranga L. M., *The Innovative Capacity of Academic Research Groups Involved in University-Industry Collaboration*, University of Sussex, 2005.

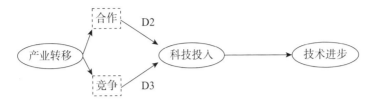

图 5-8 产业转移技术溢出中介作用机制模型

跨国公司在进行产业转移时，从其自身发展战略角度来看，笔者可以将跨国公司的海外投资战略分为市场寻求型、资源寻求型和效率寻求型。无论跨国公司出于什么类型的战略选择，其在东道国设立的子公司都不能孤立发展，必然会参与当地的企业进行产业分工与合作。当其子公司与当地的供应商和销售企业进行合作时，为了维持合格的产品质量、标准化的服务水准和良好的品牌形象，他们会要求当地的合作企业加强研究与开发投入，提高自身的技术水平。有学者在对印度卡车制造业研究过程中发现，跨国公司会通过以下五种联系促进其当地合作企业的发展：帮助未来的供应商建立生产性设施；为改善供应商产品的质量或促进其创新活动提供技术帮助和信息服务；提供或帮助购买原材料和中间产品；提供组织管理上的培训和帮助；通过发掘新客户帮助供应商从事多样化经营。①

同时，随着产业转移的发展，跨国公司移入会加剧东道国当地市场的竞争程度。当地企业特别是处于国内领先甚至垄断地位的企业为保持其市场竞争力，会主动加强学习与模仿，提高生产效率，降低生产成本，改进产品质量，加大研发投入，改善经营管理，甚至以不断创新来寻求新的生存空间。这极大地促进了整个行业资源的优化配置，推动当地企业技术水平和生产效率的提高。一些学者通过企业层面和行业层面的实证研究证实了这一作用机制的发生。有学者构建了关于跨国公司子公司与当地企业的博弈基本模型，证明了由于竞争促进当地企业技术进步，缩小了两者之间

---

① Lall S., "Vertical Inter-Firm Linkages in Ldcs: An Empirical Study", *Oxford Bulletin of Economics & Statistics*, Vo. 42, No. 3 (August 1980).

的技术差距。[1] 在我国，跨国公司竞争产生的压力是我国通讯设备、汽车、工程机械、电站设备、高铁设备等许多行业中的内资企业不断加大科研投入，提升技术水平的重要推动力。近年来，随着我国金融、保险、电信服务、批发零售等行业对外开放的程度不断提高，这些行业提高效率和改善服务的进程明显加快。

（三）调制作用机制

产业转移的技术溢出调制作用机制指的是调制因子对产业转移的技术溢出效应产生促进或抑制的作用，而其本身不能单独对技术进步产生作用。调制在电子学中有十分重要的作用。通过调制，不仅可以进行频谱搬移，把调制信号的频谱搬移到所希望的位置上，从而将调制信号转换成适合于传播的已调信号，而且它对系统的传输有效性和传输的可靠性有着很大的影响，调制因子往往决定了一个通信系统的性能。随着科学研究的发展，越来越多的学者们把调制引入到经济学领域。杜健在其博士学位论文《基于产业技术创新的 FDI 溢出机制研究》中，从吸收能力和技术差距角度分析了外商直接投资技术溢出的因素及其调制作用，并以 1998—2003 年六年间每一年的 37 个行业为研究对象，分别验证了吸收能力和技术差距两种调制因子对创新产出与外商直接投资技术溢出的调制作用。[2] 有学者在研究发达国家流向发展中国家外商直接投资的投资效率是否要高于当地投资时，发现金融发展程度、外汇黑市以及政治稳定性这些制度性因素至关重要。[3]

根据已有的研究，笔者可以发现，在产业转移发生技术溢出效应的过程中，移入地的行业特征、吸收能力、制度因素以及地理因素等调制因子对技术溢出的有效发生具有重要影响。因此，笔者可以总结出产业转移技

① Wang J. Y. & Blomstrom M., "Foreign Investment and Technology Transfer: A Simple Model", *European Economic Review*, Vo. 36, No. 1 (January 1992).

② 杜健：《基于产业技术创新的 FDI 溢出机制研究》，博士学位论文，浙江大学，2006 年，第 99—165 页。

③ Lee J., "Trade, FDI, and Productivity Convergence: A Dynamic Panel Data Aproach in 25 Countries", *Japan and the World Economy*, Vol. 21, No. 3 (August 2009).

术溢出的调制作用机制模型如图5-9所示。

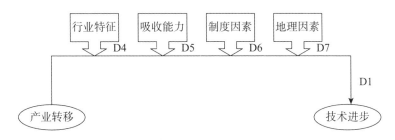

图5-9　产业转移技术溢出调制作用机制模型

产业转移的技术溢出会受到行业特征的影响，例如企业规模、技术差距、资本密集度和行业集中度的差异都会对技术溢出产生影响。有学者研究发现，外商直接投资技术外溢受到行业特征的影响，外资参股企业的生产率与企业规模相关。[①] 有学者则认为，溢出效应是跨国公司与当地企业技术水平差距的增函数，技术水平差距越大，则当地企业"赶超"的潜力就越大。[②] 陈涛涛选择我国84个四位码行业的数据，把"技术差距""资本密集度"以及"行业集中度"作为"内外资企业能力差距"的行业分组变量，结果证实了内外资企业之间能力差距越小，溢出效应越大。[③]

吸收能力又是影响产业转移技术溢出的另一个调制因子。有学者在分析企业研发作用是首次提出了"吸收能力"的概念，研究结果发现，企业研发投入不仅直接促进了技术进步，而且增强了企业对外来技术的吸收、学习、模仿能力，使得企业拥有更强的技术能力去吸收外部技术扩散。[④]

①　Aitken B. J. & Harrison A. E., "Do Domestic Firms Benefit from Direct Foreign Investment? Evidence from Venezuela", *American Economic Review*, Vol. 89, No. 3 (June 1999).

②　Findlay R., "Relative Backwardness, Direct Foreign Investment, and the Transfer of Technology: A Simple Dynamic Model", *Quarterly Journal of Economics*, Vol. 92, No. 1 (February 1978). Wang J. Y. & Blomstrom M., "Foreign Investment and Technology Transfer: A Simple Model", *European Economic Review*, Vo. 36, No. 1 (January 1992).

③　陈涛涛:《移动电话制造业：外国直接投资溢出效应案例研究》,《国际经济合作》2005年第1期。

④　Cohen W. M. & Levinthal D. A., "Innovation and Learning: The Two Faces of R&D", *Economic Journal*, Vol. 99, No. 397 (September 1989).

也有学者在这方面的研究比较深入，发现如果东道国当地企业技术水平比较落后，人力资本的素质比较低，跨国公司就会倾向于转让一些生产阶段低附加价值、低技术含量的技术内容到该国，以便利用该国的低成本优势。① 相反，如果东道国的技术水平相对较高，则跨国公司会倾向于转移一些附加价值及技术含量比较高的项目，以便利用当地的技术及人才优势。

产业转移的技术溢出作为一个过程，深受其周围制度因素的影响，包括经济的、文化的、政治的等。正因为如此，应该把制度因素视为促进产业转移技术溢出的核心要素之一。一些学者认为制度建立是决定创新系统的第二个要素，制度就是为个体和集体的行为活动提供路标，它包括惯例（指导着日常的生产、分配和消费活动）和诱导变革的路标。② 国内学者王伟光在其博士学位论文《中国工业行业技术创新和创新效率差异研究》中，以我国工业技术创新体制变化为背景，从创新融资结构、对外开放和企业制度三分方面出发，揭示了制度环境对工业行业技术创新和创新效率的影响。③

产业转移的过程中伴随着技术的传播，而地理因素影响技术传播成本的问题越来越得到学者们的关注。格里利谢斯（Grilliches）提出他的知识生产函数，指出技术外溢可能随距离递减。④ 凯勒（Keller）的研究具有代表性，他的实证研究结果表明，技术的溢出具有局部性，且随着地理距离递减，约1200公里递减一半。他还发现技术溢出的局部性随时间推移减

---

① Cantwell J. & Barrera P., "Intercompany Agreements for Technological Development: Lessons from International Cartels", *International Studies of Management & Organization*, Vol. 25, No. 1/2 (Spring – Summer, 1995).

② Johnson B. & Lundvall B., "The Learning Economy", *Journal of Industry Studies*, Vol. 1, No. 2 (March 1994).

③ 王伟光：《中国工业行业技术创新和创新效率差异研究》，博士学位论文，中国社会科学院研究生院，2002年，第55—93页。

④ Griliches Z., "Issues in Assessing the Contribution of Research and Development to Productivity Growth", *The Bell Journal of Economics*, Vol. 10, No. 1 (February 1979).

弱。[1] 符淼在其博士学位论文《技术溢出的空间计量和阈值回归分析》中，采用阈值回归分析得出了我国技术溢出强度随地理距离变化的衰减距离，创造性地把基础设施因素引入到模型中，具体检验了当地基础设施对产业转移的技术溢出有效发生的作用大小。[2]

## 二、产业转移资本效应形成机制

对于产业转移的资本效应的形成机制，学术界普遍认为存在三种方式：一是资本直接注入机制；二是资本挤出机制；三是资本挤入机制。

（一）资本注入机制

根据钱纳里的双缺口模型，欠发达地区在产业结构调整过程中，会受到境内资金不足的制约，而产业转移是包括了资本、技术、管理经验等一揽子要素的组合式转移，然而最常见和最重要的要素就是资本，利用产业转移的资金流入可以弥补承接地的储蓄缺和外贸缺口。早期的外商直接投资、跨国公司对外投资等都是以对承接地投资为主的产业转移方式。当前，虽然产业转移的方式日趋多样化，但通过产业转移对承接地形成直接的资本注入仍然占有重要的地位。因此，产业转移资本效应的形成机制之一就是资本的直接注入机制。这一注入机制又可具体分为三个不同的途径。

第一，通过"绿地投资"的方式，为承接地直接注入增量资本。发展经济学家纳克斯认为，欠发达地区解决"贫困的恶性循环"的关键在于，要解决好经济发展初期的资本稀缺与大规模投资之间的矛盾，一个重要的途径就是借助外部投资来加速本地的资本形成。产业转移的一个重要方式就是以"绿地投资"的方式进入，在承接地重新建立一个企业进行生产，这样，产业转移所带来的直接投资弥补了承接地在经济发展中所产生的储蓄缺口和外贸缺口，直接推进了承接地投资计划的实施。

---

① Keller W., "Geographic Localization of International Technology Diffusion", *American Economic Review*, Vol. 92, No. 1 (March 2002).

② 符淼:《技术溢出的空间计量和阈值回归分析》，博士学位论文，华中科技大学，2008年，第56—94页。

第二，通过"并购重组"的方式，为承接地盘活了存量资本。除了"绿地投资"外，通过金融市场对承接地的相关企业进行"并购重组"也是产业转移常用的方式之一。近年来，世界范围内的跨区域购并重组发展迅速，据统计，产业转移中全球跨区域并购重组数额已经超过"绿地投资"。现阶段我国企业的跨区域并购重组多采用现金收购或股权收购支付方式，它是搞活企业、盘活资产的重要途径。并购重组式的产业转移，通过并购方资金、管理、制度的系统注入，可以提高承接地被并购企业的资本使用效率，从而盘活了存量资本。

第三，通过"扩大投资"的方式，为承接地持久扩充增量资本。产业转移对承接地的"扩大投资"有两种主要方式：一种是通过追加后续投资来达到扩充承接地增量资本，转移企业对承接地的投资通常是分批分期进行的，一般转移企业在前期投资后，如果项目进展符合预期，后期投资就会进一步被追加；另一种是通过把利润转化为投资以达到扩充承接地增量资本，企业转移到承接地后，就成为了一个独立的生产组织单位，这一单位在获取利润后，会根据承接地经济发展的具体情况，作出汇入转出地总公司，还是转化为再投资的决策。

（二）资本挤入机制

承接产业转移不仅可以为承接地直接注入资本，在产业关联作用、竞争示范作用等的带动下，还可以对本土投资起到促进作用，从而产生资本挤入效应。所谓承接产业转移的资本挤入效应是指，承接地通过承接产业转移产生了比产业转移本身所带来的投资更大的投资。其形成的机制主要包括下面三个方面。

第一，通过产业关联作用，促进承接地其他产业投资增加。产业关联作用实质上是反映了产业间的投入产出关系，对此，罗长远认为，产业转移嵌入承接地的生产系统后，对于要素或者中间品的需求，可以促进承接地上游企业的发展，产生后向联系效应；[1] 转移企业通过向下游企业提供

---

① 罗长远：《FDI 与国内资本：挤出还是挤入》，《经济学：季刊》2007 年第 2 期。

优质的中间品，也可以促进承接地下游产业的发展，产生前向联系效应；前、后向联系产生于产业间，通过这种效应，相关产业的投资得以扩张，形成了产业转移的资本挤入效用。同时，承接地为了吸引产业转移到本地，可能会对本地的公路、铁路、桥梁、港口、机场等基础设施进行改造，这也将会刺激本地投资的增加。

第二，通过竞争示范作用，促进承接地相关产业投资增加。某一产业的转移一方面会对承接地带来先进的技术和管理经验，另一方面也会加剧行业内的竞争。在竞争机制的驱动下，承接地该产业内的企业会加大研究开发投资力度，人力资源投资力度，积极探索更有效的技术和资源配置途径，以提高生产效率。而行业内生产效率的提升，又会使得企业在既定的产量下节约资本投入，这就有利于该行业的再投资或资本深化。同时，某一产业的转移还可能带来新产品、新技术，还会对承接地相关产业产业"示范效应"。新产品通过消费市场的示范效应会引发承接地该行业投资的增加，而新技术通过要素市场的示范效应也会引发承接地该行业投资的增加。

第三，通过金融刺激作用，促进承接地资本市场效率提升。现代经济发展，越来越离不开一个健康、繁荣、稳定的金融市场的支持。产业转移常常会通过承接地的金融市场来进行融投资，而这不仅为承接地的本土投资者提供了更多的投资渠道和金融资本，还会将转出地金融市场上的一些成功经验与做法带到承接地，推动承接地金融市场的不断完善，资金利用效率不断提高。而这既有充裕的金融资本，又有不断完善的金融市场平台，在投资乘数机制的作用下，会使得承接产业转移的资本挤入效应倍增。

(三) 资本挤出机制

外地产业的转入可在一定程度上替代本土投资，影响承接地本地投资的增加，从而形成产业转移的资本挤出效应。具体来说，产业转移的资本挤出效应主要通过以下三个途径产生。

第一，歧视性政策可能导致的资本挤出效应。为最大限度地吸引产业转移，承接地政府一般会在工商管理、土地使用权、税收等方面，给予产业转移企业一定程度的优惠政策。而这些政策对于承接地本地企业来说，就不可避免地产生了一定的政策歧视性，从而使得原本就不具备竞争优势的本地企业，在与转移企业的竞争格局中更有可能处于劣势地位。在此竞争形势下，承接产业转移的结果就可能使得本地企业受到打压和排挤，甚至被完全挤出市场，形成资本挤出效应。

第二，恶性的竞争可能导致的资本挤出效应。首先在产品市场上，转入企业与承接地的本土企业常常表现出竞争关系，而转入企业相对于承接地的本土企业一般在技术、资金、管理水平上具有比较优势，而且也可能享有承接地在税收、土地利用等优惠政策，从而会比本土企业更具竞争优势。因此，本土企业的市场份额受到挤压，进而投资需求会减少。其次在要素市场上，产业转移后必然会改变承接地要素市场的供求关系，要素市场的竞争会加剧，要素成本会提高。而转入企业在资金与成本控制上一般具有优势，在要素市场的竞争中处于优势，而本土企业在要素成本高涨的情况下，生存空间将更狭窄。总之，产品市场的竞争和要素市场的竞争将共同挤压承接地本土企业的生存空间，从而抑制本土投资需求。

第三，市场结构再调整可能导致的资本挤出效应。首先，一般而言，合理承接产业转移的基本原则之一就是承接的产业要与承接地原有的产业结构形成互补格局，从而以便促进承接地产业结构的优化升级。但是，在实践中，由于各承接地对产业转移的相互竞争，使得这一原则常常被违背，从而在承接产业转移过程中产生了产业结构趋同问题，进而在该产业内造成了资本挤出效应。其次，当产业转移到承接地后，在与承接地企业的竞争过程中，凭借其先天的技术、信息、管理及营销方面的优势和后天的政策优势，可能通过各种方式控制承接地某些重要产业，形成局部的市场垄断势力，从而对承接地企业产生资本挤出效应。

## 三、产业转移就业效应形成机制

### （一）直接传导机制

由于发展中国家拥有充裕、低廉的劳动力储备，因此它们成为了欧美发达国家进行产业转移的主要承接国，在技术和其他条件允许的情况下，移出地为了节约人力成本，获得经济效益，通过对产业链条的拆分，将剥离出的生产环节转移到次发达区域，从而进行产业结构调整，以节约生产成本。通常情况，产业转移对承接地的就业直接传导机制主要是通过两个途径实现的。一方面，由于劳动力流动存在区域限制，转移的企业除了高层管理人员可能来自转出地，其他岗位的劳动者则主要来自承接地。而且，许多劳动密集型产业的转移正是为了获取承接地的劳动力比较优势而转移的，这样，就造成了承接地就业岗位的直接增加。另一方面，通过承接产业转移，改变了承接地劳动力市场原有的均衡结构，使劳动力的需求曲线向右上方移动，从而提升了承接地的整体工资水平，工资水平的提升，又会促使劳动力供应的增加，这样，承接地就必须进一步细化分工，来衍生出更多的就业岗位，以便吸纳因工资水平提高，而产生集聚的劳动力。图5-10是产业转移过程中外来资本对推动劳动力增长的生产函数，横轴代表劳动力就业数量，纵轴代表产业转移的外来资本，劳动者工资所得由面积 $M$ 代表，$E_1$、$E_2$、$E_3$ 为外来资本与劳动力就业的均衡点，$Q_1$、$Q_2$、$Q_3$ 代表产业扩张曲线。

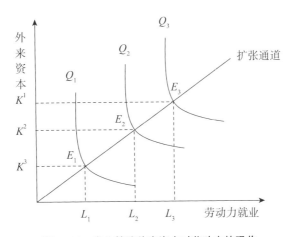

图5-10　产业转移外来资本对劳动力的吸收

（二）间接传导机制

承接产业转移确实改善了承接地的就业状况，但是直接就业的增长所带来的就业扩容并不能为承接地经济增长提供持续稳定的动力，因此，产业转移就业效应的间接传导机制就更值得笔者重视与研究。笔者将从以下四个方面来进一步探讨产业转移是如何间接影响就业如图 5-11 所示。

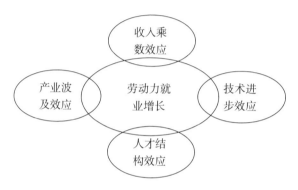

图 5-11　产业转移就业效应的间接传导机制

第一，收入乘数效应的就业传导机制。当国民将自己原始支出（包括消费、投资、政府支出）转变为支付接受者的收入，支付接受者再将其所获收入的其中一部分支付于流通市场之中，成为另一部分国民的收入，如此循环反复，必将使整个国内生产总值在原始支出的拉动下以乘数的比例扩大。一般而言，收入较高的群体，其绝对消费水平也相应较高，因为产业转移在为承接地带来了就业扩容的同时，也相应地提高了承接地的收入水平，收入水平的提高带动了消费水平的增长，社会需求的不断扩大，推动了新一轮的投资浪潮，根据乘数效应，GDP 的增长会推动社会需求的扩大，加强投资力度，促进就业增长。

第二，产业波及效应的就业传导机制。在国民经济体系中，各个行业是一个相互联系的整体，通常一个产业的发展离不开另一个产业的支持，而被支持的产业又能促进其他产业的发展。因此，一个产业的高速发展往往能引起连锁反应，带动众多产业发展，并最终促进整体国民经济的就业。一般而言，产业波及效应分为两个方面：第一，由于相互消耗而形成的波及效应。由于国民对某一产品的需求扩大，导致此产品在生产过程中带动了相关消耗品的产业发展；第二，由于配套需求引起产品之间的互补关系。国民对某一产品的需求往往会引起对相关附加产品的需求。因此，配套需求引起的波及效应也是就业增长的途径之一。

第三，技术进步效应的就业传导机制。技术进步对就业有积极的影响，由于技术溢出效应的存在，移入地在承接移出地产业的同时，也相应地接受了移出地先进的技术知识与管理理念，降低了企业的生产成本。基于经济学的视角分析，企业为了赚取超额利润，会不断的扩大生产，直到边际成本与边际收益相等，因此，当生产成本降低时，必然会促使企业增加资本投入与劳动投入，扩大生产规模，创造更多的就业机会。技术进步不仅可以为企业降低生产成本，还可为企业规避相应的风险。一方面，由于企业对未来收益的预期，是企业是否愿意进行新投资的主要因素，因此，能否有效规避或降低风险，就是企业决策的核心环节。在企业获得相应的先进技术与管理理念之后，企业便可以更好的发现与开拓市场，更为有效地规避风险，降低生产成本。另一方面，技术的进步主要是由于信息产业的井喷式发展，促使企业的发展与生产难度降低，增加了企业的利润，引致更多数人对开办企业充满了浓厚的兴趣，促进了就业的提升。

第四，人才结构效应的就业传导机制。高素质劳动者和低素质劳动者由于供求关系的不同，导致劳动力就业的结构比例不同。在通常情况下，高收入的工作岗位往往需要高素质劳动者，所以，受到薪资待遇的吸引，大多数劳动者都通过教育培训以求达到技能与知识储备的提升，而进入高薪岗位。此外，在国民经济体系中，有些部门劳动者过剩，有些则紧缺，因此要均衡二者之间的关系，必定会存在劳动力转移的现象。首先，部门岗位之间的劳动力转移，劳动者必须具备相关的知识和技能，因此，教育培训便可以发挥其作用；其次，企业若需进行产业转移，也会对移入地人员进行知识及管理的相关培训，再让受训人员进入相关部门工作。可以看出，承接地为了吸引外来资本，会相应的进行技能培训和教育，优化人才结构，提升承接地劳动者素质，促进承接地人才链的进一步优化。劳动者素质的提升，将使劳动者更加符合现代社会的需求，促进就业的持续增长。

## 四、产业转移经济增长效应的形成机制

产业转移被认为是直接资本输入和间接知识溢出的重要源泉，因此随着对产业转移的承接，往往会对区域经济增长有巨大的促进作用，这也是我国各地区竞相招商引资的重要动因。索洛以柯布—道格拉斯生产函数为基础，推导出一个新古典经济增长模型。这一模型的特殊之处在于，对于经济增长不仅从既定生产函数的角度来思考，而且认识到更优良的技术会提升生产函数的水平。他认为经济增长主要取决于资本、劳动和技术三项要素，并通过索洛余值的计算方法，以测定它们在经济增长中的作用。其模型通过简单变换为：

$$\Delta Y/Y = \Delta A/A + SL\ \Delta L/L + SK\ \Delta K/K \qquad (5-12)$$

上述公式表明，收入增长率（$\Delta Y/Y$）主要取决于这三类因素：第一，技术进步率（$\Delta A/A$）；第二，劳动投入增长率（$\Delta L/L$）；第三，资本投入增长率（$\Delta K/K$）。之后，运用这一基本思想来分析经济增长最为著名是美国的经济学家丹尼森，他把经济增长因素归为两大类：一是生产要素投入量，主要为劳动和资本；二是生产要素生产率，主要体现在广义的技术进步。事实上，国内外许多关于产业转移效应的计量模型都是从柯布—道格拉斯生产函数出发的，但由于研究的侧重点不同，学者们通过对柯布—道格拉斯生产函数进行变换，往往关注的是产业转移效应的某一个方面。索罗的新古典经济增长模型为分析产业转移对承接地经济增长的促进作用提供了一个基本的理论框架（如图 5-12 所示）。

（一）技术提升机制

相对于承接地企业而言，进行产业转移的企业拥有先进的技术、成熟的管理经验、完善的营销手段和技巧等优势。一方面，这些优势会伴随着产业转移直接复制到承接地，从而提升承接地相关产业的技术水平；另一方面，其在承接地的投资、经营活动会通过多种渠道对承接地的经济产生溢出效应，从而提高承接地的全要素生产率。具体而言，学者们普遍认为

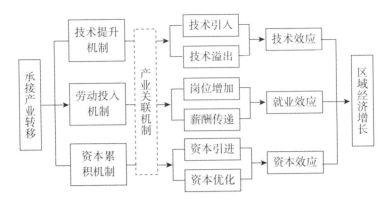

图 5-12　产业转移驱动承接地经济增长的作用机制

的溢出渠道有这三种：一是行业竞争。产业转移改变了承接地的市场结构，加剧了承接地企业竞争，从而迫使承接地企业改进技术和管理，提高资源利用效率。二是关联传染。转移企业通过与承接地企业形成产业上下游联系，进而改进供应商或采购商的技术与管理。另外，在某些情况下，承接地企业仅仅通过观察、模仿就可以学习到转移企业的先进技术和管理经验。三是人员培训。转移企业的员工通过专业培训或"干中学"方式积累一定的技术和知识后，流动到承接地企业，从而提高了本地企业的生产率。通过这些途径，承接地的生产率得到了提升，表现为承接产业转移的一种综合技术效应。

（二）劳动投入机制

依据新古典增长理论，在充分就业实现之前，在技术水平和资本—劳动比不变的前提下，劳动投入的增加直接促进了经济增长。产业转移对承接地劳动投入机制的推进主要是通过两个途径实现的。一是就业创造。对于区域经济系统而言，承接产业转移一般会为该产业创造更多的就业机会，在劳动力流动存在区域限制情况下，就会吸纳当地的剩余劳动力，从而实现了就业创造。二是就业传导。这是指在产业关联作用的带动下，产业转移会带动承接地关联产业的发展，而关联产业的扩容也会带来劳动投入的增加，从而实现就业传导。从另一个角度来看，产业转移之所以能够促进承接地劳动投入量的增加，是因为转移的产业一般来说，都需要相对高技术能力的劳动力，这促使承接地更加重视教育，大力培养高技能的劳动力。随着高技能劳动力供给量的增加，高技能劳动力密集型工序开始显现出成本优势，又会进一步促进了相关产业不断向承接地转移，这就意味着承接地就业空间得到拓展。

（三）资本累积机制

资本对于一国经济增长的重要性，自亚当·斯密开始，就一直是主流经济学家的一个核心观点。从某种意义上来讲，产业转移是资本跨区域、跨国界流动的结果。总体而言，产业转移表现为承接地的资本存量的增加。产业转移对承接地资本存量扩张的影响机制主要通过两条途径实现：一是直接的资本引进，即产业转移的流量资本促使承接地存量资本的增加。产业转移直接增加了承接地可用于投资的资金，弥补承接地的资金缺口，为承接地的经济增长提供了一段时期内持续稳定的资本要素供给，有利于承接地经济增长的短期稳定性。二是资本优化，即产业转移带动了承接地的投资，使承接地总投资的增量超过产业转移本身的增量，或者说产业转移与承接地投资存在互补关系。资本挤入能够通过扩大承接地资本供给规模和结构性调整促进其产业结构优化和未来增长的持续性。

上述分析，通过引入新古典增长的基本理论模型，从技术、就业及资本三个方面出发来全面考察产业转移促使承接地经济增长的机制，从而避免了当前研究大多只关注其某一个方面的偏颇。值得指出的是，这些偏颇的形成有其现实根源。在改革开放初期，我国以外商直接投资为主要形式的承接国际产业转移主要是为了弥补国内资金缺口，利用外国资金进行经济建设，强调的是其资本效应。到了 20 世纪 90 年代中后期，中国在利用外商直接投资的政策上提出"以市场换技术"策略，旨在通过开放部分国内市场，通过承接产业转移来引进技术，提高我国的科技水平，主要强调的是承接产业转移的技术效应。这些对承接产业转移效应的理解具有历史局限性，并不全面。笔者认为要全面认识承接产业转移的效应，就必须分析承接产业转移如何促进承接地的经济增长，也就是明确其在经济增长过程中的作用机制。事实上，在当前我国一些地区承接产业转移的实践中，产业转移对承接地经济增长也主要是通过资本效应、技术效应及就业效应来综合发挥作用的。

## 五、产业转移制度变迁效应形成机制

### （一）产业转移制度变迁效应的成因

新制度经济学认为经济制度可以被看作是一种"产品"，制度变迁主要源于制度需求与供给的不均衡。产业转移作为内涵丰富的"一揽子产品"，其必然会打破承接地原有的制度均衡状态。具体来说，主要可以从以下四个方面来分析。

第一，从承接地市场角度来看，最明显的就是产业转移会导致承接地市场格局的变化，产业转移从某个角度来说，就是产能的跨区域转移，承接地通过对产业的承接必然使所承接产业的市场供需关系发生改变，进而促进市场体制本身更加完善。王霞以外商直接投资为例，认为外商直接投资进入会打破东道国原有的市场格局，进而通过构建理论模型分析了国际产业转移对我国市场准入制度变迁的影响机制。[①]

第二，从承接地要素流动角度来看，紧接着产品市场供需状态的变化，便是要素市场的联动，如人才、资本等会快速响应本地产业格局变动而加速流动，以期获取更高的要素报酬，而要素流动的加快，无疑为制度均衡状态的打破创造了条件。一些学者把贸易引力模型引入到对产业转移的研究中，他们认为产业转移会在承接地形成巨大的引擎效应，这一引擎效应主要会加速周边生产要素向承接地流动。[②]

第三，从制度本身来看，一般来说，转移的企业作为一种内含先进制度的市场主体，它的转入会使得承接地的制度知识增多，因此，它对承接地最直接的影响就是使得承接地制度需求与供给处于不均衡状态。有学者

---

① 王霞、陈柳钦：《FDI 对中国制度变迁的影响》，《北京科技大学学报》（社会科学版）2007年第 3 期。

② Ramirez M., "Foreign Direct Investment in Mexico: A Cointegration Analysis", *Journal of Development Studies*, Vol. 37, No. 1 (March 2010).

认为，跨国公司的对外投资可以把其先进的企业制度、管理经验、企业文化等知识直接植入承接地，这些为为承接地的本土企业提供了一个学习的样板，从而在推进区域经济一体化中起到重要的作用。[1]

第四，从技术角度来讲，产业转移除了直接给承接地带来先进的技术外，还会通过各种途径产生技术溢出效应，而先进的技术作为生产力的核心必然会对原有的相应制度形成长久的冲击。有学者的研究指出国际间的产业转移加速了技术的扩散速度，随着产品技术的日益收敛，标准化生产成为产品的主要生产方式，进而推进了国际贸易规则的完善，还能够促使各国进行国内改革。[2]

（二）产业转移制度变迁效应的实现方式

从上述可知，产业转移通过打破承接地原有制度均衡状态来推动制度的变迁，具体来讲，产业转移对承接地的制度变迁效应主要是通过制度竞争、制度配套、制度学习、制度革新等四种方式来实现的。

1. 制度竞争

根据区位优势理论，承接地要想吸引产业转移需要区位优势。[3] 一般而言，除了承接地的自然资源、地理区位不受制度影响外，别的因素（运输成本、基础设施、地方保护主义等）或者本身是制度构成部分，或者间接受制度影响，因此承接地政府为了增强自己的区位优势，会用新的制度取代旧的制度。

2. 制度配套

新制度经济学认为，制度之间具有互补性和关联性，如果一个经济系统各种制度不协调，就不能有效运转。产业转移对于承接地来说常常意味着大量资金、货物的流入流出，这样，承接地的整个经济系统不可避免地

---

① Feils D. J. & Rahman M., "The Impact of Regional Integration on Insider and Outsider FDI", *Management International Review*, Vol. 51, No. 1 (January 2011).

② Dirk W. & Swapna N., "Foreign Direct Investment, Services Trade Negotiations and Development", *Development Policy Review*, Vol. 24, No. 4 (July 2006).

③ Dunning J. H., "The Eclectic Paradigm of International Production", *Journal of International Business Studies*, Vol. 19, No. 1 (March 1988).

会产生新情况、新问题,这些都要求宏观管理部门在利率、汇率、税收等方面加强制度配套,进而促进政府职能的转变。

3. 制度学习

作为产业转移主体的企业大多是习惯按国际惯例从事生产经营活动,其本身相对于承接地企业来说也常常是先进企业制度的代表,因此产业转移特别是国际产业转移,为承接地企业提供了制度学习的样本,可以促进当地加快建立现代企业制度。

4. 制度革新

产业转移在直接推动承接地制度变迁的同时,还通过对整个制度环境的完善间接地推动着承接地的制度革新。正如樊纲所指出的那样,以私营经济跨区域流动为代表的非国有经济的发展以及以外商直接投资为代表的国际产业转移,支撑着我国经济的增长和市场体制的形成,也为我国国有企业的改革创造了更有利的条件。[①]

另外,产业转移会推动承接地人们的意识、观念等非正式制度的革新,形成更加浓郁的商业氛围。通过对上述产业转移制度变迁效应的成因及实现方式的分析,结合新制度经济学的制度变迁理论和路径依赖理论,可以对产业转移制度变迁效应的形成机理用图5-13来简单概括。

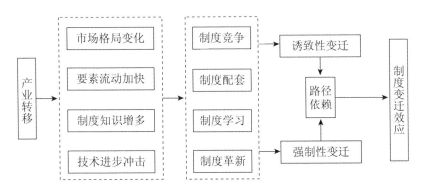

图5-13　产业转移制度变迁效应的形成机理

---

① 樊纲等:《中国市场化指数——各地区市场化相对进程2009年报告》,经济科学出版社2010年版。

## 第六节　中部地区承接产业转移效应的影响因素

通过文献研究，笔者发现影响产业转移效应的因素很多，现结合实证研究与调研数据，从产业转移的转移方和承接方来具体分析其影响因素。

### 一、转移方的影响因素

#### (一) 转移产业的类型

第一，劳动密集型行业转移的影响。劳动密集型行业作为中部地区承接产业转移的主要产业类型，其对中部地区承接产业转移效应的影响十分突出。其中最为显著的就是对就业效应的影响，笔者的实证研究也证实了这一点，就是行业的就业效应系数达到了 0.5，而相对于的区域就业效应系数仅为 0.02，且不显著。另外，由于劳动密集型行业是干中学效应的主要载体，其人力资本通过劳动力的不断流动对技术进步起到重要推动作用，从而对技术溢出效应也会产生重要影响。

第二，资本密集型行业转移的影响。资本密集型行业也是中部地区承接产业转移的重要类型，该行业的转移，最重要的特征一是以大量的投资为载体，二是其大多属于重工业，具有很强的产业关联效应。因此，它不仅可以在承接地形成直接的资本注入效应，还可以带动其他配套产业的发展，进而形成比较明显的区域经济增长效应。当前，中部各地区对一些重大产业转移项目的激烈竞争，正是看重了其对区域经济增长的重要作用。但是，值得注意的是，该类项目对承接地的环境污染效应也不可小觑，目前已引起了较多学者们的关注。

第三，技术密集型行业转移的影响。项目组调研的情况表明技术密集型行业在中部地区承接产业转移的总量中占比较低，但就局部而言，一些地区打造的专门承接高科技产业的园区还是有一定规模的承接。如湘潭九华高科技产业园区近年先后引进了台湾联电、韩国三星、美国通用、德国西门子、中国五强集团等世界 500 强企业以及鼎鑫科技、全创科技、三星爱铭、时代软件等高科技公司。项目组对技术密集型转移至九华高科技园区的案例研究表明：技术密集行业转移对承接产业转移的技术效应具有最为显著的影响，对资本效应、制度效应、就业效应及经济增长效应也具有较大影响，且其负面的环境污染效应较小。

（二）产业转移的方式

第一，境外直接投资。境外直接投资作为产业转移的传统方式，在中部地区承接产业转移中具有重要地位，据项目组对中部地区近十年承接产业转移的数据统计，其占比达到了中部地区承接产业转移总量的40%以上。具体来说，它有包括外商直接投资和外联引资两个方面，其显著特征是以资金作为产业转移的主要载体。境外直接投资对产业转移效应影响主要包括三个方面。一是投资动机。在传统的对外直接投资理论看来，当跨国公司进行跨区域投资时，如果是为了战胜那些对当地市场、消费者偏好的承接地企业，它们必须拥有一些构成公司特定优势的自主产权技术，从而对承接地的技术进步会有积极的影响；相反，如果他们是为了获取承接地的市场及具有相对比较优势的生产要素，则其会在某种程度上对承接地企业形成替代效应，进而其资本效应、就业效应及增长效应也会大打折扣。二是投资来源地。一般而言，如果境外投资是外商直接投资，则受制于国内政策或公司战略，其对承接地的技术转移就有限；而如果境外投资是国内其他区域的投资，则对承接产业转移效应就会达到其可能的最优值。三是投资进入方式。一般来说，如果跨国公司以并购的方式进入承接地，那么为了防止技术秘密的泄漏，它们常常不会把自己的核心技术直接转让给子公司，从而不利于技术效应的发挥；而如果跨国公司采取绿地投资的方式进入承接地，那么，就可能因为对技术拥有绝对控制权而把新技术转让给子公司，从而有利于促进技术效应的发挥。

第二，跨区域外包。外包作为近年来产业转移的一种重要方式，其实质是企业在保留产品价值链特定环节或具有比较优势环节的前提下，对其他环节通过合同方式转移给外部厂商来承担。学者们普遍认为，外包作为产业转移的一种新形式，其主要影响的是产业转移的技术效应和就业效应。刘绍坚认为，我国承接国际软件外包产生了显著的技术效应，这一效应产生的机制主要包括：示范—竞争、产业关联、产业集聚、人员流动及市场环境等五个途径。[①] 外包对承接地就业的影响主要有两个方面：一方面，从某种程度上来说，外包就是把本应属于区域外的工作岗位转移到了承接地，其对承接地的就业是一个净增量；另一方面，由于外包使得承接地业务量净增长，在产业关联机制的作用下，必然会提升关联产业的劳动就业量。吕延方认为，对外发包对我国劳动力就业具有显著的正向影响，对外发包比率每增加 1 个百分点，将促进我国就业增加约 0.09 个百分点。[②]

第三，集群式产业转移。产品内分工使得传统的生产组织过程出现了重要变化，其最为显著的特征就是生产方式片段化趋势越来越明显。生产的片段化强化了企业间的协作关系，使得单个企业难以独立生存。在此背景下，新一轮全球产业转移的方式又出现了新的变化，产业集群式转移正在成为产业转移的重要方式。[③] 学者们认为产业集群式转移对承接地的影响主要体现在三个方面。首先，产业集群式转移作为企业抱团迁徙的群体性行为，它包括集群供应网络、生产网络及销售网络等共生网络的跨区域流动，因而，从总体上比其他一般的产业转移方式所产生的效应更大；其次，产业集群式转移的主要动因是，在区域经济突破了二元资本、技术与经济环境的局限，全球生产效率与资产利用效率提高的背景下，获取产业链升级优势，因此，它可以从提升承接地的全要素增长率，进而优化承接地的产业结构；最后，产业集群式转移是产业链的整体迁移，对承接地的产业链整合将产生重要影响，它会在承接地形成新的产业集群，而集群的自我强化功能可以产生强大的集聚经济效应，最终推进承接地的经济增长。

---

① 刘绍坚：《承接国际软件外包的技术外溢效应研究》，《经济研究》2008 年第 5 期。
② 吕延方、王冬：《参与不同形式外包对中国劳动力就业动态效应的经验研究》，《数量经济技术经济研究》2011 年第 9 期。
③ 毛广雄：《产业集群化转移：世界性规律与中国的趋势》，《世界地理研究》2011 年第 2 期。

（三）转移方的政策

政府的经济政策对某一经济行为是鼓励还是限制，是企业能否获得较好的收益的关键因素之一。从前几次全球范围的产业转移浪潮的历程来看，转移方的政策对产业转移效应产生了重要的影响。总体上讲，转移方对产业转移的政策可以分为积极的刺激性政策和消极的限制性政策，下面分别来讨论这两类政策对产业转移效应的影响。

第一，积极的刺激性政策。随着全球范围内产业转移的加速推进，作为产业转出地的发达地区为了保持竞争优势，必须"腾笼换鸟"：转出自身失去优势的产业，加快发展高端产业。在此发展思路下，政府会制定积极的刺激性政策来鼓励那些失去竞争优势的产业加速向外转移。这些积极的刺激性政策实质上相当于降低了企业转移的成本，因此，将会促使更多的企业作出转移的决策，进而使得总体的产业转移规模高于无政策刺激下的产业转移规模。笔者的实证研究表明，产业转移的效应与产业转移规模呈同比例变化，这样，积极的刺激性政策对产业转移效应的正负两方面都会起到放大的作用。除了总体上的积极的刺激性政策外，分类的刺激性政策也是产业转出方政府常用的策略。这类政策措施最大的特点就是针对性强，从笔者调研的情况上来看，这类政策主要针对的劳动密集型产业和污染密集型产业。其常用的策略是通过最低工资政策及环保政策来迫使这两类产业转移，而这两类产业对于承接地来讲，一方面有利于促进产业转移就业效应的提升，但另一方面也产生了比较严重的环境负效应。

第二，消极的限制性政策。政府针对产业转移制定消极的限制性政策，主要是基于这三个方面的考虑：一是当心产业转移会降低区域经济增长；二是当心产业转移会降低区域就业；三是当心所谓"产业空心化"陷阱。这种针对产业转移的消极的限制性政策与上述的积极的刺激性政策刚好相反，即对产业转移效应的正负两方面都会起到缩小的作用。同样，政府出于某一特定目的也会制定一些特定的限制产业转移的政策，其中，最为典型的就是为防止技术外泄而制定的各种限制性政策。这类政策无疑会严重制约产业转移技术效应的发挥。项目组在对中部地区承接产业转移的一些重要区域的调研中发现：一些跨国公司受制于国内的相关政策，常常没有把核心技术转移到子公司来，有的甚至还出现了逆向技术溢出现象。如：欧美国家对涉及军事用途的技术就制定了严格的限制转移政策，日本奉行边际产业转移理论，其转移的都是其国内过时的技术，这些都严重制约了中部地区在承接相关产业转移的技术效应。

## 二、承接方的影响因素

### （一）承接产业转移方式

目前，从承接方对承接产业的区位规划角度来划分，承接产业转移的具体方式可以分为园区强集中承接、产业区弱集中承接及单项目分散承接三类。由于这三种承接方式在交易成本、政策优惠、人力资源流动等方面存在较大差异，因此，这他们对承接产业转移效应的影响也不相同。

第一，园区强集中承接。产业园区是区域经济发展、区域产业调整和升级的重要空间聚集形式，也是执行城市产业职能的重要空间组织形态，担负着聚集创新资源、培育新兴产业、推动城市化建设等一系列的重要使命。鉴于此，中部地区推出了许多承接产业转移的专门园区，从笔者调研的情况来看，这些园区主要集中承接高科技产业。由于同一园区企业间的距离近、人员交流频繁，有利于隐性知识的快速蔓延和衍生，因此，这种园区的强集中承接对产业转移的技术溢出效应具有十分重要的影响。另外，这些承接产业转移的园区对于改善区域投资环境、促进区域产业结构升级和发展经济等方面也能发挥积极的辐射、示范和带动作用，成为区域经济增长的助推器。

第二，产业区弱集中承接。所谓的产业区弱集中承接是指在承接地现有的产业结构体系的基础上，根据所承接产业的不同特点，依据产业集群原则进行区位规范，其目标是通过承接产业转移，整合区域产业布局，形成产业集群。而产业集群作为介于市场与科层之间的组织形态，将对承接地产生集聚经济效应，而就产业转移来说，这一集聚经济效应的产生又是与技术效应、资本效应及就业效应密切相关的，或是可以说是这三类产业转移效应进一步强化了其集聚经济效应。因此，从长远来看，这种以构建区域产业集群为目标的产业区弱集中承接对产业转移效应的影响是最为深远的。

第三，单项目分散承接。单项目分散承接是指以单个的产业转移项目为目标，而对其在承接地的区位不做特别规划的产业承接方式。由于目前我国中西部地区对于产业转移项目竞争十分激烈，因此，这一承接产业转移方式从总量上来说，还是当前的主要方式，笔者的实际调研也证实了这一点，中部地区大约58%的承接产业转移都是这一方式。从总体上来看，这一产业承接方式比上面两种方式对产业转移效应的影响要小；但是，由于其本身规模大，对于各类具体效应来说就具有相对优势。项目组研究发现其对产业转移的资本效应和就业效应具有比较重要的影响，而对技术效应影响则较小。

（二）承接地城镇化水平

城市是信息、资本、人才和技术等要素的集散地，因此，学者们大多认为承接地的城市化水平会对承接产业转移效应产生显著的影响。具体来说，城镇化水平对承接产业转移效应的影响主要体现在四个方面。

第一，城镇化水平通过吸收能力的差异对承接产业转移效应产生影响。科亨和利文索尔（Cohen & Levinthal）在分析企业研发作用时首次提出了"吸收能力"的概念。[1] 之后，吸收能力作为影响 FDI 溢出效应的重要因素一直被学术界所重视。归纳学者们的观点，承接地的城市吸收能力不仅与城市基础设施、企业规模等硬要素，还与城市人力资本存量、教育水平等软要素密切相关。如果是小规模的城镇，则其吸收能力就可能不足，就不能与转移企业形成有机的关联，从而使得产业转移的效应不能有效的发挥，相反，对于一些大城市来说，一般具有相对较高的吸收能力，可以为产业转移效应的充分发挥提供必要的条件。

第二，城镇化水平通过技术水平的差异对承接产业转移效应产生影

---

[1]　Cohen W. M. & Levinthal D. A., "Innovation and Learning: The Two Faces of R&D", *Economic Journal*, Vol. 99, No. 397 (September 1989).

响。许多实证研究认为产业转移的效应如何取决于行业内的承接地企业与转移企业之间的技术差距以及承接地企业已有的技术水平。转移企业与承接地企业一个最为明显的差别就是技术水平的不同，如果二者之间的技术水平差距过大，承接地企业不具备足够的技术能力去吸收和模仿外来的先进技术，学习过程就不易发生，从而导致技术溢出效果较小甚至不存在，且更深的制度效应更无法实现，从而会使得转移企业在承接地形成一个"孤岛"。因此，只有当两者技术差距不太大且本地企业具备较强的技术水平时，才会激发积极的产业转移效应，特别是技术效应和制度效应。

第三，城镇化水平通过市场结构的差异对承接产业转移效应产生影响。不同的城镇化水平下，其市场结构具有显著的差异，一般而言，大城市市场结构具有较大的开放性，而小城镇的市场结构则相对封闭。市场结构对产业转移效应的影响主要体现在其竞争程度上。在一个非完全竞争的市场结构里，转移企业对自身技术、管理经验等的控制程度，从根本上说取决于承接地市场竞争的压力，因此，一个介于完全垄断与完全竞争之间的市场结构不仅有利于先进技术、先进制度的采用，而且也会加快先进技术和先进制度在产业内扩散的速度与效率。另外，城镇化水平还与其开发程度密切相关。对于大城市，其开放水平较高，可以吸引更多的产业转入该地，从而获取更大的产业转移效应。

第四，城镇化水平通过制度环境的差异对承接产业转移效应产生影响。城镇化水平不同的城市，其本身的制度环境也有较大的差异。就中部地区而言，六个省会城市相对其他城市就有比较明显的制度环境优势。就项目组调研的情况来看，这六个省会城市承接产业转移的比例都要比其他城市的要高。制度环境对产业转移效应的影响主要有三条途径：一是完善的制度环境有利于吸引产业转移，从而从总量上提升产业转移的效应；二是由于制度变迁本身具有明显的路径依赖特点，产业转移作为内涵先进制度的一揽子协议，在路径依赖机制的支配下，会进一步改善承接地的制度环境，进而特别有利于提升产业转移的制度效应；三是完善的制度环境有利于改善区域资源配置效率、提升要素报酬率，进而从整体上提升产业转移的经济增长效应。

(三) 产业承接政策

由于产业转移对区域经济发展具有重要的推进作用，所以，目前中西部地区各地政府都出台了许多政策来进行承接产业转移的竞争，但是，政府政策作为干预自由市场的工具，其本身是一把双刃剑，政策措施得当，可能会弥补市场的缺陷，有利于产业转移效应的提升，相反，如果政策措施不得当，则会导致产业转移效应发挥不到其正常的水平。

第一，产业承接政策影响的积极面。对产业转移效应能产生正面影响的各类产业承接政策主要是指各级地方政府出台的产业配套政策及产业保障政策，具体包括：金融服务配套政策、公共服务配套政策及人力资源保障配套政策等。金融服务配套政策对产业转移效应的积极影响主要是：金融的先导推动功能，有利于减少产业转移的风险；金融的并购整合功能，有利于支撑产权式产业转移；现代金融的派生功能，有利于壮大转移而来的产业。公共服务配套政策对产业转移效应的积极影响主要是：公共服务是影响劳动者生产效率的重要因素；公共服务是影响区域市场容量的重要因素；公共服务是影响生产要素集聚与扩散的重要因素。公共服务配套政策对产业转移效应的积极影响主要是：区域人力资源的总量决定着承接产业转移的规模；区域人力资源的质量决定着承接产业转移的品质；区域人力资源的结构决定着承接产业转移的广度。

第二，产业承接政策影响的消极面。产业承接政策对产业转移效应产生消极影响的经济学原理主要是由于它是竞争性的及排他性的。目前中部地区这类政策集中表现为对转移企业实施特殊的财税优惠政策及土地优惠政策。虽然从局部和短期来看，这类政策有利于快速吸引产业转移到承接地，并对承接地产生显著经济效应，但是，这些特殊的优惠政策，一方面，对于本地企业来说，无疑是一种人为的歧视性政策，它进一步恶化了本土企业与转移企业的竞争环境，对本土企业具有挤出效应。另一方面，这种竞争性政策本质上相当于政府对企业提供无偿补贴，它不但从全局上看也无助产业转移总体规模的增加，而且会降低转移企业进行技术创新的积极性。

第三，产业承接政策影响的不确定性。这主要是指某类政策对产业转移效应的影响既有积极方面的，又有消极方面的。具体来说，当前中部地区在承接产业转移实践中所实施的环境保护政策及基础设施配套政策都具有这样的特性。严格的环境保护政策虽然有利于在产业转移中实现节能减排，但是在目前中部地区还是以梯度产业承接为主的背景下，这类政策如果被僵化地执行的话，无疑阻止了许多产业的进入。而对于基础设施政策来说，一方面，对产业转移具有连锁带动作用、空间优化作用、效率提升作用及调节控制作用；另一方面，在产业转移竞争机制下，容易导致对基础设施的过度投资，从而扭曲了承接地的资源配置状况，进而也会对从总体上对产业转移效应产生消极影响。

# 第六章 中部地区承接沿海产业转移的
# 路径选择与引导政策研究

梯度转移和反梯度转移是目前我国中部地区承接沿海产业转移的两条基本路径。基于此，本章首先对产业转移、产业承接的路径概念及内涵进行界定分析，总结国内外研究现状并对其进行相应的述评。其次，对梯度转移、反梯度转移的特征及适用条件进行概述。然后，通过新经济地理学模型与案例结合分析中部地区承接沿海产业转移的路径选择机理。再次，通过计算中部地区不同行业的改进梯度系数确定中部地区优势产业，分析产业转移梯度陷阱成因、创建承接产业转移模式。最后，从梯度转移、反梯度转移两个方面提出中部地区承接沿海产业转移的引导政策。

## 第一节 相关概念界定及国内外研究现状述评

### 一、承接产业转移路径概念及内涵界定

*（一）产业转移路径的概念及内涵*

产业转移的路径这一概念曾被李小建、覃成林等学者提出，包括线路（交通和信息传递）路径、制度（制度环境）路径、人际关系路径、机构路径、生产路径、距离路径，从而形成全方位产业转移的网络。因此，结合相关文献中对产业转移路径的阐述，本书将产业转移路径内涵界定为：产业转移路径是具有转移趋势的产业从一个国家或地区转移至另一个国家或地区的各种路径，其中包括交通路径、信息传递路径、制度（制度环

境）路径、人际关系路径、机构路径、生产路径、距离路径。产业转移的前提是在不同的分布上产生了产业梯度，即在各地区之间经济发展程度、技术发展水平以及生产要素禀赋存在较大的差异，也由此造成了地区间产业结构在发展水平上存在不同。现阶段，各地区之间产业结构处于不同水平以及产业梯度也不一致，正是由于这两者所以导致了产业在不同分布上的梯度转移存在一定的规律性。随着经济的发展和技术的更替，并且由于在不同时间段不同地区经济发展的前提也有所不同，从而使得产业也发生了不同方式的转移。在目前的经济基础上，就产业转移而言在其中扮演重要角色的是企业。由于企业在经营中始终坚持以降低企业运营风险和获得最大利润作为企业快速发展的动力而驱动企业在投资中的地区选择合理地发生变化，最终导致产业在各地区分布上发生转移。

（二）承接产业转移路径的概念及内涵

承接产业转移路径与产业转移路径是相互依存、缺一不可的关系，随着产业转移路径的形成和发展，由此也产生了承接产业转移路径。因此，产业转移路径和承接产业转移路径是相对应而存在的，之所以存在不同的承接产业转移路径，主要是因为产业转移路径存在差异。所谓承接产业转移路径是指欠发达地区或国家为了促进地区产业结构的快速升级和经济的飞速发展，承接来自高经济梯度地区或国家的产业转移，实现产业结构的优化升级的路径。承接产业转移路径主要取决于两个方面：第一方面是产业转移承接地的比较优势，第二方面是产业转移转出地的发展水平与整体产业发展战略。在承接产业转移的低级阶段，承接地的比较优势主要体现在劳动力的可获得性、资源禀赋、土地与劳动力价格等自然条件，到了产业承接的高级阶段，产业转移要求不仅仅取决于自然条件比较优势，主要是取决于创造力等知识密集要素存在突出优势，要深度挖掘这种特色不是一朝一夕就能完成的，而是必须通过长期的探索才能真正发现并发挥其作用的。承接产业转移按照常理来说主要是低经济地区承接发达地区的产业转移，但也存在特别的情况，即经济发展水平高的地区承接欠发达地区的产业转移。从而使得产业转移和承接产业转移之间存在着内在的联系，因此以下所研究的承接产业转移路径的基本理念也会包含于有关产业路径转移的相关思想之中。

梯度转移和反梯度转移是目前我国中部地区承接沿海产业转移的两条基本路径，本书主张将梯度承接与反梯度承接结合起来，突破低端锁定，突破被动承接，通过反梯度转移带动梯度转移。

（三）承接产业转移路径的实现条件

承接产业是需要一定条件的，承接的双方必须在满足某些条件的前提下才能实现整个产业结构的调整。如果其中的某个条件不够完善，就会造成产业的畸形发展。这些条件主要包括以下几个方面：

1. 以市场机制为导向

企业在承接产业转移而言是自发的，如果各种机制的作用必须在市场条件下能够得到利用，那么前提在于市场机制的作用已经得以充分发挥。这样上层管理人员才能准确估计并作出比较合理的决策，为顺利实现承接产业转移做好充足的准备。

2. 产业梯度的存在

产业转移的方向是比较明确的，在通常情况下是低经济地区承接发达地区的产业转移，一般是由于高经济地区在其空间不存在所谓的突出优势的产业会向低经济地区转移后再度发挥其比较优势。

3. 地区间比较优势差异

事实上，产业转移是企业寻求比较优势的再区位过程。产业转移地与产业承接地如果要顺利实现对接，那么彼此合适是非常重要的，即两地不论是在哪方面都必须存在一定的互补性并能很好协调彼此。发达地区一般由于产业结构调整而将产业进行转移的需要，与此同时，欠发达地区在经济水平提高的基础上，拥有了可以承接各种产业转移的条件，这样，产业转移得以顺利实现。比如中西部地区承接了东部地区劳动力密集型产业的转移，造成此现象的根本在于东部地区"成本倒逼"以及中西部地区随着产业结构的整体优化提升了自身的实力的发展而具备了一定的基础去承接东部地区劳动密集型产业的顺利转移。

## 二、国内外研究现状述评

### （一）关于产业梯度的相关研究

产业梯度的概念来源于区域经济学中的梯度概念。关于产业梯度及转移的内涵。张可云在阐述梯度的概念时，是以区域经济学的视角出发，认为区域梯度的要素包括产业发展梯度、经济发展梯度、要素禀赋梯度等，其中产业梯度是整个区域梯度中最重要的要素。[1] 戴宏伟提出产业梯度不同是因为每个国家在生产要素、技术、产业分工方面存在差异，这种差异形成了阶梯状差异。[2] 陈蕊在阐述产业梯度转移是站在国际视角来看的，认为国际范围内的产业转移包括三种形式，分别是顺梯度、逆梯度、跳跃式梯度。[3] 关爱萍、魏立强认为产业转移是由于资源供给或产品需求条件的变化，导致产业空间布局在不同区域间进行调整的经济现象。[4] 雒海潮、苗长虹和李国梁认为产业转移从高梯度向低梯度地区推移是主流，起主导作用。[5] 程宝栋和印中华基于资源优化配置的视角，认为产业梯度转移实质上就是初级生产要素与高级生产要素在产业链上的紧密结合。[6]

关于产业梯度形成的阐释。由于每个国家和地区在生产成本以及产业分工方面存在差异，亚当·斯密"绝对成本说"的"绝对梯度"[7]、大卫·李嘉图"比较成本说"的"相对梯度"[8]、基于生产要素禀赋理论的"间接梯度"、基于产业分工理论的"直接梯度"是由于这些差异而形成

---

① 张可云：《西部大开发战略的基本取向辨析》，《首都经济》2001 年第 2 期。
② 戴宏伟：《产业梯度产业双向转移与中国制造业发展》，《经济理论与经济管理》2006 年第 12 期。
③ 陈蕊、熊必琳：《基于改进产业梯度系数的中国区域产业转移战略构想》，《中国科技论坛》2007 年第 8 期。
④ 关爱萍、魏立强：《区际产业转移技术创新溢出效应的空间计量分析——基于西部地区的实证研究》，《经济问题探索》2013 年第 9 期。
⑤ 雒海潮、苗长虹、李国梁：《不同区域尺度产业转移实证研究及相关论争综述》，《人文地理》2014 年第 1 期。
⑥ 程宝栋、印中华：《中国对非木材产业梯度转移问题分析》，《国际贸易》2014 年第 3 期。
⑦ 亚当·斯密：《国民财富的性质和原因的研究》（上），郭大力、王亚南译，商务印书馆2008 年版。
⑧ 大卫·李嘉图：《政治经济学及赋税原理》，周洁译，华夏出版社 2013 年版。

的。贺曲夫和刘友金将中部地区与珠三角、京津唐等东南沿海地区做比较，通过计算这些地区的产业梯度系数，确定了每个地区在承接专业转移的优势，最终确定了中部地区在承接沿海地区的产业转移时需要承接的重点产业。[①] 古南永从产业链区域分工、政府产权制度和价格控制等角度分析了顺德蚕丝业的产业梯度，并论证了产业梯度对区域产业兴替和区域间的产业转移的推动作用。[②] 张毅帆、高全成结合产业梯度理论，计算产业梯度系数，对河南中原经济带各城市的三大产业进行分析，提出了该地区的应该建立"三二一"的产业布局框架。[③] 黄维芳、李光德改进了现有产业梯度系数分析方法，从阶段特征、地域特征和转移方式三个方面分析了大珠三角11个市服务业的19个行业的产业区域梯度。[④] 胡玫基于全球化进程这一视角，认为"产业转移—形成集群—要素吸引—集群扩张—加速要素吸引"的这一循环积累过程会形成路径依赖。[⑤] 汪文娆、陈志鸿认为在区域一体化进程之下，实际利用外资额将实现由中心向外围的梯度转移，从而缩小区域差异。[⑥]

（二）关于产业梯度转移的相关研究

德国经济学家杜能（J. Thunen）首先提出了农业圈理论，他认为农业节约化水平从中心城市向周围不断降低，再到达最后的一个梯度即荒野。[⑦] 马歇尔（Marshall）提出了外部规模经济思想，认为产业梯度高低程度随

---

[①] 贺曲夫、刘友金：《中西部地区承接东部地区产业转移的问题与对策研究》，《知识经济》2011年第16期。

[②] 古南永：《产业梯度与区域产业兴替——以顺德蚕丝业为例》，《广东社会科学》2011年第3期。

[③] 张毅帆、高全成：《基于产业梯度系数分析的河南中原城市群产业布局》，《经济视角》（中旬）2012年第3期。

[④] 黄维芳、李光德：《基于改进产业梯度系数的大珠三角服务业转移研究》，《产经评论》2013年第6期。

[⑤] 胡玫：《浅析中国产业梯度转移路径依赖与产业转移粘性问题》，《经济问题》2013年第9期。

[⑥] 汪文娆、陈志鸿：《"泛珠三角"外资的空间结构以及梯度转移分析》，《国际商务》（对外经济贸易大学学报）2014年第3期。

[⑦] 约翰·冯·杜能：《孤立国同农业和国民经济的关系》，吴衡康译，商务印书馆1986年版。

距离增加而逐渐降低，这就为现代产业梯度理论的提出奠定了基础。20世纪60年代，美国经济学家汤姆森、胡佛等人在前人的基础上不断完善和发展形成了产业梯度转移理论。他们将产业梯度转移定义为产业与技术在一个地区达到一定高度之后将产业转移到处于低梯度地区的趋势，他们按照产品生命周期循环的规律，当一个区域的产业发展到成熟阶段之后开始向老年阶段转移，即这些成熟产业开始向低梯度地区转移。

小岛秀夫（Kojima）认为对本国处于或者即将处于劣势的产业依次进行直接投资的收益更好。[1] 他认为在本国处于比较劣势的产业在其他国家仍然具有比较优势，按照产业转移方和吸收方"双赢"的模式进行产业转移，其中正是蕴含着产业梯度转移的重要思想。有学者在弗农的产品生命周期理论基础上进行挖掘，使之更加动态化和系统化，从而使国际梯度转移现象推广至产品系列范围。[2]

然而，与国外研究相比，我国对于产业梯度转移的研究起步较晚，大约始于20世纪90年代中后期。卢根鑫是我国最早对产业梯度转移进行研究的学者，他从马克思主义政治经济学理论的角度对国际产业转移进行了研究。[3] 娄晓黎从区域主导经济要素分析入手，对地域梯级分工格局与产业梯度转移的空间机制进行了探讨。[4] 刘艳、夏靓分析了东部产业向中西部产业梯度路径转移的阻隔在于东部产业集群效应使东部地区强化了"后天优势"，阻碍了东部产业向中西部的转移。[5] 张玉、江梦君从产业梯度转

① Kojima K., *Direct Foreign Investment: A Japanese Model of Multinational Business Operations*, New York: Praeger, 1978.

② Z. A. Tan, "Product Cycle Theory and Telecommunications Industry-Foreign Direct Investment, Government Policy, and Indigenous Manufacturing in China", *Telecommunications Policy*, Vol. 26, No. 1 (February 2002). 大卫·李嘉图：《政治经济学及赋税原理》，周洁译，华夏出版社2013年版。

③ 卢根鑫：《试论国际产业转移的经济动因及其效应》，《上海社会科学院学术季刊》1994年第4期。

④ 娄晓黎：《地域梯级分工模型与产业区域转移的空间机制分析》，《当代经济研究》2004年第4期。

⑤ 刘艳：《论东部产业集群对西部开发的影响——对传统"梯度转移"理论的一种质疑》，《经济问题探索》2004年第1期。夏靓：《产业集群对产业"梯度转移"理论的挑战》，《北方经贸》2005年第1期。

移的微观主体——企业的角度出发，详细阐述了安徽承接长三角产业梯度转移的原因。[①] 陈信伟、姚佐文利用复制进化动态学习博弈模型研究了中部高新技术产业发展的梯度转移格局。[②] 胡玖简要分析了中国产业转移的路径依赖和产业转移粘性等问题，总结出在全球化进程中中国产业梯度转移面临的两难选择和潜在优势。[③] 成祖松从劳动力流动、产业转移成本、制度环境、产业集群、区域能力结构、产业转移力等方面综述了我国区域产业转移粘性的成因[④]，指出未来研究需要注意的问题。

关于区域经济协调发展与产业梯度转移之间的关系，陈建军、聂华林等学者通过对区域经济发展和产业梯度转移的研究，认为我国必须要进行产业梯度转移才可能实现经济区域之间的协调发展。[⑤] 刘乃全、魏敏等分析了我国产业梯度转移的现状，认为我国产业梯度转移还存在很多问题并且总结了产生这些问题的原因，进而针对这些问题与原因提出了对策与建议。[⑥] 曾贵等人通过研究发现，中国应借鉴东亚国家和地区加工贸易梯度转移的经验，在"雁行理论"的指导下进行加工贸易梯度转移，以形成更为合理且高效的"雁行"区域结构。[⑦] 涂庆丰、张芳认为中西部地区承接加工贸易梯度转移是优化产业结构、发展新兴产业、发展经济的行之有效的方法。[⑧] 丁道韧运用区位商、比较劳动生产率、产业梯度系数等方法，

---

① 张玉、江梦君：《安徽承接长三角产业梯度转移的微观视角研究——基于企业迁移的分析》，《中国集体经济》2011 年第 6 期。

② 陈信伟、姚佐文：《安徽省 R&D 投入及其结构与经济增长关系的实证研究》，《技术经济》2011 年第 2 期。

③ 胡玖：《浅析中国产业梯度转移路径依赖与产业转移粘性问题》，《经济问题》2013 年第 9 期。

④ 成祖松：《我国区域产业转移粘性的成因分析：一个文献综述》，《经济问题探索》2013 年第 3 期。

⑤ 陈建军、姚先国：《论上海和浙江的区域经济关系——一个关于"中心—边缘"理论和"极化——扩散"效应的实证研究》，《中国工业经济》2003 年第 5 期。聂华林、赵超：《我国区际产业转移对西部产业发展的影响》，《兰州大学学报》2000 年第 5 期。

⑥ 刘乃全：《中国区域发展进程中的产业聚集现象之研究》，《上海财经大学学报》2004 年第 2 期。魏敏、李国平、陈宁：《我国区域梯度推移粘性因素分析》，《人文杂志》2004 年第 1 期。

⑦ 曾贵、李宏祥、田华荣：《加工贸易梯度转移研究——基于"雁行理论"的视角》，《经济与管理》2011 年第 1 期。

⑧ 涂庆丰、张芳：《中西部地区的新机遇：承接东部加工贸易产业转移》，《经营与管理》2010 年第 3 期。

对苏北，苏中与苏南等地分行业的产业优势分布、产业梯度、产业转移进行了详细的分析与研究，来探讨产业梯度转移与区域可持续协调发展作用的关系。[①] 张良贵等构建了各经济区域的产业梯度系数。[②] 基于此，学者们研究了金融加速效应的经济区域特征及其与区域产业转移之间的关系。[③] 赵建吉等从经济地理学学科特点出发建立综合性分析框架研究产业转移的区域效应，认为产业转移是推进产业结构调整、加快经济发展方式转变的必然要求。[④]

（三）关于产业反梯度转移的相关研究

国内许多发达地区实现区域内的产业结构优化都是通过将产业从中心发达的高梯度地区向欠发达的地区进行转移。但是，由于我国工业化的速度和程度的不断提高，传统的梯度理论已经不能与我国的具体国情相适应，目前，如何找到适合我国国情发展的循环经济的反梯度理论，是当前研究的重点。

1984年，郭凡生在《何为"反梯度理论"》文章中首次提出了"反梯度理论"。他对经济技术梯度转移的局限性进行了分析，并且对学者关于梯度转移的观点进行了总结和归纳，赞同了反梯度理论，并且他认为国内外技术转移可以有很多种方式，其中梯度转移并不是唯一的方式，并不是只有经济发展水平较高的地区才能成为技术高梯度地区，一般来说发达地区经济欠发达的地区同样也可以。此外，利润最大化的目标同样也是反梯度转移所追求的理念，这与技术按梯度转移的理论是相互依存的。而且，反梯度推移理论并不排斥技术按梯度推移这种方式的优越性，但认为按梯度推移不应成为国内技术转移的主导方式。

王实等人一方面肯定了反梯度转移理论在现实经济中的作用，另一方

① 丁道韧：《江苏省产业梯度转移与优化布局研究》，《特区经济》2011年第4期。
② 张良贵、孙久文：《金融加速器效应的经济区域特征与区域产业转移》，《产业经济研究》2013年第3期。
③ 大卫·李嘉图：《政治经济学及赋税原理》，周洁译，华夏出版社2013年版。
④ 赵建吉、茹乐峰、段小微、苗长虹：《产业转移的经济地理学研究：进展与展望》，《经济地理》2014年第1期。

面，他认为该理论也存在不足，他认为技术落后但拥有大量资源的地区，可以从技术发达的地区引进技术和资本，在资源丰富的基础上利用先进的技术和充裕的资金跨越发达地区而实现优先发展。邓伟根借鉴广东快速发展的经验，对反梯度转移理论进行仔细研究，结果显示产业会伴随着各自的产业结构的演进和区域经济一体化转移而呈现出梯度性转移、簇群化集约、生态化发展趋势等特征。刘茂松提出了"工业化反梯度理论"模型，认为经济落后地区可以实施"后发式"的经济发展模式，并提出欠发达的地区可以充分利用信息化来实现跨跃式发展的战略。[1]

　　关于反梯度转移理论在区域经济协调发展运用方面。曹立、王珏、焦建秋运用反梯度理论来指导西部大开发，认为进行西部反梯度开发要把高新产业确立为主导产业，并用高新产业改造传统产业。[2] 杨春季和肖玉琴从反梯度转移理论的研究出发，分析了赣州在承接珠江三角洲产业转移中的重要战略构想，并深入探讨构建"强弓固根"的承接模式，以期实现经济的跨越式发展，逐步缩小与沿海发达地区的差距。[3] 朱迅认为中部地区在自身优势的基础之上，以最快的时间形成具有自身特色和优势的支柱产业，通过构建新的产业组织形式，努力实施产业反梯度推进的战略，实现落后地区经济的快速发展，加快推进中部崛起的进程。[4] 汪小波研究发现武陵山地区必须充分利用自身生态资本优势，加快生态经济产业化的进程，从产业反梯度扩张、经济反哺生态到区域反辐射，实现区域经济的协调发展，进而推进区域经济一体化进程。[5] 徐永利基于逆梯度转移理论，选用代表数量的产值比重指标和代表效益的全社会劳动生产率指标，对京

---

　　① 刘茂松：《区工业化反梯度推移研究——我国产业结构调整中处理工业化与现代化关系的一种新思路》，《求索》2001 年第 1 期。

　　② 王珏、曹立：《反梯度推进理论与西部产业结构调整》，《山东社会科学》2002 年第 3 期。焦建秋：《西部开发的反梯度推移策略》，《宝鸡文理学院学报》（社会科学版）2005 年第 6 期。

　　③ 杨春季、肖玉琴：《基于反梯度理论的赣州承接珠三角产业转移分析》，《企业经济》2009 年第 6 期。

　　④ 朱迅：《我国中部地区反梯度推进战略研究》，《长沙铁道学院学报》（社会科学版）2011 年第 2 期。

　　⑤ 汪小波：《从产业反梯度扩张、经济反哺生态到区域反辐射——共建武陵山生态经济圈》，《科技和产业》2011 年第 12 期。

津冀三次产业梯度差异进行比较分析，为京津冀产业发展提供指导。① 吴伟华认为欠发达地区的发展战略选择应该从本地区实际出发，没有资源优势的可选择梯度转移战略，有资源优势的可选择反梯度转移战略，从而加快欠发达地区的经济社会发展。②

## 第二节　中部地区承接沿海产业转移的基本路径

### 一、产业梯度与产业转移路径

梯度是经济学上用来表达不同国家或者地区间经济社会的发展水平，以及由低水平地区向高水平地区过渡的地区空间变化过程。梯度包括要素禀赋梯度、市场化程度梯度、产业梯度等多方面的维度。在一般情况下，如果是从影响产业转移的作用角度来看，可以统称为梯度而没有必要进行细分，其表示一个国家或地区的经济发展总体水平。地区经济发展程度与产业梯度存在着正相关，若一个国家经济发展程度高，那么其梯度也就高，反之，梯度就低。每个国家或地区在经济发展水平和产业分布结构上之所以会呈现出一定的阶梯状差距，是因为受到一个国家或地区的生产要素禀赋、发展战略以及产业基础等各方面的影响。

产业梯度是从区域经济学中的梯度概念演变而来，③ 而且在经济梯度中扮演着一个重要的角色。由于不同地区经济基础和经济发展现状存在的差异，在一定程度上造成了不同空间的经济发展水平的不一致，这种不一致可以通过不同空间上的产业分布表现出来，并由此导致了各地区经济发展的不同进度，由于三次产业划分的条件在一定程度上清晰地反映了不同空间上核心产业的差异。但是伴随着经济水平的提高以及产业结构的优化，使得在不同空间上也存在产业融合。现阶段所存在的产业梯度是建立

---

① 徐永利：《逆梯度理论下京津冀产业协作研究》，《河北大学学报》（哲学社会科学版）2013年第5期。大卫·李嘉图：《政治经济学及赋税原理》，周洁译，华夏出版社2013年版。

② 吴伟华：《反梯度转移：欠发达地区的发展战略选择与实践——以浙江省丽水市为例》，《重庆科技学院学报》（社会科学版）2014年第7期。

③ 大卫·李嘉图：《政治经济学及赋税原理》，周洁译，华夏出版社2013年版。

在一定的经济发展基础之上的，这些条件不仅包括劳动力资源、地理分布，还包括经济发展所必需的技术和资金。地区主导产业将呈现出从低技术含量、低附加值到高技术含量、高附加值的方向排列。

国内学者对产业梯度内涵的界定主要表现在两个方面：一种定义接近于"经济梯度"，主要指由经济发展不同阶段所决定的各地区的产业结构演化水平；另一种定义主要是指各地区某一产业（行业）技术水平的高低和产业（行业）规模大小。产业（行业）所处的生命周期阶段不同，将决定"经济梯度"地区不同产业的规模。一般来讲，较大规模的技术密集型产业往往在高经济梯度地区占优势，而较大规模的劳动密集型产业往往在低经济梯度地区占优势。于是，"产业梯度"可以具体定义为各产业随着其生命周期的演化而进行转移的结果。

一般来讲，产业转移主要是发达区域向欠发达区域的产业转移。按照产业转移的方向不同，产业转移可分为顺梯度产业转移与反梯度产业转移（或称逆梯度产业转移）。顺梯度产业转移主要是指高梯度区域向低梯度区域的产业转移，也就是发达区域向欠发达区域的产业转移。例如，我国东部地区的产业转移至西部地区。反梯度产业转移主要是指由低梯度区域向高梯度区域的产业转移，也就是欠发达区域向发达区域的产业转移。例如，我国西部地区的产业转移至东部地区。

## 二、承接沿海产业转移的两种基本路径

### （一）产业梯度转移

#### 1. 产业梯度转移的内涵

20世纪80年代初，中国开始出现梯度转移理论。随着时间的发展和社会的进步，此理论也从刚刚引入发展成为了目前极具影响力的理论。梯度转移理论在我国可以阐述为：不论是从一国来说甚至是站在世界的角度，经济与技术的发展进度都存在着差异，由于不同地区之间存在经济与技术发展的不平衡，因而在经济技术转移也在一定随着空间的转移而得以产生。按照产业梯度转移的理念，首先让发达地区具有先进的技术，然后

由高梯度向欠发达地区逐步发生转移。随着先进技术从高梯度地区向第二、第三梯度地区转移以及该地区自身经济的发展，可以逐步解决不同梯度经济发展状况不平衡的问题。根据上述理论，可以将我国划分为东部、中部、西部三大经济地带，并提出在开发次序上应当循东—中—西的顺序进行开发建设，即由高梯度向低梯度转移。①

梯度转移是指在一个区域范围内，由于自然条件和社会环境的不同，包括地理环境、发展条件、自然资源、历史基础等的差异，不同地区之间经济技术发展的不平衡，即经济和（或）技术梯度。这种差异使得不同的产业或同一产业的不同生产环节存在于不同发展水平的国家和地区之间，形成不同梯度区域。换句话说，产业梯度较高的国家通过将自身已经失去优势的产业转移到产业梯度较低的国家，促使产业梯度较低的国家进行产业调整和升级，这样产业梯度高的国家将一些产业转移出去之后，通过研究新的制造技术与开发新的投资领域，激发新的创新产业出现，带动地区向更高的梯度发展。与此同时，吸收梯度比较高的国家或地区的退出产业，也能将产业梯度较低的国家或地区原来具有而现在失去比较优势的产业转移到产业梯度更低的国家和地区，从而使自己的产业得到升级。

2. 产业梯度转移的特征

梯度转移是以企业或者产业为主导的经济活动，它是指一个国家或者一个地区在产业发展的过程中一些条件发生了改变，导致这些产业转移发生了变化向其他的地区转移，这些变化的条件包括资源供给、产品需求等。产业梯度转移可分为两种——国际产业梯度转移和区域内的产业梯度转移。从产业地区转移的实践结果来看，产业梯度转移具有两个基本特征：第一，区域之间在经济和技术上存在差异；第二，存在产业与技术由高梯度地区向低梯度地区扩散与转移的趋势。

从国际产业转移的地区来看，梯度转移先是工业革命之后经济迅速发展的英、法等国向美国转移，接着从当时发达的英美国家转移到日本，然

---

① 这本质上体现了一种非均衡发展战略，在我国改革开放的实践，尤其是我国沿海的经济发展过程来看获得了成功。

后再是从日本、英、美等国家向"亚洲四小龙"（新加坡、韩国、中国香港和中国台湾）转移。从 20 世纪 90 年代以来，这些西方发达国家开始将产业转移到中国、越南等亚洲发展中国家，从国家之间的产业转移来看都呈现出高梯度地区向低梯度地区转移的规律。

国内产业转移与国际产业转移呈现出来的规律是一样的，从处于高梯度的长江三角洲和珠江三角洲等发达地区向处于较低梯度的中西部地区转移。进入 21 世纪以来，东部沿海发达地区为了促进产业结构优化升级，调整地区产业布局，将劳动和资源密集型产业转移到中西部地区，以便于东部沿海地区集中精力发展高新技术产业；而中西部地区依托丰富的资源、众多优惠的国家政策、逐步完善的基础设施以及相对低廉的土地和劳动力等有利条件，成为了承接东部沿海地区产业转移的最理想区域。

从转移方式来看，主要是地区之间利用资源进行企业合作和产业联合。产业转移承接地主要是具备区位优势和良好基础设施的毗邻东部地区省份，如安徽、江西、湖南、广西、河南等，且地区之间的转移规模越来越大，速度越来越快。总的来讲，梯度转移明显表现出由高梯度向低梯度转移的特征。

3. 产业梯度转移的适用条件

梯度转移的运用必须满足以下四个方面，当且仅当四个条件同时具备时，梯度转移才会发生。第一，发达国家已经完成了对产业结构的调整；第二，劳动力的流动受到其他因素的限制；第三，在混合经济的今天，必须考虑到政府对夕阳产业转移的影响；第四，发达国家新产业的市场需求和旧产业的市场需求的总和一定要超过"原有产业"所带来的市场需求，否则使得产业梯度转移与承接战略的实施的可能性为零。用公式表示为：

$$D_1 + D_2 > D_3 \qquad\qquad (6-1)$$

式（6-1）中，$D_1$ 为新产业的市场需求；$D_2$ 为旧产业的市场需求；$D_3$ 为原有产业的市场需求。从上述模型可以看出：如果 $D_3$ 足够大（如纺织业），当 $D_1$ 不变时，$D_2$ 也会较大。如果此时将产业全部转移，[①] 那么就

————————

① 也就是 $D_2 = 0$。

会出现 $D_1+D_2<D_3$，这样发达国家的市场需求会缩小，他们就会阻挡产业转移与承接战略的实施。

（二）产业反梯度转移

1. 产业反梯度转移的内涵

很多学者认为梯度转移理论存在不足，于是反梯度转移理论就这样孕育而生。如果仅仅简单地按照梯度转移理论，因为梯度转移的时间久、路线长，偏远地区几乎很难得到必须和足够的资源，并且中间需要很长的时间进行消化、整合和完善。所以，落后地区如果只知道一味地跟随其他地区承接产业转移，就会导致地区间的差距越来越大。鉴于此，一些学者提出了反梯度转移理论。

所谓梯度转移是指高梯度地区向低梯度地区进行产业转移的过程，而反梯度转移与梯度转移恰好相反，其转移是由低梯度地区向高梯度地区演变。若低梯度地区经济发展的市场需求较多且外部经济环境优越，除此之外，还要拥有一定的基础条件，就可以通过引进高新技术，大力发展优势产业，使产业发展到一定程度后便可向高梯度地区进行反向转移，从而实现赶超发展战略。尽管地区之间经济技术水平梯度的存在，但梯度转移并非由经济技术水平决定，而是由国家或者地区经济发展需要和未来发展方向共同决定的。

2. 产业反梯度转移的特征

一般来讲，后起的工业国家其现代化在一个国家内呈现不平衡的状态，主要体现在只有少数几个经济状况较好的地区，使一个国家表现为以发达地区为中心，发展中地区为边缘的结构关系。经济发展以及科技水平，从高到低形成一定的梯度，也就是在发达地区核心区与发展地区边缘区的经济技术水平，由高到低形成一定的水平梯度。当发达地区的经济和技术发展到一定阶段以后，为了实现区域间经济平稳快速发展，就有可能向发展中地区转移某些产业和技术，使发展中地区承接产业促使经济水平逐步提高，这就是梯度转移。但是在现阶段的经济发展基础上，比较利益依然是梯度转移的条件。为了更好地实现产业升级和技术进步，促进我国中部地区的可持续发展，其市场和资源的转移是势在必行的途径。但是，中部地区目前承接东部产业转移的大部分是标准的技术和传统的产业模式，很难使中部地区经济快速发展起来。

反梯度转移则是产业由低梯度地区向高梯度地区转移的行为或结果。但是，低梯度地区向高梯度地区转移必须具有一个前提条件，即低梯度地区具有外部规模效应，其结果是投入相同的数量要素所带来更多的产出，从而降低了产品的单位成本的规模经济效应。为实现外部规模经济，低梯度地区政府的首要任务是完善本地区的基础设施，减少本地企业发展的非必要开支。此外，提高市场完备性和运行效率变得相当重要。主要表现为信息的更加集中，生产设备供应更加便捷，共同生产要素的流动更加顺畅。最后，外部规模经济在加大高新技术研发力度并拓展其传播渠道的过程中起到了积极作用。

3. 产业反梯度转移的适用条件

反梯度转移的适用条件主要表现在五个方面：第一，具有二元经济结构的存在，这是实施反梯度转移的前提。由于有产业断层，高新技术产业才有必要也有可能被吸纳，这样才有反梯度转移的空间。第二，具有承接产业转移的基础"硬件"条件。即区域内承接产业的条件足够，即所谓的"硬件"达标。相对优质的基础设施，与外部市场、供应者及其他方面的信息交流能力，吸纳和消化高技术的大工业基础等因素都是"硬件"达标的主要表现方式。第三，具有良好科技创新能力、高水准人力资源和良好的科技基础。高新技术产业的发展与布局需要一系列"软件"支持，如知识储备、区域性技术开发基础、人力资源等。第四，具有国际、国内及区域内产业结构调整和升级的背景。一般而言，世界性的结构调整和国内的结构调整都是区域经济实施反梯度转移与承接的最有利时机。第五，营造局部比较优势。注重统筹优势产业，避免弱势产业，充分利用中部各省的资源优势，转移该地区的产业，将管理、技术、资金、市场这四个方面相结合。

## 第三节　中部地区承接沿海产业转移的路径选择机理

### 一、模型假设与模型推导

（一）模型假设

根据新经济地理学理论，[①] 假设有两个地区，E 地和 W 地，其中各有两个产业 A 和 B。现假设 B 产业为完全竞争产业，且其规模报酬不变，劳动力 $L$ 是其生产使用的唯一生产要素。A 产业为垄断竞争产业，且其规模报酬递增，其生产除了劳动力要素 $L$ 以外，资本 $K$ 作为另一种生产要素出现，并且每生产一件产品需要一单位的资本作为固定成本。两地都生产和消费 A、B 产业产品，E 地有 $n$ 个 A 产业，W 地有 $n^*$ 个 A 产业。两个地区的资本收益率分别为 $\pi$、$\pi^*$；笔者还假定资本可以在地区间移动，目的是追求最高收益率；由于考察产业的移动，并且用资本的移动可以代表产业的移动，故笔者假设劳动力及资本所有者是不移动的，资本的收益由资本所有者在其所在地消费掉。两地消费者对产品具有相同的效用函数。同时假设 B 产业产品没有交易成本，A 产业产品在本地交易时，没有交易成本，在外地交易时存在"梯度系数"（$G$）。[②]

（二）模型推导

以下推导以 E 地区为例，W 地情况类似，用星号（＊）标出。效用函数分为两个层次：第一层面的效用函数指消费者消费 A 产业产品和 B 产业产品的柯布—道格拉斯效用函数；第二层面效用函数为消费者消费 A 产业产品组合的效用，笔者用 CEW 函数来表示。即：

$$U = U\ (c_A,\ c_B) = c_A^{\mu} c_B^{1-\mu}$$

$$c_A = \left[\sum_{i=1}^{n} d_{EE}^{(\sigma-1)/\sigma} + \sum_{i=1}^{n} d_{EW}^{(\sigma-1)/\sigma}\right]^{\sigma/(\sigma-1)} \quad 0 < \mu < 1,\ \rho = (\sigma-1)/\sigma < 1,\ \sigma > 1$$

$$(6-2)$$

---

① Fujita, Masahisa & Krugman (Eds.), *The Spatial Economy: Cities, Regions, and International Trade*, Cambridge: MA-MIT Press, 1999.

② 梯度系数是一个广泛的概念，包括了由于制度差异、发展的不均衡等多种要素。

式（6-2）中 $U$ 为消费者的效用，$C_A$ 表示消费者消费 A 产业产品的数量指标，即 $c_A = (c_1, c_2, c_3, \cdots, c_{n^w})$。$n^\omega = n + n^*$ 为 E 地消费者对 A 产业产品的总需求数量，$d_{EE}$、$d_{EW}$ 为 E 地消费者对 E 地、W 地生产的 A 产业产品需求量，$\sigma$ 为 A 产业产品之间的替代弹性，$\mu$ 为消费者总支出对 A 产业产品支出所占份额，其中 $\sigma$，$\mu$ 是常数。

在第一阶段，消费者的总预算可以分解为对 A 产业产品的预算和对 B 产业产品的预算。这样消费者的问题是选择 $c_A$ 和 $c_B$，使得消费者的效用函数最大化：

$$U = U(c_A, c_B) = c_A^\mu c_B^{1-\mu}$$

$$\text{S. t.} \, P_E x c_A + P_W \times c_B = I \tag{6-3}$$

式（6-3）中，$P_E$、$P_W$ 分别为 E 地区和 W 地区产品组合的价格指数，$I$ 为消费者的收入水平。根据总支出约束下总效用最大化的一阶条件，即得出有关 $c_A$ 和 $c_B$ 的直接需求函数：

$$c_A = \mu I / P_E, \, c_B = (1 - \mu) I / P_W \tag{6-4}$$

进入第二阶段，考虑消费者消费 A 产业产品组合时，其支出要最小[①]。建立拉格朗日方程：

$$L = \left[ \sum_{i=1}^{n} c_{EE}^{(\sigma-1)/\sigma} + \sum_{j=1}^{n^*} c_{EW}^{(\sigma-1)/\sigma} \right]^{\sigma/(\sigma-1)} + \lambda \left[ \sum_{i=1}^{n} p_{EE} c_{EE} + \sum_{j=1}^{n^*} p_{EW} c_{EW} - \mu I \right]$$

$$\tag{6-5}$$

由此可得出 E 地消费者对 E 地生产的 A 产业产品的需求量：

$$c_{EE} = \mu I \frac{p_{EE}^{-\sigma}}{P_N^{1-\sigma}}, \qquad I = \pi K + w_L L$$

其中，$p_{EE}$、$p_{EW}$ 为在 E 地生产的 A 产业产品在 E 地、W 地销售价格，$p_{WW}$、$p_{WE}$ 为在 W 地生产的 A 产业产品在 W 地、E 地的销售价格。$I$ 为总收入也是总支出（由于垄断竞争情况下，均衡时产业的超额利润为零，因此 $I$ 只包括要素收入）。$P_N^{1-\sigma}$ 为 E 地 A 产业产品的价格指数。同理，我们可以

---

① 即消费者在 $\sum_{i=1}^{n} p_{EE} c_{EE} + \sum_{j=1}^{n^*} p_{EW} c_{EW} = \mu I$ 的预算约束下，使子效用 $c_A$ 最大化。

得出 $c_{EW}$，$c_{WW}$（W 地消费者对 W 地生产 A 产业产品的需求量），$c_{WE}$（W 地消费者对 E 地生产的 A 产业产品的需求量）分别为：

$$c_{EW} = \mu I \frac{p_{EW}^{-\sigma}}{P_N^{1-\sigma}}, \qquad c_{WW} = \mu I^* \frac{p_{WW}^{-\sigma}}{P_W^{1-\sigma}}, \qquad c_{WE} = \mu I^* \frac{p_{WE}^{-\sigma}}{P_W^{1-\sigma}} \qquad (6\text{-}6)$$

在消费需求量式子中如果忽略某种产品价格变动对整体价格指数的影响，那么 $P_N^{1-\sigma}$ 与 $\mu I$ 都是常数。不妨设：$k = \mu I / P_N^{1-\sigma}$，$k^* = \mu I^* / P_W^{1-\sigma}$，这时式（6-6）又可以化简为：

$$c_{EE} = k p_{EE}^{-\sigma}, \ c_{EW} = k P_{EW}^{-\sigma}, \ c_{WW} = k^* p_{WW}^{-\sigma}, \ c_{WE} = k^* p_{WE}^{-\sigma} \qquad (6\text{-}7)$$

以上式子说明了 A 产业在两个不同地区 E、W 为了实现利润最大化而进行价格和产量决策的约束条件。E 地、W 地的消费者对 D 产业的产品有相同的效用函数。因为假设了 A 产业生产的产品在本地销售时，没有交易成本，在外地销售时存在"梯度系数"。因此 A 产业在 E 地、W 地的最优产量为：

$$
\begin{aligned}
f_E &= c_{EE} + G c_{WE} = k p_{EE}^{-\sigma} + G k^* \ (p_{WE})^{-\sigma} \\
&= k p_{EE}^{-\sigma} + G k^* \ (G p_{EE})^{-\sigma} \\
&= [\, k + G^{1-\sigma} k^* \,] p_{EE}^{-\sigma} \\
f_W &= c_{WW} + G c_{EW} = k^* p_{WW}^{-\sigma} + G k \ (p_{EW})^{-\sigma} \\
&= k^* p_{WW}^{-\sigma} + G k \ (G p_{WW})^{-\sigma} \\
&= [\, k^* + G^{1-\sigma} k \,] p_{WW}^{-\sigma}
\end{aligned}
\qquad (6\text{-}8)
$$

在前面我们假设了在 E 地与 W 地的每个 A 产业的固定成本为一单位资本 $K$，而可变成本为每单位产出需要 $a_m$ 个单位劳动，且他们是自由进入与退出的。因此，均衡时产业的超额利润为零。产业采取利润最大化的定价原则：边际成本加成定价法。

由于跨区域交易存在"梯度系数"，因此本地产品在外地交易的价格和在本地交易价格之比是 $G$，可以得出在 E 地的 A 产业利润函数：$p_{EE} f_E - (\pi + W_L a_m f_E)$，其中 $\pi$ 为 1 单位资本获得的收益，$w_L$ 为单位劳动获得的收益。

因此在式（6-8）的约束条件下我们可以通过建立产业利润的拉格朗

日函数求出产品在本地与外地交易时的价格：

$$L = p_{EE}f_E - (\pi + W_L a_m f_E) + \lambda[f_E - kp_{EE}^{-\sigma} + Gk^* p_{EW}^{-\sigma}]$$

根据 $p_{EW} = Gp_{EE}$，可得：

$$L = p_{EE}f_E - (\pi + W_L a_m f_E) + \lambda[f_E - (k + G^{1-\sigma}k^*)p_{EE}^{-\sigma}] \quad (6-9)$$

由此我们可以解出：$p_{EE} = \dfrac{w_L a_m}{(1 - 1/\sigma)}$，$p_{EW} = \dfrac{Gw_L a_m}{(1 - 1/\sigma)}$ $\quad (6-10)$

假设对于 A 产业来说，他是根据自己拥有的资本在 E 地或在 W 地生产所能获得的资本收益大小来作出其区位的选择。在垄断竞争情况下，产业获得超额利润为零，因此销售收入就等于生产成本。

即 $p_{EE}c_{EE} + p_{EW}c_{EW} = \pi + w_L a_m(c_{EE} + c_{EW})$，结合式（6-10），所以 A 产业选择在 E 地获得资本收益就可表示为：

$$\pi = p_{EE}f_E/\sigma = \mu p_{EE}^{1-\sigma}[IP_A^{-(1-\sigma)} + I^* G^{1-\sigma}P_B^{-(1-\sigma)}]/\sigma \quad (6-11)$$

其中，$P_E^{1-\sigma}$、$P_W^{1-\sigma}$ 是 E 地 A 产业产品和 B 产业产品的价格指数。

$$P_E^{1-\sigma} = \sum_{i=1}^{n} p_{EE}^{1-\sigma} + \sum_{j=1}^{n^*} p_{EW}^{1-\sigma} = np_{EE}^{1-\sigma} + n^*(Gp_{EE})^{1-\sigma}$$
$$= n^\omega p_{EE}^{1-\sigma}[s_n + \Delta(1 - s_n)] \quad (6-12)$$

$$P_W^{1-\sigma} = \sum_{i=1}^{n} p_{WE}^{1-\sigma} + \sum_{j=1}^{n^*} p_{WW}^{1-\sigma} = n(Gp_{WW})^{1-\sigma} + n^*(p_{WW})^{1-\sigma}$$
$$= n^\omega p_{WW}^{1-\sigma}[\Delta s_n + (1 - s_n)] \quad (6-13)$$

代入式（6-11）可得：

$$\pi = p_{EE}f_E/\sigma$$
$$= \frac{\mu p_{EE}^{1-\sigma}}{\sigma}\left\{\frac{I^\omega s_I}{n^\omega p_{EE}^{1-\sigma}[s_n + \Delta(1 - s_n)]} + \frac{I^\omega(1 - s_I)\Delta}{n^\omega p_{EE}^{1-\sigma}[\Delta s_n + (1 - s_n)]}\right\}$$
$$= \frac{\mu I^\omega}{\sigma n^\omega}\left\{\frac{s_I}{[s_n + \Delta(1 - s_n)]} + \Delta\frac{(1 - s_I)}{[\Delta s_n + (1 - s_n)]}\right\} \quad (6-14)$$

其中 $\Delta = G^{1-\sigma}$，$s_n = n/n^\omega$ 为 E 地 A 产业所占份额，$1 - s_n = n^*/n^\omega$ 为 W 地 A 产业所占份额。$s_I = I/I^\omega$ 为在总支出中 E 地支出所占份额，$1 - s_I = I^*/I$ 为总支出中 W 地支出所占份额。同理我们可以得出 A 产业选择在 W 地所能获得的资本收益：

$$\pi^* = \frac{\mu I^\omega}{\sigma n^\omega}\left[\Delta\frac{s_I}{s_n + \Delta(1-s_n)} + \frac{1-s_I}{\Delta s_n + (1-s_n)}\right] \quad (6\text{-}15)$$

于是两地资本收益之差为：

$$\pi - \pi^* = b\frac{I^\omega(1-\Delta)}{K^\omega\Phi\Phi^*}\left[(1+\Delta)\left(s_I - \frac{1}{2}\right) - (1-\Phi)\left(s_n - \frac{1}{2}\right)\right]$$

$$(6\text{-}16)$$

其中，$b = \mu/\sigma$，$\Phi = s_n + \Delta(1-s_n)$，$\Phi^* = \Delta s_n + (1-s_n)$。

## 二、模型推论与案例分析

从式（6-16）我们可以看出如果 E 地与 W 地之间不存在"梯度系数"，也就是 $\Delta = G^{1-\sigma} = 1$ 时，产业在 E 地与在 W 地生产的资本收益率是相等的。这时，空间在经济系统中是不起作用的，即产业的经济活动与区位是无关的，也就是意味着此时没有发生产业的转移。而一般情况是 $0 < \Delta = G^{1-\sigma} < 1$，即两地资本收益率存在差异，且与"梯度系数"（$G$）、两地的产业分布（$n, n^*$）、两地的消费支出（$I, I^\omega$）有关，从而产业会根据两地能获得的资本收益大小来作出转移决策。在不同水平的"梯度系数"下，各个因素的作用强度会有所不同，对产业转移路径选择的影响也不同。

（一）梯度转移与案例分析

1. 梯度转移推论

当"梯度系数"处于较高水平时，即 $G$ 较大时，$\lim\limits_{\Phi\to 0}(\pi - \pi^*) = b\frac{I^\omega(1-\Delta)}{K^\omega\Phi\Phi^*}\left[(1+\Delta)\left(s_I - \frac{1}{2}\right) - (1-\Delta)\left(s_n - \frac{1}{2}\right)\right] = b\frac{I^\omega(s_I - s_n)}{K^\omega s_n(1-s_n)}$。

在这种情况下，从上面的式子可以看出：产业发生转移的动力取决于两个相反力量的作用。如果 E 地收入支出的份额大于对称分布的份额，此时对资本收益利润率差异的影响为正，也就是说具有较大支出份额的区域对资本的吸引力越大，从而导致产业向具有较大支出份额的区域转移。但是当 E 地区实际使用的资本份额超过对称分布时的资本份额时，会降低 E

地资本报酬，从而阻碍资本流向 E 地。资本最终流向方向取决于两者作用力的大小，如果政策吸引力较大，区域对资本的吸引力足以弥补由于资本边际报酬递减所带来的劣势时，就会推动资本向该地区转移，由于我们假设了每个产业只使用一个单位资本与劳动力生产，所以产业数量就等于资本数量，这种情况下，资本的转移就意味着产业的转移。

2. 案例分析

纺织产业是属于劳动密集型行业，就我国而言非产棉区的纺织业水平相对来说较高，如长三角地区和珠三角地区。但由于产业的过分集中，这两个地区面临着资源分配与环境问题，同时，原材料、劳动力、能源价格不断上升，水、电力供应、土地供应的不足，增加了纺织业的成本，降低了企业赢利，使企业发展受到了挑战，也使得我国纺织业在劳动力和原料上的优势难以凸显。在沿海上、中游纺织品在占领市场方面的能力受到了影响，不得不迫使纺织业向低生产成本地区转移。纺织企业向中西部地区转移，不仅可以很好地发挥当地资源方面的优势从而达到降低生产成本的目的，还能促进中西部已有资源的充分利用，让西部资源要素与东部沿海的经济要素这两种重要因素相组合，实现双方的共同进步。

河南郑州在产业规划方面主要是计划在中原区建立郑州纺织工业基地，致力于建立产业高度聚集、产品关联性强的产业集群。这样的产业规划有利于建立高水平的纺织工业基地，从而体现河南省的整体发展水平及纺织工业水平。并且可以充分利用华中信息中心的资源为河南省纺织工业园的建立提供了信息保障。

河南省之所以能够承接东部发达地区的产业转移，是因为河南地区具有的优势地理环境、资源及地方政策，具体表现为以下几点：

第一，河南省的地理位置突出，毗邻三大沿海城市圈，劳动力资源丰富，不仅是我国重要的棉花生产基地及全国重要的麻类、蚕丝、羊毛生产基地，而且在劳动力资源、原料这些基础资源上成本较低。

第二，河南省各地纺织业发展过程中尊重发展规律，促进产业的集聚发展，重视纺织业发展的生态环境，加上投资环境的改善，为纺织行业的健康可持续发展奠定了良好的基础。

第三，河南省纺织业人才丰富，为河南省纺织业的振兴提供了技术保障，特别是纺织业的发展使得河南拥有了一批熟练掌握纺织技术的工人队伍，为河南省纺织业的发展提供了在人力资源方面的重要支持。

总的来看，中国纺织业处于产业发展战略转移的新时期，针对不同地区纺织业发展的程度和特点的不同，将对其产业布局进行深入调整，有计划的实现东中西部合理、良性，且各自优势都能得到充分发挥的产业梯度规划。建立中国东中西部纺织业的产业格局，抓住时机构筑从沿海向内陆的优势互补的产业布局。

（二）反梯度转移与案例分析

1. 反梯度转移推论

当"梯度系数"处于较低水平时，$G$ 较小时，$\lim\limits_{\Phi \to 1}(\pi - \pi^*) =$

$$b \frac{I^\omega (1 - \Delta)}{K^\omega \Phi \Phi^*} \left[ (1 + \Delta)\left(s_t - \frac{1}{2}\right) - (1 - \Delta)\left(s_n - \frac{1}{2}\right) \right] = 0。$$

此时产业在 E、W 两地生产的资本收益率是相近的。收入的支出份额与两地的产业分布情况对产业的区域选择影响较小，此时顺梯度产业转移的趋势和动力比较小。在这种情况下，当市场有着比较好的外部规模经济效益时，相对落后的中西部地区，如果把自身的优势产业同相关的引导政策结合起来，进行大规模的开发，就有可能实施赶超发展，将产业转移到东部地区。

2. 案例分析

浙江在实现全面建设小康社会的进程中如何实现山区经济的发展是其所面临的挑战，其中山区经济的可持续发展对生态工业的发展具有一定的依赖性。现阶段，浙江山区各地对工业的发展都达成共识，如衢州市提出实施"工业立市"主战略、丽水市提出实施"工业强市"战略。浙江山区工业发展通过承接产业转移的方式已取得十分显著的效果。近年来，浙江地区在推动产业升级方面的进度不断加快，高新技术产业及重化工业在浙江工业产业链中占据了重要位置，并推动其向浙江欠发达地区进行转移，以此达到扩大现代服务业及新兴产业的发展空间的目的。以欠发达山区广泛分布的衢州和丽水两市为例，衢州市 2013 年完成规模以上工业总产值 1828.6 亿元，连续 8 年实现 30% 以上的高速增长。丽水市的工业总产值在 2010 年突破千亿元大关，2013 年达 1952.1 亿元。两市合计以占全省 1/4 的国土面积（25.1%）、7.8% 的常住人口（2013 年），创造了 4.4% 的规模以上工业总产值（2013 年），比 2008 年时工业经济的比重提高了 1.6 个百分点。但是，从总体上看，浙江山区工业的基础仍然比较薄弱，缺乏大产业、大企业、大项目的支撑和带动，产业的结构性、素质性问题依然比较突出。

浙江深入实施四大国家战略举措，支持金、衢、丽地区进行国家级低丘缓坡综合利用开发试点，这些举措都为浙江山区经济的发展提供了基础。目前，浙江山区相对于沿海城市工业化的发展阶段而言相对比较滞后，仍然处于工业化发展的中期阶段而未进入工业化后期。浙江山区为了推进工业化的发展，正在积极建立新型工业化，在有限制的开发区域实行适度开发，实现一种既要扩大发展规模又对经济发展提出更高要求的追赶型发展。

为此，为了实现浙江山区的可持续发展，必须充分分析浙江山区各市县的特点，有针对性进行适度开发，通过承接产业反梯度转移，加快培育形成内生发展能力。建议重点关注四个关键环节：

第一，要"有所为、有所不为"，提高产业准入门槛，提升引进项目的质量。建议重点聚焦三条主线：延伸发展型、新兴培育型、资源开发型。

第二，要"强化功能、创新机制"，注重产城联动，推进园区高水平开发。将园区定位为城市功能新区并且加强创新园区合作开发机制。

第三，要"跳出工业、发展工业"，促进产业融合，提升三种能力。与工业相比，现代服务业是内需潜力最大的产业，也是促进产业融合、支撑城镇化发展、推动经济转型的另一个重要引擎。在山区工业发展中，必须十分重视产业的融合发展，加大承接现代服务业项目的力度。通过产业融合，重点要提升工业发展的三种能力：自主创新能力、市场运作能力、绿色发展能力。

第四，要"富民为先，民生为本"，惠及城乡居民，带动山区与全省同步奔小康。在山区发展工业的根本目的是要惠及当地居民。在承接产业反梯度转移时，要围绕富民这一根本目的。通过扩大就业、人口集聚、反哺农业、扩大财力这四个方面来惠及民生，将更多的财力投入到发展文教卫体等社会事业中，提升基本公共服务均等化水平。

在今后相当长的一段时期，仍将是浙江山区加快推进新型工业化的历史机遇期和发展关键时期。浙江相对落后的衢州市、丽水区应借鉴工业化先行地区的发展经验，不是被动地承接梯度转移的低端产业，而是积极采用承接高端产业反梯度转移的发展方式，实现浙江山区经济的快速长足发展。中部地区应充分借鉴浙江落后地区的发展方式，发挥中部地区的优势，限制低级生产要素对高级生产要素的竞争，实施反梯度转移战略，实现经济跨越式发展。

# 第四节　中部地区产业梯度差异与承接<br>沿海产业转移路径选择

## 一、梯度系数和改进的梯度系数

一个国家不同地区之间通常存在一定的产业梯度。高梯度地区的产业处于工业生产生命周期中创新和发展阶段，其他地区的各种生产要素向该地区汇聚。[1] 当高梯度地区产业进入工业生产生命周期的成熟阶段时，发展会受到很多因素的限制，比如交通运输、劳动力、生产成本的提高，以及处于高梯度产业的各种生产要素在受到扩展效应影响下，利润会流到第二梯度地区。在各种因素的综合作用下，部分高梯度产业由第二梯度地区

---

① 陈蕊、熊必琳：《基于改进产业梯度系数的中国区域产业转移战略构想》，《中国科技论坛》2007 年第 8 期。

承担，在一定程度上削弱了高梯度地区产业的生产效率和市场占有率。[①]

　　一般来讲，在考察一个国家或地区某一产业梯度水平的高低，主要考虑两个因子的影响：一是创新因子，用比较劳动生产率来表示创新因子，创新因子取决于某区域某产业技术创新能力、转化为生产的水平和劳动者的技能等因素与全国平均水平的比较；二是市场因子，一般用区位商来表示，市场因子取决于某地区某产业对专用设备、专业技术人员的数量和自然资源利用程度的多少等因素与全国同行业的比较。其中，该国家或地区处于何种梯度水平是由创新因子内在决定的，而市场因子是外在原因。更进一步，产业创新水平和市场占有程度决定产业梯度。从产业发展史看，创新因子和市场因子的大小对彼此都起到了乘数作用。

　　一个地区的劳动者素质以及生产技术对于一个地区产业梯度处于何种水平至关重要，这两个因素只能通过比较劳动生产率指标来衡量。如果某一个地区的劳动生产率与全国平均水平相比大于1，这说明该地区的劳动生产率高于全国平均水平，反之，则低于全国平均水平。在一般情况下，人们追求市场利润的过程中，各种要素会从比较劳动生产率相对低的产业向比较劳动生产率相对高的产业进行转移。某地区某产业的生产专业化水平主要是通过区位商来表示，区位商之间的比较，可以从多个不同的方向进行比较，比如：同级区域之间、不同级区域之间抑或是局部与总体之间进行比较。如果区位商的值大于1，则表明该行业为该地区的生产专业化部门，一般属于产品的输出地区；如果区位商的值小于1，则表明该行业在该地区属于非专业化部门，与全国同行业相比处于劣势竞争地位，一般属于产品的输入地区；当该地区生产的产品与本地区的需求一致，即产品的供需相等时，则区位商等于1。研究一个地区的产业处于高梯度还是低梯度主要是看地区的某行业梯度系数，在计算梯度系数的时候，要综合区位条件、资源禀赋以及国家政策进行分析。一般情况下，如果产业梯度系

---

　　① 卢根鑫：《试论国际产业转移的经济动因及其效应》，《上海社会科学院学术季刊》1994年第4期。

数小于1，说明该地区的产业低于全国平均水平即处于低梯度；相反，产业梯度系数大于1，说明该地区产业处于高梯度。

上述方法主要从劳动力、技术两个方面考虑一个地区产业处于何种梯度，在这个分析中并没有考虑到资本的因素。一般来说，资本要素和劳动力要素是互为替补关系的，但是并没有将资本因素考虑到产业梯度系数方法中，不能准确地反映由于资本和劳动力组合差异而造成的偏差。因此，现有的梯度系数方法需要改进。产业转移受劳动力和资本的流动影响较大，劳动力流动制约着产业转移，而产业转移会伴随着资本的流动。资本一般总是转移到能够实现最佳经济效率和技术效率的地方，这样，在地区总体技术水平不变的情况下，产业就有可能在新的区域维持原有生产函数不变，并能够实现降低生产成本、获取高额利润的目标。

反映一个地区的产业资源配置能力一般从资本和技术两个方面来考量。资本的赢利性可以表示一个地区经济效率，而地区所有人员的劳动生产率可以表示一个地区的技术效率。由于产业统计数据的可得性的影响，在实际应用中，为方便统计用区域产业的比较劳动生产率代表区域产业技术的相对水平，用比较资本产出率（CCOR）代表区域产业的赢利能力，用区位商、比较劳动生产率和比较资本产出率三者乘积代表衡量产业梯度大小的取值。具体计算公式如下：

$$I_{ij} = Q_{ij} \times L_{ij} \times M_{ij} \qquad (6\text{-}17)$$

式中，$I_{ij}$ 为 $i$ 地区 $j$ 产业的改进产业梯度系数，$Q_{ij}$ 为 $i$ 地区 $j$ 产业的区位商，$L_{ij}$ 为 $i$ 地区 $j$ 产业的比较劳动生产率，$M_{ij}$ 为 $i$ 地区 $j$ 产业的比较资本产出率。

$$Q_{ij} = G_{ij}/P_j \qquad (6\text{-}18)$$

式中，$Q_{ij}$ 为 $i$ 地区 $j$ 产业的区位商，$G_{ij}$ 为 $i$ 地区 $j$ 产业增加值占本地区 GDP 中的比重，$P_j$ 为全国 $j$ 产业增加值占全国 GDP 中的比重。

$$L_{ij} = D_{ij}/R_{ij} \qquad (6\text{-}19)$$

式中，$L_{ij}$ 为 $i$ 地区 $j$ 产业的比较劳动生产率，$D_{ij}$ 为 $i$ 地区 $j$ 产业增加值在全国同行业增加值中的比重，$R_{ij}$ 为 $i$ 地区 $j$ 产业从业人员在全国同行业从业人员中的比重。

$$M_{ij} = D_{ij}/N_{ij} \qquad (6-20)$$

式中，$M_{ij}$ 为 $i$ 地区 $j$ 产业的比较资本产出率，$D_{ij}$ 为 $i$ 地区 $j$ 产业增加值在全国同行业增加值中的比重，$N_{ij}$ 为 $i$ 地区 $j$ 产业平均资本在全国同行业平均资本中的比重。

## 二、中部地区各行业的改进梯度系数

依据《国民经济行业分类与代码》（GB/T4754-2002），本书选取了煤炭开采和洗选业，黑色金属矿采选业等 26 个行业作为研究对象；根据《中国统计年鉴（2013）》和《中国工业经济统计年鉴（2013）》的相关数据，计算出 2012 年我国中部六省 35 个行业的改进梯度系数，并绘制了产业区域梯度系数表（见表 6-1）。

表 6-1　中部地区各行业的改进梯度系数

| 行业类别 | 安徽 | 山西 | 河南 | 江西 | 湖北 | 湖南 |
|---|---|---|---|---|---|---|
| 煤炭开采和洗选业 | 0.724 | 2.182 | 1.851 | 0.468 | 0.109 | 1.319 |
| 黑色金属矿采选业 | 0.944 | 0.699 | 0.859 | 1.390 | 5.270 | 2.168 |
| 有色金属矿采选业 | 0.584 | 0.163 | 1.987 | 4.431 | 0.473 | 1.648 |
| 非金属矿采选业 | 1.727 | 0.168 | 1.130 | 1.827 | 7.695 | 2.662 |
| 农副食品加工业 | 1.774 | 0.525 | 0.562 | 1.365 | 3.108 | 2.217 |
| 食品制造业 | 0.845 | 0.569 | 0.580 | 1.231 | 1.228 | 2.268 |
| 饮料制造业 | 1.110 | 0.663 | 0.763 | 0.843 | 2.642 | 1.410 |
| 烟草制品业 | 0.261 | 1.347 | 0.332 | 0.759 | 2.358 | 1.097 |
| 纺织业 | 0.839 | 0.323 | 0.494 | 1.141 | 1.414 | 2.145 |
| 纺织服装、鞋、帽制造业 | 0.409 | 0.318 | 0.226 | 0.869 | 0.950 | 1.125 |
| 皮革、毛皮、羽毛（绒）及其制品业 | 0.791 | 10.425 | 0.606 | 0.387 | 0.294 | 0.530 |
| 木材加工及木、竹、藤、棕、草制品业 | 1.318 | 0.456 | 0.744 | 1.154 | 2.042 | 5.020 |

| 行业类别 | 安徽 | 山西 | 河南 | 江西 | 湖北 | 湖南 |
|---|---|---|---|---|---|---|
| 家具制造业 | 1.224 | 0.124 | 0.785 | 1.155 | 0.935 | 4.128 |
| 造纸及纸制品业 | 0.558 | 0.172 | 0.769 | 1.066 | 2.063 | 2.329 |
| 印刷业和记录媒介的复制 | 1.184 | 0.569 | 0.710 | 1.305 | 1.664 | 2.701 |
| 文教体育用品制造业 | 0.251 | 0.283 | 0.325 | 0.329 | 0.714 | 0.532 |
| 石油加工、炼焦及核燃料加工业 | 0.703 | 0.477 | 0.699 | 1.265 | 0.884 | 4.415 |
| 化学原料及化学制品制造业 | 1.311 | 0.446 | 0.414 | 0.887 | 1.652 | 1.421 |
| 医药制造业 | 0.810 | 0.372 | 0.532 | 1.555 | 0.990 | 2.019 |
| 化学纤维制造业 | 0.404 | 0.004 | 0.118 | 0.452 | 0.552 | 0.464 |
| 橡胶制品业 | 1.354 | 0.656 | 0.893 | 1.192 | 2.080 | 3.194 |
| 塑料制品业 | 1.074 | 0.296 | 1.219 | 1.451 | 2.191 | 1.733 |
| 非金属矿物制品业 | 0.846 | 1.172 | 0.560 | 1.393 | 1.421 | 0.903 |
| 黑色金属冶炼及压延加工业 | 2.823 | 0.326 | 1.064 | 4.595 | 2.172 | 2.423 |
| 有色金属冶炼及压延加工业 | 0.807 | 0.705 | 0.441 | 0.877 | 1.858 | 2.142 |
| 金属制品业 | 1.172 | 0.991 | 0.698 | 1.111 | 1.756 | 2.219 |
| 通用设备制造业 | 1.155 | 1.593 | 0.936 | 0.632 | 1.181 | 7.675 |
| 专用设备制造业 | 0.814 | 0.321 | 0.317 | 0.800 | 1.279 | 0.839 |
| 交通运输设备制造业 | 2.159 | 0.388 | 0.379 | 0.821 | 1.246 | 1.438 |
| 电气机械及器材制造业 | 1.354 | 0.656 | 0.893 | 1.192 | 2.080 | 3.194 |
| 通信设备、计算机及其他电子设备制造业 | 0.218 | 0.900 | 0.195 | 0.339 | 0.488 | 0.353 |
| 仪器仪表及文化、办公用机械制造业 | 1.507 | 3.962 | 0.548 | 0.613 | 0.342 | 3.841 |
| 工艺品及其他制造业 | 0.447 | 7.692 | 2.807 | 2.077 | 8.147 | 21.674 |
| 电力、热力的生产和供应业 | 3.270 | 1.534 | 1.716 | 1.975 | 0.938 | 0.554 |
| 燃气生产和供应业 | 1.472 | 0.582 | 0.531 | 0.686 | 1.500 | 1.122 |
| 水的生产和供应业 | 0.853 | 0.762 | 0.160 | 1.125 | 0.677 | 0.572 |

从表6-1中可以看出，中部地区由于地方政策、区位条件和资源禀赋等条件具有一定的差异性，导致六大省份的产业梯度系数相差较大。其

中，湖南省有 27 个行业表现为高梯度（产业梯度系数大于 1）；湖北省有 22 个行业具有高梯度；江西省有 20 个行业具有高梯度；安徽省有 16 个行业具有高梯度；最少的为山西、河南两省，具有高梯度的行业数分别为 8 个和 7 个。由于低产业梯度地区是实现产业梯度转移的主要承接地，而高产业梯度地区是产业梯度转移的主要转出地，因此，可以认为河南、山西两省是承接沿海产业梯度转移的主要省份，湖南、湖北、江西及安徽省也具有承接沿海产业梯度转移的趋势，但其承接产业转移的可能性相对而言会偏弱。与此同时，因为湖南、湖北和江西三省的产业具有高梯度的特征，所以，湖南、湖北和江西三省也有可能会出现产业反梯度转移的状况。此外，从行业角度来分析，非金属矿采选业、农副食品加工业、木材加工及木、竹、藤、棕、草制品业、印刷业和记录媒介的复制、橡胶塑料制品业和非金属矿物制品业十个行业的产业梯度系数最高，都在四个及四个以上省份里表现为高梯度；烟草制品业和纺织业、饮料制造业、黑色金属矿采选业、食品制造业、煤炭开采和洗选业、有色金属矿采选业等 14 个行业都在三个省份里表现为高梯度；石油加工、炼焦及核燃料加工业、医药制造业、金属制品业三个行业在两个省份里表现为高梯度；纺织服装、鞋、帽制造业、皮革、毛皮、羽毛（绒）及其制品业、交通运输设备制造业、水的生产和供应业四个行业只在一个省份里表现为高梯度；通信设备、文教体育用品制造业、化学纤维制造业、计算机及其他电子设备制造业三个行业在中部六省的产业梯度系数均小于 1，表现为产业完全低梯度现状。

总体来讲，文教体育用品制造业、化学纤维制造业、通信设备、计算机及其他电子设备制造业、纺织服装、鞋、帽制造业、皮革、毛皮、羽毛（绒）及其制品业、交通运输设备制造业、水的生产和供应业七个行业因为产业梯度较低，因此在是承接沿海产业转移的重点产业。而通用设备制造业、农副食品加工业、橡胶塑料制品业、电力、热力的生产供应业、有色金属冶炼及压延加工业、非金属矿物制品业、印刷业和记录媒介的复制、专用设备制造业、工艺品及其他制造业等产业由于具有高梯度，所以成为承接沿海产业转移的核心产业存在一定的困难。但是，有色金属冶炼及压延加工业与电力、热力的生产和供应业具有产业高梯度特征，将有较大可能成为反梯度转移的主力军。

## 三、中部地区的优势产业

地区某一产业的改进梯度系数大于1，说明该地区的产业在处于高梯度，属于优势产业；小于1则说明处于低梯度，不属于优势产业。基于此，将中部六省各地区的优势产业进行整理分类，具体见表6-2。

表6-2 中部地区的优势产业

| 省份 | 优势产业 |
|---|---|
| 湖南 | 专用设备制造业；木材加工；仪器仪表及文化、办公用品；农副食品加工业；橡胶塑料制品业；家具制造业；有色金属冶炼及压延加工业；印刷业和记录媒介的复制；造纸及纸制品业；燃气生产和供应；烟草制品业；金属制品业；非金属矿物制品业；有色金属矿采选业；通用设备制造业；工艺品及其他制造业；黑色金属矿采选业；食品制造业；医药制造业；电气机械及器材制造业；化学原料及化学制品制造业；纺织服装、鞋、帽制造业；纺织业；煤炭开采和洗选业；非金属矿采选业；饮料制造业；石油加工、炼焦及核燃料加工业 |
| 湖北 | 非金属矿采选业；橡胶塑料制品业；饮料制造业；印刷业和记录媒介的复制；农副食品加工业；烟草制品业；交通运输设备制造业；木材加工；纺织业；黑色金属冶炼及压延加工业；金属制品业；非金属矿物制品业；燃气生产和供应业；工艺品及其他制造业；黑色金属矿采选业；食品制造业；造纸及纸制品业；化学原料及化学制品制造业；有色金属冶炼及压延加工业；通用设备制造业；专用设备制造业；电气机械及器材制造业 |
| 河南 | 有色金属矿采选业；非金属矿采选业；工艺品及其他制造业；电力、热力的生产和供应业；有色金属冶炼及压延加工业；煤炭开采和洗选业；非金属矿物制品业 |
| 安徽 | 橡胶塑料制品业；饮料制造业；非金属矿采选业；非金属矿物制品业；家具制造业；专用设备制造业；电气机械及器材制造业；仪器仪表及文化、办公用品；印刷业和记录媒介的复制；农副食品加工业；木材加工及木、竹、藤、棕、草制品业；电力、热力的生产和供应业；化学原料及化学制品制造业；有色金属冶炼及压延加工业；通用设备制造业；燃气生产和供应业 |
| 江西 | 有色金属矿采选业；有色金属冶炼及压延加工业；橡胶塑料制品业；黑色金属冶炼及压延加工业；造纸及纸制品业；农木材加工；农副食品加工业；非金属矿采选业；电力、热力的生产和供应业；印刷业和记录媒介的复制；纺织业；非金属矿物制品业；医药制造业；通用设备制造业；黑色金属矿采选业；食品制造业；家具制造业；水的生产和供应业；石油加工、炼焦及核燃料加工业；工艺品及其他制造业 |

续表

| 省份 | 优势产业 |
|---|---|
| 山西 | 工艺品及其他制造业；烟草制品业；电力、热力的生产和供应业；黑色金属冶炼及压延加工业；专用设备制造业；皮革、毛皮、羽毛（绒）及其制品业；仪器仪表及文化、办公用机械制造业；煤炭开采和洗选业 |

从表6-2中，可以看出河南和山西两省的优势产业数量较少，安徽省的优势产业数量稍次之；优势产业数量较多的地区为湖南、湖北和江西三省，都为15个以上。因此，从优势产业角度来分析，河南、山西两省的优势产业数量相对少，则承接产业梯度转移的可能性将会较大。湖南、湖北和江西三省的优势产业数量相对多，则承接产业梯度转移的可能性较小，而发生产业反梯度转移的可能性却较大。

## 四、中部地区的路径选择

近年来，中部崛起已经受到社会各界的高度关注。中部地区具有重要的地理优势，成为了沟通我国东西部的重要桥梁，而且是我国的人口大区、经济腹地和重要市场，在中国地域分工中扮演着重要角色，加速中部崛起的进程是发展我国区域经济的必然之路。因此，要实现中部地区的快速崛起，必须发挥中部地区的优势，形成具有中部地区特色的支柱产业，推进科技创新，开发高加工度和高附加值产业，通过企业联盟和产业集群等新的产业组织方式，实施反梯度转移战略，实现经济跨越式发展。

中部地区要实现反梯度转移战略，必须把工业化进程与发挥区域资源优势有机结合起来，要充分利用地区的各项优势来促进经济结构的快速调整。中部六省的区位优势明显，是我国重要的粮食生产基地、能源原材料基地、现代装备制造及高技术产业基地以及综合交通运输枢纽，具有丰富的生态、旅游等资源，这些优势都为中部地区反梯度转移的实现提供了良好条件。同时，中部地区实现反梯度转移也有相应的外部条件作为支撑，要充分利用良好的外部经济效应，将外部经济效应与自身优势产业结合起来，科学地、合理地进行开发，实现赶超发展，在达到一定程度后再向高梯度转移，用高新技术改造传统的农业、工业提高传统产业的技术梯次，不断推进中部地区反梯度转移战略的实施。

第一，区位优势明显。中部地区包括山西、湖北、江西、湖南、安徽、河南六个相邻省份，地处中国内陆腹地，起到接南进北、吸引四面、承东启西、辐射八方的作用。中部地区面积 102 万平方公里，占全国面积的 11%；总人口 3.61 亿，占全国人口 28%；国内生产总值 116277.75 亿元，占全国 22.4%。六省边界相邻，各省的经济状况、政策效用等呈现明显聚类特征，它们在东西南北的区域发展中形成了举足轻重的中部区域经济体系，是我国粮仓和现代工业的摇篮。从新中国成立至今，国家就非常重视中部地区的发展，对中部地区的建设投入了大量的人力、物力、财力，进行了长期基础设施建设，使得中部地区成为贯穿东西南北的交通枢纽。中部地区境内民航方便快捷，以武汉、郑州、长沙、太原、南昌、合肥为中心的民用机场开通了国内上百条航线，可直达全国各个主要城市。①优越的地理位置以及便利的交通条件为中部地区提供了良好的发展机遇。

第二，资源丰富。中部地区由于优越的地理位置以及地质演变的作用，地区自然资源丰富，据原地矿部一位专家的评估，东、中、西三个地带矿产资源的潜在价值为 1∶2∶2。中部地区由于处于贯穿东西南北的交通枢纽位置以及具备开采矿产所需要的条件，以可实现价值估计，中部地区的矿产资源占据了全国的三分之一以上。中部地区有重要的矿产资源，丰富程度与密度都高于东西部，而且相应的资源配套程度也高，拥有良好的前景。如山西的煤、煤层气、耐火黏土、铝土、铁矾土、铂，安徽的明矾，江西的铜、银、白云岩、滑石，河南的蓝石棉、蓝晶石、红柱石，湖北的金红石、石榴子石，湖南的钨、铋、独居石等均占有全国的较高份额。

第三，有较为集中的工业布局。中部地区在"三线"建设时期打下了传统的制造业优势，这就为准确发挥中部地区优势的产业区段以及充分利用好中部地区廉价的劳动力提供了条件。目前来看，劳动密集型产业或资

---

① 汪小波：《从产业反梯度扩张、经济反哺生态到区域反辐射——共建武陵山生态经济圈》，《科技和产业》2011 年第 12 期。

本密集型产业中劳动力相对密集的区段对于中部地区的产业选择来说仍很重要。中部地区在发挥自身优势资源的基础上，形成了以煤炭、石油、电力、有色金属、机械、汽车、化工等为主的重工业体系。[①] 其中，湖南、安徽是以原材料工业为主；山西、河南、江西是以采掘工业为主；湖北是资源与加工二者兼具。中部地区原煤产量占全国总量的40%，水力总量占全国的50%，钢铁总量占全国的28%，汽车占到40%。这些优势条件为中部地区发展带来了广阔的发展空间。随着中国加入WTO，中部地区也抓住了这次机会，扩大了商品出口规模，为地区工业企业走向更为广阔的市场提供了又一个崭新的空间。

第四，人才优势。中部地区发展有较好的人才和劳动力储备，更有较好的人文环境和教育传统。中部地区拥有众多的知名大学，如中南大学、湖南大学、武汉大学、中南财经政法大学等。在知识经济时代，知识对于经济发展的重要作用已经不容忽视，中部地区良好的人才储备推动了中部地区反梯度转移战略的实施。目前，中部地区高校中已经启动了科学园、技术园、工业、大学合作研究中心以及地区研究开发等计划，促进了产学研创新网络的发展。高校根据本地区产业的发展，培养了大批适应产业发展的人才，实现了教育人才本地化。根据中部地区的特点可以看出，实现反梯度转移战略要做到：第一，中部地区必须根据自身的优势，充分利用和发挥好中部地区现有的战略性产业的基础作用。不仅仅要重视重化工业，更要积极发展高新技术产业，推进产业结构优化升级，培育中部特色的农业产业群、农业机械产业群、农产品深加工产业群、能源产业群、冶金产业群、高新技术产业群、旅游产业群等，带动整个中部地区的发展。第二，要依托优势产业聚集生产要素，既能构筑反极化效应的抗力场，又能借助扩散效应带来的拉力场，中部地区便能东西逢源，对东部地区既抗又拉，对西部地区既吸又扩，真正发挥联系东西的中介作用，促进经济的发展。第三，要积极学习先进的技术以及科学的组织管理制度，发挥后发

---

[①] 涂庆丰、张芳：《中西部地区的新机遇：承接东部加工贸易产业转移》，《经营与管理》2010年第3期。

优势的作用。第四，在知识经济时代，智力人才的储备已经成为地区发展最重要的战略资源，要重视人才的培养和引进，大力宣传教育，使得知识上升到社会经济发展的基础地位。充分利用好中部地区优越的人才资源，推进中部地区的知识创新、技术创新以及管理制度的创新，为中部地区的反梯度转移战略提供坚实的基础。

## 第五节　梯度陷阱与中部地区承接沿海产业转移路径优化

### 一、产业转移的梯度陷阱

梯度转移理论主张发达地区应首先加快发展，然后通过产业和要素向较发达地区和欠发达地区转移，以带动整个经济的发展。但不可忽视的是，梯度转移理论要有效发挥作用是有其自身适应性条件的：如劳动力不能跨区域自由流动，同类产业在不同经济空间组织效率相差不大，没有政府的直接干预，发达地区的主导产业处于创新阶段等等。否则，如果这些条件不具备，发达地区的产业和要素向较发达地区和欠发达地区转移就会出现障碍，存在产业转移的梯度陷阱。

（一）产业转移梯度陷阱成因

产业转移梯度陷阱的成因主要有四个：地区间劳动力自由流动降低了地区间的工资差距，阻碍产业梯度转移；产业集群粘性阻碍产业梯度转移；地方政府的 GDP 竞争影响了资源在全国范围内的最佳配置阻碍产业梯度转移；发达地区创新主导产业尚未形成规模阻碍产业梯度转移。

1. 地区间劳动力自由流动阻碍产业梯度转移

新古典增长理论认为，经济增长主要决定于资本、劳动两要素的投入，并假定生产函数的规模报酬不变、单一要素边际报酬递减（Solow，1956）。① 这样，在一个非一体化的经济空间，如不同国家之间或地区之间

---

① Solow Robert M.，"A Contribution to the Theory of Economic Growth"，*The Quarterly Journal of Economics*，Vol. 70，No. 1（Janurary 1956）.

（后者如香港与内地之间），劳动是不能自由流动的。市场力量发挥资源配置作用的结果是，资本将由劳动成本高（短缺）的国家或地区流向劳动成本低（丰裕）的国家或地区，而资本流动通常是以产业的区域转移为载体进行，从而导致产业的跨国家或跨地区转移。但是，对于一个一体化的经济空间，如我国大陆不同地区之间，资本和劳动都可以自由流动，既可以是资本由劳动短缺的地区流向劳动丰裕的地区，也可以是劳动由资本短缺的地区流向资本丰裕的地区，直到地区间要素价格（即边际报酬）实现均衡为止。但是，在发展中国家及一国的不发达地区，初始时期往往资本稀缺劳动丰裕，或者劳动比资本相对丰裕，劳动力容易迁就资本单向流动以降低资本丰裕地区的资本劳动比，从而提高该地区的资本回报率，使得资本丧失了向劳动力过剩地区流动的激励，特别是当发达地区劳动力工资和落后地区劳动力工资长期拉不开到足够的差距时，劳动的单向流动和资本的区域粘性便被锁定，表现为落后地区的剩余劳动力源源不断地流向发达地区，而发达地区向落后地区的产业转移则难以顺利进行。[①] 王思文等利用常替代弹性函数生产函数证明，当劳动力要素是自由流动的时候，目前导致东部地区向中西部地区大规模产业梯度转移的条件还不成熟。[②] 我们利用企业网络招聘工资数据的实证研究也表明：虽然中西部地区的工资水平相对较低，但是地区工资差距不大，而且中西部工资增长速度快于沿海地区，地区间工资差距趋于缩小。到 2011 年，我国工资报酬最高的东部沿海地区的工资仅为工资报酬最低的中西部地区工资的 1.28—1.33 倍，而 20 世纪 80 年代香港地区出口加工业向大陆沿海地区大规模转移时期，香港地区工人工资水平约为大陆地区工人工资水平的 8 倍以上。[③] 显然，劳动力的自由流动降低了地区间的工资差距，依靠劳动力成本差异驱动的大

---

① Solow Robert M., "A Contribution to the Theory of Economic Growth", *The Quarterly Journal of Economics*, Vol. 70, No. 1 (Janurary 1956).

② 王思文、祁继鹏:《要素流动性差异与地区间产业转移粘性》,《兰州大学学报》(社会科学版) 2012 年第 2 期。

③ 罗浩:《中国劳动力无限供给与产业区域粘性》,《中国工业经济》2003 年第 4 期。

规模产业梯度转移尚难以实现。[1]

## 2. 产业集群粘性阻碍产业梯度转移

资本在世界范围内流动并不只是寻找最便宜的劳动，而是寻找生产能力最强、效率最高同时价格也最便宜的劳动。因此，尽管劳动力成本—工资是决定转移区位选择的一个关键因素，但不是唯一决定因素。邓宁（Dunning）认为，企业进行投资区位决策时，不仅要考虑到要素禀赋所形成的优势，而且要考虑产业组织、交易成本等因素所产生的优势。[2] 现代经济的一个显著特征是集群经济，产业集群是由一群具有产业关联性的企业包括最终产品制造商、中间产品供应商、服务供应商以及在专业知识和技能方面能对相关产业产生支持作用的机构在地理上或特定地点的集中现象。产业集群能形成巨大的规模与需求，保证集群区域内企业获得从中间产品到劳动力的高品质、低成本的供给，而集群的外部效应如公共基础设施、专业化市场、分工协作网络、融资渠道、区域品牌使集群中所有企业获利。因此，企业在投资区位选择时，更趋向于往产业集群地区聚集。新经济地理学认为，具有前后向联系的企业集聚可以节约交易成本。[3] 企业聚集所带来的交易成本节约，是随着集聚程度的加剧、集聚区劳动力与工资等要素价格不断上升而呈倒 U 字形变化。当产业集聚程度处于倒 U 字形的左边时，即使政府推出优惠政策，也难以达到促进产业大量转移的效果；当产业集聚程度处于倒 U 字形的右边时，政府通过适度的政策引导，就能够促进产业的有序转移。我国目前的状况是东、中、西部地区的产业

---

① 贺胜兵、刘友金、周华蓉：《沿海产业为何难以向中西部地区转移——基于企业网络招聘工资地区差异的解析》，《中国软科学》2012 年第 1 期。

② Dunning J. H., "The Paradigm of International Production：Past, Present and Future", *Journal of International Business Studies*, Vol. 19, No. 1 (April 1988).

③ Martin & Ottaviano, "Growing Locations：Industry Location in a Model of Endogenous Growth", *European Economic Review*, Vol. 43, No. 2 (February 1999). Venables A., "Equilibrium Locations of Vertically Linked Industries", *International Economic Review*, Vol. 37, No. 2 (May 1996). Tabuchi T., "Urban Agglomeration and Dispersion：A Synthesis of Alonso and Krugtnan", *Journal of Urban Economics*, Vol. 44, No. 3 (November 1998).

集群数量比例约为 79∶12∶9，产业集群主要集中在东部沿海地区。① 由于长期的不平衡发展，东部地区产业集群化水平高，产业链比较完整，而中西部地区产业集群化水平较低，本地配套能力弱。而且目前我国东部沿海地区产业集群还处在成长阶段，产业集聚程度处于倒 U 字形的左边。在这种状况下，如果东部集群企业转移到中西部地区将会失去根植于原有产业集群所带来的优势及交易成本的节约，这就形成了产业梯度转移的产业集群粘性。同时，我们对珠三角集群地区转移到湖南省湘南地区的企业实地调查发现：综合考虑到劳动力平均工资、劳动力素质、劳动效率，企业转移前后单位产品的实际劳动力成本相差不大。但由于转入地的基础设施较差、当地产业配套能力弱、政府办事效率低等因素却带来了企业的交易成本大幅上升。显然，中西部地区产业集群不足，其拥有的劳动力成本优势将被进一步削弱，对沿海产业的吸引力也随之下降。

3. 地方政府的 GDP 竞争阻碍产业梯度转移

除了少数大城市之外，我国沿海发达地区的产业结构是以劳动密集型加工制造业为主，企业规模也多为中小型企业。因此，经济发展到一定阶段，将劳动密集型产业转移出去有利于产业结构调整，理应受到沿海发达地区各级政府的鼓励。可是，我国地方政府是利益相对独立的经济主体，在 GDP 考核和分税制这样的制度安排下，追求地方经济增长和地方财政收入最大化就必然成为支配地方政府经济行为的最主要动机。在当前我国经济增长、财政收入和劳动力就业主要还是依靠传统产业的情况下，一些本应被东部地区淘汰和转出的边际产业，由于对该地区的经济发展和财政收入依然发挥着重要作用，一旦大量的劳动密集型产业转移出去，先进制造业和高新产业不能及时跟上，将导致地方税收减少和就业水平下降。为保证当地的财政收入和充分就业，地方政府不仅不愿意支持本地企业向外地转移，而且还倾向于通过税收减免和财政补贴等政策鼓励企业向本地的次

---

① 刘世锦：《中国产业集群发展报告（2007—2008）》，中国发展出版社 2008 年版。

梯度地带转移。① GDP 竞争使得地方政府这只有形的手无时无刻地在干预着市场要素流动，增加了沿海产业向中西部地区转移的人为壁垒。如广东为促进产业区内转移，提出产业与劳动力的双转移战略，在省内欠发达地区设立产业转移工业园，政府在政策和资金上提供支持，鼓励广东珠三角地区劳动密集型产业向东西两翼和粤北山区转移。况且，中国是一个大国，各地区内部的发展也是不平衡的，发达的高梯度地区有落后地带，欠发达的低梯度地区也有相对发达地带，这种情况客观上为地区内部产业转移提供了条件。显然，地方政府 GDP 竞争的结果，使得产业区内转移比产业区际转移更有动力，影响了资源在全国范围内的最佳配置。

4. 发达地区创新主导产业尚未形成规模阻碍产业梯度转移

按照梯度转移理论，所谓高梯度地区是指主导产业处于创新阶段和发展阶段的地区。一般认为，当处于高梯度发达地区的产业结构调整完成，创新主导产业的技术溢出就会促使产业在空间和规模上拓展，从而迫使低端产业向低梯度地区转移，成为产业梯度转移的内在动因。② 因此，创新主导产业的形成是导致产业转移的内在条件，只有当创新主导产业形成一定规模时，产业梯度转移才有可能大规模发生。否则，当创新主导产业尚未形成规模，传统产业依然发挥重要作用的情形下，大规模的产业梯度转移是不会发生的。现在我国长三角、珠三角等东部沿海地区，产业结构调整还没有完全到位，产业创新并不是特别突出，创新主导产业尚未形成规模。如 2011 年广东高新技术产业产值占工业总产值比重为 37.8%，江苏高新技术产业产值占工业总产值比重为 35.3%，而早在 2001 年，韩国高新技术产业产值占工业总产值比重就已达到 62%，美国高新技术产业产值占工业总产值比重已达到 75%，日本高新技术产业产值占工业总产值比重更是高达 83%。这说明到目前为止，东部沿海地区的创新主导产业还没有形成规模，创新活动还没有积聚成推动传统产业转移的内部力量，因此东部沿

① 周五七、曹治将：《中部地区承接东部产业梯度转移的壁垒与对策》，《改革与战略》2010 年第 10 期。

② 刘毅：《谨防产业转移陷阱》，《珠江经济》2008 年第 8 期。

海地区产业主动向中西部地区大规模梯度转移的真正时机还没有到来，大规模的产业梯度转移是难以发生的。事实上，目前我国长三角、珠三角等东部沿海地区产业转移的动因主要是来自于原材料、劳动力、土地等生产要素成本的增加以及人民币升值对"两头在外"经营模式的影响，这是由产业外部力量拉动的一种被动的产业转移，这种被动的产业转移很难从内部成长出新型的、更为高端的替代产业，大规模梯度转移的结果将很可能导致产业空心化。可见，发达地区创新主导产业尚未形成规模使得产业梯度转移缺乏内在动力。

（二）产业转移梯度承接与产业升级阻滞

产业转移梯度承接的主要作用表现在：经济增长、市场资源充分利用、产业结构调整这三个方面上。产业升级阻滞主要包括：既有产业分工格局导致承接地生产要素低端锁定；集群网络中跨国公司战略"隔绝机制"形成技术封闭；产业转移对象片段化挤压承接地产业技术提升空间；转移产业生命周期处于蜕变创新阶段增大承接地产业技术升级难度。

1. 产业转移梯度承接

梯度承接产业转移，是由于资源供给和产品需求等条件发生变化从而导致某些低梯度地区和国家承接高梯度地区或国家的相对低端产业的过程，即由高梯度地区向低梯度地区发生的顺梯度承接。对于我国中部地区承接地而言，其主要作用在以下三个方面。

（1）充分利用市场资源。由于技术与资金的局限性，中部地区常受困于本地区优势产业的开发与利用，然后通过产业顺梯度转移承接，中部地区可以得到梦寐以求的资金与技术从而实现市场的开拓与发展，并能有效发挥本地区矿产资源与劳动力等其他成本相对更低的独特优势，实现资源的合理配置与利用，进而再促进资金的引入达到循环渐进式的发展。

（2）加速技术进步。技术进步是经济增长的源泉，而在开放性经济大环境下，产业转移是实现技术进步的重要手段，由产业转移产生的技术溢出已成为发展中国家促进技术进步的重要手段。中部地区如何推动生产要素跨区域流动来提升技术创新的能力，加速技术进步从而并达到与沿海地区相近发展水平将成为一个重要研究方向。

（3）推进产业结构调整。中部地区自然资源丰富，同时农业发展有一定基础，拥有沿海地区所不具有的丰富矿产和大面积的农业生产基地，在此基础上通过承接顺梯度产业转移能增强本地区的采矿与农产品加工的产业发展，实现产业升级，同时推动中部地区主导产业向第二、第三产业的转移，实现产业结构调整。

2. 产业升级阻滞

在促进我国东中西部均衡发展战略实践中产业梯度转移理论失灵，不仅表现在产业转移过程中的梯度陷阱，而且表现在产业梯度转移后承接地的产业升级阻滞。也就是说，一方面，我国目前沿海产业向中西部大规模梯度转移客观上存在障碍；另一方面，即使发生了沿海产业大规模梯度转移，也未必一定能够带来中西部地区的产业升级。

（1）既有产业分工格局导致承接地生产要素低端锁定。生产要素分为初级生产要素与高级生产要素两种，初级生产要素包括非熟练劳动力、土地与自然资源、资金等，高级生产要素包括受过良好教育的人力资本、教育与研发机构、先进制造技术等。建立在初级生产要素基础上的产业层次一般比较低，如劳动密集型产业、资源密集型产业；而建立在高级生产要素基础上的产业层次一般比较高，如知识密集型产业、先进制造业。在我国，采取非平衡发展战略的结果，不仅东、中、西部地区经济发展水平差距不断扩大，而且这一差距因为先进地区和落后地区间广泛存在的经济互补性得以长期存在。在这种背景下，沿海地区可以"腾笼换鸟"，用基于高级生产要素的产业逐步置换基于初级生产要素的产业，将基于初级生产要素的产业转移到中西部地区，为沿海地区发展高级生产要素产业提供空间和资源支撑。与此相对应，在初级生产要素有比较优势的中西部地区，则主要通过承接劳动密集型和资源密集型产业，变成了拥有的相对丰裕初级生产要素与转入的以初级生产要素为基础的低端产业相结合，进一步强化了既有的产业分工格局，导致承接地产业的低端锁定，且这一低端锁定由于东部先进地区与中西部落后地区存在的广泛经济互补性而得到强化和持续。实际上，在前些年东部地区向中西部地区发生转移的 10 个主要产业中，有 8 个产业属于资源依赖型产业或资源密集型产业，占转移产业总数的 80%。① 一个难以自然改变的状况是，历史上选择了某种产业分工格局，那么在较长的历史过程中，各种经济活动会被定格在这种格局上。既有产业分工格局长时期难以打破，又有使得承接地生产要素低端锁定，带来产业升级受阻。

（2）集群网络中跨国公司战略"隔绝机制"形成技术封闭。学者们普遍认为，第二次世界大战以来，先后发生了三次国际产业转移，每一次产业转移都在很大程度上改变了世界经济发展的格局。这三次产业转移的基本路径依次是：产业首先从欧美转移到日本和德国，接下来转移到新兴工业化国家和地区，再转移到我国沿海地区。现正在发生第四次产业转移，这次产业转移的主体是我国沿海地区在改革开放早期承接的欧美、东南亚国家及港、澳、台地区转入的产业，现再次向中西部地区发生转移。这些产业在沿海地区经过 20—30 年的发展，很大程度上已经形成了跨国公司主导的嵌入式产业集群。与传统的内生型马歇尔式产业集群利用专业化分工深化、人力资源汇聚、技术溢出效应等获取外部经济性不同，嵌入式产业集群中跨国公司的主要目的是依赖母公司技术，利用转入地的区位优势、廉价资源、广阔市场提升其全球生产网络的整体竞争优势。嵌入式产业集群是一种跨国公司主导的战略空间集聚，具有内在战略性"隔绝机制"。② 这种"隔绝机制"通常意味着某种程度的选择性、排斥性、封闭性，一般只向"特定"的合作伙伴而不是位于该地理空间的所有组织扩散或让渡竞争优势。③ 战略隔绝机制的存在，使得依托跨国公司战略空间集聚效应所形成的产业集群具有内在的网络封闭性，集群中核心企业的升级，并不一

　　① 冯根福、刘志勇、蒋文定：《我国东中西部地区间工业产业转移的趋势、特征及形成原因分析》，《当代经济科学》2010 年第 2 期。

　　② Bell G.，"Clusters, Networks and Firm Innovativeness"，*Strategic Management Journal*，Vol. 26，No. 3（Janurary 2005）．

　　③ Alan M. Rugman & Joseph R. D'Cruz，*Multinationals as Flagships Firms：Regional Business Networks*，Oxford University Press，2000．

定带来产业集群整体升级，甚至导致"升级悖论"：集群内企业沿某一特定技术路径升级越快，当地知识基础的生成就越困难，与当地产业关联被弱化的可能性也就越大。可见，如果是发达国家跨国公司主导的产业内迁并让中西部地区加入由跨国公司主导的全球价值链，很可能陷入一种简单的循环：发达国家利用完中国东南沿海地区的要素禀赋后，再去掠夺中西部地区的要素资源。① 中西部地区承接这种产业，当地企业极有可能失去实现技术能力动态提升的长期机会。②

（3）产业转移对象片段化挤压承接地产业技术提升空间。随着国际产业分工由产业间分工向产业内分工再到产品内分工的纵深推进，产品生产过程出现了全球垂直分离，同一产品的不同生产环节或工序可以由分布于世界各地的企业协作来完成，形成了产业链的"片段化"。③ 与此相对应，国际产业转移的对象由原来典型的"边际产业"和"标准化阶段的产品"转向了产品的各工序，使得产业转移对象片段化。在这种背景下，由高梯度地区向低梯度地区转移的是产业链上的低端环节或落后环节，梯度转移则成为高梯度地区衰退技术向低梯度地区的扩展，产业转移的结果不仅解决不了低梯度地区的技术落后状况，而且还会导致区域技术差距进一步拉大，形成梯度转移与技术落后的同步增长。④ 从目前沿海产业向中西部转移的现状来看，越来越呈现出研发环节和制造环节空间分离的趋势，中西部地区虽然承接了高科技产品的生产，但核心技术大多却留在沿海，转移到中西部地区的企业只是沿海优势企业的"加工车间"。不仅如此，中西部地区承接"产业片段"的结果，一方面，使得其对沿海地区总部生产技

---

① 刘志彪、张少军：《中国地区差距及其纠偏：全球价值链和国内价值链的视角》，《学术月刊》2008 年第 5 期。周勤、周绍东：《产品内分工与产品建构陷阱：中国本土企业的困境与对策》，《中国工业经济》2009 年第 8 期。

② 王益民、宋琰纹：《全球生产网络效应、集群封闭性及其"升级悖论"——基于大陆台商笔记本电脑产业集群的分析》，《中国工业经济》2007 年第 4 期。

③ Sven W. Arndt & Henryk Kierzkowski, *Fragmentation: New Production Patterns in the World Economy*, Oxford University Press, 2001.

④ 李亦亮：《承接长三角产业转移对安徽产业创新的负面影响》，《宜春学院学报》2011 年第 1 期。

术依赖程度更高；另一方面，作为"加工车间"本身没有更多技术创新压力。因此，产业转移对象片段化，将会挤压承接地产业技术提升空间，失去在承接地进行技术创新的能力和努力。

（4）转移产业生命周期处于蜕变创新阶段增大承接地产业技术升级难度。正如产品生命周期一样，产业也有其自身的生命周期。自从戈特和克莱伯（Gort & Klepper）提出产业经济学意义上第一个产业生命周期模型（G—K 模型）以后，[①] 引起了国内外学者对产业生命周期理论的广泛研究。一般认为，产业生命周期分为四个阶段：即自然垄断阶段、全面竞争阶段、产业重组阶段、蜕变创新阶段。[②] 产业所处的生命周期阶段不同，其对产业组织的特征要求也不同。[③] 承接处在生命周期前三个阶段的产业，有利于承接地的产业技术升级；而承接处在生命周期第四阶段的产业，则不利于承接地的产业技术升级。因为，当产业进入蜕变创新阶段后，为了适应消费者不断变化的需求而使产业焕发新的活力，则需要投入大量的人、财、物进行产业技术创新和新产品开发，在创新中蜕变。否则，如不能实现在创新中蜕变，产业将进入衰退阶段而被市场淘汰。由于蜕变创新对产业组织的技术创新能力、新产品开发能力要求很高，甚至比处在成长阶段产业的难度要大得多，往往只有发达地区才有能力做到，这恰恰是欠发达地区的劣势。现实中，目前我国东部地区向中西部地区梯度转移的产业已基本进入蜕变创新阶段，作为欠发达的中西部地区本身技术研发和应用能力很有限，加上这些地区产业配套程度低、创新人才缺乏、财力不足等诸多因素制约，难以实现对所承接产业进行蜕变创新。可见，蜕变创新阶段对产业升级要素投入的更高要求和中西部地区产业升级要素相对缺乏之间的矛盾，极大地增加了承接地产业技术升级的难度。

---

① Gort Michael & Klepper Steven, "Time Paths in the Diffusion of Product Innovation", *The Economic Journal*, Vol. 92, No. 367（September 1982）.

② 潘成云:《产业生命周期规律、异化及其影响》,《扬州大学学报》（人文社会科学版）2001年第5期。

③ 徐莎莎、黄春兰、盛杰:《基于产业生命周期理论视角的后发区域产业引进探讨》,《中国集体经济》2009年第9期。

## 二、中部地区承接沿海产业转移模式创新与路径优化

中西部地区承接产业转移模式创新应当从梯度承接与反梯度承接的结合上突破低端锁定与被动承接，这是中西部地区承接产业转移模式创新的关键。

（一）梯度承接与反梯度承接相结合

有学者指出，从长期来看，如果西部落后地区等到东部发达地区带动中部欠发达地区发展后再进行发展，必然延误西部落后地区和中部欠发达地区的发展时机，中国的地区差距将在很长时期内进一步扩大。[①] 为了加快缩小东中西部地区间的差距，摆脱传统追赶路径的困惑，中西部地区应当大胆探索，超越梯度转移理论的局限，创新产业转移承接模式，通过反梯度转移带动梯度转移。

反梯度理论由郭凡生首次提出，他认为，反梯度理论承认存在经济技术发展不平衡的梯度，同时也承认国内技术按梯度推移是一种较好的方式，但不承认其是主导国内技术转移的规律。按照他所提出的反梯度理论，产业梯度转移不应该只是单方向逐级按梯度转移，而应该是梯度承接与反梯度承接相结合同时伴有跨梯度承接。在这种情况下，资源能得到更好的配置，一方面，能将东部沿海地区的高新技术与先进管理方法带到中部，发挥中部劳动力成本、政策、市场需求及基础设施等方面的比较优势，促使中部产业升级；另一方面，由于产业跨梯度转移而快速发展的中部地区采矿业、农产品加工业也能反梯度转移到东部沿海地区，反哺东部沿海地区。

梯度承接与反梯度承接相结合，一是可以突破低端承接；二是可以突破被动承接。我们知道，全球产业分工与跨国公司主导产业内迁的结果，将会分割承接地本土产业的内部联系，俘获落后地区低端产业，弱化产业转移的前后向关联效应，技术在地区间外溢的作用被阻隔，形成落后地区

---

① 胡宇辰：《产业集群对梯度转移理论的挑战》，《江西财经大学学报》2007 年第 5 期。

对发达地区的新型依附关系，造成承接地本土企业在产业链中被低端锁定，陷入一种低级生产要素对高级生产要素的竞争，导致地区差距的扩大。梯度转移是高梯度地区的产业得到较充分发展以后向低梯度地区转移，这个过程中往往转出方是主动的，而承接方则是被动的，这就形成承接地对转出地的依赖。其直接的结果是承接地因被动接受转出地转入的产业而打乱原有的产业规划与产业布局，久而久之，导致产业的无序发展、盲目发展、低效发展。针对这些问题，中部地区应完善产业投资环境，营造局部综合比较优势，采取梯度承接与反梯度承接相结合的产业承接方式，突破低端锁定，突破被动承接。

（二）集群式承接引导全要素整体植入

中部地区在承接沿海产业转移时，一方面，必须要在对目前产业进行分析并作出选择的基础上承接东部沿海产业转移；另一方面，对自身在市场需求、劳动力成本、政策等方面的比较优势有一个全面的了解。就高端制造业、高新技术产业和先进服务业而言应加大力度引进，同时对环境有较大危害且能源消耗大的产业必须进行分析并谨慎选择，可以设置一定的条件增加其进入难度，并积极发展具有竞争力的优质产业为更好地承接产业转移打好基础。

集群式转移是指全产业链整条的转移，全产业链通常以工业园区的形式存在，园区内所有产业业务上相互关联，地理位置紧密相连，从而形成了相互协作、相互依存、互为条件的生产网络。中部地区近年来工业园区开发取得了不小成果，非常适合全产业链集群转移模式，因为工业园区不仅满足整个产业链转移所需要的生产结构、交通、能源、信息等方面的条件，而且还能推动关联产业和生产要素的合理利用，形成产业组团推进全面承接产业转移与集群式发展，从而促进中部地区经济快速发展。所以，对中部地区来说，打造真正能够承接全产业链转移的具有竞争力的工业园区，为投资者创造良好的环境和条件，提供优质的公共服务，具有重要意义。

整体移入式是指将东部沿海地区转移产业的所有生产要素的整体植入

到中部地区，资本、人才、先进的生产技术与现代管理理念都是必不可少的因素。由于是全部要素的完整植入，所以这种转移模式能够使承接地区在短时间内消化吸收转移企业的精华，从而促进经济的快速增长。中部地区应优先整治投资环境，一方面，发挥政府在招商引资中的宏观调控作用，建立科学的招商机制，推进以商招商，产业链招商；另一方面，要加强基础设施和相关的配套设施建设，抢抓多区域合作先机，通过合作共建产业园区或者建立飞地园区，实现产业集群式承接，引导全要素整体植入，从而促进中部地区经济的跨越式发展。

## 第六节　中部地区承接沿海产业转移的引导政策研究

### 一、承接产业梯度转移引导政策

产业梯度转移理论是从区域经济学家弗农从企业生命周期理论中得到启发、进而提出并引申到区域经济分析当中所产生的一种新理论。产业梯度转移理论认为历史沿袭、地理环境和资源禀赋等因素会对不同地域之间的经济发展状况及技术发展水平产生梯度差异化影响。其中，各个地区之间不同的经济梯度主要是受到这个地区的产业结构的影响，也就是说，产业结构的优劣程度对该地区的经济梯度水平起至关重要的作用。另外，区域经济的主导产业所处的生命周期中的阶段则决定了产业结构的优劣情况。如果一个区域是高梯度的区域，那么这个区域的关键产业部门正处于生命周期中的初创期或成长期。而假如一个区域是低梯度区域的话，则这一区域的主导产业部门处于成熟阶段后期或衰老阶段。经济技术产业的产品若在高梯度地区的市场处于饱和状态，那么它也会受到低梯度地区在低地价、低原材料、低工资以及税收优惠等各方面的优势影响，从而使得这个产业从高梯度向低梯度转移。所以，可以知道经济技术有着一个高梯度地区转移到低梯度地区的趋向。

（一）发挥资源比较优势，限制低端竞争

中西部地区应该在区域发展中强调资源比较优势，加快区域经济发展和产业结构优化，充分发挥自身资源的比较优势，突出地方主导产业选择更具有地方特色，避免区域经济恶性竞争、重复建设的阶段。在产业转移过程中，各地开始根据各自的比较考虑转出、引入不同的产业，能充分利用现有的产业基础和要素禀赋，找准优势、准确定位，引进与本土产业关联度高的产业，进一步突出特色，使特色产业成为本区域经济的真正增长点。突破中西部地区对东部地区的新型依附关系，从而限制低级生产要素对高级生产要素的竞争，缩小地区差距。

（二）注重劳动要素投资，改变低端锁定

在我国东、中、西部地区经济发展水平差距不断扩大，而且这一差距因为先进地区和落后地区间广泛存在的经济互补性得以长期存在。在初级生产要素有比较优势的中西部地区，则主要通过承接劳动密集型和资源密集型产业，变成了拥有的相对丰裕初级生产要素与转入的以初级生产要素为基础的低端产业相结合，进一步强化了既有的产业分工格局，导致承接地产业的低端锁定，且这一低端锁定由于东部先进地区与中西部落后地区存在的广泛经济互补性而得到强化和持续。所以为了改变低端锁定，必须要加大对高级生产要素的投入。因为一个地方、一个产业以及一个企业的核心竞争力越来越表现为对人才的培育、拥有和运用能力。因此，从转入区政府角度出发，应该注重对劳动要素的投资力度，要根据实际情况和需要对新招聘员工在市场营销、专业技术等方面进行系统培训。此外，也要通过向东部引进的专业人才进行学习以达到提升劳动者素质的目的。另外，企业还可以通过与当地职校等技术学校签订合同，定向培养大批人才，从而达到理论与实践的结合。一个地区的文化与教育对当地人才的素质起到了决定性的作用，所以从根本上来说，要促进经济的发展就必须要加大对文化教育的投资力度，从而全面地提高整个国民的素质，从而改变在初级生产要素有比较优势的中西部地区，对承接劳动密集型和资源密集型产业的依赖，突破承接地产业的低端锁定，实现区域经济发展。

（三）加强投资环境建设，避免成为污染避难所

中西部地区地方政府应从"争项目，跑指标"等直接干预产业转移事

务中摆脱出来，转变政府职能，建设服务型政府，通过良好的投资环境和创新方式实现产业转移与承接。首先，要继续完善基础设施等硬环境建设。要加大高速公路、高速铁路和大型沿江港口建设，并在城市公共设施、物流体系建设、产业配套能力等方面支持现有产业的发展，尤其应有意识地促进与可能承接产业相匹配的相关先行产业的发展。其次，完善中西部地区产业发展软环境建设，构建完善的金融支持体系，降低融资成本，强化区域产业发展服务，政府需要严格贯彻国家环境政策，有序推进产业梯度转移，控制中西部地区排放总量，防范环境风险，避免产业转移成为污染避难所。最后，政府应该树立服务意识，除了给予产业转移相应的优惠政策以外，还应营造一个企业发展、个人创业宽松的环境，不断地尝试制度创新，鼓励企业家们在产业转移浪潮中发现机会，创造与迁入产业配套的系列企业，提高产业集聚效果，促进产业承接与产业衍生互动循环。

（四）创新利益跨区域共享机制，突破低端承接

全球产业分工与跨国公司主导产业内迁的结果，将会分割承接地本土产业的内部联系，俘获落后地区低端产业，弱化产业转移的前后向关联效应，技术在地区间外溢的作用被阻隔，形成落后地区对发达地区的新型依附关系，造成承接地本土企业在产业链中被低端锁定，陷入一种低级生产要素对高级生产要素的竞争，导致地区差距的扩大。东部地区产业转移的滞阻作用的很大一个原因是东部地区的地方政府对企业税收利益的争夺以及企业对当地 GDP 增长的贡献，并由此而形成地方政府的地方保护主义。在对本地产业升级和产业转移的自然经济规律的充分认识下，如果中西部地区的地方政府能示之以利，把产业转移带来的利税拿出一部分与该产业转移前的东部地方政府分享，可以在一定程度上缓解产业迁出地政府与产业承接地政府之间的利益冲突，减少迁出地政府对产业转移的干预，有利于东部地区缓解滞阻，促成本地产业优化与升级。中西部地区在制定招商引资政策时，也应该创新思路，积极提出愿意与东部地方分享税利的措施，并积极与东部地区沟通与协商。

（五）加强区域合作，实现中部各省有序竞争

落后地区承接产业转移是一种提高本地经济增长的捷径，因而中部地区地方政府有强大的动力参与产业承接竞争。在中部各地区各种优惠条件的诱惑下，产业转移分散流向各地，形成产业转移"遍地开花"的重复建设的局面，容易再次形成地区产业结构高度同化的不合理布局。面对这个混乱局面，除了依靠中央政府的宏观调控与规划手段外，中部各省也应该加强区域协调，以资源优化配置、效率最大化为原则，加强承接产业转移过程中的分工合作，鼓励和促进各省能根据自身优势而能有重点地承接所需要的产业，实现中部各省生产要素与承接产业转移的优化组合，构建一个中部各省产业有差别发展和有序竞争的格局，避免资源浪费、无序竞争、重复建设等一系列问题。

## 二、承接产业反梯度转移引导政策

国家要对中部地区进行反梯度战略就必须要为其创造比之前更为宽松和积极的政策环境，并加大对中部地区的产业培育和投资，推动中部地区技术创新以及市场化改革，使市场经济在资源配置上发挥主导作用，在资金、人才、投资环境等各个不同的方面加强政策引导、资金导向和人才扶持，以达到加快中部地区全面发展的目的。同时，中部地区必须充分认识自身优势以扬长避短，通过外部规模经济，使产业结构得到优化升级，提高产业组织的管理模式，最终实现经济反梯度转移，以实现整个中部地区的全面快速发展。

（一）强化政策导向，打造局部综合比较优势

政府在选择制定产业专业承接政策时，不能只关注于高新技术产业，这样不利于与本有着自身优势企业的产业转入，同时可能因为失去了比较优势而造成一定程度上的资源浪费。所以，政府在制定政策时要科学全面规划区域产业发展，注重统筹优势产业，避免弱势产业，尽最大可能不让本省优势和目标产业出现矛盾，应充分利用中部各省的资源优势，转移该地区的产业，将管理、技术、资金、市场这四个方面相结合，把产业结构

布局合理化以及创造中部地区的优势产业作为该地区建设的主要目标。利用该地区人才资源丰富、雄厚的工业基础以及丰富多样的矿产资源等优势条件来努力发展具有地区优势的煤炭、石油化工、电力、汽车、有色金属等产业，打造成为我国重要的新材料、新能源、尖端设备以及高新制造产品供应地，在作为重要经济增长引擎的同时，形成各具特色的高新技术产业集群。其中，安徽以电力、热力的生产和供应业为重点发展工业；江西应该充分利用该地区的有色金属以及稀有工业为重点发展产业；山西则运用煤、铝的优势大力发展化学工业和有色金属工业同时大力发展皮革、毛皮、羽毛及其制品业；湖北则以发展非金属矿采选业为重点；河南要充分发展工艺品及其他制造业；湖南以制造业为重点，主要依靠工艺品及其他制造业以及专用设备制造业来发展。通过对传统产业的改革，以及有目的、有针对性的培创具有地方特色的产业来引导和鼓励要素流动，大力促进产业集聚，形成具有地区优势的产业。

（二）延伸产业链条，推动产业集群形成

结合中西部各省实际情况，积极发展有色金属此类资源密集型产业与纺织服装、鞋、帽制品此类劳动密集型产业，加强资源密集型产业深加工能力；通过引进高科技对传统优势产业进行改造，发展上下游产品以达到延伸产业链的目的；通过构建产业链，使转移过来的企业与机构进行本地化整合，优化产业环境，降低交易成本，再造区位优势，形成创新空间，带动本地企业群体突破，向产业链高端攀升，实现整体升级与跨梯度发展。加大力度投资，如汽车、航空此类高技术密集型产业研发产业链一端的企业，提高其技术含量和附加值；通过依托现有产业优势发展一批龙头企业，推动企业往专业化分工、集群化方向发展，形成一批特色鲜明、体系完备、品牌过硬的产业集群。产业集群内部不同企业承担着激烈竞争的压力，在相互合作间更致力于企业的技术创新，从而充分地发挥了外部规模经济的作用，全面促进了区域经济的快速发展。

（三）加强载体功能建设，提升产业转移承接能力

区域的经济要发展首先必须要加大对基础设施的建设投入，全面提高

基础设施的服务水平和质量。这是中部地区反梯度转移的重要措施，同时有利于外部规模经济的实现。加大对中部地区基础设施的建设投入尤其必须要加快对交通运输业的建设投入，重视中部地区在全国路网中的重要枢纽作用，加强区域之间的内部联系，建设一个紧密联系的区域路网，加大对各个区域的公路、铁路、机场、内河及水陆干线的建设以及规划，形成一个以航运、公路为重点的效能路网，实现中部地区与周边经济区域的紧密联系。加快大交通网络建设，实现中部地区与沿海发达省份之间的互通互联，为外来投资企业创造高效便利的综合交通运输体系；完善与周边地区的物流运输体系，进一步降低投资企业的物流成本；通过实现土地、电力、水资源、劳动力等方面的优惠政策来吸引投资者，让利于商、服务于商；工业园作为承接产业转移的重要载体和平台，应积极增强园区综合配套能力，吸引具有龙头带动作用的大型企业进入园区，以此带动其他相关企业发展；对于投资中西部各省的国家鼓励类产业与外商投资优势产业的项目，按规定免征关税，鼓励和引导金融机构对符合条件的产业转移项目提供信贷支持。

# 第七章　中部地区承接沿海产业转移的空间布局与协调政策研究

　　合理承接沿海产业转移是后发达地区加快转变经济增长方式的重要途径之一，而承接地区的产业空间布局不仅从产业地域结构方面反映该地区经济发展的规模与水平，也决定了该地区的经济发展速度与区域经济的可持续发展进程。在承接东部沿海产业转移的过程中，有效协调地区间的产业空间布局是促进中部崛起的重要内容。本章将重点研究：（1）界定产业空间布局、产业转移空间布局及国内外相关文献综述；（2）考察产业转移过程中的中部地区产业空间布局现状及动态演变趋势；（3）分析中部地区承接沿海产业转移的行业选择与空间新格局；（4）研究制造业成长与地域产业承载系统的适配性空间差异及优化路径；（5）对中部各地区在承接沿海产业转移过程中的各利益主体利益最大化进行博弈分析，从中央政府与地方政府两个方面，提出中部各省在承接沿海产业转移过程中的协调机制与政策。

## 第一节　相关概念界定及国内外研究现状综述

### 一、承接产业转移空间布局概念及内涵界定

#### （一）产业空间布局

　　产业空间布局是指一个国家或地区产业各部门、各环节在地域上的动态组合，是各产业在地域空间上的分布状况。从全球范围来看，产业布局是指国际或国际区域间的产业分工与空间分布；从国家范围来看，产

业空间布局是指各个产业及产业内的各部门在整个国土范围内的分布与组合。不同地域、不同层次的产业空间布局具有不同的规模和规律。产业的地理空间分布是各个国家在一定的自然条件与经济发展过程中形成的，它包括各产业在各地区的不同发展水平、密集与分散程度、主要地理位置、它们之间的空间距离以及产业的各种构成要素在各地区的分布状态等。①

（二）承接产业转移空间布局

一个国家或地区的某些产业向其他国家或地区转移的现象或过程即是产业转移，它不仅发生于国家内部的地区之间，而且发生在国家之间。国际产业转移不但是世界范围内产业升级与开放经济的共同结果，而且是世界经济发展历程中一种长期的、动态的发展趋势。产业转移空间布局是国际间或地区间产业分工形成的重要因素，也是转移国或地区产业结构调整和产业升级的重要途径。② 不论是转出地还是承接地，产业转移的空间布局都是双方需要重点考虑的问题。尤其对于承接地区来说，承接转出地的产业是一个具有时间和空间维度的动态过程，其实质是资源和生产要素在区域内的重新组合和配置，产业空间布局的合理性与适配性将会影响未来该承接地的产业结构与经济发展。

## 二、国内外研究现状述评

（一）产业空间布局研究综述

纵观西方经济史，学者们对产业空间布局的研究大致先后经历了产业空间布局理论的形成、发展到多样化发展三个阶段。从 19 世纪 30 年代杜能的农业区位论、韦伯的工业区位论，到 20 世纪 30 年代费特的贸易边界区位理论、克里斯特勒的中心地理理论，再到 20 世纪 60 年代区位布局理论多样化发展时期的现代区位理论。特别是第二次世界大战结束后，以后

---

① 巨荣良、王丙毅：《现代产业经济学》，山东人民出版社 2009 年版，第 249—250 页。
② 沈晓：《产业转移中企业和政府的行为决策研究》，硕士学位论文，南京理工大学，2009 年，第 6 页。

起国家为基础的产业空间布局理论越来越受到经济学家的关注，其中对产业集聚和产业转移理论的不断深入研究，给中国这样的后起国家提供了有力的理论依据。产业空间布局表明了各产业在地域空间上的分布状况，不但是对产业在地理空间上的协调与组织，而且是对产业空间转移和产业区域集群的战略部署与规划。德国学者杜能是最早对产业空间布局理论进行研究的经济学家，其代表性论著《农业和国民经济中的孤立国》开创了产业布局区位理论研究的先河。他认为自然因素并不是决定农场种植何种作物的首要因素，为了实现利润最大化，决定农场种植农作物的品种与农场经营方式选择的首要因素是距离，即生产地与市场的距离。在产业革命的背景下，1909 年出版的德国经济学家韦伯的论著《工业区位论》中较为系统地阐述了工业区位理论知识。他认为运费、劳动力成本和聚集力是工业布局的主要影响因素，运费不但是影响工业布局的决定性因素，而且是造成工业部门生产成本地区差别的主要原因。

20 世纪 30 年代到 60 年代是产业布局区位理论的快速发展时期，这一时期主要有费特的贸易边际区位理论、克里斯特勒的中心地理理论和廖什的市场区位理论。费特在他提出的贸易边际区位理论中认为决定企业竞争强弱的主要因素是运输成本和市场成本，一个企业运输成本越低，生产成本就越小，其市场区域就越大，而这个企业的竞争力也就越强。德国地理学家克里斯特勒在 1933 年出版的《德国南部的中心地》中首次提出了中心地理论，即围绕城市聚集进行市场面和网络的分析，该理论的提出不仅标志着地理区位学派的产生，而且使该理论在居民点规划中得到成功的应用。德国经济学家廖什在中心地理论框架的基础上提出了以市场为中心、以利润最大化为原则的市场区位理论，该理论的一个重要观点是市场是工业区位选择过程中必须充分考虑各因素，企业布局应努力寻求利润最大的区位点。

自 20 世纪 60 年代以来，西方产业区位布局理论呈现出多样化的发展态势，这一时期的代表性论述有最优区位论、成本—市场学派、行为学派、社会学派等。其中成本—市场学派运用一般均衡理论研究区域产业布局与总体产业布局的相关问题，其核心是研究成本与市场的相互依存关系，认为产业区位的最终确定应以实现利润的最大化为目标，以自然环境、运输成本、工资、地区居民的购买力、工业品的销售范围和渠道等因素为条件，综合生产、价格、贸易理论，对区位进行多种成本因素的分析。第二次世界大战后，随着早期的殖民地国家纷纷走上独立自主的发展道路，以后起国家为出发点的产业空间布局理论越来越受到经济学家的重视。法国经济学家佩鲁提出了增长极理论，其主要的观点是后起国在进行产业空间布局时，可通过政府的一系列影响及作用，首先将优势资源集中配置到主导产业上，然后通过发挥主导产业的扩散效应来影响和支配周围地区的产业发展。中国地理学家陆大道在研究区位因素和工业交通布局的过程中提出了符合我国国情的产业空间布局的点轴理论，并认为区域经济是由"点"和"轴"构成的网络体系。

国内对产业空间布局的研究起步较晚，20世纪50年代，为配合国家工业建设，经济地理工作者翻译介绍了部分有关苏联工业布局和工业地理方面的文献，发表了一些论述社会主义工业布局一般原则、布局因素和特征的论文或小册子以提供一般科学知识性材料间接地为工业布局服务。20世纪60年代初，我国地理学者和经济学者开始对影响工业布局的自然、技术、经济因素进行分析以及对不同布局方案经济效果的论证进行比较。党的十一届三中全会后，我国对产业空间布局进行了部分调整，在调整过程中运用了"非均衡布局战略"理论。在改革开放的背景下，工业地理学者参加了全国工业地带开发战略和各地区发展战略的研究以及中国和省区能源区划的研究，对产业空间布局的研究也有了突破性进展，研究的深度和广度都有所加强。此后相继出现了大量关于产业空间布局相关的研究成果，如魏心镇的《工业地理学》、刘再兴的《中国工业布局学》、陈栋生的《中国产业布局研究》、李文彦的《中国工业地理》、陆大道的《中国工业布局的理论与实践》及其"点轴—系统理论"、王述英的"公平与效率选择理论"、刘再兴的"空间投资理论"等。这些理论在一定程度上丰富并完善了我国产业空间布局的研究。

### (二) 产业转移空间布局研究综述

马歇尔从需求和供给两个方面分析了专门工业集中与特定地方的原因，认为不同地方的需求差异和地方需求扩大是产业集中的主要原因，[①]"聚集在宫廷的那些富人，需要特别高级品质的货物，这就吸引了熟练的工人从远道而来，而且培养了当地的工人""从生产经济的观点研究了地区分布问题，但是低于顾客的便利也要加以考虑。顾客为了购买零碎东西会到最近的商店；但要购买重要的东西，他就会不怕麻烦，到他所认为符合他目的的商店去。因此，经营高价和上等物品的商店，就会集中在一起；而供给日常家庭必需品的商店则不如此"。从供给角度出发，空间聚集会引起外部规模经济。布瑞斯（E. S. Brezis）、克鲁格曼（P. R. Krugman）和齐东（D. Tsiddon）指出，马歇尔关于产业区位如何导致产业发展的描述是迄今为止所有描述中最好的一个。[②]

20世纪90年代，克鲁格曼等人利用地理学的知识对区域产业布局理论进行研究，并提出了"新经济地理学"理论。克鲁格曼和维纳布尔斯指出，产业聚集的主要动力是劳动力市场共享、中间产品的供求关系和技术外溢三个外在因素。而在更大的空间尺度上，克鲁格曼着重强调了在形成国家内部经济发展的不平衡分布上具有重要作用的"资本外在性"（市场规模效应）。但总体上说，运输成本和劳动力的可移动性是影响产业空间聚集和转移的决定性因素，较低的运输成本能够促进较大的产业空间聚集力量；较差的劳动力可移动性能够积攒较大的产业转移力量。有学者的研究表明，劳动力成本对于美国跨国公司的海外子公司出口程度有着负面的影响，因而也在一定程度上影响其空间布局。[③] 有学者对港台地区向大陆产业转移区位分布进行了较为系统性分析，认为政策的倾斜、廉价劳动力

---

① 马歇尔：《经济学原理》，朱志泰译，商务印书馆1997年版。

② Brezis E. S., Krugman P. R. & Tsiddon D., "Leapfrogging in International Competition: A Theory of Cycle in National Technological Leadership", *American Economic Review*, Vol. 83, No. 5 (December 1993).

③ Kracis, Ircing B. & Robert E. Lipsey, "The Location of Overseas Production and Production for Exports by US Multinational Firms", *Journal of International Economics*, Vol. 12, No. 3-4 (May 1982).

的丰富储备、外向型经济是吸引港台投资的重要因素。[①] 有学者则有针对性的选择了分布在 23 个国家的 2125 家企业，收集了一些有价值的数据和资料，弥补了数据缺乏研究的空白，无论对于国际产业转移还是国内产业转移，这一研究都可为产业区位选择提供了理论支持，他通过实证研究证明了研究成果的可靠有效性，可靠性系数高达 0.7758—0.9618。[②]

国内学者李小建通过对香港企业投资在大陆的 54 家公司进行调查，认为外商直接投资最重要的投资区位因素是廉价劳动力、基础设施、优惠政策以及文化上的一致性。[③] 鲁明泓运用计量经济模型知识筛选出了对外资区位分布有较大影响的因素，通过研究发现：GDP、第三产业发展水平、城镇化水平以及优惠政策与外商直接投资呈正相关关系；市场发育程度、劳动力成本与外商直接投资成负相关关系；进口、出口与外商直接投资的关系比较复杂。[④] 一些学者利用因子分析法，对秦皇岛市外商投资所考虑的区位因素进行了实证分析，结果表明影响外商在秦皇岛市投资的主要区位因素为城市经济文化环境因素、交易成本因素、生产投入供应因素、市场因素以及投入成本因素。[⑤] 李立新和金润圭通过对外商直接投资来源国进行分类，得出了不同来源体在外商直接投资区位选择上的不同动机。[⑥] 黄肖琦和柴敏在新经济地理学知识的框架下重新审视了外商直接投资的区位决策行为，他们把影响外商直接投资在中国的区位选择的因素划分为三个方面，即新经济地理因素、地区性制度因素和传统比较优势。[⑦] 张彦博、

---

[①]　Zhang K. H., "Why does so much FDI from Hong Kong and Taiwan go to Mainland China", *China Economic Review*, Vol. 16, No. 3 (March 2005).

[②]　Masood A. Badri, "Dimensions of Industrial Location Factors：Review and Exploration", *Journal of Business and Public Affairs*, Vol. 1, No. 2 (February 2007).

[③]　李小建：《香港对大陆投资的区位变化与公司空间行为》，《地理学报》1996 年第 3 期。

[④]　鲁明泓：《外国直接投资区域分布与中国投资环境评估》，《经济研究》1997 年第 12 期。

[⑤]　魏后凯、贺灿飞、王新：《外商在华直接投资动机与区位因素分析——对秦皇岛市外商直接投资的实证研究》，《经济研究》2001 年第 2 期。

[⑥]　李立新、金润圭：《在华外商不同来源体 FDI 区位因素比较分析》，《中国软科学》2002 年第 7 期。

[⑦]　黄肖琦、柴敏：《新经济地理学视角下的 FDI 区位选择——基于中国省际面板数据的实证分析》，《管理世界》2006 年第 10 期。

郭亚军和曲红敏认为外商直接投资区位选择不仅受聚集经济的影响，还受成本因素影响，成本优势越显著的地区，外商直接投资大规模聚集的可能性也越大。① 随着外商直接投资的过度聚集，聚集外在性的降低和拥挤外在不经济性的提高，促使外商直接投资企业发生区际转移的可能性随之增加；外部环境变化造成的区位成本的提高也将减少对外商直接投资的吸引力，促使对成本变化敏感的外商直接投资从其聚集地撤资。李存芳、周德群和张红梅运用系统工程的思想和方法，从我国 2000—2009 年可耗竭资源型企业跨区转移的 112 个项目中提炼并描述了企业转移区位选择过程中的行为特征，进一步从理论上探讨分析了可耗竭资源型企业转移区位选择行为的过程激励模型，并总结出了可耗竭资源型企业转移区位选择行为的驱动因素。② 刘友金等运用海特（Hayter）区位进入理论研究了中部地区承接沿海产业转移空间布局，得出中部各省承接沿海产业转移的综合竞争力排名以及单要素竞争力排名，并以此为依据，对中部各省承接沿海产业转移空间布局提出了相应的对策建议。③ 彭文武等人分析了大湘南承接产业转移示范区的产业选择和空间布局及其当前面临的现状、问题与应对措施。④

从已有研究中可以发现，基本都是关于产业集聚与产业空间布局、对外直接投资与区位选择、产业结构与产业空间布局、企业迁移与区位选择等相互关系进行理论分析与实证研究，对于区域产业转移与产业空间布局的相互关系尚未形成一个较为系统的分析框架。学者们或者只是对外商直接投资投资的区位进行分析，或者是对企业迁移的区位选择因素进行分析，而对某一特定区域承接产业转移布局的现实状况、演进格局与优化路

---

① 张彦博、郭亚军、曲红敏：《成本视角下 FDI 的区位选择与产业转移》，《东北大学学报》（自然科学版）2010 年第 2 期。

② 李存芳、周德群、张红梅：《基于转移的可耗竭资源型企业区位选择行为的特征与趋势》，《经济地理》2010 年第 6 期。

③ 刘友金、肖雁飞、廖双红、张琼：《基于区位视角中部地区承接沿海产业转移空间布局研究》，《经济地理》2011 年第 10 期。

④ 彭文武、刘小凤、刘杰、陈晓亮、肖璨：《"大湘南"承接珠三角地区产业转移的产业选择和空间布局研究》，《湖南科技学院学报》2013 年第 7 期。

径等问题却少有研究。基于此，本章从中部地区产业空间布局的现状出发，分析中部地区承接沿海产业转移的行业选择与空间布局，根据中部地区承接沿海产业转移的适配性空间差异及主体博弈特征，进一步提出促进中部地区产业合理空间布局的协调机制与政策建议。

## 第二节　产业转移过程中的中部地区产业空间布局演变

### 一、中部地区产业空间布局的动态演变历程

（一）第一阶段：重工业发展与集中布局（1949—1978）

在新中国计划经济形成和占绝对主体地位的几十年里，区域发展战略的主要趋势为均衡发展战略，国家在内陆地区的重点建设投资对我国整体的区域经济布局产生了深远的影响，促使了工业、交通运输等产业空间布局由沿海向内地的延伸，大大提高了中部地区在全国工业中的比重，为中部地区的快速发展奠定了坚实基础。概括来说，中部地区在这一时期的产业空间布局主要经历了两个历史阶段：

1. 1949—1963 年的"156 项工程"建设时期

经历三年时间的经济恢复期后，从 1953 年开始逐步实施"一五"计划，并由此奠定了优先发展重工业在工业化发展方向中的主导地位。"156项工程"的重点项目是重工业，在其项目分布中，中央在充分考虑国防安全的基础上依照区域均衡发展和重点发展内地工业等建设原则，确立了区域布点的建设安排。根据内地与沿海当时的工程建设分布，156 个施工项目中的 118 项被安排在内地，项目数占项目总数的 79%，其中有 37 项施工项目划分在中部地区 6 省，占项目总数的 1/4，这包括安徽 1 项、湖北 3项、江西 4 项、湖南 4 项、河南 10 项、山西 15 项。虽然"一五"期间的"156 项工程"存在分布较分散的不足，但多数的施工项目被配置在拥有较好发展基础的大中城市。截至 1957 年，中部地区形成了 3 大工业区，分别是以郑州为中心的郑洛汴工业区、以武汉为中心的湖北工业区和以太原为

中心的山西工业区。

在这几十年里，顺利完成了在中部地区建设一大批工业化城市的任务，尤其是建设一批综合性工业城市及重型工业城市任务的圆满结束。例如，钢铁工业城市：武汉；煤矿城市：焦作、平顶山、淮南、大同；有色金属工业城市：株洲；化学工业城市：太原；电力工业城市：太原、郑州；纺织工业城市：郑州；机械及电子工业城市：株洲、湘潭、武汉、洛阳；综合性工业城市：太原、武汉等。在中部地区逐渐形成的若干个具有区域性乃至全国性的"增长极"为中部地区将来的工业化与城市化的发展提供了良好的发展契机。

2. 1964—1978 年的"三线"建设时期

根据国家统一规划，"三线"建设的主要目标是：在纵深地区，即在西南和西北地区采用多快好省的方法建立一个比较完整的工业体系。按照当时的区域划分，中部地区只有河南、山西、湖南、湖北等地属于"三线"地区。"三线"建设不仅是中西部地区进行工业化建设的重要推进剂，而且是中国经济史上第二次大规模的工业迁移过程。在耗时数十载的"三线"建设过程中先后经历了两次高潮期：首先，1964—1966 年以重点建设大西南为特征的"三线"建设，不仅是"三线"建设的初期阶段而且是"三线"建设所经历的第一个高潮阶段。其次，1969—1972 年是"三线"建设所经历的第二次高潮阶段，"三线"建设的大多数项目都是在第二次高潮阶段进行投资建设的。中部地区的主要项目有：湖北十堰第二汽车厂、湖北葛洲坝水利枢纽工程、河南油田、湖北江汉油田、江西直升机基地、湖北宜昌的船舶工业基地、江西九江和豫西鄂西兵器工业基地等。

1964—1978 年的"三线"建设显著增强了中部地区的整体经济实力。中部各省逐渐掌握了大量工业产品的生产技术，与此同时的"大小三线"建设企业的兴建、迁移和一大批国家重点建设项目的相继动工不仅直接促进了中部地区基础工业的发展，而且使中部地区的工业数量及规模得到不同程度的增长，其产业结构也日益趋于科学。这在改变中部地区工业现状的同时也推动了鄂西、晋西、豫西和湘西地区的社会经济发展。例如，湖北"三线"的工业建设,特别是电子、机械等行业的发展,在一定程度上完善了鄂西地区的整体经济结构。通过"三五"和"四五"时期的重点投资建设,湖北省逐步成为国内工业门类较为完备的少数省份之一。工业结构的优化推动了湖北省的机械工业、冶金、化工等相对薄弱产业的发展,尤其是经过这一时期的快速发展,机械工业迅速跃居为湖北省的第一大工业产业。通过一系列的产业结构调整和技术优化升级,湖北省一方面做强原有的武汉机械工业生产基地,另外,在汉丹铁路沿线围绕襄樊和十堰建立了汽车工业生产基地,沿长江沿岸围绕武汉、沙市、宜昌建立了电工、仪器仪表、船舶生产基地和机床生产基地,以武汉、咸宁、孝感、黄冈、荆州、宜昌为中心的通用机械和农业机械。此外,大大改善了这一时期的轻工业与重工业的比重。依托武汉、沙市、宜昌、黄石和襄樊等新老纺织基地的基础优势,新建一批以大中型企业为重点的纺织工业网络,刺激并引领了湖北省纺织工业的发展。可见,"三线"建设极大地促进了沿海产业向内地的转移,极大地促进了中西部地区的产业布局调整,极大地促进了地方工业的快速发展。

(二)第二阶段:由"点"状到"轴"状的产业布局

改革开放后,中部地区工业布局逐渐由原始的点状工业生产基地建设模式向以轴线开发为主要的工业生产基地建设模式过渡,全面开启了中部地区工业布局的新篇章。在这一时期,中部各省依托已建成的工业据点,建成了一批具有较强经济实力、工业结构比较成熟的工业核心区,即鄂东工业核心区、豫中工业核心区、湘中工业核心区、赣北工业核心区和皖中工业核心区。这五个核心区不仅是中部各省的重点工业布局地,而且是现在工业集中分布的区域。在中部地区工业经济中,这些核心区不仅发挥着集聚作用而且拥有辐射作用,奠定了其在全国工业布局中的地位。

在此阶段,中部地区形成了一级工业发展轴线:以京广铁路为纵线、以长江为横线,连接五个工业核心区,形成"┠"字形的工业格局以及一级工业发展轴线。中部地区工业发展的一级轴线,不但是"长江产业带"和国土开发的重要组成部分,而且是中国在"京广"集聚分布地带工业发展的一个区段。中部地区形成的一级工业发展轴线，极大增强了中部地区在全国工业布局中的核心纽带作用。同时，中部地区在此时期形成了依托工业发展区，工业布局拓展的二级轴线。主要包括：湖北以武汉核心区为起点，沿长江和汉江向上游地区拓展；江西沿京九铁路从南昌核心区向南延伸；河南沿陇海铁路从郑州向东西拓展。

中部地区"轴"状产业布局的建设，极大地推动了中部地区工业经济的发展，但是在这一时期，经济发展过程中的不平衡性逐渐呈现出来，城镇的规模等级体系和社会经济空间组织的二元结构也开始形成。

## 二、中部地区产业空间布局的现状与特征

产业空间布局是指一个国家或地区产业不同部门或者不同环节在地理位置上的动态组合分布。一般认为，规划好符合当地实际情况的产业结构和重视产业的地域空间排列及相互关系的程度，对发展中部地区产业经济、提高产业的核心竞争力具有同等重要的意义。近年来，沿海产业转移的规模增加、进程加快，但是低于预期，实践中并没有发生大规模的沿海产业转移。为清楚把握中部地区产业空间布局的现状与特征，本书运用我国 31 个省、自治区和直辖市（中国香港、中国澳门、中国台湾因数据无法获取暂不作为考察对象）2003—2012 年的面板数据展开研究，所有的数据均来自中国工业行业数据库、《中国工业统计年鉴》《中国统计年鉴》和国家统计局网站。

（一）中部地区三次产业结构的总体特征

新中国刚刚成立时，中部地区的经济发展较为落后，其中农业在国民经济生产总值上占主要地位，第二产业在国民经济生产总值上所占比重很小，而第三产业则以传统行业为主。1952 年的经济数据显示，中部六省三次产业的比例关系为 64.34%、15.68%、19.97%，即此时已形成一、三、二型的产业结构。从 1953 年年初，我国开始优先发展重工业，在国家政策的扶持下，中部地区以重工业为主导的工业生产水平在全国所处的地位不断提高，第二产业占全国的比重由 1952 年的 3.38% 上升到 1965 年的 6.11%，

其中工业占全国的比重也从 2.56% 增加到了 5.39%。改革开放以来，在国家区域经济政策的引导下，中部地区加速崛起步伐，其产业结构不合理特征日趋缓和，中部地区的产业结构也随之进入了二、一、三的新层次。

从三次产业的变动态势可以清楚地看到，2003 年中部地区第一产业占全区 GDP 的比重比 1978 年下降了 22.38%，为 16.82%。其中，湖北、山西、江西、安徽、河南、湖南第一产业所占比重分别下降了 25.71%、11.92%、21.83%、28.74%、22.22% 和 21.62%。2003 年中部地区第二产业所占比重比 1978 年上升了 4.36%，达到 46.77%。其中河南、湖北和山西的第二产业所占比重分别比中部地区第二产业所占比重的平均水平高 3.62%、1.01% 和 9.78%；安徽、江西、湖南第二产业所占比重分别比中部地区第二产业所占比重的平均值低 1.95%、3.41%、8.09%。中部地区第三产业所占比重比 1978 年上升了 18.02%，达到 36.41%。其中湖北、安徽、湖南、江西第三产业所占比重分别比中部地区第三产业所占比重的平均值高 1.04%、0.32%、5.81% 和 0.4%；山西和河南第三产业所占比重分别比中部地区第三产业所占比重的平均值低 1.72% 和 4.38%。

从 2003—2012 年这十年的变化来看，中部六省的三次产业结构比例从 2003 年的 16.82%、46.77%、36.13% 调整到了 11.2%、52.4%、36.4%。可见，从整体上来说，中部六省的三次产业结构正向着合理的比例迈进。但是，从全国三次产业的结构来看，2012 年我国三大产业占 GDP 比重为 9.08%、49.54%、41.37%，中部地区三次产业的比例不但远远落后于东部地区，并且仍处于较低的发展水平，第一产业比重仍显偏大，而第三产业发展不足，不到全国 GDP 总比重的十分之一，仅有 7.44%。图 7-1 显示了 2003—2012 年中部六省第一、第二、第三产业增加值占全国比重的变化情况。十年间，中部六省的第二产业增加值占比均呈增长趋势，第一产业中只有安徽、江西的增加值占比呈下降状态，第三产业中只有湖南、江西两省占比呈上升趋势。① 这表明，承接沿海产业转移确实有效促进了中

---

① 图 7-1 中的数字代表各个省 2003—2012 年三大产业增加值占全国比重的变动值，正数表示增加，负数表示减少。

部地区第二产业的发展。

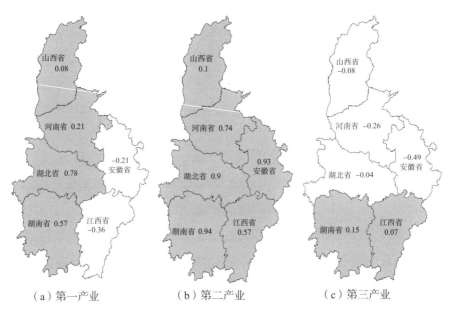

（a）第一产业　　　　　（b）第二产业　　　　　（c）第三产业

图 7-1　中部六省三大产业增加值比重变化情况（2003—2012 年）

（二）中部地区三次产业结构变化分析

1. 中部六省第一产业增加值变化情况

中部地区既是人口大省也是农业大省，是全国"三农"问题最为突出的区域，多年来，农业为中部地区的经济发展作出了重要的贡献。总的来说，随着产业结构的不断调整，中部六省第一产业的增加值在不断上升，这说明中部地区第一产业的劳动生产率在不断提高。2003—2012 年，除安徽和江西两省的第一产业增加值占全国比重有所下降外，2012 年分别比 2003 年下降了 0.21% 和 0.36%；其余四省都有不同程度的上升，其中山西涨幅较小，其 2012 年第一产业占全国的比重比 2003 年增加了 0.08%，河南、湖北、湖南则分别增加了 0.21%、0.78% 和 0.57%。与之相对应的是，沿海地区各省市的第一产业增加值则呈明显的下降趋势，这也充分体现了《全国主体功能区规划》对中部六省"三基地、一枢纽"的定位，其中巩固粮食生产基地，提升在全国粮食生产中的重要地位是重中之重。

2. 中部六省第二产业增加值变化情况及其内部结构分析

作为衡量经济发展水平重要组成部分的第二产业结构直接影响着经济的整体发展程度。首先，从第二产业的总体来看，2012 年中部六省第二产业增加值比 2003 年都有大幅提高。2003 年，江西、安徽、湖北、湖南、河南、山西六省的第二产业增加值分别为 1204.33 亿元、1535.29 亿元、1956.02 亿元、1777.74 亿元、3310.14 亿元、1463.38 亿元，产业增加值占全国比重分别为 1.86%、2.37%、3.01%、2.74%、5.1%、2.25%。到 2012 年，中部六省的第二产业增加值比 2003 年共增加了 50203.81 亿元，增长了 4.46 倍；其占全国第二产业增加值的比重也从 2003 年的 17.33% 增加到了 21.51%，增长了 24.14%。2003—2012 年各中部六省无一例外均呈增长之势，且湖南省的增长幅度最大，达到了 0.94%。而沿海地区各省市基本呈下降趋势，这也表明了中西部地区承接沿海产业转移的确起到了效果。

其次，由于中部地区承接沿海产业转移主要集中在第二产业，因此本节根据工业总产值的大小，选取七大行业进行对比分析，主要包括：金属制品业、通用设备制造业、专用设备制造业、交通运输设备制造业、电气机械及器材制造业、通信设备与计算机及其他电子设备制造业、仪器仪表及文化与办公用机械制造业。由于 2012 年开始《中国工业统计年鉴》中没有报告以上各行业的工业总产值，这里 2012 年的相关数据用各行业的销售产值与当年存货值之和代替。

2003—2012 年，七大行业工业总产值占全国比重增幅最大的分别是：安徽省的金属制品业（2.35%）、通用设备制造业（2.03%）和电气机械及器材制造业（3.53%），湖南省的专用设备制造业（5.76%），河南省的交通运输设备制造业（1.29%）、通信设备与计算机及其他电子设备制造业（2.11%）和仪器仪表及文化与办公用机械制造业（2.73%）。可见，在承接沿海地区产业转移的过程中，安徽省与河南省占了比较大的份额，湖南省的专用设备制造业一枝独秀，有大幅度的增长。而山西、江西、湖北三个省份的七大行业工业总产值占全国的比重有所下降，特别是山西省有六个行业的工业总产值占比变化值均居六省末位（除仪器仪表及文化与办公用机械制造业以外），且其中三个行业的占比变化值为负值。

金属制品业的工业总产值占全国比重在中部六省都有显著增加。其中增加最多的省份是安徽省，2003—2012年占比变化值达到了2.35%；涨幅最小的是山西省，占比变化值为0.25%。而东部沿海地区这一比值的变化下降幅度明显，这说明金属制品业可能是中部地区承接沿海转移产业的重要组成部分。

2003—2012年，中部六省中只有安徽、河南、湖南和江西四个省份的通用设备制造业工业总产值占比变化值为正（其中安徽最高，达到了2.03%），而山西和湖北的变化值均为负，分别为-0.48%、-0.42%。

选取的七大行业中，专用设备制造业的工业总产值占全国比重变化除山西省呈下降趋势以外（-0.46%），其余五个省份都有所增加，其中湖南省增幅最大，为5.76%。东部沿海地区这一比值的变化也呈下降趋势，这表明专用设备制造业也是中部地区承接沿海转移产业的重要部分。

我国交通运输设备制造业的空间分布，其中有四个省份该行业的工业总产值占全国比重变化值有所增加，即河南、湖北、湖南和安徽。而山西和江西这两个省份都有不同程度的减少，两省该行业工业总产值占全国比重的变化值分别下降了0.09%和0.01%。

电气机械及器材制造业的工业总产值占全国比重在中部六省都有显著增加，其中涨幅最大的是安徽省，达到了3.53%；涨幅最小的是山西，为0.06%。同时，东部沿海地区该行业工业总产值占全国的比重总体上呈下降趋势，这表明电气机械及器材制造业是中部地区承接沿海转移产业的主要部分。

与金属制品业，电气机械及器材制造业这两大行业一样，中部六省的通信设备、计算机及其他电子设备制造业的工业总产值占全国比重都有明显增加。其中增幅最大的是河南省，达到了2.11%，最低的是山西省为0.58%。与之对应的沿海地区该行业工业总产值占比减少，也表明了该行业可能是中部承接沿海产业转移的重要部分。

与专用设备制造业一样，中部六省的仪器仪表及文化、办公用机械制造业的工业总产值占比在五个省份都有不同程度的增加，只有一个省份有所减少，即江西省（占比变化值为-0.26%）。可见，所选取的中部六省七大行业中，总体上各省的工业总产值占全国比重都呈上升趋势，除山西省有三个行业的比值为负值外（即通用设备制造业、专用设备制造业、交通运输设备制造业），其余五省只有个别行业的比值没有增加，如江西的交通运输设备制造业和仪器仪表及文化、办公用机械制造业，湖北的通用设备制造业。东部沿海地区呈现的与之相对应的变化趋势也表明中部地区承接沿海转移产业的确促进了本地区第二产业的发展。

3. 中部六省第三产业增加值变化情况

持续发展的第三产业是产业结构优化升级的重要标志，它在满足人民多方面生活需求的同时能够转移剩余劳动力，增加就业机会，并以其特有的服务职能促进第一和第二产业的发展。2003—2012 年，中部六省第三产业的增加值及其占全国比重，只有湖南和江西呈上升趋势，其余四省均有不同程度的下降，尤其是安徽省第三产业增加值占全国比重下降幅度最大，达 0.49%。十年间，湖南和江西的第三产业增加值占全国比重分别上涨了 0.15% 和 0.07%。但是，值得注意的是，目前中部六省服务业发展还相对落后，大约有 46.1% 的第三产业的发展仍然集中在传统产业上，如餐饮、批发、零售、仓储、交通运输等。

（三）承接沿海产业转移对中部地区产业结构的影响

承接沿海产业转移会对中部地区的产业结构造成双重影响。如果中部地区能够选择合理的产业进行产业承接，那么中部地区就有可能在此过程中获得快速发展的契机，进而推动产业结构优化升级。

中部地区在承接东部沿海地区产业转移的过程中，可以引进和采用先进技术，获取工艺流程、管理经验及市场营销关系等有利资源，从而促进产业结构优化发展。

中部地区在承接东部沿海地区产业转移的过程中，一方面，能够扩大生产规模，优化产业结构；另一方面，可以发展新的产业，从而增加就业机会，推动产业结构的优化升级。

　　中部地区通过承接沿海产业转移，可以提高中部地区产业的平均有机构成和产业的技术集约度。这是因为东部沿海地区所转移到中部地区的产业往往在技术和资本构成上高于中部地区原有产业或其他产业。

　　中部地区通过承接沿海产业，可以加速中部地区工业化进程。对于中部地区而言，产业结构的优化升级是一个缓慢而不可逾越的过程。东部沿海地区经过近百年的产业演变，新产业的建立在工业化进程中新产业往往是一个投资大、风险大的反复探索过程。中部地区在参照发达国家或地区先进经验的基础上，充分发挥后发优势，承接东部沿海地区的优势产业转移，并引进先进技术和雄厚资本，通过迅速建立新兴的高新技术产业，大大缩短产业演变过程，加速本地区产业化的进程。

## 第三节　中部地区承接沿海产业转移的行业选择与空间新格局

### 一、中部地区承接沿海产业转移的行业选择与重点布局

　　产业转移是优化生产力空间布局、形成合理产业分工体系的有效途径之一，是推进产业结构调整、加快经济发展方式转变的必然要求。近年来，随着国家区域政策的调整和东部沿海产业转移的大势所趋，中部各省承接产业转移特别是沿海产业转移初见成效。《中国中部地区发展报告（2012）》指出，劳动密集型产业在东部沿海地区的竞争优势不再存在，中部地区是承载东部沿海地区产业转移最合适的平台。从承接源来看，中部地区承接源主要集中在京津唐、长三角、珠三角和环渤海等东部沿海发达地区；从承接的行业来看，中部地区承接产业主要以第二产业中的加工制造业为主，且集中于传统的劳动密集型产业。中部地区承接沿海产业转移的产业数量和规模在不断扩大，这为中部地区经济发展带来了前所未有的机遇。然而中部各省在承接产业转移时由于布局缺乏协调性、手段缺乏多样性以及为招商而招商等原因，造成了中部各省产业结构的趋同性，使得中部各省承接的主导产业不明晰，拉动作用不强，产业整体缺乏竞争力，

空间布局不合理。

因此，作为连接东西部纽带和桥梁的中部地区，在面对承接沿海产业转移的重大机遇时，科学选择承接的优势产业，优化产业空间布局，对于中部地区实现资源合理配置，实现经济全面协调发展具有重要的现实意义。而优势行业的选择是中部地区承接沿海产业转移过程中需要解决的重要问题之一。本节以中部地区承接沿海产业转移的现状和东部沿海地区向中部转移的十大行业为基础，采用层次分析法（The Analytic Hierarchy Process，简称 AHP 法），建立优势行业选择与空间布局的层次结构模型，分析十大承接优势行业的重要性排序以及行业布局在中部各省的权重。并且根据各省的实际情况，确定出中部各省承接东部产业转移的优势行业，从而为中部地区更好地承接沿海产业转移提供政策建议。

（一）AHP 法

层次分析法是美国著名运筹学家托马斯·塞蒂（T. L. Saaty）于 20 世纪 70 年代中期提出的一种定性与定量相结合的多目标决策方法，它把一个复杂的多目标决策问题作为一个系统，将目标分解为多个目标或准则，进而分解为多指标（或准则、约束）的若干层次，通过定性指标模糊量化方法算出层次单排序（权数）和总排序，以作为目标（多指标）、多方案优化决策的系统方法，它可以满足优势产业选择和评价的多目标性、多层次性和模糊性等特点。这一方法最主要特点是将决策者的经验判断给予量化，从而为决策者提供定量方面的决策依据。层次分析法把问题的内在层次与联系判断量化并作出方案排序，这种方法具有要求的信息量少、决策过程所需时间短等特点。层次分析法对决策问题的方法与步骤如下：

1. 构造判断矩阵

构造判断矩阵是应用层次分析法、决策分析法建立模型之后的一个关键步骤，其作用主要是将要素之间的关系进行量化处理，是模型计算的基础和前提。判断矩阵是针对上一层某一要素而言，评定本层次中各个相关要素之间的相对重要性，表 7-1 为判断矩阵的一般形式。其中，$Ak$ 表示上一层次中的某要素；$B1$—$Bn$ 表示本层次中的各相关要素；$bij$ 表示就 $Ak$ 而言，要素 $Bi$ 相对于 $Bj$ 的相对重要性，通常采用 1—9 等级标度法：即选取 1—9 中的某一自然数对其进行打分，其中 1 表示 $Bi$ 与 $Bj$ 同等重要；3 表示 $Bi$ 比 $Bj$ 稍微重要；5 表示 $Bi$ 比 $Bj$ 明显重要；7 表示 $Bi$ 比 $Bj$ 非常重要；9 表示 $Bi$ 比 $Bj$ 极端重要；2，4，6，8 表示相邻判断中间值，$Bj$ 与的 $Bi$ 相对重要性得分 $bji = 1/bij$。[①]

表 7-1　判断矩阵的一般表达形式

| Ak | B1 | B2 | … | Bn |
|---|---|---|---|---|
| B1 | b11 | b12 | … | b13 |
| B2 | b21 | b22 | … | b33 |
| … | … | … | … | … |
| Bn | bn1 | bn2 | … | bnn |

2. 层次单（总）排序

层次单排序的目的是相对于上一层次中的某一要素而言，计算本层次与之相关联的各要素重要性次序的权重值，其最根本的计算任务可归结为求解判断矩阵的最大特征值及相对应的特征向量，即对于判断矩阵 $B$ 而言，计算满足 $BW = \lambda_{max} W$ 的特征根及特征向量，式中 $\lambda_{max}$ 为 $B$ 的最大特征根，$W$ 为对应 $\lambda_{max}$ 的正规化特征向量，$W$ 的分向量 $Wi$ 即为对应要素层次单排序的权重值。由于判断矩阵本身就是将定性问题定量化的结果，允许存在一定的误差范围。因此，可应用和积法来近似求解判断矩阵的最大特征值及其相对应的特征向量。和积法步骤如下[②]：

（1）将判断矩阵每一列元素进行标准化处理：$b_{ij} = b_{ij} / \sum_{i=1}^{n} b_{ij} (i = 1, 2, \cdots, n)$。

（2）对按列标准化后的判断矩阵再按行求和：$W_i = \sum_{j=1}^{n} b_{ij} (i = 1,$

---

① 王水献、董新光、刘丰：《层次分析法在新疆平原灌区土壤盐渍化研究中的应用》，《干旱区资源与经济》2007 年第 4 期。

② 徐建华：《现代地理学中的数学方法》，高等教育出版社 2002 年版。

2，…，$n$）。

（3）将向量 $W = [W1, W2, \cdots, Wn]$ 标准化：$W_i = W_i / \sum_{i=1}^{n} W_i (i = 1,$ 2，…，$n$）。

（4）计算判断矩阵最大特征根：$\lambda_{\max} = \sum_{i=1}^{n} \frac{(BW)_i}{nW_i}$，$(BW)i$ 表示 $BW$ 的第 $i$ 个分向量。

（5）一致性检验：为确保合理应用 AHP 解决实际问题，需要进一步对构造出的判断矩阵的一致性进行检验。一致性指标 $CI$（$CI = \lambda_{\max} - n/n - 1$）可用于检验判断矩阵的一致性，当 $CI = 0$ 时，判断矩阵具有完全一致性；$CI$ 越大，判断矩阵的一致性越差。为了检验判断矩阵是否具有令人满意的一致性，需要将一致性指标 $CI$ 与平均随机一致性指标 $RI$ 进行比较，当判断矩阵的阶数大于 2 时，二者比值称为随机一致性比例（记为 $CR$，$CR = CI/RI$）。当 $CR < 0.10$ 时，判断矩阵具有令人满意一致性，否则需要调整判断矩阵，直到满意为止。

（二）模型建立

根据所要解决的问题，选择能够带动中部各省经济全面发展的重点行业确定为总体目标（模型最高层），重点行业的选取原则作为模型的第一中间层。根据中部各省产业基础及承接产业转移的状况，在遵循承接产业转移原则的条件下，把产业增长潜力、产业技术进步、产业关联效应、产业的可持续发展能力、产业竞争力优势和产业吸纳劳动力能力这六项指标作为中部各省重点行业的选取原则。模型的第二中间层应为重点行业的备选对象，根据前面分析东部沿海地区产业转移的趋势，把食品加工业、食品制造业、饮料制造业、皮革制品业、木材加工业、文教体育用品业、石油加工炼焦业、塑料制品业、专用设备制造业及仪器仪表制造业十大行业作为中部各省承接产业选择的重点对象。为探寻最适合上述重点产业发展的空间分布，将中部六省作为模型的最底层。由此建立层次结构模型，如图 7-2 所示。

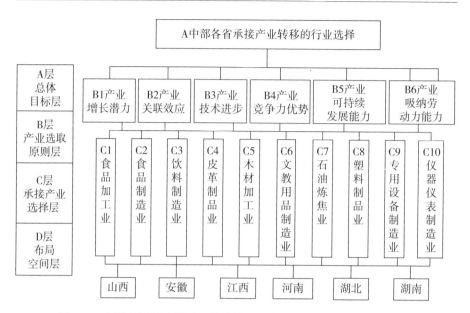

图7-2　中部地区承接沿海产业转移的行业选择与空间布局层次结构模型

（三）模型计算及检验

根据层次分析的计算方法和建立的层次结构模型，采用为大多数专家所使用的1—9等级法对每一层次相关因素对于上一层次的每一因素的相对重要性进行打分，由此构造出17个判断矩阵。按照上述的模型计算方法对判断矩阵做层次单排序及一致性检验，如表7-2所示。

表7-2　平均随机一致性指标（RI）

| 判断矩阵阶数 | 1 | 2 | 3 | 4 | 5 | 6 | 7 | 8 | 9 | 10 |
|---|---|---|---|---|---|---|---|---|---|---|
| RI | 0.00 | 0.00 | 0.58 | 0.90 | 1.12 | 1.24 | 1.32 | 1.41 | 1.45 | 1.49 |

1. 选取原则的权重计算与一致性检验

表7-3　A—B判断矩阵及权重排序

| A | B1 | B2 | B3 | B4 | B5 | B6 | 权重 | 排序 |
|---|---|---|---|---|---|---|---|---|
| B1 | 1 | 3 | 3 | 1 | 1 | 3 | 0.2411 | 3 |
| B2 | 1/3 | 1 | 2 | 1/3 | 1/3 | 2 | 0.1030 | 4 |

| A | B1 | B2 | B3 | B4 | B5 | B6 | 权重 | 排序 |
|---|---|---|---|---|---|---|---|---|
| B3 | 1/3 | 1/2 | 1 | 1/3 | 1/3 | 2 | 0.0821 | 5 |
| B4 | 1 | 3 | 3 | 1 | 1 | 5 | 0.2596 | 1 |
| B5 | 1 | 3 | 3 | 1 | 1 | 5 | 0.2596 | 2 |
| B6 | 1/3 | 1/2 | 1/2 | 1/5 | 1/5 | 1 | 0.0546 | 6 |

注：$\lambda = 6.1$ 是该判断矩阵的最大特征值，随机一致性比例 CR = CI/RI = 0.016 < 0.1，平均随机一致性指标 RI = 1.24，一致性指标 CI = $(\lambda - n) / (n-1)$ = 0.02，该矩阵具有令人满意一致性。

### 2. 产业承接的权重计算及一致性检验

表 7-4　B—C 承接产业选择的层次总排序

| | B1<br>0.2411 | B2<br>0.1030 | B3<br>0.0821 | B4<br>0.2596 | B5<br>0.2596 | B6<br>0.0546 | 权重 | 排序 |
|---|---|---|---|---|---|---|---|---|
| C1 | 0.2309 | 0.1124 | 0.0754 | 0.1398 | 0.1480 | 0.0735 | 0.1522 | 1 |
| C2 | 0.0520 | 0.1124 | 0.0827 | 0.1398 | 0.0548 | 0.0962 | 0.0867 | 7 |
| C3 | 0.0277 | 0.1124 | 0.0827 | 0.1509 | 0.0569 | 0.0797 | 0.0833 | 8 |
| C4 | 0.1178 | 0.0386 | 0.0398 | 0.0542 | 0.1669 | 0.1611 | 0.1018 | 4 |
| C5 | 0.0907 | 0.0400 | 0.0298 | 0.1145 | 0.0548 | 0.0906 | 0.0733 | 9 |
| C6 | 0.0579 | 0.1201 | 0.0827 | 0.0407 | 0.1480 | 0.2004 | 0.0930 | 5 |
| C7 | 0.0256 | 0.0400 | 0.0827 | 0.1102 | 0.0224 | 0.0754 | 0.0556 | 10 |
| C8 | 0.1500 | 0.2718 | 0.0827 | 0.0942 | 0.0524 | 0.0823 | 0.1135 | 3 |
| C9 | 0.1861 | 0.1124 | 0.2207 | 0.1134 | 0.1480 | 0.0760 | 0.1466 | 2 |
| C10 | 0.0611 | 0.0400 | 0.2207 | 0.0421 | 0.1480 | 0.0649 | 0.0899 | 6 |
| 检验 | CR =<br>0.0310 | CR =<br>0.0073 | CR =<br>0.0138 | CR =<br>0.0396 | CR =<br>0.0212 | CR =<br>0.0267 | | |

注：其中：CI = 0.0396，RI = 1.49，CR = 0.027 < 0.01，通过一致性检验。

### 3. 产业空间布局的权重计算及一致性检验

由于产业空间布局是相对于所选出的十大重点行业而言，因此只需对最低层（布局空间层）作层次单排序即可。十大重点行业在各个省份布局的权重分值及排序如表 7-5 所示。

**表 7-5　C-D 层产业空间布局层权重排序**

|  | C1 | | C2 | | C3 | | C4 | | C5 | |
|---|---|---|---|---|---|---|---|---|---|---|
|  | 权重 | 排序 | 权重 | 排序 | 权重 | 排序 | 权重 | 排序 | 权重 | 排序 |
| D1 | 0.0348 | 6 | 0.0357 | 6 | 0.0331 | 6 | 0.0342 | 6 | 0.0314 | 6 |
| D2 | 0.1469 | 4 | 0.0697 | 4 | 0.1272 | 4 | 0.1767 | 2 | 0.1673 | 3 |
| D3 | 0.0634 | 5 | 0.0697 | 5 | 0.0793 | 5 | 0.1767 | 3 | 0.0941 | 4 |
| D4 | 0.4403 | 1 | 0.5038 | 1 | 0.3224 | 1 | 0.3969 | 1 | 0.3956 | 1 |
| D5 | 0.1573 | 2 | 0.1605 | 2 | 0.3224 | 2 | 0.0387 | 5 | 0.0941 | 5 |
| D6 | 0.1573 | 3 | 0.1605 | 3 | 0.1156 | 3 | 0.1767 | 4 | 0.2175 | 2 |
| 检验 | CR = 0.029 | | CR = 0.044 | | CR = 0.022 | | CR = 0.026 | | CR = 0.034 | |

|  | C6 | | C7 | | C8 | | C9 | | C10 | |
|---|---|---|---|---|---|---|---|---|---|---|
|  | 权重 | 排序 | 权重 | 排序 | 权重 | 排序 | 权重 | 排序 | 权重 | 排序 |
| D1 | 0.0544 | 6 | 0.4921 | 1 | 0.0441 | 6 | 0.1547 | 3 | 0.0833 | 4 |
| D2 | 0.2021 | 2 | 0.0865 | 6 | 0.1908 | 2 | 0.1867 | 2 | 0.0833 | 5 |
| D3 | 0.2932 | 1 | 0.0984 | 3 | 0.0967 | 5 | 0.0770 | 5 | 0.0833 | 6 |
| D4 | 0.1585 | 3 | 0.0984 | 4 | 0.3567 | 1 | 0.4312 | 1 | 0.2500 | 1 |
| D5 | 0.1334 | 5 | 0.1262 | 2 | 0.2043 | 2 | 0.1062 | 4 | 0.2500 | 2 |
| D6 | 0.1585 | 4 | 0.0984 | 5 | 0.1074 | 4 | 0.0441 | 6 | 0.2500 | 3 |
| 检验 | CR = 0.016 | | CR = 0.023 | | CR = — 0.0058 | | CR = 0.023 | | CR = 0 | |

4. 模型结果分析

第一，从表 7-3 各要素选取原则的排序可以看出，中部地区在承接沿海产业转移时，产业空间布局的影响因素已不单单局限于社会因素、自然因素、技术因素和经济因素四个方面。从表中可知，产业的竞争力优势（B4）和产业的持续发展能力（B5）的重要性最大，其权重都为 0.2596。产业的竞争力实质是产业的生产力，是企业或产业能够以比其他竞争对手更有效的方式持续生产出消费者愿意接受的产品，并由此获得满意的经济效益的综合能力。也就是说中部地区在承接沿海产业转移时，首先所需考虑的是所承接产业的市场竞争力和持续发展能力，市场竞争力和持续发展能力越大的产业，越有可能成为该地区最具有优势的产业，也最有可能成为带动中部地区经济全面发展的主导产业；其次所需要考虑的是产业的增长潜力（B1），其权重为 0.2411，只有增长潜力大的产业才具有强劲的市场扩张力，从而在需求的带动下不断地发展扩大。如果没有较强的需求拉动力，产业的快速发展就不可能实现，也就无法带动该地区经济的快速发展。而产业的就业能力（B6）和产业的技术进步（B3）则分别处于倒数第一位和倒数第二位，其权重为 0.0546 和 0.0821，这是由于中部地区所承接的产业主要为工业行业，大部分产业是组装和外包行业，所带来的技术进步微乎其微。因此，中部地区在承接第二产业时，技术进步的选取原则显得不是特别的重要。对于产业的就业吸纳能力而言，中部地区不但具有低廉的劳动成本而且劳动力资源丰富，在承接沿海产业转移时，必会带来就业能力的增加，因此，中部地区在考虑承接产业时其就业吸纳能力被放在了最后一位。

　　第二，由于中部地区所承接产业的自身优势不同，由表 7-4 可知，中部地区在承接产业转移时，根据所选取原则层的总排序可得各产业的承接排序和总体目标的权重值。其中，食品加工业（C1）的权重最高，其权重为 0.1522，接下来各行业权重值依次为：专用设备制造业（C9）、塑料制品业（C8）、皮革、羽毛制品业（C4）、文教、体育用品制品业（C6）、仪器、仪表制品业（C10）、食品制造业（C2）、饮料制造业（C3）、木材加工业（C5）和石油加工炼焦业（C7），其权重分别为 0.1466、0.1135、0.1018、0.0930、0.0899、0.0867、0.0833、0.0733 和 0.0556。因此，中部各省在确定主导产业时，应首先选择权重高的产业作为主导产业。

　　第三，从空间布局层权重值来看，主导产业适宜布局在基础和条件较好的地区，十大重点行业在中部各省份布局的权重得分，详见表 7-6。按照产业合理分工和集中布局的原则，各行业应选择最为适宜的空间重点发展。因此，重点行业的布局在表 7-6 中仅列出了权重排序靠前的部分地区。

考虑到产业发展的基础与条件，由表7-6可知，中部六省在承接产业转移时，承接产业的最优布局为：河南省应以食品加工业、食品制造业、专用设备制造业、皮革、羽毛制品业和木材加工业为承接重点；山西省应以石油加工、炼焦业、专用设备制造业为承接重点；江西省应以文教、体育用品制造业、皮革、羽毛制品业和石油加工、炼焦业为承接重点；湖南省应以食品加工业、食品制造业、饮料制造业、木材加工业和仪器、仪表制造业为承接重点；湖北省应以食品加工业、食品制造业、饮料制造业、塑料制品业、仪器仪表制造业和木材加工业为承接重点；安徽省应以皮革、羽毛制品业、木材加工业和塑料制品业为承接重点。

表7-6　重点产业空间布局的权重排序

| 十大行业 | 权重排序最前的产业 | | | 权重累计 |
|---|---|---|---|---|
| | 权重排序第一位 | 权重排序第二位 | 权重排序第三位 | |
| 食品加工业 | 河南（0.4403） | 湖北（0.1573） | 湖南（0.1573） | 0.7549 |
| 食品制造业 | 河南（0.5038） | 湖北（0.1605） | 湖南（0.1605） | 0.8248 |
| 饮料制造业 | 河南（0.3224） | 湖北（0.3224） | 湖南（0.1156） | 0.7604 |
| 皮革、羽毛制品业 | 河南（0.3969） | 安徽（0.1767） | 江西（0.1767） | 0.7503 |
| 木材加工业 | 河南（0.3956） | 湖南（0.2175） | 安徽（0.1673） | 0.7804 |
| 文教、体育用品制造业 | 江西（0.2932） | 安徽（0.2021） | 河南（0.1585） | 0.6538 |
| 石油加工、炼焦业 | 山西（0.4921） | 湖北（0.1262） | 江西（0.0984） | 0.7167 |
| 塑料制品业 | 河南（0.3567） | 湖北（0.2043） | 安徽（0.1908） | 0.7518 |
| 专用设备制造业 | 河南（0.4312） | 安徽（0.1867） | 山西（0.1547） | 0.7726 |
| 仪器、仪表制造业 | 河南（0.2500） | 湖北（0.2500） | 湖南（0.2500） | 0.7500 |

## 二、中部地区承接沿海产业转移的空间新格局

中部地区各省在地理位置上处于中国内陆腹地，但一直以来都处于东部大发展和西部大开发的夹缝中。因此，中部地区各省一度成为我国经济发展的低谷，并且不少省份曾经一度陷入"不东不西"的迷茫状态。为了促进中部早日实现崛起，实现区域协调发展，《促进中部地区崛起规划》对

中部地区提出了"三个基地、一个枢纽"的发展定位：粮食生产基地、能源原材料基地、现代装备制造及高技术产业基地和综合交通运输枢纽。这不但为中部地区的经济发展指明了方向，也促使中部地区从"不东不西"的迷茫状态到明确认识"承东启西"区位优势的改变。这种改变，不但为中部经济的迅速发展提供了良好的契机，也为中部区域经济一体化发展格局的实现带来了机遇。

为尽快融入国际和国内产业转移的浪潮，加快推动我国产业结构优化升级的步伐，迅速提升产业的整体竞争力，进一步探索中西部地区承接产业转移的新方法和新思路，促进区域间的协调统一发展，在区域发展总体战略和主体功能区战略的指引下，依靠国家政策的大力支持，中部地区各省经过自身努力，目前已形成了六大城市群即"武汉城市圈、中原城市群、长株潭城市群、皖江城市带、环鄱阳湖城市群、太原城市圈"和五大国家级承接产业转移示范区"皖江城市带承接产业转移示范区、湖南湘南承接产业转移示范区、湖北荆州承接产业转移示范区、黄河金三角承接产业转移示范区、江西赣南承接产业转移示范区"。这些示范区不但具有良好的产业基础，而且拥有较完善的配套设施，园区内具有产业关联行业多、带动作用力强的优势，日益成为了中部地区各省招商引资、承接产业转移的重点地区。这些方面的优势也促使各省经济以这些城市群为基础，形成中部各省独具特色的经济发展的增长极。

五大国家级承接产业转移示范区构建了中部地区承接沿海产业转移的空间新格局，并且成为我国促进中部地区快速崛起战略的重点发展区域，是带动中部经济发展的重要增长极。中部地区承接产业转移的整体格局是以涉及六省的五大国家级承接产业转移示范区为核心向四周进行延伸，根据各示范区的发展规划，各区承接产业转移的布局如下：

（一）皖江城市带承接产业转移示范区

根据 2010 年《皖江城市带承接产业转移示范区规划》，该示范区依照"两轴三区三组团"的整体产业空间分布格局（见图 7-3），大力推进产业集聚区建设，促进现有开发区整体竞争力的提升，合理开发利用区域内外资源，提升区域内产业承载能力，使之成为承接产业转移的主要载体，具体规划见表7-7。

表7-7　皖江城市带承接产业转移示范区空间布局

| 两轴 | 以滁州、马鞍山、芜湖、铜陵、池州、安庆六个城市为轴向轴线：依托沿江高速公路、城际铁路、长江黄金水道等交通运输优势，形成横向产业发展轴。重点承接家电、冶金、化工、建材、机械、汽车等重化工工业 | 二者在芜湖形成交叉点，构成"十"字形产业发展轴 |
| | 以合肥、巢湖、芜湖、宣城四个城市为纵向轴线：依托宣广、芜宣、合巢芜高速公路和宣杭、皖赣、淮南铁路的资源，形成纵向产业发展轴。重点承接汽车、装备制造、高技术产业、家电等先进设备制造业 | |
| 三区 | 芜马巢产业集聚区：芜湖、马鞍山、巢湖在巩固现有经济开发园区建设的基础上，消除行政区划的限制，共同开发长江北岸资源，合力打造大规模的产业集聚区，重点承接和发展新型化工、汽车、物流、装备制造等产业 | 大力推进产业集聚区的建设，着手发展规模经济和大范围承接产业转移的工作，加快城市化、工业化的发展进程，使其成为皖江城市带三大增长极 |
| | 合肥产业集聚区：以各类开发园区为载体，围绕合肥城区，大力促进发展空间的拓展，增加开发的力度和强度，构筑具有较强带动能力的产业集聚区，重点承接和发展精细化工、汽车、家电、装备制造、现代服务业、高技术产业等产业 | |
| | 安庆产业集聚区：充分发挥安庆市产业园区和优质岸线的资源优势，加快产业集聚区建设步伐，重点承接发展轻纺、石化、物流、机械等产业 | |
| 三组团 | 宣城产业组团：在发挥长三角经济带动优势的基础上，推进旅游产业带和沿边工业带的建设，着重承接和发展汽车零部件、建材、医药化工、旅游、装备制造和农副产品深加工等产业 | 在现有产业的基础上，依靠工业园区，推动产业组团的发展，形成具有多点支撑的皖江城市带承接产业转移示范区格局 |
| | 滁州产业组团：在加强与南京无缝对接的基础上，重点承接和发展化工、机械、农副产品深加工、光伏材料、家电、电子等产业，积极打造具有地方特色的产业集群 | |
| | 铜池产业组团：加强池州、铜陵开发区的拓展提升，推动集群发展、跨江联动开发，重点承接和发展电子信息、铜加工、服装、汽车零部件、化工、物流、船舶制造等产业，促进产业链的延伸 | |

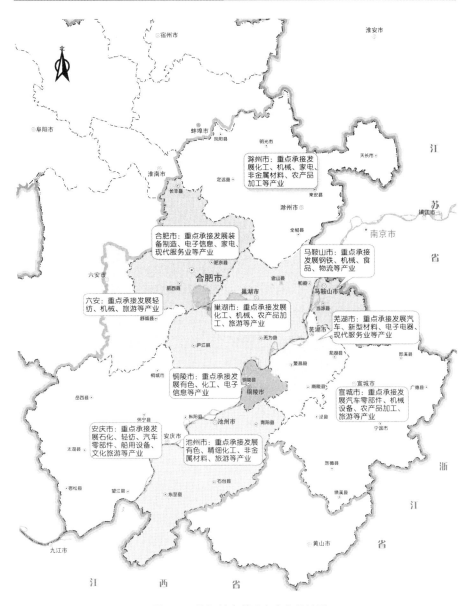

图7-3　皖江城市带重点产业承接图

(二) 湖南湘南承接产业转移示范区

湘南地区是珠三角等东部沿海地区产业向中西部地区转移的重要接纳区和前沿地带,包括衡阳、郴州、永州三市,根据2012年《湖南省湘南承接产业转移示范区规划》，该示范区的产业空间布局是构建"三极四带"空间格局，具体见表7-8。

表7-8　湖南湘南承接产业转移示范区空间布局

| | |
|---|---|
| 打造衡阳、郴州和永州三极：以衡阳、郴州和永州三市城区及周边重要城镇为重点，通过增强产业要素集聚和自主创新能力，构筑服务平台，辐射带动周边地区产业梯次发展 | 衡阳增长极。以衡阳市区位核心，以西渡镇、南岳区、云集镇、大浦镇为重要节点，加快"扩城连岳"进程，拓展中心地区空间，规划建设承接产业转移集中区。重点承接发展装备制造、新能源新材料、精细化工、电子信息、矿产品精深加工等产业，大力发展现代物流、生态人文旅游、文化创意等产业 |
| | 郴州增长极。以郴州市区为核心，以资兴、桂阳、永兴、宜章为重要节点，建设郴资桂、郴永宜承接产业转移示范走廊，加快城市基础设施建设，加强城区产业分工协作，提升综合承载能力，发挥郴州市国家综合性高技术产业服务基地、国家级出口加工区、口岸城市的作用，规划建设承接产业转移集中区，重点承接发展有色金属精深加工、电子信息、生物医药、新材料、先进制造等产业 |
| | 永州增长极。以永州市区为核心，联动东安、祁阳等重要节点，加快交通基础设施建设，加强城市扩容提质，推荐一体化进程，规划建设承接产业转移集中区，高起点承接发展汽车及零部件、生物医药、矿产加工、电子信息和农产品加工等产业 |
| 培育形成四大产业集聚带：以京港澳高速和京广铁路、武广客运专线，二广高速和洛湛铁路，泉南高速和湘桂铁路，厦蓉高速和台南高铁四组交通干线为主轴，以沿线重要城镇为节点，辐射周边区域，形成连南接北、承东启西、各具特色、联系紧密的"井"字形承接产业转移集聚带 | ①京港澳沿线产业集聚带。以京港澳高速和京广铁路为轴线，以衡阳、郴州两市为中心，以常宁、耒阳、永兴、资兴、宜章等县市为节点，北接长株潭，南通粤港澳，重点承接珠三角、长三角地区产业转移 |
| | ②二广沿线产业集聚带。以二广高速和洛湛铁路为轴线，以永州为中心，以宁远、新田、嘉禾、临武、蓝山等县城为节点，北接邵阳、娄底，南通北部湾，主动承接珠三角等地区产业转移 |
| | ③泉南沿线发展带。以泉南高速和湘桂铁路为轴线，以衡阳、永州两市为中心，以衡东、衡阳、祁东、祁阳、安仁等县城为节点，重点加强与海西经济区、北部湾经济区对接合作，形成传统优势产业集聚带 |
| | ④厦蓉沿线发展带。以厦蓉高速和台南高铁为轴线，以郴州市为中心，以汝城、桂阳、嘉禾、桂东、宁远、道县等县城为节点，重点加强与海西经济区、成渝经济区对接合作，形成新兴的产业集聚带 |
| 突出建设产业承接平台。适应产业大规模、集群式转移趋势，以"三极四带"区域内的国家级和省级产业园区为重点，科学编制产业园区规划，合理确定园区和产业定位和发展方向 | |

（三）湖北荆州承接产业转移示范区

根据 2013 年《湖北省荆州承接产业转移示范区总体规划》，该示范区加快发展"一主四区"产业布局的建设，即以荆州市为主体区，潜江、仙桃、荆门、天门为辐射区；形成以长江黄金水道、江南高速、武荆高速和长荆铁路复合运输通道、汉宜高速与汉宜铁路复合运输通道等四条交通主干道为横轴，以随岳高速、荆岳铁路、潜石高速、襄荆高速等四条交通干线为纵轴的"四横四纵"的承接产业转移集聚带（见图 7-4）。示范主体区在承接产业转移的过程中，以长江为主轴，以产业园区和开发区为载体，依托交通动脉，进行"一核七区"空间结构的布局和谋划。重点承接农产品加工产业、装备制造业、现代服务业、战略性新兴产业、劳动密集型产业和化工产业六大产业（见表 7-9）。

表 7-9　湖北荆州承接产业转移示范区空间布局

| | |
|---|---|
| "一核"：荆州核心示范区 | 荆州主城区一方面在示范区承接产业转移过程中具有核心聚集区的重要地位，另一方面更是承接现代服务业、高技术产业的优先区域。在荆州城南经济开发区、沙市经济开发区和荆州经济技术开发区的基础上，重点加快承接产业转移的核心聚集示范区的建设。着力突出机电产业、汽车零部件、纺织印染、服装、生物工程、精细化工产业及农副产品加工等产业的承接和发展。积极推进国家级稀有金属循环经济产业园的建立 |
| "七区"：坚持错位分工、特色发展。各县市经济开发区在充分发挥自身资源和产业条件优势的基础上，利用长江黄金水道和综合交通运输的便利条件，通过招商引资和承接产业转移的方式，建设具有不同重点的承接产业转移集中示范区 | 石首集中示范区：依托石首经济开发区，充分发挥江南高速、北煤南运通道、荆岳铁路、蒙西至华中铁路、潜石高速、长江港口等交通资源优势，加快长江经济大节点的建设。重点承接发展汽车零部件、精细化工等产业 |
| | 洪湖集中示范区：依托洪湖经济开发区，合理开发利用丰富的水资源，使其成为湖北乃至全国最大的水产品生产加工基地的目标能够得以尽早实现。重点承接发展纺织、农副产品深加工、化工等产业 |
| | 府场集中示范区：依托洪湖府场经济开发区，利用石化装备加工业的优势，重点承接环保设备、化工、机械等产业 |
| | 松滋集中示范区：依托松滋经济开发区，着力将白云边酒业打造为湖北乃至中南地区最大的食品饮料产业基地。重点承接和发展矿山机械、建材、农副产品深加工等产业 |

续表

| | 公安集中示范区：依托公安经济开发区，重点发展汽车零部件产业集群，加快新生源等骨干企业竞争力的提升。重点承接和发展光纤电缆、农副产品深加工、生物工程等产业 |
|---|---|
| | 监利集中示范区：依托监利经济开发区，以福娃集团为龙头，倾力打造大型粮食加工基地，加快发展特色产业。重点承接农副产品深加工等产业 |
| | 江陵集中示范区：依托江陵工业园，在发挥现有产业资源优势的基础上，重点承接和发展轻工、农副产品深加工、纺织等产业 |

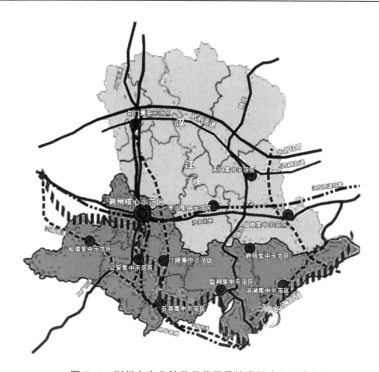

图 7-4　荆州市产业转移示范区承接发展产业示意图

（四）黄河金三角承接产业转移示范区

豫晋陕黄河金三角承接产业转移示范区是全国唯一一个跨省设立的承接产业转移示范区。晋陕豫黄河金三角地区（以下简称"黄河金三角"）地处山西、陕西、河南三省交界地带的黄河沿岸，主要包括河南省三门峡市，山西省运城市、临汾市和陕西省渭南市，地处中西部结合带，具有承东启西，沟通南北的区位优势，矿产、农业、文化旅游资源丰富，产业发展基础良好，是实施西部大开发战略和促进中部地区崛起战略的重点区域，在我国区域发展格局中具有重要地位。根据 2014 年《晋陕豫黄河金三角区域合作规划》，该示范区要加快"两横两纵"发展轴建设（见表 7-10），培育壮大运城、临汾、渭南和三门峡四个区域中心城市，把推进次区域合作作为黄河金三角区域合作的重要突破口，优化拓展发展空间（见图 7-5）。

表 7-10 黄河金三角承接产业转移示范区空间布局

| | |
|---|---|
| 建设"两横两纵"发展轴：发挥承东启西、连通南北的区位优势，以及地处中原经济区、关中—天水经济区、山西资源型经济转型综合配套改革试验区等国家重大区域战略叠加的政策优势，合力打造陇海铁路、煤运南通道（侯马—月山铁路、侯马—西安铁路）和大运（大同—运城）高速、蒙西（内蒙古—江西）铁路"两横两纵"发展轴，促进经济要素向轴带集中，形成承接产业转移聚集带 | 陇海铁路发展轴。依托陇海铁路、连云港—霍尔果斯高速和郑州—西安高铁，连接临渭、华县、华阴、潼关、大荔、灵宝、陕县、湖滨、渑池、义马等地，引导产业和人口集聚，建设成为产业高度集聚、经济繁荣的东西向发展轴线 |
| | 煤运南通道发展轴。依托侯马—月山铁路和侯马—西安铁路，连接翼城、曲沃、侯马、新绛、稷山、河津、乡宁、韩城、合阳、澄城、蒲城、白水、富平等地，发挥综合交通运输通道的作用，增强沿线城镇的产业功能，建设成为能源原材料工业集聚、物流业发达的东西向发展轴线 |
| | 大运高速发展轴。依托大运高速、209 国道和大同—西安高铁、南同蒲（大同—风陵渡）铁路，连接汾西、霍州、洪洞、尧都、襄汾、曲沃、侯马、绛县、闻喜、夏县、盐湖、临猗、永济、芮城、潼关等地，建设成为制造业和服务业发达、集疏运功能完备的南北向发展轴线 |
| | 蒙西铁路发展轴。依托蒙西铁路和运城—三门峡高速公路，连接韩城、河津、万荣、临猗、盐湖、夏县、平陆、湖滨、陕县、灵宝、卢氏等地，建设成为煤炭储运、矿产开发、有色金属精深加工、特色农业和特色旅游业共同发展的南北向发展轴线 |
| 培育区域中心城市：发挥优势、突出特色、集聚产业和人口，壮大经济实力，完善城市功能，提升城市承载能力和服务能力，辐射带动区域整体发展 | 运城。依托南山和盐池合作共建区域性商贸物流中心、文化旅游中心。重点承接生物医药、新材料、运输装备制造、有色金属和农副产品深加工业，加快发展文化创意、休闲养生、航空经济、特色医疗业，强化空港物流服务业。打造汽车和运输设备产业集群、铝镁深加工产业集群、化工产业集群、农副产品加工产业集群、商贸物流产业集群五大产业集群 |

| | | |
|---|---|---|
| | 临汾。依托百里汾河生态经济带，重点承接能源、煤焦产业、钢铁产业、电力产业、煤化工产业、新型材料产业、装备制造产业、现代农业、现代服务业 | |
| | 渭南。依托国家级高新技术产业开发区等平台，集聚发展新材料、新能源、通用航空、智能装备、电子信息等战略性新兴产业和高技术产业，打造先进制造业基地和科技创新基地 | |
| | 三门峡。依托自身优势，稳步推进黄金、铝等优势产业发展，重点承接高端装备制造、新材料和新一代信息技术等战略性新兴产业，建设高新技术研发基地、现代产业集聚区，加快资源型城市转型，强化海关通关、物流服务功能，建设区域交通枢纽、商贸物流中心和生态宜居城市 | |
| 构建次区域合作圈：打破行政区划界限，优化拓展发展空间，创新体制机制，推进若干基础条件好、发展潜力大、经济联系比较紧密的市际交界地区融合发展 | 推进侯马—新绛—绛县—曲沃一体化发展。发挥公路、铁路等交通便利和海关、检验检疫等政策优势，加快侯马—曲沃同城化进程，强化商贸物流功能，建设中部地区重要的国际货物流转枢纽、具有综合服务功能的物流中心。加强产业分工与协作，加快规划衔接和基础设施一体化建设，打通镇村"断头路"，消除行政壁垒，建立共同市场，共同促进区域边缘地区加快发展 | |
| | 推进韩城—河津—万荣—稷山—乡宁次区域合作。发挥资源和产业优势，创新体制机制，加强统一规划，促进基础设施共建共享和技术人才协同合作，重点围绕钢铁、铝、电力、煤化工、焦炭、建材等产业，推进国有大型企业合作，发展国家级循环经济试点，延伸产业链，共同推进传统产业优化升级和经济转型发展，围绕"史圣司马""黄河文化"合作发展文化旅游业 | |
| | 推进永济—潼关—灵宝—芮城次区域合作。发挥共处重大交通通道交会处的区位优势，依托现有产业基础，以物流合作为重点，以共建现代物流中心为载体，带动机电、装备制造、黄金开采加工、铝加工、医药化工、现代农业和旅游业的跨地区合作，建设成为黄河金三角重要的产业和物流基地 | |
| | 促进富平—蒲城—临渭一体化发展。发挥富平紧临西安的地缘优势，以深陕（富平）新兴产业园、卤阳湖通用航空产业园为载体，推进城乡基础设施、公共服务、产业布局、生态环境一体化建设，开展城镇、市政、民生、社会事业等管理创新试点，促进城乡统筹和区域一体化发展 | |

| | 推进三门峡市区—平陆县城一体化发展。发挥两地隔河相望、产业关联性强的优势，重点开展有色金属加工和特种运输车、电动汽车、机械加工等产业合作，推动城市基础设施、公共服务共建共享，实现两地同城化和融合发展 |
| --- | --- |
| | 推进义马—渑池同城化发展。利用交通、技术优势和煤炭、铝等资源优势，共同发展精细化工，合作建设能源原材料基地，大力挖掘仰韶文化，发展特色旅游，促进城市道路系统相互衔接、市场体系和生态系统共建共享，加快同城化步伐 |

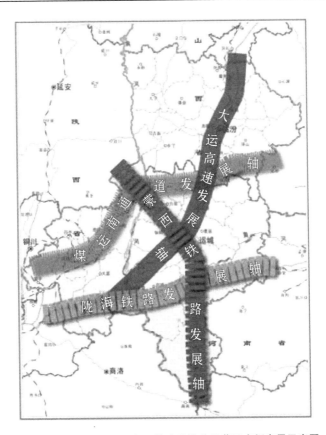

图7-5　豫晋陕黄河金三角承接产业转移示范区空间布局示意图

（五）江西赣南承接产业转移示范区

根据2014年《江西省赣南承接产业转移示范区规划（2013—2020）》，该示范区依托重要交通干线，优化区域产业分工，强化与珠三角、厦漳泉等沿海地区的经贸联系，打造以赣州经济技术开发区为核心，以赣州"三南"至广东河源、瑞金兴国至福建龙岩产业走廊为两翼的"一核两翼"开放合作新格局（见表7-11），引导高新技术产业和现代服务业向"一核"聚集，资源型和劳动密集型产业向"两翼"集中（见图7-6）。

表7-11　江西赣南承接产业转移示范区空间布局

| | |
|---|---|
| 构建"一核两翼"的产业发展格局 | "一核"。以赣州经济技术开发区、出口加工区等为龙头，以中心城区、赣县、南康、上犹、崇义为节点，推进赣县经济技术开发区、沙河工业园、水西有色金属产业基地、南康工业园和家具产业基地、赣州（崇义）硬质合金和硬面材料产业基地、上犹工业园、大余钨及有色金属深加工产业基地建设，重点承接发展钨、稀土、铜铝深加工、机械制造、食品工业、新能源汽车、现代服务业、家具制造、玻纤及新型复合材料等产业，促进集约化组团布局和专业化集群发展，打造钨和稀土等高技术产业和战略性新兴产业核心集聚区，建成全国稀土与钨产业战略基地，构建区域性现代物流、金融、旅游中心，加快形成江西对接珠三角、海西经济区的桥头堡，推动赣州建设成为赣粤闽湘四省交界地区区域性中心城市 |
| | 赣州"三南"至广东河源产业走廊。以龙南经济技术开发区、赣州香港产业园为龙头，以京九铁路、赣粤高速、赣大高速为南北纵轴，以"三南"加工贸易重点承接地为重要平台，信丰、大余、安远、寻乌等县为重要节点，强化与广东河源、韶关等地互动对接，积极融入珠三角地区发展分工，重点承接发展稀土、钨等有色金属精深加工及应用、电子电器、食品及生物制药、现代轻纺、氟盐及精细化工、机械制造、新型建材、客家生态旅游等产业，打造稀土永磁材料、发光材料及节能灯具、机械电子、家具等基地和一批特色产业园区，以产业集群提升经济核心竞争力，形成赣粤边际地区集散、口岸中心，成为京九经济带的重要增长极和与珠三角对接的经济协作区 |
| | 瑞金兴国至福建龙岩产业走廊。以赣州台商创业园为龙头，以赣龙铁路、厦蓉高速、泉南高速为东西横轴，以瑞（金）兴（国）于（都）经济振兴试验区为重要平台，宁都、会昌、石城等县为主要节点，延伸至福建龙岩及厦门、泉州等海西经济区重点城市，重点承接发展氟盐化工、新型建材、矿山机械、家用电器、电线电缆、军工配套、新材料、绿色食品、生物制药、信息服务等产业，打造国内一流的氟盐化工等产业基地，成为承接闽东南经济区产业扩散转移的前沿、连接赣闽台的特色产业承接基地、东南部现代物流配送中心及旅游休闲的后花园 |

续表

| 引导产业向园区集中 | 充分利用现有开发区和产业园区，引导产业和项目向园区集聚，形成错位竞争、要素集约、配套完善、协调发展的产业集聚发展平台。加快建设以香港工业园为龙头的赣粤产业走廊和以台商创业园为龙头的赣闽产业走廊。着力推进赣州、龙南经济技术开发区承接主平台建设和发展，加快推进出口加工区、香港工业园、"三南"加工贸易重点承接地等基础设施建设，不断完善园区功能。积极推动尽快批准设立赣州国家高新技术开发区、赣州综合保税区和赣州稀土产业园，支持符合条件的开发区扩区升级。发展总部经济和研发中心。支持建立钨、稀土科技兴贸创新基地，推进各类特色产业基地、高技术产业孵化基地建设。支持赣州经济技术开发区建设国家生态工业示范园区和循环经济示范园区。在石城、崇义、寻乌研究设立省级开发区或产业园区。鼓励通过委托管理、投资合作等多种形式，与东部沿海地区合作共建产业园区和发展"飞地"经济 |
|---|---|

图 7-6　江西赣南承接产业转移示范区"一核两翼"空间布局示意图

## 第四节　中部地区承接沿海产业转移的空间布局优化

### 一、地域产业承载系统适配性及空间差异

地域产业承载系统是产业成长的空间载体。产业转移既是转出地产业承载系统"失配"所致，又是承接地产业承载系统"适配"的结果，产业转移是寻求地域产业承载系统动态适配过程的企业迁徙行为。因此，通过把握和调控地域产业承载系统的适配能力，可以科学把握产业转移的空间格局，进而调控产业转移空间走向。本节基于协同学的理论思想，构建协调适配度评价指标体系，提出了协调适配度评价方法，对中部六省的制造业成长与地域产业承载系统适配性进行测度，分析其空间差异，从而为科学制定我国区际产业转移引导政策提供理论依据。

（一）研究问题界定

1. 地域产业承载系统

地域产业承载系统包括自然资源与生态环境、经济社会等子系统，既反映了地域自然条件，也反映了人工因素。笔者选取经济、社会和环境三个方面的因素，构建地域产业承载系统（见图7-7）。

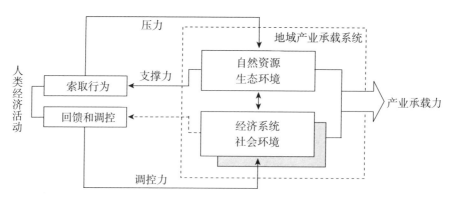

图7-7　地域产业承载系统

2. 制造业成长

制造业有不同的分类方法，这里根据《国民经济行业》（GB/T 4754-

2002）的分类，着重研究装备制造业，主要包括金属制品业、通用装备制造业、专用设备制造业、交通运输设备制造业、电器装备及器材制造业、电子及通信设备制造业、仪器仪表及文化办公用品制造业的七大类。制造业成长，是指制造业在发展过程中，依托于当地的经济条件、社会环境和资源状况发展壮大的过程。

3. 适配性

适配（Fit）一词源于种群生态学模型和情境理论，它是指两个主体之间具有的一致或互补关系。[①] 这里将制造业成长与地域产业承载系统的适配定义为：地域产业承载系统中的经济发展系统、社会发展系统和环境支撑系统三个子系统提供的要素条件与制造业成长需要的经济条件、社会条件和环境条件的契合程度。适配分为静态适配和动态适配，笔者研究制造业成长与地域产业承载系统适配同样体现在两个层面。其一是静态适配，即测算某一时间节点制造业成长要素与地域产业承载系统组成要素的匹配程度；其二是动态适配，即制造业成长与地域产业承载系统组成要素的持续稳定适配，是一种可持续适配。笔者将主要研究静态适配问题，这是因为静态适配是研究整个适配问题的基础，也是研究动态适配的前提。

（二）理论分析基础及复合系统构建

1. 理论分析基础

"协同学"（Synergeties）一词来自希腊文，意思是协同作用的科学，是关于系统中各个子系统之间相互合作、相互竞争的科学。协同学由德国著名理论物理学家赫尔曼·哈肯（Herman Hawking）提出。协同学是一门研究各个学科领域中关于合作、协作或协同的学说。所谓协同，就是系统中诸多子系统之间的相互协调、合作或同步的联合作用。协同学主要研究由大量子系统组成的系统，在一定条件下，由于子系统相互作用和协作，这种系统会发展演变，呈现出彼此适配、相对稳定的新结构。

---

① Van De Ven A. H., "Review of Aldrich's Book-Organizations and Environment", *Administrative Science Quarterly*, Vol. 24, No. 2（February 1979）.

　　笔者将重点研究制造业成长与地域产业承载系统适配性，探讨如何调节、控制地域产业承载系统中的组成要素，从而使制造业成长系统与地域产业承载系统相互适配、相互协调，这正是协同学研究的主要内容。可见，可以应用协同学的理论方法研究制造业成长与地域产业承载系统的适配性问题。事实上，已经有学者应用协同学理论方法开展了类似的研究。

　　2. 耦合的复合系统及系统层次定位

　　协同论认为，系统走向有序机理不在于系统现状的平衡或不平衡，也不在于系统距平衡态多远，关键在于系统内部各子系统间相互关联的"协同作用"，协调度是这种协同作用的量度。制造业成长与地域产业承载系统两者在多方位、多层次上相互作用和影响，可以耦合为一个有机的整体，形成制造业成长要素与地域产业承载系统组成要素耦合而成的复合系统（见图7-8）。

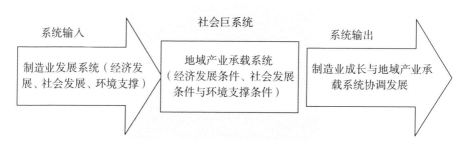

**图7-8　制造业成长与地域产业承载系统耦合复杂系**

　　大体来说，区域系统是一个"自然—社会—经济"的复合系统，由自然环境子系统、社会子系统、经济子系统之间的关联与耦合共同构成的复杂系统。笔者主要从经济因素、社会因素和环境因素三个方面研究制造业成长系统与地域产业承载系统的适配性，通过调节地域产业承载系统中的经济因素、社会因素和环境因素，使之适配制造业成长的要求。制造业成长要素与地域产业承载系统组成要素耦合而成的复合系统，属于区域系统的下一系统层级，且由多个子系统组成。区域复合系统的层次结构与定位如图 7-9 所示。

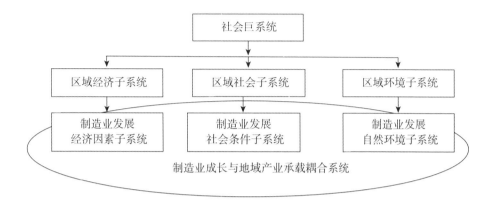

**图 7-9　社会巨系统下制造成长与地域产业承载耦合系统层次定位**

（三）适配性评估体系建立与测度模型构建

1. 评估体系建立

（1）指标提取思路

根据协同学理论，"有序性"是物质系统在自身运动的"要素和功能组合、时空结构组合和演化进程顺序"等方面具有确定性、周期性、可预测性或规则性的表征，它是系统的存在和稳定性的最基本条件之一。复合系统的有序，需要两个子系统之间的协同，即协同才会有序。而如何促进两个子系统之间的协同，则需寻找影响两个子系统之间协同的关键主导因素，即寻找序参量。序参量来源于子系统间的协同合作，同时又起支配子系统的作用。[1]

按照协同学的理论思想，对制造业成长与地域产业承载系统适配性评价，要从两个子系统间耦合一致的角度提取序参量，具体来讲就是从经济发展、社会发展和环境支撑三个方面来"对接"制造业成长与地域产业承载系统两个子系统，提取序参量构建评价指标体系。其"对接"思路见图7-10。

---

[1]　郭治安：《协同学入门》，四川人民出版社 1988 年版，第 130—133 页。

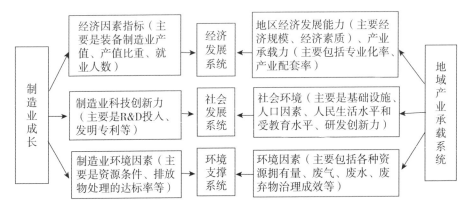

**图 7-10　制造业成长与地域产业承载系统协调对接提取序参量思路图**

（2）评价原则

设计制造业成长与地域产业承载系统适配性的评估指标体系的基本出发点是，要能够客观、准确反映制造业成长与地域产业承载系统适配能力，要尽可能利用现有的统计数据资料。因此，对于指标体系构建，要遵守：

其一，全面性和代表性相统一的原则。指标的选取要能反映影响区域整体协调性的各个方面，从不同的维度反映被评价系统的主要特征和状况。

其二，可比性和针对性相统一的原则。评价指标的设计应注重时间、地点和适应范围的可对比性，以便于进行纵向和横向比较，且便于区别不同时期各地区的发展状况，有针对性。

（3）评估体系综合框架及具体量化

根据上述评价原则，并综合参考相关文献，建立评估体系见表 7-12。

表 7-12　评价指标体系综合框架及指标说明

| 因素 | 一级指标 | 二级指标 | 单位 | 两项重要二级指标计算方法 |
|---|---|---|---|---|
| 经济发展系统 | 经济基础 | GDP | 亿元 | ①专业化率：专业化率即产业聚集度，是衡量某一区域产业规模经济水平的指标。笔者借鉴孔慧珍、孔庆书的方法，得出专业化率计算公式： |
| | | 居民消费水平 | 元 | |
| | | 制造业产值 | 亿元 | |
| | | 制造业产值占 GDP 比重 | % | |
| | | 制造业年末就业人数 | 万人 | |
| | 产业配套 | 专业化率 | % | $$LQ_{ij} = \frac{L_{ij} \Big/ \sum_{j=1}^{m} L_{ij}}{\sum_{i=1}^{n} L_{ij} \Big/ \sum_{i=1}^{ni} \sum_{j=1}^{m} L_{ij}}.$$ |
| | | 产业配套率 | % | |
| 社会发展系统 | 社会环境 | 人口数量 | 万人 | 式中，$LQ_{ij}$ 表示 $i$ 地区 $j$ 行业的区位商，$i$ 表示第 $i$ 个地区（$i=1$, 2, 3, $\cdots$, $n$），$j$ 表示第 $j$ 个行业（$j=1$, 2, 3, $\cdots$, $m$），$L_{ij}$ 表示第 $i$ 个地区、第 $j$ 个行业的产出。 |
| | | 城镇化率 | % | |
| | | 教育经费 | 万元 | |
| | 科技环境 | 研发经费 | 万元 | |
| | | 研发人数 | 人 | ②配套率：产业配套包含配套能力、规模与配套质量水平等 |
| | | 发明类专利申请率 | % | |
| 环境支撑系统 | 自然环境 | 水资源 | 亿立方米 | 几个部分，产业配套率即为产业链关联度高低，笔者借鉴徐杰的产业链关联度计算公式，将产业链细分为供需链、企业链、价值链和空间链四个维度，具体公式如下：CCD = f（SCD, ECD, VCD, RCD），其中，CCD 表示企业的产业链关联紧密度，SCD 表示供需链关联度，ECD 表示企业链关联度，VCD 表示价值链关联度，RCD 表示空间链关联度。CCD 取值范围为 [0, 1]，越接近 1 表示企业与产业链关系越紧密，配套率越高 |
| | | 森林面积 | 万公顷 | |
| | | 湿地面积 | 千公顷 | |
| | 人工环境 | 单位产值废气达标率 | % | |
| | | 单位产值固体废弃物达标率 | % | |
| | | 单位产值废水达标率 | % | |

## 2. 适配度评估模型构建

根据构建的指标体系，可对两个子系统的适配度进行计算。具体计算需解决四个方面的问题：建立功效函数、建立适配度函数、确定各评价指标的权重和确定适配度等级标准。

（1）功效函数的建立

复合系统的各个序参量指标都有明确的目标值，把每个指标的实际值与目标值通过某种转化关系得到的结果就能够反映该指标在系统中的作用或者功效，这个结果称之为功效函数，用 $E_i$ 表示。描述 $E_i$ 的关系式称为功效函数，如果指标用 $C_i$ 表示，则 $E_i = F(C_i)$，其中 $F$ 代表关系式。

设系统发展有 $K$ 个目标，$f_i(x)$ $(i=1, 2, \cdots, K)$，其中 $K_1$ 个目标要求越大越好，$K_2$ 个目标要求越小越好，余下的 $K-K_1-K_2$ 个目标要求不大不小，接近某一值为好。现分别给这些目标以一定的功效系数 $d_i$，$0 \leqslant d_i \leqslant 1$，$(i=1, 2, \cdots, K)$。描述 $d_i$ 与 $f_i(x)$ 关系的函数成为功效函数，即 $d_i = f_i(f_i)$，建立一个总功效函数 $E(C_i)$ 反映系统的整体功能，$0 \leqslant E(C_i) \leqslant 1$，$E(C_i)$ 值越接近 1，系统整体协调性越好，该函数值即为系统的协调度值。

设序参量评价指标 $C_i(i=0, 1, 2, 3, \cdots)$ 的实际表现值为 $X_i(i=0, 1, 2, 3, \cdots)$。$\alpha_1$、$\beta_1$ 为系统稳定时指标变量 $C_i$ 临界点的上、下限，即 $\beta_i \leqslant x_i \leqslant \alpha_i$。

根据协同学理论，当一个系统处于稳定状态时，状态函数应为线性关系，函数的极值点是系统稳定区域的临界点。随着序变量的增大，系统的有序度趋势增加，这是正功效；相反就是负功效。这里采用模糊隶属度方法对原始数据进行预处理，处理公式如下：

对于正功效，有：$E(C_i) = (x_i - \beta_i)/(\alpha_i - \beta_i)$，$\beta_i \leqslant x_i \leqslant \alpha_i$；

对于负功效，有：$E(C_i) = (\beta_i - x_i)/(\beta_i - \alpha_i)$，$\alpha_i \leqslant x_i \leqslant \beta_i$。

（2）协调适配度函数的建立

鉴于单一指标的模糊隶属度指数不能说明适配度的综合发展情况，笔者新建一个函数，称之为协调适配度函数（Harmony Degree，简称 HD），协调适配度的取值范围是 $0 \leqslant HD \leqslant 1$。越接近 1，说明地区协调适配性越好。

经过分析，笔者认为判断地区承载适配性需要综合考虑各项指标的权重，在此采用加权平均法计算协调度，具体计算公式如下：

$$HD = W_{11} \times EC(V_{11}) + W_{12} \times EC(V_{12}) + \cdots + W_{mn} \times EC(V_{mn})$$

$$= \sum_{i=1}^{n} W_{IJ} \times EC(V_{IJ})$$

式中，$\sum_{j=1,\ i=1}^{m+n} w_{ji} = 1$，$W_{ji}$ 为 $EC$（$V_{ji}$）的权重系数，$HD$ 的值即为系统的协调度。

（3）确定各评价指标的权重

熵是对不确定性的一种度量，信息量越大，不确定性就越小，熵也就越小；信息量越小，不确定性越大，熵也越大；熵值法是一种完全客观的计算方法，不掺杂任何主观因素，因此这里采用熵值法来确定各项指标的权重。

设有 $n$ 个观测值，$p$ 个指标，则 $x_{ij}$ 为第 $i$ 个观测值的第 $j$ 个指标（$i=1$，2，$\cdots$，$n$；$j=1$，2，$\cdots$，$m$），对于给定的 $j$，$x_{ij}$ 的差异越大，该项指标对系统的比较作用越大，该项指标包含和传输的信息就越多。信息的增加意味着熵的减少，熵可以用来度量这种信息量的大小。

第一步，计算第 $j$ 项指标下，第 $i$ 个观测值的特征比重：$p_{ij} = x_{ij}/\sum_{i=1}^{n} x_{ij}(i=1, \cdots, n; j=1, \cdots, p)$，式中，$p_{ij}$ 为 $x_{ij}$ 的特征比重值，$x_{ij}$ 为初始值。

第二步，计算第 $j$ 项指标的信息熵：$e_j = -k\sum_{i=1}^{n} p_{ij} \times \ln p_{ij}$，其中 $k>0$，如果 $x_{ij}$ 对于给定的 $j$ 全部相等，那么 $p_{ij} = \dfrac{1}{n}$，此时 $e_j = k\ln n$。

第三步，计算指标 $x_j$ 的差异性系数：对于给定的 $j$，$x_{ij}$ 的差异越小，则 $e_j$ 越大，当 $x_{ij}$ 全部相等时，$e_j = -k\sum_{i=1}^{n} \dfrac{1}{n}\ln\dfrac{1}{n} = k\sum_{i=1}^{n} \dfrac{1}{n}\ln n = k\ln n = 1$。

此时对于观测值之间的比较，指标 $x_{ij}$ 毫无作用；当 $x_{ij}$ 差异越大，$e_j$ 越小，指标对于观测值的比较作用越大。因此，定义差异系数：$g_j = 1 - e_j$。

第四步，确定第 $j$ 项指标的权数：$w_j = g_j/\sum_{j=1}^{m} g_j$

（4）协调适配等级标准划分

笔者借鉴张延平、李明生的协调度适配等级划分，[①] 把协调度的范围划分为若干连续区间，即将协调度 0.0000—1.0000 划分为成 10 个等级区间，每一区间代表一个协调等级，每个等级代表一类协调状态，形成连续的阶梯。

（四）我国各省市区的适配状况及空间差异

1. 适配度计算

（1）数据选取与权重确定

下面应用所构建的测度模型对中部六省的制造业成长与地域产业承载系统适配状况及空间差异进行评估。由于以前各省市区统计年鉴的统计口径不统一及部分数据缺失，只能系统获得近六年的相关统计数据。从实际结果看，六年时间也能较好地反映研究对象的基本状态，因此笔者仅对 2006—2011 年六年间的制造业成长与地域产业承载系统适配性进行测评分析。

对照前文所设计的指标，通过查阅《中国统计年鉴》《中国人口统计年鉴》《中国科技统计年鉴》和各省市区统计年鉴获得原始数据。在这些数据的基础上，采用熵值法计算指标权重，得出各影响因素的权重（见表 7-13）。

表 7-13　三个子系统各指标权重

| 经济发展系统 | GDP | 居民消费水平 | 制造业产值 | 制造业产值 GDP 比重 | 制造业就业人数 | 专业化率 | 配套率 |
|---|---|---|---|---|---|---|---|
| | 0.0689 | 0.0546 | 0.0571 | 0.0575 | 0.0481 | 0.0662 | 0.0679 |
| 社会发展系统 | 人口数量 | 城镇化率 | 教育经费 | 研发经费 | 研发人数 | 发明类专利申请率 | |
| | 0.0453 | 0.0514 | 0.0477 | 0.0604 | 0.0574 | 0.0606 | |

--------

① 张延平、李明生：《我国区域人才结构优化与产业结构升级的协调适配度评价研究》，《中国软科学》2011 年第 3 期。

| 经济发展系统 | GDP | 居民消费水平 | 制造业产值 | 制造业产值GDP比重 | 制造业就业人数 | 专业化率 | 配套率 |
|---|---|---|---|---|---|---|---|
| | 0.0689 | 0.0546 | 0.0571 | 0.0575 | 0.0481 | 0.0662 | 0.0679 |
| 环境支撑系统 | 水资源总量 | 森林面积 | 湿地面积 | 废气排放达标率 | 废水排放达标率 | 固体废弃物排放达标率 | |
| | 0.0433 | 0.0424 | 0.0430 | 0.0427 | 0.0434 | 0.0421 | |

（2）协调适配度计算

在进行功效值计算时，首先要确定上限及下限的标准。为了保证数据的可计算性，这里将中部六省的最大值上调10%作为上限、最小值下调10%作为下限。然后，利用协调度函数计算得出2006—2011年中部六省制造业成长与地域产业承载系统协调适配度的各年份数值及六年的平均值，其结果见表7-14。

表7-14　2006—2011年中部六省历年协调度均值

| 时间<br>省份 | 2006年 | 2007年 | 2008年 | 2009年 | 2010年 | 2011年 | 六年均值 |
|---|---|---|---|---|---|---|---|
| 山西 | 0.2815 | 0.2789 | 0.2733 | 0.2776 | 0.3024 | 0.2834 | 0.2846 |
| 河南 | 0.3515 | 0.3740 | 0.3944 | 0.3976 | 0.4219 | 0.4160 | 0.3941 |
| 湖北 | 0.3400 | 0.3374 | 0.3558 | 0.3682 | 0.3897 | 0.3805 | 0.3669 |
| 湖南 | 0.3396 | 0.3372 | 0.3529 | 0.3859 | 0.3887 | 0.3733 | 0.3665 |
| 安徽 | 0.3227 | 0.3129 | 0.3238 | 0.3300 | 0.3474 | 0.3453 | 0.3302 |
| 江西 | 0.2602 | 0.2686 | 0.2829 | 0.2952 | 0.3109 | 0.3040 | 0.2907 |

2. 适配状况的空间差异分析

（1）适配状况的总体空间差异

根据前文所给定的协调适配等级划分标准，对表7-14中的中部六省六年间协调适配度均值进行归类，得出表7-15所示的归类结果。

表 7-15　中部六省协调适配等级归类

| 协调等级 | 含义 | 平均适配值 | 所属省市区 |
|---|---|---|---|
| 1 | 极度失调 | 0.0000—0.1000 | — |
| 2 | 高度失调 | 0.1000—0.2000 | — |
| 3 | 中度失调 | 0.2000—0.3000 | 山西、江西 |
| 4 | 低度失调 | 0.3000—0.4000 | 安徽、河南、湖北、湖南 |
| 5 | 弱度失调 | 0.4000—0.5000 | — |
| 6 | 弱度协调 | 0.5000—0.6000 | — |
| 7 | 低度协调 | 0.6000—0.7000 | — |
| 8 | 中度协调 | 0.7000—0.8000 | — |
| 9 | 高度协调 | 0.8000—0.9000 | — |
| 10 | 极度协调 | 0.9000—1.0000 | — |

由表 7-15 可知，中部六省的协调适配等级大体上归为了两类：安徽、河南、湖北、湖南处于第四等级，属于低度失调型；山西、江西处于第五等级，属于中度失调型。总体来说，中部地区的制造业成长与地域产业承载系统适配协调性不高。

## 二、中部地区承接产业转移空间失配现象

2008 年国际金融危机爆发以来，生产要素的全球流动和再配置正在持续加速，国内产业空间布局调整也呈现出明显加快趋势。2010 年《国务院关于中西部地区承接产业转移的指导意见》发布，标志着推动产业区际转移已经上升为国家战略。在这一国家战略推进过程中，一个不容忽视的问题是，我国区际产业转移出现了较为严重的空间失配现象。本部分在对东、中、西部多个省市展开系统调研和深入研究的基础上，分析我国产业转移空间失配现象的主要表现及其产生的主要原因。

（一）我国区际产业转移空间失配的三大表现

1. 沿海地区失去综合比较优势的某些产业未能适时转出

随着我国沿海地区的生产成本快速上涨，环境压力不断加大，专家们

普遍预测，失去综合比较优势的沿海劳动密集型产业会大量向中西部地区转移。然而，现实状况远低于预期。例如，上海、江苏、浙江、福建、广东五省纺织业产品销售收入总额，2006—2010 年分别为 9177.18 亿元、10803.99 亿元、11889.34 亿元、12397.16 亿元、15404.87 亿元；同期这五省塑料制品业产品销售收入总额分别为 4155.29 亿元、5161.84 亿元、6050.21 亿元、6253.58 亿元、7956.92 亿元。数据显示，在政府强力推动区际产业转移的背景下，剔除价格变化因素之后东部沿海一些劳动密集型产业的产品销售收入不但未下降，反而有明显上升，这表明失去综合比较优势的部分劳动密集型产业仍旧大量滞留在沿海地区。

2. 中西部地区承接的某些产业未体现地区综合比较优势

一些地区不是以自身综合比较优势为依据来进行产业承接，而是"捡到篮子都是菜"，引进了很多与自身长期综合比较优势不符的企业。例如，尽管工信部发布的《产业转移指导目录（2012 年本）》已经明确指出湖南环洞庭湖地区应重点发展环境友好型工业，但不属于我国陶瓷主产区的湖南省岳阳市仍然把典型的"三高产业"——陶瓷产业列为重点支柱产业。2007—2010 年，该地区仅岳阳县和临湘市就新承接引进了湖南天欣科技、湖南兆邦等 10 余家陶瓷企业，新增陶瓷生产线 34 条，新增陶瓷类产品的日产量达 42.05 万平方米。又如，近年来中西部多个地区"一窝蜂"地盲目引进属于技术密集型、资本密集型产业的光伏项目，由于不具备产业基础与研发优势，当受到不利的外部冲击时，许多上马不久的项目很快遭遇"寒冬"，成为地方政府揠苗助长酿造的"苦酒"。

3. 中西部地区具有综合比较优势的某些产业向沿海地区逆向转移

与产业从"高梯度"向"低梯度"转移的正常情形相反，当前我国产业转移中一个值得关注的现象是中西部原本具备综合比较优势的产业向沿海地区逆向转移。例如，2006—2010 年，上海、江苏、浙江、福建、广东五省丝绸纺织及精加工业产品销售收入总额的年度环比增长率，分别为 23.40%、13.11%、−16.99%、−3.52%、17.27%；同期安徽、江西、湖南三省该行业产品销售收入总额的年度环比增长率，分别为 26.24%、

20.80%、14.75%、29.15%、22.41%。从沿海和中部省份的部分劳动密集型产业产品销售收入相对变化可以看出，沿海地区一部分产业在将产能转移到中西部地区之后，最近几年部分企业又开始回迁，出现了局部性的逆向转移。这一现象还可以从一些具体案例中得到佐证：从佛山转移到湖南的顺成陶瓷、兆邦陶瓷等企业在 2010 年后相继停产回迁；从浙江"抱团转移"到河北，投资达 10 亿元的邢台市宁波紧固件有限公司于 2012 年停产回迁。

（二）我国区际产业转移空间失配的三大主因

市场经济中，理性的产业转移本来是寻求适配产业空间的过程，为何我国的产业转移却出现了空间失配？究其原因，主要在于我国现行的制度安排，使产业转移过程中存在着强大的超市场因素作用，从而引致了我国区际产业转移的空间失配。

1. 来自转出地政府的阻滞行为，弱化了产业自发向外转移的动力

基于辖区内 GDP、税收、就业等政绩考虑，沿海地方政府对本地产业转出持谨慎态度：一是担心传统产业大量外迁会导致地区的 GDP 大幅下滑；二是在以流转税为主的税收体制下，担心销售额大的传统产业特别是加工贸易产业外迁会导致税收大幅减少；三是担心劳动密集型产业向外转移会大幅度减少就业机会。在这三重忧虑的作用之下，对于已经失去综合比较优势的传统产业，沿海地方政府要么通过优惠政策积极挽留（如东莞等地提出"新鸟不来，旧鸟不走"），要么鼓励产业在区内转移（如广东鼓励传统产业从珠三角转移到粤北、粤西等地）。结果导致了传统产业转移的"粘性"，使传统产业难以向更具综合比较优势的中西部地区转移，这已经成为产业转移空间失配的一个重要原因。

2. 来自承接地政府的过度竞争，扭曲了正常的市场信号

在产业转移过程中，迫于 GDP、税收和就业增长等政绩压力，转入地政府往往陷入非理性竞争。这突出表现为：一是纷纷推出税收减免、投资奖励、财政补贴、零地价、代建厂房和配套设施等优惠政策或措施，增强对转移产业的吸引力。二是在承接产业转移过程中"饥不择食"，抢商而

不选商，引商而不拒商，甚至以浪费资源、污染环境为代价承接沿海发达地区的落后淘汰产业。三是不顾实际，盲目引入一些不适合本地资源禀赋或产业基础的产业。由于地方政府在产业转移上的激烈博弈和过度竞争，使得各种超优惠政策竞相出台，误导了市场，这已经成为产业转移空间失配的再一个重要原因。

3. 来自转移企业的短期利益追求，扰乱了产业转移的市场秩序

有效市场信号下，追逐"机会收益"是企业的一种理性选择。但是，如果众多企业是在各种超优惠政策诱导的扭曲市场信号下采取这种"理性选择"，会导致群体的非理性。其结果是，整体的产业转移会出现大范围的空间失配，企业难以通过区位调整获取综合比较优势，无法实现可持续发展。地方政府的过度竞争会助长企业的机会主义行为，使得一小部分企业钻政策的空子，他们名义上打着产业转移的旗号，实际上只是为了圈地、骗取补贴和税收优惠，在用足、用完优惠政策之后，又再次"迁徙"，形成产业转移过程中的"候鸟群"，他们不是寻求"综合要素适配空间"，而是追逐"优惠政策流动空间"。这些企业"理性选择"下的机会主义行为，严重扰乱了产业转移的市场秩序，这已经成为产业转移空间失配的又一个重要原因。

## 三、中部地区承接沿海产业转移空间布局的优化路径

（一）中部地区承接沿海产业转移空间布局的原则与目标

根据2010年国务院印发的《全国主体功能区规划》《国务院关于中西部地区承接产业转移的指导意见》和2012年工业和信息化部发布的《产业转移指导目录（2012年本）》，中部地区承接沿海产业必须坚持以市场为导向，因地制宜承接发展优势特色产业，应合理确定产业承接发展重点，避免产业雷同和低水平重复建设，同时要加强统筹规划，合理调整产业布局，促进承接产业集中布局。

1. 基本原则

遵循市场规律，坚持市场导向，注重规划和政策引导，减少行政干

预；从各地实际情况出发，因地制宜，合理确定产业承接发展重点；优化产业空间布局，引导产业集聚，推动重点地区加快发展。

2. 目标

通过优化中部地区承接沿海产业转移的空间布局，加速中部地区新型工业化和城镇化进程，推动东部沿海地区经济转型升级，从而促进区域协调发展，实现在全国范围内优化产业分工格局。

（二）矫正中部地区承接沿海产业转移空间失配的对策建议

1. 积极发挥中央与地方各级政府的宏观引导作用

适当的政府引导有利于促进产业转移，但过多的政府干预又会造成市场信号扭曲。解决区际产业转移失配问题，既需要发挥各级政府的作用，又有赖于规范各级政府的行为。

首先，中央政府要完善产业转移的相关制度安排，加强跨区域的利益协调。一是改革地方政府官员考核机制。强化"绿色GDP"和"综合发展指数"等政绩考核指标，切实改变目前衡量官员政绩过于注重GDP数量指标的常规模式。二是改革财税制度。着力改革资源税和不动产税，降低地方政府对增值税的依赖，使沿海地方政府对于失去综合比较优势的传统产业敢于舍弃，并主动放手。三是成立协调管理机构。可考虑在工信部成立一个产业转移协调管理机构，制订和发布国家产业转移的空间布局规划，制定产业转移指导目录与促进政策，从国家层面协调、管理、监控、考核区际产业转移工作。四是实施规范化管理。出台国内产业转移管理条例，分类制订承接产业转移标准体系、政策支持体系、环保生态评估体系，通过规范化管理防止地方政府靠优惠政策比拼导致恶性竞争。

其次，东部地方政府要加快产业结构调整升级，促进失去比较优势的产业向中西部地区有序转移。一是强化成本约束。进一步强化沿海在劳动力、土地、能源、环境等方面的要素使用紧约束，促使其"腾笼换鸟"，将释放出来的生产要素向产业链高端转移，通过转型升级实现"凤凰涅槃"。二是加快发展现代产业体系。通过发挥市场机制作用和政府引导推动，改造提升传统产业，促进先进制造业集群化、现代服务业高端化、战略性新兴产业规模化，打造具有国际竞争力的高端产业集群，并逐步使高端制造业、高新技术产业和现代服务业成为沿海 GDP、税收和就业增长的主要支撑。三是创新与中西部的合作机制。主动与中西部产业承接地政府沟通、协作，创新区际合作模式和利益分享机制，合作建设承接产业转移园区，通过区际联动，实现互惠共赢，便对迁徙企业实施"空中拦截"为对迁徙企业进行"牵线搭桥"。

然后，中西部地方政府要着力培育地区综合比较优势，增强转移产业的承接能力。一是加强基础设施建设。重点加快区域内基础交通网络和区域间交通干线建设，加强中西部高速公路、铁路、水路、民用航空网络与沿海港口的建设合作，推进公、铁、海、空等多式联运，构建跨区域快捷交通网络和物流体系。二是打造产业集群。重点以本地优势资源和优势产业为核心，发展特色产业集群，培育局部综合比较优势，"筑巢引凤"，通过规划引导与项目撬动，吸引龙头企业以及配套中小企业和关联机构"抱团"转移。三是提高劳动力素质。重点加强劳动力培训，大力发展职业教育，注重承接产业转移过程中的人力资本对接，为转移企业提供稳定、优质、专业化、低成本的人力资源。四是积极转变政府职能。重点是理顺政府与市场之间的关系，政府集中精力优化企业经营环境，着力建设廉洁、高效、透明、协调的政府，创新管理模式，提高办事效率，最大限度地降低转入企业落地和经营中的隐性成本。

2. 针对不同地域的不同情况，地方政府承接产业转移决策时应采取不同的具体策略

结合本节第一部分地域产业承载系统适配性空间差异的相关结论，这里对中部六省分别提出相应的改善和发展对策。

（1）改善地域低度失调适配型的策略

河南、湖北、湖南、安徽四省都属于低度失调型省份，它们发展的共同特点是经济发展系统与社会发展系统协调度相近，都在低度失调或中度失调行列，环境支撑系统协调度较高，基本都属于弱度失调（见表7-16）。

表7-16 低度失调适配型四省六年各环节适配度状况

| 环节 | 省份 | 2006年 | 2007年 | 2008年 | 2009年 | 2010年 | 2011年 | 六年均值 | 协调等级 |
|---|---|---|---|---|---|---|---|---|---|
| 经济发展系统 | 河南 | 0.3847 | 0.4132 | 0.4047 | 0.4056 | 0.4110 | 0.4241 | 0.4072 | 弱度失调 |
| | 湖南 | 0.3312 | 0.3120 | 0.3215 | 0.3259 | 0.3378 | 0.3448 | 0.3289 | 低度失调 |
| | 湖北 | 0.2718 | 0.2671 | 0.2761 | 0.2859 | 0.3085 | 0.3172 | 0.2878 | 中度失调 |
| | 安徽 | 0.2760 | 0.2473 | 0.2557 | 0.2634 | 0.2812 | 0.2537 | 0.2629 | 中度失调 |
| 社会发展系统 | 河南 | 0.3028 | 0.3342 | 0.3949 | 0.3950 | 0.4008 | 0.3891 | 0.3695 | 低度失调 |
| | 湖南 | 0.2541 | 0.2586 | 0.3029 | 0.3347 | 0.3249 | 0.3067 | 0.2970 | 中度失调 |
| | 湖北 | 0.3217 | 0.3070 | 0.3184 | 0.4144 | 0.3417 | 0.3162 | 0.3366 | 低度失调 |
| | 安徽 | 0.2771 | 0.2702 | 0.2916 | 0.2942 | 0.2523 | 0.2738 | 0.2765 | 中度失调 |
| 环境支撑系统 | 河南 | 0.3687 | 0.3646 | 0.3785 | 0.3836 | 0.4512 | 0.4254 | 0.3953 | 低度失调 |
| | 湖南 | 0.4346 | 0.4445 | 0.4460 | 0.4483 | 0.5036 | 0.4661 | 0.4572 | 弱度失调 |
| | 湖北 | 0.4623 | 0.4675 | 0.4897 | 0.4977 | 0.5387 | 0.4876 | 0.4906 | 弱度失调 |
| | 安徽 | 0.4284 | 0.4292 | 0.4358 | 0.4316 | 0.4856 | 0.4490 | 0.4433 | 弱度失调 |

改革开放以来，河南省在全国经济的地位越来越重要，区域经济中心布局初步形成。河南省经济发展水平总体较高，经济发展系统属于弱度失调，但是应该看到，河南省区域经济布局不平衡，经济增长方式粗放、资源利用率低等问题比较突出。因此，河南应重点抓好高耗能、高污染行业的结构调整，围绕核心资源发展相关产业，发挥产业积聚和工业生态效应，形成资源高效循环利用的产业链；同时利用高新技术改造和提升传统产业，大力发展先进制造技术、新材料技术、新能源生物技术。河南人口数量多，但是受教育水平相对来说比较低。因此，河南省要充分利用人口优势，扩大受教育规模和水平，提高人口素质，增强自主创新能力，真正建成人力资源大省。

湖南省通过实施以龙头企业带动产业链发展，延伸产业链的一系列发展战略，装备制造业呈现快速发展的势头。但是湖南制造业发展过程中关键零部件依赖外部，省内配套率较低，自主创新能力不强，产业集群发展的创新机制和竞争环境还不健全等问题的存在极大地阻碍了湖南省装备制造业的发展。因此，湖南省在下一步发展过程中要坚持突出特色和优势，走专业化与集群化发展之路；湖南装备制造业的产业集群有一定的基础，要进一步促进六大产业集群的发展，根据国家成套装备发展的战略方向和投资导向，充分利用湖南装备制造业的基础和优势，培育和发展现代大型企业集团。

湖北省经济发展系统在三个系统中协调程度最低，经济发展成为制约湖北省发展的重大制约因素。湖北经济发展采取的是特大城市带动型，政府注重持续做大武汉宜昌襄阳以拉动周边城市的发展，确实取得了一定的效果。但是湖北发展受以往发展模式影响较大，加上产业结构不合理，经济发展模式与区域经济发展匹配程度较低。湖北省在地理、资源、历史和文化都有较大优势，因此湖北省今后应把重点放在调整经济发展模式上，培育出适合湖北发展特色的"湖北新模式"。在发展过程中，要转变思想观念，充分利用其原有雄厚的工业基础、便捷的交通通信、活跃的商业贸易、发达的科学技术，努力带动湖北地区经济的发展，由依靠政府强制性推动转变为更多依靠市场力量创新推动。湖北省高等院校林立、科研院校实力雄厚，但科技进步水平却不高，今后应更加注重高校教育与社会实际需要相结合，加强校企合作，充分利用科技资源、人才资源的丰富优势，加快制造业创新。湖北省环境支撑系统协调度在中部六省中最高，湖北政府应继续走绿色发展道路，坚持保护环境，走可持续发展道路。

安徽省的经济、社会发展系统协调度比较低，为中度失调，但环境支撑系统协调度较高，为弱度失调。尽管近年来安徽经济整体运行良好，但是总体实力不强，城镇化水平低，城乡差别较大，民营经济发展相对滞后。而安徽省内能源资源丰富，靠近中国最发达的长江三角洲经济区，地理环境优越。因此，今后安徽省应加快发展与转型的双重步伐，加快转变经济发展方式的理念创新，加快调整经济结构，积极推进服务业综合改革试点，建设一批特色鲜明的服务业集聚区，促进安徽经济自主协调发展；加大教育经费投入，充分利用安徽高职教育的优势资源，实施人才发展战略；保护环境，坚持走可持续绿色发展道路。

（2）调整地域中度失调适配型的措施

山西、江西两省同属于中度协调适配型，对比两个省各环节的协调适配度，笔者发现他们的经济发展系统、社会发展系统均属于中度失调，且六年来基本保持稳定，没有大幅度变动。而两个省的环境支撑系统均属于低度失调，总体环境发展协调度高于经济和社会发展协调程度（见表7-17）。

表7-17　中度失调适配型两省六年各环节适配度状况

| 环节 \ 年份 | 省份 | 2006年 | 2007年 | 2008年 | 2009年 | 2010年 | 2011年 | 六年均值 | 协调等级 |
|---|---|---|---|---|---|---|---|---|---|
| 经济发展系统 | 山西 | 0.2486 | 0.2470 | 0.2449 | 0.2292 | 0.2384 | 0.2331 | 0.2402 | 中度失调 |
|  | 江西 | 0.2059 | 0.2169 | 0.2341 | 0.3404 | 0.2578 | 0.2536 | 0.2514 | 中度失调 |
| 社会发展系统 | 山西 | 0.2594 | 0.2542 | 0.2223 | 0.2558 | 0.2507 | 0.2230 | 0.2442 | 中度失调 |
|  | 江西 | 0.2046 | 0.2182 | 0.2354 | 0.2409 | 0.2526 | 0.2236 | 0.2292 | 中度失调 |
| 环境支撑系统 | 山西 | 0.3334 | 0.3274 | 0.3333 | 0.3342 | 0.3554 | 0.3628 | 0.3411 | 低度失调 |
|  | 江西 | 0.4087 | 0.3738 | 0.3726 | 0.3935 | 0.4057 | 0.4117 | 0.3943 | 低度失调 |

山西省拥有丰富的自然资源，但是山西经济却处于一种与其资源禀赋不相称的落后状态。自20世纪80年代以来，山西成为全国能源基地，其市场份额一度达到80%，然而丰富的资源并没有带来快速的经济增长，山西的经济实力反而一路下滑。因此，今后山西省应依托资源优势，合理调整产业结构，大力引进高素质人才，采用先进技术对传统制造业产业进行改造，建立资金、技术、人才高效运作的产业结构体系，逐步降低煤炭产业在经济总量中的比重，实现山西经济逐步提升。从环境支撑系统来看，特有的资源大省使得山西环境污染相对严重，虽然近几年的环境污染专项工作取得了一定的成绩，但目前山西的环保问题依旧严峻，今后应采用降低污染的新技术，实现可持续发展。

江西省的经济、社会发展系统协调度比较低，环境支撑系统协调度较高。今后江西省应进一步转变经济发展理念，提高经济发展质量，实现体质机制创新；要加快创新发展体系改革，加大科研机构与当地高校合作，努力培养高素质人才，为经济发展提供智力支撑。针对江西工业基础薄弱的现状，应创新工作模式，提升本地产业发展水平，发展具有区域特色的产业，加快产业集群集约发展；同时，不断引入高技术水平产业，尽量降低产业、企业发展的交易成本。从环境保护来看，江西生态环境较为优越，环境支撑系统整体协调程度较经济、社会发展系统高，今后应在保护环境的前提下，充分利用环境优势发展旅游业、服务业等第三产业。

综上所述，纵观中部六省，各地区经济发展水平、社会发展水平和环境保护水平存在差异，造成各省制造业成长与地域产业承载系统不同协调度的原因各不相同，提升制造业成长与地域产业承载系统的适配性没有固定模式可以套用。总地来说，只有各地政府充分了解本地发展状况，结合地方特色优化发展环境，制订产业发展战略规划，加强区域合作与联系，围绕主导产业链培育和完善地方产业配套体系，才能推动制造业成长与地域产业承载系统协调发展。而且研究发现，并不是所有地区都适宜发展装备制造业，对于适宜发展装备制造业的省市，地方政府要完善装备制造业基础设施建设，颁布优惠政策，积极承接产业转移，促进制造业产业集群发展；对于那些不适宜发展装备制造业的省市，地方政府要积极挖掘本地区的潜在优势，转变发展方向，调整产业结构，在保护环境的前提下，积极发展地方资源优势产业，以此带动地区经济和社会发展。

## 第五节　中部地区承接沿海产业转移的主体博弈及协调机制与政策

### 一、中部地区承接沿海产业转移的利益主体与博弈行为特征

相较于企业的目标定位，政府的目标定位与之有很大的不同，具体来说，就是政府着眼于本地区的政治和经济两个方面的共同发展。在承接沿海产业转移的过程中地方政府和地方官员积极追寻的分别是最大的地方财政收入和最大自身利益。因此，地方政府需要积极的发挥行政、经济、立法权等职能作用来推动本地区企业的健康发展，帮助本地区企业在产业发

展的竞争中立于不败之地。

（一）博弈主体

在产业转移背景下，产业转入地区的地方政府作为地方利益的集中代表，在财政分配和资源配置过程中需要充分发挥经济人角色，积极开展横向和纵向层面博弈。为了更好地理解产业转入地区地方政府在博弈中的具体作用，大致上看，中部地区地方政府所面临的博弈主体主要有三类：转移企业、转出地政府和中部地区各政府之间，特别是与东部沿海地区政府的区域间博弈，具体博弈主体如图7-11所示。

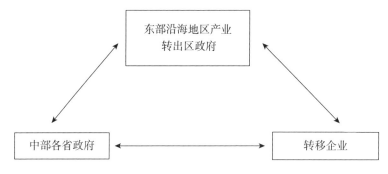

**图7-11　中部地区承接沿海产业转移博弈主体示意图**

（二）预期报酬

中部地区政府的目标具体为在面临同其他地区政府之间的竞争和转出地政府不合作时的具体表现为：（1）在多重博弈中准确定位，提高政府博弈能力，积极争取能带动中部地区经济发展的产业，带领区内人民走出经济困境。（2）在与沿海地区转出地政府的纵向博弈中，加强与沿海地区政府之间的合作力度，并积极承接那些技术含量高、具有较强发展潜力、能与环境协调发展同时能有效地与当地产业发展方向相融合的产业。（3）在竞争层面上，加强中部地区政府之间的合作，同时促进区内经济一体化的发展。（4）加强与本区域内企业间的合作博弈，培养成熟的市场主体，为承接沿海产业转移做好对接准备。

（三）博弈策略

在分析了中部地区政府的博弈对象和目标后，对中部地区政府在博弈过程中为实现本区域利益最大化所实施的相应对策研究进行展开。博弈双方决策的最终结果取决于双方理性选择和决策，是一种博弈均衡，即博弈双方相互作用和相互影响的最终结果。中部地区政府与转移企业的博弈中，采取的策略可分为接收和不接收两种；中部地区政府与沿海地区转出地政府的博弈中，可采取的策略分为合作和不合作两种。无论是哪种情况，都是为了实现双方"共赢"而作出的相应选择。

## 二、中部地区承接沿海产业转移的省际博弈

（一）中部地区政府、沿海地区政府、企业三者之间的博弈分析

在承接产业转移的过程中，涉及的对象为转移企业、转出地政府和转入地政府，为了得出三者之间的演化稳定（ESS）战略，本章通过两个博弈模型来分析三者之间的关系。

1. 转出地政府与转入地政府

企业与转入地政府的关系虽然是从一个企业的转移开始的，但是产业转移的对象是被转移产业内的众多企业所组成的集合体，在此过程中，转出地政府和承接区政府二者所产生的联系是一个产业，而不简简单单是一个企业。① 为了得出在博弈过程中转出地政府与转入地政府的纳什均衡，笔者假设：

（1）参与者：转出地政府 A 与转入地政府 B。

（2）转出地政府 A 的策略选择为：合作和竞争，即转出地政府 A 是选择与转入地政府 B 合作使得产业承接顺利进行，抑或是选择与转入地政府 B 竞争，以最大的努力挽留转出企业。

（3）转入地政府 B 的策略选择为：合作与竞争，即转入地政府 B 是选择与转出地政府 A 合作，使得双方利益最大化，或是选择与转出地政府 A 竞争来争夺转出企业的优势资源。

在产业转移过程中因涉及的转出地政府和转入地政府有多个，因此我

---

① 蒋满元：《区际产业转移及其对竞争力的影响分析——以企业和政府动态博弈过程中的行为选择为例》，《江苏广播电视大学学报》2006 年第 1 期。

们假设转出地政府选择"合作"策略和转入地政府选择"合作"策略的比例为 $x$ ，即在群体中有 $x$ 比例的当事人选择"合作"策略，有 $(1-x)$ 比例的当事人选择"竞争"策略，则双方演化模型的支付矩阵如表 7-18 所示。

表 7-18　双方博弈支付矩阵

| 转出地政府 A | 转入地政府 B | |
| --- | --- | --- |
| | 合作 $x$ | 竞争 $(1-x)$ |
| 合作 $x$ | $\pi_1$, $\pi_1$ | $\pi_2$, $\pi_3-C$ |
| 竞争 $(1-x)$ | $\pi_3-C$, $\pi_2$ | $\pi_0$, $\pi_0$ |

其中，$\pi_1$ 代表双方都采取"合作"策略时的收益；$\pi_2$ 代表转出地政府 A 采取"竞争"策略，转入地政府 B 采取"合作"策略时的收益；$\pi_3$ 代表转出地政府 A 采取"合作"策略，转入地政府 B 采取竞争策略时的收益；$C$ 是博弈双方都采取"竞争"策略时要花的成本（为使分析过程尽量简化，此处把双方的成本视为相同，而实际上是不完全相同的）；当博弈双方都选择"竞争"策略时，则双方的收益都为 $\pi_0$。则对双方进行如下有限理性演化博弈分析：

由表 7-18 双方博弈支付矩阵可知：当转出地政府分别选择"合作"策略和"竞争"策略时，转出地政府 A 的期望收益分别为：

$$U_1 = x\pi_1 + (1-x)\pi_2 = \pi_2 + (\pi_1 - \pi_2)x$$

$$U_2 = x(\pi_3 - C) + (1-x)\pi_0$$

则转出地政府采取"合作"和"竞争"策略的平均期望收益为：

$$\bar{U} = xU_1 + (1-x)U_2 = x\pi_2 + (\pi_1 - \pi_2)x^2 + x(1-x)(\pi_3 - C) + (1-x)^2\pi_0$$

从上述方程中可得，此博弈的演化动态方程为：

$$F(x) = \frac{\mathrm{d}x}{\mathrm{d}t} = x(U_1 - \bar{U}) = x(1-x)(U_1 - U_2)$$

$$= x(1-x)[\pi_2 + (\pi_1 - \pi_2)x - x(\pi_3 - C) - (1-x)\pi_0]$$

$$= x(1-x)[(\pi_2 - \pi_0) + x(\pi_1 - \pi_2 - \pi_3 + \pi_0 + C)] \quad (7-1)$$

令 $F(x)=0$，根据微分方程的性质，得演化动态方程（7-1）的稳定状态的解为：

$$x_1^* = 0, \ x_2^* = 1, \ x_3^* = \frac{\pi_2 - \pi_0}{\pi_2 - \pi_0 + (\pi_3 - C) - \pi_1}$$

由演化稳定策略的条件运算可得：

$$F'(0) = \pi_2 - \pi_0 \qquad\qquad (7-2)$$

$$F'(1) = (\pi_3 - C) - \pi_1 \qquad\qquad (7-3)$$

$$F'\left(\frac{\pi_2 - \pi_0}{\pi_2 + \pi_3 - \pi_1 - \pi_0 - C}\right) = \frac{(\pi_2 - \pi_0)[\pi_1 - (\pi_3 - C)]}{\pi_2 - \pi_0 + (\pi_3 - C) - \pi_1} \quad (7-4)$$

根据微分方程稳定性原理可知，只有当 $F'(x^*) < 0$ 时，此时的 $x^*$ 才为演化稳定策略。从式（7-2）、式（7-3）、式（7-4）可知，此博弈的演化稳定策略与 $\pi_1$，$\pi_2$，$\pi_3$，$\pi_0$ 的大小有关。

（1）当 $\pi_1 > \pi_3 - C$ 且 $\pi_2 > \pi_0$ 时，即在产业承接的过程中，不论转入地政府选择何种策略，转出地政府选择"合作"策略时的收益总是大于选择"竞争"策略时的收益。沿海地区政府在面临成本上升和产业结构调整的双重压力下，如何保持经济的持续快速增长是沿海地区政府面临的首要任务。因此，实行"腾笼换鸟"，选择与转入地政府合作是沿海地区政府最好的选择。此时 $F'(0) > 0$，$F'(1) < 0$，$x_3^* = \dfrac{\pi_2 - \pi_0}{\pi_2 - \pi_0 + (\pi_3 - C) - \pi_1}$ 不是稳定状态，$x_2^* = 1$ 是唯一的演化稳定策略。从博弈结果可得出以下推论，有限理性的转出地政府经过长期反复博弈趋向于采用"合作"策略。

（2）当 $\pi_1 > \pi_3 - C$ 且 $\pi_2 < \pi_0$ 时，即在双方博弈过程中，一方选择"合作"策略时，另一方选择"合作"策略时的收益总是大于选择"竞争"策略时的收益；当一方选择"竞争"策略时，另一方选择"竞争"策略时的收益总是大于选择"合作"策略时的收益。这说明在产业转移过程中，转出地政府与转入地政府会随着对方战略的变化而变化，当转入地政府选择"合作"策略时，转出地政府选择"合作"策略，才能使得双方收益最大化；当一方选择"竞争"策略时，另一方为了自身利益最大化，另选择

"竞争"策略才是最明智的选择。此时，$F'(0) < 0$，$F'(1) < 0$，

$$F'\left(\frac{\pi_2 - \pi_0}{\pi_2 - \pi_0 + (\pi_3 - C) - \pi_1}\right) > 0,\ x_1^* = 0,\ x_2^* = 1,\ \text{都是演化稳定策略。}$$

博弈的均衡结果取决于 $x$ 的初始水平，当初始 $x \in$

$\left(0,\ \dfrac{\pi_2 - \pi_0}{\pi_2 - \pi_0 + (\pi_3 - C) - \pi_1}\right)$，在产业转移过程中，有限理性的地方政

府经过长期反复博弈趋向于采取"竞争"策略；当初始 $x \in$

$\left(\dfrac{\pi_2 - \pi_0}{\pi_2 - \pi_0 + (\pi_3 - C) - \pi_1},\ 1\right)$ 时，在产业转移过程中，有限理性的地方

政府经过长期反复博弈趋向于采用"合作"策略。显然，$x_3^* =$

$\dfrac{\pi_2 - \pi_0}{\pi_2 - \pi_0 + (\pi_3 - C) - \pi_1}$ 随着 $\pi_2 - \pi_0$ 的增加而增加，随着 $(\pi_3 - C) - \pi_1$

的增加而减少。特别地，当 $\pi_2 = \pi_0$，$\pi_3 - C \neq \pi_1$ 时，$x_3^* = 0$，此时的演化稳
定策略为 $x = 0$，有限理性的地方政府经过长期反复博弈趋向于采用"竞
争"策略；当 $\pi_2 \neq \pi_0$，$\pi_3 - C = \pi_1$，$x_3^* = 1$，此时的稳定进化策略为 $x = 1$，
有限理性的地方政府经过长期反复博弈趋向于采用"合作"策略。

（3）当 $\pi_1 < \pi_3 - C$ 且 $\pi_2 > \pi_0$ 时，即在双方博弈过中，当一方选择"合
作"时，另一方选择"合作"的收益小于选择"竞争"策略时的收益；
而当一方选择"竞争"时，另一方选择"合作"的收益要大于选择"竞
争"策略时的收益。从这个策略结果可以分析出，在产业转移过程中，迁
移的企业涉及污染产业和发展态势良好的产业，对于转出地政府而言，如
果要迁移的企业对于本地经济发展有着不可估量的贡献，则转出地政府就
会选择"竞争"策略，尽最大努力挽留企业；如果要迁移的企业是劳动密
集型或者是污染型企业，在面对劳动力成本上升和环境压力比较大的情况
下，转出地政府就会选择与转入地政府"合作"把不利于本地区经济发展
的企业迁移到成本低廉，又有优惠政策的地区。此时 $F'(0) > 0$，$F'(1) > 0$，

$$F'\left(\frac{\pi_2 - \pi_0}{\pi_2 - \pi_0 + (\pi_3 - C) - \pi_1}\right) < 0,\ \text{此时}\ x_3^* = \frac{\pi_2 - \pi_0}{\pi_2 - \pi_0 + (\pi_3 - C) - \pi_1}$$

是唯一的进化稳定策略。博弈均衡结果为：在有限理性的转出地政府与转

入地政府的大群体中，经过长期反复博弈，有 $\dfrac{\pi_2-\pi_0}{\pi_2-\pi_0+(\pi_3-C)-\pi_1}$ 比例的

政府选择"合作"策略，有 $\dfrac{(\pi_3-C)-\pi_1}{\pi_2-\pi_0+(\pi_3-C)-\pi_1}$ 比例的政府选择"竞争"

策略。显然，$\pi_2-\pi_0$ 越大，选择"合作"策略的政府比例就越大；当 $(\pi_3-C)-\pi_1$ 越大，选择"竞争"策略的政府比例就越大。

（4）当 $\pi_1<\pi_3-C$ 且 $\pi_2<\pi_0$ 时，即在双方博弈过程中不管一方选择何种策略，另一方选择"竞争"策略的收益总是大于选择"合作"策略时的收益。因在演化博弈模型中，双方的信息并不是完全对称的，这就是说在产业承接过程中，对于转出地政府而言，它知道要转出的企业是何种类型的，而那些发展态势良好的企业在面对转入地政府种种的优惠条件下，也会考虑迁移企业。这时转出地政府为了本地区经济的发展，就会选择和转入地政府进行竞争来阻止企业地区迁移。对于转入地政府而言，它不知道要承接的是何种产业，但是不管何种类型企业的迁入，都会带动本地区经济的发展和劳动力就业，因此转入地政府也会毫不犹豫的选择和转出地政

府进行竞争。此时 $F'(0)<0$，$F'(1)>0$，$x_3^{*}=\dfrac{\pi_2-\pi_0}{\pi_2-\pi_0+(\pi_3-C)-\pi_1}$ 不是稳定状

态。$x^{*}=0$ 是唯一的演化稳定策略。这种条件下的博弈结果为：在产业承接过程中，有限理性的地方政府经过长期反复博弈趋向于采用"竞争"策略。

从以上的博弈分析结果可以看出：在产业转移过程中，不管是转出地政府还是转入地政府，选择"竞争"策略的概率都比较大，这可能是因为，对于转出地政府而言，企业的迁出会影响本地经济发展，带来经济效益的下降，为了维持经济持续增长，在面对转入地政府提供的种种优惠条件下，转出地政府为了能够挽留企业，也会提出相应优惠政策，这样一来，双方都从自身经济发展的角度来考虑，而忽略了相互之间的合作可能会带来更大的经济效益。对于中部地区各省而言，在"中部崛起"大背景的条件下，各省为了能够使本省经济率先在中部地区崛起，中部地区各省政府纷纷提出一系列的优惠政策来吸引外部投资和产业的迁入，不管是面

对沿海地区政府还是中部其他省份，他们所考虑的是尽可能多地承接产业转移，而忽视了中部地区各省份间的合作。这导致在承接产业转移的过程中，中部地区各省份之间的竞争越来越激烈。

2. 转移企业与转入地政府

企业是产业转移的主体，而地方政府的政策影响企业的战略。在产业转移的过程中，转移企业与转入地政府都将处于如何抉择的境地，也就是说，不但转出地区企业拥有选择进入抑或是不进入的权力，而且转入地政府也同样拥有选择承接抑或是不承接的自由。为了能够详细阐明转移企业和转入地政府二者之间所存在的复杂关系，根据以往的经验建立了演化博弈模型：

（1）参与者。转移企业以及转入地政府。

（2）理性假设。博弈双方满足有限理性假设条件。

（3）策略选择。转移企业拥有选择进入或不进入的两种权力；转入地政府拥有选择承接和不承接的两种权力。

（4）支付矩阵。博弈双方的支付矩阵见表7-19。

表7-19　双方博弈支付矩阵

| 转移企业A | 转入地政府B | |
|---|---|---|
| | 承接（$y$） | 不承接（$1-y$） |
| 进入（$x$） | $R_1 + \alpha I - C_1$，$R_2 + (1-\alpha)I - C_2$ | $R_1 - C_1$，$R_2$ |
| 不进入（$1-x$） | $R_1$，$R_2 - C_2$ | $R_1$，$R_2$ |

其中，$R_1$，$R_2$分别表示博弈双方在未发生产业转移情况下的收益，且$R_1 \neq R_2$；$C_1$、$C_2$表示博弈双方在发生产业转移时支付的成本；$I$表示因发生产业转移而带来的总收益；$\alpha$表示总收益$I$在博弈双方之间的分配比例。

假定：$1-x$和$x$分别表示转移企业选择不进入策略和进入策略时的概率，$1-y$和$y$分别表示转入地政府选择不承接策略和承接策略时的概率；并假定企业从产业转移中获得的收益$\alpha_i I > C_i$，$i=$A，B。

企业A选择进入和不进入策略时的收益分别为：

$$E_{1A} = y \times (R_1 + \alpha I - C_1) + (1-y)(R_1 - C_1)$$

$$= R_1 - C_1 + \alpha y I$$

$$E_{2A} = y \times R_1 + (1-y) R_1 = R_1$$

平均期望收益为：

$$\overline{E_A} = x E_{1A} + (1-x) E_{2A}$$

$$= x \times [R_1 - C_1 + \alpha y I] + (1-x) \times R_1$$

同理，转入地政府 B 选择承接和不承接时的收益分别为：

$$E_{1B} = x [R_2 + (1-\alpha) I - C_2] + (1-x)(R_2 - C_2)$$

$$= R_2 - C_2 + x(1-\alpha) I$$

$$E_{2B} = x R_2 + (1-x) R_2 = R_2$$

平均期望收益为：

$$\overline{E_B} = y [R_2 - C_2 + x(1-\alpha) I] + x \times (1-y) R_2$$

转出地区企业 A 和转入地政府 B 的复制动态方程为：

$$\frac{\mathrm{d}x}{\mathrm{d}t} = x(E_{1A} - \overline{E_A}) = x(1-x)(\alpha y I - C_1)$$

$$\frac{\mathrm{d}y}{\mathrm{d}t} = y(E_{1B} - \overline{E_B}) = y(1-y)[x(1-\alpha) I - C_2]$$

首先对转出地区企业 A 的复制动态方程进行分析。当 $y = \dfrac{C_1}{\alpha I}$ 时，$\mathrm{d}x/\mathrm{d}t = 0$，也即所有的 $x$ 都是稳定状态；当 $y \neq \dfrac{C_1}{\alpha I}$ 时，$x = 0$ 和 $x = 1$ 是两个稳定状态。同样，对转入地政府 B 的复制动态方程进行分析，当 $x = \dfrac{C_2}{(1-\alpha) I}$ 时，所有 $y$ 都是稳定状态；当 $x \neq \dfrac{C_2}{(1-\alpha) I}$ 时，$y = 0$ 和 $y = 1$ 是两个稳定状态。因此此演化动态博弈有五个局部平衡点。

对于一个系统运用微分方程来描述的群体动态，其均衡点的稳定性应该由该系统获得的雅克比矩阵的局部稳定分析来取得。

从以上分析可知，此系统的雅克比矩阵为：

$$J = \begin{pmatrix} (1-2x)(\alpha y I - C_1) & x(1-x)\alpha I \\ y(1-y)(1-\alpha) I & (1-2y)[x(1-\alpha) I - C_2] \end{pmatrix}$$

由该系统的雅克比矩阵的局部稳定性可得到其均衡点的稳定性见表7-20。

表 7-20　局部稳定性分析结果

| 均衡点 | J 的行列式，符号 | J 的迹，符号 | 结果 |
|---|---|---|---|
| $x = 0$，$y = 0$ | $C_1 \times C_2$ + | $- C_1 - C_2$ - | ESS |
| $x = 0$，$y = 1$ | $(\alpha I - C_1) \times C_2$ + | $(\alpha I - C_1) + C_2$ + | 不稳定 |
| $x = 1$，$y = 0$ | $C_1 \times [(1 - \alpha)I - C_2]$ + | $C_1 + [(1 - \alpha)I - C_2]$ + | 不稳定 |
| $x = 1$，$y = 1$ | $(C_1 - I) \times [C_2 - (1 - \alpha)I]$ + | $(C_1 - I) + [C_2 - (1 - \alpha)I]$ - | ESS |
| $x = \dfrac{C_2}{(1 - \alpha)I}$，$y = \dfrac{C_1}{\alpha I}$ | $- C_1^2 C_2^2 (\alpha I - C_1)[(1 - \alpha)I - C_2]/\alpha(1 - \alpha)I^2$ - | 0 | 鞍点 |

由表 7-20 可知，该博弈的两个演化稳定策略（ESS）为（0，0）和（1，1），（1，0）和（0，1）为不稳定平衡点，点 $\left( x = \dfrac{C_2}{(1 - \alpha)I},\ y = \dfrac{C_1}{\alpha I} \right)$ 为鞍点，演化相图如图 7-12 所示。

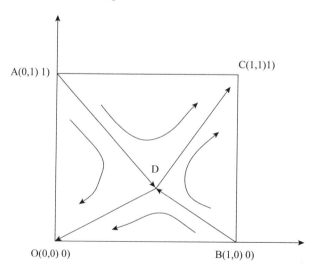

图 7-12　转移方与承接方的策略动态演化图

由图 7-12 可知，转出地区企业与转入地政府的演化稳定策略为（进入，承接）和（不进入，不承接），而它们的演化趋势取决于图中四边形 BOAD 的面积和四边形 BDAC 的面积的大小，当四边形 BOAD 的面积大于四边形 BDAC 的面积时，该博弈趋于（不进入，不承接）的稳定策略；当四边形 BOAD 的面积小于四边形 BDAC 的面积时，该博弈趋于（进入，承接）的稳定策略，当四边形 BOAD 的面积等于四边形 BDAC 的面积时，该博弈趋于（进入，承接）和（不进入，不承接）的概率相等。

从图 7-12 中可推断出四边形 BOAD 的面积为：

$$S = \frac{1}{2}\left( \frac{C_2}{(1-\alpha)I} + \frac{C_1}{\alpha I} \right)$$

因此，笔者通过研究影响四边形 BOAD 面积 S 的各参数，来判断其对转入地政府和转出地区企业系统演化行为的影响：

（1）转入地政府和转出地区企业通过产业转移所获得的收益 I 越大，四边形 BOAD 的面积越小，而四边形 BDAC 的面积相应的也就越大，此时演化系统收敛于均衡点（1，1）的概率也越大。因此，通过产业转移所产生的效益越大，产业转移发生的可能性也就越大。

（2）转入地政府和转出地区企业在产业转移过程中发生的成本 $C_1$ 和 $C_2$ 越小，四边形 BOAD 的面积也就越小，相应的四边形 BDAC 的面积也就越大。此时，演化系统趋向于均衡点（1，1）的概率也就越大。即发生转移的成本越小越有利于产业转移的实现。

（二）中部各省实现共赢的纳什均衡分析

产业转移是某些产业从一个地区向另一个地区的转移过程。产业转移的顺利实现，不仅能够提高转移产业的生产能力，增加更多的就业机会，而且还可以通过一系列的传递扩散机制效应来提高整个地区的产业竞争力以及带来地区经济的繁荣。但由于资源的有限性，地方政府在有限的产业承接中，为了能够使所辖区域获得更多的投资，实现本区域经济的增长，承接区政府在优势资源未充分利用的前提下，不但没有制订切合实际的产业以及区域定位，而且不惜以牺牲环境为代价，盲目招商引资、低水平扩张更有甚者进行多次的重复建设，从而使招商引资的各种优惠政策标准不断的调低，最终演变成"政策倾销"混战；同时，具有严重趋同现象的投资结构也在某种程度上加重了产业结构的趋同现象。[①] 发生在承接区地方政府之间的这种无序的激烈竞争往往以双方的两败俱伤而告终。因此在承接产业转移的过程中，在给定资源有限的情况下，承接区政府为了实现各自的利益最大化必将展开各种博弈关系。其中对抗的竞争在中部各省政府之间往往表现得最为激烈，通过模仿而进行学习成为主要的竞争手段，当中部各省政府之间的学习达到最佳之时，所有的地方政府都将采取相同的优惠政策。

根据地方政府的不同利益追求和"理性人"的假设条件，对产业承接区地方政府之间的博弈关系作出以下假定：

博弈参与人：承接产业转移的地方政府 A 和地方政府 B。

策略选择：承接产业转移的地方政府 A 和地方政府 B 的策略选择都有"合作"和"竞争"两种策略。

地方政府以本地利益最大化为目标，并且地方政府具有完全信息。

在地方政府对抗竞争的条件下，资源是有限的，并假定资源总量为10。

1. 模型一：地方政府之间对抗竞争分析

表 7-21　地方政府间对抗竞争的支付矩阵

| 地方政府 A<br>地方政府 B | 合作 | 竞争 |
| --- | --- | --- |
| 合作 | (5, 5) | (0, 10) |
| 竞争 | (10, 0) | (0, 0) |

表 7-21 中，在地方政府 A 选择竞争，地方政府 B 选择合作的情况下，采用竞争策略显然会比合作策略具有吸引力，此时能吸收到全部的资源。

---

① 李停：《皖江城市带承接产业转移的区际合作障碍》，《安徽师范大学学报》（人文社会科学版）2010 年第 11 期。

因此地方政府 A 的收益为 10 个单位，地方政府 B 的收益为 0。同样在地方政府 B 采用竞争策略，而地方政府 A 采用合作策略时，地方政府 B 能吸收到全部资源，地方政府 B 的收益为 10，而 A 为 0。在地方政府 A 与 B 都采用合作策略时，收益在双方之间平均分配，各得收益为 5 个单位。

该支付矩阵下的纳什均衡为（5，5），即当他方不改变策略时，该地方政府的策略是最优的。从社会福利最大化角度看，双方都采取合作策略是"帕累托最优"，然而当一方知道另一方采取合作策略时，他往往会采取竞争策略，因为采取竞争策略比采取合作策略要多获得 5 个单位的收益。在激烈的博弈竞争过程中，导致双方深陷"囚徒困境"的原因有可能是博弈双方所采取的机会主义行为。[①] 因此，地方政府在利益的驱动下往往倾向于通过采用各种创新手段，打破现存的均衡状态来争取获得自身最优的经济利益和政治资本。

在对抗竞争阶段，地方政府经过合理分工，在承接产业转移过程中逐渐形成了一种相对合理的区域产业体系，通过资源的优势互补共同形成区域的整体竞争优势。然而，由表 7-21 可知，地方政府之间并不牢固的合作策略在面临优势资源争夺战时往往会发生破裂，换来的是地方政府通过政策优惠条件的放宽、门槛的降低、成本的缩减以及空间的忍让来吸引企业投资的眼球，然而这往往会导致"政策倾销"大战的发生。在这种情况下，地方政府之间的合作必须达成高度的一致性，形成有效的优势互补，这样才能实现最终的共赢状态。地方政府在竞争的过程中逐渐形成了一种较为理性的合作关系。[②]

2. 模型二：地方政府合作竞争博弈分析

在表 7-22 的合作博弈支付矩阵中，该博弈的纳什均衡为：若在合作竞争博弈中的双方均采取竞争的策略，那么博弈的双方都将获得 0 单位的

---

① 吴小建：《承接产业转移地方政府间的博弈分析及其路径选择》，《宿州学院学报》2011 年第 3 期。

② 肖小爱、王巧玲：《招商引资的博弈，基于地方政府竞争的视角》，《理论经济学》2008 年第 5 期。

收益；若在合作竞争博弈中的双方均采取合作策略，那么博弈的双方都将获得 15 单位的收益，这较在对抗竞争中的资源总量还将多出 20 个单位，是一种互利共赢的理想状态。在合作的竞争中，（合作，合作）是所有策略中的最优策略组合，博弈双方有意识地通过合作而贡献自己的核心能力，形成了新的竞争优势，产生了一加一大于二的合力，因此双方能够吸引到比对抗竞争中更多的优势资源。

表 7-22　地方政府间合作竞争的支付矩阵

| 地方政府 A ＼ 地方政府 B | 合作 | 竞争 |
|---|---|---|
| 合作 | (15, 15) | (0, 10) |
| 竞争 | (10, 0) | (0, 0) |

通过对上述博弈模型的分析可以较为清楚地了解到，在承接沿海产业转移时，地方政府的行为选择对市场的运行机制造成一定程度的影响，最终将影响到社会资源的合理配置。因此，地方政府需要建立一种以政策制度为核心的新的合作机制，加强相互之间的经济合作，共同建立多赢的协作关系。

首先，为促使各方获取最大的经济利益，地方政府需要克服狭隘的地方利益观念，从多赢角度进行本地区长远利益的思考，然后在最短的时间内完成竞争策略的转变；为避免恶性竞争而陷入"囚徒困境"，地方政府应积极创造有利的合作条件和良好环境，以实现"集体理性"和承接地资源配置的帕累托最优。

其次，转变政府职能，制订适合经济发展的地方政府的考核标准和政绩评价体系。改革地方政府多年来以 GDP 增长速度等作为主要考核指标的政绩评价体系，避免地方政府不顾地方的具体情况而采取竭泽而渔的"倾销政策"或开展一些无序的竞争来创造所谓的政绩。[①]

最后，建立制度化的区域合作协调机制。在不否认地方政府经济利益

---

① 李广斌：《基于地方政府博弈的区域合作困境》，《华东经济管理》2009 年第 12 期。

和政府官员个人能力的前提下，通过个体理性的满足来逐步实现集体理性是促进中部地方政府合作，解决"个体理性"与"集体理性"相冲突的有效方法。[①] 因此，在区域发展目标和区域合作基本原则的基础上，建立一套基于区域发展目标和区域合作基本原则的议事和决策机制具有十分重要的意义，良性的有序竞争能够推动产业的发展，而恶性的无序竞争将导致两败俱伤。[②]

### 三、中部地区承接沿海产业转移的协调机制与政策

当前，随着我国经济持续快速发展和国际国内产业分工的日益深刻调整，我国东部沿海地区产业向中西部地区转移的步伐加快。同时，为了促进中部的崛起和实现区域协调发展，国务院先后颁布了《促进中部地区崛起规划》《国务院关于中西部地区承接产业转移的指导意见》《关于依托黄金水道推动长江经济带发展的指导意见》《长江经济带综合立体交通走廊规划（2014—2020年）》等政策。产业转移是产业发展的客观要求，是实现产业结构优化的一种有效调节手段。承接沿海产业转移不仅可以使中部摆脱"中部塌陷"的现状，还可以使得中部地区产业结构实现优化升级。在面临新一轮产业转移的大背景下，中部地区如何科学、合理地选择产业承接，合理进行产业空间布局，是目前中部地区承接沿海地区产业转移亟待解决的问题。因此，笔者将在这个研究主题思路下进行展开，在总结国内外相关文献的基础上，围绕中部地区产业空间布局的原则与目标，中部地区承接沿海产业转移的省际博弈进行实证分析，以达到为中部地区承接沿海产业转移提供一定政策建议的目的。承接沿海产业转移是中部地区优化产业结构，实现区域协调发展的必要途径，但中部地区在承接产业转移的过程中由于经济结构不合理，分工协作水平比较低，统一的区域市场尚未建立，中部各省经济发展尚未形成合力，陷入了所谓的"囚徒困境"。因此，在中部地区承接沿海的产业的进程中，中央政府、中部地方政府应当

---

①　张维迎：《博弈论与信息经济学》，上海人民出版社1999年版。

②　李平华、陆玉麒、余波：《长江三角洲区域关系的博弈分析》，《人文地理》2005年第5期。

明确各自的职能，正确扮演各自的角色，通过相互间的互惠合作，共同建立高效的协调互动机制。

（一）中央政府协调机制与政策

中央政府是区域经济发展宏观调控的主导者，掌握着政策资源、公共投资的配置权和庞大的国家财政收支分配权。因此，中央政府的区域经济发展战略和区域经济政策对区域经济能否协调发展产生重大而深远的影响。

区域经济发展的不平衡性在中国经济发展过程中长期存在，如何缩小东、中部地区之间的经济差异，实现东部地区产业结构优化升级和中部地区崛起、统筹区域之间的协调发展、在全国范围内优化产业分布格局是我国政府宏观调控要面临的重要问题。积极承接国内外产业转移，一方面，有助于推动中西部地区城镇化和新兴工业化的发展，统筹区域协调发展；另一方面，能够促进东部沿海地区经济优化升级。因此，国家加强区际产业转移的宏观调控力度不仅具有重要的现实意义，而且国家的宏观调控要按照促进区域协调发展的主体思路，顺应经济发展规律，实施鼓励区际产业转移的政策，引导东部部分产业向中部有序转移，促进区域梯度、联动、协调发展，带动中部新型城镇化和贫困地区致富，拓展就业和发展新空间，推动经济向中高端水平跃升，提高东部沿海地区的产业转移能力和中部地区的产业承接能力。在中部地区承接沿海产业转移过程中，中央政府的协调功能集中体现在以下几个方面：

1. 中央政府对我国区域产业空间布局进行整体宏观调控

由于重复建设以及地方政府之间恶性竞争事件时有发生，为减少甚至是消除此类事件发生的可能，尤其需要中央政府的宏观调控。考虑到产业规划所具备的全局性、专业性和超前性等特点，克服无序承接、低水平重复承接等问题。在产业分布的决策过程中要充分发挥市场的基础调节功能，中央政府在做好规划引导、政策制定以及政策执行工作的基础上，逐步的消除了产业空间布局规划过程中的行政区划因素的影响，并依照产业发展的客观规律进行多区域间的统一布局。

2. 制定差别化的区域产业政策

要逐步形成产业发展和地区发展协调一致的机制，营造承接产业转移的良好"硬环境"和"软环境"，实现"扶优汰劣"的目标。地方政府需要制定专门的政策来支持那些能够带动产业升级和竞争力提高的产业的发展，例如，对依托高新技术的产业部门应加大政策性的支持力度，并且淘汰浪费资源、污染环境的产业，避免其通过产业转移的方式将污染转移到生态更加脆弱的中西部地区。对于符合产业政策支持的产业部门，政策支持要帮助该行业内的企业迅速形成较强的市场竞争力，通过完善反垄断法规、严格的技术质量标准、公平的投资税收政策以及敏捷的市场信息服务等手段创造适宜的制度环境，达到淘汰劣势产业从而扶持重点产业发展的目的。

3. 逐步完善区域协调互动机制

发挥市场在区域协调过程中的主导作用，突出市场在资源配置中的决定性地位，注重政府引导，让调结构和稳增长、惠民生互为助力，提升反不正当竞争法的法律执行力，确保生产过程的各个要素能够在区域间自由的流动，推动不同地区之间的产业转移和集聚；健全合作机制，通过多个层面的努力共同推动地区之间开展一系列有益的合作，鼓励和扶持各地区积极开展经济合作、技术交流、人才对话等活动；健全扶持机制，按照公共服务均等化的要求，国家需要加大对落后地区的经济、政治、文化等多方面的扶持力度，结合"一带一路"和长江经济带等建设，发展特色优势产业；健全互动机制，东部沿海地区可以尝试采用不同的形式帮助中部地区，促进东部地区产业创新升级和生产性服务业发展，推动劳动密集型产业和加工组装产能向中西部转移，从而实现地区之间的协调发展。

（二）中部各省协调机制与政策

中部地区在承接产业转移过程中所造成的内部经济不协调情况，是由多方面的因素造成的，建立区域内部协调机制也应从多方面去努力。地方政府在承接产业转移时与中央政府扮演的角色是不同的，只有当中央政府的战略举措真正转化为地方政府的行动方案时，区域经济发展战略才能得到实质上的推进。因此，中部地区政府在承接沿海产业转移时积极发挥自身的主观能动性和创造性，显得十分重要。中部地方政府应以区域文化融合为先导，以进行区域文化建设、合作制度建设、市场环境建设为支撑，以建立健全信息交流机制、政府协调机制、企业合作机制为纽带，以加强区域空间结构整体规划协调、基础设施与生态环境建设协调、产业空间布局与分工协调为重点，① 以促进中部地区合理的、科学的承接沿海产业转移与空间布局为目标，构建中部地区承接沿海产业转移的跨区域协调机制的基本框架（见图 7–13）。

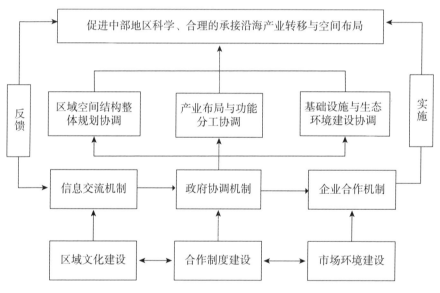

图 7–13　中部各省跨区域协调机制的基本框架

1. 建立健全产业政策的合作机制，促进中部地区之间的横向联合

中部六省要根据各种资源的分布情况强化区域内的产业分工，在宣传、工业等 11 个专项领域上加强深度合作，共同推动区域开放融合、创新发展，把握住"资源融合、协同创新"的主题，建立区域统一的多个企业集群和产业基地。中部地区在承接沿海产业转移时不应强调在自身行政区

---

① 李本和：《促进中部崛起与区域经济协调发展》，人民出版社 2009 年版。

域内培育和形成所谓的主导产业、支柱产业，以避免重复建设和产业重构现象，而是应建立产业发展和地区发展相协调的机制。首先，将产业政策区域化，对各个产业，尤其是需要大力扶持的主导产业在本地区内的布局，勾画区域布局的基本框架，按照中部六省的比较优势概况，将承接产业一一落实到相应的各地区，并在各地区扶持或限制的基础上排出一定的产业序列。在此过程中注意将产业空间格局调整与产业结构调整、区域协调与产业转移有机统一起来。其次，中部各省应加强区域之间优势资源的整合和利益的协调，达到优势互补、互利互惠、共同发展的目标。最后，中部地方政府要在保持稳定性、提高工作效率的基础上，借鉴发达地区的先进经验、提高创新能力和完善地区内的基础设施。

2. 促进中部地区生产要素的合理流动，推动区域经济发展

中部地区承接沿海产业转移的主要经济目标就是促进区域的经济发展。为了促进经济发展，中部六省在承接产业转移时，应积极促进地区之间生产要素的合理流动，对一般竞争性投资的产业要进行引导，以促进跨区域企业集团的形成，要以产业园区为载体，以大型知名企业为龙头，引导转移产业和项目向园区集聚，形成特色鲜明、用地集约的产业集群。然而，在承接沿海产业转移时，中部地方政府虽然通过行政和市场手段有利地推动了区域内的经济发展，加速了总部地区的工业化和城市化建设。但是，中部地方政府过分的干预经济资源，造成了中部地区资源的重复建设和恶性竞争，这对于中部地区区域经济协调发展十分不利。因此，在面临承接沿海产业转移的机遇面前，中部地方政府在积极推动本地区经济发展过程中，还应转变政府职能，扩大对内对外开放，注重与周边地区形成良好的互动与协作关系，促进生产要素的合理流动，加强地方政府之间的合作机制，促进区域协调发展。

3. 共同搭建科技服务、信息服务与智力服务平台，促进中部地区信息共享

首先，中部地区应加强对建立协同创新机制的探讨，实现中部地区创新资源的开发共享，全面提高区域内企业的知识产权运用能力，推动中部

地区中小型企业的技术创新和转型升级；其次，加强信息网络技术的交流，充分利用各种网络载体平台，加强区域内各市有关政策法规、经济信息、人才信息、商会信息的沟通交流，搭建信息化工作平台，有效提升服务民营企业信息化工作水平；最后，中部各省需要互相交流管理升级、创新方法和创新工法的经验，积极探索中部地区企业创新协作机制，共同建立科技人才智库，联动开展人才服务，联合组织开展院士专家企业行（商会行）活动，共同营造区域内经济发展的良性环境。

4. 加强中部六省之间的交流，促进中部地区区域文化融合

区域文化融合与区域经济发展相辅相成，区域经济发展是区域文化融合的前提，区域文化的进一步融合又可促进区域经济的发展。中部六省之间承接沿海产业转移的不协调性，不仅是地方保护与局部利益的问题，同时也是区域文化差异的问题。中部地区绝大部分都是农业大省，长期以"农耕文化"为主，加之受行政区域划分的影响，中部六省彼此之间相对比较封闭，相互交流较少。一方面，形成了各具特色的地方文化，如河南中原文化、湖北楚文化、湖南的湘文化、山西的晋文化、江西的赣文化和安徽的徽文化；另一方面，也强化了各省之间的自我利益，淡化了相互协作意识。这直接导致了中部地区在选择承接东部沿海产业时的以"自我"为中心，以各省利益为前提，本来应该形成的中部地区的综合比较优势，在彼此相互竞争中消耗殆尽。为了尽快促进中部崛起，合理承接东部沿海地区产业转移，实现区域协调发展，首先应该加强中部六省之间的相互交流与互动发展，促进区域文化的交融与融合，强化相互合作意识，通过不断进行文化交融与有机整合，为促进中部崛起打下坚实的基础。

# 第八章　中部地区承接沿海产业转移的结构
调整与优化政策研究

当前，我国中部地区已成为承接沿海产业转移的"据点"，同时更是沿海地区的宽阔"腹地"。① 随着经济全球化进程的加快，产业转移已经成为经济发展的重要组成部分。事实上，在发达国家或地区，产业转移是其调整产业结构、贯彻产业政策的重要载体。不仅如此，产业转移还是发展中国家及地区调整、优化产业结构，实现产业升级和技术进步的重要渠道。② 基于此，本章将重点研究四个问题：（1）中部地区承接沿海产业转移与产业结构调整的关系；（2）中部地区产业结构的现状及调整的目标；（3）中部地区承接沿海产业转移的产业选择；（4）中部地区产业结构优化的产业转移促进政策。

## 第一节　相关概念界定及国内外研究现状述评

### 一、相关概念界定

#### （一）产业结构调整

产业结构调整主要包括产业结构合理化和高级化两个层面，这是一个动态变化过程。产业结构合理化是指产业之间能够互相协调、互为支撑，且产业与产业之间的动态转换能力很强，其相互适应能力也很高。合理的

---

① 刘友金、向国成、仇怡等：《中部地区承接沿海产业转移政策措施研究纲论》，《湖南科技大学学报》（社会科学版）2010 年第 6 期。

② 黄嘉：《河南省产业结构优化研究》，《合作经济与科技》2011 年第 12 期。

产业结构不但与需求结构相互适应，也能根据供给结构实现自由调整；产业结构高级化，是指产业结构系统从较低级形态向较高级形态的转化过程。产业结构的高级化一般遵循产业结构演变规律，由低级到高级演进。

产业结构的合理化和高级化并不完全是市场调节的结果，政府干预及其政策引导必不可少。对产业结构调整的干预可以追溯到张伯伦提出的"能力过剩"以及贝恩提出的"过度竞争"两个概念。能力过剩和过度竞争曾经出现在日本经济发展历史上，第二次世界大战后，日本的煤炭业、纺织业、造船业、有色金属等产业逐步衰退，针对这种情况，日本政府制定了一系列调整援助政策，实现了国内产业结构升级与调整。欧盟的主要成员国曾经也面临能力过剩和过度竞争问题，先后制定了相应的产业调整政策，实现了产业结构的合理化和高级化，解决了失业和企业亏损等问题。

（二）承接沿海产业转移的产业结构调整

产业转移是当前正在发生的一种经济现象，目前，国际上已经发生了四次产业转移。国外发达国家通过跨区域投资，把部分产业转移到欠发达地区，实现国内的经济结构升级。欠发达地区也在承接产业过程中获得了系列收益，也能带动地区产业结构的变化。实际上，产业转移是一种要素的流动，如资本、技术等，这种流动对于欠发达地区来说，不但能弥补该地区技术不足、资金短缺的短板，还能通过产业前向关联、后向关联、旁侧关联等效应促进承接地产业结构的合理化和高级化的发展。

当前，中部地区加强对沿海产业转移的承接，是顺应区域比较优势变化的体现。在这个过程中，以资本、技术、劳动力等生产要素的流动为载体，中部地区本身能够实现产业结构调整和优化，主要表现在以下几个方面。

1. 新型主导产业出现

中部地区相对于沿海地区来说，拥有土地、劳动力、原材料等要素的比较优势，资本、技术、知识等要素却相对缺乏。因此，中部地区发展资金密集型产业和技术密集型产业都会受到要素供给制约，然而，承接沿海产业转移可以带来技术与资本等要素的流动，这些稀缺要素的快速注入，可以克服要素不足的短板。这种变化有助于形成新的区域主导产业，特别是集群式产业转移，可以迅速地帮助中部地区创新发展一些新的产业，带动产业结构的优化，提升中部地区在区域分工中的地位。同时，主导产业往往具有较大的产业关联效应，因此，新型主导产业的发展将带动其关联产业的发展，从而带动整个区域经济的发展。

2. 传统产业升级改造

对于中部地区已有传统产业而言，产业转移可以提高其技术水平和装备水平，带动劳动生产率的提高，进而推动传统产业的升级与改造；另外，中部地区在承接沿海产业转移过程中，其充裕的劳动力资源有可能改变流向，如农村剩余劳动力就会从劳动报酬率低的农业部门转向工业部门，由于中部地区本身产业发展，劳动力也会就近转移就业，不会再像以前向沿海外迁转移就业。因此，在承接沿海产业转移中，就业结构的变动会带来收入结构的变动，最终也会体现在传统产业的发展上。

3. 落后产业衰退淘汰

在承接沿海产业转移过程中，新型主导产业的出现和传统产业的实力增强，会对落后产业的退出和淘汰起到加速作用。一是主动退出。中部地区为了保证产业转移的顺利进行，会在资源供给、政策支持上给予转移企业各种优惠，也会对资源供给进行重新分配，落后产业由于资源消耗多、环境破坏大，难以获得资源供给的优势而主动退出。二是被动淘汰。由于新型产业的劳动生产率普遍较高，资本、劳动力等生产要素也会流向要素报酬高的部门和产业，导致落后产业被淘汰。

## 二、国内外研究现状述评

国外学者们对产业转移、产业结构调整与优化关系的研究还比较零散，出现这种现象的原因主要有：一方面，是因为产业转移在国外的研究多集中在发达国家，如美国、日本和西欧国家，然而这些国家在20世纪中后期经济实力就已经处于领先地位；另一方面，是因为当时关于产业转移对产业结构升级影响的理论还未形成一个完整的体系，如在第一次产业转移浪潮里（第二次世界大战结束后），关于产业的研究，日本和西欧国家主要侧重于产业转移方面。① 期间关于产业转移影响产业结构升级方面的研究有日本的经济学家赤松要，他提出了产业发展的雁行模式，② 产业的发展遵循"进口—国内生产（进口替代）—出口"的特定规律，主要关注的是通过国际贸易的形式发达国家的生产技术逐渐被欠发达国家掌握，进而欠发达国家的经济发展和产业结构升级获得了新的出路，而不足之处在于该模式仅分析了欠发达国家对产业的引进会造成国家间的贸易双方发生改变，并没有探讨产业引进对产业结构带来的影响。③ 日本的小岛清利用比较优势原理研究了产业转移的一般规律，指出产业的转移不仅有利于调整转出国的产业结构，而且可以调整承接国的产业结构，促使承接国的产业结构优化。④ 然而，该研究仍然集中于欠发达国家如何发挥后发优势和怎样促进产业转移的层面上，却极少描述和分析产业转移对产业结构升级的影响。

到21世纪初，国外的一些学者开始集中关注产业转移对东道国产业结构调整的作用，如有学者认为在产业转移过程中，技术转让、人力资源培训等效应会产生，能够促进承接地区的产业调整，并提升其国际竞争力；⑤ 有研究认为发现国际资本的流动有利于促进东道国制造业内部集聚，有利于东道国产业结构调整；⑥ 亨利（Hhnry）认为产业转移过程中，劳动力等

---

① 崔志刚：《河南承接产业转移对产业结构升级的影响分析》，硕士学位论文，中国政法大学，2011年，第5页。

② Kaname Akamatsu, "The Trade Trend of Woolen Products in Our Country", *Review of Business and Economy*, Vol. 4, No. 2（February 1935）.

③ 胡俊文：《"雁行模式"理论与日本产业结构优化升级明》，《亚太经济》2003年第4期。

④ Kojima K., *Direct Foreign Investment: A Japanese Model of Multinational Business Operations*, New York: Praeger, 1978.

⑤ Philippe Gugler & Serge Brunner, "FDI Effects on National Competitiveness: A Luster Approach", *International Atlantic Economic Society*, Vol. 13, No. 3（August 2007）.

⑥ Jaehwa Lee, "Trade, FDI and Productivity Convergence: A Dynamic Panel Data approach in 25 Countries", *Japan and the World Economy*, Vol. 21, No. 3（August 2009）.

生产要素的流动会带来市场规模的变化，从而对产业结构产生影响；[①] 有学者则认为产业转移对承接地产业发展的影响主要取决于鼓励转移的政策，特别是补贴政策，基于利润补贴可以吸引高生产率企业，基于土地补贴只能吸引低生产率企业；因此，要充分发挥产业转移对承接地的积极影响，应该慎重选择补贴方式等等。[②]

由此可见，尽管大多国外学者认为产业转移可以促进承接地产业结构的积极变动，但也有学者认为在制定产业转移政策中，应该慎重选择政策，好的政策能吸引好的企业转移，而不恰当的政策可能会产生逆向选择。如有学者认为日本产业转移促进政策不但没有改变产业结构，反而扩大了日本地区生产率差距。[③]

我国是世界上最大的发展中国家，研究产业结构升级和转移的起步较晚，但由于现在正在进行第四次产业转移，且政府政策大力倡导产业结构升级，所以关于中部地区产业转移与产业结构的研究较多，主要有以下几个方面。

（一）在研究中部地区产业结构升级方面

相关的研究主要分为两大类：（1）以中部地区为探究对象，对如何选择产业结构升级的目标方向和方式路径进行探讨。李新安全面分析了我国中部地区发展的优势和劣势，并详细剖析了引起中部地区产业下降的原因，指出对于"中部崛起"的战略机遇中部地区应该牢牢抓住，同时大力提高产业发展的动力。[④] 康兰媛、孙爱珍、朱红根、郭新力认为需要进一

---

① Henry Overman, Patricia Rice & Anthony Venables, "Economic Linkages across Space", *Regional Studies Taylor&Francis Journals*, Vol. 44, No. 1（June 2010）.

② Okubo T., "Anti-agglomeration Subsidies with Heterogenneous Firms", *Journal of Regional Science*, Vol. 52, No. 2（May 2012）.

③ Okubo T. & Eiichi T., "Industrial Relocation Policy, Productivity and Heterogeneous Plants: Evidence from Japan", *Regional Science and Urban Economics*, Vol. 42, No. 1-2（January 2012）.

④ 李新安：《中部崛起的优势条件、制约因素及路径分析》，《河南科技大学学报》（社会科学版）2006 年第 1 期。

步优化和升级中部地区的产业结构，才能体现对经济增长的促进效果。[1]
（2）针对中部地区各省产业发展的实际情况，进行产业结构升级研究。邱钧、陈静认为湖北省在整个工业化进程中面对着许多结构性难题，如工业与农业结构性矛盾、不合理的产业组织结构、产业结构转变存在缺口等，要促进湖北经济的发展，应该采取必要措施，坚持走新型工业化道路。[2]张俊宇指出山西省在进行产业结构调整时一系列问题值得关注，如有效产业扶植、市场机制与政府干预、竞争优势与比较优势、范围经济与规模经济以及可持续发展等。[3]另外，有学者对湖南、安徽的产业结构问题进行了研究。

（二）在中部地区产业结构调整与转换研究方面

可以分为两个层面：（1）理论层面上，研究居多的是产业转换的机制问题，如俞国琴认为，产业结构转换拥有一个内在规律，并且存在许多因素影响着产业结构的转换，产业结构自我调整的内在需要才是产业转换的内在动力因素。另外，环境因素和人为因素对产业转换也起着重要的推动作用。[4]（2）实证层面上，部分学者着力于对中部地区产业转换的速度与能力的研究，为此通过确立产业转换能力评价体系和利用主成分方法对其进行了深入分析，认为影响中部地区产业转换能力的因素主要包括产业结构层次、需求结构、对外贸易发展水平等，并提出了优化产品结构、调整产业结构与扩大对外开放水平为措施的对策。[5]

---

① 康兰媛、孙爱珍、朱红根：《中部地区产业结构变动的绩效研究——以江西为例》，《江西农业大学学报》（社会科学版）2006年第3期。郭新力：《我国中部地区产业结构优化升级的路径选择》，《党政干部论坛》2006年第1期。

② 邱钧、陈静：《新型工业化道路与湖北产业结构优化研究》，《中南财经政法大学学报》2003年第5期。

③ 张俊宇：《对山西产业结构调整中几个问题的思考》，《山西财政税务专科学校学报》2005年第4期。

④ 俞国琴：《中国地区产业转移》，学林出版社2006年版。

⑤ 高志刚：《基于主成份分析的区域产业结构转换能力评价——以新疆为例》，《生产力研究》2003年第1期。马峥嵘：《我国中部地区产业结构转换能力的比较分析》，《企业科技与发展》2007年第18期。

（三）在中部地区产业承接与产业结构优化研究方面

大致可以分为三个层面：（1）中部地区承接转移的产业结构对接模式研究。如翟松天、徐建龙提出了在中国东西部产业结构联动升级中，可以采取名牌产品生产扩展型、零部件或初级产品生产基地转移型等三种产业对接模式；① 王培县提出广西承接珠三角产业转移，实现产业结构优化的五种模式。②（2）中部地区产业承接的结构效应研究。如叶燕探讨了承接产业转移对江西省产业结构优化的影响。③ 余冬晖提出了重庆产业结构优化效应，④ 戴宏伟、王云平分析了产业转移在新形势下如何作用于各地区产业结构的调整。⑤（3）中部地区产业承接的结构优化政策研究，杨桃珍不仅指出了政府在中西部地区承接产业转移时应该发挥的作用，认为政府作用方式主要有四个方面，如行政干预、直接投资、政策诱导以及法律规范等，同时也指明了在承接产业转移中需要关注的问题。⑥ 陈有禄、罗秋兰指出在西部地区产业转移的对策里，要实现西部承接产业转移、完成产业结构调整与升级，观念创新是基础，而制度创新是保障。⑦ 张少军和刘志彪则提出了产业转移是实现产业升级和缩小地区差距的新思路；⑧ 张辽则认为依托要素流动的产业转移是促进空间结构优化、区域协调发展的重

① 翟松天、徐建龙：《中国东西部产业结构联动升级中的产业对接模式研究》，《青海师范大学学报》（哲学社会科学版）1999 年第 2 期。

② 王培县：《广西承接珠三角产业转移研究》，硕士学位论文，广西大学，2005 年，第 10—15 页。

③ 叶燕：《产业转移与江西产业结构优化研究》，硕士学位论文，南昌大学，2005 年，第 30—34 页。

④ 余冬晖：《西部地区承接产业转移问题研究——以重庆为例》，硕士学位论文，重庆大学，2005 年，第 38—42 页。

⑤ 戴宏伟、王云平：《产业转移与区域产业结构调整的关系分析》，《当代财经》2008 年第 2 期。

⑥ 杨桃珍：《产业转移与中国区域经济梯度发展》，硕士学位论文，武汉大学，2005 年，第 41—45 页。

⑦ 陈有禄、罗秋兰：《西部地区承接东部产业转移问题探析》，《经济纵横》2007 年第 16 期。

⑧ 张少军、刘志彪：《全球价值链模式的产业转移——动力、影响与对中国产业升级和区域协调发展的启示》，《中国工业经济》2009 年第 11 期。

要手段;① 樊士德认为劳动力转移弹性是决定产业转移能否带动承接地产业结构变化的关键因素;② 等等。

从上述研究来看，目前产业结构调整与升级已成为国内外许多学者关注的热点。但是，针对中部地区承接沿海产业转移的产业选择研究还处于起步阶段，尤其缺乏一个具有可操作性的系统政策来促进中部地区承接沿海产业转移过程中的结构优化。

## 第二节　中部地区承接沿海产业转移与产业结构调整的关系

中部地区加强产业结构调整与升级，是其经济增长的重要推力。现代产业经济学指出，产业结构调整与升级包含两个层面：一个是自主型升级，一个是外向推动型升级。当一个区域与外部发生技术、资本、信息联系的过程中，其产业结构就会受到外部要素变化的影响，最终都会反映在本地区产业结构的变化上。毫无疑问，中部地区在承接沿海产业转移过程中，必然会加深与发达地区的联系，通过外向推动的传导，实现外向推动型产业结构的调整与升级。

### 一、产业转移促进承接地产业结构调整的传导机理

产业转移过程中的技术、资金与信息等要素的流动是促进承接地产业结构调整的主导因素，产业转移的方式、特点与规模决定产业结构的变化方向与程度。

笔者认为：产业转移主要通过三种力量来促进产业结构的调整，如图8-1所示。

---

① 张辽：《要素流动、产业转移与区域经济发展》，博士学位论文，华中科技大学，2013年，第6页。

② 樊士德：《劳动力流动、产业转移与区域协调发展——基于文献研究的视角》，《产业经济研究》2014年第4期。

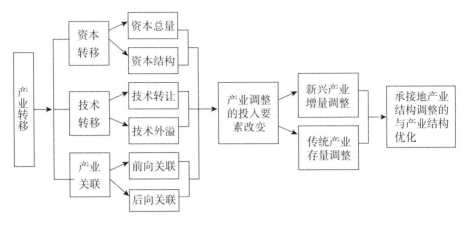

**图 8-1　产业转移促进承接地产业结构调整的传导机理**

（一）资本转移是促进承接地产业结构调整的内在动力

发展经济学家纳克斯认为，欠发达地区解决"贫困的恶性循环"的关键在于，要解决好经济发展初期的资本稀缺与大规模投资之间的矛盾，一个重要的途径就是借助外部投资来加速本地的资本形成。在产业转移过程中，资本的转移可以弥补承接地资本的短缺，有利于承接地产业结构的调整与升级。

1. 直接注入增量资本

产业转移的一个重要方式就是以直接注入资本的方式进入，在承接地重新建立一个企业进行生产，这样，产业转移所带来的直接投资弥补了承接地在经济发展中所产生的储蓄缺口和外贸缺口，直接推进了承接地投资计划的实施，新型企业与新型产业直接成长，产业结构得到优化。

2. 盘活存量资本

除了直接注入资本外，通过金融市场对承接地的相关企业进行"并购重组"也是产业转移常用的方式之一。近年来，世界范围内的跨区域购并重组发展迅速，据统计，产业转移中全球跨区域并购重组数额已经超过直接注入资本。现阶段我国企业的跨区域并购重组多采用现金收购或股权收购支付方式，它是搞活企业、盘活资产的重要途径。并购重组式的产业转移，通过并购方资金、管理、制度的系统注入，可以提高承接地被并购企业的资本使用效率，从而盘活了存量资本。在这种情况下，传统产业得到发展。

3. 扩充增量资本

产业转移对承接地的"扩大投资"有两种主要方式：一种是通过追加后续投资来达到扩充承接地增量资本，转移企业对承接地的投资通常是分批分期进行的，一般转移企业在前期投资后，如果项目进展符合预期，后期投资就会进一步被追加。另一种是通过把利润转化为投资以达到扩充承接地增量资本，企业转移到承接地后，就成为一个独立的生产组织单位，这一单位在获取利润后，会根据承接地经济发展的具体情况，作出汇入转出地总公司，还是转化为再投资的决策。

（二）技术转移是促进承接地产业结构调整的关键因素

坎特维尔（John Cantwell）认为，企业技术能力的提高是产业结构调整升级的根本因素。产业转移过程中，技术变化通过对区域需求结构与传统产业的影响，最终就会体现在产业结构调整与升级上。[1]

1. 技术转移调整需求结构，推动产业结构调整与升级

现代经济学指出，需求结构与技术进步之间存在一个紧密的相互关系。在产业转移过程中，技术转移与提升可以淘汰落后的产业部门，带来新型产业成长发展，新型产业发展会对其他配套产业产生新的需求，带动配套产业的发展。于是，整个产业链整体重构，产业结构得到调整和升级。另外，技术提升可以提高居民的消费需求层次，如文化娱乐、教育培训等，也会促进服务业的发展；再者，技术转移带来的技术进步可以提供承接地产品的竞争力，从而改变和优化进出口结构，促进出口导向型产业发展。

2. 技术转移推动传统产业改造，促进产业结构调整与升级

在经济发展历史上，技术进步在推动产业结构调整和生产力变化过程中发挥了巨大的作用。技术进步具有高渗透和高扩散特点，一方面，使得

---

① 韩艳红：《我国欠发达地区承接发达地区产业转移问题研究》，博士学位论文，吉林大学，2013年，第113—117页。

某些传统产业成长转换为新型产业；另一方面，使得高新技术产业在整个区域经济中的地位突出，优化了产业结构。再者，技术进步往往可以带动地区产业集约化发展，也对产业结构的调整起到促进作用。

（三）转移产业的关联带动作用是促进产业结构调整的外部推力

产业结构的变化在很大程度上是由于产业关联发生作用。如前向关联、后向关联、旁侧关联等。特别是产业转移过程中，新型主导产业成长，传统产业实力增加，都会通过关联作用辐射到其他产业，从而带动承接地产业结构的变化。

产业转移的关联带动可以通过两种形式实现：一是转移产业直接带动承接地相关产业的发展，实现整体产业结构升级；二是转移的产业通过产业链，带动产业链各个产业的共同发展。两种方式的组合发挥作用，能够促进承接地配套产业和上下游产业集聚，形成产业集群，推动承接地地区经济的跨越式发展。

可以认为，产业转移对于承接地经济发展中的作用是非常巨大的，它可以填补承接地存在的资金和技术缺口，可以推动承接地基础设施的完善、促进产业结构的调整和升级，增强其跨越式发展的动力。

## 二、中部地区承接产业转移对产业结构调整的影响

（一）资本短缺得到弥补，产业合理化发展的动力加大

众所周知，我国中部地区在自然资源、土地、劳动力等方面普遍具有优势，但是在资本供给方面存在短板，资本不足，已经成为东部地区快速发展的瓶颈。加强对东部沿海产业转移的承接，通过直接注入增量资本、盘活存量资本。扩充增量资本等方式，可以弥补资本不足，产业发展的动力加大。另外，资本等要素的转移可以还提高产业发展的质量，促进产业结构内部更加合理，达到优化产业结构的目的。如自建立皖江城市带产业承接示范区以来，安徽省积极承接长三角地区的产业转移，近几年，利用省外境内资金近7000亿元，其投资额已经成为安徽投资迅速增长的主要动力，极大地促进了安徽产业结构的合理化发展。

（二）技术壁垒得到突破，产业结构高级化发展凸显

前几次世界技术革命已经证明，技术水平是决定一个区域经济发展的根本性因素，中部地区在发展过程中，技术进步不足或者技术壁垒的存在，已经阻碍了地区经济发展。在产业转移过程中，核心技术和关键技术会以要素流入的方式进入中部地区。另外，中部地区在选择承接的产业时候，往往带有一定的目的性，其承接产业的技术构成往往高于当地原有水平。从中部地区现有承接政策来看，大都对高新技术产业的承接表现出浓厚的需求，从目前中部地区承接沿海产业转移的现实来看，在产业转移的过程中，转移企业大都会转让或传播自己拥有的生产技术，促进中部地区关联企业的技术变化，带动中部地区整体的技术上升。反之，中部地区技术水平的提高又能够促进转移企业进一步改进工艺，加强研发。这样，转移与承接转移会出现一种良性的互动关系。

实际上，在产业转移过程中，技术会通过两种方式促进中部地区的技术进步：一是技术的直接转移，如新型企业的成长，往往伴随着新技术的引入；二是技术的溢出，如包括先进经验的人力资本外溢、竞争示范型外溢、技术合作外溢、市场共享外溢、技术交流外溢等方式。多种形式的技术转移，可以促使中部地区突破技术壁垒的约束，实现产业结构的高级化发展。目前，中部地区已经逐步形成了光电子信息、新材料、先进制造、生物医药等高新技术产业体系。

（三）价值链得到重构，产业集群式发展趋势加强

从当前产业转移的整体态势来看，产业转移的模式已经超越了传统产业转移模式，基于价值链重构已经成为当前产业转移的主要动因和主要目的。发达地区侧重发展核心价值环节、中部地区侧重发展中间价值环节和外围价值环节。因此，在产业转移过程中，集群式转移已经成为产业转移的主要方式，核心企业、配套企业以及上下游关联企业整体转移成为常态。集群式发展成为中部地区产业选择的导向，迄今为止，中部地区各个省份逐步形成了以装备制造业产业集群和高新技术产业集群为标志的集群式产业群。

## 三、中部地区产业结构优化对产业转移的影响

中部地区在沿海承接产业转移过程中，产业结构得到改善，地区经济得到发展。反过来，合理的产业结构又会对产业转移起到进一步的推动作用。

（一）可以促进产业转移模式的转变

一般认为，产业转移的模式主要包含资源开发型产业转移模式、低成本型产业转移模式、市场拓展型产业转移模式、集群吸引型产业转移模式等四种。[①] 资源开发型和低成本型两种模式主要适用于产业转移的初始阶段，在这个阶段，中部地区的产业结构升级尚未完成，产业结构尚欠合理，丰富的资源优势和劳动力优势是吸引产业转移的重要因素。因此，资源开发型产业转移和低成本型产业转移是主要模式，如以农产品为原料的资源型轻工业、以黑色、有色金属为原料的开采、冶炼等产业是中部地区承接沿海产业转移的重点，资源依赖型产业和资源密集型产业成为沿海产业转移的主体。随着国家产业转移战略持续推进，中部地区产业结构得到调整，产业结构不断优化，市场需求得到不断创造，此时，中部地区产业转移的模式发生了改变，由原来的资源开发型、低成本型转移模式为主体模式逐步转变为以市场拓展性和集群吸引型为主体模式，如 2010 年以后，中部地区在产业转移过程中不断形成了数量众多的集群式产业转移群。

（二）可以促进产业转移规模的增加

有学者指出，影响产业转移规模的要素主要包括资源禀赋、劳动力成本、市场容量和产业配套能力等。笔者认为，中部地区丰富的资源禀赋与较低的劳动力是吸引产业转移的首要条件，如东部地区资源密集型和劳动密集型产业大量往中部地区转移，这就是中部地区的比较优势。然而，比较优势也会产生动态变化，如产业转移带来的中部地区就业及收入的变化、市场需求的变化与产业结构调整带来的产业配套能力的变化等等，这

---

[①] 韩艳红：《我国欠发达地区承接发达地区产业转移问题研究》，博士学位论文，吉林大学，2013 年，第 52—56 页。

些变化就会影响到产业转移的规模。特别是随着市场经济不断完善，中部地区原来赖以依靠的资源优势、成本优势可能会被市场优势、产业配套能力提高等要素替代，成为决定产业转移规模的根本型要素。实际上，东部沿海越来越多的家电产业在成都设立了生产基地，越来越多的信息产业落户皖江城市带。这表明，随着中部地区产业结构的调整，产业转移的规模正在不断增加。可以预见，随着中部地区产业结构调整与升级的完成，将会有越来越大的产业转移规模出现。

（三）可以促进产业转移政策的规范

中部地区在产业转移的初级阶段，吸引产业转移的政策层出不穷，土地、财税、金融多种政策五花八门，在产业转移过程中，迫于政绩压力，承接地政府往往陷入非理性竞争。如很多地区推出税收减免、投资奖励、财政补贴、零地价、代建厂房和生产设施配套等优惠措施，甚至不惜以生态环境恶化为代价承接沿海发达地区的落后产能，造成了对产业转移的无序竞争、低端竞争、恶性竞争。实际上，在价值链重构的经济大环境下，中部地区产业结构优化以后，会自动地嵌入价值链重构环节，真正能吸引产业进入的只能是承接地产业结构状况和产业配套能力两个方面，当前存在的某些恶性竞争手段及低端竞争指向政策最终都会失去作用，这样，产业转移政策就会发挥引导作用，产业转移政策也会越来越规范。

## 第三节　中部地区产业结构的现实状况

中部地区由于拥有丰富的自然资源和一定的科教、人力技术优势，已经成为我国重要的农业与工业生产基地。中部地区的区位特点决定了其不但能承东启西，而且能联通南北，故而中部地区自身产业的发展、经济的发展不但关系自身，而且对东部地区、西部地区的产业发展与经济发展也会产生影响。因此，中部地区产业结构的发展变化也将会对整个国民经济发展起到重要的作用。

# 一、中部地区产业结构演进与发展现状

## （一）中部地区产业结构演进

三次产业占 GDP 比重是反映产业结构的一项重要指标。自改革开放以来，中部六省的产业结构发生了显著的变化。在三次产业占 GDP 的比重方面，中部六省产业结构呈现明显的改善，其中第一产业占 GDP 比重显著下降，第二产业比重小幅上升，第三产业比重呈总体上升态势。中部六省的三次产业占 GDP 比重见表 8-1。

表 8-1　中部六省三次产业占 GDP 的比重

单位：%

| 年份 | 地区 | 第一产业占 GDP 比重 | 第二产业占 GDP 比重 | 第三产业占 GDP 比重 |
|------|------|------|------|------|
| 1978 年 | 山西 | 20.68 | 58.52 | 20.80 |
|  | 江西 | 41.59 | 38.02 | 20.39 |
|  | 湖南 | 40.70 | 40.70 | 18.60 |
|  | 湖北 | 40.47 | 42.19 | 17.34 |
|  | 安徽 | 47.18 | 35.55 | 17.27 |
|  | 河南 | 39.81 | 42.63 | 17.56 |
| 1995 年 | 山西 | 15.68 | 45.95 | 38.37 |
|  | 江西 | 32.03 | 34.52 | 33.46 |
|  | 湖南 | 32.14 | 36.15 | 31.71 |
|  | 湖北 | 29.38 | 36.99 | 33.63 |
|  | 安徽 | 32.26 | 36.46 | 31.28 |
|  | 河南 | 25.53 | 46.68 | 27.79 |
| 2000 年 | 山西 | 9.74 | 46.51 | 43.75 |
|  | 江西 | 24.22 | 34.98 | 40.80 |
|  | 湖南 | 22.10 | 36.41 | 41.49 |
|  | 湖北 | 18.68 | 40.54 | 40.78 |
|  | 安徽 | 25.56 | 36.41 | 38.03 |
|  | 河南 | 22.99 | 45.40 | 31.61 |

续表

| 年份 | 地区 | 第一产业占 GDP 比重 | 第二产业占 GDP 比重 | 第三产业占 GDP 比重 |
|---|---|---|---|---|
| 2005 年 | 山西 | 6.20 | 55.62 | 36.97 |
| | 江西 | 17.93 | 47.27 | 34.80 |
| | 湖南 | 19.32 | 39.37 | 40.03 |
| | 湖北 | 16.42 | 42.64 | 39.88 |
| | 安徽 | 18.06 | 41.52 | 40.89 |
| | 河南 | 17.87 | 52.08 | 30.05 |
| 2010 年 | 山西 | 6.03 | 56.89 | 37.09 |
| | 江西 | 12.77 | 54.20 | 33.03 |
| | 湖南 | 14.50 | 45.79 | 39.71 |
| | 湖北 | 13.45 | 48.64 | 37.91 |
| | 安徽 | 13.99 | 52.08 | 33.93 |
| | 河南 | 14.11 | 57.28 | 28.62 |
| 2011 年 | 山西 | 5.71 | 59.05 | 35.25 |
| | 江西 | 11.89 | 54.61 | 33.51 |
| | 湖南 | 14.07 | 47.60 | 38.33 |
| | 湖北 | 13.09 | 50.00 | 36.91 |
| | 安徽 | 13.17 | 54.31 | 32.52 |
| | 河南 | 13.04 | 57.28 | 29.67 |
| 2012 年 | 山西 | 5.76 | 57.86 | 36.37 |
| | 江西 | 11.74 | 53.81 | 34.45 |
| | 湖南 | 13.56 | 47.42 | 39.02 |
| | 湖北 | 12.80 | 50.29 | 36.90 |
| | 安徽 | 12.66 | 54.64 | 32.71 |
| | 河南 | 12.65 | 57.10 | 30.25 |

资料来源：中经网统计数据库。

表 8-1 显示，中部地区各省第一产业在 GDP 中的比重呈下降趋势，如河南省从 1978 年的 39.81%下降到 2012 年的 12.65%；第二产业所占比重呈上升态势，如安徽省从 1978 年的 35.55%上升到了 2012 年的 54.64%。

中部地区各省第三产业占比也持续上升，如湖北省从 1978 年的 17.34% 上升到了 2012 年的 36.90%。中部地区的产业结构遵循了产业结构演变的一般规律，呈现出了"三一二"的格局，并向"二三一"的良性状态发展。

（二）中部地区产业结构的发展现状

1. 中部地区三次产业产值及比重

现代产业经济学理论指出，在工业化发展过程中，三次产业在国民经济中的比重会发生变化。在工业化初期阶段，第一产业在国民经济中的比重较高，第二产业的产值比重较低；伴随着工业化进程的深入，第一产业的比重逐渐下降，而第二、第三产业的比重开始相应有所上升，且第二产业与第三产业相比较来说，第二产业的增长比例要大，第二产业在国民经济中的处于优势地位。特别指出的是，第一产业的比重低于 20% 以后，第二产业在国民经济中的地位就会超过第三产业，从而整个工业化进程进入中期阶段；第一产业产值在整个国民经济中的比重降低为 10% 时，第二产业的比重就会在国民经济中处于首要地位，此时，整个工业化进程将达到最后阶段。随后，第二产业的比重就保持相对稳定，继而缓慢下降，从整体来看，第二产业的比值会呈现出上升到下降的"∩"型状态。①

从表 8-2 可以发现，1985 年中部地区第一产业所占比重为 37.47%，而 2012 年下降到了 12.04%；第二产业占比由 1985 年的 40.16% 上升到 53.31%；第三产业由 1985 年的 22.38% 上升到了 2012 年的 34.65%。这种变化，显示了中部地区工业化进程已经进入中期阶段。从表 8-2 我们还可以发现，在 2000 年到 2012 年十三年间，中部地区的第二产业、第三产业的产值变化不大，比重变化也不大。可以认为中部地区产业结构的变动很小，产业升级幅度很小，处于一种"钝化"状态。特别需要注意的是，第三产业并没有遵循工业化经典理论保持上升的趋势，反而呈现出了一个向下波动的特点。

---

① J. 卡布尔:《产业经济学前沿问题研究》，中国税务出版社 2000 年版。

表 8-2　中部地区三次产业产值及比重

单位：亿元、%

| | 年度产值 | | | | 产值比重 | | |
|---|---|---|---|---|---|---|---|
| | 总产值 | 一次产业 | 二次产业 | 三次产业 | 一次产业 | 二次产业 | 三次产业 |
| 1985 年 | 1956.08 | 732.92 | 785.49 | 437.77 | 37.47 | 40.16 | 22.38 |
| 1990 年 | 4010.30 | 1397.25 | 1490.33 | 1131.80 | 34.84 | 37.16 | 28.22 |
| 1995 年 | 11891.03 | 3192.64 | 5326.17 | 3497.51 | 26.85 | 55.79 | 29.41 |
| 2000 年 | 19790.98 | 4006.01 | 8914.39 | 6960.98 | 20.24 | 45.04 | 35.17 |
| 2006 年 | 43217.98 | 3314.13 | 20868.59 | 15645.26 | 15.30 | 48.29 | 36.20 |
| 2007 年 | 52040.92 | 7597.81 | 25734.57 | 18708.54 | 14.60 | 49.45 | 35.95 |
| 2008 年 | 63305.06 | 9430.19 | 32106.55 | 21768.32 | 14.90 | 50.71 | 34.39 |
| 2009 年 | 70577.56 | 9606.34 | 35554.24 | 25416.98 | 13.61 | 50.38 | 36.01 |
| 2010 年 | 86109.36 | 11221.07 | 45130.27 | 29758.02 | 13.03 | 52.41 | 34.56 |
| 2011 年 | 104473.87 | 12897.37 | 55940.20 | 35636.30 | 12.35 | 53.54 | 34.11 |
| 2012 年 | 116487.87 | 14022.13 | 62097.59 | 40368.15 | 12.04 | 53.31 | 34.65 |

2. 中部地区三次产业从业人员结构

劳动力的流动和人均收入水平密切相关，不同的人均收入水平下，劳动力的流向会发生变化。在人均收入水平上升的时候，劳动力会从第一产业流出，进入第二产业；随着人均收入水平的进一步上升，劳动力就会从第二产业流出，进入第三产业。[1] 著名经济学家钱纳里、西姆斯以及艾金通等人总结了三次产业从业人员和工业化进程之间的关系，在不同的工业化进程阶段，劳动力就业的比重由有所变化（表 8-3）。从表 8-4 可以看出，2012 年中部地区三次产业就业比重分别为 38.60%、27.61% 和 33.79%。对照钱纳里、西姆斯以及艾金通的研究结论，可以看出，与中部地区从业人员的就业结构所反映的工业化水平相比较，中部地区的工业化进程已经高于中期第一阶段，但还没有进入工业化中期的第二阶段。

---

① 刘志彪：《经济结构优化论》，人民出版社 2003 年版。

表8-3　钱纳里、艾金通和西姆斯工业化与就业结构模式

单位:%

| 工业化所处阶段 | 第一产业比重 | 第二产业比重 | 第三产业比重 |
|---|---|---|---|
| 初期阶段 | 58.7 | 16.6 | 24.7 |
| 中期第一阶段 | 43.6 | 23.4 | 33.0 |
| 中期第二阶段 | 28.6 | 30.7 | 40.7 |
| 中期第三阶段 | 23.7 | 33.2 | 43.1 |
| 结束阶段 | 8.3 | 40.1 | 51.6 |

资料来源:唐亚东:《我国中部地区产业结构升级研究》,硕士学位论文,中国石油大学,2008年。

表8-4　中部地区和全国三次产业从业人员构成

单位:%

| 年份 | 全国 | | | 中部 | | |
|---|---|---|---|---|---|---|
| | 第一产业比重 | 第二产业比重 | 第三产业比重 | 第一产业比重 | 第二产业比重 | 第三产业比重 |
| 1985 | 62.4 | 20.8 | 16.8 | 74.50 | 15.00 | 10.50 |
| 1990 | 60.1 | 21.4 | 18.5 | 72.80 | 15.80 | 11.40 |
| 1995 | 52.2 | 23 | 24.8 | 62.60 | 20.60 | 16.80 |
| 2000 | 50.0 | 22.5 | 27.5 | 56.80 | 17.50 | 25.80 |
| 2005 | 44.8 | 23.8 | 31.4 | 55.10 | 18.10 | 26.80 |
| 2010 | 36.7 | 28.7 | 34.6 | 45.93 | 22.34 | 31.73 |
| 2011 | 34.8 | 29.5 | 35.7 | 39.92 | 27.07 | 33.02 |
| 2012 | 33.6 | 30.3 | 36.1 | 38.60 | 27.61 | 33.79 |

资料来源:根据《中国统计年鉴》以及中部各省统计年鉴数据整理得到。

3. 中部地区三次产业结构偏离度

为了反映就业结构与产业结构之间的对称状况（或均衡状况），笔者使用产业结构偏离度。其计算公式可以表示为:

某一产业结构偏离度 = （产值比重/就业结构比重）－1[①]

产业结构偏离度的绝对值越趋于 0，产业结构和就业结构就越均衡，这表明经济发展就越合理。当产业结构偏离度>0，说明产业结构和就业结构二者之间的变化不协调，劳动力遭到产业排斥；当产业偏离度为<0，就存在隐性失业，劳动力应该转移出去。[②] 中部地区三次产业结构偏离度如表 8-5 所示。

表 8-5　中部地区三次产业结构偏离度

| 年份 | 第一产业 | 第二产业 | 第三产业 |
|---|---|---|---|
| 1985 | −0.4492 | 1.1990 | 0.6314 |
| 1986 | −0.4595 | 1.1464 | 0.6484 |
| 1987 | −0.4562 | 1.0619 | 0.6182 |
| 1988 | −0.4837 | 1.0673 | 0.6554 |
| 1989 | −0.4924 | 1.0565 | 0.7667 |
| 1990 | −0.4703 | 0.9733 | 0.8065 |
| 1991 | −0.5302 | 1.0576 | 0.9571 |
| 1992 | −0.5588 | 1.0784 | 0.9091 |
| 1993 | −0.5695 | 1.0530 | 0.6973 |
| 1994 | −0.5394 | 0.9172 | 0.6259 |
| 1995 | −0.5037 | 0.8059 | 0.5243 |
| 1996 | −0.4994 | 0.7720 | 0.4797 |
| 1997 | −0.5152 | 0.8107 | 0.4497 |
| 1998 | −0.5388 | 0.9002 | 0.4125 |
| 1999 | −0.5888 | 0.9671 | 0.5387 |
| 2000 | −0.6229 | 0.9839 | 0.6466 |

①　刘恒江、陈继祥：《国外产业集群政策研究综述》，《理论参考》2006 年第 9 期。
②　韩梅：《安徽省产业结构与就业结构偏离度分析》，《安徽工业大学学报》（社会科学版）2011 年第 1 期。

| 年份 | 第一产业 | 第二产业 | 第三产业 |
| --- | --- | --- | --- |
| 2001 | -0.6353 | 1.0580 | 0.5767 |
| 2002 | -0.6460 | 1.0566 | 0.5376 |
| 2003 | -0.6740 | 1.0549 | 0.4856 |
| 2004 | -0.6427 | 1.0415 | 0.3574 |
| 2005 | -0.6605 | 1.0866 | 0.2781 |
| 2006 | -0.6846 | 1.1059 | 0.2307 |
| 2007 | -0.6783 | 1.0510 | 0.1782 |
| 2008 | -0.6631 | 1.0605 | 0.1029 |
| 2009 | -0.6817 | 0.9041 | 0.1698 |
| 2010 | -0.6805 | 0.9012 | 0.1785 |
| 2011 | -0.6906 | 0.9778 | 0.0330 |
| 2012 | -0.6881 | 0.9308 | 0.0255 |

4. 中部地区优势产业与产业集群

中部地区形成了以机械、冶金、化工、电力、煤炭等为主的类别齐全的工业体系，具有四大高科技产业（光电子信息、新材料、先进制造、生物医药）以及汽车、钢铁、水电、轻纺、服务业五大产业群，已经初步形成了各具特色的产业基础以及优势产业，并且逐步形成了装备制造业产业集群和高新技术产业集群。中部地区六省优势产业与优势产业集群见表8-6。

表8-6　中部六省优势产业及优势产业集群

|  | 优势产业 | 优势产业集群 |
| --- | --- | --- |
| 山西 | 煤炭、电力等能源产业，不锈钢、铝镁合金等金属材料，装备制造、化学和医药产业，新型材料产业，农副产品加工，旅游文化以及现代服务业 | 煤化工产业集群，装备制造业集群，铸件、锻件产业集群，汽车零部件产业集群，铝镁合金铸件及深加工产业集群，磁性材料产业集群等 |

| | 优势产业 | 优势产业集群 |
|---|---|---|
| 安徽 | 能源、建材、冶金、化工等传统优势产业，汽车、工程机械、家用电器、通信电子、生物医药等新兴产业 | 约有产业集群140多个、超过10亿元的集群约30个，"煤炭—电力—化工"产业集群，商用车、乘用车、改造车等汽车产业集群，农畜产品深加工产业集群，循环经济产业集群，旅游休闲产业集群 |
| 江西 | 汽车零部件、电子信息、旅游、医药、纺织服装、盐化工、陶瓷、铜产业等 | 在冶金、建材、医药化工、机械及配件、纺织服装、电瓷等产业形成了30多个产业集群，例如，鹰潭铜冶炼加工产业集群、九江星火有机硅产业集群、医疗器械产业集群、南康家具产业集群等 |
| 河南 | 食品、有色金属、化工、装备制造业、汽车及零部件、纺织等产业 | 产业集群集中在冶金、食品加工、纺织、煤炭和汽车配件等行业，例如，安阳钢铁产业集群、洛阳吉利石化产业集群、漯河源汇区肉类加工产业集群、郑州服装加工产业集群、郑州食品加工产业集群、平顶山煤炭产业集群、郑州煤炭产业集群、郑州汽车与配件产业集群 |
| 湖北 | 汽车、石化、钢铁、纺织、食品、电子信息、生物医药等产业 | 围绕汽车、钢铁、石化、纺织、食品、电子信息支柱产业，形成以东湖开发区激光产业集群为代表共52个重点成长型产业集群 |
| 湖南 | 冶金、机械、电子、食品、能源、建材等产业 | 精品钢材、锰深加工、有色冶金和深加工、石油化工、现代中药及生物医药、食品加工、汽车及零部件、工程机械、电站及输变电成套装备等50个产业集群 |

资料来源：中部六省政府门户网站。

## 二、中部地区产业结构存在的问题

（一）就中部地区产业结构本身来讲，升级缓慢

1. 第一产业内部结构单一，发展缓慢

从中部地区第一产业内部来看，种植业占比明显高于林业和渔业，并且农业经济中的各行各业之间缺乏较高的关联性，同时农村工业发展速度

仍然相对缓慢。当然，阻碍中部地区农业发展的因素很多，主要有：
（1）农业生产条件加剧恶化，例如土地干旱的面积逐年增加，农产品产量
在不断减少，并且质量也在降低，缺乏长期稳定的产量增长机制。（2）人
口多土地少，很难实现规模化的经营模式，农业劳动生产率一直处于较低
水平，中部地区仅有湖北省能在人均农业总产值全国排列前10名的省份中
占据一席之位。（3）农村剩余劳动力数量剧增，虽然剩余劳动力充足，但
是向非农业方向转移困难，农村就业问题越来越严重。（4）农村社会发展
滞后于城市，特别是基础设施建设、文化教育发展、医疗保健和养老保障
制度等方面，和城市并没有统筹发展，这些不足，制约了农村发展。
（5）农村内部商品经济发展滞后，特别是交易市场萎缩、交易秩序紊乱、
制约了农产品的顺畅流通。

2. 第二产业内部存在结构性矛盾，缺乏竞争力

中部地区第二产业主要为资源开发型产业，其内部结构位于资源的初
级加工阶段，大都以能源、原材料基础产业与以农产品初级加工业为发展
重点。这种发展格局，不仅会导致各地区之间产业结构的雷同，而且价值
创造能力较弱。如低端产业链产业占据产业主导，初级产品、粗加工生产
的比重居于高位，单一资源型产业发展一支独大。如果没有后续产业和替
代产业的发展，中部地区难以实现产业结构优化与升级。

中部地区大规模企业较少，小规模企业较多，且小企业主要是分散化经
营，诸如轻工、纺织、建材等企业的平均规模普遍不大，且大多低于最低合
理规模要求，因而呈现出不合理的企业规模结构。在产品结构中，大路产品、
粗加工产品、地产地销产品、劳动密集产品以及低端仿制产品颇多；相反，
一些能够提高产品竞争力、提高企业形象、优化产品结构的产品却很少，诸
如名优产品、精深加工产品、科技含量高的产品和高端自主创新的产品等。

3. 第三产业内部仍以传统服务产业为主，附加值较低

就中部地区第三产业内部比较而言，第三产业所容纳的劳动力数量还
不多，产业附加值还比较低，不但低于东部地区，也低于全国平均水平。
第三产业中传统的、附加值比重较低的行业如零售业、批发业、餐饮业、

运输业、邮电业等数量仍在快速增加，① 但已经难以适应整体产业结构的社会化、市场化和国际化的发展要求。作为现代经济生活重要组成部分的新兴产业，发展水平不高，如旅游业、物流业、信息咨询服务业、科技服务业、计算机应用服务业等等，发展严重落后；居民服务业、公共服务业等社会服务业，市场化程度还比较低；与提高公民素质相关的文体教育行业，还没有形成产业化经营模式。

（二）就产业结构对产业转移承接来讲，承载能力不强

1. 产业结构趋同严重，产业承接定位不明确

中部地区在平衡发展战略指导下，各地区片面追求投资的自成体系，缺乏由明确的产业定位，因而当前中部地区的产业结构呈现相同趋势。在承接沿海产业转移过程，产业承载指向不明确，定位模糊，同质竞争、恶意竞争现象严重。可以使用联合国工业发展组织推荐的"地区产业相似系数"来测量地区产业结构的相似度。该指数是通过各次产业产值在国民经济生产总值中的比重来计算产业结构相似度。产业机构相似系数越大，表明地区间产业结构相似程度越高。② 设 $i$ 是被比较地区，$j$ 是比较地区，$X_{ik}$、$X_{jk}$ 分别是产业 $k$ 在地区 $i$ 和地区 $j$ 国民经济生产总值中的比重，则地区 $i$ 和参照系 $j$ 之间的产业结构相似系数 $S_{ij}$ 为：

$$S_{ij} = \frac{\sum_{k=1}^{n} X_{ik} X_{jk}}{\sqrt{\sum_{k=1}^{n} X_{ik}^2 \cdot \sum_{k=1}^{n} X_{jk}^2}} \qquad (8-1)$$

表 8-7 的结果表明：中部地区产业结构存在高度的趋同性，也意味着中部地区产业发展没有根据自己的区位优势和资源禀赋，过度追求全面发展。实际上，从国家层面上讲，已经有了主体功能区定位，各个地区应该根据主体功能区的要求，发展自己的特色产业和潜在的优势产业，然而，

---

① 《中部崛起与产业结构调整研究》，见 http://www.chinadmd.com/file/zea6uo3eu3asa3vxvzuv6are_ 6.html.

② 唐亚东：《我国中部地区产业结构升级研究》，硕士学位论文，中国石油大学，2008 年，第 20—21 页。

中部地区在发展过程中，放弃了这个要求，结果导致特色不鲜明，重复建设过多，产业结构难以优化升级。特别是在当前承接沿海产业转移的大环境下，低端竞争现象非常普遍。

表 8-7 中部地区六省 2012 年产业结构相似度

| 比较地区 | 相似系数 | 比较地区 | 相似系数 | 比较地区 | 相似系数 |
|---|---|---|---|---|---|
| 山西—江西 | 0.9952 | 江西—湖南 | 0.9926 | 湖南—安徽 | 0.9892 |
| 山西—湖南 | 0.9833 | 江西—湖北 | 0.9978 | 湖南—河南 | 0.9804 |
| 山西—湖北 | 0.9905 | 江西—安徽 | 0.9995 | 湖北—安徽 | 0.9958 |
| 山西—安徽 | 0.9935 | 江西—河南 | 0.9967 | 湖北—河南 | 0.9898 |
| 山西—河南 | 0.9914 | 湖南—湖北 | 0.9984 | 安徽—河南 | 0.9987 |

2. 产业配套能力不高，产业承接高端化受阻

东部地区企业在转移产业过程中，除了关注成本之外，对承接地的要求也是比较高的，如包括交通、通讯、水电为主基础设施配套情况，毫无疑问，东部地区的基础设施配套能力是很强的。然而，在产业转移过程中，没有一个较好的基础设施配套，东部地区产业转移的积极性就会受到打击。实际上，中部地区除了几个省会城市之外，其他的工业园区和开发区，基础设施的建设发展情况不容乐观，很多工业园区都是在招商引资过程中，突击建立，在道路交通、水电管网和生产型服务业方面的配套投资不够理想，而高级化的新型产业转移对产业配套的能力要求较高，因此，中部地区难以吸引到这些产业。

另外，中部地区的工业基础相对薄弱，产业链、金融、物流等产业发展缓慢，规模也不大，竞争能力也不强，生产性服务业整体的效率不高，这样，也就影响了转移企业的总体经营成本。如前所述，产业转移的企业不但关注关联企业的发展，也会看重诸如投融资平台建设、人力资本和产业交易平台建设等等。中部地区现有的状态，还不能保证和吸引一些高端型的新型产业。

3. 产业结构调整速度缓慢，承接产业转移规模难以扩大

自第四次产业转移浪潮出现，中部地区吸引产业转移的政策很多，工

业园、开发区层出不穷，特别是产业转移作为国家战略以后，中部地区似乎并没有看透产业转移这种经济现象的本质，认为仅仅依靠土地的优惠、税收的优惠就能源源不断地吸引产业的转让，放弃或者并没有着力从本地的产业结构调整出发，改善投资环境，提升产业结构的升级速度。大部分地区仅仅关注扩大再生产，对技术创新、技术进步的投入却不大。在产业转移初期，出于成本倒逼机制，中部地区也能吸引到不少的外商投资，然而，随着市场经济的进一步完善，这种"捡到篮子里都是菜"的做法，已经不能满足产业转移高级阶段的需求。中部地区承接产业转移的规模难以扩大，甚至一些产业出现了回流现象。如合肥瑶海工业园的"服装创新产业基地"，曾在较短的时间内吸引了浙江太子龙、香港旗牌王、福建九牧王等近20家服装企业签约入园，并被中国服装产业协会誉为"迎接产业转移的安徽模式"。但近年来，该园区内的服装企业已大部分回迁。又如，佛山转移到湖南的顺成陶瓷、兆邦陶瓷等企业在2010年后相继停产回迁，从浙江"抱团转移"到河北、投资达10亿元的邢台市宁波紧固件有限公司于2012年停产回迁。

### 三、中部地区产业结构欠合理的原因

#### （一）地区产业结构升级的主体错位

现代经济学指出，产业结构升级的原动力来自市场竞争，政府的作用主要表现为产业结构升级提供一个良好的、有效的环境。市场经济体制下，产业结构优化应该是企业为主导，带动产业发展，从而保证整个区域产业结构、经济结构的合理化。特别是高新技术企业的发展，是产业结构升级的重要力量。历史告诉我们，只有企业对技术进步、对市场变化才具有敏感性。因此，要以技术进步形成新的增长点、提高核心竞争力，促进产业结构合理化、技术体系的系统化，这只能依靠企业。就目前中部地区的发展现实来看，中部地区产业结构升级和调整的动力主要是政府，然而，政府对产业结构优化升级的干预会使信息在各部门和层级中发生曲解，使得各产业升级政策实际效果不明显，远低于预期水平。因此，需要

改变过去以政府为主导的不合理现象，利用区域内经济效益高、顺应产业发展规律的企业来完成产业结构调整与升级。

（二）忽视产业结构调整规律[1]

从中部地区产业结构升级的演变过程，可以发现，中部地区产业结构调整和升级缺乏客观性和自主性。在 20 世纪 80 年代以前，中部各个地区主要发展重化工业，导致第一产业发展受到阻碍，第二产业发展异常，第三产业发展萎缩。经济发展实践表明，产业发展如果脱离了人们的需求和生产力发展水平，将严重阻碍未来的经济发展。市场经济建立之后，中部地区第三产业由于受到市场需求的导向，开始发展，但是这种发展过分依赖能源、原材料，其发展速度与发展质量还是不高。尽管中部地区开始关注产业结构调整和升级，其调整速度也逐步加快，然而，在评价整体经济发展水平的时候，也仅采用国民收入、GDP 等总产值的数量或速度指标，没有考虑产业特征，也没有考虑产业结构的变化。另外，中部地区主要关注外延扩大再生产，而对技术创新和进步有所忽略，同时注重投入、产值和数量，而忽略了产出、效益和质量，对资源进行大量开发却没有进一步进行深化加工。在对国际产业结构变化特点与国内产业结构变化趋势没有充分把握的基础上，盲目扩张和保护地区产业，忽视产业之间的关系以及产业内部之间协调，这必将导致中部地区产业结构不合理，造成对能源、资源的过度耗费，给产业结构升级带来更大的难度。

（三）未能充分发挥承接国内外产业转移对产业结构升级的作用

中部地区产业结构升级本应该把握国内外产业转移的契机，充分利用产业转移带动产业结构变化。但实际上，中部地区在承接产业转移时却明显表现出盲从性和无章性，呈现出低端承接的特点，如很多地区承接的产业都是一些初级、资源型和劳动密集型的产业，虽然有些承接的是名义上的高技术产品，但实际上，这些高新技术产品中部地区仅仅为组装环节，研发和销售仍然在东部地区，产业转移也就是组装地点的变化，没有真正

---

[1] 魏后凯：《促进中部崛起的科学基础与国家援助政策》，《经济经纬》2006 年第 1 期。

意义上的产业转移。中部地区在产业转移过程中，一个明显的特点是没有规划，也就没有充分发挥产业转移对地区经济发展的促进作用。没有规划的产业转移承接，也就没有深层次地考虑到产业结构的变化与配套问题，因此，将无法满足产业结构升级的要求，产业结构依旧单一化、低级化，高技术含量和附加值的产业链缺乏，产业结构的合理化和高级化难度加大。与此同时，中部地区在承接产业转移过程中，普遍缺欠缺服务体系和意识，地区产业转移现象成为"候鸟经济"现象，外部投资信心受到打击。

（四）产业结构升级的相关配套支持体系缺失

中部地区产业结构欠合理的一个关键因素在于缺乏产业结构升级的配套支持体系，劳动就业、城市化发展、能源资源供给保障等方面存在的问题。如中部地区工业化和城市化发展不匹配，中部地区城镇化水平落后于工业化水平，大量农业劳动力剩余问题没有解决，影响了产业结构调整和升级的步伐。同时，过剩的劳动力又进一步增加了社会的负担，导致用来调整产业结构的资源更加缺乏。此外，从基础供应产业来看，能源、原材料等基础产业仍然落后，电力、煤炭以及钢铁供应处于紧张状态，并且中部地区没有较大油田，强烈依赖外部油源，交通运输、城市基础设施等都是经济能否持续快速发展的重要因素。

另外，中部地区的货币和资本市场欠发达，企业的发展所需资金主要来源于间接融资，诸如银行贷款等，直接融资的规模很小，各种有价证券等融资渠道较少，资金缺乏且难以得到解决，这是中部地区普遍存在的一个问题，企业在一定程度上因为缺乏有力的资金支持而得不到更好地发展。同时，由于利率不能真实的反映资本的稀缺程度，导致有限的资本只能流入资本密集型行业，资本密集型产业发展很快，但诸如农业、轻工业、高新技术产业缺乏资本支持，因而得不到应有的发展，整体产业结构升级受阻。

（五）创新不足导致技术结构水平落后

现代产业经济学指出，产业结构调整优化的动力源泉在于技术创新，[①]

---

① 王吉霞：《产业结构优化的技术创新动力作用分析》，《商场现代化》2007 年第 21 期。

而产持续的技术创新是保证产业结构合理化和高度化保障。产业技术结构和水平，不仅涵盖固定资产形态的技术结构和水平，人力资本及其增量也是主要内容。有学者指出，在中部地区的产业技术水平上，大中型企业比东部地区滞后3—8年，像机械行业、石化行业分别落后10—15年。笔者认为，中部地区产品和服务的档次之所以低，其原因在于技术水平的不发达，以及无节制的使用维持经济可持续发展的资源，结果导致该地区主要依赖劳动密集型产品获得较小的市场份额。特别是随着东南亚等其他发展中国家逐步崛起，中部地区在劳动密集型产品上的优势已慢慢消退。

从中部地区发展实践来看，中部地区的人力资本水平不高，特别是缺乏技术熟练的劳动力。中部地区在技术进步水平没有明显提升的情况下，产值存量的增加并不是依靠产业结构高度化，而主要是依赖于高投入、高积累以及高消耗来生产初级产品、传统加工产品以及基础产业产品来完成的。因此，实现产业技术升级，达到产业结构高度化是中部地区未来需要努力完成的艰巨任务。

## 第四节　中部地区产业结构调整目标

2009年9月，国务院常务会议讨论并原则通过了《促进中部地区崛起规划》，明确强调中部地区是我国重要的粮食生产区域、能源和原材料基地、装备制造业阵地以及是交通运输综合枢纽；同时提出在2015年前国家将通过集中政策、资金、资源等具体措施促进"中部崛起"发展战略推向纵深。① 在全面发展的新阶段，促进中部地区崛起已成为我国重要的战略布局。当前，在"中部崛起"战略的推动下，中部六省的经济社会发展已经处于新的历史起点。未来，中部六省将迈入全面提升产业层次、加快经济社会转型和推进统筹协调发展的新阶段。

---

① 国家发展和改革委员会：《促进中部地区崛起规划（全文）》，2010年1月12日，见 http://www.china.com.cn/policy/txt/2010-01/12/content_19218531.htm。

## 一、中部地区产业结构调整的制约因素

### (一) 资金供给的制约

如前所述，资金是企业经营和产业形成与发展的持续推动力。丰裕的资本是地区经济发展的重要保障，资本密集型产业发展的关键基础，也是地区产业结构优化升级的基础型条件。而在我国中部地区，产业结构的调整与优化升级在资金供给方面遇到了瓶颈。

首先，中部地区的投资主要是依靠国内资金，但有资料显示，中部地区国内资金供给存在不足，其资金供给量远远少于东部沿海地区。众所周知，东部地区目前已经成为国家政策引导和支持的重点区域，也是我国开放带动战略的前沿地区。由于多种优惠政策的推动，东部沿海地区吸引外资的实力要强于其他地区；另外，西部大开发、振兴东北老工业基地等国家战略的提出，进一步造成了中部地区投资总量的分流，因而中部地区相关产业的投资资金就更加缺乏。中部地区与东部部分地区投资情况见表8-8。

表 8-8　中部地区与东部部分地区投资情况表

单位：亿元

| 年份 | 地区 | 全社会固定资产投资 | 外商直接投资 | 国内投资 | 国内投资比重 |
|---|---|---|---|---|---|
| 2012 | 安徽 | 15055 | 543.07 | 14511.93 | 96.39% |
| | 湖南 | 14576.6 | 457.58 | 14119.02 | 96.86% |
| | 河南 | 21761.54 | 761.68 | 20999.86 | 96.50% |
| | 湖北 | 16504.17 | 356.14 | 16148.03 | 97.84% |
| | 江西 | 11388.9 | 428.92 | 10959.98 | 96.23% |
| | 山西 | 9176.3 | 157.14 | 9019.16 | 98.29% |
| | 浙江 | 17096 | 821.51 | 16274.49 | 95.19% |
| | 广东 | 19307.53 | 1480.17 | 17827.36 | 92.33% |
| | 上海 | 5254.38 | 954.45 | 4299.93 | 81.84% |
| | 北京 | 6462.8 | 505.35 | 5957.45 | 92.18% |

资料来源：2012 年各省《国民经济与社会发展统计公报》。

表8-8显示，从2012年各地区全社会对固定资产的投资中的内资投资总额来看，中部地区远远低于东部沿海地区，如山西、江西分别为9019.16亿元、10959.98亿元，而同期的浙江、广东分别为16274.49亿元和17827.36亿元；中部六省平均为14293亿元，也远低于东部地区的水平。

其次，中部地区利用外商直接投资的规模也不大。从各地区全社会固定资产投资构成来看（如表8-8所示），中部地区吸引的外商直接投资在固定资产投资中所占比重仅为3%左右，低于东部地区，如浙江、广东分别为4.81%、7.67%。另外，从外商直接投资绝对值来看，中部六省平均为450.755亿元，同期的浙江、广东分别为821.51亿元和1480.17亿元。由此可见，中部地区利用外资的规模要远远低于东部沿海等发达地区，较少的资本难以保证中部地区产业结构调整和升级的需要，资本缺乏成为中部地区产业结构的高度化的重要制约因素。

（二）技术进步的制约

如前所述，技术进步是推动产业结构调整和演进的原动力。就目前中部地区科技投入来看，其在GDP中比重平稳上升，但是增速不快，和东部地区相比，落后较多。从科技部、国家统计局发布《全国科技进步统计监测报告》中可以发现，中部六省中只有湖北的科技进步总体水平稍微靠前，其他五个省相对靠后，湖北省属于第二类地区，其他的均属于第三类以后（江西省属于第四类）。[1] 报告显示：中部地区的科技创新投入、科技创新产出与科技创新促进经济社会发展指数三个指标来看，中部地区六个省市的区域创新能力都不强，处于全国中下游水平。可见，中部地区技术进步水平不高，导致了中部地区产业结构调整和升级的原动力不足，制约

---

① 资料来源：《全国科技进步统计监测报告》，每年由国家科技部、国家统计局联合发布，并根据全国各省区综合科技进步水平指数，2010年的报告将全国31个地区的科技进步总体水平由高到低划分为五类：第一类，综合科技进步水平指数高于全国平均水平（58.22%）；第二类，指数低于全国平均水平，高于50%；第三类，指数低于50%，高于40%；第四类，指数低于40%以下，高于30%；第五类，指数低于30%。

了中部地区产业结构调整的步伐。① 中部地区科技创新情况见表8-9。

表8-9　中部地区科技创新情况

| 省份 | 科技创新投入 | | | | 科技创新产出 | | | | 科技创新促进经济社会发展 | | | |
| | 2008 年 | | 2012 年 | | 2008 年 | | 2012 年 | | 2008 年 | | 2012 年 | |
| | 投入指数 | 全国排名 | 投入指数 | 全国排名 | 产出指数 | 全国排名 | 产出指数 | 全国排名 | 促进指数 | 全国排名 | 促进指数 | 全国排名 |
|---|---|---|---|---|---|---|---|---|---|---|---|---|
| 湖南 | 36.62 | 21 | 48.77 | 15 | 37.47 | 14 | 24.89 | 19 | 50.66 | 19 | 60.84 | 15 |
| 湖北 | 47.98 | 12 | 56.16 | 9 | 39.98 | 10 | 49.38 | 9 | 53.84 | 15 | 62.37 | 12 |
| 河南 | 35.00 | 22 | 44.47 | 17 | 27.59 | 23 | 17.51 | 23 | 48.37 | 20 | 53.70 | 28 |
| 安徽 | 37.45 | 19 | 55.48 | 11 | 30.00 | 19 | 27.06 | 18 | 47.04 | 23 | 54.69 | 25 |
| 江西 | 37.43 | 20 | 37.53 | 24 | 19.25 | 28 | 16.90 | 27 | 46.55 | 24 | 54.54 | 26 |
| 山西 | 42.46 | 15 | 47.86 | 16 | 17.14 | 30 | 20.33 | 23 | 58.04 | 11 | 62.28 | 13 |

资料来源:《全国科技进步统计监测报告》(2009—2013)。

另外，就中部各省研发支出来看，除了湖北省在全国的比重达到了
3.72%，其余各省的支出都不高，江西省的支出最低，仅占全国的1.12%；
从各地区研发经费投入强度指标来看，中部六省都低于全国的研发经费投
入强度。详情见表8-10。

表8-10　全国及中部各省研究与试验发展（R&D）经费支出情况（2006—2011年）

| 地区 | R&D 经费支出 | | | | | | R&D 经费投入强度（%） | | |
| | 总额（亿元） | | | 占全国比重（%） | | | | | |
| | 2006 年 | 2008 年 | 2011 年 | 2006 年 | 2008 年 | 2011 年 | 2006 年 | 2008 年 | 2011 年 |
|---|---|---|---|---|---|---|---|---|---|
| 全国 | 3003.1 | 4616.0 | 8678.0 | 100.00 | 100.00 | 100.00 | 1.42 | 1.54 | 1.84 |
| 山西 | 36.3 | 62.6 | 113.4 | 1.21 | 1.36 | 1.31 | 0.76 | 0.90 | 1.01 |
| 安徽 | 59.3 | 98.3 | 214.6 | 1.97 | 2.13 | 2.47 | 0.97 | 1.11 | 1.40 |

---

① 王鹏、李健、张亮:《中部地区自主创新能力评价及提升路径分析》,《中国工业经济》
2011 年第 5 期。

| 地区 | R&D 经费支出 | | | | | | R&D 经费投入强度（%） | | |
| --- | --- | --- | --- | --- | --- | --- | --- | --- | --- |
| | 总额（亿元） | | | 占全国比重（%） | | | | | |
| | 2006 年 | 2008 年 | 2011 年 | 2006 年 | 2008 年 | 2011 年 | 2006 年 | 2008 年 | 2011 年 |
| 江西 | 37.8 | 63.1 | 96.8 | 1.26 | 1.37 | 1.12 | 0.81 | 0.97 | 0.83 |
| 河南 | 79.8 | 122.3 | 264.5 | 2.66 | 2.65 | 3.05 | 0.64 | 0.66 | 0.98 |
| 湖北 | 94.4 | 149.0 | 323.0 | 3.14 | 3.23 | 3.72 | 1.25 | 1.31 | 1.65 |
| 湖南 | 53.6 | 112.7 | 233.2 | 1.78 | 2.44 | 2.69 | 0.71 | 1.01 | 1.19 |

注：（1）R&D 经费的统计范围为全社会有 R&D 活动的企事业单位；（2）R&D 经费投入强度为 R&D 经费占国内生产总值比重。

资料来源：国家统计局、科学技术部、财政部 2006 年全国科技经费投入统计公报，2007 年 9 月 12 日；2008 年全国科技经费投入统计公报，2009 年 12 月 15 日；2011 年全国科技经费投入统计公报，2012 年 10 月 17 日。

## （三）经济"外向性"不足的制约

相对东部地区而言，中部地区对外开放程度比较落后，"外向性"还明显不足。同时，中部地区在吸引区域外生产要素和发展外向型经济等方面，也远不及东部沿海地区。通过进出口贸易总额情况可以看出，2012 年中部六省进出口贸易总额合计为 12157.98 亿元，约占全国的 5%，甚至远低于东部地区的单个省份，如广东省进出口贸易总额为 61837.69 亿元、浙江进出口贸易总额为 19625.85 亿元等等；中部地区经济外向型不足还表现在利用外资方面，如前所述，中部地区利用外资的规模和能力也是比较低的。从经济发展实践来看，外向型经济对于产业结构调整的刺激作用非常大，如我国东部沿海地区就是在外向型经济发展中实现了产业结构调整。因此可以认为，外向型经济不足导致的"外援力量"的缺乏，也是导致中部地区产业结构难以调整的制约因素。

表 8-11　2012 年中部六省和东部部分地区进出口贸易总额

| 年份 | 地区 | 进出口贸易总额（亿元） | 进出口贸易总额（亿美元） |
| --- | --- | --- | --- |
| 2012 | 安徽 | 2472.09 | 393.30 |
| | 湖南 | 1379.10 | 219.41 |

续表

| 年份 | 地区 | 进出口贸易总额（亿元） | 进出口贸易总额（亿美元） |
|---|---|---|---|
| | 河南 | 3252.75 | 517.50 |
| | 湖北 | 2008.78 | 319.59 |
| | 江西 | 2099.92 | 334.09 |
| 2012 | 山西 | 945.34 | 150.40 |
| | 浙江 | 19625.85 | 3122.40 |
| | 广东 | 61837.69 | 9838.15 |
| | 上海 | 27452.42 | 4367.58 |
| | 北京 | 25639.81 | 4079.20 |

注：2012 年 12 月 31 日银行间外汇市场人民币汇率中间价：1 美元 = 6.2855 元人民币。

资料来源：2012 年各省国民经济与社会发展统计公报。

（四）区域产业发展战略的制约

我国的发展政策在改革前期大体上是实行的沿海向内陆地区逐渐展开的梯度推进形式，并且国民经济投资主要往东部沿海地区倾斜。

改革开放初期，我国的经济发展方针政策采取的是由沿海地区向内陆地区逐步展开的、梯度推进的方式，并着重将东部沿海地区打造成为国民经济投资的聚集区，这些政策红利无疑给东部沿海地区带来了巨大的优势。优先发展战略的提出，东部地区得到快速发展，与中西部地区的差距急速拉大，如中部地区的主要生产资料、资金、技术和人才大都向东部地区流动，其产业结构调整的各种基础大幅度减少，中部地区尽管具备区位等各种优势，但也没有得到充分利用。[①] 另外，在产业布局上，"南轻北重，东轻西重"是我国的主要特征，东部地区主要是轻型或轻重混合工业，而中、西部地区主要布局劳动密集型产业。可以认为，长期以来，由于区域产业发展战略导向的关系，中部地区的产业成长及产业结构调整受阻，产业环境和投资环境的改善缓慢，且国家的扶持政策对中部地区关注不够，中部地区产业本身发展以及结构调整受到制约。

---

① 张春雷、韩建华、刘建业：《中国四大区域发展差距的成因与走向研究》，2011 年 11 月 25 日，见 http://doc.mbalib.com/view/a44a422a4d4eaa8f71035b562bcb3625.html。

（五）协调机制缺乏的制约

随着 2004 年中部崛起国家战略的提出，中部地区各省纷纷提出了各自的发展战略。[1] 如：江西提出"高投资带动高增长"；河南提出"中原崛起，河南先行"；安徽提出"抢抓机遇，乘势而上，奋力崛起"；等等。中部崛起已经演变为"崛起中部"的竞争。[2] 尽管各省提出了发展战略，然而，由于中部各省相互独立，难以形成一个好的区域互动协调发展机制，且协调成本较高，导致了区域内竞争加剧，低水平竞争、重复竞争不断，内耗严重，产业结构各自独立，产业同构明显。由此可见，中部地区协调机制缺乏，也是制约其产业结构调整和升级的重要因素。

## 二、中部地区产业结构调整的合理化标准

（一）基于产业结构合理化的国际标准

合理的产业结构不但能够反映经济增长转换的能力，也能促使经济的持续增长。[3] 反之，产业结构不合理，产业结构与经济发展不匹配，必将制约经济发展的进程。由此，判断一个国家或地区的产业结构合理化是否合理，对于政策制定、产业调整都有一定的指导意义。此处，通过参考《世界发展报告（2000—2001）》中划分不同经济水平的产业结构统计值作为参考标准，借鉴产业结构有序度测度模型，以产业结构有序度为变量，设立中部地区六省的客观目标产业结构区间，计算中部地区产业结构有序度数值及其变化特点，以期认识和判断中部地区产业结构合理化水平。

1. 产业结构有序度测度模型

首先，定义 $X_i = (x_i(1), x_i(2), \cdots, x_i(n))$ 为地区产业结构向量，令 $x_i^0(k) = x_i(k) - x_i(1)$，$k = 1, 2, \cdots, n$，称 $X_i^0 = (x_i^0(1), x_i^0(2), \cdots, x_i^0(n))$ 为 $X_i$ 的始点。$i$ 表示省份或地区的变量，按照三次产业分类法，$n$ 表

①　王业强：《中部崛起的空间战略思考》，2006 年 6 月 7 日，见 http://politics.people.com.cn/GB/30178/4445469.html。

②　曾斌求：《从中部崛起谈湖南产业发展总体思路和目标定位》，2005 年 5 月 27 日，见 http://news.cnfol.com/050527/101.1281.1284567.00.shtml。

③　马丽芳：《浙江省产业结构合理化水平的测度与分析》，《中国城市经济》2011 年第 11 期。

示产业的变量。[①]

定义 $X_0 = (x_0(1)，x_0(2)，x_0(3)，…，x_0(n))$ 为目标向量，其始点记为 $X_0^0 = (x_0^0(1)，x_0^0(2)，…，x_0^0(n))$。

$$|s_0| = \sum_{k=2}^{n-1} |x_0^0(k)| + \frac{1}{2}|x_0^0(n)| \qquad (8-2)$$

$$|s_1| = \sum_{k=2}^{n-1} |x_i^0(k)| + \frac{1}{2}|x_i^0(n)| \qquad (8-3)$$

$$|s_i - s_0| = \sum_{k=2}^{n-1} |x_i^0(k) - x_0^0(k)| + \frac{1}{2}|x_i^0(n) - x_0^0(n)| \qquad (8-4)$$

$$\varepsilon_{0i} = \frac{1 + |s_0| + |s_i|}{1 + |s_0| + |s_i| + |s_i - s_0|} \qquad (8-5)$$

因此，称 $\varepsilon_{oi}$ 为产业结构向量 $X_i$ 的有序度。其中，$\varepsilon_{oi}$ 表示产业结构原始向量 $X_i$ 与目标向量 $X_0$ 的接近程度。

2. 基于有序度模型的中部六省产业结构合理化标准测度

对地区产业结构有序度进行测度必须要有一个作为参考比较的目标，即确定的目标产业结构。根据 2000—2001 世界发展报告划分不同经济水平的统计数据作为参照标准（见表 8-12），采用加权平均法确定中部六省的目标产业结构。

表 8-12　人均 GDP 与产业结构的国际比较

单位:%

| | 1999 年 | 第一产业 | 第二产业 | 第三产业 |
|---|---|---|---|---|
| 世界水平 | 5057 | 4 | 33 | 63 |
| 低收入国家平均 | 442 | 27 | 30 | 43 |
| 中低收入国家平均 | 1230 | 15 | 40 | 45 |
| 中等收入国家平均 | 2058 | 10 | 36 | 54 |

---

① 马丽芳曾运用产业结构有序度模型对浙江省的产业结构合理度进行过研究，在此借鉴其方法，详情参见马丽芳：《浙江省产业结构合理化水平的测度与分析》，《中国城市经济》2011 年第 11 期。

|  | 1999 年 | 第一产业 | 第二产业 | 第三产业 |
|---|---|---|---|---|
| 中高收入国家平均 | 5092 | 7 | 32 | 61 |
| 高收入国家平均 | 26560 | 2 | 31 | 67 |

中部地区六省产业结构构成如表 8-13 所示。

表 8-13　中部六省人均生产总值及三次产业产值构成

单位:%

| 年份 | 地区 | 人均 GDP（美元） | 第一产业 | 第二产业 | 第三产业 |
|---|---|---|---|---|---|
| 2012 | 山西 | 5350.09 | 5.76 | 57.86 | 36.37 |
|  | 江西 | 4581.82 | 11.74 | 53.81 | 34.45 |
|  | 湖南 | 5326.55 | 13.56 | 47.42 | 39.02 |
|  | 湖北 | 6136.66 | 12.80 | 50.29 | 36.90 |
|  | 安徽 | 4580.70 | 12.66 | 54.64 | 32.71 |
|  | 河南 | 5047.01 | 12.65 | 57.10 | 30.25 |

根据中部地区现有的经济发展水平，运用产业结构有序度模型，根据计算的目标产业结构，计算得到中部地区六省的产业结构有序度的值，如表 8-14 所示。

表 8-14　中部六省三次产业目标结构

单位:%

| 年份 | 地区 | 人均 GDP（美元） | 第一产业 | 第二产业 | 第三产业 |
|---|---|---|---|---|---|
| 2012 | 山西 | 5350.09 | 6.94 | 31.99 | 60.07 |
|  | 江西 | 4581.82 | 7.51 | 32.67 | 59.82 |
|  | 湖南 | 5326.55 | 6.95 | 31.99 | 61.06 |
|  | 湖北 | 6136.66 | 6.76 | 31.95 | 61.29 |
|  | 安徽 | 4580.70 | 7.51 | 32.67 | 59.82 |
|  | 河南 | 5047.01 | 7.04 | 32.06 | 60.90 |

通过表 8-13 与表 8-14 的对比，可以发现，按照世界产业结构的标

准，中部地区的产业结构存在很大的偏差，如第一、第二产业比重仍然很高，应该低于 10%；第三产业的比重过低，应该高于 50%。

另外，运用产业结构有序度模型，根据目标产业结构，运用公式（8-5）计算得到中部六省对于世界标准结构的产业结构有序度的值，如表 8-15 所示。

表 8-15　中部六省产业结构相对于世界"标准"结构的有序度

| 年份 | 地区 | 有序度 |
|------|------|--------|
| 2012 | 山西 | 0.7580 |
|      | 江西 | 0.7693 |
|      | 湖南 | 0.8116 |
|      | 湖北 | 0.7892 |
|      | 安徽 | 0.7600 |
|      | 河南 | 0.7387 |

从表 8-15 也可以看出，中部六省产业结构相对于世界标准结构来说，只达到世界标准结构的 80%不到，产业结构也存在一定的无序，产业结构存在一定的不合理，还存在一定的调整空间。

（二）基于产业结构高度化的国内标准

1. 产业结构高度化模型

就国内产业结构情况看，东部地区的产业结构处于比较合理的水平，产业结构高级化也比较明显，且东部地区产业结构与经济发展的水平比较适宜。因此，从国内比较的视角，将东部地区产业结构高度作为中部地区产业结构调整的目标，也是一个比较适宜的选择。

目前，测度产业结构高度化程度的指标主要有 K 值、Moore 值以及三次产业结构比例指标等。[1] 但必须指出的是，用这些指标测度产业结构高

---

[1]　其中，陈仲常、曹跃群（2003）利用 K 值，程艳霞、李娜（2010）利用 Moore 值，顾智鹏（2013）利用三次产业结构比例指标分别对产业结构高度化程度进行测度。详情参见：陈仲常、曹跃群：《产业结构变动指标体系研究》，《重庆大学学报》（社会科学版）2003 年第 1 期。程艳霞、李娜：《湖北产业结构升级测度与产业结构优化研究》，《武汉理工大学学报》（信息与管理工程版）2010 年第 1 期。顾智鹏：《我国产业结构现状分析以及产业高度化路径研究》，《今日湖北》（中旬刊）2013 年第 3 期。

度化，无法实现测度产业结构优化程度的目的。为了更好地揭示区域产业结构的优化程度，本书采用产业结构高度化变化值（W）来反映区域产业结构调整的目标。

产业结构高度化变化值（W）的定义如下：首先，三次产业增加值分别占 GDP 的比重构成一个三维向量 $X_0 = (x_{1,0}, x_{2,0}, x_{3,0})$；再次，分别计算 $X_0$ 与从低层次产业向高层次产业排列的向量 $X_1 = (1, 0, 0)$、$X_2 = (0, 1, 0)$ 和 $X_3 = (0, 0, 1)$ 的夹角 $\theta_1$、$\theta_2$ 和 $\theta_3$，[①] 即：

$$\theta_j = arccos\left[\frac{\sum_{i=1}^{3} x_{ij}x_{io}}{\sqrt{\sum_{i=1}^{3} x_{ij}^2} \sqrt{\sum_{i=1}^{3} x_{io}^2}}\right] \quad j = (1, 2, 3) \qquad (8-6)$$

最后，得到产业结构高度化值（W）的计算公式，即：

$$W = \sum_{k=1}^{3} \sum_{j=1}^{k} \theta_j \qquad (8-7)$$

2. 产业结构高度化指标测度

本书采用 2002—2012 年我国内地中部六省及沿海部分城市的省级面板数据为样本，获得了 2002—2012 年我国各省的产业结构高度化值，见表8-16。数据来源于各年的《中国统计年鉴》及同期各省份的省级统计年鉴。

表 8-16 产业结构高度化测度值（2002—2012）[②]

| | 2002 年 | 2003 年 | 2004 年 | 2005 年 | 2006 年 | 2007 年 | 2008 年 | 2009 年 | 2010 年 | 2011 年 | 2012 年 |
|---|---|---|---|---|---|---|---|---|---|---|---|
| 北京 | 7.202 | 7.215 | 7.194 | 7.371 | 7.415 | 7.442 | 7.476 | 7.485 | 7.501 | 7.528 | 7.532 |
| 广东 | 6.595 | 6.601 | 6.545 | 6.740 | 6.710 | 6.725 | 6.742 | 6.748 | 6.802 | 6.808 | 6.828 |
| 上海 | 7.035 | 6.988 | 6.983 | 7.044 | 7.050 | 7.079 | 7.116 | 7.123 | 7.235 | 7.208 | 7.247 |

①　冯芳芳和蒲勇健曾采用产业结构高度化变化值（W）对我国区域产业结构优化进行研究。详情参见冯芳芳、蒲勇健：《我国区域产业结构优化及其影响因素分析——基于分位数回归方法》，《技术经济》2012 年第 2 期。

②　此处实际计算了全国 30 个省、市、自治区的产业结构高度化值，按照研究需要，笔者没有报告西部地区及部分东部地区的数据。

| | 2002 年 | 2003 年 | 2004 年 | 2005 年 | 2006 年 | 2007 年 | 2008 年 | 2009 年 | 2010 年 | 2011 年 | 2012 年 |
|---|---|---|---|---|---|---|---|---|---|---|---|
| 江苏 | 6.461 | 6.504 | 6.483 | 6.532 | 6.556 | 6.590 | 6.599 | 6.613 | 6.624 | 6.708 | 6.727 |
| 浙江 | 6.570 | 6.598 | 6.604 | 6.649 | 6.674 | 6.691 | 6.718 | 6.721 | 6.726 | 6.782 | 6.811 |
| 安徽 | 6.061 | 6.174 | 6.143 | 6.311 | 6.315 | 6.295 | 6.285 | 6.289 | 6.296 | 6.288 | 6.308 |
| 江西 | 6.159 | 6.156 | 6.085 | 6.124 | 6.168 | 6.162 | 6.160 | 6.165 | 6.168 | 6.347 | 6.368 |
| 河南 | 6.027 | 6.135 | 6.075 | 6.109 | 6.133 | 6.156 | 6.187 | 6.189 | 6.190 | 6.247 | 6.268 |
| 湖北 | 6.327 | 6.328 | 6.259 | 6.337 | 6.361 | 6.345 | 6.357 | 6.368 | 6.372 | 6.369 | 6.379 |
| 湖南 | 6.241 | 6.292 | 6.198 | 6.243 | 6.295 | 6.281 | 6.230 | 6.235 | 6.243 | 6.365 | 6.395 |
| 山西 | 6.497 | 6.462 | 6.443 | 6.614 | 6.604 | 6.587 | 6.613 | 6.623 | 6.637 | 6.586 | 6.606 |
| 东部平均 | 6.561 | 6.559 | 6.539 | 6.604 | 6.609 | 6.624 | 6.642 | 6.648 | 6.686 | 6.740 | 6.760 |
| 中部平均 | 6.224 | 6.251 | 6.206 | 6.296 | 6.318 | 6.310 | 6.313 | 6.316 | 6.342 | 6.344 | 6.357 |
| 西部平均 | 6.218 | 6.217 | 6.186 | 6.326 | 6.338 | 6.316 | 6.319 | 6.321 | 6.328 | 6.368 | 6.377 |
| 全国平均 | 6.345 | 6.352 | 6.320 | 6.420 | 6.432 | 6.427 | 6.436 | 6.439 | 6.442 | 6.568 | 6.582 |

　　从表 8-16 可看出，2002—2012 年我国中部各省的产业结构优化程度呈逐年上升趋势，但与东部部分省份如广东、北京、上海、浙江的差距较大，远远没有达到东部地区的产业结构高度。就 2012 年来看，东、中、西部三大地区比较而言，东部地区的产业结构优化程度最高，达到了 6.760；中部地区整体的产业结构高度为 6.357，与西部地区的产业结构高度相似，但都低于全国平均水平 6.582。可以认为，中部地区的产业结构调整还有很长的路要走，要继续进行产业结构的高度化调整，使其与东部地区靠近。

## 三、中部地区产业结构调整的区域主导产业标准

　　主导产业是在一定的经济发展和技术创新条件下形成的，主导产业的形成决定了该地区产业结构的现状。由于不同的区域，其经济发展阶段和

经济发展条件也不同，因此区域主导产业也会有不同的选择。就中部地区来说，尽可能地准确选择主导产业，也是产业结构调整的主要目标之一。

（一）主导产业评价指标的选择

在借鉴已有研究成果基础上，本书结合战略性主导产业的特点，最终选择了 4 个一级指标和 10 个二级指标。[①]

1. 增长潜力

产业的需求收入弹性、产业的增长速度、产业增长对 GDP 增长贡献率三个指标也能反映产业的增长潜力。[②] 区域内的主导产业将会是未来的支柱产业，它的发展应该具备强有力的增长潜力。

（1）需求收入弹性

需求收入弹性，是从市场的角度考虑的某一产业需求变动对人均收入变动的敏感程度，即某一产业产品的需求增加率与人均国民收入增加率之比。

$$某一产业产品的需求收入弹性系数 = \frac{某一产业产品的需求增加率}{人均国民收入增加率}$$

其数学表达式为：

$$E = \frac{\Delta Q / Q}{\Delta I / I} \qquad (8\text{-}8)$$

（2）产业增加值的增长对 GDP 增长的贡献率

产业增加值的增长对 GDP 增长的拉动（$\sigma_G$）可以衡量一个产业是否是区域战略性主导产业，通常用战略性主导产业增加值的年增长量与地区 GDP 的年增长量之比乘以地区 GDP 的增长速度来衡量，见式（6-18）：

$$\sigma_G = \frac{\Delta HT}{\Delta GDP} \times V_{GDP} \qquad (8\text{-}9)$$

---

① 国内对主导产业选择的研究较多，本书借鉴朱晓海的研究方法、部分指标选择与权重，详情参见朱晓海：《中部地区战略性主导产业的选择与布局研究》，硕士学位论文，武汉理工大学，2007 年。

② 闵明雄、李闯：《欠发达地区主导产业选择模式新论——以广西贵港市主导产业选择为例》，《法制经济》2006 年第 3 期。

（3）产业增长率

主导产业部门应具有较高的增长率，并且该增长率并非近几年短期的增长率，而是长期的复合增长率。只有采用长期的复合增长率才能准确衡量一个产业的长期增长水平，以此为标准评判主导产业才能更加准确、严谨：

$$X_i^t = X_i^0 (1 + r_i)^t \ \text{即} \ r_i = \left( \frac{X_i^t}{X_i^0} \right)^{\frac{1}{t}} - 1 \qquad (i = 1, 2, \cdots, n) \quad (8-10)$$

2. 产业关联效应

除了较高的增长潜力之外，区域主导产业还应当具有较高的产业关联效应，能够产生积极的产业联动作用。一般采用影响力系数、感应度系数两个指标来衡量。

（1）影响力系数

影响力系数可以衡量某产业后向联系的广度和深度。当该系数大于 1 时，表明某部门的生产对其他部门带来的生产需求影响程度远大于社会的平均影响力水平。[1]

影响力系数公式：

$$T_j = \frac{\frac{1}{n} \sum_{i=1}^{n} A_{ij}}{\frac{1}{n^2} \sum_{i=1}^{n} \sum_{j=1}^{n} A_{ij}} \qquad (i, j = 1, 2, \cdots, n) \qquad (8-11)$$

式中，$T_j$ 是 $j$ 产业部门对其他产业部门影响程度的影响力系数；$A_{ij}$ 是 $(I - A)^{-1}$ 中的第 $i$ 行 $j$ 列的系数。

（2）感应度系数

感应度系数是本产业对其他产业的敏感程度。感应度系数公式：

---

[1]　朱晓海：《中部地区战略性主导产业的选择与布局研究》，硕士学位论文，武汉理工大学，2007 年，第 33 页。

$$S_i = \frac{\dfrac{1}{n}\displaystyle\sum_{j=1}^{n} A_{ij}}{\dfrac{1}{n^2}\displaystyle\sum_{i=1}^{n}\sum_{j=1}^{n} A_{ij}} \qquad (i,j=1,2,\cdots,n) \qquad (8-12)$$

式中，$S_i$ 是 $i$ 产业部门受其他部门影响的感应度系数；$A_{ij}$ 是 $(I-A)^{-1}$ 中的第 $i$ 行 $j$ 列的系数。

3. 产业技术进步

产业技术进步的水平一般采用技术密集度和全员劳动生产率上升率两个指标来衡量。

（1）技术密集度

$$技术密集度 = \frac{某产业\,R\&D\,经费支出}{某产业销售收入} \qquad (8-13)$$

（2）全员劳动生产率上升率

$$全员劳动生产率上升率 = \frac{报告期全员劳动生产率 - 基期全员劳动生产率}{基期全员劳动生产率} \times 100\%$$

$$(8-14)$$

其中，全员劳动生产率 = 产值／人员平均数。

4. 产业就业功能基准

选择主导产业时不光要考虑产业的增长潜力、产业关联效应以及产业技术进步水平，同时还要考虑产业的就业吸引力。一般采用就业吸纳率、投入创造的就业率以及就业增长率三个指标来反映。

（1）就业吸纳率

就业吸纳率即某产业年平均就业人数与该产业总产值的比率。

$$就业吸纳率 = \frac{某产业年平均就业人数}{该产业总产值} \qquad (8-15)$$

（2）投入创造的就业率

其公式为：

$$投入创造的就业率 = \frac{某产业年平均就业人数}{该产业年平均固定资产净值} \qquad (8-16)$$

其中，固定资产净值是指固定资产原价减去历年已提折旧额后的净额。

（3）就业增长率

就业增长率不仅可以衡量一个产业的就业吸引力，而且可以间接反映一个产业发展态势，见式（6-16）：

$$\eta = \frac{L_t - L_{t-1}}{L_{t-1}} \tag{8-17}$$

（二）主导产业评价指标权重的确定

按照上文的描述，建立了表 8-17 的层次结构表。定义目标层 $A$ 为主导产业领域的选择，定义准则层 $Bi$ 为一级评价指标，方案层 $Cij$ 为各二级指标。

表 8-17　区域主导产业决策层次表

| 目标 $A$ | 准则层 $Bi$ | 方案层 $Cij$ | 准则层 $Bi$ | 方案层 $Cij$ |
|---|---|---|---|---|
| $A$ 区域主导产业 | $B_1$ 产业增长潜力 | $C11$ 需求收入弹性 | $B4$ 产业就业功能 | $C41$ 就业吸纳率 |
| | | $C12$ 增加值的贡献率 | | $C42$ 投入创造的就业率 |
| | | $C13$ 产业的增长率 | | $C43$ 产业就业增长率 |
| | $B2$ 产业关联效应 | $C21$ 影响力系数 | $B3$ 产业技术进步 | $C31$ 技术密集度 |
| | | $C22$ 感应度系数 | | $C32$ 劳动生产率上升率 |

通过建立判断矩阵，并且进行相关的计算后，最终得到方案层中各分项对于决策目标层的权重 $Qij$，$i$，$j = 1$，2，3，4，5。结果如表 8-18 所示。

表 8-18　指标权重表

| 目标层 $A$ | 准则层 $Bi$ | 权重 $Qi$ | 方案层 $Cij$ | 权重 $Qij$ | 对目标层权重 $Zij$ |
|---|---|---|---|---|---|
| $A$ 区域主导产业 | $B1$ 产业增长潜力 | 0.4133 | $C11$ 需求收入弹性 | 0.5400 | 0.2232 |
| | | | $C12$ 增加值的贡献率 | 0.2970 | 0.1228 |
| | | | $C13$ 产业的增长率 | 0.1630 | 0.0674 |

续表

| 目标层 A | 准则层 Bi | 权重 Qi | 方案层 Cij | 权重 Qij | 对目标层权重 Zij |
|---|---|---|---|---|---|
| A 区域主导产业 | B2 产业关联效应 | 0.2641 | C21 影响力系数 | 0.6667 | 0.1761 |
| | | | C22 感应度系数 | 0.3333 | 0.0880 |
| | B3 产业技术进步 | 0.2221 | C31 技术密集度 | 0.3333 | 0.0740 |
| | | | C32 劳动生产率上升率 | 0.6667 | 0.1481 |
| | B4 产业就业功能 | 0.1005 | C41 就业吸纳率 | 0.5240 | 0.0527 |
| | | | C42 投入创造的就业率 | 0.1500 | 0.0151 |
| | | | C43 产业就业增长率 | 0.3260 | 0.0328 |

（三）中部地区六省的主导产业确定与评价

依据主导产业评价的 4 项基准、10 个二级指标对中部地区各省的产业进行评价，将各省份中排名靠前的 12 种产业确定为该省份的战略性主导产业，见表 8-19。[①]

表 8-19　中部地区各省的主导产业选择综合表

| 省份 | 行　业 | 得分 | 序号 | 省份 | 行　业 | 得分 | 序号 |
|---|---|---|---|---|---|---|---|
| 河南 | 黑色金属矿采选业 | 63.20 | 1 | 湖南 | 黑色金属冶炼及压延加工业 | 64.25 | 1 |
| | 煤炭开采和洗选业 | 61.34 | 2 | | 黑色金属矿采选业 | 62.48 | 2 |
| | 黑色金属冶炼及压延加工业 | 60.21 | 3 | | 专用设备制造业 | 62.05 | 3 |
| | 有色金属冶炼及压延加工业 | 58.16 | 4 | | 化学原料及化学制品制造业 | 61.37 | 4 |
| | 仪器仪表办公用机械制造业 | 57.58 | 5 | | 通用设备制造业 | 60.52 | 5 |
| | 非金属矿物制品业 | 54.25 | 6 | | 食品制造业 | 59.67 | 6 |

① 对中部地区主导产业进行评价与选择，所依据的产业分类是标准产业分类法，按照《中国统计年鉴》中所采用的《国民经济行业分类》（GB/T4754—2002）。另外，由于统计口径的变化和数据资料的缺乏，木材及竹材采运业、废弃资源和废旧材料回收加工业不包括在笔者所取的产业范围。以下对各指标的计算，其数据均来源于历年《中国统计年鉴》和《湖北省统计年鉴》《湖南统计年鉴》《江西统计年鉴》《安徽统计年鉴》《河南统计年鉴》《山西统计年鉴》《中国工业经济统计年鉴》《中国科技统计年鉴》，各省 2007 年投入产出表以及相关统计网站，部分缺失数据采用插入法处理。此处的计算过程非常琐碎，故省略，如需了解具体数据与计算过程，请与笔者联系。

| 省份 | 行业 | 得分 | 序号 | 省份 | 行业 | 得分 | 序号 |
|---|---|---|---|---|---|---|---|
| 河南 | 农副食品加工业 | 54.12 | 7 | 湖南 | 煤炭开采和洗选业 | 58.97 | 7 |
| | 通用设备制造业 | 53.17 | 8 | | 医药制造业 | 57.34 | 8 |
| | 化学原料及化学制品制造业 | 52.59 | 9 | | 燃气生产和供应业 | 55.38 | 9 |
| | 医药制造业 | 50.27 | 10 | | 塑料制品业 | 53.29 | 10 |
| | 文教体育用品制造业 | 50.05 | 11 | | 化学纤维制造业 | 52.56 | 11 |
| | 塑料制品业 | 49.38 | 12 | | 有色金属冶炼及压延加工业 | 51.34 | 12 |
| 山西 | 煤炭开采和洗选业 | 63.89 | 1 | 安徽 | 黑色金属冶炼及压延加工业 | 65.69 | 1 |
| | 黑色金属矿采选业 | 61.58 | 2 | | 煤炭开采和洗选业 | 64.26 | 2 |
| | 文教体育用品制造业 | 59.26 | 3 | | 交通运输设备制造业 | 63.59 | 3 |
| | 黑色金属冶炼及压延加工业 | 58.34 | 4 | | 有色金属冶炼及压延加工业 | 61.48 | 4 |
| | 仪器仪表办公用机械制造业 | 56.26 | 5 | | 金属制品业 | 61.35 | 5 |
| | 石油加工、炼焦及核燃料加工业 | 51.35 | 6 | | 印刷业和记录媒介的复制 | 60.26 | 6 |
| | 塑料制品业 | 51.31 | 7 | | 化学原料及化学制品制造业 | 59.36 | 7 |
| | 通信设备等电子设备制造业 | 49.39 | 8 | | 食品制造业 | 58.47 | 8 |
| | 有色金属冶炼及压延加工业 | 48.47 | 9 | | 橡胶制品业 | 54.36 | 9 |
| | 食品制造业 | 43.26 | 10 | | 塑料制品业 | 53.27 | 10 |
| | 化学原料及化学制品制造业 | 42.56 | 11 | | 电气机械及器材制造业 | 52.67 | 11 |
| | 通用设备制造业 | 41.82 | 12 | | 仪器仪表办公用机械制造业 | 50.61 | 12 |
| 湖北 | 交通运输设备制造业 | 70.26 | 1 | 江西 | 黑色金属矿采选业 | 59.35 | 1 |
| | 通信设备等电子设备制造业 | 69.56 | 2 | | 有色金属冶炼及压延加工业 | 58.39 | 2 |
| | 燃气生产和供应业 | 68.76 | 3 | | 黑色金属冶炼及压延加工业 | 56.28 | 3 |
| | 黑色金属矿采选业 | 61.25 | 4 | | 医药制造业 | 55.39 | 4 |
| | 黑色金属冶炼及压延加工业 | 54.69 | 5 | | 通信设备等电子设备制造业 | 51.34 | 5 |
| | 医药制造业 | 50.26 | 6 | | 交通运输设备制造业 | 50.67 | 6 |
| | 化学纤维制造业 | 49.85 | 7 | | 化学原料及化学制品制造业 | 48.26 | 7 |
| | 电力、热力的生产和供应业 | 48.26 | 8 | | 纺织服装、鞋、帽制造业 | 45.38 | 8 |
| | 造纸及纸制品业 | 47.69 | 9 | | 塑料制品业 | 42.38 | 9 |

续表

| 省份 | 行　业 | 得分 | 序号 | 省份 | 行　业 | 得分 | 序号 |
|---|---|---|---|---|---|---|---|
| 湖北 | 电气机械及器材制造业 | 45.61 | 10 | 江西 | 电力、热力的生产和供应业 | 40.29 | 10 |
| | 石油和天然气开采业 | 44.36 | 11 | | 化学纤维制造业 | 39.64 | 11 |
| | 化学原料及化学制品制造业 | 43.28 | 12 | | 橡胶制品业 | 38.68 | 12 |

由表8-19可以发现，按照产业增长、产业关联、产业技术进步与产业就业功能等指标，计算出来的中部地区六省的主导产业，在现实经济发展过程中，并没有被采纳或者确定。中部地区部分省市在确定主导产业过程中，没有按照经济产业发展的内在逻辑，而是比较随机或者由领导偏好决定。如新能源、新材料等产业在河南、江西、湖北等地都被确定为主导产业，大力护持和发展，结果导致光伏产业产能严重过剩，新材料发展重复竞争。

从表8-19还可以发现，计算出来的中部地区六省12个主导产业中，大部分都为资源开发型产业和制造业，诸如生物医药、电子信息等高新技术产业在国民经济中没有起到主导型作用，这与中部地区的资源禀赋和特色优势向吻合。中部地区在经济发展过程中，主要依靠资源优势发展资源型产业和劳动密集型产业，技术密集型和资本密集型产业发展缓慢，在国民经济中的地位较低。尽管资源开发型产业和劳动密集型产业在中部地区发展过程中，作出了巨大的贡献，但这种产业结构属于低端结构，资源消耗多、环境污染大、技术含量少，这种产业结构的竞争力较低，难以实现中部崛起的国家战略。

因此，中部地区在发展过程中，应该从产业增长、产业关联、产业技术进步与产业就业功能等标准来确定主导产业。另外，主导产业的确定应该具有一定的前瞻性和适应性，应该具备其经济产业发展的内在逻辑，就中部地区现在的实际情况看，还没有达到这个要求。

## 第五节　中部地区承接沿海产业转移的产业选择

中部地区本身具有比较好的教育资源、基础设施及工业基础，同时具有承东启西的区位优势，集聚和承载产业的能力较强。在确定承接产业转移的产业选择时，应当结合产业发展规律及自身发展特点等综合确定。

### 一、东部沿海产业转移趋势分析

中部地区在选择承接沿海地区的产业时候，应该对东部地区的产业发展状况有所了解，对东部地区产业转移的趋势有所探究，如哪些产业具备转移的必要性，哪些产业具备转移的可能性。本节采用静态指标和产业动态指标分析东部沿海地区产业转移的趋势。

（一）指标选取

1. 产业静态区域集聚指数

产业静态区域聚集指数是指区域内某产业产值与全部产业产值的比例，这个比值与全国范围内该产业产值与全国范围内全部产业产值的比例之间的关系。[①] 产业静态聚集指数是衡量目前产业在区域分布上的一个存量指标。计算公式如下：

$$LQ^{ir} = \frac{Output^{ir}/Output^{r}}{Output^{i}/Output}$$
(8-18)

其中，$LQ^{ir}$ 表示产业集聚指数；$Output^{ir}$ 代表 $i$ 产业在 $r$ 区域的产值；$Output^{i}$ 是在全国范围内的 $i$ 产业的产出；$Output^{r}$ 表示 $r$ 区域内所有产业的总产值；$Output$ 表示全国范围内的所有产业的总产值。

2. 产业动态区域集聚指数

产业动态区域集聚指数是指在既定的时间和区域内，某产业产值的增长速度与该产业在全国平均增长速度的比例。它可以用来衡量区域产业区

---

① 张涛、冉梨：《基于产业优势的重庆承接产业转移的重点选择》，《东方企业文化》2010 年第 14 期。

转移的特征。

$$D_{ij(0-t)} = \frac{b_{ij(0-t)}}{\sum_{j=1}^{n} b_{ij(0-t)}} \tag{8-19}$$

其中，$D_{ij(0-t)}$ 表示在 $(0-t)$ 时间段内 $i$ 产业在 $j$ 区域的动态集聚指数；$b_{ij(0-t)}$ 代表在 $(0-t)$ 时间段内 $i$ 产业在 $j$ 地区生产的增长速度；$\sum_{j=1}^{n} b_{ij(0-t)}$ 是产业 $i$ 在 $(0-t)$ 时间段内全国的平均增长速度。若 $D_{ij(0-t)} > 1$，意味着在 $(0-t)$ 时间段内，产业 $i$ 生产向地区 $j$ 迅速集中；若 $0 < D_{ij(0-t)} < 1$，代表着在 $(0-t)$ 时间段内，即使 $j$ 地区产业 $i$ 的生产纵向上进行比较有所增加，但是其增长的速度明显小于全国平均增长速度；若 $D_{ij(0-t)} < 0$，这表明在 $(0-t)$ 时间段内产业 $i$ 生产从地区 $j$ 向外部地区进行转移扩散。[①]

通常，可以依据静态指数和动态指数来判断东部地区具有转移趋势的产业。当某产业的静态集聚指数大于 1 而动态聚集指数小于 1 时，该产业虽然产值较大，但增长速度开始下降，出现了转移的趋势；当动态聚集指数小于 0.8，这表明该产业在此区域内的增长速度下降得很厉害，已经低于全国平均水平增长速度，该产业在此区域开始萎缩，转移已经发生。

对产业静态区域集聚指数和产业动态区域集聚指数的计算，黄钟仪和张涛曾做过研究，[②]两者的研究结论较为一致。同时，本书第二章也对东部地区产业转移的规模和结构进行了研究，其研究结论表明东部地区资源密集型产业和劳动力密集型产业具有转移的趋势。在此，根据前面的研究结论，确定东部五省一市各自具有产业转移趋势的产业（见表 8-20）。

---

[①]　黄钟仪曾计算 2006—2010 年沿海五省一市的产业集聚指数，详情参见：黄钟仪：《产业转移：东部的趋势及西部的选择——以重庆为例》，《经济问题》2009 年第 7 期。

[②]　张涛曾采用产业静态区域集聚指数与动态集聚指数研究了重庆市承接沿海产业转移的情况。此处笔者借鉴其方法，详情请参见张涛：《重庆承接东部产业转移中的产业选择研究》，硕士学位论文，重庆工商大学，2011 年，第 37—39 页。

表 8-20　东部沿海五省一市具有转移趋势的产业

| 地区 | 具有转移趋势的产业 | 地区 | 具有转移趋势的产业 |
|---|---|---|---|
| 山东5个 | 煤炭开采和采选业（静态1.373，动态0.885）；有色金属矿采选业（静态1.184，动态0.516）；橡胶制品业（静态2.315，动态0.894）；化学纤维制造业（静态0.299，动态−0.016）；专用设备制造业（静态1.396，动态0.874） | 福建5个 | 家具制造业（静态1.737，动态0.838）；造纸及纸制品业（静态1.470，动态0.974）；印刷业及记录媒介（静态1.050，动态0.961）；塑料制品业（静态1.685，动态0.912）；通信设备及其他电子设备制造业（静态1.398，动态0.675） |
| 浙江4个 | 纺织服装、鞋、帽制造业（静态1.930，动态0.814）；皮革羽毛及制品业（静态2.523，动态0.930）；木材加工制品业（静态1.099，动态0.966）；造纸及纸制品业（静态1.261，动态0.979） | 广东8个 | 纺织服装、鞋、帽制造业（静态1.279，动态0.695）；皮革羽毛及制品业（静态1.373，动态0.737）；造纸及纸制品业（静态1.117，动态0.992）；塑料制品业（静态1.724，动态0.934）；金属制品业（静态1.609，动态0.954）；通信设备及其他电子设备制造业（静态2.526，动态0.973）；仪器仪表及文化、办公用机械制造业（静态2.186，动态0.862）；燃气生产和供应业（1.598，0.992） |
| 江苏4个 | 纺织业（静态1.780，动态0.988）；文教体育用品制造业（静态1.167，动态0.916）；通用设备制造业（静态1.345，动态0.979）；专用设备制造业（静态1.050，动态0.863） | 上海12个 | 烟草制造业（静态1.167，动态0.979）；纺织服装、鞋、帽制造业（静态1.075，动态0.442）；印刷业及记录媒介（静态1.338，动态0.446）；文教体育用品制造业（静态1.406，动态0.411）；化学原料及化学制品制造业（静态1.064，动态0.894）；化学纤维制造业（静态0.247，动态−0.102）；塑料制品业（静态1.018，动态0.665）；通用设备制造业（静态1.818，动态0.974）；交通运输设备制造业（静态1.517，动态0.544）；电器机械及器材制造业（静态1.146，动态0.816）；仪器仪表及文化、办公用机械制造业（静态1.384，动态0.711）；燃气生产和供应业（静态1.447，动态0.973） |

从表8-20可以发现，东部沿海五省一市具有转移趋势的产业大部分为资源密集型产业和劳动密集型产业，这和当前东部地区的发展现实是比较吻合的。当前，东部地区由于土地、资源的约束，产业结构调整已经成为经济发展的主旋律，部分地区开始出现了"腾笼换鸟"的政策，产业结构高级化、高端化已经成为东部地区未来发展的一个趋势。为此，东部地区已有的部分产业失去了发展空间和机遇，特别是劳动密集型产业和资源密集型产业的转移开始出现，如长三角地区的产业开始向安徽转移、珠三角的产业开始向湖南、广西、四川等地转移。

就中部地区现有产业发展来看，可以认为，中部地区已有一定的产业基础，资源禀赋、劳动力基础等，也形成具有一定特色的产业集群。对比东部地区、中部地区两个区域的关系，笔者发现，中部地区已经具备了承接东部地区产业转移的条件，如东部地区具有转移趋势的制造业、金属材料等产业，在中部地区已经得到高速发展，产业增长速度、产业技术水平和吸纳就业的能力很高，已经成为中部地区的主导产业，这些产业往中部的转移，符合产业发展的特点，也符合中部地区的现有经济结构状况。可以认为，东部地区有转移的趋势，中部地区有承接转移的条件。实际上，在当前产业转移的现实表现看，这种产业转移的经济现象不断给中部地区带来了资金、技术等要素，促进了中部地区的经济发展。另外，这种转移给东部地区释放了经济发展的空间，经济发展的动力将会更大。

## 二、产业结构合理化目标下的产业选择原则

### (一) 产业梯度性原则

产业梯度转移理论是在美国学者雷蒙德·弗农（Raymond Vernon）的产品生命周期理论和日本学者赤松要（Kaname Akamatsu）的"雁行发展模式"理论的基础上发展形成的，该理论认为，区域经济的发展水平取决于其主导产业在产品生命周期中所处的阶段，一个国家内的不同区域会处在不同的经济发展梯度上，创新活动诸如新产品、新工艺、新技术、新方法的研发与应用大都集中于高梯度地区，但随着时间的推移和产品生命周

期的变化，这些新产品、新工艺、新技术、新方法会逐渐向低梯度地区转移。[①] 基于产业梯度转移理论，中部省份在承接产业转移时遵循产业梯度性原则，即在承接东部地区沿海产业转移中，要侧重于引进处于生命周期前段、相对本地产业具有优势的企业。

（二）协调型发展原则

中部地区在承接沿海产业转移中，要充分吸收和借鉴我国东部地区承接国际产业转移的经验和教训，在选择承接产业移入时，要与地区经济发展规划和产业发展计划协调，使承接产业更好地促进中部地区社会经济发展。即中部地区承接沿海产业转移应该遵循协调型发展原则。总体来说，选择承接的产业要与国家和地区的产业发展政策相适应，与地区在国家产业规划中的定位相匹配，与地区相关的前向后向产业发展相促进，与当地的经济发展与产业发展相协调。要结合地区自身经济和产业发展水平，以保证所承接的产业在当地能够顺利吸收和消化，不能盲目引进，坚决不承接国家和地区政策限制以及产能过剩行业。根据产业协调发展原则，中部六省承接东部产业转移，要建立在各自的产业发展计划和发展战略基础上，使承接的产业能够与地区产业发展相匹配，能被当地经济快速有效吸收和消化。

（三）集群式发展原则

当前，产业集群式转移已经成为东部地区产业转移的主要方式之一，中部地区在承接产业转移过程中，应该遵循集群式发展原则，即选择承接产业时要结合当地经济发展水平和现有产业发展状况，优先吸引有利于引导区域产业集聚的产业，大力发展发展关联产业及相关配套产业，使区域经济发展形成有机整体。要充分发挥区域比较优势，激发承接产业的带动作用和集聚效应，同时制定优惠政策，以特色工业园区为载体，优先发展产业集群。[②]

---

① 安增军、刘琳：《中国产业梯度转移与区域产业结构调整的互动关系研究》，《华东经济管理》2009 年第 12 期。

② 张涛：《重庆承接东部产业转移中的产业选择研究》，硕士学位论文，重庆工商大学，2011 年，第 34 页。

（四）可持续发展原则

可持续发展指在经济发展中保持经济、社会、环境、资源相协调，以做到既满足当代人的需求又不损害后代人需求的发展模式。中部省份在承接产业转移的过程中应当坚持经济、社会、环境、资源相协调，做到其健康、快速、可持续发展。具体来说，可持续发展原则要求在选择所承接产业时要注重经济发展质量，而不是只追求地区生产总值的扩大。要把可持续发展目标放在首位，充分考虑承接产业的环境、资源影响，要把经济发展与资源、环境的保护相结合，科学选择承接产业。既不能只重产业的发展和经济的增长而忽略环境问题，也不能只顾环境保护而忽略了经济的发展。因此，要对二者进行协调，大力发展配套环保产业，使得社会效益达到最优。

在可持续发展原则的指导下，中部地区要优先承接绿色产业，引导区域内产业向集约型、绿色型产业模式发展，鼓励环保产业发展，限制高污染、高排放产业。要加大监督执法力度和节能减排改造力度，在考核承接产业转移工作时，要把承接转移项目的科技含量、环保指标与资金数量等三项指标同时纳入考核体系。

## 三、产业结构合理化目标下的产业选择确定

（一）产业梯度性原则下的产业选择

中部省份承接产业转移时，有必要对东部不同省份产业转移的重点产业进行针对性研究。在此基础上，依据中部各省根据其相对东部不同省份的相对产业梯度系数，综合确定各省对应不同东部省份所需要承接的重点产业。

1. 中、东部地区分行业产业梯度系数分析

区域经济理论中通常利用产业梯度系数来衡量某一区域内某一产业所处的产业梯度层级，且该系数主要受两个方面的影响：一方面是创新方面，用比较劳动生产率来衡量，反映了该地区该产业的技术水平、研发水平及劳动者的效率；另一方面是产业集中方面，用区位商来衡量，反映了

特定区域内某一产业部门的发展水平以及集聚程度，取决于该地区该产业相对全国的发展水平。具体公式为：

$$I_{ij} = Q_{ij} \times L_{ij} \qquad (8-20)$$

其中，$I_{ij}$ 为 $i$ 地区 $j$ 产业的产业梯度系数，$Q_{ij}$ 为 $i$ 地区 $j$ 产业的区位商，$L_{ij}$ 为 $i$ 地区 $j$ 产业的比较劳动生产率。

$$Q_{ij} = G_{ij}/P_j \qquad (8-21)$$

其中，$Q_{ij}$ 为 $i$ 地区 $j$ 产业的区位商，$G_{ij}$ 为 $i$ 地区 $j$ 产业增加值占本地区 GDP 中的比重，$P_j$ 为全国 $j$ 产业增加值占全国 GDP 中的比重。

$$L_{ij} = D_{ij}/R_{ij} \qquad (8-22)$$

其中，$L_{ij}$ 为 $i$ 地区 $j$ 产业的比较劳动生产率，$D_{ij}$ 为 $i$ 地区 $j$ 产业增加值在全国同行业增加值中的比重，$R_{ij}$ 为 $i$ 地区 $j$ 产业从业人员在全国同行业从业人员中的比重。[①]

表 8-21　中部六省主要工业产业梯度系数

| 行业 | 山西 | 江西 | 河南 | 湖南 | 湖北 | 安徽 |
|---|---|---|---|---|---|---|
| 煤炭开采和洗选业 | 19.703 | 0.744 | 1.065 | 0.958 | 0.020 | 1.286 |
| 黑色金属矿采选业 | 0.035 | 0.069 | 0.198 | 0.047 | 0.077 | 0.074 |
| 有色金属矿采选业 | 1.716 | 0.724 | 0.039 | 1.405 | 0.449 | 0.095 |
| 非金属矿采选业 | 0.639 | 12.643 | 30.157 | 2.016 | 0.593 | 0.436 |
| 农副食品加工业 | 0.059 | 1.616 | 5.390 | 0.010 | 8.997 | 9.086 |
| 食品制造业 | 0.030 | 1.694 | 1.145 | 7.530 | 1.822 | 0.374 |
| 饮料制造业 | 0.187 | 0.642 | 2.444 | 1.393 | 0.651 | 1.125 |
| 烟草制品业 | 1.680 | 1.337 | 3.093 | 0.914 | 1.910 | 13.415 |
| 纺织业 | 2.130 | 1.771 | 3.328 | 2.362 | 1.768 | 0.007 |
| 纺织服装、鞋、帽制造业 | 0.021 | 1.177 | 2.102 | 1.089 | 1.381 | 0.094 |
| 皮革、毛皮、羽毛（绒）及其制品业 | 0.122 | 0.809 | 1.011 | 1.150 | 0.832 | 0.402 |

---

①　贺曲夫、刘友金：《基于产业梯度的中部六省承接东南沿海产业转移之重点研究》，《湘潭大学学报》（哲学社会科学版）2011 年第 5 期。

续表

| 行业 | 山西 | 江西 | 河南 | 湖南 | 湖北 | 安徽 |
|---|---|---|---|---|---|---|
| 木材加工及木、竹、藤、棕、草制品业 | 0.010 | 0.207 | 15.234 | 2.042 | 0.114 | 1.698 |
| 家具制造业 | 0.031 | 1.747 | 1.067 | 10.977 | 1.485 | 0.528 |
| 造纸及纸制品业 | 0.013 | 0.291 | 1.624 | 5.956 | 0.485 | 4.619 |
| 印刷业和记录媒介的复制 | 0.012 | 0.513 | 0.666 | 3.053 | 0.526 | 0.283 |
| 文体教育用品制造业 | 0.098 | 1.225 | 3.887 | 4.502 | 1.830 | 0.251 |
| 石油加工、炼焦业及核燃料加工业 | 0.327 | 0.153 | 1.262 | 10.028 | 0.376 | 0.833 |
| 化学原料及化学制品制造业 | 1.658 | 0.692 | 0.242 | 0.685 | 0.603 | 0.104 |
| 医药制造业 | 0.212 | 0.754 | 0.138 | 1.224 | 0.584 | 0.123 |
| 化学纤维制造业 | 0.293 | 0.735 | 2.051 | 1.355 | 0.545 | 0.021 |
| 橡胶制品业 | 0.038 | 0.040 | 2.032 | 0.532 | 0.083 | 1.362 |
| 塑料制品业 | 0.151 | 0.782 | 0.417 | 0.561 | 0.851 | 2.263 |
| 非金属矿物制品业 | 0.092 | 3.107 | 1.976 | 6.249 | 3.011 | 14.558 |
| 黑色金属冶炼及压延加工业 | 0.476 | 1.142 | 0.422 | 2.096 | 1.162 | 8.068 |
| 有色金属冶炼及压延加工业 | 1.137 | 1.862 | 3.073 | 1.386 | 1.285 | 0.936 |
| 金属制品业 | 1.320 | 5.303 | 2.727 | 5.539 | 0.279 | 0.322 |
| 通用设备制造业 | 0.103 | 0.718 | 0.150 | 2.238 | 1.198 | 3.268 |
| 专用设备制造业 | 0.253 | 0.837 | 0.089 | 1.806 | 0.626 | 0.452 |
| 交通运输设备制造业 | 1.010 | 0.326 | 0.520 | 11.830 | 0.362 | 2.346 |
| 电气机械及器材制造业 | 0.021 | 1.900 | 0.045 | 0.899 | 1.726 | 1.887 |
| 通信设备、计算机及电子设备制造业 | 0.086 | 0.435 | 0.298 | 1.252 | 0.398 | 2.125 |
| 仪器仪表及文化、办公用机械制造业 | 0.012 | 0.098 | 0.021 | 0.523 | 0.337 | 0.201 |
| 工艺品及其他制造业 | 0.152 | 0.293 | 0.103 | 8.726 | 0.119 | 2.085 |
| 电力、热力的生产和供应业 | 0.034 | 0.633 | 5.113 | 1.478 | 1.014 | 1.081 |
| 燃气生产和供应业 | 0.001 | 0.624 | 0.013 | 1.746 | 0.699 | 3.490 |
| 水的生产和供应业 | 1.727 | 1.311 | 3.188 | 0.591 | 2.291 | 1.433 |

表 8-22　东部五省一市主要工业产业梯度系数

| 行　业 | 山东 | 浙江 | 江苏 | 福建 | 广东 | 上海 |
|---|---|---|---|---|---|---|
| 煤炭开采和洗选业 | 0.594 | 0.004 | 0.159 | 0.630 | — | — |
| 黑色金属矿采选业 | — | 0.032 | 0.157 | 0.993 | 0.211 | — |
| 有色金属矿采选业 | — | 0.056 | 0.011 | 0.633 | 0.681 | — |
| 非金属矿采选业 | 5.723 | 0.479 | 0.175 | 1.482 | 0.367 | — |
| 农副食品加工业 | 0.173 | 0.077 | 0.594 | 0.515 | 0.342 | 0.130 |
| 食品制造业 | 2.227 | 0.205 | 0.211 | 0.948 | 0.907 | 1.000 |
| 饮料制造业 | 1.944 | 0.674 | 0.468 | 1.227 | 0.711 | 1.077 |
| 烟草制品业 | 4.304 | 3.282 | 5.309 | 1.929 | 0.923 | 6.185 |
| 纺织业 | 0.307 | 1.513 | 2.186 | 1.357 | 0.518 | 0.324 |
| 纺织服装、鞋、帽制造业 | 0.509 | 1.549 | 2.181 | 4.133 | 1.100 | 2.039 |
| 皮革、毛皮、羽毛（绒）及其制品业 | 0.303 | 1.431 | 0.645 | 5.352 | 0.792 | 0.231 |
| 木材加工及木、竹、藤、棕、草制品业 | 0.039 | 0.578 | 1.383 | 1.232 | 0.431 | 0.191 |
| 家具制造业 | 0.482 | 1.019 | 0.199 | 1.289 | 1.472 | 1.707 |
| 造纸及纸制品业 | 0.427 | 0.618 | 1.137 | 1.189 | 0.905 | 0.451 |
| 印刷业和记录媒介的复制 | 2.347 | 0.689 | 0.562 | 0.710 | 1.235 | 0.689 |
| 文体教育用品制造业 | 0.986 | 1.667 | 2.084 | 1.290 | 2.609 | 1.504 |
| 石油加工、炼焦业及核燃料加工业 | 0.021 | 1.374 | 0.610 | 0.132 | 3.046 | 0.427 |
| 化学原料及化学制品制造业 | 0.819 | 0.588 | 2.124 | 0.257 | 1.772 | 1.675 |
| 医药制造业 | 4.387 | 0.785 | 1.124 | 0.489 | 0.555 | 0.792 |
| 化学纤维制造业 | 3.220 | 4.255 | 6.274 | 1.837 | 0.685 | 1.286 |
| 橡胶制品业 | 0.674 | 0.699 | 0.948 | 1.373 | 0.267 | 0.440 |
| 塑料制品业 | 0.937 | 1.426 | 1.068 | 1.686 | 1.364 | 0.734 |
| 非金属矿物制品业 | 0.110 | 0.411 | 0.599 | 1.745 | 0.758 | 0.506 |
| 黑色金属冶炼及压延加工业 | 2.102 | 0.144 | 1.684 | 0.341 | 0.196 | 2.839 |
| 有色金属冶炼及压延加工业 | 0.247 | 0.287 | 1.306 | 0.567 | 0.641 | 0.153 |
| 金属制品业 | 0.813 | 0.662 | 1.831 | 0.514 | 1.320 | 1.562 |
| 通用设备制造业 | 1.036 | 0.933 | 1.428 | 0.541 | 0.318 | 2.709 |
| 专用设备制造业 | 1.533 | 0.682 | 1.146 | 0.589 | 0.523 | 1.408 |

| 行　业 | 山东 | 浙江 | 江苏 | 福建 | 广东 | 上海 |
|---|---|---|---|---|---|---|
| 交通运输设备制造业 | 2.239 | 0.466 | 0.612 | 0.491 | 1.867 | 2.882 |
| 电气机械及器材制造业 | 1.211 | 0.770 | 1.793 | 0.678 | 1.544 | 1.348 |
| 通信设备、计算机及电子设备制造业 | 3.516 | 0.295 | 1.841 | 2.086 | 1.923 | 2.014 |
| 仪器仪表及文化、办公用机械制造业 | 6.681 | 0.914 | 2.079 | 0.547 | 1.596 | 3.024 |
| 工艺品及其他制造业 | 3.124 | 0.186 | 0.949 | 3.681 | 1.296 | 0.739 |
| 电力、热力的生产和供应业 | 2.538 | 2.012 | 1.024 | 0.912 | 2.493 | 1.914 |
| 燃气生产和供应业 | 0.740 | 0.283 | 0.928 | 0.074 | 5.372 | 0.536 |
| 水的生产和供应业 | 1.798 | 2.065 | 0.567 | 1.664 | 5.745 | 0.133 |

根据公式和各省份统计年鉴（2011）相关数据，计算得出中部六省和东部沿海五省一市主要产业的产业梯度系数如表8-21和表8-22所示。

2. 基于相对产业梯度系数的产业选择确定

产业梯度系数衡量的是特定区域内某一产业部门所处的产业梯度层级，一般来说特定区域内某一产业部门的梯度系数大于1时，该地区的产业处于高梯度层级，小于1时则处于低梯度层级，总的来说产业梯度系数的高低大体上可判断产业优势的高低。① 因此，产业梯度系数大于1的产业便可认为是该地区的优势产业。

在确定中、东部各省优势产业的（梯度系数大于1，见表8-22）基础上，再根据相对梯度系数来确定应该承接转移的重点产业。具体而言，就是将两个地区的优势产业的产业梯度系数进行比较，得出东部地区对中部各省的相对产业梯度系数，如果相对产业梯度系数大于1，这说明该产业具备向中部地区转移的条件，可以促进中部地区该产业进一步发展壮大。即当确定为中部各省承接产业专业的重点产业，如表8-23所示。

---

① 贺曲夫、刘友金：《基于产业梯度的中部六省承接东南沿海产业转移之重点研究》，《湘潭大学学报》（哲学社会科学版）2011年第5期。

表8-23　中部各省分别对东部地区承接的重点产业

| | 山东 | 浙江 | 江苏 | 福建 | 广东 | 上海 |
|---|---|---|---|---|---|---|
| 山西 | | 电力、热力的生产和供应 | | | | |
| 江西 | 有色金属矿采选业；农副食品加工业；食品制造业；木材加工及木、竹、藤、棕、草制造业；非金属矿物制品业 | 家具制造业；印刷业和记录媒介的复制；纺织服装、鞋、帽制造业；电气机械及器材制造业文教体育用品制造业 | 黑色金属矿采选业 | 非金属矿采选业；家具制造业；非金属矿物制品业 | 家具制造业；印刷业和记录媒介的复制；电气机械及器材制造业 | 纺织服装、鞋、帽制造业；家具制造业；木材加工及木、竹、藤、棕、草制造业；印刷业和记录媒介的复制；电气机械及器材制造业 |
| 河南 | 有色金属矿采选业；农副食品制造业；造纸及纸制品业；非金属矿物制品及其他制造业 | 纺织业；印刷业和记录媒介的复制；工艺品及其他制造业 | 黑色金属矿采选业；食品制造业；造纸及纸制品制造业 | 黑色金属矿采选业；非金属矿物制品业 | 食品制造业；造纸及纸制品业；印刷业和记录媒介的复制；工艺品及其他制造业 | 皮革、毛皮、羽毛（绒）及其制品业；印刷业和记录媒介的复制；石油加工、炼焦及核燃料加工业 |
| 湖南 | | 家具制造业；印刷业和记录媒介的复制；塑料制品业 | 食品制造业；造纸及纸制品业；专用设备制造业 | 非金属矿采选业；非金属矿物制品业；仪器仪表及文化、办公用机械制造业 | 食品制造业；造纸及纸制品业；印刷业和记录媒介的复制；仪器仪表及文化、办公用机械制造业 | 木材加工及木、竹、藤、棕、草制造业；家具制造业；印刷业和记录媒介的复制；专用仪器机械制造业；仪器仪表及文化、办公用品制造业；塑料制品业 |

续表

| | 山东 | 浙江 | 江苏 | 福建 | 广东 | 上海 |
|---|---|---|---|---|---|---|
| 湖北 | | 纺织服装、鞋、帽制造业;印刷和记录媒介的复制;电力、热力的生产 | 黑色金属矿采选业 | 黑色金属矿采选业;非金属矿物制品业;仪器仪表及文化、办公用机械制造业 | 印刷业和记录媒介的复制;仪器仪表及文化、办公用机械制造业 | 纺织服装、鞋、帽制造业;印刷业和记录媒介的复制;石油加工、炼焦及核燃料加工业;交通运输设备制造业;仪器仪表及文化、办公用机械制造业 |
| 安徽 | 农副食品加工业;木材加工及木、竹、藤、棕、草制造业;非金属矿物制品业 | 电力、热力的生产和供应业;印刷业和记录媒介的复制;塑料制品业 | | 非金属矿物制品业 | 印刷业和记录媒介的复制;电气机械及器材制造业 | 木材加工及木、竹、藤、棕、草制造业;印刷和记录媒介的复制;交通运输设备制造业;电气机械及器材制造业 |

（二）产业协调发展和集群式发展原则下的产业选择

在协调性发展原则和集群式发展原则的指导下，中部地区在承接沿海地区产业转移过程中，要结合地区经济发展规划和产业发展计划，使承接产业更好地促进承接地社会经济总发展，要充分利用产业集群式转移方式的特点，加大对集群式转移的引导，形成具有中部特色的产业集群。

首先，中部地区选择承接的产业要与国家和地区的产业发展政策相适应，与地区在国家产业规划中的定位相匹配，与地区相关的前向后向产业发展相促进，与当地的经济发展与产业发展相协调。要结合地区自身经济和产业发展水平，以保证所承接的产业在当地能够顺利吸收和消化，不能盲目引进，坚决不承接国家和地区政策限制以及产能过剩行业。

其次，中部地区在选择承接的具体产业时，不但要结合本地经济发展水平，而且要结合现有产业发展状况，应该优先吸引有利于引导区域产业集聚的产业，大力发展发展关联产业及相关配套产业，使区域经济发展形成有机整体。在区域比较优势基础上，发挥承接产业的带动作用，激发集聚效应，同时制定优惠政策，以特色工业园区为载体，率先优先发展产业集群。[①]

根据产业协调发展原则和集群式发展原则的指导，中部六省承接东部产业转移，不但要依据各自的产业发展计划和发展战略，而且要依据中部地区已有的优势产业集群，使承接的产业能够与地区产业发展相匹配，能被当地经济快速有效吸收和消化。中部地区六省的重点发展产业如下：

山西省通过承接产业转移，改造提升煤炭工业，焦煤工业，冶金工业，电力工业和建材产业等传统产业；培育发展现代煤化工业，装备制造业，新型材料，特色食品产业和战略性新兴产业；加快发展现代服务业和旅游文化产业。

江西省通过承接产业转移，改造提升传统优势产业；超常规发展新能源、新材料、新动力汽车、民用航空、生物医药等战略性新兴产业；发展

---

① 张涛：《重庆承接东部产业转移中的产业选择研究》，硕士学位论文，重庆工商大学，2011年，第 34 页。

现代装备制造和相关配套产业；加快发展现代服务业和旅游产业。

河南省通过承接产业转移，发展壮大汽车、电子信息、装备制造、食品、轻工、建材六大高成长性产业；改造提升化工、钢铁、有色、纺织等传统优势产业；大力培育新能源汽车、生物、新能源、新材料和节能环保产业；加快发展服务业支柱产业。

湖南省通过承接产业转移。改造调整以钢铁、有色、石化为代表的原材料工业；改造提升以食品加工、纺织为代表的消费品工业；做大做强以工程机械、轨道交通、汽车为代表的装备制造业；大力发展先进装备制造、新材料、文化创意、生物、新能源、信息和节能环保产业。

湖北省通过承接产业转移，改造提升以汽车、石化、冶金、装备制造、纺织、轻工业、船舶和建材为重点的传统制造业；加快发展高新技术产业。

安徽省通过承接产业转移，改造提升能源原材料产业和农副产品加工、纺织服装等传统产业；大力培育和发展电子信息、节能环保、新能源、生物医药、高端装备制造、新材料、新能源汽车、公共安全等产业。

（三）产业可持续发展原则下的产业选择

根据可持续发展原则，中部地区在制定产业政策时，要以科学发展观为指导，提高环境保护意识，把人与自然的和谐、资源环境的可持续发展作为政策制定的首要目标。

一是要优先承接绿色产业，引导区域内产业向集约型、绿色型产业模式发展，鼓励环保产业发展，限制高污染、高排放产业。具体界定高污染、高排放产业时，应该综合工业"三废"排放指标、单位产值能耗及环保要求等因素客观判断，对于超标企业坚决不予承接。对化工、钢铁、能源等易污染、能耗大的行业加大监督执法力度和节能减排改造力度，对于节能减排改造、环保配套设施建设等方面的投资要通过财政支持、减少税收等手段予以大力支持。同时，在考核承接产业转移工作时，要把承接转移项目的科技含量、环保指标与资金数量等三项指标同时纳入考核体系。

二是要淘汰落后产业。中部地区在承接沿海产业转移过程中，要充分利用产业转移的各种效应，淘汰现有落后产业、过剩产业，提高产业结构的高级化水平。特别是污染大、投入产出不合理和过剩的产能，要坚决遏制发展。

（四）中部地区承接沿海产业转移的产业选择综合确定

综合以上分析及承接产业转移的四项原则，再结合东部五省一市工业产业目前的转移趋势，本书得出了中部六省承接沿海省份产业转移的产业选择，如表8-24所示。

表8-24　中部六省承接沿海产业转移的产业选择

| 省份 | 承接产业选择 | 省份 | 承接产业选择 |
|------|------------|------|------------|
| 山西 | 建材、纺织、轻工、机械、化工、汽车、轨道交通、电子信息、有色金属、食品、医药 | 湖南 | 建材、纺织、轻工、机械、汽车、航空航天、轨道交通、化工、钢铁、有色金属、电子信息、食品、医药 |
| 江西 | 建材、轻工、有色金属、化工、钢铁、食品、医药、汽车、航空航天、纺织、电子信息、机械 | 湖北 | 汽车、钢铁、化工、电子信息、机械、航空航天、轨道交通、船舶与海洋工程装备、食品、纺织、建材、医药、轻工 |
| 河南 | 汽车、电子信息、机械、轨道交通、食品、轻工、建材、化工、有色金属、钢铁、纺织、医药 | 安徽 | 汽车、机械、钢铁、有色金融、化工、建材、轻工、食品、纺织、电子信息、医药 |

当然，以上产业的确定，是基于当前中部地区产业发展的实践作出的判断。但是，区域比较优势是一个动态变化的过程，如随着时间的变化，经济发展环境的变化，中部地区的产业发展以及产业结构状况会随之变动。因此，中部地区承接沿海产业转移的产业选择也会发生变化。

## 第六节　中部地区产业结构优化的产业转移促进政策

随着东部沿海地区产业转移的不断加快，中部地区既有发展机会，也面临着相关的挑战。中部地区要在承接产业转移中优化产业结构，实现产业结构调整和承接产业转移的良性互动，需要从以下几个方面作出努力。

## 一、梯度对接、错位发展，促进中部地区产业结构合理化

梯度对接、错位发展是指中部地区在承接沿海产业转移过程中，要充分掌握产业梯度转移的规律，把握东部地区产业升级的趋势，利用产业梯度差来承接东部地区的产业转移，同时，中部地区内部要扬长避短，培育各自的比较优势，认准某些产业和领域，做大做强，形成自己的产业特色。另外，中部地区各省要统一规划产业发展的空间布局，构筑资源配置最合理且配置效益最大化的产业结构新框架，促进中部地区产业结构的合理化。

具体来说，中部地区要准确打造具有特色的合适的产业转移的承接点。当前，中部地区主要通过建立产业承接园区来对接东部沿海产业转移，这就要求一定要科学规划园区的产业定位和发展方向，不能不管自己的优势和劣势，"捡到篮子里面都是菜"，要尽量避免同质竞争、重复竞争和低端竞争，要加快完善当地的产业转移基地、工业园区以及城市圈等重要的产业转移承接载体的基础设施建设，要有利于发挥承接载体的聚集效应、辐射效应、示范效应和体制创新功能。另外，在当前区域经济协调化发展的今天，中部地区还应当注重城市圈的建设，注重城市圈内各地区专业化分工，注重城市圈内的产业互补与合作，要力争形成可以相互分工、协调互补而且利于交流和竞争的城市圈网络体系。

要实现梯度对接、错位发展，在政策配套上应该在以下几个方面做工作：一是建立协调管理机构。建议在国务院有关经济综合管理部门成立产业转移协调管理机构，出台全国性的区域产业转移规划，动态调整产业转移指导目录，建立区际产业转移信息共享平台。二是实施规范化管理。出台国内产业转移管理条例，引入以绿色 GDP 为导向的地方行政绩效评价体系，建立产业转移的生态红线和严格的环境责任考评机制，制订市场准入规则，通过规范化管理防止出现地方政府比拼优惠政策的恶性竞争。

## 二、优势对接、协同发展，促进中部地区产业结构高端化

优势对接、协同发展是指中部地区在承接沿海产业转移过程中，东部

地区和中部地区都要充分关注动态比较优势的变化，在产业转移过程中实现互惠互利、协同发展。当前，中部地区产业结构低端化是一个不争的现实，要通过产业转移实现产业结构高端化、高级化，这就需要中部地区和东部地区共同努力。

对于沿海地区来讲，要敢于舍弃已经失去比较优势的产业。基于辖区内 GDP、税收、就业等政绩考虑，沿海地方政府对本地产业转出持消极态度：一是担心传统产业大量外迁会导致 GDP 下滑；二是担心销售额大的传统产业特别是加工贸易产业外迁会导致税收大幅减少；三是担心劳动密集型产业向外转移会大幅度减少就业机会。为此，要改革财税制度，如着力改革资源税制和不动产税制，降低地方政府对工业税收的过度依赖，使沿海地区敢于舍弃失去比较优势的传统产业。要改革地方发展的考核机制，改变以往以 GDP 增长为核心的考核制度。

对于中部地区来讲，要实现优势对接、协同发展，需做到以下几点：第一是认识到现有的优势，中部地区已经拥有劳动力、资源和工业基础等优势，在承接产业转移过程中，要做到优势对接，要充分发挥自己在资源禀赋上的特点和已经形成的优势产业和产业集群在承接产业转移中的作用。第二是要培育优势。中部地区在服务业发展，特别是生产性服务业上发展缓慢，基础薄弱，但这种劣势是可以培育出优势来的。为此，中部地区要做到两点：第一，加快综合物流体系建设。重点加强区域内基础交通网络和区域间交通干线建设，构建跨区域快捷交通网络，推进公、铁、海、空等多式联运，有效降低物流成本。第二，着力提高劳动力素质。重点加强劳动力培训，大力发展职业教育，为转移企业提供稳定、优质、专业化、低成本的人力资源，将劳动力数量优势转化为人力资源优势。

要实现优势对接、协同发展，在政策配上应该在以下几个方面做工作：一是在财税、投资、金融、社保等领域开展突破性的政策试点探索，对沿海地区率先转型发展进行系统布局和重点支持，促进产业高端化、集群化、融合化发展，建立现代产业体系。二是构建东中西部地区互动发展的产业合作体系，创新产业转移园区共建模式和利益分享机制，实现产业转移的区际联动与合作共赢。

### 三、定位对接、有序发展，促进中部地区产业结构功能化

定位对接、有序发展是指中部地区在承接沿海产业转移过程中，要遵循国家主体功能区划分原则，贯彻国家产业转移指导目录的精神，尽量做到产业承接和自己在主体功能区的定位相吻合，和国家产业转移的目录相吻合，做到有序承接沿海地区的产业转移。

按照定位对接、有序发展的要求，中部地区应该做到以下几个方面：

一是及时发现东部地区产业发展的变化，找准自己的产业发展方向、目标以及发展趋势。实际上，中部地区每个省市都有自己的资源禀赋特色，产业发展规划应该和自己的特点相匹配，特别是在承接东部地区产业转移的过程中，要科学规划，统筹安排，各工业园区建设要有清晰的定位，尽量避免重复竞争、低端竞争。尽量做到定位准确、对接合理，如河北秦皇岛就明确提出定位对接京津产业转移，湘南产业承接园定位对接珠三角产业转移。只有这样，才能做到有序发展，体现产业结构的功能化要求。

二是中部地区内部要做好产业承接的协调工作。当前，中部地区产业同构现象明显，定位不明确，内部招商引资竞争激烈，拼优惠、拼政策现象频出，产业承接无序现象比较严重，笔者建议在国家层面成立中部地区承接产业转移协调委员会，由国家发改委领导，由委员会监督主体功能确定落实情况，监督产业转移指导目的落实情况。同时，建议改变以往的官员晋升考核制度，建立新的官员晋升考评体系。

三是要根据定位对接的要求，重构价值链、延长价值链，定位发展专业型生产性服务业。当前，国家战略层面上有产业转移指导目录，要依据其要求，打造具有中部特色的价值链，特别是为价值链重构，定位发展专业型生产性服务业。

### 四、集群对接、融合发展，促进中部地区产业结构集群化

集群对接、融合发展是指中部地区在承接沿海产业转移过程中，以本

地优势资源和优势产业为核心，重点发展特色产业集群，突出产业链招商，通过规划引导与项目撬动，吸引龙头企业以及配套中小企业和关联机构"抱团"转移，实现融合发展。

按照集群对接、融合发展的要求，中部地区应该做到以下几个方面：

一是要着力解决集群式转移企业的地域根植性问题。由于产业集群是特定的环境下形成的，具有一定的环境依赖型。当东部企业以集群的方式转移到中部地区以后，短时间内难以融合到承接地社会网络，与承接地产业的关联也不强，集群内企业在承接地企业的合作交流普遍较少。因此，如何使集群式转移企业更好地与承接地融合，是集群式转移能否真正根植在承接地的重要因素。为此，中部地区在承接集群式转移过程中，要积极主动实施本土化策略，将企业根植在本地网络。

二是要着力为集群企业构造健全的社会网络体系。中部地区在承接产业过程中，首先应该要构建并完善社会化网络单元。诸如市场研究、专利代理、投资咨询、技术信息服务、法律服务等，这些社会网络单元对于承接产业转移具有较大的促进作用。其次应该积极发挥行业协会的产业自律和组织管理功能，着力促进行业协会与商会的建设和发展，要积极推动建立企业联盟，提高集群企业在信息收集、共性技术研发、国外市场开拓等方面的合作能力，协调集群企业的集体行为，提高市场竞争能力。再次应该构筑两个通道，即集群企业与本地其他企业的合作通道、本地集群与外地集群之间的交往通道，只有这样，才能为集群之间的开放合作交流提供帮助。

三要着力提高集群企业的综合服务保障能力。集群企业往往都是价值链的重要环节，其生产形式和组织程序具有关联性、类似性和同步性。因此，中部地区承接产业集群式转移，要为集群企业提供综合服务保障。如构建"小机构、大服务"的管理模式，形成高效活力的产业集聚区管理体制，构建一站式综合服务窗口。另外，要为企业家创造健康的发展氛围。企业家是一种特殊的生产要素，也是中部地区特别稀缺的资源，中部地区在承接产业转移过程中，一定要重视企业家资源，为企业家创造健康的发展氛围，遏制非正常的企业家群体性外迁现象。

# 第九章　中部地区承接沿海产业转移的
# 综合配套与保障政策研究

产业转移是优化生产力空间布局、形成合理产业分工体系的有效途径，是推进产业结构调整、加快经济发展方式转变的必然要求。为进一步实施"中部崛起战略"，大力促进中部地区积极承接沿海产业转移，必须从基础设施、金融支撑、财税优惠、用地支持、公共服务、环境保护、人力资源开发等多个方面，制定切实可行的配套与保障政策。

## 第一节　中部地区承接沿海产业转移的
## 基础设施配套政策

众所周知，基础设施是承接产业转移的重要支撑，是招商引资的重要招牌。中部地区政府必须将加快基础设施建设作为推进承接产业转移的重要抓手，采取切实有力的措施，尽快完善本地区配套基础设施，增强公共设施服务水平，为承接东部产业梯度转移提供良好基础。

### 一、基础设施对承接产业转移的重要性

（一）基础设施的产业转移空间优化效应

基础设施建设是区域形态增长的规划工具，对产业转移具有空间优化效应。这一空间优化效应主要表现在三个方面：一是区位的选择。基础设施的便利程度影响劳动力地区间的流动和企业选址，因此，也会对产业转移企业的区位选择产生重要影响。产业转移理论表明，如果两个地区其他

条件相同，企业进行区位再选择时，都倾向于迁移到基础设施较好的地区。二是空间成本的节约。便利的基础设施，有利于缩小区域内、区域间的经济距离以及外在化的企业运营成本，从而降低企业的空间成本。三是加强区域的空间竞争能力。区域的空间竞争主要表现为与相邻区域间及经济条件相似区域间的竞争。对欠发达地区产业转移承接地进行基础设施投资政策倾斜，通过改善其区域基础设施服务功能来减弱区域的不经济性，使之与发达地区形成融合，可以提升其区域空间竞争能力。

（二）基础设施的产业转移效率提升效应

相对于一般产品来说，基础设施属于典型的中间公共消费品。基础设施的这一属性，使得它不仅在转移企业的生产过程中发挥着十分重要的积极作用，影响着产业承接地的生产就业情况，而且还能够通过提高承接地企业整体的生产效率来间接地影响生产过程。由于基础设施涉及的种类繁多，具体来说，不同的基础设施对产业转移影响的程度是不同的。相关研究表明，交通运输、邮电通信和能源等设施由于对生产生活具有直接的影响，所以对产业转移具有十分突出的直接作用；而其他类别，如社会保障及社会福利设施、文化娱乐设施、学校教育、卫生、保健等则主要是通过影响劳动者的效率而间接地影响生产活动，他们的直接作用次之，但长期影响却十分深远。

（三）基础设施的产业转移调节控制效应

一方面，通过控制承接地基础设施供给规模以限制或鼓励区域经济的增长速度，其控制措施主要包括投资数量的选择、投资对象的选择、投资区域的选择等。承接地基础设施的供给规模可以改变该地区的产业经济结构、城市规模和布局、区域产业承载力等，而这些因素又会进一步改变承接地的经济增长方式。另一方面，在基础产业和设施的发展超前于一般工业和整个国民经济发展的现代经济发展过程中，当承接地的经济发展超出基础产业和设施所能提供的产业承载能力，也就是说承接地的基础设施的使用超过一定限度时，将造成交通拥挤、信息不畅、电水气紧缺、入学难等问题，从而严重制约承接地经济的发展。

（四）基础设施的产业转移连锁带动效应

基础设施建设因产业间的投入产出关系，存在引起其他相关产业发展的连锁效应，这客观上为相关的产业转移企业提供了巨大的市场。这一连锁带动效应一般可分为后向连锁带动效应和前向连锁带动效应。对于产业转移来说，后向连锁带动效应，反映了某项基础设施投资直接带动了产业链上其他产业发展，为转移企业提供了产品消费市场，或者说反映了基础设施的投资乘数作用。前向连锁带动效应，则表示基础设施的完善可以促进其所在区域的其他产业更快地发展，反映了基础设施在直接推动其他产业发展方面所起的作用，这为转移企业改善了经营条件，有利于其成本的降低。因此，基础设施对产业转移具有比较显著的连锁带动效应。

## 二、中部地区承接产业转移的基础设施基本情况

（一）中部地区基础设施建设的现状

1. 交通基础设施建设现状

"十二五"期间，中部地区的交通基础设施建设快速推进。第一，铁路基础设施。近年来，中部地区路网已初具规模。目前已经形成了以京九、京广、大湛和陇海、襄渝、浙赣为主干的"三纵三横"铁路干线网，以及山西煤炭基地大能力煤运通道网。截至 2013 年年底，中部地区铁路总运营里程为 23230 公里，比 2000 年的 13940.1 公里增加 9289.9 公里，增幅为 66.64%。随着铁路电气化提速改造、中部铁路运营水平得到提高。2013 年，中部地区铁路总货运量 113708 万吨、货物周转量 7822.11 亿吨公里，分别比 2000 年增长 98.39% 和 94.5%，客运量为 50623 万人，旅客周转量为 3700.8 亿人公里，分别比 2000 年增长了 126.76% 和 141.47%。第二，公路基础设施。现今，中部地区公路交通网络基本形成，公路运输服务体系初具规模。高速公路里程从 2000 年的 2925 公里增加到 2013 年的 28107 公里，二级以上公路由 2000 年的 44743 公里增加到 2013 年的 100527 公里。

2. 网络信息设施建设现状

"十二五"期间，中部地区的网络技术得到充分有效应用，流程优化再造和协同能力显著增强；生产性服务业领域网络技术应用得到进一步的深化，网络技术集成应用逐渐成为核心竞争优势。2013 年，中部地区完成电信业务总量 2989.3 亿元，电脑宽带用户 3994.4 万户，移动电话用户 26058.3 万户。光缆长度 4081354 公里，网络基础设施建设得到快速发展。

3. 电力设施建设现状

"十二五"期间，中部地区建设了 110 个电气化县，新增装机 56.2 万千瓦，解决 275 万户以电代燃料问题和 1032 万人的用电问题。2012 年，中部地区电力装机容量为 25783 万千瓦，相比 2005 年而言新增装机容量 14229.92 万千瓦，增幅为 123.17%，中部地区电力工程的快速发展缓解了中部地区的电荒问题。

4. 邮电通信设施建设现状

"十二五"期间，重点加大了对电信枢纽、移动通信、邮政局（所）以及邮政运输网等的投入和建设力度。邮电业务持续、快速、平稳发展。至 2012 年年底，中部地区全年完成业务总量 2730 亿元，比上年增长 12.37%，电话业务发展迅速；2012 年电话用户 29218.5 万户，比上年增长 9.16%；其中移动电话用户 23551.5 万户，比上年增长 13.27%。

5. 水利设施建设现状

国家进一步加大了对中部地区水利建设的投入，2011 年全年完成水利基建投资 9027319 万元，占全国的 29.25%，水利建设的稳定发展对促进中部地区的经济社会发展发挥了重要作用。中部地区以其占全国 10.7% 的土地，承载了占全国 28.1% 的人口，创造了占全国 22.5% 的经济总量，水利基础设施发挥了极其重要的保障作用。

6. 教育与医疗卫生设施建设现状

2012 年，中部地区有中央部委高校 10 所，占全国的 13.7%；国家重点建设的"211"工程学校 18 所，占全国的 16.1%；有普通高校 644 所，占全国的 26.4%；目前，博士点占全国的 20%，硕士点占全国的 15%，中部地区高等教育的优质资源的分布比例与人口占全国 28% 的比例明显不相协调。到 2012 年年底，中部地区卫生机构数达到 26.6 万个，占全国的 28%；卫生技术人员数已达到 163 万人，占全国的 24.4%；医疗床位数为 148.5 万张，占全国的 25.9%，医疗卫生服务得到了大幅度的提高。

（二）中部地区基础设施建设存在的主要问题

1. 基础设施建设相对薄弱

交通建设方面，很多市、县及以下公路等级不高，通达性差，给道路运输带来了消极影响；长江干线航道连续性差、通达性差和航运设施落后，不同河段水运利用程度仅为 30%—70%，水运开发严重不足；机场空运、铁路运输发展比较缓慢，机站小、布局稀，始发车少、航班少。电力、信息等基础设施建设和科技、教育、文化、卫生等社会基础设施整体滞后于东部发达地区，也对经济发展、人才聚集、外资投入等产生严重的制约作用。

2. 基础设施建设投入不足

基础设施投资建设规模大、资金回收期长，各类投资主体的投资积极性不高。长期以来，基础设施建设主要靠政府财政拨款，由于政府财力有限，造成基础设施建设存在较大的资金缺口。投融资方式上，主要依靠政府财政支出、银行贷款及自筹，资本市场融资能力较弱，达不到多元化融资的要求。政府在基础设施投融资体制中既充当裁判员，又充当运动员，政府在大中型国有企业、大型金融企业等经济实体的投资决策中仍发挥直接的行政指挥作用。总地来说，基础设施投融资体制落后的根本原因在于传统的经济运行体制还没有完全打破，新的适应市场规律的经济运行体制还有待进一步完善。

3. 基础设施运作模式单一化

与基础设施性质紧密相连的，是其运作模式。在传统体制下，基础设施主要由政府独家投资和经营，具有垄断性质，无法引入市场机制，难以形成有序竞争。除了经济体制方面的原因外，部分基础设施产业具有公益性，直接经济效益较差，多为无利或微利行业，在缺乏相应的补偿机制条件下，企业和个人一般不愿进入，这也是造成基础设施运作模式单一化的重要原因。

### 三、中部地区加快基础设施建设的政策措施

（一）改革和完善基础设施建设的投融资体制

中部地区基础设施投融资体制改革的目的在于改变传统的基础设施投融资体制，建立一个适应目前产业转移和基础设施发展需要的多元化投融资体系，多渠道筹集资金，形成基础设施产业自我积累机制，实现资金的良性循环。具体措施如下：

1. 引入多元投资主体，完善融资渠道

改变传统的主要依靠中央政府及各级地方政府的投资模式，大量吸收各种社会资本参与基础设施建设：一是扩大对外开放的程度与领域，积极引导和鼓励外商直接投资基础设施领域，进一步加强利用外国政府和国际组织贷款用于基础设施投资；二是利用各级地方债务融资平台适度举债，通过发行政府债券、建立资金信托、设立基础设施投资基金等形式，利用社会资金间接投资；三是鼓励和引导各类企业作为投资主体直接投资基础设施项目。

2. 探索体制机制改革，创新投融资模式

在传统的 BOT 模式（即建设—经营—转让模式，是私人资本参与基础设施建设，向社会提供公共服务的一种特殊投融资模式）的基础上，以"特许经营权"为基础，通过盘活社会存量资本、激发民间投资潜力，积极发展政府和社会资本合作的 PPP 模式，探索基础设施的体制机制改革，形成"政府引导、社会参与，渠道多元、持续发展"的基础设施投融资模式。

3. 强化政府宏观调控，掌控资金投放方向

在基础设施投资建设中，中部地区各级政府应该承担起相应的责任，充分发挥政府的宏观调控作用，做好指导和协调工作，使资金能够发挥最大的效用。中部各级政府应该在投资总量可控、投资方向正确、资金配置合理三个方面加强宏观调控，以确保基础设施建设持续、健康的发展，为

承接沿海产业转移创造良好的基础设施条件。

4. 加强法制法规建设，规范投融资主体行为

加强立法，以法律法规来规范、引导和约束投融资活动，既是基础设施投融资体制改革的重要内容，也是投融资体制改革顺利进行的保障。基础设施建设方面的法规要明确各层次投融资决策部门、投融资监管部门及投融资主体的经济权益和责任风险。目前，中部地区乃至全国对于基础设施投融资的立法还十分欠缺，而且存在着严重脱节。因此，尽快加强基础设施领域的法制法规建设并由统一部门执行，是中部地区的当务之急。

（二）改革和完善基础设施建设的运作机制

中部地区基础设施建设由于受到生产力发展水平的影响和传统计划经济体制的制约，主要由政府投资并进行经营管理，存在高投入、高消耗、低效率的弊病，解决这个问题当务之急是改革和完善基础设施建设的运作机制。

1. 推进基础设施监管模式转变

中部地区各级政府对基础设施的监管模式必须由传统的高度监管转向适度监管转变。随着中部地区承接产业转移的不断加速，必然对基础设施的规模与运营效率提出更高的要求，因此，中部地区的基础设施的建设和运营必须在市场机制的导向下不断深化改革，在体制上允许所有制多元化，在机制上允许市场与监管并存，在运营上允许多方合作经营，形成相对活跃的基础设施建设与运营环境，施行政府适度监管与市场适度竞争相结合的方针。中部地区各级地方政府要从垄断式的基础设施建设运营中解脱出来，重点抓好市场监管，提升服务质量。

2. 推进基础设施市场化改革

基础设施市场化改革是指在基础设施的投资、建设、运营和管理过程中引入市场机制，让市场机制发挥基础性调配作用，使各种经济实体开展有效竞争，促进基础设施投资和运作效率的提高。从基础设施经营体系来说，中部地区要通过改革建立各种基础设施的企业自主经营、自负盈亏、自担风险、自我发展的经营体系，以实现基础设施建设从筹资、投资、建设、经营

由企业全面负责并承担项目经营风险的法人责任制，政府的工作则主要是引导私人企业在基础设施的供给上规范化，做好组织、协调和监督工作。要进一步开放基础设施投资、建设和运营市场，打破垄断，实行市场竞争。

（三）改革和完善基础设施产业的监管模式

现代经济学理论认为，在绝大多数领域市场机制的作用能使经济系统达成均衡，实现社会福利的最大化，政府的主要功能在于为维持一个公平的市场环境。因此，对于具有公共产品属性的基础设施来说，中部地区还需改革和完善其监管模式。

1. 转变政府部门的管理职能

一方面，除去那些具有完全公共产品属性及关系地区经济命脉的基础设施外，中部地区各级政府对于一些竞争性比较强的基础设施建设领域应该坚决退出，为社会资本的进入提供必要的空间；另一方面，中部地区各级政府对于基础设施的中长期发展规划、法制法规建设、投融资政策等方面的职能还需进一步强化，力求形成以市场为导向、以间接调控为主要手段，符合市场运行规律的基础设施建设制度框架。

2. 转变基础设施的运营模式

基础设施的长期垄断运营容易造成效率低下，既不利于基础设施产业的发展，又难以提供高质量的服务。因此，中部地区各级政府必须转变对基础设施高度垄断的运营模式，不断深化改革，加速引入竞争机制，培育相对活跃的基础设施产业发展环境，形成政府适度监管与市场适度竞争相结合的基础设施运营模式，使得基础设施既能发挥好公共产品的属性，又能减轻政府对基础设施全面垄断而造成的压力。

# 第二节　中部地区承接沿海产业转移的金融服务配套政策

随着"中部崛起战略"的全面推进，中部地区承接沿海产业转移时，必然带来大规模的项目融资及其他新的金融需求。如何促进中部地区金融资本与产业资本的有效结合，形成金融发展支持产业转移、产业转移助推金融发展的良性互动格局，已成为理论界和实践部门考虑的关键问题。中部地区应抓住契机，深化金融体制改革，加强金融创新，优化资源配置，实现经济社会的跨越式发展。

## 一、金融服务对承接产业转移的重要性

现代市场经济的发展使金融业成为国民经济的重要支柱产业之一。产业转移是以资本为主体并涉及技术、制度等的综合要素流动，从某种意义上说，其核心就是资本的跨界流动。因此，它需要投资的启动、并购重组、资金润滑等资源配置机制。同时，中部地区承接沿海产业转移必然带来大规模的项目融资需求，离不开金融的支持。

（一）金融的先导推动功能，有利于减少产业转移的风险

再生产投资的货币资金如何筹措？转移中的资产丢失成本如何补偿？这是在产业转移过程中转移企业常常遇到的两个难题。对于第一个问题，企业在转移时需要大量的货币资金，如果全部靠自己资本的话，必然需要较长时间的大量积累，这无疑会错失产业转移的良机，这时承接地的金融系统可以采用多种金融工具，通过与承接地政府、转移企业合作，直接参与到产业转移过程中，这不仅促进了产业转移的顺利进行，分化了转移企业的风险，也有利于金融产业自身的发展。对于第二个问题，由于沉没成本的存在，转移企业一般都存在资产丢失成本，由于转出地与承接地比较优势的差异，这一成本可以通过转移后的再生产过程来补偿。此时承接地金融部门通过对这一再生产过程提供短期周转资金，可以为转移企业化解资产丢失成本的风险提供支撑。

（二）金融的并购整合功能，有利于支撑产权式产业转移

从产业转移的历史来看，虽具体方式有很多，但对于开放式的产权式产业转移，主要是通过兼并、收购、合资、合作等方式来完成，其核心是构建资本市场与产权市场平台。因此，金融系统中的资本市场便是产权式产业转移最有效的运作机制之一。以常见的并购贷款为例，根据银监会

《商业银行并购贷款风险管理指引》的规定，并购贷款是商业银行为境内企业通过受让现有股权、认购新增股权或收购资产、承接债务等方式收购已设立且持续经营的目标企业提供资金支持的贷款产品。并购贷款可帮助并购方企业在资金不足的情况下，通过并购上下游企业实现产业链的纵向延伸，或通过并购同类企业的横向拓展，迅速扩大规模、提升市场份额及知名度。并购贷款有助于优秀的转移企业利用金融杠杆加快产业转移速度，快速占领承接地的市场，是帮助企业在产权式产业转移中实现跨越式发展的助推器。

（三）现代金融的派生功能，有利于壮大转移而来的产业

金融的杠杆作用所形成的货币派生功能，满足了产业转移的资金需求，也为相当一部分资金找到合适的投资对象。产业转移过来，一方面，扩大了规模，也就是从服务对象上扩大规模，存款可以变为贷款，贷款可以变为存款，同时，通过资本的运作，使资本开放增长，就是用一元钱挣几元钱甚至十几元钱的作用，就是派生功能，可以很好地满足产业转移和承接的需要。另一方面，现代金融还具备信息中介等派生服务功能，为产业转移提供指导。现代金融部门处于社会资金集中和流动的中心环节，可以通过完善的中介服务为产业转移提供信息支持。金融部门联系着各行各业及千家万户，其信息范围广、来源多，不但可以为转移企业提供产业政策、市场动向及产品信息等信息，而且还可以提供产业承接地的利益相关方的资金流及信用状况等信息。

## 二、中部地区承接产业转移的金融服务政策基本情况

（一）金融产业发展不够，难以为承接产业转移提供有力的金融支撑

中部地区金融机构存贷余额规模较小，不仅远远低于东部地区，还低于西部地区。2013 年年末，中部地区本外币各项贷款余额为 11.1 万亿元，仅占全国同期本外币各项贷款余额的 15.18%，虽然较上年年末有所提高，但仍然仅为东部地区的 26.30%，西部地区的 76.03%；中部各项贷款余额同比增长 15.7%，比东部高 4.2 个百分点，比西部却低了 1.5 个百分点。

金融市场主体发展不够，与东西部地区均有差距。截至 2013 年年末，全国银行业金融机构网点共计 20.9 万个，而中部地区银行业金融机构数量占全国的比重仅为 23.7%，是东部地区的 60.00%、西部地区的 87.13%；中部地区国内上市公司数量占全国的比重为 14.7%，仅为东部地区的 22.58%，与西部地区基本持平。而且这种差距还呈现一定程度的扩大趋势，例如中部地区的上市公司企业数量在全国的占比比 2012 年的 15% 还略有下降。无论是货币市场还是资本市场，中部地区的发展都相对落后，这对于承接东部地区产业转移极为不利，难以较好地与东部转移过来的产业形成金融对接。与此同时，西部地区金融发展迅速，也将对中部构成较大的威胁，如果不能形成有效的金融发展机制，将很有可能在与西部的承接转移竞争中落败。

（二）承接转移资金不平衡，难以适应承接产业转移资金多样化的需要

在承接产业转移的过程中始终伴随着资金的注入，高数量和高质量的资金注入对中部地区经济的发展、产业转移项目的发展起着至关重要的推动作用。同时，资金注入过程中出现的各种问题也会削弱金融对产业转移的支持力度。中部地区承接产业转移资金的不平衡性主要体现在两个方面：第一，产业转移资金注入行业分配不均。近年来，东部沿海地区的产业转移以及外资虽然有加速向中部地区转移的趋势，但相关统计数据表明其大多为第二产业特别是制造业，且有不断增长的趋势。在这种形势下，中部地区的工业虽然得到了发展，但是第一、第三产业却处于停滞不前甚至后退的状态，这也严重地阻碍了中部地区的工业化进程。第二，产业转移资金注入地区分配不均。以湖南为例，近几年，产业转移资金注入集中于承接产业转移项目集中的长株潭地区，其次就是湘南三市。相关统计数据表明 2011—2013 年，连续三年长株潭和湘南地区实际使用外资占全省总额的比例均超过了 70%，而其他 8 市实际使用外资所占比例还不到 30%。

（三）转移产业多属衰退性行业，难以符合国家"绿色信贷"政策理念

目前，东部沿海地区向中西部地区转移的产业以劳动密集型、资源密集型的衰退性行业为主，体现为高耗能、高耗材产业，包括石油化工、天然气化工、煤化工、冶金、建材等等。这类产业转移后不仅技术创新能力

不足、低水平重复建设现象突出，而且更为严重的是对中部地区的环境承载能力形成很大冲击。近两年来，江苏、浙江、广东等东部沿海地区的高污染企业纷纷到安徽、江西、湖南、四川、陕西等中西部地区落户，不少中西部地区也把降低环保要求，作为承接产业转移和招商引资的优惠条件之一，使中西部地区的生态环境受到影响和破坏。以涟源市金石镇为例，调查发现：一方面，国家投资近百万元在该镇白潭村建设国家安全饮水工程。另一方面，一个在别处屡屡碰壁的高污染的锰矿企业也被镇里"招商引资"引入该村。在涟源市七星街镇，两家平均年产煤不足4万吨的小煤矿，引起群众强烈反对。这两家煤矿每年缴纳约400万元税费，却已导致临近12个村上千亩良田的水源被毁坏，当地生态环境遭到严重破坏。在当前国家推行"绿色信贷"的政策下，转移企业的环保状况与信贷资金的供给方向常常不一致，从而影响了金融系统的支撑力度。

（四）信贷管理体制落后，难以为承接产业转移提供通畅的资金供给

无论是进行产业转出还是承接产业转移，都需要相应的配套资金。一方面，根据商业银行及其他的专业信用评级公司的规定，商业银行在发放贷款前必须对企业的信用状况进行了解，为此需要企业提供过去三年的财务数据及相关资料。但是许多承接产业转移的企业都是新设立的，经营尚处于起步阶段，或属于长期投资，收益相对较慢，企业的财务结构、偿债能力、经营能力、赢利能力及其他相关财务指标难以达到商业银行与其他专业信用评级公司所设置的标准，加上商业银行及专业信用评级公司设置的参照标准值与目前的经济发展趋势极不相符，致使企业难以获得足够的资金。另一方面，银行与企业之间存在一定程度的信息不对称。信用担保体系尚不健全，银行及其他的金融机构对企业的财务结构、偿债能力、经营能力以及赢利能力等企业的相关信息不甚了解，难以把握企业的信用状况，企业也因此难以获得较好的贷款渠道，难以获得足够的配套资金进行产业转移。目前，商业银行评定企业信用等级的依据是企业过去三年的财务数据和统计资料，而转移企业在现金流量、赢利水平、偿债能力等主要评级指标存在信息不对称风险，无法满足商业银行评级要求。同时，产业

转移企业的落户以进驻工业园为主，工业园的用地所有权、厂房所有权属于政府，企业无法用于办理抵押贷款，贷款抵押物范围狭窄削减了转移企业的获贷几率。此外，商业银行贷款权限向上集中，一、二级分行及县支行贷款权限普遍降低，由此带来贷款环节加长、时效性差、效率低等问题。

（五）金融配套服务不足，难以适应承接产业转移的形势需要

随着产业转出与承接产业转移的项目的不断增加，所需的配套资金也随之增加，金融机构的服务意识不强及效率低下的缺点逐渐凸显。一般而言，金融机构大都只把工作的重点放在发放贷款上，而没有参与产业转出与承接产业转移的全过程中。目前商业银行的风险管理意识较强，贷款条件较高，办理手续也较为复杂，贷款项目的审批手续较为繁琐，银行内部也缺乏较有利的激励机制，无形中就降低了信贷人员的工作积极性，致使企业在办理相关手续时，抱怨银行及其他金融机构的服务质量低下、办事效率不高等。另外，由于抵押贷款方式过于单一，无法满足客户多样化的需求，产业转移的配套资金不能及时到位，这也就影响了企业进行产业转移的进程。同时，各金融机构缺乏专门的承接产业转移信贷政策，各银行对产业转移实行无差别的信贷政策，没有突出性的提供政策扶持。

（六）金融支持政策缺乏系统性，难以为承接产业转移提供专门服务

首先，中部地区普遍缺乏系统性支持地方金融产业发展的政策。目前，中部地区大多省份尚未制定、出台能有效支持和鼓励金融产业发展的政策意见，对加快金融产业发展、吸引和集聚更多金融资源流向中部地区的政策引导和扶持力度不够，尚未建立起金融稳定和发展的领导和协调机制，改善金融产业发展环境的合力没有形成。其次，中部地区出台的关于承接产业转移的金融支持政策大多缺位。尽管中部地区承接产业转移的项目发展得如火如荼，但是相关的政策性支持并没有体现出来，特别是金融方面的支持。目前为止，以湖南省为例，在产业转移的资金扶持上，仅省财政厅和省商务厅仅出台了两个办法《湖南省承接产业转移引导资金管理办法》和《湖南省承接产业转移标准厂房建设补贴实施细则》，在金融方面还没有形成一个统一的办法。再次，在金融支持中部地区承接产业转

方面没有形成有效的金融倾斜政策。对于产业转移项目的准入和发展没有统一的金融政策支持，如湖南省目前正在加快加工贸易和服务外包的发展，但在发展的过程中却没有通过相应的地方金融政策支持引导加工贸易和服务外包的发展。

## 三、加快完善金融服务配套的对策建议

加快完善金融服务对产业转移的配套，要在党的十八届三中全会的总的要求下，扩大金融业对内对外开放，在加强监管前提下，允许具备条件的民间资本依法发起设立中小型银行等金融机构。推进政策性金融机构改革。健全多层次资本市场体系，推进股票发行注册制改革，多渠道推动股权融资，发展并规范债券市场，提高直接融资比重。完善保险经济补偿机制，建立巨灾保险制度。发展普惠金融。鼓励金融创新，丰富金融市场层次和产品。具体来说，中部地区可以从以下四个方面来进行政策设计。

（一）突出重点，加大金融支持承接产业转移力度

1. 以实施"绿色金融"政策为抓手，形成合理的承接项目遴选机制

以长株潭城市群和武汉都市圈两个"两型社会"综合配套改革试验区为重点，率先建立"绿色金融"政策支持体系，大胆突破，形成示范效应，带动中部金融环境优化。发挥金融对承接产业转移的筛选优劣功能，实现产业升级。突出支持承接"资源节约型"和"环境友好型"产业和项目；制订针对高耗能、高污染行业的授信政策和操作细则，限制"两高一资"产业承接企业的授信额度；对承接节能环保项目和产业特别是新能源、新材料、新环保产业实施优惠贷款利率。

2. 以新型工业化为引领，着力支持承接优势产业和战略性新兴产业

加大对符合国家产业政策的新兴产业、现代服务业、先进制造业、高新技术产业的信贷支持力度，积极满足其合理的资金需求。依据中部各省的优势产业情况，突出支持有较好基础的产业的承接，推动优势产业的进一步积聚壮大。例如，在湖南，金融业要突出支持钢铁、有色、化工及陶瓷、烟草、花炮等产业的承接，加快电子信息、生物医药、新材料、环保

节能、航空航天等高新技术产业的承接进程，力求通过对工程机械、轨道交通、汽车、新能源、文化、旅游产业等竞争力较强的优势产业的承接，形成一批产值过千亿元的产业，促进经济增长由粗放型向集约型增长转变，走出一条新型工业化的新路子。

3. 以扩内需增就业为目标，大力支持承接劳动密集型产业

中部地区各省大多为人口大省、农业大省，产业结构处于低端层次，加大以扩内需、增就业为目标的产业转移，是解决中部地区发展矛盾的重点之一。为此，相应的金融配套体系也应向其倾斜。此外，中部地区各省农业占国民经济的比重较高，因此，应根据现代农业发展战略要求，有重点地承接农林产品加工业，着力培植农村新兴产业，发展高效园艺业、休闲农业和乡村旅游业，加快循环农业的发展。

4. 以完善信贷管理体制为保障，建立金融系统激励约束机制

首先，要加快社会征信体系建设。要建立一个有效的信用征集、评价系统和严格的失信惩罚制度，以提高商业银行放贷的信心。其次，针对国有商业银行贷款权限上存在的问题，应改进现行的信贷管理体制，应根据区域经济发展的不同状况和特点，制定和运用区域性信贷政策，避免出现政策上的"一刀切"所形成的区域之间政策效应的不平衡。要为重大产业转移项目的企业设立专门的客户授信、信贷评审机制，提高信贷审批效率。再次，适当降低中小企业信贷准入门槛，避免资金始终向大行业、大企业和优势行业、优势企业集中的风险。

(二) 拓宽渠道，破解承接产业转移的资金瓶颈

1. 鼓励和引导产业承接地政府制定有效的金融倾斜政策

首先，信贷资金应向"朝阳产业"和"绿色产业"倾斜（如初具规模的特色旅游业、特色种植业、特色农产品深加工业等）。由于这些产业具有本地可再生资源的内生比较优势，因而实践中要顺应产业结构演进规律，积极加大资金注入，力争将它们培育成本地的优势产业和主导产业。其次，信贷资金应向有利于形成完整的产业链条进而转化为所在地区具有较强竞争能力的优势产业的关联企业倾斜，鼓励各大金融机构通过推广供

应链贷款模式为关联企业提供间接融资便利以及提供保理、仓单质押、动产质押等新型金融产品和服务。最后，引导高额信贷资金倾向大型项目的同时，积极发展小额信贷来支持中小企业承接产业转移。一个大型项目的引入可以吸引许多相关联的中小型企业的转移，随着大型企业的迁移，与大企业配套的中小企业也纷纷加入产业转移的行列。正因为如此，为了保证它们的融资需求和金融服务，金融机构应该积极引导高额信贷资金和发展小额信贷业务。

2. 鼓励和引导金融机构加大对产业转移项目的信贷支持

鼓励金融机构在风险可控的前提下为东部地区企业并购、重组中部地区企业提供支持。支持中部地区金融机构参与全国统一的同业拆借市场、票据市场、债券市场、外汇市场和黄金市场的投融资活动。鼓励信托公司、金融租赁公司等非银行金融机构为承接产业转移提供优质高效的信托、融资租赁服务，加快产业升级和产品结构调整。

3. 鼓励和引导各类企业不断创新承接产业转移的融资方式

支持转移过来的企业上市融资、增发新股和配股，在银行间市场发行中期票据，鼓励和支持以发行资产支持证券等方式筹集资金，通过股权转让、并购重组等方式迅速做大做强。支持符合条件的企业发行企业债券、中期票据、短期融资券、企业集合债券。设立产业发展基金，筹集建设资金，对高新技术的研究、开发试验、应用推广提供风险投资。

4. 鼓励和引导金融机构为承接产业转移提供融资新途径

大力发展区域金融，充分发挥农村中小金融机构的积极作用。加快村镇银行的试点进程，鼓励小额贷款公司、资金互助组织等为承接产业转移提供资金。适时适度引导民间金融发展。以湖南为例，据初步调查，当前湖南省民间融资活动占到全部金融体系的30%左右。因此，合理引导民间资金，才能更好地发挥其支持承接产业转移作用。

(三) 加快创新，提升金融支持承接产业转移服务水平

1. 培育金融服务主体

鼓励和引导外资银行和国内有实力的大银行到中部地区设立机构和开

办业务。在区域城市商业银行的基础上，尽快组建区域商业银行；加快中部地区农村信用社的改革与重组进程，组建农村商业银行；加大外资金融机构引进力度，发挥现代金融的带动作用，吸引更多境外客户特别是跨国公司入驻中部地区。

2. 强化金融产品创新

在风险可控的前提下，适应企业承接产业转移的需要，开展应收账款质押贷款、专利权质押贷款，开办融资租赁、仓单质押、货权质押、林权质押、保理、公司理财和账户托管等业务，大力推广商业承兑汇票，满足其对金融服务多样化的需要。另外，要引进国际金融产业的发展经验，跟进保险类金融产品，根据承接项目和企业的特点提供相应的保险服务并且根据新转入企业的特点创新保险类产品。要推动供应链金融的创新发展。产业转移中有一个重要的理论，就是通过成本的优势来延长产品的生命周期，由此推动产业链条的延伸，以及供应链条的出现。发展供应链金融，缓解供应链链条上的中小企业的融资压力，借助供应链的关联关系破解供应链链条上中小企业的融资难问题。同时，供应链金融有利于形成规模效应、关联效应，可以降低整个链条的融资成本，有利于推进产业集群式承接。

3. 深化金融服务创新

首先，帮助转移企业由使用信贷资金为主向采用收购、并购、兼并、风险投资、投资基金和证券投资等多种方式转化；高度关注国际金融市场的研究和趋势判断，加强金融信息咨询服务，帮助企业适时适度运用远期结售汇、外汇掉期、套期保值等外汇业务防范汇率风险，降低承接产业转移成本。其次，搭建转移企业融资"绿色通道"。金融机构应该为转移过来的中小企业搭建间接融资服务平台，同时还应该加大力度推动中小企业直接融资和债券融资，以减少中小企业间接融资的风险，为转移过来的大型企业搭建上市融资平台和创造良好的融资环境。对于转移过来的大型企业，应利用其规模效应和良好信用优势，着力培养它们的直接融资能力，不断地加强金融市场的发展力度和监管力度，加大转移企业上市资源的市场培育力度，建立大型企业上市资源储备库，积极做好境内外推荐工作。提高金融服务效率，加强产业转移项目资金的管理，及时把资金发放到位，减少融资的审批手续，跟踪企业借贷资金的使用过程，对发现的问题进行及时的指导，从而提高金融资金使用效率。另外，为经济增长较快的产业集群和工业园区提供更多的金融服务网点，从而为中小企业在产业转移过程中提供方便、快速、安全、多样的融资服务。

（四）多方联动，为金融支持承接产业转移创造宽松环境

1. 加强对中部各省承接产业转移的风险监测

依据《国务院关于中西部地区承接产业转移的指导意见》等系列文件的产业政策要求，加强对中部各省承接产业转移情况的监测，定期公布各省承接产业的优先发展目录并提示风险，及时引导金融机构调整金融信贷政策；财税部门对承接产业转移的企业提供适当的财政支持、税收优惠。

2. 切实维护金融在支持承接产业转移过程中的正当权益

加强银行与司法、工商、税务等部门的合作，完善信用资料数据库，将企业、个人的社会信息资源、保障资源、司法资源、纳税资源、金融资源相衔接，实现资源共享，提高信息使用效率，为产业承接双方提供信息平台。积极支持银行清收盘活不良资产，维护金融债权，降低资产接收、资产处置等环节的收费标准；进一步强化执法体系建设，消除干预司法、干预改制等地方保护行为。

3. 构建金融支持产业转移提供良好的信用环境

要以法制为基础，信用制度为核心，以健全信贷、纳税、合同履约、产品质量的信用记录为重点，坚持"统筹规划、分类指导、政府推动、培育市场，完善法规、严格监管，有序开放、维护安全"的原则，建立政府信贷征信机构与社会征信机构并存、服务各具特色的征信机构体系，形成体系完整、分工明确、运行高效、监管有力的社会信用体系基本框架和运行机制。要加强对会计、审计、评估、咨询等中介机构的清理和整顿，严格资质管理，规范经营行为，为金融支持中部省份承接产业转移提供可靠信用环境。

## 第三节　中部地区承接沿海产业转移的财税配套政策

国际金融危机爆发以来，一场世界范围内的产业转移浪潮正在兴起，国内区际承接产业转移的竞争也将日趋激烈。有序、高效承接产业转移，需要多种政策工具的协调使用。因此，中部地区如何构建科学的承接产业转移的财税政策体系，是中部各省经济工作的当务之急。

### 一、财税政策对承接产业转移的重要性

（一）有利于支持产业转移承接平台发展

各类开发区（产业园）是承接产业转移的重要载体。开发区通过有选择的集中、连片、成规模的工业开发，有效地实现了资源优化配置，形成一种独特的投资环境，较好地解决了生产分工与专业化协作的问题，逐步打造出一个又一个专业化产业集群。从未来经济发展的趋势和需要来看，开发区的作用仍然相当重要，还大有潜力可挖。在国外，许多国家的产业园都是由政府投资或资助建立的，如日本的生态环保城就是由政府资助管理重要基础设施的。财税政策有利于推进产业园建设，提高产业集中度，促进产业集群式发展，发挥开发区的载体作用。

（二）有利于支持产业转移企业发展

企业作为国民经济的细胞，是从事生产、流通、服务等经济活动，以生产或服务满足社会需要的一种营利性经济组织，是市场经济活动的主要参加者和社会生产流通的直接承担者。产业转移的主体是企业，能否把企业吸引过来是承接产业转移的关键。因此，在承接产业转移过程中，合理的财政政策和税收优惠政策有利于支持产业转移企业的发展。通过在各级财政设立专项补助资金，用于补助产业转移企业开办费、工商登记费，以及贷款利息等方面，有利于提高产业转移企业落地率。通过对企业所得税、营业税、房产税、资源税、城市维护建设税等税种实施优惠政策，可以直接提高企业的利润率，从而吸引产业转移。

（三）有利于支持园区科研平台建设

自主创新能力是产业发展的生命力。园区企业成长离不开科技研发的发展，离不开园区科研平台发展，特别是公共平台和共性技术的联合攻关。地方各级财政在支持园区科研平台建设中可以发挥积极作用。合理的财税政策有利于支持企业设立各级企业工程技术中心、工程研究中心和工程实验室，有利于扶持以企业为中心的技术创新体系建设，有利于建立完善的产业技术成果转化机制和示范推广体系，有利于支持区域产业承接园适时设立科技成果孵化中心，有利于支持各类行业协会发展并发挥桥梁纽带作用。

（四）有利于支持消费转移企业生产的产品

消费是社会再生产过程中的一个重要环节，也是最终环节，社会化大生产的目的就是为了消费。从消费的分类来看，消费分为个人消费和政府消费两部分。现阶段我国政府消费在消费中的占比较高，利用政府消费引导本地产品消费有利于本地产业发展。对转移企业来说，产品消费本地化有利于降低企业成本，也有利于发挥企业转移积极性。因此，地方政府通过调整采购政策，规定政府采购中本地产品比例，对优先采购本地转移企业产品的给予适当财政补助，或允许企业实施加速折旧，并在企业当年税前扣减，以重大公共项目为依托，促进转移企业产品消费，对优先采购转移企业产品的，由政府给予适当价格补助，有利于稳定转移企业在本地发展。

## 二、中部地区承接产业转移的财税政策基本情况

（一）产业承接的税收优惠政策日益淡化

改革开放三十多年来，以全国首个经济特区深圳为基础，东部沿海地区的珠三角、长三角已迅速跃升为中国经济最活跃的地区。这两个地区在20世纪90年代中期以前，大规模地承接了上一轮的全球产业转移，实现了跨越式发展，相当程度上受益于税收优惠对承接产业转移的政策支持。但是改革开放到今天，单纯地靠减税让利来吸引产业转移已基本结束。例

如，天津滨海新区依据国务院《关于推进天津滨海新区开发开放有关问题的意见》，实行承接产业转移的税收扶持政策主要是两条：一是对符合条件的高新技术企业，减按 15% 的税率征收企业所得税；二是比照东北等老工业基地的所得税优惠政策，对天津滨海新区的内资企业予以提高计税工资标准的优惠，对企业固定资产和无形资产予以加速折旧的优惠。在"两法"合并前，我国的税收优惠政策向地区倾斜，沿海开放地区和经济特区受惠最多，而"两法"合并后滨海新区在未来吸引投资方面却没有特别的优势。从这一点来看，表明我国未来区域经济布局中区域性税收政策的地位已日益淡化。自从中央政府实行"中部崛起战略"以来，中部地区也被给予类似于珠三角和长三角地区改革开放初期的相关政策，但是在当前区域全球一体化的时代背景下，单独对中部地区实行大规模特定区域税收优惠和财政体制倾斜的可能性已大大降低。因此，中部地区承接沿海产业转移将难以单纯（或主要）依靠税收优惠的发展模式，而需要从税收政策促进主体功能区建设，承接国内产业梯度转移的视角来尝试探求包括治税理念创新在内的制度创新。相对于全国其他经济区域板块，中部地区经济发展水平相对薄弱，整体竞争力不高。因此，即便是相对有限的税收优惠扶持政策，对于东部沿海地区转移企业而言，其引导作用也在进一步弱化，其刺激作用也有待观察。

（二）产业承接的税收优惠政策空间有限

世界区域经济发展经验告诉我们，区域经济发展不均衡是一个普遍性问题，缩小地区经济差距是一个相对漫长的过程。即使像美国这样的发达国家，实施南部崛起也经历了大约 30 年的时间，才算总体完成。我国从提出西部开发战略，到支持东北地区等老工业基地加快调整和改造，再到 2004 年首次提出促进中部地区崛起，在短短的 10 年时间里，三大区域经济板块发展战略轮番启动，时间之短，周期之快，是前所未有的。这种战略决策，无疑是中央政府基于区域发展不平衡问题比较严重，且幅员广阔的理性选择。但是，由于中部地区是我国最后一个板块轮动区域，其可供选择的税收政策，大多是其他经济区域已采用激励措施的普适性推广，而较少具有独特的先导性激励政策。如 2007 年起中部地区 26 个城市参与的增值税转型试点，就是在此前东北地区普遍试点基础上进一步扩大试点范围的尝试。尽管可以对中部地区经济发展形成一定的"政策洼地"效应，但与东北地区相比，中部六省纳入试点范围的市县，比东北地区少了 10 个市和 62 个区县，试点政策对中部地区的惠及面相对狭小。整体而言，税收政策调控工具在促进中部地区崛起的选择空间较为有限。税收管理创新、税收制度改革已成为当前中部地区产业承接的重要任务。

（三）合并纳税制度的实行导致税源的区域性失衡

总部经济是近几年兴起的一个区域经济发展理念。2005 年年底，我国发布的第一部《中国总部经济蓝皮书》中，对全国 35 个主要城市总部经济发展能力的评价结果显示，中部地区只有湖北省武汉市进入总部经济发展能力前十名。并且，在总部经济的发展过程中，出现了中小城市的企业总部向大城市迁移，大城市的企业生产基地向欠发达地区转移的流动趋势。在国家"中部崛起战略"实施过程中，中部地区面临承接国内经济发达地区产业梯度转移的历史机遇。这些生产基地引入中部地区，并呈现进一步扩张的趋势。但是，在总部经济实行汇总纳税的情况下，这难免会加剧中部地区税源的转出。据专家测算，在 2008—2011 年间，中部地区税收和税源的背离额分别为 -1335 亿元、-1467 亿元、-1886 亿元、-2321 亿元，数值一直为负且迅速增长，这说明中部地区为税收净移出地，并且税收的转出呈现递增的态势。新的《中华人民共和国企业所得税法》实行，规定所得税纳税人的标准由原来的"独立核算"改为"法人"标准。在法人所得税制下，原来"独立核算"的分支机构因不具有法人资格而由总机构汇总纳税的情况，这样一来企业总部的税收聚集作用更加显现。中部地区作为总部经济相对滞后的地区，这种汇总或合并纳税已经加剧了税收收入与税源区域间的背离，严重影响了中部地区政府可支配财力水平，降低了中部地区承接产业转移的积极性。

## 三、中部地区承接产业转移的财税政策建议

财政是国家治理的基础和重要支柱，科学的财税体制是优化资源配

置、维护市场统一、促进社会公平、实现国家长治久安的制度保障。党的十八届三中全会提出必须完善立法、明确事权、改革税制、稳定税负、透明预算、提高效率，建立现代财政制度，发挥中央和地方两个积极性。要改进预算管理制度，完善税收制度，建立事权和支出责任相适应的制度。这为中部地区承接产业转移的财税政策设计提出了明确的方向和总的目标。

（一）争取合理的财税分成政策

财政政策和税收政策是政府调控经济的主要工具。政府财政的调控功能主要是通过分税制，界定上级政府与自身的经济关系。在各级地方政府承接产业转移的过程中，财税利益的再分配无疑扮演了重要的角色。一般而言，相比承接产业转移所带来的正效应，合理的财税利益的损失是值得的。但是，我国现行财税体制是"分税制"和转移支付制相结合，在企业跨地区转移中必然出现税源的再次分配，部分地方担心转移后的企业将不能再为地方财政做更大贡献，从而催生了地方政府间的矛盾。因此，在当前的分税制框架下，中部地区要取得区位竞争优势，应在中央财税分成中积极争取分税优惠或倾斜，也可以创新产业转移地区、产业承接地区财税分成制度，合理分配产业转出地区、产业承接地区和转移企业三方利益，做到三者共赢。产业转移区通过产业转移，达到产业转型升级；产业承接区通过产业承接，达到经济社会发展；转移企业达到利润最大化。

（二）加大各级财政支持力度

要借鉴国外对迁到欠发达地区的企业给予投资补贴的做法，积极争取中央财政支持，设立中央财政支持中部地区产业转移专项资金，对向中部地区迁移的企业提供适当补贴，以降低其迁移成本，并抑制企业向东南亚低成本国家转移。加快取消或削减内地通往港口的政府公路收费项目，对中部出口企业提供适当运费补助，中央大型基础设施项目向中部倾斜，改善中部地区发展环境。对符合产业发展规划的"两型"企业给予直接财政补助，补助方式可以按照企业年度销售收入的一定百分比给予资助，或者根据企业贷款情况给予利息补贴。对转移企业银行贷款给予适当利息补助。鼓励转移企业上市融资，对上市融资给予适当财政资金补助；鼓励社会资本参与园区基础设施建设，并利用财税政策给予资助。同时，要积极争取中央财政加大对中部地区转移支付力度。中部地区各级财政通过加大转移支付等政策，优化产业承接环境。对符合条件的国家级经济技术开发区和高新技术开发区公共基础设施项目贷款实施财政贴息。在国家和我省规定的权限范围内，承接产业转移集中的市县将加大对新上投资项目的扶持力度，减免基础设施配套费。行政事业性收费除按国家规定的标准上缴外，地方的一律按下限标准执行。对产业梯度转移重点承接地、重点园区，要及时解决园区及入园企业的现实困难。用好用活承接产业转移专项资金，做好转移园区基础设施和标准厂房建设及技改补助工作，对标准厂房建设的扶持政策保持不变。鼓励承接产业转移示范园区的创建评比，对获得省级承接产业转移示范园区称号的，予以一定资金鼓励。

（三）破解承接产业转移的资金瓶颈

资金紧缺是制约中部地区承接产业转移的主要因素。拓宽融资渠道才能突破产业转移的资金瓶颈。各级财政、证券管理部门要优先支持承接产业转移企业上市融资、增发新股和配股，核准其发行债券，在银行间市场发行中期票据，对鼓励和支持企业发行资产证券或通过股权转让、并购重组等方式迅速做大做强的给予资金补助。对信托公司、金融租赁公司等非银行金融机构为企业承接产业转移提供优质高效的信托、融资租赁服务的给予适当资金补助。设立产业发展风险基金，筹集建设资金和提供风险担保，对高新技术的研究、开发试验、应用推广提供风险投资。对地方政府建立融资平台的，给予适当资金支持。支持以信托方式筹集城市基础设施建设资金。对各地在中小企业担保体系中增加资本金、数量方面给予支持，并作为省财政支持重点，纳入规划，予以倾斜。

（四）理顺各级开发区财政体制

在国家级开发区和规模较大、发展速度快的省级开发区设立一级财政和一级国库，使其拥有财政自主权。建立有利于开发区发展的财政体制，开发区范围内的土地收入、企业税收、非税收入列入开发区财政。比照中部地区的江西、安徽等省的做法，各省自行设立开发区发展专项资金，由各省财政每年拿出一定的资金，用于开发区基础设施建设和工业项目贴息；或在推行新型工业化的专项资金等转向资金中切块支持园区不同产业的企业。学习东部发达省份上海的做法，对产业转移中的高新技术企业的注册资本与投资总额的比例适当放宽；开发区所引进的符合国家鼓励类的利用外资项目，凡达到一定规模、技术先进、对当地经济发展具有明显带动作用的，优先列入各省重点项目，予以安排和建设。列入省级发展规划、省级新型工业化规划的工业项目、各地新上工业项目以及老企业易地技改项目，凡适合在开发区建设的，都要向开发区集中。开发区范围土地开发过程的全部土地收入，原则上应留在（或返还）开发区，用于园区基础设施建设和发展。开发区的城市建设维护税新增部分，留开发区用于基础设施建设。通过理顺产业承接园区财政体制，增强开发区自我发展能力，从而提高中部地区在产业转移承接中的竞争力。

（五）改革中部地区税收体制

税收制度安排作为一个国家（或地区）整体经济环境的重要组成部分，其调整和变动，不仅涉及企业等微观经济主体短期赢利能力的变化，更体现为企业对于未来中长期经营环境的预期。在制定促进中部地区承接产业转移相关税收政策的过程中，需要从中长期制度安排的层面入手，突出促进中部地区税收政策体系的整体性色彩，尽可能地减少政策运行中的非规范调整，稳定纳税人对未来相当时期内经营环境的理性预期。也可以充分发挥中部地区在区域板块轮动中的后发启动优势，结合在中部地区实行增值税转型的试点经验，尝试把中部地区构建成全国性税制改革"试验窗口"的政策洼地，将未来税制改革的可能举措（如增值税的扩围、物业税改革等），在中部地区择机率先推行。同时，进一步完善支持和促进创业就业税收政策：一是取消享受优惠政策的行业和人员范围限制。凡招用登记失业一年以上人员，均可享受税收优惠。二是提高征税扣除额上限。对从事个体经营或企业吸纳就业的，除国家给予定额税收扣减外，地方政府还可按规定再给予比过去更大的税收优惠。三是增加扣减税费种类，把地方教育费附加纳入减税范围。四是简化程序，将税收优惠政策管理由审批改为备案，努力营造更好的创业就业环境。

## 第四节　中部地区承接沿海产业转移的土地配套政策

土地具有产业空间承载功能、产业布局引导功能等多种功能土地禀赋特征和利用状况，是制定区域经济社会发展战略和土地资源利用战略的重要前提，在产业转移过程中，通过制定和创新土地政策，可以调整和优化区域经济格局。

### 一、土地政策对承接产业转移的重要性

（一）土地资源的利用状况决定着产业转移的方向

土地资源作为最基本的生产要素，在经济增长和社会变迁中一直发挥着十分基础的导向作用。一方面，改革开放以来我国独特的土地制度，以及与之相适应的体制机制，为经济发展创造了条件。形成了沿海地区率先承接国际产业转移的局面；另一方面，随着沿海土地资源的开发殆尽，产业向中西部地区土地资源相对广阔的地区转移成为新的大趋势。

（二）土地利用体制机制关系到承接地经济发展方式的转变

从经济开发和经济增长模式的角度看，土地开发和利用与经济发展方式密切相关。土地政策的松紧决定了土地市场的供应，而在土地资源相对稀缺的市场，土地的价格相对较高，也间接决定了要素价格总体上升，低附加值的初级加工产品难以生存，迫使经济向附加值较高和技术密集、用地节约的方向转变。

（三）土地政策是调节承接地经济发展的重要政策工具

根据柯布—道格拉斯生产函数理论，经济增长随全要素生产率提高而变化。早期的经济增长，主要取决于土地和劳动力等要素的数量投入。随着沿海土地利用程度的提高，土地资源日渐稀缺，土地价格日益上升，产业会逐步向资源要素价格较低的区域流动，为中西部地区承接产业转移创

造了条件，因而，差别化的土地供应政策和土地价格政策，可以起到调节承接地产业布局的作用。

## 二、中部地区承接产业转移的土地利用基本情况

### （一）中部地区土地利用情况

目前，我国土地利用的结构特点主要表现在以下几个方面：一是农业用地占主导地位。在全国土地调查总面积中，农、林、牧业生产用地（即耕地、园地、林地、牧草地面积之和）占66.7%，即占2/3，居主导地位。而在农业用地中，牧草地、林地比重大，耕地次之，园地比重最小。二是建设用地中农村居民点、农村道路占地和独立工矿用地的比重较大。在城乡建设用地中，农村居民点和农村道路所占比重最大，两项之和占建设用地的57.4%；其次为独立工矿用地，占7.8%。三是我国耕地总体质量不高，全国大于25度的陡坡耕地有607.15万公顷（0.91亿亩），有水源保证和灌溉设施的耕地面积只占40%，中低产田占耕地面积的79%。从中部地区来看，各省土地资源禀赋特征也各不相同，其基本情况如下。

1. 湖南土地利用基本情况

湖南省土地总面积21.18万平方公里，占全国土地总面积的2.2%。其中山地占51.2%，丘岗地占29.3%，平原占13.1%，水面占6.4%。现有耕地5684.06万亩，人均0.83亩，低于全国平均水平。湖南以山地、丘陵为主，山地面积1084.9万公顷，占全省总面积的51.22%（包括山原面积1.66%）；丘陵面积326.27万公顷，占15.40%；岗地面积293.8万公顷，占13.87%；平原面积277.9万公顷，占13.12%；水面135.33万公顷，占6.39%。

2. 湖北土地利用基本情况

湖北省土地总面积18.59万平方公里，占全国土地总面积的1.9%。农用地、建设用地、未利用土地分别占全省辖区面积的78.82%、7.53%、13.65%。在农用地中，耕地、园地、林地、牧草地、其他农用地分别占31.83%、2.90%、54.17%、0.30%、10.8%。建设用地中，居民点及工矿用地、交通用地、水利设施用地分别占72.02%、6.55%、21.43%。

### 3. 河南土地利用基本情况

河南省土地总面积 16.56 万平方公里，占全国土地总面积的 1.72%。其中耕地面积 808.13 万公顷（12121.88 万亩，占土地总面积的 48.8%），林地 283.15 万公顷（4247.2 万亩），园地 31.03 万公顷（465.44 万亩），牧草地 1.47 万公顷（22 万亩）。居民点工矿用地 185.57 万公顷（2783.55 万亩），交通用地 38.96 万公顷（584.40 万亩），水域用地 122.23 万公顷（1833.45 万亩），未利用土地 184.84 万公顷（2772.60 万亩）。耕地总面积所占比例为全国最高的省份之一；但人均耕地 0.0867 公顷（1.29 亩），仍低于全国平均水平。

### 4. 江西土地利用基本情况

江西省土地总面积为 16.83 万平方公里，占全国土地总面积的 1.74%。人均占有土地 0.43 公顷（合 6.45 亩）。在土地总面积中，耕地面积占全省土地总面积的 18.52%；园地面积占全省土地总面积的 0.90%；林地面积占全省土地总面积的 61.88%；牧地面积占全省土地总面积的 0.02%；居民点及工矿用地面积占全省土地总面积的 3.30%；交通用地面积占全省土地总面积的 0.65%；水域面积占全省土地总面积的 7.78%；未利用土地面积占全省土地总面积的 6.95%。

### 5. 安徽土地利用基本情况

安徽省国土总面积约 14.01 万平方公里，占全国 1.4%，排全国第 22 位。其中，平原 3.5 万平方公里、丘陵 4.2 万平方公里、山区 4.3 万平方公里、圩区 0.9 万平方公里、湖沼洼地 1.1 万平方公里，分别占总面积的 25.5%、29.5%、31.2%、6.4% 和 7.9%。其中，农用地、建设用地、未利用地分别占总面积的 80.0%、11.6%、8.4%。在农用地中，耕地、园地、林地、牧草地、其他农用地分别占农用地的 51.2%、3.1%、32.1%、0.2%、13.4%。在建设用地中，居民点及工矿用地、交通用地、水利设施用地分别占 80.3%、5.7%、14.0%。

### 6. 山西土地利用基本情况

山西省土地总面积约 15.68 万平方公里，占全国 1.6%，在全国排列第

19位。其中，未利用面积最大，位居第一位，为5.03万平方公里，占全省土地总面积的32.1%；位居第二位的是耕地，面积为4.8万平方公里，占全省土地总面积的30.6%；位居第三位的是林地，面积为3.66万平方公里，占总面积的23.3%；位居第四位的是牧草地，面积0.84万平方公里，占总面积的5.4%；位居第五位的是居民点及工矿用地，面积0.66万平方公里，占总面积的4.2%；位居第六位的是水域用地，面积0.38万平方公里，占总面积的2.4%；位居第七位的是园地，面积0.16万平方公里，占总面积的1.0%；位居第八位的是交通用地，面积0.15万平方公里，占总面积的0.9%。由此可见，山西省土地主要由未利用土地、耕地、林地组成，这三大地类面积之和占到全省土地总面积的86.0%，其余五大地类总面积仅占到全省土地面积的14.0%。

（二）中部地区土地利用相关政策

纵观我国土地政策发展的轨迹，提高土地利用效率是未来土地开发利用的根本。在中部地区承接产业转移过程中，土地政策是项目落地和其他各项优惠政策的基础，土地政策不仅在各类政策中起基础性作用，还是调节区域经济发展的重要手段。因此，中部承接产业转移，土地政策是相关配套政策中重要的一环。首先，相对各类优惠政策而言，中央给予地方政策主动权较小，地区差距也不大。对重点支持的地区，土地方面的政策优惠主要体现在，土地投入倾斜和土地基础设施建设方面的支持，土地的基本政策方面地区之间尺度基本一致。土地流转、土地开发政策、土地开发权交易政策、土地税收政策等，国家政策没有根本性区别。各地土地政策的差异，是结合自己的实际，为鼓励产业转移而出台的促进措施。其次，在承接产业转移的土地政策方面，中部地区与沿海发达地区的重点有所不同，例如广东省强调土地的高效集约利用问题，鼓励政策主要来自于相关的园区，重点在加强土地规模经营和提高效率；广西重点在承接加工服务贸易的产业转移，海南重在提高单位土地的产出效益；以安徽为代表的中部地区，土地政策涵盖城乡建设统筹、农村土地经营与承接产业转移项目的用地支持等方面。但总的方向仍旧是国家的土地政策制度大框架下的细化，所以不论何种土地开发利用的优惠及鼓励政策，都应坚持以提高土地利用效率为根本。因此，中部地区在承接产业转移过程中，不仅要重视对产业的承接和吸引，使土地政策成为承接产业转移的重要优惠政策和亮点，还要重视对土地的开发利用和监管，不断提高土地利用效率。

## 三、中部地区承接产业转移的土地政策探讨

### （一）加强土地整理，增加土地供给

要科学统筹，探索农村土地征收的利益分享和补偿机制，制定科学的土地规划，发挥土地政策引导作用。全国各地都存在建设用地紧张的情况，但是在必须坚持 18 亿亩耕地红线的情况下，土地整理和土地流转和产权交易是增加土地供给的有效途径，在科学规划管理的情况下，尽可能地增加地区建设用地供给。积极探索农村集体利用土地入股等形式，加快村级开发，以地生财、以地聚财。同时，扩大国有土地有偿使用范围，减少非公益性用地划拨，坚持科学用地、合理用地、节约用地，努力提高投资强度，使有限的土地资源发挥最大的产出效益。在制订区域土地利用开发规划的过程中，保护耕地与保障工业用地统筹协调，保证占补平衡，结合承接产业转移，科学统筹城乡用地，坚持科学规划，提高集约用地水平。坚持以土地利用总体规划为前提，高起点编制开发区建设规划。按照开发区"负债经营、滚动开发、动态平衡"的发展模式，依照"先规划后建设，先地下后地上"的科学开发程序，合理确定用地规模，科学规划功能分区和用地结构，做到规划一片，建设一片，发展一片，避免土地浪费，同时统筹协调考虑各类用地效率的综合平衡。

### （二）完善市场化土地交易，保障各方权益

进一步完善各类产业转移企业的土地使用权取得方式：一是实行国有土地使用权有偿使用制度。其出让方式主要有拍卖、协议、招标三种。二是对从事基础设施、公益事业、能源等项目开发的产业转移企业，其土地使用可按传统的划拨方式供应。三是对从事农、林、牧、渔业开发项目的产业转移企业，其土地使用可按一般的租赁方式供应。四是与乡镇、村集

体企业进行工业、农、林、牧、渔等开发项目合作的产业转移企业，经批准承接地集体经济组织可以土地作价入股方式供应土地。此外，要建立健全市场化的工业用地"招拍挂"政策，在土地利用总体规划编制的基础上，将重点发展的承接产业转移园区集中区纳入当地土地利用总体规划优先考虑的范围，纳入城镇用地统一规划管理，为承接产业转移留足用地空间。根据统筹规划好的工业用地出让计划，有计划地分期分批对流转土地和工业用地及商业用地进行市场化运作，提高土地的出让价格和使用效率，衔接好工业用地招标拍卖挂牌出让与农用地转用、土地征收审批的统筹协调开发，建立区域内统一统筹计划的土地储备制度，同时加强工业用地的前期开发，为招标拍卖挂牌出让创造条件，使全区内用地审批手续及流程便捷化。

（三）鼓励土地适度规模经营，提高土地利用效率

鼓励高效集约利用土地的园区发展，对园区用地指标适度倾斜，同时保障入园项目的效率，实行项目入园准入制度，让有限的土地发挥最大的经济效益和社会效益，促进园区土地的高效利用。一是保障开发区用地需求。项目建设用地指标要向开发区倾斜，新增用地指标主要用于开发区，开发区建设用地必须优先纳入当地土地利用年度计划。建立开发区建设用地指标单列机制，以保障开发区用地需求。开发区工业项目用地可批次征地。储备一定数量的存量土地，确保产业集聚力强、发展后劲足、带动作用大的工业项目和重点产业项目的用地需要。二是抓好土地集约经营。严格实施项目用地的规划审查，提高项目用地审批的门槛，全面提高单位面积的项目投资密度和产出率，努力提高集约节约用地水平，积极鼓励企业租用标准厂房。三是严格对入园项目实行筛选，着力提高土地产出水平。开发区入园项目必须是带动力强、高技术、高投入、高产出、低能耗、低污染的项目，并且具体根据投资强度和产出率安排用地规模。推行项目入区准入制，调整建设项目用地控制指标，提高土地利用率。将工业用地项目容积率提高到 1.0 以上，鼓励使用工业项目用地下空间，地下面积不征收土地出让金等。同时严格清理无效占地行为，严格执行闲置一年以上的

土地必须收取荒芜费，闲置两年的予以收回的政策。探索与使用效率相挂钩的土地使用政策，产品出口企业和先进技术企业土地优惠。

（四）创新土地管理方式，推动土地制度进一步适应产业转移的需要

在影响经济增长的土地、资本、劳动及制度四要素中，地方政府是制度的主要供应者、国有资本和城镇土地的所有者，对土地有实质上的垄断性支配权。因此，各级政府可以通过对土地市场的调控来干预区域经济增长。其实，地方政府通过制度供应来干预区域经济增长，除了相关的产业政策、财税政策外，还包括附着在土地供应上的各种微观制度。不同地区地方政府的各种政策手段和策略，会影响产业转移地区的企业和政府决策，也会影响产业转移路径和力度。土地政策作为地方调节经济的重要手段，其适用性和幅度也需要根据地区经济的不同而有所调整，适当增强地方土地供应的弹性，使地方政府在区域统筹和开发协调方面发挥更加有力的作用。同时，要加强土地管理，建立土地动态监测机制，严格控制低效用地，及时处置闲置用地。

# 第五节　中部地区承接沿海产业转移的公共服务配套政策

## 一、公共服务对承接产业转移的重要性

（一）公共服务是影响劳动力生产效率的重要因素

改革开放以来，中国经济发展虽然取得了举世瞩目的成就，但是，平均的全要素生产率的贡献率仅勉强超过30%，而且近几年还呈现下降趋势。劳动力素质不高，自主创新能力不强，已经成为掣肘中国经济发展的重要因素，而劳动者生产效率的提高直接取决于其自身的教育和健康水平。因此，教育和健康方面的基本公共服务直接影响人们教育水平和健康水平的提高。教育作为提升人力资源素质的主要工具，它的发达程度直接影响着个体的技能，落后的教育水平使他们陷入"收入水平低→人力资本

投资不足→谋生能力差→收入水平低"的恶性循环。基本社会保障服务则为人们提供基本的安全感，进而有利于增进人们对健康的投资。可见，承接地通过改善公共服务水平，可以从总体上提供承接地劳动者的综合素质，进而提供劳动者的生产效率。

（二）公共服务是影响区域市场容量的重要因素

区域市场容量的大小取决于居民的消费水平，而公共服务具有很强的消费效应，直接影响其所涵盖区域居民的消费水平。第一，公共服务是提高人的收入能力的重要条件，收入是消费能力的决定性因素。公共服务的改善有利于劳动者技能水平和健康水平的提高，从而增强劳动者个人的收入水平。第二，公共服务具有再分配功能，可以直接提高居民收入。义务教育、低保制度、医疗保障、住房保障、养老保障、财政补贴、灾害救助等公共服务政策可以直接减少居民支出或直接增加居民收入来提高居民收入水平。第三，公共服务通过对就业的促进可以增加区域总收入水平。公共服务可以通过相关政策支持增加企业的劳动就业量，从而带动区域劳动总收入的增加。第四，公共服务可以通过对居民消费储蓄决策来影响消费水平。消费与储蓄具有相互替代的功能，而公共服务作为一种公共品，当其短缺时，会降低人们的预期，增加人们对未来的不确定性，从而会使得他们削减当期消费，增加储蓄。第五，公共服务可以为居民消费提供安全保障。安全消费是消费者进行消费的基本前提，随着科学技术水平的不断提高以及市场经济的不断繁荣，产品和服务变得越来越复杂，由于信息的不对称，消费的风险越来越大，而健全的公共服务有利于减低这一风险，保障消费者权益。

（三）公共服务是影响生产要素集聚与扩散的重要因素

从短期来看，改善某一区域的公共服务状况，会提高生产要素的实际收益，而生产要素会本能地依据收益最大化的原则进行跨区域流动，从而最终导致产业的集聚与扩散。一般来说，消费者更多的收入会花费在当地，而这无疑会扩大区域的市场规模，在其他条件相同的情况下，企业一般会按照市场接近原则选择市场规模大的区位，通过这种循环累积作用，某一区域公共服务的短期改善便会对产业转移产生较强的吸引作用。从长期来看，地方政府通过提高区域公共支出比重，降低区域交易费用，进而降低私人产品价格指数，在名义收益水平相等的情况下，该区域的实际收益水平会提高，这种实际收益水平的差异会长期大量地吸引各种可转移的生产要素转移到该地。

## 二、中部地区承接产业转移的公共服务政策基本情况

### （一）承接产业转移面临体制机制障碍

承接产业转移有利于相对落后地区经济实现跨越式发展，因此，中部地区对承接产业转移的积极性很高。但是如何有序、高效承接产业转移，对于中部地区来说没有成熟的经验，已出台的相关政策不够系统。在我国现行财税制度以及地方政府考核评价体系之下，地方保护主义、市场条块分割、公共服务缺失等问题与产业转移相伴而存。这就使得全国四大经济区域之间的收益总水平难以实现帕累托改进，难以使各区域在产业转移中实现共赢。例如，东部地区出于短期利益的考虑，担心会出现大量建设资金外流，税源流失，财政收入减少，外移产业"空心化"，结构性失业和居民收入增长缓慢等问题，因而对企业外迁和对外投资并不鼓励，这就阻碍了产业向中部地区的有效转移。同时中部地区各级地方政府为了提升辖区的 GDP 增长率及就业率等政府考评指标，并使其财政收入有稳定的税收来源，往往会使用一些不规范的手段来进行承接产业转移竞争。

### （二）承接产业转移综合配套能力不足

研究表明，随着国际分工由行业间分工向行业内分工再到目前的产品内分工的演进，企业之间相互依赖，相互协作的关系得到了不断强化，为获取竞争优势，企业"抱团"的集群式转移正在成为产业转移的主导方式。如最近几年佛山陶瓷业集群向湖南衡阳集群式转移、东莞鞋业集群向河南周口集群式转移、绍兴纺织业集群向安徽郎溪集群式转移等。而这种产业集群式转移需要承接地具有较强的产业综合配套能力。但与东部地区相比，产业整体实力仍然较弱，产业结构的上下游配套能力不强，尚未形

成规模较大，配套齐全的产业集群，不具备具有良好协作配套能力的产业链和具有较强竞争力的价值链。以湖南为例，湖南除工程机械等个别产业省内配套率相对较高外，大部分产业的配套能力低于 50%。据湖南省工商局、省财政厅联合调查，全省外商投资企业中认为产业配套"完善"的只占 15.8%，其中 3 个国家级开发园区内为 17.4%；认为原材料供应"好"的企业仅占 26.9%。产业集群式转移的对接载体一般是相关产业园区，然而，中部地区许多园区配套还不完善，主要表现在城市和园区基础设施还跟不上，土地、资金、用工、物流、通关等要素与制度瓶颈制约严重。同时，服务业发展滞后，如技术、信息、金融、教育、卫生、法律以及相关的咨询、产销中介服务等不配套，也在一定程度上影响了承接转移的进程。此外，中部地区很多地方政府为了追求 GDP，在承接产业转移时，忽视对环境影响，在节能环保方面没有进行相应的配套设施建设，承接了部分高污染、高耗能项目，为当地经济发展背负了沉重的资源和环境包袱。另外，笔者的调研数据显示：转移企业难以找到合适的配套企业，承接地的原材料或中间产品常常不能达到落户企业的要求，劳动力虽然相对廉价但缺乏培训，高端的技术与管理人才十分匮乏等产业配套问题还非常严重。目前，从某种程度上可以说，产业配套的严重不足已经成为影响中部地区承接产业转移的一个关键性问题，急需相关配套产业政策的扶持。

（三）发展软环境特别是政务环境改善不够

从政策方面看，与沿海及发达地区比较，中部地区在一些政策上不具优势，如与上海高新技术、现代服务业方面的政策相比，与川渝等西部省份在产业承接方面的政策相比，没有优势：一是政策落实不够，一些省出台的优惠政策没有落实，特别是省市级配套扶持资金往往难以落实；二是政策针对性不强，缺乏对大项目、大投资和先进要素具有吸引力的政策，需要出台那种有分量、一目了然的政策性文件；三是政策执行不灵活，过分讲程序，强调照章办事。承接产业转移的政策措施不到位、不系统，政府部门权力意识偏重，服务意识较差，审批项目复杂且环节多，海关、商检办事机构、外贸企业报关、报检耗时长，效率低。法制环境、经营环境、生活环境、人文环境等方面也有待进一步改进。从政务环境看，政府职能还未根本转变，管理越位、错位、缺位问题还较为突出，"事难办"仍在一定范围内不同程度地存在；各职能部门之间的协调不够，合力不强；在一些外资项目的推进中，不少职能部门习惯被动办事，不积极主动为投资者协调解决问题，存在应付、讲形式的情况；政府部门权力意识偏重、服务意识较差，审批项目复杂且环节多。在招商引进上，缺乏专门机构和专业化招商队伍；缺乏创新的招商手段和措施；项目库建设不规范且滞后，无法满足客商咨询需要等。此外、法制环境、经营环境、生活环境、人文环境等方面都有待改进，公共服务效率有待提高。

### 三、完善承接产业转移公共服务配套政策的对策建议

（一）加快服务体制机制创新

1. 转变产业承接地的政府职能

中西部承接产业转移的一大诟病是在招商引资时，各地政府为了自身利益最大化，竞相出台各种优惠政策吸引产业转移，恶性竞争；而当产业转移企业落户后，政府服务跟不上，相关政策承诺不兑现，甚至把转移企业作为政府财源，对其乱收费、乱摊派，增加了企业隐性商务成本。为了彻底改变这种状况，中西部地方政府应转变观念和发展思路，从重优惠政策向重创新体制机制转变，要通过深化改革创造良好的企业经营环境，具体来说应从这三个方面着手：一是要建设服务型政府，创新服务模式，提高政府服务效率，实现政府职能的切实转变。二是要增强政府工作的规范性和透明度，树立诚信形象，提高政府公信力。三是要构建优化企业经营环境的长效机制，推进财政管理制度改革，减少政府部门对企业微观事务的干预，降低企业隐性商务成本。

2. 创新产业承接园区服务机制

产业承接园区是承接产业转移的主阵地，创新产业承接园区服务机制是加快服务体制机制创新的关键环节。一是要推动园区管理重心下移。按照"小机构、大服务、扁平化"的要求，精简园区管理机构，建立精简、

务实、高效的运行机制，加强管委会的市场化运作功能，减少市区有关部门在园区内的派出机构，进一步完善职能部门驻园区派出人员管理制度，派出机构的人事管理以园区为主。将各项需要下放到产业园区的行政审批权下放到位，不停留于形式，避免园区"一站式服务"变成"中转站式服务"。二是要再造园区管理服务流程。深化行政审批制度改革，加强市级下放权限与园区原有权限的有效对接，梳理、整合各类行政审批环节和流程，构建审批服务链条完整、流程简单清晰、服务高效的"企业服务中心"。进一步简化行政审批，除国家有规定实行核准外，均实行备案制，推行"限时办结"制。采取"审核合一"制度，将提交材料相对简单的登记事项，全部纳入当场登记范围，实现"即受即发"。对重大项目的核准、备案、审批，工商、税务、海关登记，用地申请、报建等环节实行全程代理制，形成项目落地建设快速推进机制。三是要规范园区社会事务管理。加强园区社区建设，统筹安排园区"乡（镇）改办""村改居"工作，将"园中村"的村民变成市民，享受与城市居民同等的公共服务和社会福利待遇，建立科学的园区社会事务管理服务体系。创新社区管理体制，将"园中村"的卫生、治安、消防及市政其他配套有效地纳入城市管理系统，通过数字城管与智能政务，实现园区居民的网格化管理，使园区社会事务管理及服务"横向到边、纵向到底"。

3. 建设便利化的社会服务设施

建设便利化的社会服务设施，是服务体制机制创新的重要环节。一是要采取"产城融合"建园模式。传统工业园区设计，过分强调产业功能，园区内生活服务配套设施严重不足，无法聚集人气。采取"产城融合"建园模式，将产业园区发展与城市发展互动设计，使产业开发与新城建设同步实施，实现以产促城，以城兴产，营造都市化氛围，使工人招得来，留得住，生活体面，发展有空间。但同时也要防止过度城市功能植入，防止借"产城融合"大搞房地产开发，偏离园区产业定位与园区发展方向。二是要全面提升教育服务设施。努力加大产业承接园区、产业承接集中区的教育经费投入和教育基础设施建设，全面提高基础教育和职业教育水平，积极引导优质名校到园区办中小学，通过提供优质基础教育资源，吸引优秀人才到湘潭园区工作。积极发展与园区产业定位相关的职业教育，为园区经济发展提供多元化的人力资源储备。三是要合理配置文体医疗服务设施。做到合理配置各项文化体育设施，激发城市文化活力和人文精神。加大产业承接园区、产业承接集中区的医疗保健设施建设规划与投入，通过加强与名牌医院合作，提供高质量的医疗保健服务，从而吸聚人才。

（二）改善承接地产业链配套

1. 重点支持龙头企业，提供个性化扶持措施

中部地区相关职能部门应针对当地龙头企业制订个性化扶持措施，在产业发展、用地保障、企业融资等领域给予重点支持。产业发展方面，引导鼓励龙头企业进入生物、新能源、高端装备制造、节能环保、新材料等战略性新兴产业领域，重点支持战略性新兴产业的重大项目。用地保障方面，保障龙头企业的重大工业用地项目；细化龙头企业转型升级项目类型，采取差别化土地供应政策；支持龙头企业实施二三产业分离，鼓励利用原有存量土地和房产举办研发设计、仓储物流、市场营销、信息服务、后勤保障等生产性服务业。企业融资方面，鼓励符合条件的龙头企业在银行间市场发行短期融资券和中期票据，大力推动龙头企业发行公司债、可转化债及中长期企业债，省级各金融机构对符合条件的龙头企业给予利率优惠等支持；把龙头企业作为优质企业和重大支持对象推荐列入人民银行征信系统；积极推进金融产品和服务创新，开展并购贷款、存货质押、应收款质押、仓库质押、股权质押、知识产权质押等新型融资方式；鼓励在异地借壳上市的龙头企业回迁；鼓励符合条件的龙头企业通过整体上市、投资控股等方式扩大再融资规模。

2. 给予财税金融支持，扶持中小型企业成长

财政政策方面，规范中小企业发展专项资金，逐年扩大财政预算扶持中小企业发展的专项资金规模，加强各部门促进中小企业发展相关资金的统筹，重点用于建设中小企业公共服务体系、服务平台和支持中小企业技术创新、结构调整、节能减排、开拓市场、扩大就业等；加大政府采购对

中小企业的支持力度，健全完善政府采购支持中小企业的相关制度，逐步提高采购中小企业货物、工程和服务的比例；建立中小企业专项资金使用绩效评估机制；扩大对中小企业出口信用保险保费补助范围，提高补助率。税收政策方面，落实国家对中小企业的税收优惠政策，中小企业投资国家鼓励类项目，所需的进口自用设备以及按照合同随设备进口的技术及配套件、备件，按规定免征进口关税；落实国家出口退税等政策，支持中小企业开拓国际市场；落实国家对小型微利企业的企业所得税税收优惠政策。金融扶持政策方面，落实支持中小企业发展的金融政策，进一步拓宽中小企业融资渠道，进一步完善中小企业的信用担保体系，使更多的机构对中小企业的融资提供保障和调节；研究建立小企业贷款风险补偿机制，对金融机构发放给符合条件小企业的贷款按增量给予适度补助，对不良贷款损失给予适度风险补偿。

3. 鼓励发展特色经济，促进企业融入产业链

中部六省发展中小企业，应充分利用地区要素禀赋特征，走特色经济之路。特色经济和产品服务差异性是中小企业的生命力所在，发展特色经济是实现中部地区资源优势向市场竞争优势、经济发展优势转化的重要途径。以特色产品服务创特色品牌，构造具有区域特色的竞争优势，避免产业结构趋同。随着市场分工日益细化，逐渐加强特色经济优势，形成自身优势突出的特色产业带，促进中小企业融入产业链。发展特色经济要把资源整合好，有针对性地开发资源。要结合地域特色和历史人文，"宜农则农、宜工则工、宜游则游"，以特色产品的培育为突破口，用特色来谋求发展，突出重点产业。中部一些地区可组织申请国家地理标志产品，规范、整合和提升相关产业；自然资源禀赋不足的地方，可通过准确市场定位，开发出差异化产品或服务，凸显个性化特色，也是发展特色经济的可行方式之一。中小企业应加强技术创新，以市场为导向，开发包括新产品、新工艺、新技术创新或产品的规格、品种、功能、款式等个性化设计，获得差别利益，提高消费者的品牌忠诚，建立起一定的相对竞争优势，形成其他企业进入该市场的障碍，提高企业的生命力和竞争力。

4. 发展生产性服务业，深化产业专业化分工

中部地区发展生产性服务业应注重加强各省间的优势互补，推动与周边地区错位发展，形成合理分工，打造区域生产性服务业产业链和产业群。具体来说，一是加强与制造业的分工互动，打造生产性服务业集聚区：发展一批以特色产业为依托的商品批发市场，加快建立社会化、专业化现代物流服务网络体系；以城区为中心，建立专门为制造业服务的城市商务服务区；建立健全研发服务平台以及法律、工程、融资、信息、咨询、物流和政策支撑体系。二是培养引进一批生产性服务业专门人才：加快培养社会急需的信息咨询、电子商务、金融保险、现代物流、中介服务等人才，重点引进一批起到领军作用的技术人才和管理人才；推动中部地区高校加快生产性服务业人才培养；加强职业培训，建立生产性服务业职业资格标准体系。三是支持中小企业发展生产性服务业：鼓励中小企业在科技研发、工业设计、技术咨询、信息服务、现代物流等生产性服务业领域发展；积极促进中小企业在软件开发、服务外包、网络动漫、广告创意、电子商务等新兴领域拓展，扩大就业渠道，培育新增长点。通过发展生产性服务业促进产业专业化分工，通过促进产业专业化分工完善承接地产业链配套。

（三）鼓励公共基础技术平台发展

1. 整合服务平台资源，推进平台的统筹规划

统筹规划公共基础技术平台建设，集中力量建设一批上规模、上档次、有特色的重点产业共性技术服务平台，重大关键技术创新平台和科技创新创业园区平台。一是要强化各产业基地的公共服务平台建设，优化资源配置，完善产业链，突出产业特色，进一步放大产业基地的吸纳和集聚效应。依托高校、重点骨干企业的科技资源，引进大院大所，共建公共基础技术平台。二是要加强信息服务平台建设。区域内联网融合，同时引进高层次大型电子文献数据库，为创新主体提供较为便捷完整的基础信息服务。三是要加强大型仪器设备共享平台建设。制订大型仪器设备共享协作管理办法、建立管理网站，对区域内大型仪器设备建立资源和需求库，强

化整合集成和有效配置，加快对社会开放。四是要加强技术服务平台建设。引进或依托层次高、实力雄厚的科技资源，创建服务于主导产业、优势产业和产业集群的共性技术服务平台。五是要加强技术交易平台建设。技术交易平台是为科技成果转化服务的规范的技术产权交易市场，建立和完善技术产权交易市场，逐步实现科技成果上市挂牌拍卖交易。通过公共基础技术平台的建设和整合，推进转移产业的转型和升级。

2. 规范完善平台管理，创新平台的运行模式

公共基础技术平台由政府主导建设，实行由政府有关部门和依托单位、共建单位负责人组成的理事会决策制和理事会领导下的主任负责制，成为独立的法人实体，建立现代企业制度，做到独立、公正、贴近市场。加强公共基础技术平台的团队建设。依托高校、科研院所和重点骨干企业，引导创新创业人才向公共服务平台流动，充分发挥他们在平台建设中的核心作用；进一步完善创新人才的培养、引进、评价和使用机制，用机制激励和留住各类人才从事公共基础技术平台的工作。建立健全公共基础技术平台监督、考核、管理机制。制定科学的平台评价指标体系和规范的绩效评价制度，形成内部自律与社会监督相互促进的评价模式；定期对平台的建设和运行情况进行综合评价。推动资源共享，推动跨单位、跨部门的科技资源共享共用，引导和激励非国有科技资源的社会化服务，逐步形成促进科技资源开放的制度保障机制；实施收费许可证和指导价制度，确保平台有效运营，注重社会效益，突出对产业转型升级的助推作用。

3. 加强平台经费保障，促进平台的健康发展

逐步加大对平台建设的投入比重，充分发挥政府财政支出的杠杆作用，调动高校、企业和社会各界共建共享公共基础技术平台的积极性。一是建立科技投入资金稳步、优先增长机制。确保科技成果转化资金的稳定增长，有条件的平台通过承担国家、省科技项目，特别是创新基金、火炬计划、科技成果转化资金项目，积极向上争取专项资金；大力发展担保公司、扩大担保公司注册资本金，积极与金融机构合作，为平台建设和高新

技术企业提供更加快捷优良的融资服务。二是设立公共基础技术平台的运行补贴专项资金。根据平台绩效考核结果，对优秀、较好、合格等级的平台每年分别给予不同的运行经费补贴，用于补助平台正常运行费用支出，对不达标的平台适时中止投入；政府投入为主体的社会公益性服务平台，应确保必要的运行经费。三是切实提高科技经费的使用效率。对政府财政投入建设大型科技创新公共服务基础设施和新购贵重科技资源的，要组织专家组对其必要性、合理性进行综合评议。

（四）推进中介服务平台建设

1. 引导推动中介服务，支持中介组织的发展

中部地区吸引沿海产业转移，需要建立健全中介服务体系，它是各产业发展的纽带和桥梁，其发育程度是衡量一个地区市场经济成熟程度和经济竞争力的重要标志之一。重点抓以下几个方面：一是明确中介组织发展方向，完善政府购买服务机制，促进行业协会提高市场化水平。二是加强宣传、扶持、引导中介组织健康有序发展，营造宽松的社会环境，积极引导和鼓励中介组织通过重组、兼并、联合以及引进外资等途径，扩大中介服务业的规模和经营管理水平，提升中介服务产业的影响力和竞争力。三是鼓励中介机构树品牌，对认定为中国驰名商标、省著名商标和省知名商号的中介机构，享受相应扶持政策。四是完善中介服务收费管理，规范中介服务收费行为，对少数具有行业和技术垄断、市场竞争不充分的中介服务收费实行政府定价或政府指导价。五是放宽市场准入，坚持"非禁即入"的市场准入原则，打破行政区划、行业或部门垄断。六是支持、鼓励中介组织引进高素质人才，培养一支年轻化、专业化、知识化人才队伍，推行专职工作人员定期培训，进一步优化中介组织人员结构。

2. 规范中介组织运作，健全中介的监督管理

明确政府与中介组织之间的关系，加快政府职能转换，将政府部门承担的行业标准制订、行业信息披露、资质资格认定、检验检测等职能，逐步委托或移交给行业组织或中介组织管理，并制定完善移交机制试点办法和政策，明确并强化行业协会的法律地位，明确职能，规范组织功能；建

立健全中介机构管理办法，统一中介机构的资格认定、行为规范，强化中介机构的内部管理机制和执业质量保障机制，管理上对各类中介组织要公平对待，保护平等合法竞争；积极探索对中介活动的新型管理模式，建立健全行政监管机制、信用评价机制、准入制度、行业禁入、退出制度，从严执行年检等制度；建立中介组织监管机构，完善执业资格考试办法，逐步建立社会培训、同业考评与政府监督相结合的体制，重点指导、监督社会中介机构的执业行为，加大对行业违规违法行为的惩戒力度；建立协调机制，组建促进中介服务业发展领导小组，加强相互之间的联系、交流和协作配合。

3. 构建信用评价体系，推进中介服务业发展

以诚信数据收集、诚信评定程序、诚信等级标准、诚信公示方式为主要内容，建立中介组织诚信评价制度。各行业主管部门和行业协会依法以中介组织及执业人员的资质资格、执业记录、投诉等为基础数据，逐步建立中介组织执业信用档案。整合部门、金融和行业中介服务业管理数据，为诚信评价提供技术支撑，加快建立以诚信数据收集范围、诚信评定程序、诚信等级标准、诚信公示方式等为主要内容的诚信评价制度，为诚信管理提供基本依据。建立诚信奖惩制度，使中介机构诚信状况与银行授信额度、执业风险基金额度、行业评优表彰、政府招投标等相应挂钩。开展"诚信中介"评选活动，以此推动全市中介行业的诚信体系建设。对弄虚作假的，损害消费者合法权益的，依法予以查处。对有不良行为者，利用网络等手段予以公示。依法建立中介组织及其执业人员信用信息披露制度。将中介组织诚信状况与登记机关监督管理、银行授信额度、政府招投标等相应挂钩，推动中介组织整体信用水平的提升。

（五）促进转出地和承接地互动合作

1. 探索建立区域协作机制

构建区域协作机制应从以下几个层次着手：一是成立由省级政府发展和改革委员会牵头，合作方政府共同参加的地区合作领导小组，负责制定区域发展战略和政策，协调解决基础设施建设和环境治理中的重大问题。

二是建立合作成员政府共同参加的协商制度，负责解决经济运行中生产要素自由流动以及生产销售中的合作与互利问题，特别是引入"飞地经济"这一多方合作的园区经济新模式。探索承接地与转出地打破行政区划的限制，把"飞出地"方的资金和项目放到行政上互不隶属的"飞入地"方的工业基地，通过规划、建设、管理和税收分配等合作机制，从而实现互利共赢的持续或跨越发展的产业转移新模式。三是组建地区性的行业协会和其他中介机构，负责解决产业转移中各项经济、财务和法律等问题。四是建立各项专家委员会，为解决区域内各种合作问题提供科学论证的方案，为解决区域共同发展中的双赢问题提供互惠可行的利益分配方案。五是建立区域性的合作与发展论坛，组织区域内甚至国内外政、学、商界的代表人物和专家学者为中部承接沿海产业转移献计献策，提供思路，为在各种重大合作问题上形成共识奠定理念基础。

2. 探索建立区域共享机制

在区域经济合作的初始阶段，各种体系还不是很完善，产业转出地与承接地之间的互动成为产业转移的主要动力之一。中部地区可借鉴外地"飞地经济"经验，与沿海地区政府建立利益共享机制。中部地区以选择若干园区，利用自身劳动力优势、土地优势及政策优惠吸引沿海地区合作兴办产业转移园区，建立"飞地经济"合作建设和管理，并按商定比例在一定时期进行利益分成，实现产业转移的互利共赢。

3. 探索建立区域补偿机制

中部与沿海经济合作的补偿机制建立应主要考虑资源开发与生态建设两方面：一方面，建立资源开发补偿制度。由于沿海和中部区域资源分布不均衡，建立资源补偿机制，可将治理环境成本和产业发展的接续成本补偿给资源的所在地。使这些地区在区域经济合作中获得必要的补偿。另一方面，建立生态补偿制度。沿海和中部经济合作面临共同的生态问题，产业中的承接地往往以牺牲生态环境为代价获取微薄的收益。因此，要通过建立发达地区对落后地区生态保障的援助机制，从而调动落后地区进行生态建设的积极性。

## 第六节　中部地区承接沿海产业转移的
### 环境保护配套政策

2010 年 8 月公布的《国务院关于中西部地区承接产业转移的指导意见》明确指出，中西部地区承接产业转移工作，必须坚持节能环保，严格产业准入，必须将资源承载能力、生态环境容量作为承接依据。为了确保既能承接沿海地区产业，又能保护生态环境，为此要认真研究中部地区承接沿海产业转移的环境保护配套政策。

### 一、环保政策对承接产业转移的重要性

（一）严格的环保政策有利于在产业转移中实现产业升级

中部地区虽然具有资源优势，但多年粗放式发展，在产业结构上存在严重问题，主要表现在：一是资源型的传统重工业比重大，且技术比较落后。如 2009 年河南省 48 条轧钢生产线中仅有 4 条达到国内先进水平。湖南新型干法水泥比重仅 37%，远远低于全国平均水平。这要求中部地区应加快技术创新和产业升级，不能承接沿海地区的低水平产业，因此必须设立较高的技术门槛。二是第三产业比重过低，中部地区六省第三产业平均占 GDP 的比重为 34.6%，而我国第三产业占 GDP 的比重为 43.0%。

（二）严格的环保政策有利于在产业转移中实现节能减排

制定严格的环境保护政策是顺应国家产业政策的客观要求。我国经济发展已经受到了资源和环保这一瓶颈的制约，国家已经明确了今后经济发展的战略路线，即走节能减排、产业结构调整、产业升级的路线。《国务院关于中西部地区承接产业转移的指导意见》也明确规定中部地区在承接沿海产业转移时，必须坚持节能环保，严格产业准入。中部地区由于第二产业比重高，且多为高能耗、高污染的传统重工业，多年来走的是粗放式发展之路，已经给中部地区带来了严重的环境问题。因此中部地区在承接沿海产业转移时，要创造条件承接如国家重点支持发展的战略性新兴产业等

低污染、低能耗、高技术含量的环保型产业。

（三）严格的环保政策有利于在产业转移中提升产业竞争力

中部地区要在经济上取得长足发展，必须培育一批具有核心竞争力的产业。中部地区已经在一些产业中取得了竞争优势，如湖南的工程机械、文化传媒，湖北的光电技术，江西的稀土及有色金属，安徽的汽车工业，河南的新能源，山西的煤化工等，但还需进一步做大做强，特别要在技术和管理方面形成核心竞争力。这要求中部地区在承接沿海产业转移时，必须要吸纳沿海地区的先进产业技术和管理模式。

总之，中部地区通过设立转入产业的技术与市场门槛，其目的是保证从沿海地区转入的产业和技术具有先进性和有市场前景。拒绝将高耗能、高污染、低水平的产业转移到中部地区。对于没有市场前景的产业也应拒绝转入。在产业转移时，要深入贯彻落实科学发展观，做到在承接中发展，提高自主创新能力，促进产业优化升级。着力加强环境保护，节约集约利用资源，促进可持续发展。

## 二、中部地区承接产业转移的环保政策基本情况

从世界环境经济政策的理论研究与政策实践来看，主要分为两种类型：一是基于新制度经济学的"科斯"类政策，这类政策通过产权制度来实现稀缺性环境资源的优化配置，如排污权交易政策；二是基于福利经济学的"庇古"政策，这类政策通过调控利益相关者环境行为的私人成本和社会成本之间的差距，来消除利益相关者环境行为的外部性，实现环境资源的公平使用，如环境税、补贴政策等。现行环境经济政策体系主要内容及存在的问题如下：

（一）经济环境的财政政策

环境财政政策包括：政府对环境保护的直接投资、财政补贴、政府"绿色"采购制度、环境性因素的财政转移支付等。存在的主要问题有：一是我国用于环境投资的公共资金相当有限，我国财政对环保的投入占GDP 的比重一直在 0.5%—0.7%徘徊，明显大幅低于国际平均水平（一般

为1.5%左右）；二是政府"绿色"采购机制还未形成；三是国家对中西部地区基于环境因素的财政转移比例有待进一步提高；四是我国对于开展资源综合利用与治污的企业财政补贴力度不够。

（二）环境税收政策

环境税，也可以称为生态税或绿色税，它是把环境污染和生态破坏的社会成本内化到生产成本和市场价格中去，再通过市场机制来分配环境资源的一种经济手段。我国从2012年年初开始推出环境税的征收，由于推行的时间还很短，当前存在的主要问题有：一是征收覆盖面不够、征收标准偏低，特别是资源税征收定额偏低；二是征收的刚性不足，执法的随意性较大；三是所征收的税金管理不规范，难以真正都用于环境保护上来；四是税收优惠政策不尽合理，影响税收鼓励作用的有效发挥。

（三）环境资源有偿使用（收费、价格）政策

我国财政部2006年、2007年连续在矿山、电力等领域推进资源、环境有偿使用制度改革试点。这些年来虽然取得了较大的成就，但还有以下问题：一是排污收费标准偏低；二是生态环境的补偿费征收标准和范围不统一；三是管理不严格，资金的收取和使用都存在很大漏洞，并没有完全用于生态恢复和补偿等。

（四）环境经济的金融政策

包括环保经济的信贷政策、环保产业的融资政策、环境污染责任保险。存在的问题主要有：一是信贷政策缺乏相关的配套政策，运行效果差；二是中小环保企业贷款难、担保难；三是环境污染责任保险处于试点过程，有待完善。

（五）排污权交易政策

排污权交易是利用市场力量实现环境保护目标和优化环境容量资源配置的一种环境经济政策。存在的主要问题：一是目前主要集中在电力行业二氧化硫排放权的交易，并且也只是局部地区的试点，有待推广到其他污染物；二是目前处在试点过程，运作机制不完善。

（六）绿色贸易政策

绿色贸易政策是在全球气候变暖、臭氧层破坏、生物多样性减少等现实危机下，以及应对西方国家开始普遍设立绿色贸易壁垒的新形势下，我国的贸易政策也应作出相应调整。要改变单纯追求数量增长而忽视资源约束、环境容量的发展模式，平衡好进出口贸易与国内外环保的利益关系。当前我国的绿色贸易政策存在的问题主要有：一是相应的法律法规不健全；二是容易滋生贸易保护主义。

## 三、中部地区制定承接产业转移环境保护政策的建议

党的十八届三中全会提出了建设生态文明社会的总目标。因此，各级地方政府在承接产业转移的过程中，必须按照建立系统完整的生态文明制度体制来进行制度设计，用制度保护生态环境。从制度目标层面来说，要在产业转移的过程中，健全自然资源资产产权制度和用途管制制度，划定生态保护红线，实行资源有偿使用制度和生态补偿制度，改革生态环境保护管理体制。

（一）推行积极的环境经济政策

具体措施为：一是增加环保的财政预算资金投入，建议采用国内生产总值的1%—1.5%用于环境保护；二是建立政府绿色采购制度，制订绿色采购标准和清单；三是加大环境因素的财政转移支付力度，设立生态补偿专项基金，用于突发的或重要的环境保护项目；四是提供多种形式的财政补贴，如针对企业实行循环经济初期产品成本高于社会平均成本的情况，给予价格性补贴。

（二）健全环境税收政策

具体措施为：一是扩大征收覆盖面，提高征收标准，特别是要提高资源税的征收标准；二是加大征收的执法力度，确保征收规范操作；三是加强征收税金管理，确保征收的环境税都用于环境保护；四是健全环境税收的优惠政策，使其更好地发挥激励作用；五是建立"绿色关税"体系，充分发挥其资源保护、市场调节功能。

（三）强化环境资源有偿使用制度

具体措施为：一是加大资源定价机制和环境成本内在化的改革力度，逐步提高排污收费标准；二是完善生态环境的补偿制度，使生态环境的补偿费征收标准和范围相统一；三是加强环境资源有偿使用的资金管理，使所收资金全部用于生态恢复和补偿。

（四）创新环境经济金融政策

具体措施为：一是强化对一般信贷项目的环保要求。要坚持环境评价指标的一票否决制，要求金融机构在受理评审项目时严格按照国家的相关规定，对没有通过环境评价的项目，一律不予评审和贷款。二是加大政策性金融对环保事业的支持。对于从事环保事业的项目只要是符合贷款条件的，应尽可能满足，甚至优先满足。三是为解决中小环保企业间接融资问题，可分设"环保产业信用担保基金"，给具有市场潜力的中小环保企业提供担保。四是建立"绿色证券"制度，对于环保工作优良的企业，在证券市场上市时，给予优先通过；对于环保工作未达标的企业不予上市。

（五）完善排污权交易制度

具体措施为：一是制定具体的规章制度，规范排污权交易行为。在国家关于排污权交易的法律法规下，中部地区各级政府要根据具体情况，制定更加细化的规章制度，规范排污权交易行为。二是拓展排污权交易的范围。要将排污权交易从电力行业二氧化硫排放权的交易，逐步推广到钢铁、有色冶炼、化工等多个行业中去，并且要拓展到碳排放权交易、化学需氧量排放权交易等更多领域中去。三是要加强技术与制度创新，降低排污权交易成本。当前，中部地区排污权交易中存在大量的各种交易成本，常常会抵消排污权交易双方的收益。因此，应从技术和制度两个层面加强创新，以减少排污权交易成本。

（六）加强绿色贸易政策建设

具体措施为：一是严格限制能源产品、低附加值矿产品的出口，并对此开征环境补偿费，逐步取消"两高一资"产品的出口退税政策，必要时开征出口关税。二是应强化废物进口监管，在保证环境安全的前提下，鼓励低环境污染的废旧钢铁和废旧有色金属进口；征收大排气量汽车进口的环境税费；积极推进国内的绿色标识认证。

# 第七节　中部地区承接沿海产业转移的人力资源配套政策

人力资源是三大生产要素中最为活跃的要素，是区域经济发展的主要动力和决定因素。中部六省均为人口大省，农村人口多，潜在人力资源十分丰富，如何通过不断完善人力资源配套政策，加快人力资源开发，提高劳动者素质，把丰富的人力资源优势转化为现实生产力，是中部承接产业转移、带动中部地区经济社会加快发展、实现"中部崛起战略"中急切需要破题的重大课题。

## 一、人力资源对承接产业转移的重要性

（一）区域人力资源总量影响承接产业转移规模

在我国东部沿海出现"民工荒"的情况下，出现了大量的劳动密集型产业向内地转移的现象，这些产业跨区域转移的一个极重要的动机就是降低人力成本。承接地的劳动力资源及人力资源成为了吸引产业转移的关键因素，大规模地承接产业转移，必须有一批具有专业技能的管理人员和技术人员以及丰富产业工人为保障。相关研究显示，当长三角地区的劳动投入降低5%时，该区域潜在的产业转移规模将达到4078.92亿元，若对于劳动密集型产业按全员劳动生产率20万元/人进行简单推算，则需要承接地净投入200多万劳动力。因此，承接地只有具备了大量的人力资源，才有可能大规模地承接产业转移。

（二）区域人力资源质量影响承接产业转移品质

从引资对象上看，目前中西部地区招商引资三种现象并存：一是一些边远落后地区对产业转移项目来者不拒；二是一些次中心城市对产业转移项目进行相互选择；三是一些中心城市开始有选择性地承接产业转移。这

一现象背后的一个重要原因之一就是这些地区人力资源的质量存在显著的差异。按照产业转移理论，产业转移一般由劳动密集型产业向资本密集型产业再向技术密集型产业依次梯度推进。在当前新一轮产业转移浪潮中，由于各转出地经济发展阶段的不同，出现了这三类产业大规模转移并存的状况。这对于承接地来说，无疑为其承接不同品质的产业转移提供了重要机遇，而只有那些具有较高人力资源质量的承接地，才有可能承接较高品质的产业转移。

（三）区域人力资源结构影响承接产业转移广度

随着经济全球化的发展及知识经济时代的来临，经济发展方式发生了很大的转变，人力资本作为除资本、劳动、技术之外的又一核心生产要素，在经济发展中的作用越来越突出。区域人力资源的结构、规格以及综合素质已成为影响区域产业结构的重要因素。而只有在区域产业结构趋于合理的前提下，区域经济才能长久地保持持续、健康、快速地发展。从这个意义上来说，在承接产业转移的过程中，承接地的人力资源结构决定了所承接的产业结构，人力资源的结构越广则所承接的产业跨度越大。在当前多种类型产业进行跨区域转移的格局下，承接地必须拥有与之相应的人力资源结构才能实现顺利承接。如果人力资源结构与所转移的产业结构不匹配，则将会错失承接的机遇。

## 二、中部地区承接产业转移的人力资源基本情况

（一）中部地区承接产业转移的人力资源现状

1. 人口规模保障了承接产业转移的劳动力供给

中部地区包括山西、河南、江西、湖北、湖南和安徽六省，面积共有102万平方公里，占全国的10.7%；拥有人口3.61亿，占全国的28.1%，是我国重要的商品粮生产基地、能源和原材料工业基地，劳动密集型制造业、高技术制造业、资源型产成品制造业是中部崛起的三大支撑。在生产要素当中，中部地区资金、技术、管理都不占优势，但人力资源丰富。丰富的人力资源为中部地区承接产业转移，特别是承接劳动密集型产业提供

了关键要素。此外，中部地区教育资源丰富，形成的技术型人才储备也为承接产业转移，发展经济提供了保障。据资料显示，中部地区专业技术人才总量993.4万人，占全国专业技术人才总数的32.2%；每万人中专业技术人才220人。这也为承接高技术含量的产业提供了智力支持。

2. 劳动力的回流带动了产业向中部地区转移

改革开放以来，沿海发达地区的快速发展吸引落后地区大量农业剩余劳动力跨区迁移，中部地区即为重要的劳动力输出地区。在输出过程中，中部地区的大量劳动力进入沿海发达地区打工，主要从事非农行业，积累了包括资金、技术、人脉、管理经验等各类资源。2008年金融危机以来，由于金融危机、通货膨胀等各方面因素的影响，劳动力出现回流现象，这种回流是伴随着各类产业资源的回流，使得很多中部地区将沿海地区的产业承接到内地生产。例如，湖南嘉禾县长期输出劳动力在沿海地区从事铸造业，形成"铸造湘军"劳务品牌。之后利用一技之长开始创业，至2005年年底，嘉禾县袁家镇人在珠三角地区就开办了268家铸造厂，生产的铸件产品占该地区市场份额的46%。近年来又纷纷回乡创业，建成了颇具规模的嘉禾"铸造工业一条街"。湖北省云梦县大力发展反哺型劳务经济，全力推进农民工回归创业，呈现出"人才回乡，资金回流，企业回迁"的蓬勃发展态势。截至2010年5月，全县共有1000多名成功人士回乡创业，投资18亿元，兴办企业300多家，吸纳劳动力3万多人，年上缴税金5000多万元。

3. 人力成本的比较优势提升了转移产业的竞争优势

近年来，区域间的人力成本不断变化，表现为，东部人力成本不断上升，中西部人力成本不断下降，特别是中部地区的人力成本价格竞争优势明显。相关数据表明，2001年，20个主要制造业行业中，东部地区单位劳动力成本最低的占了11个行业，中部地区占10个行业，西部地区仅有石油加工及炼焦业行业最低。到2007年，这20个主要制造业行业的单位劳动力成本发生了较大变化，东部地区只有6个行业单位劳动成本最低，中部地区由原来的10个行业增加到了14个行业。可见，2001年时东部地区的部分行业单位劳动成本比中部和西部地区低很多，到 2007 年时中部地区的单位劳动成本优势更为突出。中西部地区在逐年大幅提高劳动报酬的背景下，实现了单位劳动成本的快速下降，并且在大部分行业具有单位劳动成本优势。目前，随着 2008 年国际金融危机的爆发，东部地区的出口导向型产业出口受阻，劳动力加速回流，使得东部地区劳动力优势行业进一步恶化，中部地区劳动力成本优势进一步凸显。

（二）中部地区承接产业转移的人力资源存在的问题

1. 人力成本比较优势不可持续，弱化了承接产业转移的吸引力

劳动力短缺将日益成为中部地区承接产业转移的瓶颈之一。继东部沿海地区频现"民工荒"后，中西部也出现了劳动力短缺现象，不少中西部地方政府已把引回劳动力作为振兴经济的重要举措。第六次全国人口普查数据显示，中国人口的地理分布正在发生深刻变化，出现了东部和西部省份高增长、中部省份"空心化"的趋势。中国人口增长最快的地区，主要是东部沿海的发达省市和西部的少数民族聚居地区。2000—2010 年，九个省份人口增长超过 10%，呈现高速增长趋势。按增速排序为：北京（41.9%）、上海（37.5%）、天津（29.3%）、广东（20.7%）、浙江（16.4%）、西藏（14.6%）、新疆（13.3%）、宁夏（12.1%）、海南（10.2%）。而中部省份中，大多数为负增长地区，包括湖北（-5.0%）、安徽（-0.6%）和低增长区域，包括湖南（2.0%）和河南（1.6%），仅山西（8.3%）和江西（7.7%）保持较高的增速。随着中部地区人口增长趋势的不断下降，原有的人力成本比较优势将不可持续，这将会弱化了承接产业转移特别是劳动密集型产业转移的吸引力。

2. 人力资源结构不平衡，降低了承接高端产业转移的竞争力

国家统计局的调查数据显示，中部六省人口中，不识字或很少识字的文盲人数大约占全国抽样调查样本数的 24.6%，其中男性文盲占全国抽本样本的 23.5%，女性文盲占到了 25.1%。据此，有关专家推算，中部六省文盲的绝对人数达 2793.75 万人，占中部六省总人口的 7.65%。中国社科院经济研究所研究员王振中认为，从人力资源角度上讲，中部六省是人力

资源大省，总人口超过 3.5 亿，但人才数量相对不足，并非人力资本大省，这加剧了中部人才的"塌陷"。从专业技术人才来看，资料显示，中部地区专业技术人才总量占全国专业技术人才总数的 32.2%，只相当于东部地区的三分之二；每万人中专业技术人才 220 人，低于全国平均 241 人的水平。可见，中部地区的人力资源素质结构呈现出不平衡发展趋势，这将会降低了承接高端产业转移的竞争力。

3. 农村劳动力长期低端固化，限制了承接产业转移的支撑力

受城乡长期的二元经济结构影响，我国农村劳动力就业不充分，且缺乏流动性。中部地区作为我国传统的主要农业区域，其受到的影响更为突出，其主要表现在三个方面：第一，中部地区城乡二元经济社会结构导致城乡教育资源分配不公，相对于东部地区来说，中部地区教育资源十分匮乏，在这匮乏的教育资源总量下，中部地区普遍存在忽视农村教育而偏重城市教育，从而使得农村教育发展长期滞后，农村人才大量流失。这就导致中部地区在承接产业转移时，难以形成人力资本优势。第二，中部地区城乡二元经济社会结构严重削减了农民的竞争意识。作为我国的粮食主产区的中部地区长期处于相对封闭的农村社会，及以农业为主的单一经济结构，使农民难以形成竞争、开放的观念，相反却养成了消极和平均主义的落后意识，这使得他们与产业工人所需的思想素质还有相当大的差距。第三，受计划经济时代的就业制度和户籍制度的影响，使得中部地区的劳动力流动比较困难，他们在城镇和其他行业之间迁徙不自由，即使可以比较长时间在城市就业，但始终难以脱去农民工的身份，延缓了城镇化进程。总之，这些因素使得农村劳动力被长期低端固化，从而限制了中部地区承接产业转移的支撑力。

4. 人力资源政策落实不到位，削弱了承接产业转移的政策公信力

在承接产业转移的竞争中，中部地区各级政府出台了许多人力资源相关政策。然而受诸多因素的影响，还有较多的地方在贯彻执行相关的人力资源开发政策中仍存在不到位的现象，这严重削弱了各级政府承接产业转移的政策公信力。比如，还有较多的中部地区各级地方政府教育政策执行

存在偏差，除了一些较大的城市外，中部许多偏远地区的教育体系还是在传统的计划经济框架下运行，基础教育落后，师资匮乏。特别是没有形成有效的可以和区域产业发展联动的职业教育体系。此外，人力资源医疗卫生保障不够，对人力资源开发形成了阻碍。中部地区医疗卫生保健服务大大落后于实际需要，原来以公立医院为主的医疗体系使得看病难、医疗费用高等问题成为了许多中部城市面临的难题，同时覆盖城乡的新型医疗保障体系还未建立，劳动力的身心健康水平提升缓慢，且区域差异明显。

5. 人力资源开发投入不合理，制约了承接产业转移的后续力

中部地区人力资源开发投入不合理。其主要表现为三个方面：第一，政府对人力资源开发投入比重不断下降。笔者的调研数据表明，中部地区各主要承接产业转移的区域如皖江城市带、湘南地区、长株潭城市群、武汉城市圈等地区直接用于人力资源开发的财政支出比重不断降低。第二，企业对人力资源开发投入十分有限。企业作为一个追求利益最大化的组织，本质上难以有人力资源投资的动机，而中部地区作为一个经济发展相对落后的区域，为防止人力资源的流失，企业更多的是采用"挖墙脚"的方式引进人才，而不是通过内部培训的方式来培养人才。第三，劳动者自我投入十分欠缺。当前，劳动者在教育、医疗等人力资源开发项目的投资成本不断增加，劳动者难以支付高昂的人力资本投资成本，严重妨碍了人力资源开发的进行。人力资源开放投入是影响人力资源素质最重要的因素，中部地区当前人力资源投入的现状，会使得其在承接产业转移中后继乏力。

## 三、中部地区承接沿海产业转移的人力资源配套政策建议

（一）推进户籍制度改革，实现农民工人口城镇化

中部地区正处在城镇化和现代化的快速转型过程当中，"三农"问题（农业、农村、农民）迅速升级为"四农"问题（新加农民工问题），并已成为目前中部地区在承接产业转移过程中备受关注的社会焦点问题。随着中部地区人口红利逐渐消退，劳动力供给增速持续降低，农民工人口城

镇化成为中部地区承接产业转移的重要支撑。但农民工人口城镇化的困难在于，农民工想在大城市与特大城市落户，目前的户籍政策却严重地制约了他们。另外，农民工不想放弃承包地，担心没有退路。因此，必须推进当前的户籍制度改革，要取消户籍的人口登记功能，取消与户籍相关的社会福利配套并均衡资源配置，在保留耕地的情况下，使农民工在城市稳定就业，才能持续地为承接产业转移提供劳动力支撑。

（二）提升公共服务水平，稳定各级人力资源队伍

政府在人力资源工作中的职能应由"管理型"向"服务型"转变，坚持以人为本，以才为先，创新人力资源服务方式，主动为各种类型企业提供人事政策和人才信息服务。通过构建人力资源信息化平台、劳动就业创业服务平台、人才培养与评估平台、人事政务公开服务平台等为各企业单位及个人提供服务。通过人力资源平台建设，深入了解企业用户需求，搭建求职者与用人单位的桥梁。在承接产业转移的过程中，实现从招商引资源头抓起，把人力资源服务环节前移，为招商引资的成功加分助力。各级人力资源与社会保障部门要转变服务观念，通过信息化改造提高服务效率，通过教育培训提升队伍素质加强服务能力。各县市的人才市场要加强信息化、网络化建设，建立完善人才档案管理，以方便用人单位查询。各地教育部门应出台专门的入学政策，以方便转移企业员工子女就地接受高质量的教育。各级地方政府还应该改善交通、文体、医疗等基础设施建设，加强区域公共安全管理，优化社区环境，使跟随企业转移而来的各级人才能安心工作。

（三）加强人才内培外引，提升人力资源总体素质

承接产业转移中，对于产业工人和高端人才需求量大。作为传统的老工业基地，中部地区的工业仍然是拉动经济的主导力量，重化工、装备制造、汽车等传统主导优势产业承接力度将持续增加，对此类技能型和研发型人才需求会进一步增加；同时，中部地区建设"两型社会"、推进"战略性新兴产业"发展力度加快，未来对于研发人才、技能型劳动力、高端金融人才、物流人才、高级管理人才还较紧缺。因此，创新人才培养和引

入模式、推动人力资源素质升级成了中部地区承接产业转移的关键。一方面，需要充分利用本地的人口优势，创新教育培养模式，实行订单化的人才培养输送机制，积极开展普通劳动者的职业化教育、操作技能培养，以满足承接产业转移的企业用工需求。另一方面，需要拓宽人才的培养和引入渠道，积极开展与东部沿海地区、海外各国的人才培养交流，加大科研与开发经费的投入，吸引高端人才进入，提升中部地区的人才资源的竞争力。

（四）破除城乡体制障碍，构建一体化就业创业体系

中部地区均为农业大省，农村劳动力数量众多，结合该特点，要统筹发展城区和农村的人力资源，率先建立城乡一体化的创业就业服务体制，为承接转移提供更为合理的人力资源支撑机制。健全省、市、县三级创业就业公共服务体系，打造以城市为中心、县域小城镇为支点的城乡双层创业就业平台。将创业和就业两方面的公共服务资源整合起来，统筹管理，形成由省、市、县三级综合性公共创业就业服务机构和街道（乡镇）社区基层服务机构组成的公共服务体系。健全公共创业就业服务制度体系，全面落实创业就业免费服务制度、创业就业人员培训制度、困难人员就业援助制度、劳动力市场供求信息服务制度、就业与失业管理制度。建立以城市为中心、县域小城镇为支点的城乡双层创业就业平台。

（五）优化人才流动环境，完善人力资源流动机制

一是要完善人才中介服务，建立统一的区域人才信息网络。人才中介机构作为提供人才信息和企业信息的平台，其发展将有利于人才转移流动。但目前我国的人才中介机构还处于导入期，仍然存在许多问题，尚未形成有效的信息沟通机制。建立中部地区以及中部与沿海对接的人才网络信息库和人才招聘平台，实现区域人才资源一体化开发，为中部和沿海区域共同储备和招聘人才，完善信息发布，人才评估即培训、人事服务等，实现区域人才一体化。二是要完善社会保障制度，为人力资源的跨省流动解决后顾之忧。当前，中部地区社会保障的统筹处于省级统筹和市县统筹并存、以市县统筹为主的状态。中部地区间的人才想要在不同单位或地区

流动，不同的社保体系成了一种无形的障碍。因此，要制定和完善人才流动中不同单位、地区之间社会保险关系转接的政策法规，建立人才流动的社会保障衔接机制，为人才跨地区、跨行业、跨所有制流动提供方便。要在中部地区加快推动社会保障跨省统筹，实现养老、医疗、工伤、生育、失业保险等在中部各省市之间自由流转。

# 附录一：应对区际产业转移空间错位的建议①

湖南科技大学刘友金教授主持的国家社科基金项目阶段性成果，深入分析了当前我国区际产业转移中出现的空间错位，并提出一些建议。

## 一、我国区际产业转移空间错位的表现

（一）沿海地区失去比较优势的部分产业未能适时转出

由于劳动力成本不断上升，土地供给日趋紧张，能源资源和生态环境约束强化，专家们曾普遍预测，失去比较优势的沿海劳动密集型产业会大规模向中西部地区转移。然而，现实状况并非如此。例如，2006 年、2008 年、2010 年江苏省电子器件制造业的工业总产值在全国占比分别为27.69%、32.42%、33.51%；同期广东省玩具制造业的工业总产值在全国占比分别为 48.59%、48.43%、48.83%。这些典型劳动密集型产业在全国的产值比重，数年间不仅没有明显下降，反而有小幅上升。

（二）中西部地区承接的部分产业缺乏比较优势

一种情况是，一些地区在产业承接过程中低端竞争，"捡到篮子都是菜"。如不属于我国陶瓷主产区且处在国家"两型社会"建设示范区的湖南某市，却把典型的"三高产业"——陶瓷产业作为重点引进产业。另一种情况是，一些地区在产业承接过程中"贪大求高"，脱离产业基础。湖

---

①　该项研究成果被国家社科规划办编入国家社会科学基金《成果要报》2013 年 11 月第 81 期，报送党和国家领导人，作者为项目首席专家刘友金教授。所提出的对策建议受到有关部门的高度重视和领导的批示，得到全国哲学社会科学规划办公室的通报表扬（编辑时隐去了个别单位信息，特此说明）。

南某县重点电子信息产业、医疗器械产业，导致已形成一定集聚效应的 24 家皮革加工企业，近两年内 7 家外迁。这类忽视本地比较优势承接产业转移的现象，在中西部地区较为普遍。

（三）符合中西部地区比较优势的承接产业向沿海地区回迁

与产业转移从"高梯度"向"低梯度"进行的规律相反，中西部部分承接产业出现了回迁现象。曾被中国服装产业协会誉为"迎接产业转移的安徽模式"的合肥某工业园"服装创新产业基地"，2006 年吸引了 20 家名牌服装企业入园，近年来却不断有企业重返沿海；数年前从浙江"抱团转移"到河北、投资达 10 亿元的某公司于 2012 年停产回迁。另外，我们对湖南某国家级承接产业转移示范区调研发现，12.6% 的外来企业有回迁意向。

## 二、区际产业转移空间错位的主要成因

（一）沿海地区政府的阻碍，弱化了丧失比较优势产业的转出动机

基于辖区内 GDP、税收、就业等政绩考虑，沿海地方政府对本地产业转出持消极态度：一是担心传统产业大量外迁会导致 GDP 下滑；二是担心销售额大的传统产业特别是加工贸易产业外迁会导致税收大幅减少；三是担心劳动密集型产业向外转移会大幅度减少就业机会。在这三重忧虑的作用之下，对于已经失去比较优势的传统产业，沿海地方政府要么通过优惠政策极力挽留，要么鼓励产业在区内转移，结果导致了传统产业转移缓慢。

（二）承接地政府之间的过度竞争，助长了转移企业在区位选择中的机会主义行为

在产业转移过程中，迫于政绩压力，承接地政府往往陷入非理性竞争。表现在：纷纷推出税收减免、投资奖励、财政补贴、零地价、代建厂房和生产设施配套等优惠措施，甚至不惜以生态环境恶化为代价承接沿海发达地区的落后产能。地方政府的过度竞争，往往会扭曲市场信号，助长企业机会主义行为，使得部分企业打着产业转移的旗号圈地、获取补贴与

税收优惠，在用足、用完优惠政策之后，又再次"迁徙"，他们不是寻求"综合要素适配空间"，而是追逐"优惠政策流动空间"。

## 三、矫正区际产业转移空间错位的对策建议

（一）中央政府要完善产业转移相关制度安排，加强跨区域政策协调

在国家发改委设立产业转移协调机构，出台全国性的产业转移规划，建立动态产业转移指导目录和信息共享平台。出台国内产业转移管理条例，制订市场准入规则，引入以绿色 GDP 为导向的行政绩效评价，建立产业转移生态红线及其责任考评机制，遏制地区间恶性竞争。改革资源税制和不动产税制，降低地方政府对工业税收的过度依赖，使沿海地区敢于舍弃失去比较优势的传统产业。

（二）沿海地区要加快产业转型升级，促进丧失比较优势的产业向中西部地区有序转移

通过完善最低工资标准、严格工业用地标准、提高节能减排标准等措施，强化成本约束，形成市场倒逼机制。在财税、投资、金融、社保等领域开展试点，对沿海地区经济转型进行系统布局和重点支持。构建东、中、西部地区产业合作体系，创新产业转移中园区共建和利益分享模式，实现区域互动发展。

（三）中西部地区要着力培育比较优势，增强区际产业转移承接能力

加快综合物流体系建设，重点加强区域内基础交通网络和区域间交通干线建设，构建跨区域快捷交通网络，推进公、铁、海、空等多式联运，有效降低物流成本。推进产业集群式承接，重点发展特色产业集群，突出产业链招商，吸引龙头企业以及配套中小企业、关联机构"抱团"转移。提高劳动力素质，重点加强劳动力培训，大力发展职业教育，将劳动力数量优势转化为人力资源优势。

# 附录二：运用负面清单严控污染产业转移①

　　湖南科技大学刘友金教授主持的国家社科基金项目阶段性成果，分析了污染产业跨区域转移禁而不止的原因，认为应制订《产业转移项目负面清单》和《环保失信企业负面清单》对污染产业转移实施双重管控，并提出了具体建议。

## 一、污染产业转移的基本情况

　　（一）向中西部地区加速转移

　　近年来，沿海产业转移的规模增加、进程加快。统计数据显示，2004年到 2013 年，16 种污染密集型产业的代表性产品中，西部地区有 13 种产品产量的全国占比平均年增幅为 41.35%，中部地区有 6 种产品产量的全国占比平均年增幅为 20.72%。从时间节点来看，金融危机以后污染密集型产业转移速度明显加快。从流入区域来看，中西部地区总体上是污染密集型产业净转入区，其中，青海、宁夏、新疆、广西、湖北、安徽、山西、河南等地区的污染密集型产业的平均产量增幅较大。

　　（二）向欠发达地区分散转移

　　高污染产业理应集中布局、集中治理，而现实与此相反，在向欠发达地区转移中呈现分散趋势：一是不进园区。广东的一份调查数据表明，截至 2010 年一季度，珠三角转移到粤东、西、北 3000 多家"两高一低"企

―――――――――

　　① 该项研究成果被国家社科规划办编入国家社会科学基金《成果要报》2014 年 9 月第 70 期，报送党和国家领导人，作者为项目首席专家刘友金教授（编辑时隐去了个别单位信息，特此说明）。

业中，进园区的只有 700 多家，不到转移总量的四分之一。二是分散化。2007—2008 年，江苏无锡严格治污，两年内集中关闭的 722 家小型化工企业被来自内地多个省份的大批招商团队分散"引走"。三是碎片化。东部高污染产业为了规避环境约束，通过产业链的跨区域分工，将高污染生产环节分离转移到中西部地区，规避环境方面的限制。

（三）向生态脆弱地区转移

污染企业抓住中西部经济落后地区来者不拒的招商心态，迁往"老少边穷"等综合要素成本更低的生态脆弱地区。调查数据显示，我国典型的生态脆弱地区新疆，2013 年承接了东部污染型产业电解铝 47.6% 的过剩产能。2013 年贵州大力引进的水晶加工企业是浙江浦江关停的高污染产业，已严重威胁到贵州某些地区的水体生态环境。饱受缺水之苦的山西，2011年在郭庄泉域保护区内引进 240 万吨高污染、高耗水氧化铝项目。

## 二、污染产业转移禁而不止的主要原因

（一）产业禁入管理制度缺位，地方政府"无底线招商"，污染产业转移有可乘之机

2012 年工业和信息化部发布了《产业转移指导目录》，实际上是产业转移正面清单，强调产业转移方向和重点，但在禁止污染产业转移方面难以发挥作用。尽管 2000 年原国家环保总局联合原国家经贸委曾发布了《关于禁止向西部转移污染的紧急通知》，要求禁止"十五小""新五小"及淘汰工艺设备的企业向西部地区转移。但该《通知》所规定的范围比较狭窄，时效性和操作性都不强。到目前为止，国家没有出台明晰的禁止转移产业目录，加上地方审批机构自由裁量权过大，中西部地区在利益驱动下引入了大量的污染产业。

（二）对企业污染处罚力度不强，地方政府"无底线服务"，使环保失信企业有转移生存空间

在美国，许多企业常常因为污染问题所产生的天价罚款而难以生存，而我国污染企业环境违法的平均成本不及治理成本的 10%，不及危害代

价的 2%，即使问题"闹大了"，也可以搬迁到其他地区"重起炉灶"。更重要的是，追求 GDP 的地方政府"保护"甚至纵容本地污染企业的排污行为。例如，2007 年安徽铜陵金威铜业以地方政府"重点保护"单位的名义，将国家环保总局的排污检查拒之门外；2012 年相关报道显示，内蒙古石药集团地下 23 公里长偷排暗道，竟是地方政府为其"量身定做"的。

### 三、严格控制污染产业转移的建议

（一）引入负面清单管理模式

负面清单作为一种非列入即开放的准入制度，对列入清单的污染企业转移具有明显的限制作用，不仅容易操作，更能有效控制地方政府的自由裁量权，在防止地方引入高污染产业项目上有独到优势。建议采用这一管理模式，变"行业准入"为"行业禁入"，变"指导目录"为"禁止目录"。

（二）从污染项目和环保失信企业控制的角度制订负面清单

建议由工业和信息化部主导制订《产业转移项目负面清单》和《环保失信企业负面清单》。前一清单明确三条红线：一是技术标准红线，防止技术低端且高污染生产环节在异地简单复制；二是污染排放红线，防止高污染、高排放产能转移；三是生态保护红线，结合《全国生态功能区划》，确定产业落地空间边界。后一清单是记录企业社会环境责任失信黑名单，即在转出地有违法排污纪录且造成严重社会影响的企业及其法人代表、高级职业经理人，其投资经营的项目在规定期限内都不得转移。

（三）强化"项目符合性认定"和社会监督

一方面，出台《产业转移项目审批条例》，把负面清单管理纳入法制化轨道，对拟承接项目，地方政府必须对照上述"两个负面清单"进行符合性认定，对控制目录范围内的产业转移项目不得审批，严把准入政策闸门。另一方面，加强项目引入的政府监督与社会监督：一是建立政府领导人环境责任审计，凡是不考虑负面清单规定，踩红线审批项目，或对环保监管失范的，要追究有关领导的行政责任甚至法律责任；二是在网络和媒体上及时公布相关负面清单及产业转移项目，接受社会质询，形成社会公民参与的监督机制。

# 附录三：我国沿海产业转向东盟的
# 隐忧及对策①

　　加快引导东部沿海产业向中西部地区转移是缩小东中西部经济发展差距、促进区域经济协调发展的重要途径。2010 年，国务院出台了《关于中西部地区承接产业转移的指导意见》，国家先后设立了皖江城市带、广西桂东、重庆沿江、湖南湘南、湖北荆州、黄河金三角、甘肃兰白经济区、江西赣南、四川广安、宁夏银川—石嘴山等 10 个国家级承接产业转移示范区，商务部等部门确定了 3 个批次的"加工贸易梯度转移重点承接地"，工业与信息化部也发布了《产业转移指导目录》。可见，推动东部沿海地区产业加快向中西部地区梯度转移，已经成为国家重大战略举措。在各级政府的支持和引导下，失去比较优势的沿海产业出现了大规模向中西部地区转移的趋势。② 然而，值得特别关注的是，与我国中西部地区相比，东盟国家在地理区位、劳动力成本、关税消减和引资政策等多方面形成的综合成本优势更加突出，导致近年来我国沿海产业加速向东盟转移。显然，在承接产业转移方面，东盟国家与我国中西部地区已经形成了直接的竞争态势。这种现象，尽管在一定程度上对化解国内某些过剩产能有利，③ 但

　　① 　该项研究成果发表于国家社科基金专刊/专栏《人民论坛·学术前沿》2014 年 4 月（下），并被国家社科规划办编入国家社科基金成果发布专栏第 53 期（2014 年 5 月 10 日），作者为项目首席专家刘友金教授及子项目负责人贺胜兵博士。

　　② 　中国社会科学院工业经济研究所：《中国工业发展报告 2011》，经济管理出版社 2012 年版。
　　③ 　张茉楠：《实施"中国式马歇尔计划"化解产能过剩》，《中国产经新闻报》2009 年 7 月 20日。董小君：《中国下阶段产业转移的道路选择——基于产能国际转移日美两种模式的创新探索》，《人民论坛·学术前沿》2013 年 12 月下。董小君：《产业国际转移化解国内过剩压力，提升经济话语权》，《瞭望》2013 年 12 月 2 日。

必将对我国"先沿海后内地"，再"沿海带动内地"梯度发展战略的顺利推进产生巨大冲击，从而最终影响我国区域协调发展。因此，需引起我们高度重视，并积极采取有效应对措施。

## 一、沿海产业向东盟转移的现状分析

自 2002 年我国与东盟签署《中国—东盟全面经济合作框架协议》后，特别是 2010 年中国—东盟自由贸易区建成以来，我国对东盟的直接投资进入快速发展时期。2003 年，我国对东盟国家直接投资存量为 5.87 亿美元，2010 年大幅增长为 143.5 亿美元。到 2012 年，我国对东盟直接投资存量进一步增加为 282.38 亿美元，比 2010 年又增加了近 1 倍。从流量上看，我国对东盟直接投资也呈现快速增长，2008 年为 24.84 亿美元，比 2007 年的 9.68 亿美元增长 156.6%。2009 年受金融危机的影响，我国对东盟投资增速减缓，投资额比 2008 年增长 8.6%。但是，2010 年我国对东盟投资又迅速增长，比 2009 年增加 63.25%。2012 年，在我国对东盟直接投资整体上小幅增加（3.31%）的情况下，[1] 对缅甸、印度尼西亚、马来西亚、泰国、越南、老挝直接投资流量大幅增长，其增长率分别达到了 244.83%、129.87%、109.23%、107.98%、84.69%、76.39%。值得指出的是，在我国对外直接投资中，沿海地区是主要来源地。[2] 到 2010 年，我国已成为缅甸、老挝、柬埔寨最大投资国，在东盟其他国家的投资地位也在不断上升。我国已连续 4 年成为东盟的第一大贸易伙伴，而且投资领域也越来越广泛。

不仅沿海地区向东盟国家的直接投资快速增加，而且前些年转移到我国沿海地区的部分外资企业（包括台资企业）也出现向东盟国家再次转移。据亚洲鞋业协会不完全统计，转移到柬埔寨的中国制鞋企业有 40 多

---

① 统计数据显示，2012 年我国对新加坡直接投资下降 53.54%，减少 15.19 亿美元。
② 《中国对外直接投资统计公报》数据显示，沿海地区是我国对外直接投资的主要来源地，其中，2011 年我国对外直接投资居前六位的省份分别是浙江、广东、江苏、山东、福建、上海，2012 年对外直接投资居前六位的省份分别是广东、山东、上海、江苏、辽宁、浙江。

家，其中不少是从东莞迁移过去的台资企业。① 2013 年，韩国三星电子在越南投资 20 亿美元，将手机制造工厂从中国转移到越南，以获得当地更年轻、更廉价的劳动力资源。② 就连一度选择绕开东南亚的富士康科技集团也计划在印尼投资 100 亿美元建立生产工厂。③ 联合国贸发会议（UNCTAD）发布的《2012 年世界投资报告》显示，2011 年流入东盟国家的外商直接投资达到 1170 亿美元，同比增长 26%，而同期流入我国的外商直接投资为 1240 亿美元，增长率不到 8%。可见，外资也在快速流向东盟国家。如果包含外资在内的我国沿海产业持续快速向东盟转移，势必会对中西部地区承接产业转移和经济发展形成日益严峻的挑战。

## 二、沿海产业加速向东盟转移的成因

我国沿海产业越来越多地转移到东盟国家，主要是由于综合比较优势相对变化所导致的。相对于我国中西部地区，东盟国家的比较优势主要体现在以下四个方面：

*（一）东盟区位优势明显，产品销往欧美主要市场的海运成本低*

东盟地处海上交通要冲，除老挝之外的东盟九国均濒临海洋，海路运输十分便利。东盟通往北美市场的海运成本与我国东南沿海地区大致相当，通往欧洲市场的海运成本明显低于我国沿海。但是，无论是北美还是欧洲，东盟国家的海运成本均大幅低于我国中西部地区。以产品出口到欧洲为例，当前从深圳出发运送一个 40 英尺集装箱到意大利热那亚港（Genova）的海运运费约为 1800 美元（或人民币 11196 元），如果从毗邻广东的中部地区城市湖南郴州出发（郴州属于"湘南国家级承接产业转移示范区"），则要多支付从郴州到珠三角出海口的陆路运费约人民币 6500

① 《东莞鞋业转型升级，制鞋企业走向高端》，《南方都市报》2014 年 1 月 20 日。

② 中国—东盟中心门户网站：《三星工厂放弃中国转投越南，东南亚市场再次发威》，2013 年 12 月 16 日，见 http://service.aseanchinacenter.org/contents/video/investment/2013/12/16/35666.html。

③ 中国驻印度尼西亚大使馆经济商务参赞处官网：《富士康在印尼设厂的脚步渐近》，2013 年 4 月 26 日，见 http://id.mofcom.gov.cn/article/ziranziyuan/huiyuan/201304/20130400105109.shtml。

元，运费增幅高达 58%，如果是四川、贵州等西部地区则更高。显然，高昂的运输费用是妨碍沿海产业向中西部转移的重要因素，东盟国家较低的海运成本使其对中西部形成竞争优势。

（二）东盟人口密度大，发展制造业的劳动力成本低

东盟十国主要是发展中国家，拥有 6.01 亿人口（2010 年数据）。日本贸易振兴机构（JETRO）2012 年 6 月发布的调查数据表明，东盟国家承接产业转移代表性城市的制造业工人月平均基础工资分别为：马尼拉（325 美元）、曼谷（286 美元）、雅加达（209 美元）、宿务（195 美元）、万象（118 美元）、河内（111 美元）、金边（82 美元）、仰光（68 美元）。同时期，上海、广州、深圳、武汉、沈阳的这一数据分别为 439 美元、352 美元、317 美元、333 美元和 299 美元。显然，东盟大多数地区劳动力成本远低于我国沿海地区，甚至明显低于我国中西部地区，对沿海劳动密集型产业或资本密集型产业的劳动密集型区段具有更大的吸引力。

（三）东盟区内关税大幅消减，地区间贸易成本下降

东盟国家推动实现贸易自由化以来，6 亿人口的市场已经连接为一个整体。数据显示，目前印度尼西亚、新加坡、马来西亚、泰国、菲律宾、文莱六个较发达的东盟国家已取消了 99.65% 的货物进口关税，柬埔寨、老挝、缅甸、越南四个较不发达的国家已将 98.86% 的货物进口关税税率降至 5% 以下。根据东盟自贸区的原产地规则，我国沿海企业只要转移到东盟国家，如果在当地投资生产的产品中本地含量达到 40% 以上，则视为本国产品，可享受更大范围优惠关税。不仅如此，还可利用东盟与日本、韩国、印度、欧盟等国签署的自由贸易协议，将产品销往更加广阔的国际市场，从而产生巨大的贸易创造和贸易扩大效应。这就是说，在当前欧美国家对华贸易保护主义明显抬头的背景下，沿海产业转移到东盟不仅有利于降低贸易成本，而且还有利于绕过贸易壁垒和减少贸易摩擦。

（四）东盟各国出台多种投资优惠政策，对我国沿海产业的吸引力增大

越南政府在《新投资法》等法规中明确规定了系列投资优惠政策，在此基础上，越南广宁省等地还以协助兴建基础设施工程、根据投资项目的

性质和规模减免土地租金等多种方式，为外商在当地投资创造有利条件。①
从 2008 年 11 月开始，菲律宾政府规定，只要在该国投资并雇佣 10 名以上
菲律宾工人的外国人，就能获得永久签证，外国企业在菲律宾的经济园区
投资落户时，不仅可以适用所得税和关税上的优惠政策，还可以享受经济
园区的"一站式服务"及"全天候服务"②，此外菲律宾还确立半导体和
电子、服装和纺织等九个鼓励外资进入的领域及其他优惠措施。泰国从
2010 年 6 月 1 日起出台新投资政策，规定外资在泰国设立企业总部，可免
收 15 年法人所得税。③ 这些措施，对我国沿海企业的吸引力很大。

## 三、沿海产业向东盟转移给中西部地区带来隐忧

东盟与我国中西部地区在承接产业转移方面存在直接竞争关系，如果
沿海产业大量向东盟转移，则向中西部转移必然相应大规模减少，进而会
对中西部地区的经济发展产生持续的负面效应。

### （一）中西部农村剩余劳动力转移就业受到抑制

在未来较长的一段时间里，劳动密集型产业仍将是我国在全球市场中
十分具有竞争优势的产业，而且保持和发展劳动密集型产业对于我国这种
人口大国是解决就业的重要途径。一些低技术，但并非高污染、高耗能的
劳动密集型产业的长期存在具有客观必然性。当前，我国中西部与东部地
区的农村经济发展存在很大的差距，中西部农村剩余劳动力的规模仍然很
大。与东部地区依靠繁荣的中小企业、非国有经济和县域经济带动大量就
业的发展模式相比，中西部地区工业化进程滞后，非农产业对剩余劳动力
的吸纳能力明显不足，从而抑制了农民收入的增长。在此背景下，中西部
地区承接沿海劳动密集型产业转移，既有利于维持这些企业的低成本竞争
优势，也十分有利于解决中西部地区的就业问题。相反，沿海产业大量转

---

① 广西商务之窗门户网站：《越南广宁省首次到中国广西招商引资》，2005 年 6 月 8 日，见 http://guangxi.mofcom.gov.cn/aarticle/sjdixiansw/200506/20050600112856.html。

② 栾鹤：《菲律宾经济园区盛邀中国企业落户来源》，《中国贸易报》2014 年 2 月 25 日。

③ 《泰国吸引外资新政策：外资在泰设企业总部免税 15 年》，2010 年 5 月 27 日，见 http://www.shandongbusiness.gov.cn/public/touzicujin/article.php?aid=103247&ul=1。

移到东盟国家，也意味着就业机会的大量流失。

（二）中西部更高层次参与国际分工的机会减少

长期以来，我国中西部地区主要是以提供廉价劳动力和自然资源的方式间接参与国际分工。沿海产业向中西部转移不仅能够拓宽内地企业的国际化视野，而且能够带动沿海地区全球化的产业链向内地延伸，进而带动中西部地区切入国际分工体系。同时，转移企业融入当地产业链，还可以优化地区产业结构，强化专业化分工网络，促进其在全球价值链上的跃升。如果沿海产业大规模转向东盟国家，中西部片段化的产业链条将失去与国际分工体系对接的重要机遇，孤立在中西部地区的本土产业将难以参与高层次的国际分工。不仅如此，由于国内中西部地区的劳动力和土地成本高于部分东盟国家，如果沿海地区的产业链大规模向东盟转移，不仅加剧沿海地区产业"空心化"的风险，还可能带动中西部产业（特别是从事配套环节的产业）向外转移，从而对我国的产业安全造成严重危害。

（三）中西部产业转型升级的动力减弱

我国幅员辽阔，地区发展不平衡。部分东部地区已经进入工业化中后期，而许多中西部地区，工业化刚刚进入中期，甚至是初期。产业转移伴随着直接的技术转移并能够产生技术溢出效应。沿海产业转移到中西部地区，能够加快当地企业的技术追赶，提升企业经营管理水平，从产品、渠道、品牌等多个维度增强企业竞争力。事实上，以制造业为主体的沿海产业向中西部地区转移，已成为提升工业化水平和加快产业转型升级的重要途径。如2012年安徽省利用省外资金项目中1亿元以上项目的产业行业分布情况，在安徽省当年实际利用的5283.2亿元省外资金中，制造业所占比重达到57.9%[①]。数据表明，制造业是当前产业转移的主体。如果沿海产业大规模转移到东盟国家，将减弱中西部地区产业转型升级的动力。

---

①　数据来自于安徽合作交流网：2012年1—12月全省利用省外资金情况。其中，2012年在安徽投资1亿元以上项目实际到位资金居前六位的省市以长三角、珠三角地区的沿海省份为主，分别为浙江（24.2%）、江苏（19.4%）、上海（11.4%）、北京（11.2%）、广东（10.8%）、福建（6.2%）。

（四）中西部产业布局调整的进程减慢

我国区域经济发展的路径设计采取的是"先沿海后内地"的非均衡发展战略，即前期优先发展产业基础和区位条件较好的沿海地区，待沿海地区发展到一定阶段之后，通过示范效应和产业转移带动中西部地区发展。在当前沿海地区要素成本上升、环境承载力下降、市场准入门槛提高的背景下，引导沿海失去比较优势的产业向中西部地区有序转移，是实现我国产业空间布局调整的重要契机。如果沿海产业大规模转移到东盟国家，减缓了中西部地区产业布局调整与优化的进程，不仅不利于缩小地区差距，反而可能使地区发展差距进一步扩大。

## 四、应对新时期沿海产业转移的策略

面对沿海产业向东盟国家加速转移的趋势，我国应采取有力措施，增强中西部地区综合比较优势，引导沿海产业向中西部地区有序转移。

（一）改善基础设施，构建跨区域快捷交通网络，应对东盟区位优势

为有效降低跨区域的运输成本，中西部地区应强化现代物流体系的硬件和软件建设。一是加快区域内基础交通网络和区域间交通干线建设，加强中西部高速公路、铁路、水路、民用航空网络与沿海港口的建设合作，支持向西开放大通道，扩大跨区域运输能力；二是进一步推进和完善"大通关"建设，畅通"新丝绸之路经济带"，加快中西部地区的陆路口岸建设，降低进出口商品的口岸物流成本；三是大力发展现代物流业，加快建立现代物流服务体系，完善跨区域物流信息平台等配套设施，提高物流效率；四是进一步完善承接产业转移的生产、生活配套设施，推进产城融合，提高产业转移园区的产业承载能力和就业吸纳功能。

（二）创新产业转移承接方式，实现产业转移集群式承接，应对东盟劳动力成本优势

我国中西部地区的工业基础和产业配套能力普遍高于东盟国家，中西部应当充分发挥这一比较优势，通过集群式承接产业转移，以专业化分工和社会化协作做大做强产业集群，提高产业链竞争力。一是发挥龙头企业

的带动作用，以引进大项目、大企业带动产业链转移，从而引导与之配套的中小企业和关联机构"抱团"转移；二是在承接产业转移过程中，详细列出产业配套"清单"，有针对性地引进缺失链条，补强薄弱链条，提升关键链条；三是处理好承接产业转移与提升自身产业体系的关系，以本地优势产业为核心实施差异化承接，利用产业链承接产业转移，从而延长本地产业链，提高附加值；四是通过城市空间整合，形成园区之间的产业专业化分工与产业链联系，对有利于形成明显集聚效应的产业承接园区，优先纳入重点发展规划，在重大项目招商和配套项目安排上给予重点支持；五是大力发展职业技术教育和在职培训，提高劳动力素质和劳动生产率，使价格低廉的简单劳动力向价格适中的熟练劳动力、技术技能型劳动力转化，从而与地区产业链的提升相匹配。

（三）发挥大国优势，提高对内开放水平，应对东盟市场一体化优势

我国是一个大国，一方面我国人口众多，市场潜力巨大；另一方面区域经济发展很不平衡，中西部地区能够为失去比较优势的沿海产业提供广阔的发展空间。为吸引沿海产业转入，中西部不仅要坚持对外开放，还要全面提高对内开放水平。一是要破除地方保护主义，清除地区间投资和贸易壁垒，降低地区间贸易成本，发挥市场配置资源的决定性作用；二是要降低民间资本参与门槛和各种障碍，鼓励民间资本通过多种形式依法合规地参与中西部国有企业的改制重组，增强企业活力和提高市场竞争力；三是要加大与沿海地区的区域合作力度，通过委托管理、投资合作等多种形式与沿海地区合作共建产业园区，将转移的阻力转化为动力，实现优势互补和互利共赢。

（四）深化体制机制改革，优化企业经营环境，应对东盟引资政策优势

中西部承接产业转移的一大诟病是在招商引资时各地政府为了自身利益最大化，比拼优惠政策，恶性竞争；而当企业落户后，政策承诺不兑现，政府服务跟不上，甚至乱收费，增加了企业隐性商务成本。为扭转这种状况，中西部应转变观念和思路，从重优惠政策向重创新体制机制转变，通过深化改革创造良好的企业经营环境。一是要转变政府职能，建设

服务型政府，创新服务模式，推行网上审批制、首问负责制、限时办结制等，完善"一站式服务"，提高政府服务效率；二是要增强政府工作的规范性和透明度，树立诚信形象，提高政府公信力；三是要构建优化企业经营环境的长效机制，推进财政管理制度改革，解决收费、罚没收入与部门利益挂钩的问题，推行涉企收费公示制、涉企检查准入制等，减少政府部门对企业微观事务的干预，降低企业隐性商务成本。

# 附录四：中西部地区承接产业转移面临的
# 突出问题及破解对策①

湖南科技大学刘友金教授的研究成果《中西部地区承接产业转移面临的突出问题及破解对策》，对当前中西部地区承接产业转移面临的六大难题及成因进行了分析，提出了具体的破解对策。

## 一、中西部地区承接产业转移面临的六大难题及其成因

### （一）招商难及其成因

招商难已经成为中西部地区承接产业转移过程中面临的普遍问题。调研发现，除了少数省会城市之外，中西部地区70%的产业园区招商很困难，超过60%的园区难以承接到10亿元以上的沿海转移项目，争商、抢商成为了一种普遍现象。究其主要原因，一是中西部地区综合成本优势不明显。尽管中西部地区拥有低价劳动力、低价土地、低价资源、优惠政策，但这些成本节约尚不足以弥补企业离开东部沿海地区造成的损失，如失去产业配套、便利交通、集群效应、高效政府，等等。二是地方政府GDP竞争阻碍了产业跨区转移。为保证地方财政收入和充分就业，沿海地区政府一般不支持本地企业向外地转移，且还通过税收减免和财政补贴等方式鼓励企业留在本地的相对滞后区域发展，形成了沿海产业向中西部地区转移的行政壁垒。

---

① 该项研究成果是首席专家刘友金教授应邀于2013年12月5日到国家发改委参加由胡祖才副主任主持召开的组织起草《关于重点产业布局调整和产业转移的指导意见》专家座谈会时提交给国家发改委领导的一份书面对策建议，其主要内容在专家座谈会上作了汇报，作者为项目首席专家刘友金教授和子项目负责人贺胜兵博士。

（二）落地难及其成因

获得发展用地是许多沿海企业转移的主要目的之一。然而，落地难却成了这些企业面临的一个共同问题，也成了制约沿海产业转移的一个瓶颈。调研发现，落地难的第一个原因是用地指标太少。如皖江承接产业转移国家级示范区，2010 年上半年获批建设用地 10.49 万亩（包括基础设施用地），但示范区内有各种园区 83 个，平均每个园区实际用地指标只有 1000 多亩，而一个大的项目入驻可能就要占地 1000 亩以上。第二个原因是园区内部用地供需不平衡，有的产业园区有项目但没有足够的土地，有的产业园区有用地指标但没有足够项目入驻。落地难的第三个原因是本来非常有限的用地指标，却被某些入园企业圈地闲置。多圈地是许多转移企业的普遍心态，有的企业把二三千万的项目包装成过亿，圈上 100 多亩甚至更多土地等待升值。

（三）配套难及其成因

配套难是转移企业反映最强烈的问题之一。在湖南、江西、贵州等省市，曾出现过多起转移企业无当地配套而又转回原地的现象。配套难有三个主要原因：一是中西部地区集群化水平低。我国目前东、中、西部产业集群数量比例约为 79：12：9，与东部地区相比，中西部地区产业集群化水平较低，本地配套能力弱。二是点式承接。随着现代产业分工由产业间分工向产业内分工再到产品内分工的纵深推进，产业转移出现了"片段化"趋势。在这种背景下，饥不择食的中西部地区常常承接的是一批不能相互配套或者没有本地配套的孤立加工环节。三是被动承接。在产业梯度转移中，转出方是主动者，而承接方则是被动者，这就容易形成承接地对转出地的依赖，导致无法形成完整的产业链配套。

（四）融资难及其成因

融资环境是转移企业选择落户地点的一个重要参考因素，融资难尤其是中小企业融资难已经成为困扰中国经济发展的普遍现象。调研发现，与一般中小企业不同，转移到中西部产业园区的中小企业其最大的融资难处是担保难。形成原因：一是信用关系尚未建立。60%以上的转移企业反映，由于融入本地生产、社会、服务网络有一个过程，初来乍到的企业缺乏与金融机构的信用关系，增加了融资担保的难度。二是缺少可担保抵押财产。中小企业的固定资产比例小，特别是那些无形资产占比高的高科技企业或以租用园区标准厂房形式入园的企业，没有足够可抵押固定资产。三是用地手续不完备不能抵押。一些产业园区在没有用地指标或者用地手续没有办妥的情况下违规操作，承诺企业边建边办或先建再办，其结果是建成投产后的项目因没有土地使用证而无法用土地和地面建筑物进行抵押贷款，难以获得后续建设资金和营运资金。

（五）用工难及其成因

解决用工难问题，这也是诸多沿海企业转移的初衷。然而调查发现，有超过 65% 的企业反映内地招工比沿海更难，且留不住。如 2011 年 2 月 11 日在衡阳莲湖广场举办产业转移来衡企业专场招聘会上，拟为富士康招聘 3000 名制造普工，最终达成初步意向的只有近百人。2012 年，河南省甚至花费上亿元的财政补贴，也依然不能为富士康如期招收到足够工人。转移到郴州的台达电子 2011 年在当地招聘的员工数量达到 6800 人，但是新进员工在两周内的离职率却高达 35%。出现这些情况的重要原因：一是新生代农民工和年轻一代大学生与前辈们不同，他们向往大都市生活，在工资待遇相差不太大的情况下，更愿意远离家乡到外面闯世界，而富士康、台达电子这类企业需要的恰恰是年轻人。二是各地园区普遍把建设重点放在了生产功能与建设标准化厂房上，而园区的食宿、交通、文化、教育、娱乐等配套设施严重不足，生活功能严重缺失。

（六）升级难及其成因

中西部地区承接产业转移没有带动产业同步升级是一个不容忽视的事实。这可以从中西部地区承接产业转移态势和投资效率变化中得到验证[①]：近 10 年向中西部地区发生明显转移的 10 个主要产业中，8 个属于资源依赖型产业或劳动密集型产业，约占转移产业总数的 80%。西部地区单位固

---

① 李迅雷：《中国经济结构存在误判》，《上海经济评论》（东方早报网）2012 年 6 月 5 日。

定资产投资产出的 GDP 已经从 2000 年的 2.8 元下降到 2010 年的 1.32 元，而同一时期东部地区的产出率都在 2 元以上，上海产出率更是达到 3.36 元。升级难的主要原因有：一是沿海地区产业转移的低端指向。沿海地区倾向于将基于初级生产要素的产业转移到中西部地区，为沿海地区发展高级生产要素产业提供空间和资源支撑。二是中西部地区承接产业转移的低端竞争。为了自身利益最大化，各个地区比拼政策，恶性竞争，"捡到篮子都是菜"，盲目承接产业转移低端项目。

## 二、破解中西部地区承接产业转移难题的对策建议

### (一) 创新引资模式，破解招商难题

中西部地区在承接产业转移过程中破解招商难题，有两条重要思路：一是创造"局部区域优势"，降低生产成本，增强引资综合能力；二是改善利益分享机制，弱化 GDP 竞争，减少沿海地区政府对迁徙企业的"空中拦截"。要达到这两个目的，可以通过创新引资模式来实现：一是集合优势招商。避免以往全域招商、分散招商的做法，要把政策优势、区位优势、资源优势、产业基础优势整合起来，打造承接产业转移集中区，以更大的局部优势超越沿海地区的整体优势。二是与沿海地区合作招商。借鉴"飞地经济"模式合作建设承接产业转移园区，如滁州市牵手中新集团，按照"苏州工业园"模式，共建苏滁现代产业园，这样既可以利用沿海地区的资金优势、人才优势、信息优势、网络优势招商，又可以消除产业转移的行政壁垒。

### (二) 创新合作模式，破解落地难题

在国家严格控制用地的情势下，难以通过增加用地指标解决落地难问题，一种比较现实的途径是通过合作模式创新，用活、用好给定的用地指标，破解落地难题。比较有效的方法有：一是合作基础上的省级层面统筹调剂。如安徽省出台政策允许城乡建设用地增减挂钩，允许建设用地置换新增建设用地指标在示范区内跨市、县有偿调剂使用。二是地区之间自愿合作调剂。如芜湖市政府和亳州市政府在互惠互利的基础上，创新建园合

作模式，结对共建"亳州芜湖工业园"，将亳州的用地指标调剂给了芜湖。三是园区内管委会与企业合作调剂。如马鞍山开创的所谓"无地招商"新路径，就是管委会与企业在合作共赢的基础上，把闲置厂房、办公场所和事业用房等"空巢"变成"梧桐树"。

（三）创新承接模式，破解配套难题

中西部地区应结合各地资源禀赋和产业基础，通过集群式承接破解配套难题。建议在实施过程中：一是通过城市空间整合，形成园区之间的产业专业化分工与产业链联系，如对有利于形成产业链和明显集聚效应的园区，优先纳入重点发展规划布局，且在重大项目招商和配套项目安排上给予重点支持。二是处理好承接产业转移与建立自身产业体系的关系，以优势产业为核心，利用产业链承接产业转移，从而延长产业链、完善产业链。三是通过撬动龙头企业转入，以大项目、大企业带动产业链的转移，引进与之配套的中小企业和关联机构。四是在承接产业转移过程中，详细列出产业配套"清单"，有针对性地引进缺失链条、补强薄弱链条、提升关键链条。

（四）创新担保模式，破解融资难题

产业园区可以根据产业聚集特点创新担保模式，破解融资难题。有三种模式可以考虑：一是大企业担保模式。由于集群内企业间存在紧密的配套关系与业务协作联系，有着共同的利益诉求，因此，园区可以鼓励集群中的大企业为中小企业进行信誉担保。二是中小企业集合担保模式。将园区内一批联系较为紧密的中小企业捆绑起来，彼此间相互监督，可大大提高信用度，减少信用风险，从而联合成一个担保整体。三是互助式担保。园区中的中小企业以自愿和互利为原则，共同出资组建互助担保基金，为成员企业向银行贷款提供担保。

（五）创新建园模式，破解用工难题

要破解用工难题，必须创新建园模式，跳出以往过分强调产业功能，忽视城市功能，人为把产业与城市分离，使得园区因没有城市依托，无法聚集人气，进而不利于长期可持续发展的传统做法，由"建园"向"建城"转变。建议采取"产城一体化"建园模式，将产业园区发展与城市发展互动设计，使产业开发与新城建设同步实施，实现以产促城，以城兴产，产城融合，营造都市化氛围，使工人招得来，留得住，生活体面，发展有空间。

（六）创新管理模式，破解升级难题

中西部地区在承接产业转移过程中破解升级难题，必须避免大量低端产业承接。建议从创新管理模式入手，先抓两件事：一是建立承接产业转移标准体系。要重点建立承接产业转移的产业选择标准与环境生态前置审批标准，在承接产业转移过程中优化结构，避免"产业梯度转移陷阱"。二是建立跨区域产业转移协调机构。要尽快建立跨区域的产业转移促进与协调机构，统筹协调产业承接地之间的产业分工，防止出现在承接产业转移中的恶性竞争。通过标准引导与机构协调，使转移过来的企业与机构进行本地化整合，再造区位优势，形成创新空间，向产业链高端攀升并实现整体升级。

# 附录五：防止地方政府过度举债承接产业转移[①]

随着我国沿海地区要素成本上升、资源环境压力加大、全球金融危机后国际市场环境变化，沿海产业向中西部地区转移的速度明显加快。但是，一个不容忽视的问题是，中西部地方政府过度举债承接产业转移的现象非常普遍，风险日益凸显，值得认真研究和积极应对。

## 一、政府靠过度举债竞争性承接产业转移的模式不可持续

*（一）地方政府主要靠举债融资建设承接产业转移基础设施*

经济欠发达的中西部地区工业基础较薄弱，可支配的财政性收入较少，地方政府没有足够的资金用于承接产业转移园区与公共服务平台建设，主要靠政府举债融资，而各地用于支持承接产业转移的预算专项资金则更少，甚至连用于债务贴息都不够。中西部许多地级市因城区大规模基建以及工业园建设，形成了由地方债、城投债、信托资金和政府所欠企业项目账款构成的庞大地方政府债务。截至2013年6月，全国地方政府中的城投债务与信托融资债务分别达到2.36万亿元和8.9万亿元，而全国地方政府债务达到了14万亿元。通过在安徽皖江承接产业转移国家级示范区及湘南承接产业转移国家级示范区的调研中发现，这些地区的政府债务中很大部分是用于承接产业转移的环境改善、交通物流基础设施建设、特别是产业承接园区建设和产业集中区建设。

---

① 该项研究成果是2013年12月21日中央政策研究室领导到湖南调研时提交的汇报材料，作者为项目首席专家刘友金教授及子项目负责人曾世宏博士（隐去了个别指向太具体的敏感信息，特此说明）。

（二）地方政府举债规模已经超出债务警戒水平

负债率、债务率、偿债率是三个公认的债务衡量指标，其相应的警戒线水平分别定为10%、100%、15%。虽然还没有全面的地方政府债务数据，但2013年国家审计署公告显示全国36个地方政府本级政府性债务资产负债率均超过10%，有16个地区债务率超过100%，有20个地区偿债率超过20%，而这些地方政府债务的形成主要与城市基础设施与工业园建设举债投资相关。笔者在中部六省调研发现，新建产业承接园区管委会的本级政府性债务资产负债率几乎都超过了100%。

（三）地方政府过度举债建设承接产业转移基础设施会加剧债务风险

中西部地方政府靠举债修建的众多工业园，由于招商难、产业附加值低，承接的产业不能形成预期的税收收入，会降低政府债务偿还能力。地方政府为转移企业进行融资担保，易于使自身陷入企业债务链困境。国家宏观调控从紧，导致"土地财政"收入减少，会加剧地方政府过度举债承接产业转移的债务风险。我们在中部六省调研发现，有超过65%的县级承接产业园区其招商情况远达不到原来的预测水平，这些园区不仅税收达不到预期，而且"土地财政"收入在逐年减少，债务风险在不断聚集。

## 二、中西部地方政府竞争性承接产业转移的债务风险治理难点

（一）地方政府依靠举债建设承接产业转移基础设施的发展模式短期内很难改变

地方政府的可支配性财政收入与地方经济发展水平相关，中西部地区工业发展迟缓，用工业收益来补偿债务并进行新的基础设施投入的可能性极小。但越是工业不发达的地方，政府越是想通过发展工业增加GDP，提高地方财政收入。在这种背景下，通过举债进行基础设施建设，进而承接沿海产业转移，发展地方工业，自然成为中西部地方政府的普遍做法，地方政府无他路可走。

（二）中央政府与地方政府之间的财政分权体制在短期内很难改变

目前这种财政分权体制使地方政府和中央政府之间的财权和事权不对

称。地方政府承担了更多的公共服务供给，但中央政府的专项转移支付较少，地方政府在短期内很难获得更多的中央财力支持进行基础设施建设与投资环境改善。没有中央政府的足够财力支持，贫困地区的地方政府如果不能量入而出，可能导致越开发越贫困，越贫困越盲目开发。

（三）地方政府依靠土地财政来偿债的运行体制与土地供给总量有限的矛盾在短期内不易解决

地方政府敢于举债的押宝在于卖地收入。因为地方政府举债以信托融资为主，这种债务可以通过卖地收入进行偿还，理论上不存在资产负债风险，而是流动性风险。但城市土地供给总量有限，且目前地方政府债务风险还与国家对房地产的调控有关，不能持续支持这一土地财政体制的长期运行。

## 三、地方政府竞争性承接产业转移的债务风险治理对策

（一）摸清地方政府债务的总量和结构，分类化解承接产业转移债务

中央政府派驻督查组到中西部地区，摸清地方承接产业转移的债务总量和结构。对地方政府的直接显性债务，根据债务的数量和期限，制订中长期还债计划，从政府当年财政收入中按一定比例建立偿债基金。对无法追讨或就地化解的地方政府直接隐性债务，中央政府通过财政转移支付进行一定的债务豁免和资金补助。

（二）合理布局地方产业园区，严格预算承接产业转移资金

加快修订《地方政府预算法》，对承接产业转移的地方政府举债行为从严规范，明确地方政府承接产业转移基础设施建设项目支出总额不能超出当年政府财政收入的一定比例，并把地方政府债务的可控性纳入政绩考核指标体系。预算支出的编制应当考虑产业园建设与城镇化进程统筹协调，做到土地集约高效开发。中央财政对符合审批的城镇化内涵产业园建设规划项目给予适当的转移支付与税收抵免，严禁以产业园区建设超预算盲目推进地方新型城镇化。

（三）创新融资手段，解决承接产业转移基础设施建设资金需求

充分发挥市场机制解决工业园区建设资金需求的决定性作用。城市建

设投资公司鼓励被征地农民以土地入股，通过按股分红的方式补偿拆迁费用。吸纳民间资本参与工业园区的基础设施建设，在传统的 BOT 模式（即建设—经营—转让模式，是私人资本参与基础设施建设，向社会提供公共服务的一种特殊投融资模式）的基础上，以"特许经营权"为基础，通过盘活社会存量资本、激发民间投资潜力，积极发展政府和社会资本合作的 PPP 模式，探索基础设施的体制机制改革，形成"政府引导、社会参与、渠道多元、持续发展"的承接产业园区基础设施投融资模式。

# 附录六：实施"一区多园"战略破解湖南省园区发展"小散弱"难题①

随着改革开放的深入，湖南省园区经济得到了快速发展。到 2013 年，湖南省有省级及以上园区 125 个（其中，国家级园区 13 个），共吸纳了全省 50.1% 外资和 35.4% 内资，创造了全湖南省 47.5% 规模工业增加值和 77.9% 高新技术产业产值。但值得高度重视的是，湖南省园区"小、散、弱"问题非常突出，严重制约了其发展后劲。为破解这一难题，建议创新管理体制，实施"一区多园"战略。

## 一、湖南省园区"小、散、弱"问题非常突出

一是园区规模小。2012 年，省级及以上园区平均工业产值，上海 240.87 亿元、江苏 840.52 亿元、湖南 123.25 亿元，湖南是上海的 1/2、江苏的 1/7；平均业务总收入，上海 483.09 亿元、江苏 1158.7 亿元、湖南 171.04 亿元，湖南是上海的 1/3、江苏的 1/7。另据统计，2012 年湖南省规模最小的 10 个省级工业园区的平均主营业务收入仅为 4.47 亿元、平均技工贸总收入仅为 14.90 亿元。

二是园区业务分散。首先是园区涉足行业领域偏多，2012 年湖南省级及以上产业园区涉及工业大类行业 38 个，占全部大类行业个数的 92.7%，有 32 个产业园区涉及的规模工业大类行业个数超过 15 个。其次是同一产业分散在不同区域，全省省级及以上开发区中，一半以上主导产业有"机械制造"，分布于除怀化和湘西州之外的 12 个地市；51 个省级及以上开发

---

①　该项研究成果被湖南省社科规划办编入湖南省"为改革攻坚献策"《社科成果要报》2014 年 8 月第 22 期，呈送湖南省委常委、省政协主席、副省长，作者为项目首席专家刘友金教授。

区的主导产业有"农副食品加工"，遍及全省各地州市。

三是园区竞争力弱。2012 年园区累计投资强度，上海 282 万元/亩、浙江 246.1 万元/亩、湖南 36.31 万元/亩，湖南是上海的 1/8、浙江的 1/7；2012 年土地税收产出率，上海 39.33 万元/亩，浙江 13.7 万元/亩，湖南 5.42 万元/亩，湖南是上海的 1/7、浙江的 2/5。另据统计，2012 年，园区企业高新技术产品占比，江苏为 21.11%、山东为 36.21%、湖南为 13.3%，湖南大约只有江苏的 1/2、山东的 1/3。

## 二、导致"小散弱"的体制根源在于"一区一园"的利益分割管理模式

湖南省园区发展呈现出两个非常明显的特点：一是多"区"并存，即在一个行政区域内设立了多个不同层级、不同类型的开发区，如国家级开发区和省级开发区并存，高新技术产业开发区与经济技术开发区并存等等；二是点式管理，即"一区一园"管理架构，一个开发区、一个产业园、一个管委会、一个利益主体。在地方政府 GDP 竞争背景下，这样一种园区管理体制，就必然形成利益分割、恶性竞争格局：一方面，不同利益主体各自为政、"孤岛式"开发，难以形成园区之间的要素流动和资源整合；另一方面，竞争的着眼点集中在基础设施、土地价格、税收优惠等可模仿的"成功要素"的相互复制与盲目攀比，必然导致同质化、低端化竞争。

以湘潭市为例。仅管辖 2 个城区 3 个县（市）的湘潭市就有 8 个省级及以上开发区，且是"一区一园"架构。其中，所管辖的岳塘区范围内就设有 1 个国家级开发区、2 个省级开发区。在湘潭市调研过程中，政府有关部门和园区管委会普遍反应，湘潭园区经济发展"多而散、小而弱"的症结，正是在于狭小行政区域范围内的园区重叠设立、利益分割、各自为政、无序竞争。可见，多"区"并存状态下的"一区一园"利益分割管理体制是导致园区"小散弱"的主要根源。

### 三、"一区多园"是破解园区发展"小散弱"难题的有效途径

"一区多园"是园区管理体制发展的新模式，通过"多区合一"，整合行政区内多个开发区，形成以核心园区辐射带动、产业分工明确、空间布局优化的园区发展大格局。"一区多园"模式，能够打破行政管理边界、空间布局边界、政策优惠边界，变单个园区"孤岛式"竞争为园区群"岛链式"竞争，使园区从"点"到"面"协调互动，促进园区规模化、集群化、专业化、特色化发展，是破解目前园区发展中"小散弱"难题的有效途径。

美国硅谷最早采取"一区多园"模式，园区布局从斯坦福科学园扩展到周边十几个城市。台湾新竹科学工业园已发展为"一区六园"布局，地跨新竹市、新竹县、苗栗县、桃园县、宜兰县。北京中关村2012年调整为"一区十六园"布局，已扩展到房山、门头沟、怀柔、平谷、密云、顺义和延庆7个远郊区县。为把园区做大做强，避免"多而散、小而弱"，上海张江构建了"一区十八园"的"区镇联动"管理模式，深圳高新区提出了"模块化"布局的"一区多园"发展规划，浙江省最近要求同一个行政区域内实现"多区合一、一区多园"发展。可见，多个省市已经在积极探索"一区多园"模式。

### 四、湖南省推进"一区多园"战略的实施对策

我国三十多年的改革开放经验证明，先行先试者先受益。"一区多园"既是一种发展趋势，也是一种改革方向，湖南省应当加快研究推进。为此，提出如下对策建议：

一是成立专门工作机构。实施"一区多园"战略，是园区管理体制的重大调整，关系到湖南省经济发展全局，牵涉不同利益主体和不同业务主管部门，需要在省级层面统筹。为加快推进这项工作，建议省人民政府成立专门领导小组及工作机构，办公室挂靠在省发改委。该机构全面负责推

进"一区多园"工作的整体谋划、政策制定、组织实施、指导协调。

二是系统设计实施方案。实施"一区多园"战略，是一项复杂的系统工程，不能盲目推进。为了少走弯路，应当在借鉴和学习他人经验的基础上，结合湖南实际，系统设计"一区多园"具体实施方案。这种实施方案设计，既要立足园区的现实状况和既定格局，又要着眼长远目标和全局发展。通过规划方案，明确战略实施的任务书、路线图和时间表，做到"全省一盘棋"，整体设计、分类指导、有序推进。

三是创新管理体制机制。通常"一区多园"是在市级行政区域内进行园区整合，妥善解决由此带来的市、区（县）两级政府利益冲突，是顺利推进"一区多园"战略的关键。为此，建议将园区经济发展权与行政管辖权分开：一方面强化市（地）级政府对整体园区的经济发展权，另一方面保留区（县）级政府对所辖园区的行政管理权，进而实施经济发展权与行政管辖权相分离的"双重分管"新体制。在强调"行政管辖权要让位于经济发展权"的同时，通过设计科学的要素补偿机制和财税分配机制，确保区（县）级政府的经济利益，调动各方积极性。

四是分层次梯度式推进。"一区多园"既要"多区合一"，打破开发区类别、层级界限，整合发展平台；又要"一区带多园"，突破开发区行政隶属关系，整合管理主体。由于各地市园区发展水平不均衡，所处情况千差万别，不能一刀切。因此，在实施策略上，建议制定引导政策，让市场发育比较好、核心园区带动性强、园区之间协作性比较高的地市先行先试，然后通过典型示范、经验推广，分批实施。

# 附录七：湖南承接沿海产业转移的
# 突出问题与对策建议①

世界范围内的产业转移正在进入第四次，这次则是以中国东部沿海发达地区产业往中西部转移为主。此前的每一次产业转移都带动了多个国家或地区的发展，这一轮产业转移也将使得中西部地区迎来新的历史发展机遇。正是由于这一原因，承接沿海产业转移已经成为中西部地区经济发展的重要竞争战略，甚至成为地方政府竞相追逐的一场"大博弈"，如比环境、抢客商、争项目，态势逼人。

湖南毗邻广东，与广大的中西部地区比较，有相对较好的区位优势、工业基础优势、交通优势、市场优势、人力资源优势等综合优势，是珠三角对内陆辐射的第一梯度区，是承接珠三角产业转移的桥头堡。人们期待的理想状态是：从制度安排上，中央应该首先支持湖南建立国家级承接产业转移示范区；从转移的路径上，珠三角产业应该首先落户湖南然后向中西部地区梯度转移；从转移的产业规模与企业数量上，湖南应该是应接不暇并有较大的挑选余地。

然而，值得深思的是，实际发生的情况与理想状态相去甚远，安徽、重庆等地区承接产业转移态势要好于湖南。笔者先后到长三角、珠三角、中部地区特别是湖南的长株潭、湘南等地进行了系统调研，发现我省在承接沿海产业转移过程中存在的一些突出问题，并提出了相应的对策建议。

---

① 该成果2011年10月由湖南省人事厅专技处作为"湖南省第十次党代会"专家献计献策材料呈送省委（2014年省内多家杂志刊登了部分观点，刊登时替换上了个别新的数据），作者为项目首席专家刘友金教授和子项目负责人贺胜兵博士。

## 一、湖南承接沿海产业转移存在的突出问题

### （一）抢占政策先机"慢"

争取国家政策支持，是中西部各省承接产业转移的一种重要竞争策略。从产业转移的路径来看，承接珠三角的产业转移，湖南最有区位优势；承接长三角的产业转移，安徽最有区位优势。因此，湖南和安徽都应该是国家重点给予承接产业转移政策支持的省份。但现实的结果是，在申报承接产业转移国家示范区方面湖南没有抢到先机。到2011年10月湖南的湘南地区获批国家承接产业转移示范区之前，国家已经先后在中西部地区设立了三个承接产业转移示范区：第一个是中部安徽皖江城市带承接产业转移示范区，其目标承接对象主要是长三角；第二个是西部广西桂东承接产业转移示范区，其目标承接对象为珠三角和港澳；第三个就是西部重庆沿江承接产业转移示范区，其目标承接对象主要是长三角和珠三角以外的沿海地区的产业。可见，从争取产业转移国家政策平台方面，湖南已经明显滞后，这也反映了湖南承接产业转移的造势不够。"醒得早，起得晚"，可能错过承接沿海产业转移的最佳机遇期。

### （二）承接项目选择"散"

湖南郴州是最靠近珠三角的城市，但根据我们的调查，尚未承接到一些非常有影响力的大项目，而且所承接到的项目很分散，产业关联度不强。反观重庆市这个深处内陆2000多公里的城市，在全球金融危机背景下仅用一年多时间就快速完成了多达1亿台笔记本电脑产能的布局。通过以商招商、产业链招商，将品牌商惠普，代工商富士康、广达、英业达，以及众多零部件供应商招到了重庆。富士康2011年落户四川绵阳，并以绵阳"国家数字视听基地"为平台，开展战略性合作，首期生产5000万部智能手机。而湖南的郴州、永州等湘南地区引进的企业整体素质不高，项目零散、产业链条短，本地配套能力差，大多数零部件在产业转移园区内难以配套，核心零部件一般需从外地购进。由于园区内项目之间的关联度及协作性不高，企业很少在技术研发与市场开拓等方面主动合作，园区的主业

不够突出，产业集聚的态势不明显。这种现象在县级工业园表现得更突出。在湘南地区，衡阳市相对稍好一点，但引进的项目还是比较分散，配套性不强。

（三）地方招商组织"乱"

地方招商组织"乱"主要表现在两个方面：一是全民招商，无序竞争。如在前些年，郴州市市委、市政府的每个组成部门都有招商任务，并有奖惩措施。据我们到东莞调研，当地企业家们反映，郴州的统计局、教育局、民政局都分别组团到东莞招商，感觉不是很好，效率也不高，且增加了地方政府招商引资的成本。二是只招商不选商，未全面构建承接转移产业的选择标准。为了促使企业落户本地，各县级市、地级市纷纷开出优惠条件，以牺牲资源环境、员工福利等方式吸引外资。我们到湘南地区调研发现，郴州、永州承接的产业，绝大多是劳动密集型、资源消耗型、环境污染型，尤其是各个县区，在承接产业转移过程中更是抢商而不选商，引商而不拒商。因此，如果湖南不能建立承接产业转移标准作为一道"屏障"，那么，湖南必然会承接大量的以浪费资源、污染环境为代价的沿海发达地区转移产业，使湖南地区经济和产业发展落入"产业梯度转移陷阱"，导致湖南长期处于产业低端，以至于在一定程度上甚至会扩大湖南与发达地区的差距。

（四）企业本地招工"难"

据湘南地区调研发现，转移到湘南地区的企业大多是看中了当地丰富的劳动力资源和距离出海口相对较近的地理位置。然而出乎意料的是，企业在当地进行批量招工却很难。2011年2月11日在衡阳莲湖广场举办的"春风行动月"暨产业转移来衡企业专场招聘会上，拟为富士康招聘3000名制造普工，最终达成初步意向的只有近百人，衡阳富士康的首场招聘会受到冷遇。与此同时，不少落户企业反映留人更困难，尤其是企业在产品研发和技术升级过程中所需的受过良好教育的高素质人才和技术工人。例如，转移到郴州的台达电子在当地招聘的员工数量达到6800人，但是新进员工在两周内的离职率却高达35%。出现这些情况的重要原因，一是新生代农民工与前辈们不同，他们向往大都市生活，当工资待遇相差不太大的情况下，他们愿意远离家乡都到外面闯世界，而富士康这类企业恰恰要招的都是年轻人。二是各园区为确保企业在转移后就能较快投入生产，都把注意力放在了建设标准化厂房上。然而，园区的食宿、交通、娱乐等配套设施严重不足，生活非常不方便。这一现象即便在长沙市的岳麓高新区也存在，并且很严重。

（五）隐性商务成本"高"

不少沿海企业表示，承接地劳动力工资的高低并非影响企业转移决策的最重要因素。土地成本由于是一次性投入，对企业的长期运营而言影响也不大。企业真正担心的并不是可以预计的显性成本，而是转移之后企业自身可能"无法控制"的隐商务性成本，使得企业家的精力消磨在无尽的潜规则和应酬之中。在郴州的调研中，多家企业老总告诉我们，他们要用多半的精力与政府及政府有关部门打交道，部分沿海企业则直言对"开门招商、关门打狗"心存恐惧。与沿海地区成熟透明的商务环境相比较，当前湖南尚存在很大的差距。不少转移到湖南的企业反映，在转移的过程中，招商部门和办事人员相当积极主动，但是企业转移进来之后发现各部门之间的协调并不顺畅，尤其是各职能部门办事拖沓，严重影响企业的经营效率。尽管湖南很多园区也是"一站式"服务，但是由于政府各部门授权不到位或者授权不充分，很多事情最终还是要到相关部门的本部去办，事实上还多了一道手续。另外，由于没有规范的程序和专业人员指导，有时一份材料报送了几次不符合要求，多次倒腾。

## 二、改进湖南承接产业转移工作的对策建议

（一）承接产业转移国家级示范区政策实施要"快"

专家们普遍认为，国内东部地区这次大规模产业转移的黄金周期为5年左右，中西部区域承接东部产业转移的竞争日趋白热化，争取国家级政策平台是抢先机的重要抓手。湖南紧邻珠三角，地理位置优越，劳动力资源充足，自然资源丰富，工业基础较好，承接沿海产业转移具有明显的优

势，特别是武广高速铁路开通运行以后，从湘南地区到达广州的时间缩减为一个小时，为湘粤经济交流和珠三角企业向湖南转移提供了极大的便利。目前，湘南地区已经拥有衡阳海关和郴州海关，仅郴州就已建立1个国家级出口加工区、10个省级工业园区、2个省级承接产业转移示范县和一批特色工业小区，园区规划面积扩大到153.4平方公里，具备了相对较好的承接产业转移条件。湘南承接产业转移国家级示范区获批后，有了系列优惠政策，应加大工作力度，尽快将优惠政策落实到承接产业转移项目实施之中。不能停留在"坐而论"，更要注重"起而行"。

（二）承接产业转移项目选择要"配"

各地区应重点承接与本地资源禀赋及产业基础适配的产业转移项目，发挥综合比较优势，并通过产业链配套与集群式发展提高产业承接能力和承接水平：一是以城市建设和产业园区规划为主战场，搭建承接产业转移平台，强化载体功能。通过城市群的空间整合形成城市之间产业的专业化分工与产业链联系，政府部门对有利于形成产业链并能够形成集聚效应的产业园区，优先纳入重点产业发展规划和布局，在重大项目立项与配套项目安排上给予重点支持。二是以优势产业为核心，从配套入手，围绕优势产业的主导产品及其上下游产品，利用产业链来承接转移产业，不断完善产业链、延长产业链、扩展产业链，处理好承接产业转移与建立自身产业体系的关系，提高内源性增长能力。三是通过撬动龙头企业转入，鼓励承接创新能力强、带动作用明显大型龙头企业，以大企业带动大项目，并由此带动与之配套的中小企业和关联机构转移，发挥以商招商作用，形成优势产业集群。对引进能够形成产业链的关键企业或产业集群的核心企业，政府要在土地使用、税收等方面给予优惠。四是在承接产业转移过程中，着力打造千亿级产业链和百亿级企业集团。政府部门认真研究，科学谋划，有针对性地列出产业配套"清单"，在此基础上，着力引进产业链缺失环节、补强产业链薄弱环节、提升产业链关键环节。

（三）承接产业转移招商组织要"专"

招商引资主体各自为政，不同部门派招商小分队到各地驻点招商，这种做法既浪费了大量财力、物力、人力，事实上效果也不明显。除此之外，各地将招商优惠政策集中在可模仿的税收减免、土地低价等措施上，容易引起恶性竞争。因此，湖南要从省级层面建立一个承接产业转移协调机构，整合资源、联合招商，同时为地（市）县政府和企业提供招商指导。与此同时，各地政府也要设立专门的招商引资机构，组建专业化的招商队伍，实行特色化、专业化、精细化招商，对重大项目实行分级跟踪负责，建立"一对一""点到点"的联系机制，强化产业链招商，力争形成"引进一个、成长一个、带动一批、辐射一片"的效果。另外，要建立承接产业转移的选择标准，建立健全环境生态前置审批标准，严格实施环境准入标准，甄选承接产业，在承接产业转移过程中优化结构。

（四）承接产业转移人力资源供给要"足"

沿海产业之所以转移到内地来，其中一个重要的原因就是沿海招工难，劳动力成本高，内地承接沿海产业转移要在解决这一难题上发挥优势。因此，湖南必须以人力资本对接为支撑点，强化人才市场体系建设，加大力气发展职业技术教育，为承接沿海产业转移提供数量充足、质量优良的人力资源：一是要进一步深化职业教育改革，加大职业教育投入，引导社会力量参与，面向社会、面向市场、面向需求办学，全面提高职业教育质量。二是要采取积极的劳动力市场政策，政府引导开展大规模就业培训，在工作能力和职业转换能力培训上着力，同时要建立开放有序的人才市场体系。三是要统筹安排园区的生产、生活、文化、交通设施布局，园区建设要有前瞻性，要充分考虑新生代劳动者的多方面需求，使员工不仅愿意来，而且能够留得住，扎下根，为转移企业提供稳定的人力资源储备。

（五）承接产业转移政府服务要"优"

在沿海调查中发现，有些转移出去的企业因为忍受不了当地政府办事拖沓、隐性交易成本高等原因又准备转回来。湖南要提高承接产业转移竞争力，必须优化软环境，切实转变职能部门的工作作风，加强机关行政效能建设，提高透明度，努力降低地区商务成本，提升政府的服务职能，强化市场在配置资源中的决定性作用。首先，就是要推进政府职能转变，规范行政审批，创新服务方式，再造工作流程，提高行政效率，树立诚信形象，为承接企业提供优质的政务环境。其次，要进一步简化行政审批，除国家有规定实行核准外，均实行备案制，推行"限时办结"。对重大项目的核准、备案，公司设立审批，工商、税务、海关登记，用地申请，报建等环节实行全程代理制，开辟快速通道。最后，要将各项下放到产业园区、开发区、产业承接基地的权利下放到位，不要停留于形式，避免"一站式服务"变成"中转站式服务"。要提高政府服务水平，做到服务专业化、标准化、流程化，提高办事效率，主动为外来投资者排忧解难。

# 附录八：从皖江示范区建设经验看湘南示范区的发展对策①

把握承接沿海产业转移的难得历史机遇，是中西部地区实现经济赶超的一个战略重点。安徽皖江城市带和湖南湘南三市是中部地区最早获批的两个国家级承接产业转移示范区。从目前的实施情况来看，皖江示范区建设明显走在前面。他山之石，可以攻玉，其先行、先试的宝贵经验值得我们湘南示范区借鉴和学习。国家社科基金重大招标项目《中部地区承接沿海产业转移的政策措施研究》课题组对这两个示范区开展了比较系统的调查，在此基础上总结了皖江示范区建设的创新经验，分析了湘南示范区存在的差距，提出了加快湘南承接产业转移示范区建设的对策思路。

## 一、皖江示范区建设的创新经验

皖江示范区从 2010 年 1 月成立以来，在积极探索中部地区大规模承接产业转移的新途径和新模式等方面积累了许多可供借鉴的创新经验。

### （一）合作模式创新

地方政府 GDP 竞争与政绩考核，使得沿海地区政府采取多种措施对迁出企业进行"挽留"和"空中拦截"，阻止当地产业向内地转移。为了突破这一障碍，作为毗邻长三角的皖江示范区，通过合作模式创新，实现利益共享，将阻力转化为动力，加快了产业向皖江城市带转移。

---

① 该成果作为咨询材料于 2013 年 3 月呈送湖南省分管湘南承接产业转移国家级示范区工作的有关省领导，后刊登于由湖南省人民政府经济研究信息中心主编、社会科学文献出版社 2014 年 4 月出版的《湖南蓝皮书（2014 年湖南产业发展报告）》，作者为项目首席专家刘友金教授及子项目负责人贺胜兵博士。

典型的做法有：一是区域对接合作。通过建立"苏浙沪皖"产业转移联动合作机制，将安徽纳入长三角地区产业分工体系，合力推进区域基础设施、物流网络、信息平台、创新体系的一体化建设，带动长三角地区产业向皖江城市带有序转移。二是园区共建合作。双方省（市）政府制订合作园区的产业发展方向、利益分配机制，由安徽将"净地"交给苏浙沪地方政府开展建设与管理，在经营期内经营方可在园区设立规划、税务、工商等派出机构，行使相关经济管理权限，分享园区开发经营收益，这进一步创新了"飞地经济"实施模式。

（二）承接模式创新

传统的被动承接和低端承接不仅会制约本地产业升级，更可能会打乱本地产业的合理布局以及在全球价值链中的低端锁定，甚至恶化产业发展环境，导致地区差距扩大。为了能有效避免这些现象发生，皖江示范区创新了承接模式。

典型的做法有：一是主动承接。围绕区域内主导产业，以大项目、大企业为承接重点，带动配套企业抱团转移，形成产业集群。如合肥新站实验区重点以电子信息和智能家电为主导方向，吸引了包括京东方 TFT-LCD8.5 线、乐凯光学薄膜、彩虹蓝光 LED 等在内的一大批高新技术龙头企业与配套企业，推动了合肥家电产业的集群发展。二是高端承接。政府倡导招商选资，引进国内外优质产业资本和先进技术等要素，对接区域内龙头企业或骨干企业，支持企业改组改造，加强模仿创新与协同创新，形成自己核心技术，提升系统集成能力。如引进联想集团与台湾仁宝电脑建设联想合肥产业基地，推动了合肥家电产业集群的高端发展。

（三）建园模式创新

传统工业园区设计过分注重其生产功能与标准化厂房建设，而园区内的食宿、交通、文化、教育、娱乐等配套设施严重不足，白天"车水马龙"，晚上"人去楼空"，这对追求时尚和向往都市生活的青年群体难以产生吸聚效应，致使有劳动力成本优势的中部地区也出现招工难。

为了破解这个难题，皖江示范区采取了"产城一体"的建园模式，产业功能与城市功能相互渗透，园区开发与新城建设同步实施，营造都市化氛围，使工人留得住，生活上体面，发展有空间。如马鞍山按照"产城融合、城乡一体"的发展思路，立足"产业、宜居、服务"三个示范，以"产业集聚、科技支撑、生活配套、设施完善、环境良好"为目标，改善了企业用工的大环境。

(四) 管理模式创新

多数企业家抱怨中部地方政府为了自身利益最大化，比拼政策优惠，导致恶性竞争，引资不选资，招商不亲商，承诺不兑现，服务跟不上，甚至乱收费，企业隐性商务成本高，企业管理层把精力消磨在无尽的潜规则和应酬之中。

为此，皖江示范区进行了系列管理创新：一是建立产业承接标准体系。重点建立产业选择标准与环境生态前置审批标准，加强资源能源环境约束，避免低端承接。二是建立园区考核综合评估指标体系。将工业集中度、产业聚集度、项目投资强度、产出率与节能降耗等反映经济发展、集约承接、结构优化、绿色承接、创新承接五个方面二十余项导向性指标纳入承接产业转移绩效考核指标体系，促进园区之间有序竞争和健康发展。三是建立政府服务效率监控体系。规范项目"并联审批"、项目"全程代理"、企业注册"一表通"、收费管理"一票制"等管理制度，建立"首问负责制""限时办结制"等稽查制度，提高了企业的运行效率。

## 二、湘南示范区存在的差距

(一) 差在抢占先机上

地方经济的快速发展离不开国家的政策支持，企业的抢滩效应往往使那些最早获得政策优势的地区获得先发优势。谁快半步获得国家优惠政策支持，谁就可能获得快一步的发展机遇。因此，优先争取获批国家级示范区，是中部各省承接产业转移的一种重要竞争策略。

从沿海产业转移的路径和地缘关系来看，承接珠三角的产业转移，湖南最有区位优势；承接长三角的产业转移，安徽最有区位优势。从承接沿海产业转移的产业基础来看，湖南比安徽略有一定优势。因此，湖南和安徽都应该是国家重点给予更多政策支持的省份，从客观条件考量，甚至湖南还可能比安徽得到优先支持。但在争取承接产业转移国家政策平台方面，湖南没有抢到先机。皖江城市带成为全国第一个且由国务院批复的国家级承接沿海产业转移示范区；而湖南湘南地区则是继安徽皖江、广西桂东、重庆沿江之后的全国第四个获批的国家级承接沿海产业转移示范区，是由国家发改委批复的承接沿海产业转移国家级示范区。这在一定程度上错过了当时因金融危机快速发酵而带来的承接沿海产业转移的最佳机遇期。

（二）差在战略定位上

国家批复皖江承接产业转移示范区和湘南承接产业转移示范区的战略定位虽然都是四个，但层次却不同。皖江示范区的四大战略定位是：合作发展的先行区、科学发展的试验区、中部地区崛起的重要增长极、全国重要的先进制造业和现代服务业基地。① 湘南示范区的四大战略定位是：中部地区承接产业转移的新平台、跨区域合作的引领区、加工贸易的集聚区和转型发展的试验区。②

两者相比较可见，皖江示范区的战略定位高于湘南示范区的战略定位，国家赋予了皖江示范区更丰富的发展和改革内涵，且远远超越了承接产业转移本身。战略定位不同，示范区建设的战略路径和国家给予的政策支持力度就会不一样。皖江示范区获批前后，国家各部委主要领导纷纷带队前往安徽考察，在半年左右的时间内为皖江承接产业转移示范区建设出台了 13 个专门的配套文件或相关优惠政策，给予了皖江示范区全方位的支持，而湘南示范区则望尘莫及。

（三）差在改革力度上

皖江承接产业转移示范区获得批复后，安徽进行了系列大动作的改革创新。第一大改革是大手笔对皖江城市带进行了重新区划。撤销了原地级

---

① 参见国务院批复《皖江城市带承接产业转移示范区规划》。
② 参见国家发改委《关于设立湖南省湘南承接产业转移示范区的批复》。

市巢湖市，所辖区县被"一分为三"划归合肥、芜湖、马鞍山三市管辖。区划调整后，巢湖成为合肥的内湖，合肥城市空间进一步拓展，形成了经济沿江发展新格局，加快了安徽融入长三角的步伐，极大地提升了对沿海产业的聚集力。

第二大改革是大力度建设承接产业转移集中区。安徽突破行政区域制约，规划设立了省直管的江北、江南两大承接产业集中区。集中区的建立，克服了分散建园的弊端，集约了产业承载空间。而湖南则强调"三极四带"布局，即打造衡阳、郴州和永州三极；京港澳沿线产业聚集带、二广沿线产业聚集带、泉南沿线发展带和厦蓉沿线发展带四带。事实上，湘南示范区的总体建设思路还是均衡发展，难以集聚优势。

（四）差在抢滩效应上

首先，湖南承接产业转移的数量和规模落后于安徽。引进省外资金规模是目前用来判断承接区际产业转移的一项重要指标，2010年安徽实际利用的省外资金为6863.7亿元，湖南为1733.13亿元，湖南只有安徽的1/4强；2011年和2012年安徽省投资规模1亿元以上项目的实际引进省外资金总额为4181.2亿元和5283.2亿元，同期湖南利用省外资金总额分别为2086.02亿元和2465.6亿元。[①] 如果以相同口径进行统计，估计湖南仍然只有安徽的1/4左右。数据同时表明，安徽利用省外资金的增长速度明显高于湖南。并且，安徽省利用省外资金项目主要是集中在皖江城市带，而湖南省利用省外资金项目主要是集中在"长株潭"城市群。这样一比较，湘南三市利用省外资金的总额则相对更少。

其次，湖南承接产业转移的质量和档次落后于安徽。调研发现，皖江示范区承接产业转移主要着力于引进龙头企业与配套企业，构建完整产业链。如合肥新站综合开发区通过引进京东方等龙头企业，形成了一条以液晶、等离子显示器为核心的平板显示器完整产业链。池州通过承接投资

---

① 2010年及以前，湖南省和安徽省利用省外资金的统计口径相同。从2011年开始，安徽省对外发布的利用省外资金统计数据是指1亿元以上项目的投资总额，而湖南省的相应数据没有区分项目投资规模。

1000 亿元的"中华芯都"集成电路项目，引进上下游配套企业，形成了从半导体 IC 设计、晶圆制造、装配封装、检测调试、终端产品、市场营销的全产业链，在较短的时间内成为国内一流的集成电路产业集聚区。而湘南三市引进的企业整体素质不高，产业链条短，引进的项目还是比较分散，配套性不强，引进的产业主要是劳动密集型产业或劳动密集型加工环节。

### 三、加快湘南示范区建设的对策思路

（一）高起点谋划

第一个方面要高起点谋划承接产业方向，努力实现三个转向：（1）从主要承接产业梯度转移转向积极承接产业跨梯度转移和反梯度转移，避免被动承接。（2）从大量承接产品生产加工环节转移转向大力承接研发、生产、营销全产业链转移，避免低端承接。（3）从重点承接珠三角相邻省际产业转移转向全方位承接国际国内产业转移，避免单向承接。

第二个方面要高起点谋划示范区建设方向，努力实现三个提升：（1）从建设加工贸易集聚区向建设引进、消化、吸收、再创新的生产贸易聚集区提升，避免被嵌入发达地区主导的产业链末端导致价值链低端锁定。（2）从建设中部地区承接产业转移新平台向建设中部地区崛起重要增长极提升，避免被定格于阶段性任务导致低水平发展陷阱。（3）从建设跨区域合作引领区向建设全方位开放创新先导区提升，避免被局限于地区间合作导致综合驱动力不足。

（二）多方位联动

与安徽只有皖江城市带承接产业转移国家级示范区相比，湖南有"长株潭"城市群两型社会建设示范区、湘南承接产业转移示范区、武陵山连片扶贫攻坚示范区等三个国家级示范区的政策扶植优势。湘南承接产业转移示范区建设，要通过多方位联动，整合各方资源，实现三类国家示范区政策效应叠加。

一是要发挥建设国家承接产业转移示范区的政策优势，在湘粤港澳合作框架中，设立专门"产业转移领导小组"，明确湘南示范区规划与珠三

角规划联动实施，推进湘南与珠三角在交通网络、科技要素、人力资源、信用体系、市场准入、质量互认和政府服务等方面的对接，将湘南三市纳入珠三角的产业分工体系。二是要充分利用两型社会建设的政策优势，依托"长株潭"的优势产业和龙头企业，通过共建产业园区、共建产业配套体系，将"长株潭"产业链延伸到湘南地区，合作打造湘南承接产业转移平台，构建统一开放的市场体系，助推承接产业转移示范区建设。三是要利用国家武陵山连片扶贫开发示范区建设政策优势，以产业承接对接开发扶贫，利用地理毗邻优势，顺势打通湘西及武陵山连片的黔、渝、鄂市场，延伸商贸市场腹地，拓展产业承接的辐射空间。另外，还要注意与正在规划中的洞庭湖生态经济区建设结合起来。

（三）关键点着力

一是要着力打造以园区为载体的产业转移承接基地。湘南示范区内现有 25 个产业园区，不仅分散且整体基础设施薄弱，很多园区水、电、气、讯、热等供应不足，不利于承接高端产业和大规模企业。因此，要重点对湘南三市的现有园区扩容提质，将基础设施好、配套能力强的园区升级为国家级产业园区。同时建议省政府选择合适地点建一个"产城融合"的承接产业转移集中区，集聚资源，打造超千亿级产业承接基地。紧盯"两大"（世界 500 强和央企大型企业），瞄准"两角"（珠三角、长三角），面向"两区"（港澳地区、台湾地区），进行产业集群式承接。

二是要着力构建产业转移承接支撑系统。重点建设：（1）由航运空港、水运口岸、铁路和公路组成的网络型立体式国际化综合物流体系；（2）由国家级保税区、海关、检验检疫、电子信息平台等组成的大通关体系；（3）由银行、证券、信用评级、担保、风险投资公司等组成的宽融资平台体系。

（四）战略性统筹

调研中发现，湘南地区三市及所辖县区也普遍存在为了自身利益最大化，相互比拼政策，恶性竞争，盲目承接产业转移低端项目的现象。这些问题需要省政府进行战略性统筹加以解决。

一是统一示范区规划。立足于湘南三市的区位条件、比较优势，着眼于区域联动协调发展与示范目标实现，按照布局集中、用地集约、产业聚集的要求，以基础设施规划为纽带、以产业布局规划为支撑、以城镇空间规划为载体的示范区建设规划。二是统一承接产业转移标准体系。重点建立承接产业转移的产业选择与环境生态前置审批等标准，在承接产业转移过程中优化结构，提升产业竞争能力，避免"产业梯度转移陷阱"。三是统一建立跨区域协调机构。建议尽快建立由省级领导担任主要负责人的跨三市产业转移促进与协调机构，统筹协调产业承接地之间的产业布局、用地指标、公共服务等，防止承接产业转移示范区建设中的无序发展。

# 参 考 文 献

［1］［德］阿尔弗雷德·韦伯:《工业区位论》,李刚剑等译,商务印书馆 2013 年版。

［2］［美］阿瑟·刘易斯:《国际经济秩序的演变》,乔依德译,商务印书馆 1982 年版。

［3］安虎森:《增长极理论评述》,《南开经济研究》1997 年第 1 期。

［4］安树伟、母爱英:《国际产业转移对北京产业发展的影响及对策》,《当代财经》2008 年第 1 期。

［5］安增军、刘琳:《中国产业梯度转移与区域产业结构调整的互动关系研究》,《华东经济管理》2009 年第 12 期。

［6］白仲林、张晓峒:《面板数据的计量经济分析》,南开大学出版社 2008 年版。

［7］贝毅、曲连刚:《知识经济与全球经济一体化——兼论知识经济条件下国际产业转移的新特点》,《世界经济与政治》1998 年第 8 期。

［8］闭明雄、李闯:《欠发达地区主导产业选择模式新论——以广西贵港市主导产业选择为例》,《法制经济》2006 年第 3 期。

［9］蔡昉、王德文、曲玥:《中国产业升级的大国雁阵模型分析》,《经济研究》2009 年第 9 期。

［10］蔡昉:《劳动力短缺,我们是否应该未雨绸缪》,《中国人口科学》2005 年第 6 期。

［11］蔡昉、王德文、曲玥:《中国产业升级的大国雁阵模型分析》,《经济研究》2009 年第 9 期。

［12］蔡宁、吴结兵：《产业集群组织间关系密集性的社会网络分析》，《浙江大学学报》（人文社会科学版）2006 年第 4 期。

［13］蔡泳：《中部六省份人口空心化：重庆为最外流是主因》，2011年 6 月 27 日，见 http://finance.ifeng.com/news/20110627/4195992.shtml。

［14］曹焕俊：《中部六省产业结构比较分析及优化升级对策研究》，硕士学位论文，南昌大学，2010 年。

［15］曹慧平：《发展中国家在承接国际产业转移过程中的模式选择》，《经济问题探索》2010 年第 4 期。

［16］曹小艳：《外商直接投资对我国劳动力就业影响的计量分析》，《统计教育》2003 年第 5 期。

［17］曹阳：《盐城市盐都区高精机电产业发展问题研究》，硕士学位论文，南京理工大学，2008 年。

［18］陈刚、陈红儿：《区域产业转移理论探微》，《贵州社会科学》2001 年第 4 期。

［19］陈建军：《中国现阶段产业区域转移的实证研究》，《管理世界》2002 年第 6 期。

［20］陈林、朱卫平：《广东省产业转移的发展现状与特征》，《国际经贸探索》2010 年第 1 期。

［21］陈立龙、胡振华：《中部地区产业结构调整升级的制约因素及对策研究》，《湖南工业职业技术学院学报》2011 年第 2 期。

［22］陈弥、桑沧、王如渊等：《成渝经济区工业主导产业演变规律原因及对策》，《西华师范大学学报》（自然科学版）2013 年第 4 期。

［23］陈萍：《承接产业转移：资源型城市转型发展的重要途径》，《中共银川市委党校学报》2010 年第 3 期。

［24］陈绍焰：《福建省制造业区域发展研究》，《经济与社会发展》2006 年第 12 期。

［25］陈绪论：《基于可持续发展视角下的鲁粤苏浙沪主导产业比较研究》，硕士学位论文，山东师范大学，2009 年。

［26］陈有禄、罗秋兰：《西部地区承接东部产业转移问题探析》，《经济纵横》2007年第16期。

［27］陈仲常、曹跃群：《产业结构变动指标体系研究》，《重庆大学学报》（社会科学版）2003年第1期。

［28］陈建军：《中国现阶段产业区域转移的实证研究——结合浙江105家企业的问卷调查报告的分析》，《管理世界》2002年第6期。

［29］陈青松：《低成本诱惑，外贸企业"东南飞"》，《中国企业报》2012年3月27日。

［30］陈秀山、徐瑛：《中国制造业空间结构变动及其对区域分工的影响》，《经济研究》2008年第10期。

［31］陈耀：《东西部合作互动集群迁移与承接策略》，《天津师范大学学报》（社会科学版）2009年第1期。

［32］陈建军：《中国现阶段产业区域转移的实证研究——结合浙江105家企业的问卷调查报告的分析》，《管理世界》2002年第6期。

［33］陈建军：《中国现阶段的产业区域转移及其动力机制》，《中国工业经济》2002年第8期。

［34］陈启斐：《皖江城市带产业承接能力差异性研究》，硕士学位论文，南京财经大学，2011年。

［35］陈湘满、刘海燕：《基于因子分析的湖南承接产业转移能力评价》，《湘潭大学学报》（哲学社会科学版）2013年第5期。

［36］陈建军：《中国现阶段产业转移的实证研究》，《管理世界》2002年第6期。

［37］陈建军：《中国现阶段的产业区域转移及其动力机制》，《中国工业经济》2002年第8期。

［38］陈鲁：《广西民营经济产业配套能力存在的问题及其对策——基于承接东部产业转移的思考》，《广西社会科学》2009年第12期。

［39］陈耀：《东西部合作互动、集群迁移与承接策略》，《发展研究》2009年第6期。

［40］陈宝熙:《福建省产业转移与金融服务问题探讨》,《发展研究》2009 年第 11 期。

［41］陈晨:《外商直接投资技术溢出效应的影响因素分析——以安徽省为例》,硕士学位论文,兰州商学院,2012 年。

［42］陈刚、张解放:《区际产业转移的效应分析及相应政策建议》,《华东经济管理》2001 年第 2 期。

［43］陈红儿:《区际产业转移的内涵、机制、效应》,《内蒙古社会科学》(汉文版) 2002 年第 23 期。

［44］陈建军:《要素流动、产业转移和区域经济一体化》,浙江大学出版社 2009 年版。

［45］陈建军:《中国现阶段产业区域转移的实证研究——结合浙江105 家企业的问卷调查报告的分析》,《管理世界》2002 年第 6 期。

［46］陈景岭:《我国区际产业转移中经济风险生成与控制研究》,博士学位论文,江苏大学,2012 年。

［47］陈思祁:《数字鸿沟形成机制研究》,博士学位论文,北京邮电大学,2012 年。

［48］陈涛涛:《移动电话制造业:外国直接投资溢出效应案例研究》,《国际经济合作》2005 年第 1 期。

［49］陈旭:《跨国公司与东道国产业垂直关联的决定因素》,硕士学位论文,天津财经大学,2008 年。

［50］陈煜:《武汉市利用外商直接投资的技术外溢效应分析》,硕士学位论文,武汉理工大学,2006 年。

［51］陈刚、张解放:《区际产业转移的效应分析及相应政策建议》,《华东经济管理》2001 年第 2 期。

［52］陈晨:《基于生态演化理论的高新技术产业集聚发展研究》,硕士学位论文,合肥工业大学,2010 年。

［53］陈钊:《中国城乡区域经济差异化研究》,硕士学位论文,南京航空航天大学,2013 年。

［54］陈蕊、熊必琳：《基于改进产业梯度系数的中国区域产业转移战略构想》，《中国科技论坛》2007年第8期。

［55］陈慧：《城市化：产业结构与产业集聚关系研究》，硕士学位论文，天津商业大学，2013年。

［56］陈冬梅：《长三角产业转移的趋势分析及对策研究》，硕士学位论文，哈尔滨工业大学，2007年。

［57］陈绍焰：《福建省制造业区域发展研究》，《经济与社会发展》2006年第12期。

［58］陈建军、姚先国：《论上海和浙江的区域经济关系——一个关于"中心—边缘"理论和"极化—扩散"效应的实证研究》，《中国工业经济》2003年第5期。

［59］陈信伟、姚佐文：《安徽省R&D投入及其结构与经济增长关系的实证研究》，《技术经济》2011年第2期。

［60］陈文杰：《山区产业的"反梯度转移"》，《浙江经济》2012年第15期。

［61］程宝栋、印中华：《中国对非木材产业梯度转移问题分析》，《国际贸易》2014年第3期。

［62］程必定、袁宏：《皖江城市带承接产业转移示范区建设对中国区域发展的时代价值》，《江淮论坛》2010年第6期。

［63］程艳霞、李娜：《湖北产业结构升级测度与产业结构优化研究》，《武汉理工大学学报》（信息与管理工程版）2010年第1期。

［64］程瑶、刘志迎、张先锋：《"中部崛起"的障碍性因素：基于波特范式的分析》，《改革与战略》2007年第1期。

［65］成祖松：《我国区域产业转移粘性的成因分析：一个文献综述》，《经济问题探索》2013年第3期。

［66］赤松要：《我国产业发展的雁形形态理》，《一桥论丛》1957年第5期。

［67］迟远英：《基于低碳经济视角的中国风电产业发展研究》，博士

学位论文，吉林大学，2008 年。

[68]《促进中部崛起协调区域发展财税政策》，2008 年 5 月 1 日，见 http://www.xchen.com.cn/tzlw/bxtzzhlw/369224.html。

[69] 崔志刚：《河南承接产业转移对产业结构升级的影响分析》，硕士学位论文，中国政法大学，2011 年。

[70] 崔光琦、黄国锋、张永波、刘红卫、苏华轲、林志凌：《广东省生态环境现状存在问题和对策》，《生态环境》2003 年第 3 期。

[71] 崔瑞霞：《人口红利与河南经济发展》，《河南教育学院学报》（哲学社会科学版）2011 年第 5 期。

[72] 戴宏伟、王云平：《产业转移与区域产业结构调整的关系研究》，《当代财经》2008 年第 2 期。

[73] 戴宏伟：《产业转移研究有关争议及评论》，《中国经济问题》2008 年第 3 期。

[74] 戴庆华：《江苏制造业集聚现状分析及对策》，《产业经济研究》2007 年第 6 期。

[75] 戴宏伟：《产业梯度产业双向转移与中国制造业发展》，《经济理论与经济管理》2006 年第 12 期。

[76] 邓海、郭惟地、章涛等：《产业转移想象与现实》，《新世纪周刊》2010 年第 38 期。

[77] 邓涛、刘红：《我国产业转移对经济增长与就业的影响分析》，《贵州商业高等专科学校学报》2010 年第 3 期。

[78] 丁国民：《论我国区域产业转移的制度供给》，《中国市场》2012 年第 1 期。

[79] 丁志良：《承接沿海产业转移的模式研究——以新余光伏产业为例》，硕士学位论文，湖南科技大学，2011 年。

[80] 丁道韧：《江苏省产业梯度转移与优化布局研究》，《特区经济》2011 年第 4 期。

[81] 丁小义：《基于行业技术水平分类分析 FDI 的技术溢出效应》，

《国际商务》(对外经济贸易大学学报) 2008 年第 4 期。

　　[82]《东莞鞋业转型升级，制鞋企业走向高端》，《南方都市报》2014 年 1 月 20 日。

　　[83] 董小君：《中国下阶段产业转移的道路选择——基于产能国际转移日美两种模式的创新探索》，《人民论坛·学术前沿》2013 年 12 月（下）。

　　[84] 董小君：《产业国际转移化解国内过剩压力，提升经济话语权》，《瞭望》2013 年 12 月 2 日。

　　[85] 杜雅文、万晶：《西进！北上！沿海代工企业大内迁调查》，《中国证券报》2010 年 8 月 5 日。

　　[86] 杜健：《基于产业技术创新的 FDI 溢出机制研究》，博士学位论文，浙江大学，2006 年。

　　[87]《对湖南永州市承接产业转移金融支持的调研与思考》，2011 年 1 月 6 日，见 http://wenku.baidu.com/view/f5e2ecd328ea81c758f57869.html。

　　[88] 范剑勇：《长三角一体化，地区专业化与制造业空间转移》，《管理世界》2004 年第 11 期。

　　[89] 范剑勇：《市场一体化、地区专业化与产业集聚趋势——兼谈对地区差距的影响》，《中国社会科学》2004 年第 6 期。

　　[90] 樊纲等：《中国市场化指数——各地区市场化相对进程 2009 年报告》，经济科学出版社 2010 年版。

　　[91] 樊纲、王晓鲁：《中国市场化指数——各地区市场化相对进程报告（2000 年）》，经济科学出版社 2001 年版。

　　[92] 樊纲：《论体制转轨的动态过程——非国有部门的成长与国有部门的改革》，《经济研究》2000 年第 1 期。

　　[93] 樊士德：《劳动力流动、产业转移与区域协调发展——基于文献研究的视角》，《产业经济研究》2014 年第 4 期。

　　[94] 方劲松：《承接长三角产业转移与安徽实现跨越式发展》，《江淮论坛》2010 年第 2 期。

［95］方壮志：《社会网研究的基本概念和方法》，《华中科技大学学报》（社会科学版）1995 年第 3 期。

［96］方慧、吕静、段国蕊：《中国承接服务业国际转移产业结构升级效应的实证研究》，《世界经济研究》2012 年第 6 期。

［97］方丽：《江西省基础设施建设与经济协调发展关系研究》，硕士学位论文，南昌大学，2008 年。

［98］方涛：《皖江城市带承接产业转移示范区战略人力资源管理研究》，硕士学位论文，合肥工业大学，2013 年。

［99］冯根福、刘志勇、蒋文定：《我国东中西部地区间工业产业转移的趋势，特征及形成原因分析》，《当代经济科学》2010 年第 2 期。

［100］冯伟：《供应链环境下物流配送中心选址研究》，硕士学位论文，重庆理工大学，2009 年。

［101］冯晓华、曹暄：《城市经济承载力构成要素的比较分析——兼论武汉市经济承载力的提升策略》，《学习与实践》2009 年第 3 期。

［102］冯启文：《金融危机下湖北省承接产业转移的机遇与挑战》，《湖北社会科学》2010 年第 8 期。

［103］冯大威：《承接产业转移的就业效应研究——以河南省为例》，硕士学位论文，吉林大学，2014 年。

［104］冯梅：《全球产业转移与提升我国产业结构水平》，《管理世界》2009 年第 5 期。

［105］冯芳芳、蒲勇健：《我国区域产业结构优化及其影响因素分析——基于分位数回归方法》，《技术经济》2012 年第 2 期。

［106］奉莹：《中国就业结构演变及就业的产业结构发展趋势研究》，博士学位论文，西南财经大学，2009 年。

［107］符正平、曾素英：《集群产业转移中的转移模式与行动特征——基于企业社会网络视角的分析》，《管理世界》2008 年第 12 期。

［108］符淼：《技术溢出的空间计量和阈值回归分析》，博士学位论文，华中科技大学，2008 年。

［109］付鑫：《城市化地区空间扩张与交通承载系统关系研究》，博士学位论文，长安大学，2011 年。

［110］干春晖、郑若谷、余典范：《中国产业结构变迁对经济增长和波动的影响经济研究》，《经济研究》2011 年第 4 期。

［111］高春玲：《中国石油产业国际竞争力评价》，硕士学位论文，大连理工大学，2005 年。

［112］高登榜：《产业转移中的主导产业选择与承接模式研究》，博士学位论文，合肥工业大学，2013 年。

［113］高连水：《什么因素在多大程度上影响了居民地区收入差距水平？——基于 1987—2005 年省际面板数据的分析》，《数量经济技术经济研究》2011 年第 1 期。

［114］高睿：《基于优势理论的中部地区产业评价与选择研究》，硕士学位论文，武汉理工大学，2008 年。

［115］高志刚：《基于主成份分析的区域产业结构转换能力评价——以新疆为例》，《生产力研究》2003 年第 1 期。

［116］耿晓鹏、李庆军：《基于结构平衡理论的企业正负关系网络及实例研究》，《统计与信息论坛》2012 年第 9 期。

［117］龚晓菊、赵云平：《区域产业布局与重化工产业西移》，《管理世界》2013 年第 8 期。

［118］龚雪、高长春：《国际产业转移技术溢出效应的实证研究：以中国为例》，《管理现代化》2008 年第 3 期。

［119］古南永：《产业梯度与区域产业兴替——以顺德蚕丝业为例》，《广东社会科学》2011 年第 3 期。

［120］顾朝林：《产业结构重构与转移——长江三角地区及主要城市比较研究》，江苏人民出版社 2003 年版。

［121］顾智鹏：《我国产业结构现状分析以及产业高度化路径研究》，《今日湖北》（中旬刊）2013 年第 3 期。

［122］关爱萍、魏立强：《区际产业转移技术创新溢出效应的空间计量

分析——基于西部地区的实证研究》,《经济问题探索》2013 年第 9 期。

[123] 广西商务之窗门户网站:《越南广宁省首次到中国广西招商引资》,2005 年 6 月 8 日,见 http://guangxi.mofcom.gov.cn/aarticle/sjdixian-sw/200506/20050600112856.html。

[124] 郭丽:《产业区域转移粘性分析》,《经济地理》2009 年第 3 期。

[125] 郭力:《产业转移背景下区域就业变动及其影响因素的地区差异》,《经济经纬》2012 年第 3 期。

[126] 郭荣朝:《转型时期传统产业结构调整升级研究——以湖北省为例》,《中南民族大学学报》(人文社会科学版) 2004 年第 1 期。

[127] 郭新力:《我国中部地区产业结构优化升级的路径选择》,《党政干部论坛》2006 年第 1 期。

[128] 郭雪超:《FDI 在我国的技术溢出效应研究》,硕士学位论文,江苏大学,2008 年。

[129] 郭元晞、常晓鸣:《产业转移类型与中西部地区产业承接方式转变》,《社会科学研究》2010 年第 4 期。

[130] 郭治安:《协同学入门》,四川人民出版社 1988 年版。

[131] 郭志伟、张慧芳、郭宁:《城市经济承载力研究——以北京市为例》,《城市发展研究》2008 年第 6 期。

[132] 郭志伟:《经济承载能力研究——理论、方法与实践》,博士学位论文,东北财经大学,2009 年。

[133] 《国务院关于进一步促进中小企业发展的若干意见》,见 http://www.gov.cn/zwgk/2009-09/22/content_ 1423510.htm。

[134] 《国务院关于中西部地区承接产业转移的指导意见》,见 http://www.gov.cn/zwgk/2010-09/06/content_ 1696516.htm。

[135] 《国务院决定延续并完善支持和促进创业就业的税收政策》,见 http://www.cnstock.com/v_ news/sns_ bwkx/201404/2989382.htm。

[136] 国家发改委产业经济与技术经济研究所课题组:《中国前 500 家大型企业集团的效益及效率分析》,《经济研究参考》2006 年第 18 期。

［137］韩刚、杨晓东：《制度创新：东北三省区域政府合作的突破口》，《哈尔滨市委党校学报》2008 年第 1 期。

［138］韩刚：《东北三省区域政府合作研究》，《社会科学辑刊》2008 年第 3 期。

［139］韩跃：《战略性新兴产业空间布局研究——北京市为例》，博士学位论文，首都经贸大学，2014 年。

［140］韩颖、徐佩川、梅开：《DEA 方法在我国工业部分产业技术创新效率评价中的应用》，《技术经济》2007 年第 9 期。

［141］韩梅：《安徽省产业结构与就业结构偏离度分析》，《安徽工业大学学报》（社会科学版）2011 年第 1 期。

［142］韩艳红、宋波：《产品内分工、产业转移与我国产业结构升级——基于构建国内价值链视角》，《工业技术经济》2012 年第 11 期。

［143］韩艳红：《我国欠发达地区承接发达地区产业转移问题研究》，博士学位论文，吉林大学，2013 年。

［144］郝洁：《产业转移承接地效应的理论分析》，《中国流通经济》2013 年第 1 期。

［145］何畅：《湖南"提速"承接广东产业转移》，深圳新闻网 2011 年 9 月 20 日。

［146］何玉身：《"两型社会"建设背景下湖南承接沿海地区产业转移研究》，硕士学位论文，湖南师范大学，2009 年。

［147］何龙斌：《基于产业集群的西部地区承接东部产业转移研究》，《商业研究》2010 年第 4 期。

［148］何月冰：《广东省产业转移中的金融支持研究》，硕士学位论文，华南理工大学，2011 年。

［149］贺俊：《国际间产业转移对产业组织的影响——以家用电器业为例》，《经济纵横》2002 年第 6 期。

［150］贺清云、蒋菁、何海兵：《中国中部地区承接产业转移的行业选择》，《经济地理》2010 年第 6 期。

［151］贺曲夫、刘友金:《基于产业梯度的中部六省承接东南沿海产业转移之重点研究》,《湘潭大学学报》(哲学社会科学版) 2011 年第 5 期。

［152］贺曲夫、刘友金:《中西部地区承接东部地区产业转移的问题与对策研究》,《知识经济》2011 年第 16 期。

［153］贺曲夫、刘友金:《我国东中西部地区间产业转移的特征与趋势——基于 2000—2010 年统计数据的实证分析》,《经济地理》2012 年第 12 期。

［154］贺胜兵、康曙光、周华蓉:《湘南地区承接产业转移合作竞争的博弈分析》,《湖南财政经济学院学报》2013 年第 3 期。

［155］贺胜兵、刘友金、向国成:《多重冲击下沿海产业转移的潜在规模与结构——基于区域 CGE 模型的模拟分析》,《中国软科学》2013 年第 10 期。

［156］贺胜兵、刘友金、周华蓉:《沿海地区为何难以向中西部地区转移——基于企业网络招聘工资地区差异的解析》,《中国软科学》2012 年第 1 期。

［157］贺胜兵、周华蓉:《全球化视域下沿海产业转移研究》,中国经济出版社 2016 年版。

［158］贺胜兵、刘友金、周华蓉:《沿海产业为何难以向中西部地区转移——基于企业网络招聘工资地区差异的解析》,《中国软科学》2012 年第 1 期。

［159］贺炎林、袁敏华:《产业转移与产业结构调整的关系浅析》,《特区经济》2010 年第 8 期。

［160］侯功显:《论政府主导型的发展中地区县域经济管理模式》,硕士学位论文,华中师范大学,2004 年。

［161］湖南省商务公众信息网:《关于湘南承接产业转移示范区建设情况的调研报告》, 2012 年 7 月 8 日, 见 http://www.mofcom.gov.cn/aarticle/difang/ak/201207/201207 082289 48.html。

［162］胡黎明、赵瑞霞、汪立:《集群式产业转移模式下企业技术创新

的战略选择研究》,《石家庄经济学院学报》2013 年第 1 期。

　　[163] 胡黎明、刘友金、赵瑞霞:《产业区域转移研究的源起、发展与趋势》,《湖湘论坛》2011 年第 1 期。

　　[164] 胡黎明、刘友金、赵瑞霞:《承接产业转移的经济效应研究——以新余承接光伏产业转移为例》,《云南财经大学学报》(社会科学版) 2012 年第 3 期。

　　[165] 胡黎明、汪立、赵瑞霞:《产业转移的经济效应及其作用机制研究》,《对外经贸》2013 年第 1 期。

　　[166] 胡黎明、赵瑞霞:《基于区域 CGE 模型的产业转移效应研究——一个新的分析框架》,《西华大学学报》(哲学社会科学版) 2013 年第 5 期。

　　[167] 胡黎明、赵瑞霞:《江西新余承接光伏产业转移的效应分析》,《北方经济》2013 年第 23 期。

　　[168] 胡黎明、赵瑞霞:《中国区域间产业转移的定量测度与特征研究》,《河北科技师范学院学报》(社会科学版) 2014 年第 1 期。

　　[169] 胡星:《对我国承接国际产业转移促进区域经济发展的思考》,《经济经纬》2004 年第 5 期。

　　[170] 胡俊文:《国际产业转移的基本规律及变化趋势》,《国际贸易问题》2004 年第 5 期。

　　[171] 胡宇辰:《产业集群的相关理论分析》,经济管理出版社 2005 年版。

　　[172] 胡宇辰:《产业集群对梯度转移理论的挑战》,《江西财经大学学报》2007 年第 5 期。

　　[173] 胡丹、晏敬东:《基于产业梯度系数的湖北承接产业梯度转移对策研究》,《武汉理工大学学报》(社会科学版) 2014 年第 3 期。

　　[174] 胡玫:《浅析中国产业梯度转移路径依赖与产业转移粘性问题》,《经济问题》2013 年第 9 期。

　　[175] 胡俊文:《"雁行模式"理论与日本产业结构优化升级明》,《亚

太经济》2003 年第 4 期。

［176］华鹏、赵学民：《ARIMA 模型在广东省 GDP 预测中的应用》，《统计与决策》2010 年第 12 期。

［177］黄秀霞：《重庆市产业转移承接力度的影响因素研究》，硕士学位论文，重庆大学，2013 年。

［178］黄正清、朱金蓉、朱盛毅：《皖江城市带承接产业转移示范区人力资源现状及开发对策》，《市场周刊》（理论研究）2010 年第 5 期。

［179］黄山松：《新一轮广西制造业升级转型的突破口与路径选择——广西制造业升级与转型战略研究之一》，《广西社会科学》2012 年第 1 期。

［180］黄肖琦、柴敏：《新经济地理学视角下的 FDI 区位选择——基于中国省际面板数据的实证分析》，《管理世界》2006 年第 10 期。

［181］黄小勇、尹继东、唐斌：《江西经济发展水平综合评价与转变经济发展方式研究》，《华东经济管理》2012 年第 2 期。

［182］黄钟仪：《产业转移：东部的趋势及西部的选择，以重庆市为例》，《经济问题》2009 年第 7 期。

［183］黄明皓：《货币政策的产出效应与金融开放度——中国的模拟实证分析》，《财经科学》2010 年第 6 期。

［184］黄秀霞：《重庆市产业转移承接力度的影响因素研究》，硕士学位论文，重庆大学，2013 年。

［185］黄畅莹：《协同理论视角下珠三角产业转移及承接力管理探究》，硕士学位论文，广东工业大学，2014 年。

［186］黄建康、詹正华、孙文远：《产品内国际分工条件下我国产业升级路径探讨》，《江南大学学报》（人文社会科学版）2010 年第 4 期。

［187］黄玮：《产业集群视角下产业梯度转移模式研究》，硕士学位论文，湖南科技大学，2009 年。

［188］黄玉霞、徐松：《FDI 影响中国服务业发展的实证研究》，《兰州商学院学报》2008 年第 24 期。

［189］黄维芳、李光德：《基于改进产业梯度系数的大珠三角服务业转

移研究》，《产经评论》2013 年第 6 期。

[190] 黄数敏、沈尧羲、闫岩：《劳动力城镇就业现状调查及对策建议——基于皖北 531 份企业员工问卷分析》，《城市时代，协同规划——2013 中国城市规划年会论文集（10-区域规划与城市经济）》，中国城市规划学会 2013 年第 12 期。

[191] 黄天福：《台资纺织业 C 公司战略转型研究》，硕士学位论文，复旦大学，2009 年。

[192] 黄玮：《产业集群视角下产业梯度转移模式研究》，硕士学位论文，湖南科技大学，2009 年。

[193] 黄文生：《反梯度推移理论对池州跨越式发展的启示》，《太原城市职业技术学院学报》2009 年第 1 期。

[194] 黄嘉：《河南省产业结构优化研究》，《合作经济与科技》2011 年第 12 期。

[195] 黄钟仪、吴良亚、马斌：《西部承接东部产业转移的产业选择研究——以重庆为例》，《科技管理研究》2009 年第 8 期。

[196] 黄钟仪：《产业转移：东部的趋势及西部的选择——以重庆为例》，《经济问题》2009 年第 7 期。

[197] 惠调艳、胡新、马莉：《陕西软件的产业转移承接能力研究》，《中国科技论坛》2010 年第 4 期。

[198] 霍倩佳、罗良文：《外商直接投资的就业效应分析》，《华中农业大学学报》（社会科学版）2003 年第 4 期。

[199] IUD 领导决策数据分析中心：《地区"十二五"规划〈建议〉全景解读（3）中部地区"十二五"规划〈建议〉主要指标大对比》，《领导决策信息》2011 年第 1 期。

[200] J. 卡布尔：《产业经济学前沿问题研究》，中国税务出版社 2000 年版。

[201] 计永超：《安徽省产业发展与承接产业转移的实证研究》，《"十二五"区域规划学术研讨会暨 2010 年中国区域经济学会年会论文集》，中

国区域经济学会等，2010年。

[202] 贾广森：《产业转移效应评价及其区域政策取向》，硕士学位论文，天津财经大学，2010年。

[203] 贾晓峰、张晓丽：《江苏主导产业战略性选择及发展研究》，《审计与经济研究》2006年第1期。

[204] 简新华、杨艳林：《产业经济学》，武汉大学出版社2009年版。

[205] 蒋兴勇：《中部崛起人力资源开发的对策建议》，《人才资源开发》2006年第12期。

[206] 蒋茜、孙兵：《我国劳动力市场的供求趋势预测》，《经济纵横》2011年第5期。

[207] 蒋辉、罗国云：《资源环境承载力研究的缘起与发展》，《资源开发与市场》2011年第5期。

[208] 蒋国政等：《要素禀赋、政策支持与金融资源配置：产业转移的承接模式研究》，《南方金融》2011年第2期。

[209] 蒋殿春、张宇：《经济转型与外商直接投资技术溢出效应》，《经济研究》2008年第7期。

[210] 蒋满元：《区际产业转移及其对竞争力的影响分析——以企业和政府动态博弈过程中的行为选择为例》，《江苏广播电视大学学报》2006年第1期。

[211] 蒋满元、王春明：《产业关联效应系数的经济含义及其定量分析——基于河北省主导产业选择的背景》，《石家庄经济学院学报》2008年第3期。

[212] 蒋雪根：《上海市制造业FDI行业内溢出效应的理论和实证研究》，博士学位论文，上海交通大学，2008年。

[213] 江洪：《中部地区承接产业转移的现状与对策》，《中国经贸导刊》2009年第18期。

[214] 江绮萍：《试论我国外商投资的就业效应》，《广州城市职业学院学报》2002年第4期。

［215］江维国：《承接产业转移对产业结构优化的影响及对策——以两广间产业转移为例》，《甘肃联合大学学报》（社会科学版）2013年第6期。

［216］姜奕：《污染产业转移与西部环境质量研究》，硕士学位论文，中南民族大学，2012年。

［217］姜霞：《湖北省承接产业转移的路径选择与政策取向研究》，博士学位论文，武汉大学，2013年。

［218］姜雨：《人力资本与技术选择适配性研究》，博士学位论文，中国社会科学院研究生院，2012年。

［219］焦艳玲：《产业转移，承接模式"初长成"》，《技术纺织品》2012年第4期。

［220］焦若愚：《FDI对我国国内投资的挤入挤出效应研究》，硕士学位论文，复旦大学，2011年。

［221］焦建秋：《西部开发的反梯度推移策略》，《宝鸡文理学院学报》（社会科学版）2005年第6期。

［222］巨荣良、王丙毅：《现代产业经济学》，山东人民出版社2009年版。

［223］康兰媛、孙爱珍、朱红根：《中部地区产业结构变动的绩效研究——以江西为例》，《江西农业大学学报》（社会科学版）2006年第3期。

［224］孔慧珍、孔庆书：《基于区位商的河北省产业聚集度分析》，《河北工业科技》2012年第2期。

［225］孔婷月：《环渤海区域港口群与城市群互动效应分析》，硕士学位论文，北京交通大学，2011年。

［226］赖明勇、吴义虎、肖皓：《湖南省承接产业转移与"两型社会"建设——基于湖南省CGE模型的分析》，《湖南大学学报》（社会科学版）2010年第4期。

［227］冷景菲：《珠三角产业转移和产业升级的协调性与互补性研究》，硕士学位论文，广东工业大学，2011年。

［228］冷颖超：《区位优势视角下东部产业转移区位选择研究》，硕士

学位论文，东北财经大学，2012 年。

[229] 黎金凤：《产业转移与中部地区面临的环境风险》，《经济与管理》2007 年 11 期。

[230] 李晶：《基于利益冲突与协调的产业转移承接研究》，硕士学位论文，南京航空航天大学，2011 年。

[231] 李新安：《中部崛起的优势条件、制约因素及路径分析》，《河南科技大学学报》（社会科学版）2006 年第 1 期。

[232] 李亦亮：《承接长三角产业转移对安徽产业创新的负面影响》，《宜春学院学报》2011 年第 1 期。

[233] 李文军：《我国高增长行业的判别与分析》，《经济研究参考》2006 年第 28 期。

[234] 李兴权、姜希伟：《辽宁省工业各行业发展水平的比较研究》，《辽宁经济》2007 年第 1 期。

[235] 李国平、赵永超：《梯度理论综述》，《人文地理》2008 年第 1 期。

[236] 李淑香：《河南省承接区域产业转移的实证研究》，硕士学位论文，河南大学，2008 年。

[237] 李春梅、李国璋、赵桂婷：《区际产业转移背景下西部应承接什么产业？——基于甘肃承接地的个案分析》，《经济问题探索》2013 年第 12 期。

[238] 李慧：《泛长三角区域产业结构、产业集聚与梯度转移研究》，硕士学位论文，合肥工业大学，2010 年。

[239] 李志敏：《环境规制视角下污染产业转移问题研究》，硕士学位论文，湖南科技大学，2012 年。

[240] 李红：《浙江纺织服装产业灵活转移实现产业升级》，《中国城市经济》2011 年第 23 期。

[241] 李本和：《促进中部崛起与区域经济协调发展》，人民出版社2009 年版。

［242］李步芬：《广西北部湾经济区产业空间布局政府作用研究》，硕士学位论文，华南理工大学，2010 年。

［243］李存芳、周德群、张红梅《基于转移的可耗竭资源型企业区位选择行为的特征与趋势》，《经济地理》2010 年第 6 期。

［244］李广斌：《基于地方政府博弈的区域合作困境》，《华东经济管理》2009 年第 12 期。

［245］李国平、俞文华：《产业国际转移中我国产业结构重组基本策略探讨》《中国软科学》1999 年第 2 期。

［246］李杰、罗卫东：《产业结构低端锁定现象研究——以浙江制造业为例》，《中共浙江省委党校学报》2007 年第 1 期。

［247］李立新、金润圭：《在华外商不同来源体 FDI 区位因素比较分析》，《中国软科学》2002 年第 7 期。

［248］李明生：《城市与区域经济研究》，陕西科学技术出版社 2005 年版。

［249］李平华、陆玉麒、余波：《长江三角洲区域关系的博弈分析》，《人文地理》2005 年第 5 期。

［250］李停：《皖江城市带承接产业转移的区际合作障碍》，《安徽师范大学学报》(人文社会科学版) 2010 年第 11 期。

［251］李小建：《香港对大陆投资的区位变化与公司空间行为》，《地理学报》1996 年第 3 期。

［252］李娅、伏润明：《为什么东部产业不向西部转移：基于空间经济理论的解释》，《世界经济》2010 年第 8 期。

［253］李国政：《比较优势、产业转移及经济发展——兼论四川承接产业转移问题研究》，《华东经济管理》2011 年第 2 期。

［254］李长胜、贾志明：《城市主导产业及其选择研究——以青岛制造业主导产业的选择为例》，《青岛科技大学学报》(社会科学版) 2006 年第 2 期。

［255］李鹤虎：《云南承接产业转移的机理与模式研究》，硕士学位论文，昆明理工大学，2010 年。

[256] 李轶敏:《湖南承接珠三角产业转移问题研究》,《改革与开放》2009 年第 4 期。

[257] 李占国、孙久文:《我国产业区域转移滞缓的空间经济学解释及其加速途径研究》,《经济问题》2011 年第 1 期。

[258] 李振鹏、唐锡晋:《外生变量和非正社会影响推动群体观点极化》,《管理科学学报》2013 年第 3 期。

[259] 李晖、王莎莎:《基于 TOPSIS 模型评价承接产业转移的实证研究》,《系统工程》2010 年第 8 期。

[260] 李兰:《承接产业转移的区域物流竞争力研究》,硕士学位论文,武汉理工大学,2008 年。

[261] 李绍光:《皖江城市带承接产业转移能力研究——以合肥市为例》,硕士学位论文,安徽大学,2011 年。

[262] 李文:《资源承载力与可持续发展》,《财经论丛:浙江财经学院学报》2003 年第 4 期。

[263] 李小建等:《经济地理学》(第二版),高等教育出版社 2006 年版。

[264] 李娅、伏润民:《为什么东部产业不向西部转移:基于空间经济理论的解释》,《世界经济》2010 年第 8 期。

[265] 李传裕:《承接产业转移背景下欠发达地区的人力资源发展战略》,《生产力研究》2010 年第 8 期。

[266] 李国杰、缪兴锋:《从人力资源视角分析广东产业转移促进区域经济协调发展———以梅州市为例》,《特区经济》2011 年第 6 期。

[267] 李随成、陈敬东、姚贵州:《西部基础设施建设战略研究》,《西安理工大学学报》2001 年第 6 期。

[268] 李慧:《FDI 的技术结构对东道国经济的影响——基于对中东欧国家的实证分析》,《上海师范大学学报》(哲学社会科学版)2009 年第 5 期。

[269] 李慧:《中东欧国家 FDI 对产业结构和经济增长影响研究》,博士学位论文,复旦大学,2009 年。

［270］李小平、卢现祥、朱钟棣：《国际贸易、技术进步和中国工业行业的生产率增长》，《经济学：季刊》2008 年第 2 期。

［271］李亚玲：《FDI 引进与中国区域制度变迁的互动机制研究——来自中国各地区的经验证据》，《科学决策》2010 年第 6 期。

［272］梁云、闻帅：《中部地区承接产业转移的策略研究》，《现代经济信息》2010 年第 22 期。

［273］梁志峰、唐宇文：《2011 年湖南产业发展报告》，社会科学文献出版社 2011 年版。

［274］廖倩：《承接产业转移的产业选择研究》，硕士学位论文，湖南科技大学，2012 年。

［275］廖双红：《区域就业人口变动趋势视角下的沿海产业转移趋势及障碍因素研究》，《西北人口》2013 年第 5 期。

［276］林青、陈湛匀：《我国以 FDI 形式承接国际服务产业转移的福利效应测度研究》，《国际贸易问题》2008 年第 1 期。

［277］林慧丽：《长三角地区产业西移过程中的政府协调机制研究》，《经济问题探索》2009 年第 2 期。

［278］林毅夫：《发展战略、自生能力和经济收敛》，《经济学：季刊》2002 年第 1 期。

［279］林积泉：《区域工业发展环境成本核算研究》，硕士学位论文，西北大学，2005 年。

［280］刘芳、杨华：《实现中部崛起的人才战略研究》，《科技创业月刊》2007 年第 1 期。

［281］刘君：《重庆承接产业转移问题研究》，硕士学位论文，重庆工商大学，2008 年。

［282］刘友金、吕政：《梯度陷阱、升级阻滞与承接产业转移模式创新》，《经济学动态》2012 年第 11 期。

［283］刘友金、胡黎明、赵瑞霞：《基于产品内分工的国际产业转移新趋势研究动态》，《经济学动态》2011 年第 3 期。

［284］刘友金、胡黎明:《产品内分工、价值链重组与产业转移——兼论产业转移过程中的大国战略》,《中国软科学》2011 年第 3 期。

［285］刘友金、肖雁飞、廖双红:《基于区位视角中部地区承接沿海产业转移空间布局研究》,《经济地理》2011 年第 10 期。

［286］刘友金、冯晓玲、王冰:《制造业成长与地域产业承载系统适配性研究》,《湖湘论坛》2014 年第 1 期。

［287］刘友金、冯晓玲:《制造业成长与地域产业承载系统适配性及空间差异》,《系统工程》2013 年第 10 期。

［288］刘友金、冯晓玲、王冰:《制造业成长与地域产业承载系统适配性研究》,《湖湘论坛》2014 年第 1 期。

［289］刘友金、廖倩、聂瑶、朱婵:《基于梯度系数的产业选择研究——以江西省承接产业转移为例》,《湖湘论坛》2012 年第 4 期。

［290］刘友金、贺胜兵:《我国沿海产业转向东盟的隐忧及对策》,《人民论坛·学术前沿》2014 年第 8 期。

［291］刘友金、向国成、仇怡、潘爱民、彭文斌、贺胜兵、肖雁飞:《中部地区承接沿海产业转移政策措施研究论纲》,《湖南科技大学学报》(社会科学版) 2010 年第 6 期。

［292］刘寒波、粟梦婷:《公共服务的市场接近效应及其对要素空间集聚·(扩散) 的影响》,《经济数学》2013 年第 3 期。

［293］刘永江、杜文霞:《产业转移理论对中部经济崛起的启发》,《贵州商业高等专科学校学报》2009 年第 3 期。

［294］刘志成:《中部崛起进程中农村人力资源开发理论与实践研究》,博士学位论文,湖南农业大学,2007 年。

［295］刘志成:《中部崛起中农村人力资源开发面临的挑战》,《湖南农业大学学报》(社会科学版) 2008 年第 2 期。

［296］刘丹:《国际产业转移对中国产业结构升级的影响度与承接模式研究》,《现代产业经济》2013 年第 6 期。

［297］刘军:《整体网分析讲义— –UCINET 软件实用指南》,格致出

版社 2009 年版。

[298] 刘立平、朱婷婷:《中部六省承接东部地区加工贸易产业转移比较研究——基于引力模型的分析》,《城市发展研究》2011 年第 2 期。

[299] 刘志迎:《产业转移与承接产业转移的方式和路径》,《安徽行政学院学报》2011 年第 1 期。

[300] 刘红光、刘卫东、刘志高:《区域间产业转移定量测度研究——基于区域间投入产出表分析》,《中国工业经济》2011 年第 6 期。

[301] 刘力、张健:《珠三角企业迁移调查与区域产业转移效应分析》,《国际经贸探索》2008 年第 10 期。

[302] 刘满平、泛珠江:《区域产业梯度分析及产业转移机制构建》,《经济理论与经济管理》2004 年第 11 期。

[303] 刘琼:《迁移还是升级:"珠三角"的转型之痛》,《今日中国》(中文版) 2008 年第 5 期。

[304] 刘世锦:《中国产业集群发展报告 (2007—2008)》,中国发展出版社 2008 年版。

[305] 刘世锦:《产业集聚会带来什么》,《新经济导刊》2003 年第 3 期。

[306] 刘嗣明、童欢、徐慧:《中国区际产业转移的困境寻源与对策探究》,《经济评论》2007 年第 6 期。

[307] 刘军梅:《经济全球化与转型国家的制度变迁》,《世界经济研究》2002 年第 5 期。

[308] 刘绍坚:《承接国际软件外包的技术外溢效应研究》,《经济研究》2008 年第 5 期。

[309] 刘艳:《中国服务业 FDI 的技术溢出研究》,博士学位论文,暨南大学, 2010 年。

[310] 刘艳:《论东部产业集群对西部开发的影响——对传统"梯度转移"理论的一种质疑》,《经济问题探索》2004 年第 1 期。

[311] 刘瑶:《外包与要素价格:从特定要素模型角度的分析》,《经济

研究》2011 年第 3 期。

［312］刘绍涛、岑杰：《广西北部湾经济区主导产业选择与空间布局探讨》，《广西经济管理干部学院学报》2009 年第 2 期。

［313］刘恒江、陈继祥：《国外产业集群政策研究综述》，《理论参考》2006 年第 9 期。

［314］刘淑萍：《甘肃省承接东部地区产业转移的产业选择研究》，硕士学位论文，兰州大学，2013 年。

［315］刘伟、李万军：《基于东部产业转移背景下的重庆产业承接选择》，《中国经贸导刊》2012 年第 13 期。

［316］刘晓辉：《中部地区产业结构与就业结构测度及比较分析》，《经营与管理》2014 年第 9 期。

［317］刘英基：《中国区际产业转移的动因与协同效应研究》，博士学位论文，南开大学，2012 年。

［318］刘志彪：《经济结构优化论》，人民出版社 2003 年版。

［319］刘志彪、张少军：《中国地区差距及其纠偏：全球价值链和国内价值链的视角》，《学术月刊》2008 年第 5 期。

［320］刘毅：《谨防产业转移陷阱》，《珠江经济》2008 年第 8 期。

［321］刘兴：《中西部专业市场奏响时代之歌》，《中国纺织》2006 年第 10 期。

［322］刘刚：《山东德棉股份有限公司发展战略研究》，硕士学位论文，山东大学，2007 年。

［323］刘营华：《基于纺织服装企业成本管理模式的价值增值研究》，硕士学位论文，东华大学，2010 年。

［324］刘茂松：《发展中地区工业化反梯度推移研究——我国产业结构调整中处理工业化与现代化关系的一种新思路》，《求索》2001 年第 1 期。

［325］刘乃全：《中国区域发展进程中的产业聚集现象之研究》，《上海财经大学学报》2004 年第 2 期。

［326］刘中华、尹合伶：《安徽经济发展现状分析及对策研究》，《合肥

工业大学学报》（社会科学版）2013 年第 6 期。

　　［327］刘婷、平瑛：《产业生命周期理论研究进展》，《湖南农业科学》2009 年第 8 期。

　　［328］卢锋：《产品内分工》，《经济学（季刊）》2004 年第 4 期。

　　［329］卢根鑫：《试论国际产业转移的经济动因及其效应》，《上海社会科学院学术季刊》1994 年第 4 期。

　　［330］陆健：《从纺织服装出口贸易看中部崛起》，《纺织服装周刊》2007 年第 19 期。

　　［331］陆建芬：《资源环境承载力评价研究——以安徽淮河流域为例》，硕士学位论文，合肥工业大学，2012 年。

　　［332］陆大道：《关于"点—轴"空间结构系统的形成机理分析》，《地理科学》2002 年第 1 期。

　　［333］鲁明泓：《外国直接投资区域分布与中国投资环境评估》，《经济研究》1997 年第 12 期。

　　［334］吕政等：《国际产业转移与中国制造业发展》，经济管理出版社 2006 年版。

　　［335］吕岩威、孙慧、何伦志：《基于三维度模型的产业集群识别研究》，《21 世纪数量经济学》第 12 卷，2011 年。

　　［336］吕政、杨丹辉：《国际产业转移的趋势和对策》，《经济与管理研究》2006 年第 4 期。

　　［337］吕冰洋、余丹林：《中国梯度发展模式下经济效率的增进——基于空间视角的分析》，《中国社会科学》2009 年第 6 期。

　　［338］吕延方、王冬：《参与不同形式外包对中国劳动力就业动态效应的经验研究》，《数量经济技术经济研究》2011 年第 9 期。

　　［339］吕延方、王冬：《承接外包对中国制造业全要素生产率的影响——基于 1998—2007 年面板数据的经验研究》，《数量经济技术经济研究》2010 年第 11 期。

　　［340］栾鹤：《菲律宾经济园区盛邀中国企业落户来源》，《中国贸易

报》2014 年 2 月 25 日。

[341] 雒海潮、苗长虹、李国梁：《不同区域尺度产业转移实证研究及相关论争综述》，《人文地理》2014 年第 1 期。

[342] 罗浩：《中国劳动力无限供给与产业区域粘性》，《中国工业经济》2003 年第 4 期。

[343] 罗歆：《湘南地区承接珠三角地区产业转移存在的问题与对策研究》，硕士学位论文，中南林业科技大学，2013 年。

[344] 罗云毅、周汉麒：《工业重心东移与"十二五"期间的区域产业转移和承接》，《宏观经济研究》2010 年第 1 期。

[345] 罗浩：《中国劳动力无限供给与产业区域粘性》，《中国工业经济》2003 年第 4 期。

[346] 罗世乐、唐羽、李文政：《金融支持中部地区承接产业转移的思路研究——以湖南省为例》，《金融纵横》2008 年第 9 期。

[347] 罗长远：《FDI 与国内资本：挤出还是挤入》，《经济学：季刊》2007 年第 2 期。

[348] 娄晓黎：《产业转移与欠发达区域经济现代化》，博士学位论文，东北师范大学，2004 年。

[349] 娄晓黎：《地域梯级分工模型与产业区域转移的空间机制分析》，《当代经济研究》2004 年第 4 期。

[350] 马涛、李东、杨建华：《地区分工差距的度量：产业转移承接能力评价的视角》，《管理世界》2009 年第 9 期。

[351] 马歇尔：《经济学原理》，朱志泰译，商务印书馆 1997 年版。

[352] 马子红：《区际产业转移：理论述评》，《经济问题探索》2008 年第 5 期。

[353] 马业保：《安徽省承接国内外产业梯度转移思路与对策研究》，硕士学位论文，合肥工业大学，2010 年。

[354] 马岩：《新疆承接产业转移与金融资源配置研究》，《金融发展评论》2013 年第 12 期。

[355] 马玉祥：《民族区域经济协调发展及其法律对策》，《西北民族研究》2003 年第 3 期。

[356] 马骋：《山西钢铁产业承接国际产业转移问题研究》，硕士学位论文，山西财经大学，2010 年。

[357] 马暕、郑露：《中西部承接产业转移对接点分析》，《华东经济管理》2010 年第 10 期。

[358] 马丽芳：《浙江省产业结构合理化水平的测度与分析》，《中国城市经济》2011 年第 11 期。

[359] 马峥嵘：《我国中部地区产业结构转换能力的比较分析》，《企业科技与发展》2007 年第 18 期。

[360] 马蔡琛：《促进中部崛起协调区域发展的财税政策》，《税务研究》2008 年第 5 期。

[361] 马良：《重庆市承接产业转移中的人力资源开发策略研究》，硕士学位论文，重庆大学，2011 年。

[362] 马岩：《新疆承接产业转移与金融资源配置研究》，《金融发展评论》2013 年第 12 期。

[363] 马玉勤：《河南省经济发展与土地利用关系研究》，《河南农业》2008 年第 2 期。

[364] 毛广雄：《产业集群化转移：世界性规律与中国的趋势》，《世界地理研究》2011 年第 2 期。

[365] 毛广雄：《基于区位进入理论的苏南产业向苏北转移的动因及模式分析》，《人文地理》2009 年第 24 期。

[366] 毛汉英、余丹林：《环渤海地区区域承载力研究》，《地理学报》2001 年第 3 期。

[367] 毛汉英、余丹林：《区域承载力定量研究方法探讨》，《地球科学进展》2001 年第 4 期。

[368] 毛旻旸：《企业技术引进再创新能力评价的指标体系研究》，硕士学位论文，南京理工大学，2007 年。

［369］毛加强：《产业集群嵌入全球价值链方式与升级路径》，《现代经济探讨》2008 年第 10 期。

［370］毛磊、白龙：《政府收支全部纳入预算》，《人民日报》2012 年 6 月 29 日。

［371］孟亮、宣国良：《FDI 技术溢出效应理论研究述评》，《生产力研究》2005 年第 9 期。

［372］孟睿：《河南省承接区域产业转移的路径选择研究》，硕士学位论文，山西财经大学，2011 年。

［373］孟卫华：《中部地区产业结构变动对经济增长影响的研究》，硕士学位论文，中南大学，2007 年。

［374］莫光政：《广西承接产业转移中人力资源开发的战略策略》，《东南亚纵横》2010 年第 2 期。

［375］聂华林、赵超：《我国区际产业转移对西部产业发展的影响》，《兰州大学学报》2000 年第 5 期。

［376］牛艳梅：《基于反梯度推移的绿色产业发展问题研究》，《农业经济》2012 年第 7 期。

［377］欧阳煌：《积极创新财政政策措施，大力助推中部地区崛起》，《经济研究参考》2006 年第 3 期。

［378］欧阳峣、生延超：《多元技术、适应能力与后发大国区域经济协调发展——基于大国综合优势与要素禀赋差异的理论视角》，《经济评论》2010 年第 4 期。

［379］欧永生、唐新华：《主动对接强化服务》，《中国城乡金融报》2011 年 1 月 4 日。

［380］潘成云：《产业生命周期规律、异化及其影响》，《扬州大学学报》（人文社会科学版）2001 年第 5 期。

［381］潘岳：《谈谈环境经济政策》，《求是》2007 年第 20 期。

［382］潘岳：《用环境经济政策催生"绿色中国"》，《学习月刊》2007 年第 19 期。

［383］潘未名：《跨国公司的海外生产对母国产业空心化的影响》，《国际贸易问题》1994 年第 12 期。

［384］潘学标：《经济地理与区域发展》，气象出版社 2003 年版。

［385］庞娟：《产业转移与区域经济协调发展》，《理论与改革》2000 年第 3 期。

［386］彭范：《我国区域产业转移效应的经验研究》，硕士学位论文，东北财经大学，2011 年。

［387］彭文斌、吴伟平、李志敏：《环境规制视角下污染产业转移的实证研究》，《湖南科技大学学报》（社会科学版）2011 年第 3 期。

［388］彭文斌：《资本流动对区域经济差距的影响研究》，博士学位论文，复旦大学，2008 年。

［389］彭文斌、周善伟：《反梯度视角下中部地区承接沿海产业转移的研究》，《当代经济管理》2012 年第 12 期。

［390］彭文武、刘小凤、刘杰、陈晓亮、肖璨：《"大湘南"承接珠三角地区产业转移的产业选择和空间布局研究》，《湖南科技学院学报》2013 年第 7 期。

［391］皮晓鹏：《西部地区承接产业转移个案研究》，《经济纵横》2008 年第 12 期。

［392］皮晓鹏：《重庆产业转移存在的主要问题及对策》，《经济研究导刊》2008 年第 9 期。

［393］齐玮娜、张明林：《工业园区在中部地区承接产业转移中的作用机制与发展对策》，《商业时代》2010 年第 33 期。

［394］钱锡红、杨永福、徐万里：《企业网络位置、吸收能力与创新绩效——一个交互效应模型》，《管理世界》2010 年第 5 期。

［395］覃成林、熊雪如：《我国制造业产业转移动态演变及特征分析——基于相对净流量指标的测度》，《产业经济研究》2013 年第 1 期。

［396］秦艳波：《重庆承接东部产业转移问题研究》，硕士学位论文，重庆工商大学，2012 年。

［397］仇怡、文红艳：《基于 AHP 的中部地区承接沿海产业转移优势行业选择研究》，《湖南科技大学学报》（社会科学版）2013 年第 1 期。

［398］邱晓明：《外商直接投资的就业效应变迁分析》，《中国软科学》2004 年第 3 期。

［399］邱钧、陈静：《新型工业化道路与湖北产业结构优化研究》，《中南财经政法大学学报》2003 年第 5 期。

［400］冉淑清：《陕北能源化工基地产业布局与城镇协调研究》，硕士学位论文，西北大学，2007 年。

［401］任建辉：《中西部地区产业承接的重点行业选择研究》，硕士学位论文，兰州商学院，2013 年。

［402］任素萍：《中部地区反梯度推进战略研究》，《山西经济管理干部学院学报》2009 年第 4 期。

［403］任志军：《区域间产业转移及承接研究》，《商业研究》2009 年第 12 期。

［404］任静：《中部地区承接产业转移的现状、问题和对策》，《武汉理工大学学报》（社会科学版）2010 年第 6 期。

［405］荣毅：《大连市主导产业选择与产业结构调整研究》，硕士学位论文，辽宁师范大学，2009 年。

［406］阮加、李欣：《从产业转移与人才转移的互动机制看京津冀区域一体化》，《中国行政管理》2011 年第 2 期。

［407］《〈三次产业划分规定〉简介》，《中国统计》2003 年第 11 期。

［408］山社武、刘志勇、张德生：《劳动力自由流动是阻碍传统产业区域转移的根本原因吗？——基于 27 个产业的实证分析》，《财贸研究》2010 年第 5 期。

［409］山东省国际投资促进中心门户网站：《泰国吸引外资新政策：外资在泰设企业总部免税 15 年》，2010 年 5 月 27 日，见 http://www.shandongbusiness.gov.cn/public/touzicujin/article.php?aid=103247&ul=1。

［410］邵波、王成涛、丁华：《用偏离份额法分析山东省经济结构调

整》，《上海工程技术大学学报》2006 年第 2 期。

[411] 沈静、向澄、柳意云：《广东省污染密集型产业转移机制——基于 2000—2009 年面板数据模型的实证》，《地理研究》2012 年第 2 期。

[412] 沈晓：《产业转移中企业和政府的行为决策研究》，硕士学位论文，南京理工大学，2009 年。

[413] 盛毅、池瑞瑞、王长宇：《当前我国工业集中度及其变动趋势研究》，《郑州航空工业管理学院学报》2007 年第 5 期。

[414] 石奇：《集成经济原理与产业转移》，《中国工业经济》2004 年第 10 期。

[415] 斯丹敏：《东南沿海三省制造业结构趋同及对策研究》，硕士学位论文，长春工业大学，2013 年。

[416] 宋宏：《皖江城市跨江发展：考量与策略》，《安徽日报》2012 年 7 月 9 日。

[417] 宋继承：《边缘地区主导产业成长机制研究》，博士学位论文，武汉理工大学，2012 年。

[418] 苏明、傅志华、刘军民、张维：《中国环境经济政策的回顾与展望》，《经济研究参考》2007 年第 27 期。

[419] 孙君军：《承接东部产业转移的中西部物流能力评价研究》，硕士学位论文，武汉理工大学，2009 年。

[420] 孙莉、吕斌、周兰兰：《中国城市承载力区域差异研究》，《城市发展研究》2009 年第 16 期。

[421] 孙都光、洪绍明：《皖江城市跨江联动发展》，《中国城市经济》2010 年第 3 期。

[422] 孙雅琼：《河南服装产业集群优势凸显》，《经济视点报》2013 年 11 月 7 日。

[423] 孙久文：《劳动报酬上涨背景下的地区间产业转移研究（英文)》，《构建和谐的世界城市论文摘要集》，2010 年。

[424] 谭瑞松：《我国微型乘用车企业竞争战略研究》，博士学位论

文，哈尔滨工程大学，2006 年。

［425］谭介辉：《从被动接受到主动获取：论国际产业转移中我国产业发展战略的转变》，《世界经济研究》1998 年第 6 期。

［426］陶根苗：《中部崛起战略下的安徽经济发展》，《安徽师范大学学报》（自然科学版）2011 年第 9 期。

［427］陶良虎：《国内外产业转移与中部地区产业承接问题研究》，《理论月刊》2010 年第 1 期。

［428］陶全军：《重庆市城市基础设施的现状及发展对策》，硕士学位论文，重庆大学，2001 年。

［429］汤清：《广东省金融支持下的产业转移溢出效应研究》，博士学位论文，华南理工大学，2011 年。

［430］汤智民：《中部地区基础设施与经济增长的实证研究》，硕士学位论文，南昌大学，2010 年。

［431］唐亚东：《我国中部地区产业结构升级研究》，硕士学位论文，中国石油大学，2008 年。

［432］唐志鹏、刘卫东、刘红光：《投入产出分析框架下的产业结构协调发展测度》，《中国软科学》2010 年第 3 期。

［433］田泽永：《FDI 的资本形成与技术溢出效应研究——基于江苏民营制造业视角》，博士学位论文，南京航空航天大学，2009 年。

［434］涂庆丰、张芳：《中西部地区的新机遇：承接东部加工贸易产业转移》，《经营与管理》2010 年第 3 期。

［435］万永坤：《西部欠发达地区产业转移承接效应的实证分析》，《兰州大学学报》（社会科学版）2011 年第 3 期。

［436］王文剑、仉建涛、覃成林：《财政分权，地方政府竞争与 FDI 的增长效应》，《管理世界》2007 年第 3 期。

［437］王铮等：《经济发展政策模拟分析的 CGE 技术》，科学出版社2010 年版。

［438］王贵明、匡耀求：《基于资源承载力的主体功能区与产业生态经

济》,《改革与战略》2008 年第 24 期。

［439］王国红、刘颖、唐丽艳：《基于区域承载力的产业集成影响因素分析》,《科学学与科学技术管理》2008 年第 29 期。

［440］王海文：《南昌承接产业转移的经济增长效应及承接模式研究》,硕士学位论文,中央民族大学,2013 年。

［441］王丹宇：《产业转移作用机制的理论阐释》,《新疆社会科学》2014 年第 5 期。

［442］王建峰：《区域产业转移动的综合协同效应研究》,博士学位论文,北京交通大学,2012 年。

［443］王静慧：《金融危机背景下 FDI 对江浙沪制造业产业关联效应的研究》,硕士学位论文,上海社会科学院,2010 年。

［444］王凯霞、敬莉：《基于灰色关联度视角下的新疆承接东部产业转移研究》,《新疆社会科学》2014 年第 1 期。

［445］王雷、韦海鸣：《外商直接投资与中国区域经济制度变迁》,《财经科学》2003 年第 5 期。

［446］王韧、曾国平：《内生性制度变迁传导与外商直接投资的挤出效应分析》,《国际贸易问题》2004 年第 6 期。

［447］王锐淇、彭良涛、蒋宁：《基于 SFA 与 Malmquist 方法的区域技术创新效率测度与影响因素分析》,《科学学与科学技术管理》2010 年第 31 期。

［448］王锐淇：《我国区域技术创新能力提升与区域追赶的空间特征研究》,博士学位论文,重庆大学,2010 年。

［449］王霞、陈柳钦：《FDI 对中国制度变迁的影响》,《北京科技大学学报》(社会科学版) 2007 年第 3 期。

［450］王夏阳：《跨国公司对华投资的产业关联效应研究》,《经济师》2001 年第 4 期。

［451］王晓刚、郭力：《产业转移、经济增长方式转变与中国就业变动机制的区域差异分析》,《统计与决策》2013 年第 7 期。

[452] 王业强、魏后凯、蒋媛媛:《中国制造业区位变迁:结构效应与空间效应》,《中国工业经济》2009 年第 7 期。

[453] 王伟光:《中国工业行业技术创新和创新效率差异研究》,博士学位论文,中国社会科学院研究生院,2002 年。

[454] 王思文、祁继鹏:《要素流动性差异与地区间产业转移粘性》,《兰州大学学报》(社会科学版) 2012 年第 2 期。

[455] 王益民、宋琰纹:《全球生产网络效应、集群封闭性及其"升级悖论"——基于大陆台商笔记本电脑产业集群的分析》,《中国工业经济》2007 年第 4 期。

[456] 王业雯:《江西省承接产业梯度转移研究》,硕士学位论文,暨南大学,2009 年。

[457] 王会战:《三门峡承接产业转移研究》,《三门峡职业技术学院学报》2014 年第 1 期。

[458] 王丽艳:《唐山市纺织行业现状分析及发展策略》,硕士学位论文,苏州大学,2008 年。

[459] 王珏、曹立:《反梯度推进理论与西部产业结构调整》,《山东社会科学》2002 年第 3 期。

[460] 王瑞卿:《中部地区承接产业转移的实现机制及其调控研究》,硕士学位论文,湘潭大学,2013 年。

[461] 王凯、马庆国:《基于因子分析定权法的中国制造业技术创新能力研究》,《中国地质大学学报》(社会科学版) 2007 年第 2 期。

[462] 王辰、张落成、姚士谋:《基于 AHP 法的盐城市主导产业选择与空间布局》,《经济地理》2008 年第 2 期。

[463] 王闰平、陈凯:《资源富集地区经济贫困的成因与对策研究——以山西省为例》,《资源科学》2006 年第 7 期。

[464] 王水献、董新光、刘丰:《层次分析法在新疆平原灌区土壤盐渍化研究中的应用》,《干旱区资源与经济》2007 年第 4 期。

[465] 王文利、李保知:《振兴甘肃制造业的对策研究》,《兰州交通大

学学报》2009年第2期。

[466] 王先庆：《产业扩张》，广东经济出版社1998年版。

[467] 王丙毅：《面向循环经济的产业结构调整》，《理论学刊》2006年第5期。

[468] 王吉霞：《产业结构优化的技术创新动力作用分析》，《商场现代化》2007年第21期。

[469] 王培县：《广西承接珠三角产业转移研究》，硕士学位论文，广西大学，2005年。

[470] 王鹏、李健、张亮：《中部地区自主创新能力评价及提升路径分析》，《中国工业经济》2011年第5期。

[471] 王素芹：《影响中部地区产业集群的因素及建议》，《经济经纬》2008年第2期。

[472] 王素芹：《中部产业集群发展存在的障碍及解决途径》，《统计与决策》2008年第15期。

[473] 王业强：《中部崛起的空间战略思考》，2006年6月7日，见http://politics.people.com.cn/GB/30178/4445469.html。

[474] 王继红：《充分发挥金融在铜陵承接产业转移中的支持作用》，《科技和产业》2011年第9期。

[475] 王瑞卿：《中部地区承接产业转移的实现机制及其调控研究》，硕士学位论文，湘潭大学，2013年。

[476] 王万里：《西部地区承接产业转移中的金融支持研究》，硕士学位论文，兰州大学，2010年。

[477] 王泽林：《永州市承接产业转移过程中产业优化探索》，《湖南科技学院学报》2012年第12期。

[478] 汪文姣、陈志鸿：《"泛珠三角"外资的空间结构以及梯度转移分析》，《国际商务》（对外经济贸易大学学报）2014年第3期。

[479] 汪小波：《从产业反梯度扩张、经济反哺生态到区域反辐射——共建武陵山生态经济圈》，《科技和产业》2011年第12期。

［480］汪健、李婷、韩彬:《区际产业转移与安徽区域经济发展》,《池州学院学报》2008 年第 5 期。

［481］汪斌:《国际区域产业结构分析导论——一个一般理论及其对中国的应用分析》,科学出版社 2001 年版。

［482］汪立、吴友、胡黎明:《产业转移的技术溢出机制研究》,《对外经贸》2013 年第 2 期。

［483］汪瑞、安增军:《区域产业转移效应评价指标体系的构建——以 F 省产业转移为例》,《河北科技大学学报》(社会科学版) 2014 年第 14 期。

［484］汪鼎喜:《产业转移研究综述》,《科技信息》2011 年第 4 期。

［485］韦蔚:《南京市经济可持续增长的环境承载力研究》, 硕士学位论文, 南京航空航天大学, 2006 年。

［486］魏后凯:《产业转移的发展趋势及其对竞争力的影响》,《福建论坛》(经济社会版) 2003 年第 4 期。

［487］魏后凯等:《中国区域经济的微观透视——企业迁移的视角》,经济管理出版社 2010 年版。

［488］魏后凯、贺灿飞、王新:《外商在华直接投资动机与区位因素分析——对秦皇岛市外商直接投资的实证研究》,《经济研究》2001 年第 2 期。

［489］魏后凯:《促进中部崛起的科学基础与国家援助政策》,《经济经纬》2006 年第 1 期。

［490］魏敏、李国平、陈宁:《我国区域梯度推移粘性因素分析》,《人文杂志》2004 年第 1 期。

［491］魏杰:《大企业:21 世纪经济主导力量》, 中国发展出版社 2002 年版。

［492］魏博通:《江西承接沿海产业转移的识别与结构效应分析》,《统计与决策》2012 年第 21 期。

［493］卫婧、葛如江:《安徽承接沪苏浙产业转移规模持续扩大》,

2011 年 9 月 21 日，见 http://news.xinhuanet.com/fortune/2012-09/21/c_122069096.htm。

[494] 文红艳：《中部地区承接沿海产业转移的空间布局与协调政策研究》，硕士学位论文，湖南科技大学商学院，2012 年。

[495] 吴安：《中国产业及劳动力逆向流动分析——以重庆与北京，广东的比较为例》，《中国工业经济》2004 年第 12 期。

[496] 吴锋、邓祥征、林英志：《基于环境 CGE 模型的鄱阳湖流域氮磷排放调控方案及影响模拟》，《地球信息科学学报》2010 年第 2 期。

[497] 吴文洁、范磊：《产业承接的影响因素及其影响力分析——以陕西第二产业为例》，《西安石油大学学报》（社会科学版）2011 年第 20 期。

[498] 吴汉贤、邝国良：《产业技术扩散溢出效应的分析——对广东产业转移承接地政府的启示》，《科技管理研究》2010 年第 8 期。

[499] 吴玉鸣：《空间计量经济模型在省域研发与创新中的应用研究》，《数量经济技术经济研究》2006 年第 23 期。

[500] 吴媛媛：《FDI 对东道国产业的关联效应研究》，硕士学位论文，东南大学，2005 年。

[501] 吴伟华：《反梯度转移：欠发达地区的发展战略选择与实践——以浙江省丽水市为例》，《重庆科技学院学报》（社会科学版）2014 年第 7 期。

[502] 吴伟萍：《广东承接新一轮国际产业转移的策略研究》，《国际经贸探索》2003 年第 3 期。

[503] 吴小建：《承接产业转移地方政府间的博弈分析及其路径选择》，《宿州学院学报》2011 年第 3 期。

[504] 吴汉贤、邝国良：《广东产业转移动因及效应研究》，《科技管理研究》2010 年第 15 期。

[505] 吴晶晶：《中部地区有效承接东部产业转移的问题探析》，硕士学位论文，南开大学，2012 年。

[506] 吴文盛：《产业结构调整的"五只手"理论》，《华东经济管理》

2010 年第 2 期。

[507] 吴方、邱玲玲:《产业转移中两广地方政府间合作机制研究》,《梧州学院学报》2011 年第 2 期。

[508] 吴少新:《金融是产业转移与承接的核心》,《湖北日报》2009年 1 月 15 日。

[509] 伍万云等:《皖江城市带率先崛起的研究——基于优惠政策的视角》,《山东省农业管理干部学院学报》2011 年第 11 期。

[510] 武珺:《产业转移的新形势及承接对策》,《经济导刊》2010 年第 8 期。

[511] 武斌、刘宁宁:《中部崛起与山西省产业发展定位研究》,《太原城市职业技术学院学报》2007 年第 1 期。

[512] 夏靓:《产业集群对产业 "梯度转移" 理论的挑战》,《北方经贸》2005 年第 1 期。

[513] 夏素芳:《产业转移机制与动因研究》,硕士学位论文,浙江大学,2011 年。

[514] 萧琛、胡翠、石艾:《 "民工荒" 的原因, 应对与劳工市场制度变革前景》,《新华文摘》2011 年第 2 期。

[515] [日] 小岛清:《对外贸易论》, 周宝康译, 南开大学出版社1987 年版。

[516] 肖灿夫:《我国产业转移的影响因素分析》,《理论参考》2005年第 11 期。

[517] 肖润华、肖晓军:《江西承接产业转移研究》,《改革与战略》2010 年第 4 期。

[518] 肖雁飞、廖双红、刘友金:《资源和环境约束下中部地区经济可持续能力研究:理论与指标——基于承接沿海产业转移的角度》,《湖南科技大学学报》(自然科学版) 2011 年第 1 期。

[519] 肖雁飞、廖双红、张琼:《中部地区承接沿海产业转移经济承载规模预测》,《系统工程》2014 年第 5 期。

［520］肖雁飞、万子捷、廖双红：《中部地区承接沿海产业转移现状及综合能力测度》，《经济问题探索》2014 年第 1 期。

［521］肖雁飞、万子捷、刘红光：《我国区域产业转移中的"碳排放转移"及"碳泄漏"实证研究——基于 2002 年、2007 年区域间投入产出模型的分析》，《财经研究》2014 年第 2 期。

［522］肖雁飞、张琼、廖双红：《基于 ARIMA 模型的中部地区经济人口承载力研究——兼论承接沿海产业转移能力》，《湖南科技大学学报》（社会科学版）2012 年第 6 期。

［523］肖雁飞、张琼：《武广高铁对湖南生产性服务业发展的影响》，《经济地理》2013 年第 10 期。

［524］肖智、吴慰：《基于 PSO-PLS 的组合预测方法在 GDP 预测中的应用》，《管理科学》2008 年第 21 期。

［525］肖小爱、王巧玲：《招商引资的博弈，基于地方政府竞争的视角》，《理论经济学》2008 年第 5 期。

［526］肖雯：《产业转移、产业集聚与经济增长》，硕士学位论文，浙江大学，2011 年。

［527］肖望喜、张彩霞：《产业转移背景下承接地人力资源软环境构建研究——以衡阳市为例》，《人力资源管理》2014 年第 7 期。

［528］谢军：《基于国际产业转移的中国电机产业组织创新与产业升级研究》，博士学位论文，中南大学，2008 年。

［529］谢丽霜：《东部资本规模西进的障碍》，《生产力研究》2005 年第 11 期。

［530］谢丽辉：《论公共服务的消费效应》，《现代营销》2012 年第 11 期。

［531］解振华：《中国大百科全书·环境科学（修订版）》，中国大百科全书出版社 2002 年版。

［532］熊必琳、陈蕊、杨善林：《基于改进梯度系数的区域产业转移特征分析》，《经济理论与经济管理》2007 年第 7 期。

［533］熊学慧:《悲情新余: 如果赛维倒闭新余经济将倒退 10 年》,
2013 年 1 月 5 日, 见 http://finance.ifeng.com/news/corporate/20130105/
7516128.shtml。

［534］熊学慧:《江西新余"救赎"危局》,《中国经营报》2013 年 1
月 7 日。

［535］熊焰、林和生、张钰:《竞争、市场结构与国际直接投资效应分
析》,《经济师》2004 年第 11 期。

［536］许德友:《基于产品内分工的产业转移与中国区际产业转移》,
市场经济与增长质量——2013 年岭南经济论坛暨广东经济学会年会论文
集, 2013 年。

［537］许冰:《外商直接投资对区域经济的产出效应——基于路径收敛
设计的研究》,《经济研究》2010 年第 2 期。

［538］许经勇:《国际资本流动与产业转移的正负效应》,《南通大学学
报: 社会科学版》2009 年第 25 期。

［539］许南、李建军:《产品内分工、产业转移与中国产业结构升
级》,《管理世界》2012 年第 1 期。

［540］徐永利:《逆梯度理论下京津冀产业协作研究》,《河北大学学报
(哲学社会科学版)》2013 年第 5 期。

［541］徐莎莎、黄春兰、盛杰:《基于产业生命周期理论视角的后发区
域产业引进探讨》,《中国集体经济》2009 年第 9 期。

［542］徐小钦、石磊:《基于产业生命周期理论的重庆高新技术产业选
择研究》,《科技管理研究》2006 年第 1 期。

［543］徐建华:《现代地理学中的数学方法》, 高等教育出版社 2002
年版。

［544］徐杰:《基于产业链的产业配套匹配算法研究及优化》,《计算机
工程与科学》2013 年第 3 期。

［545］徐毅、张二震:《外包与生产率基于工业行业数据的经验研
究》,《经济研究》2008 年第 1 期。

［546］徐苗苗：《合肥市第二产业与第三产业协调发展研究》，硕士学位论文，合肥工业大学，2012 年。

［547］胥倩：《重庆市承接产业转移问题研究》，硕士学位论文，西南财经大学，2009 年。

［548］胥志强：《我国政府投融资体制改革探析》，《金融发展评论》2010 年第 10 期。

［549］宣茂前：《信阳市产业结构分析与调整策略研究》，硕士学位论文，南京航空航天大学，2007 年。

［550］薛汉喜：《区位进入理论与企业集团的国际化扩张——以海尔集团为例》，《地理研究》2002 年第 4 期。

［551］闫安、赵淑琪、裴凤：《皖北地区产业转移综合承接能力评价》，《合肥工业大学学报》（社会科学版）2012 年第 2 期。

［552］闫军印：《信息产业市场结构的理论研究》，博士学位论文，中共中央党校，2007 年。

［553］杨海水：《地方政府竞争理论的发展述评》，《经济学动态》2004 年第 10 期。

［554］杨凡、陶涛、家顺良：《中西部地区产业承接能力分析》，《合作经济与科技》2010 年第 16 期。

［555］杨亚平：《基于后向关联的 FDI 技术溢出研究》，博士学位论文，暨南大学，2008 年。

［556］杨春季、肖玉琴：《基于反梯度理论的赣州承接珠三角产业转移分析》，《企业经济》2009 年第 6 期。

［557］杨健：《长三角地区产业转移和重庆市产业承接》，《特区经济》2014 年第 8 期。

［558］杨桃珍：《产业转移与中国区域经济梯度发展》，硕士学位论文，武汉大学，2005 年。

［559］杨桂丽：《交通运输物流基础设施投融资研究》，硕士学位论文，武汉理工大学，2004 年。

[560] 杨世峰、王思文、姬新龙:《金融创新驱动西部欠发达地区承接产业转移探析》,《宁夏社会科学》2013 年第 3 期。

[561] 杨杰:《青海省承接产业转移问题研究》,硕士学位论文,西北民族大学,2012 年。

[562] 羊绍武、黄金辉:《低碳经济约束下中国承接国际产业转移的现实路径》,《西南民族大学学报》(人文社会科学版) 2010 年第 7 期。

[563] 叶静:《浙江产业转移与产业结构调整研究》,硕士学位论文,合肥工业大学,2009 年。

[564] 叶燕:《产业转移与江西产业结构优化研究》,硕士学位论文,南昌大学,2005 年。

[565] 易振华、应千凡:《产业转移趋势下我国劳动力区域性短缺问题研究——基于东西部地区的实证》,《浙江金融》2011 年第 4 期。

[566] 易汉鹏:《产业发展与企业的产业先见战略》,硕士学位论文,武汉大学,2004 年。

[567] 殷德生、唐海燕:《中国制造业集聚的决定因素与变动趋势——基于三大经济圈的实证分析》,《世界经济研究》2007 年第 12 期。

[568] 殷兴山、孙景德、余霞民:《产业结构优化机理:以资本的甄别功能为视角》,《上海金融》2008 年第 7 期。

[569] 尹继东:《中国地区区域经济协调发展》,科学出版社 2009 年版。

[570] 尹翠琴、金腊华、范利平:《广州花都狮岭(江城)产业转移工业园区水资源承载力研究》,《水资源保护》2009 年第 1 期。

[571] 虞晓芬、傅玳:《多指标综合评价方法综述》,《统计与决策》2004 年第 11 期。

[572] 虞晓平:《产业区域转移和承接研究:理论与实证》,硕士学位论文,浙江师范大学,2009 年。

[573] 俞小燕:《积极利用离岸服务外包承接国际服务业转移》,《沿海企业与科技》2008 年第 6 期。

［574］俞国琴：《我国地区产业转移的系统优化分析》，博士学位论文，上海社会科学院，2005 年。

［575］俞国琴：《中国地区产业转移》，学林出版社 2006 年版。

［576］喻新安、龚绍东、赵西兰、林凤霞：《河南省经济结构调整和产业优化省级新探》，《河南社会科学》2007 年第 1 期。

［577］余侃：《产业转移过程中共生模型及机制研究——以安徽产业转移为例》，硕士学位论文，安徽财经大学，2014 年。

［578］余洪：《淮北市承接产业转移与产业结构升级研究》，硕士学位论文，安徽财经大学，2013 年。

［579］余文建：《中国西部承接产业转移与金融支持的思考》，《中国西部》2011 年第 7 期。

［580］余慧倩：《论国际产业转移机制》，《江汉论坛》2007 年第10 期。

［581］余冬晖：《西部地区承接产业转移问题研究——以重庆为例》，硕士学位论文，重庆大学，2005 年。

［582］于海静、吴国蔚：《北京 FDI 对服务业增长的作用机制探析》，《商业时代》2009 年第 14 期。

［583］于兆红：《县域经济、扶贫开发与人口发展研究——以甘肃省天祝县为例》，硕士学位论文，兰州大学，2014 年。

［584］袁军：《SETAR 模型在 GDP 预测中的应用》，《统计与决策》2007 年第 10 期。

［585］袁祖凤、周静：《共生理论视角下产业集群式转移演进过程机理研究》，《中国软科学》2012 年第 8 期。

［586］袁鹏：《跨国公司对我国市场结构的影响与竞争行为的变化》，《对外经贸实务》2005 年第 5 期。

［587］袁境：《西部承接产业转移与产业结构优化升级研究》，博士学位论文，西南财经大学，2012 年。

［588］原毅军、李军：《国际产业转移与中国生产性服务业升级——基

于承接高端制造业国际转移视角》,《经济研究导刊》2011 年第 4 期。

[589] 翟松天、徐建龙:《中国东西部产业结构联动升级中的产业对接模式研究》,《青海师范大学学报》(哲学社会科学版) 1999 年第 2 期。

[590] 翟相如:《地区产业转移承接能力评价研究》,硕士学位论文,哈尔滨工业大学,2008 年。

[591] 曾斌求:《从中部崛起谈湖南产业发展总体思路和目标定位》,2005 年 5 月 27 日,见 http://news.cnfol.com/050527/101.1281.1284567.00.shtml。

[592] 曾祥炎、刘友金:《基于地域产业承载系统适配性的"产—城"互动规律研究——兼论中西部地区新型城镇化对策》,《区域经济评论》2014 年第 1 期。

[593] 曾慧:《基于技术创新能力的 FDI 与中国经济增长》,《浙江工商大学学报》2012 年第 3 期。

[594] 曾巧生:《试析外商直接投资的动态效应》,《江西财税与会计》2002 年第 11 期。

[595] 曾贵、李宏祥、田华荣:《加工贸易梯度转移研究——基于"雁行理论"的视角》,《经济与管理》2011 年第 1 期。

[596] 战永杰:《山东省承接国际产业转移优化产业结构的研究》,硕士学位论文,兰州商学院,2011 年。

[597] 占才强:《"劳动合同法"实施触发多米诺效应,"世界工厂"面临转移之痛——珠三角工厂大撤离》,《南方都市报》2008 年 1 月 22 日。

[598] 展宝卫:《产业转移承接力建设概论》,泰山出版社 2006 年版。

[599] 詹花秀:《国际产业转移与湖南产业承接》,《财经理论与实践》2009 年第 6 期。

[600] 张春雷、韩建华、刘建业:《中国四大区域发展差距的成因与走向研究》,2011 年 11 月 25 日,见 http://doc.mbalib.com/view/a44a422a4d4eaa8f71035b562bcb 3625.html。

[601] 张记波:《浙江省优势产业选择研究》,硕士学位论文,浙江理

工大学，2010 年。

[602] 张俊宇：《对山西产业结构调整中几个问题的思考》，《山西财政税务专科学校学报》2005 年第 4 期。

[603] 张辽：《要素流动、产业转移与区域经济发展》，博士学位论文，华中科技大学，2013 年。

[604] 张涛：《重庆承接东部产业转移中的产业选择研究》，硕士学位论文，重庆工商大学，2011 年。

[605] 张永贵：《促进我国产业集群转移与承接的健康发展》，《中国投资》2010 年第 2 期。

[606] 张占东：《基于中部崛起的中部六省产业结构调整探析》，《湖北社会科学》2006 年第 2 期。

[607] 张占东：《中部六省产业结构调整研究》，《经济经纬》2005 年第 6 期。

[608] 张公嵬、梁琦：《产业转移与资源的空间配置效应研究》，《产业经济评论》2010 年第 3 期。

[609] 张冬梅：《提升西部地区产业承接能力研究》，《现代经济探讨》2008 年第 10 期。

[610] 张丽、董增川：《流域水资源承载能力浅析》，《中国水利》2002 年第 10 期。

[611] 张丽峰：《河北省"十一五"时期产业就业结构变动趋势分析》，《技术经济与管理研究》2008 年第 1 期。

[612] 张燕、徐建华、曾刚：《中国区域发展潜力与资源环境承载力的空间关系分析》，《资源科学》2009 年第 8 期。

[613] 张二震、方勇：《要素分工与中国开放战略的选择》，《南开学报》2005 年第 6 期。

[614] 张峰：《安徽省承接长三角产业转移研究》，《学术界》2010 年第 1 期。

[615] 张立建：《两次国际产业转移本质探讨——基于产品生命周期理

论视角》,《统计研究》2009 年第 10 期。

［616］张琴、蒋瑛:《韩国承接国际产业转移的经验及启示》,《经济纵横》2009 年第 8 期。

［617］张少军、李东方:《全球价值链模式的产业转移:商务成本与学习曲线的视角》,《经济评论》2009 年第 2 期。

［618］张少军、刘志彪:《全球价值链模式的产业转移:动力、影响与对中国产业升级和区域协调发展的启示》,《中国工业经济》2009 年第 11 期。

［619］张为付:《制造业与服务业国际转移特点比较》,《管理世界》2006 年第 4 期。

［620］张公嵬、梁琦:《产业转移与资源的空间配置效应研究》,《产业经济评论》2010 年第 3 期。

［621］张建华、欧阳轶雯:《外商直接投资、技术外溢与经济增长——对广东数据的实证分析》,《经济学:季刊》2003 年第 2 期。

［622］张军:《增长、资本形成与技术选择:解释中国经济增长下降的长期因素》,《经济学:季刊》2002 年第 1 期。

［623］张青:《外商直接投资对江苏省就业结构的影响》,硕士学位论文,南京师范大学,2011 年。

［624］张秋菊、朱钟棣:《跨国外包的承接与我国技术进步关系的实证分析——基于 VECM 的长、短期因果关系检验》,《世界经济研究》2008 年第 6 期。

［625］张婷婷:《中国承接国际服务外包的就业效应及其作用机制研究》,硕士学位论文,江苏大学,2010 年。

［626］张薇:《FDI 技术溢出效应文献综述》,《商丘师范学院学报》2008 年第 8 期。

［627］张炜:《FDI 对中国制度变迁的影响机制分析——兼论 FDI 对制度溢出的空间效应》,博士学位论文,南开大学,2013 年。

［628］张宇:《制度约束、外资依赖与 FDI 的技术溢出》,《管理世界》

2009 年第 9 期。

　　［629］张越彪：《外商直接投资就业数量效应的研究综述》，《中外企业家》2009 年第 5 期。

　　［630］张战仁、杜德斌：《在华跨国公司研发投资集聚的空间溢出效应及区位决定因素——基于中国省市数据的空间计量经济研究》，《地理科学》2010 年第 1 期。

　　［631］张乐才：《浅析"产业梯度转移理论"的适用性》，《沿海企业与科技》2005 年第 12 期。

　　［632］张毅帆、高全成：《基于产业梯度系数分析的河南中原城市群产业布局》，《经济视角》（中旬）2012 年第 3 期。

　　［633］张玉、江梦君：《安徽承接长三角产业梯度转移的微观视角研究——基于企业迁移的分析》，《中国集体经济》2011 年第 6 期。

　　［634］张可云：《西部大开发战略的基本取向辨析》，《首都经济》2001 年第 2 期。

　　［635］张良贵、孙久文：《金融加速器效应的经济区域特征与区域产业转移》，《产业经济研究》2013 年第 3 期。

　　［636］张皓宇：《河南省承接区域产业转移的对策研究》，硕士学位论文，河南大学，2013 年。

　　［637］张占仓：《中部崛起的产业走向研究》，《郑州航空工业管理学院学报》2005 年第 3 期。

　　［638］张颖华：《港航产业成长与上海国际航运中心建设》，博士学位论文，上海社会科学院，2010 年。

　　［639］张庆亮：《中部地区承接产业转移研究》，博士学位论文，中共中央党校，2012 年。

　　［640］张维迎：《博弈论与信息经济学》，上海人民出版社 1999 年版。

　　［641］张延平、李明生：《我国区域人才结构优化与产业结构升级的协调适配度评价研究》，《中国软科学》2011 年第 3 期。

　　［642］张延平：《区域人才结构动态适配区域产业结构升级研究》，博

士学位论文，中南大学，2011 年。

[643] 张彦博、郭亚军、曲红敏：《成本视角下 FDI 的区位选择与产业转移》，《东北大学学报》（自然科学版）2010 年第 2 期。

[644] 张仲芳：《"中部崛起"战略下的江西经济发展状况分析》，《江西财经大学学报》2007 年第 2 期。

[645] 张小平：《基于集聚效应的江苏省产业布局研究》，硕士学位论文，南京航空航天大学，2008 年。

[646] 张涛、冉梨：《基于产业优势的重庆承接产业转移的重点选择》，《东方企业文化》2010 年第 14 期。

[647] 张晓彬：《陕西区域经济合作发展的博弈研究》，硕士学位论文，硕士西安理工大学，2009 年。

[648] 张茉楠：《实施"中国式马歇尔计划"化解产能过剩》，《中国产经新闻报》2009 年 7 月 20 日。

[649] 赵斌：《中国西北地区主导产业选择研究》，博士学位论文，北京交通大学，2011 年。

[650] 赵玲玲、张仁杰：《珠三角产业转移及其工业园管理研究》，《经济研究参考》2010 年第 40 期。

[651] 赵文武：《河南省战略性新兴产业现状及发展策略研究》，《河南商业高等专科学校学报》2012 年第 5 期。

[652] 赵艳芳：《皖江城市带承接长三角产业转移的行业选择分析》，《河北工程大学学报》（社会科学版）2013 年第 4 期。

[653] 赵玉林、张倩男：《对经济增长有突破带动作用的高技术产业领域选择研究》，《科学学与科学技术管理》2006 年第 10 期。

[654] 赵玉林、张倩男：《湖北省战略性主导产业的选择研究》，《中南财经政法大学学报》2007 年第 2 期。

[655] 赵玮：《比照东北及西部，中部六省获新优惠政策》，《大陆桥视野》2007 年第 3 期。

[656] 赵伟：《市场一体化与中国制造业区域集聚变化趋势研究》，《数

量经济与技术经济研究》2009 年第 2 期。

[657] 赵伟：《沿海产业中部地区转移行为与承接环境评价调查研究》，《产业与科技论坛》2014 年第 4 期。

[658] 赵伟、汪全立：《产业转移方式的动态均衡研究——基于泛珠三角的研究》，《数量经济技术经究》2005 年第 3 期。

[659] 赵张耀、汪斌：《网络型国际产业转移模式研究》，《中国工业经济》2005 年第 10 期。

[660] 郑胜利：《复制群居链——台商在大陆投资的集群特征分析》，《经济评论》2002 年第 5 期。

[661] 赵淑琪：《皖北地区产业转移综合承载能力评价研究》，硕士学位论文，合肥工业大学，2012 年。

[662] 赵放：《制造业与物流业的空间协同集聚及其增长效应研究》，博士学位论文，南开大学，2012 年。

[663] 赵佩华：《基于演化博弈理论的跨国公司技术转让策略研究》，博士学位论文，华南理工大学，2009 年。

[664] 赵奇伟、熊性美：《中国三大市场分割程度的比较分析：时间走势与区域差异》，《世界经济》2009 年第 6 期。

[665] 赵瑞霞、胡黎明：《产业集群式转移驱动资源型城市制度变迁的机制——基于区域产业链整合的视角》，《河北联合大学学报》（社会科学版）2013 年第 6 期。

[666] 赵瑞霞、胡黎明：《产业转移效应的案例研究——以新余光伏产业为例》，《吉林工商学院学报》2013 年第 1 期。

[667] 赵瑞霞、胡黎明：《产业转移制度变迁效应的实证研究——基于中部地区面板数据的分析》，《长春理工大学学报》（社会科学版）2012 年第 12 期。

[668] 赵建吉、茹乐峰、段小微、苗长虹：《产业转移的经济地理学研究：进展与展望》，《经济地理》2014 年第 1 期。

[669]《浙江省人民政府关于加快中介机构改革发展的若干意见》，

《浙江政报》2007 年第 34 期。

[670] 郑勇军、汤筱晓:《沿海地区产业集群跨区域整合的动因分析与模式比较》,《浙江社会科学》2006 年第 3 期。

[671] 郑若谷、干春晖、余典范:《转型期中国经济增长的产业结构和制度效应——基于一个随机前沿模型的研究》,《中国工业经济》2010 年第 2 期。

[672] 中国三星经济研究院:《中国劳动力市场变革与影响》,《热点报告》,2011 年。

[673] 中国社会科学院工业经济研究所:《中国工业发展报告 2011》,经济管理出版社 2011 年版。

[674] 中国科学技术协会主编:《中国城市承载力及其危机管理研究报告》,中国科学技术出版社 2008 年版。

[675] 中国社会科学院工业经济研究所、国务院第一次全国经济普查办公室联合课题组张其仔、郭朝先:《我国工业企业技术进步状况及问题》,《经济研究参考》2007 年第 43 期。

[676] 中共青岛市委党校课题组程国有:《山东省"十五"期间规模工业行业调查与比较分析》,《山东经济》2007 年第 3 期。

[677] 中国农业银行总行投资银行部:《并购贷款推动产业整合》,《中国城乡金融报》2011 年 2 月 25 日。

[678] 中国人民大学"中国宏观经济分析与预测"课题组杨瑞龙、毛振华、朱科敏、杨继东:《试论低端劳动力工资形成机制的变革及其经济效应》,《财贸经济》2011 年第 7 期。

[679]《中共中央关于全面深化改革若干重大问题的决定》,见 http://www.gov.cn/jrzg/2013-11/15/content_ 2528179.htm。

[680] 中国—东盟中心门户网站:《三星工厂放弃中国转投越南,东南亚市场再次发威》,2013 年 12 月 16 日,见 http://service.aseanchinacenter.org/contents/video/investment/2013/12/16/35666.html。

[681] 中国驻印度尼西亚大使馆经济商务参赞处官网:《富士康在印尼

设厂的脚步渐近》，2013 年 4 月 26 日，见 http://id. mofcom. gov. cn/article/ziranziyuan/huiyuan/201304/201304001051 09.shtml。

［682］钟晋、胡黎明：《金融支持对产业转移影响研究——以湖南省为例》，《新余学院学报》2011 年第 5 期。

［683］钟晋：《基于核心企业成长的承接产业转移模式研究——以新余光伏产业为例》，硕士学位论文，湖南科技大学，2012 年。

［684］钟小红：《长沙临空经济产业发展策略研究》，硕士学位论文，中南大学，2010 年。

［685］钟新桥：《我国中部地区产业结构布局现状与调整战略研究》，《上海经济研究》2004 年第 11 期。

［686］钟惠波、许培源：《FDI 的技术溢出：经验研究述评》，《技术经济与管理研究》2011 年第 5 期。

［687］周淼：《湖南省金融发展与产业结构升级关系的研究》，硕士学位论文，湖南大学，2013 年。

［688］周劲风、李耀初、林洁贞：《产业转移对肇庆市水资源承载力的影响研究》，《环境科学与管理》2009 年第 5 期。

［689］周婷、邓玲：《区域资源环境的经济承载力》，《求索》2008 年第 1 期。

［690］周静：《基于扎根理论的集群式产业转移影响因素研究》，硕士学位论文，湖南科技大学，2012 年。

［691］周勤、周绍东：《产品内分工与产品建构陷阱：中国本土企业的困境与对策》，《中国工业经济》2009 年第 8 期。

［692］周群力、陆铭：《拜年与择校》，《世界经济文汇》2009 年第 6 期。

［693］周五七、曹治将：《中部地区承接东部产业梯度转移的壁垒与对策》，《改革与战略》2010 年第 10 期。

［694］周骏宇：《外商直接投资与市场准入制度变迁》，《世界经济研究》2007 年第 4 期。

［695］周礼、张学勇：《FDI 对国有工业企业技术外溢效应的实证研究——基于宏观数据的联立方程模型分析》，《国际贸易问题》2006 年第 4 期。

［696］周铭：《上海市服务业 FDI 就业效应研究》，硕士学位论文，东华大学，2010 年。

［697］周启良：《外商对华直接投资的就业效应分析》，硕士学位论文，厦门大学，2007 年。

［698］周梅妮、张振威：《重庆市制造业行业竞争力分析与评价》，《统计与决策》2008 年第 19 期。

［699］周勤、周绍东：《产品内分工与产品建构陷阱：中国本土企业的困境与对策》，《中国工业经济》2009 年第 8 期。

［700］周洋全：《重庆市承接产业转移的路径选择研究》，硕士学位论文，重庆工商大学，2012 年。

［701］周五七、曹治将：《中部地区承接东部产业梯度转移的壁垒与对策》，《改革与战略》2010 年第 10 期。

［702］周霞：《城市群工业地价与产业结构高级化的互动机理研究——以京津冀城市群为例》，博士学位论文，首都经济贸易大学，2013 年。

［703］周琴：《产业结构优化的路径选择——一般理论及其对长三角的应用分析》，博士学位论文，上海社会科学院，2010 年。

［704］综合开发研究院（中国·深圳）：《东部产业转移的趋势与湖北产业承接的机遇研究》，课题研究报告，2008 年。

［705］邹双、朱涛、张军伟：《中西部地区承接产业转移的行业选择研究——以河南 27 个工业行业为例》，《河南理工大学学报》（社会科学版）2014 年第 1 期。

［706］邹武鹰、许和连、赖明勇：《出口贸易的后向链接溢出效应——基于中国制造业数据的实证研究》，《数量经济技术经济研究》2007 年第 7 期。

［707］朱晓海：《中部地区战略性主导产业的选择与布局研究》，硕士

学位论文，武汉理工大学，2007 年。

[708] 朱华友、孟云利、刘海燕：《集群视角下的产业转移的路径、动因及其区域效应》，《社会科学家》2008 年第 7 期。

[709] 朱迅：《我国中部地区反梯度推进战略研究》，《长沙铁道学院学报》（社会科学版）2011 年第 2 期。

[710] 朱钟棣、李小平：《中国工业行业资本形成、全要素生产率变动及其趋异化：基于分行业面板数据的研究》，《世界经济》2005 年第 9 期。

[711] 朱允卫：《东部地区产业向中西部转移的理论与实证研究》，博士学位论文，浙江大学，2013 年。

[712] 朱珍华、邵志清、郑栓虎：《促进北京现代制造业集聚发展的对策建议》，《环渤海经济瞭望》2005 年第 3 期。

[713] 朱盛毅、朱金蓉：《基于中部崛起背景下的安徽农村人力资源发展现状、问题及对策》，《乡镇经济》2009 年第 12 期。

[714] 庄晋财、吴碧波：《西部地区产业链整合的承接产业转移模式研究》，《求索》2008 年第 10 期。

[715] 庄丽娟、贺梅英：《服务业利用外商直接投资对中国经济增长作用机理的实证研究》，《世界经济研究》2005 年第 8 期。

[716] Agodo O., "The Determinants of U. S. Private Manufacturing Investments in Africa", *Journal of International Business Studies*, Vol. 9, No. 9 (November 1978).

[717] Aitken B. J. &Harrison A. E., "Do Domestic Firms Benefit from Direct Foreign Investment? Evidence from Venezuela", *American Economic Review*, Vol. 89, No. 3 (June 1999).

[718] Akamatsu K., "A Historical Pattern of Economic Growth in Developing Countries", *The Developing Economies*, Vol. 1, No. 1 (August 1962).

[719] Akamatsu K., "A Historical Pattern of Economic Growth in Developing Countries", *The Developing Economies*, Vol. 1, No. 1 (August 1962).

[720] Alan M. Rugman & Joseph R. D'Cruz, *Multinationals as Flagships*

*Firms*: *Regional Business Networks*, Oxford University Press, 2000.

［721］ Balasubramanyam V. N., Salisu M. & Sapsford D., "Foreign Direct Investment and Growth in EP and IS Countries", *Economic Journal*, Vol. 106, No. 434 (January 1996).

［722］ Bell G., "Clusters, Networks and Firm Innovativeness", *Strategic Management Journal*, Vol. 26, No. 3 (Janurary 2005).

［723］ Bertrand O. & Zitouna H., "Trade Liberation and Industrial Restructuring: The Role of Crossborder Mergers and Acquisitions", *Journal of Economics & Management Strategy*, Vol. 15, No. 2 (April 2006).

［724］ Blomstrom M. & Wolff E. N., "Multinational Corporations and Productivity Convergence in Mexico", *Social Science Electronic Publishing*, Vol. 15, No. 30 (October 1989).

［725］ Blomstrom M. & Kokko A., "Home Country Effects of Foreign Direct Investment: Evidence from Sweden", No. W4639, National Bureau of Economic Research, 1994.

［726］ Blomstrom M., "Host Country Competition, Labor Skills, and Technology Transfer by Multinationals", *Weltwirtschaftliches Archiv*, Vol. 130, No. 3 (September 1994).

［727］ Borensztein E., Gregorio J. D. &Lee J. W., "How does Foreign Direct Investment Affect Economic Growth?", *Journal of International Economics*, Vol. 45, No. 1 (June 1998).

［728］ Breuss F., Egger P. & Pfaffermayr M., "Structural Funds, EU Enlargement, and the Redistribution of FDI in Europe", *Review of World Economics*, Vol. 146, No. 3 (September 2010).

［729］ Brian W., "National, Regional and Local Scale Priorities in the Economic Growth Versus Environment Trade – off", *Ecological Economics*, Vol. 15, No. 2 (November 1995).

［730］ Brezis E. S., Krugman P. R. & Tsiddon D., "Leapfrogging in International Competition: A Theory of Cycle in National Technological Leadership", *American Economic Review*, Vol. 83, No. 5 (December 1993).

[731] Burt R. S., *Structural Holes: The Social Structure of Competition*, Burt Harvard University Press, 1993.

[732] Campbell D., "Foreign Investment, Labour Immobility and the Quality of Employment", *International Labour Review*, Vol. 133, No. 2 (April 1994).

[733] Cantwell J. & Barrera P., "Intercompany Agreements for Technological Development: Lessons from International Cartels", *International Studies of Management & Organization*, Vol. 25, No. 1/2 (Spring – Summer, 1995).

[734] Caves R. E., "Multinational Firms, Competition, and Productivity in Host-Country Markets", *Economica*, Vol. 41, No. 162 (May 1974).

[735] Chakravarty A., et al., "Choice of Geographical Location as Governance Strategy in Outsourcing Contracts: Localized Outsourcing, Global Outsourcing, and Onshore Outsourcing", *Customer Needs and Solutions*, Vol. 1, No. 3 (January 2014).

[736] Chow G. C., "Tests of Equality between Sets of Coefficients in Two Linear Regressions", *Econometrica*, Vol. 28, No. 3 (July 1960).

[737] Coe D. T. & Helpman E., "International R&D Spillovers", *European Economic Review*, Vol. 39, No. 5 (May 1995).

[738] Cohen W. M. & Levinthal D. A., "Innovation and Learning: The Two Faces of R&D", *Economic Journal*, Vol. 99, No. 397 (September 1989).

[739] Cyhn J. W. & Lall S., *Technology Transfer and International Production: The Development of the Electronics Industry in Kor*, Korea: Elgar E., 2002.

[740] C. Gervnain, "The Dollar Problem: A Reappraisal", *Actualité Économique*, Vol. 36, No. 4 (January 1961).

[741] De Mello L. R., "Foreign Direct Investment-led Growth: Evidence

from Time Series and Panel Data", *Oxford Economic Papers*, Vol. 51, No. 1 (February 1999).

[742] Dirk W. & Swapna N., "Foreign Direct Investment, Services Trade Negotiations and Development", *Development Policy Review*, Vol. 24, No. 4 (July 2006).

[743] Djankov S. & Hoekman B., "Foreign Investment and Productivity Growth in Czech Enterprises", *Social Science Electronic Publishing*, Vol. 14, No. 1 (January 2000).

[744] Dunning J. H., "The Paradigm of International Production: Past, Present and Future", *Journal of International Business Studies*, Vol. 19, No. 1 (April 1988).

[745] Dunning J. H., "The Eclectic Paradigm of International Production", *Journal of International Business Studies*, Vol. 19, No. 1 (March 1988).

[746] Dunning H., *International Production and the Multinational Enterprise*, London: George Allen & Unwin, 1981.

[747] Easterly W., "The Ghost of Financing Gap: Testing the Growth Model Used in the International Financial Institutions", *Social Science Electronic Publishing*, Vol. 60, No. 2 (December 1999).

[748] Feils D. J. & Rahman M., "The Impact of Regional Integration on Insider and Outsider FDI", *Management International Review*, Vol. 51, No. 1 (January 2011).

[749] Findlay R., "Relative Backwardness, Direct Foreign Investment, and the Transfer of Technology: A Simple Dynamic Model", *Quarterly Journal of Economics*, Vol. 92, No. 1 (February 1978).

[750] Forslid R., Haaland J. I. & Knarvik K. H. M, "A U-shaped Europe? A Simulation Study of Industrial Location", *Journal of International Economics*, Vol. 57, No. 2 (August 2002).

［751］ Frederick S. & Gereffi G. , "Upgrading and Restructuring in the Global Apparel Value Chain: Why China and Asia are Outperforming Mexico and Central American", *International Journal of Technological Learning, Innovation and Development*, Vol. 4, No. 1-3 (April 2011).

［752］ Fujita, Masahisa & Krugman (Eds.), *The Spatial Economy: Cities, Regions, and International Trade*, Cambridge: MA-MIT Press, 1999.

［753］ Gary W. , Barrett E. & Odumuch P. , "The Twenty-First Century: The World at Carrying Capacity", *Bioscience*, Vol. 50, No. 4 (April 2000).

［754］ Gereffi G. , Humphrey J. & Sturgeon T. , "The Governance of Global Value Chains", *Review of International Political Economy*, Vol. 12, No. 1 (August 2006).

［755］ Glenn F. , "State Strength, Industry Structure, and Industrial Policy: American and Japanese Experiences in Microelectronics", *Comparative Politics*, Vol. 22, No. 3 (April 1990).

［756］ Globerman S. , "Foreign Direct Investment and Spillover Efficiency Benefits in Canadian Manufacturing Industries", *Canadian Journal of Economics/revue Canadienne D'economique*, Vol. 12, No. 1 (February 1979).

［757］ Gorg H. , Hanley A. & Strobl E. , "Productivity Effects of International Outsourcing: Evidence from Plant Level Data", *Canadian Journal of Economics*, Vol. 41, No. 2 (March 2008).

［758］ Gort Michael & Klepper Steven, "Time Paths in the Diffusion of Product Innovation", *The Economic Journal*, Vol. 92, No. 367 (September 1982).

［759］ Gourevitch P. , Bohn R. & Mckendrick D. , "Globalization of Production: Insights from the Hard Disk Drive Industry", *World Development*, Vol. 28, No, 2 (February 2000).

［760］ Graham E. M. , "Market Structure and the Multinational Enterprise: A Game - theoretic Approach1", *Journal of International Business Studies*,

Vol. 29, No, 1 (March 1998).

[761] Greene W., "Fixed and Random Effects in Stochastic Frontier Models", *Journal of Productivity Analysis*, Vol. 23, No. 1 (January 2005).

[762] Griliches Z., "Issues in Assessing the Contribution of Research and Development to Productivity Growth", *The Bell Journal of Economics*, Vol. 10, No. 1 (February 1979).

[763] Gray W. & Shadbegian R., "What Determines Environmental Performance at Paper Mills? The Role of Abatement Spending, Regulation and Efficiency Topics", *Economic Analysis and Policy*, Vol. 3, No. 1 (November 2003).

[764] Gray W. & Shadbegian R., "Pollution Abatement Costs, Regulation, and Plant-level Productivity", in Gray, W. (Eds.), *The Economic Costs and Consequences of Environmental Regulation*, Aldershot, U. K., Ashgate Publishing, 2002.

[765] Gretchen D. & Paul E., "Population, Sustainability, and Earth's Carrying Capacity", *Bioscience*, Vol. 42, No. 10 (November 1992).

[766] Hakanson L., Frederick E. I. & Geoffrey J. R., "Towards A Theory of Location and Corporate Growth, Hamilton, Spatial Analysis", *Industry and the Industrial Environment*, Vol. 133, No. 8 (August 1979).

[767] Hale G. & Long C., "Are there Productivity Spillovers from Foreign Direct Investment in China?", *Pacific Economic Review*, Vol. 16, No. 2 (May 2011).

[768] Han Shucheng, Li Jing & Liu Chang, "Industry Transfer and Local Industry Matching Capability Building in Wuhan of China", Proceedings of the 7th International Conference on Innovation & Management, Vol. 34, No. 5 (May 2010).

[769] Hayter T., *The Dynamics of Industrial Location: The Factory, the Firm and the Production System*, New York: John Wiley & Sons Ltd, 1997.

［770］Heider F., "Attitudes and Cognitive Organization", *Journal of Psychology Interdisciplinary & Applied*, Vol. 21, No. 1（January 1946）.

［771］Helleiner G. K., "Manufacturing for Export, Multinational Firm and Economic Development", *World Development*, Vol. 1, No. 7（July 1973）.

［772］Henry Overman, Patricia Rice & Anthony Venables, "Economic linkages across Space", *Regional Studies Taylor&Francis Journals*, Vol. 44, No. 1（June 2010）.

［773］Hirschman A. O., "A Propensity to Self-Subversion Cambridge", *Economic Development and Cultural Change*, Vol. 46, No. 2（January 1998）.

［774］Hosoe N., Gasawa K., & Hashimoto H., *Textbook of Computable General Equilibrium Modelling：Programming and Simulations*, UK：Palgrave Macmillan, 2010.

［775］Hummels D., Ishii J. & Yi K. M., "The Nature and Growth of Vertical Specialization in World Trade", *Journal of International Economics*, Vol. 54, No. 1（June 2001）.

［776］Jaehwa Lee, "Trade, FDI and Productivity Convergence：A Dynamic Panel Data Proach in 25 Countries", *Japan and the World Economy*, Vol. 21, No. 3（August 2009）.

［777］Jansen W. J. & Edison H. J., "Stopping Hot Money", *Journal of Development Economics*, Vol. 66, No. 2（April 2003）.

［778］Japan External Trade Organization（JETRO）, Survey of Japanese-Affiliated Firms in Asia and Oceania, October, 2011, http://www. jetro. go. jp/en/reports/survey/pdf/ 2011_ 11_ 07_ biz. pdf.

［779］Javorcik B. S., "Does Foreign Direct Investment Increase the Productivity of Domestic Firm? In Search of Spillovers through Backward Linkages", *American Economic Review*, Vol. 94, No. 3（June 2004）.

［780］Johnson B. & Lundvall B., "The Learning Economy", *Journal of Industry Studies*, Vol. 1, No. 2（March 1994）.

［781］ Jones R. W. & Kierzkowski H., "International Fragmentation and the New Economic Geography", *North American Journal of Economics and Finance*, Vol. 16, No. 1 (March 2005).

［782］ Jones R. W., "Immigration VS. Outsourcing: Effects on Labor Markets", *International Review of Economics and Finance*, Vol. 14, No. 2 (August 2005).

［783］ John C., "Exemptionalism VS Environmentalism: The Crucial Debate on the Value of Ecosystem Health", *Aquatic Ecosystem Health and Management*, Vol. 110, No. 2 (November 1999).

［784］ John C., "The Role of Ecotoxicology in the Protection and Accumulation of Natural Capital", *Ecotoxicology*, Vol. 9, No. 3 (June 2000).

［785］ John C., "What You Expect Others to Do: A Universal Ethos and the Carrying Capacity of a Finite Planet", *Environmental Health Perspectives*, Vol. 2, No. 7 (February 2002).

［786］ Jonathan M. et al., "Carrying Capacity in Agriculture: Global and Regional Issue", *Ecological Economics*, Vol. 29, No. 3 (June 1999).

［787］ Jonathan W., "Carrying Capacity and the Comprehensive Plan", *Boston College Environmental Affairs Law Review*, Vol. 28, No. 4 (January 2001).

［788］ Kaname Akamatsu, "The Trade Trend of Woolen Products in Our Country", *Review of Business and Economy*, Vol. 4, No. 2 (February 1935).

［789］ Keeble, David, & Wever E., *New Firms and Regional Development in Europe*, Europe: Croom Helm, 1986.

［790］ Keller W., "Geographic Localization of International Technology Diffusion", *American Economic Review*, Vol. 92, No. 1 (March 2002).

［791］ Kenneth A. et al., "Economic Growth, Carrying Capacity and the Environment", *Ecological Economics*, Vol. 28, No. 2 (April 1995).

［792］ Kim L., "Technological Innovation in the Capital Goods Industry in

Korea：A Micro Analysis", Intemational Laborer Office in Geneva, 1982.

［793］ Kinoshita Y., "R&D and Technology Spillovers Via FDI：Innovation and Absorptive Capacity", *Ssrn Electronic Journal*, Vol. 29, No. 41 （November 2000）.

［794］ Kinoshita Y., "Technology Spillovers through Foreign Direct Investment", *Ssrn Electronic Journal*, Vol. 22, No. 31 （January 1999）.

［795］ Kling G., Baten J. & Labuske K., "FDI of German Companies during Globalization and Deglobalization", *Open Economies Review*, Vol. 22, No. 2 （April 2011）.

［796］ Klmienko M., "Competition, Matching and Geographical Clustering at Early Stages of the Industry Life Cycle", *Journal of Economics and Business*, Vol. 56, No. 3 （December 2003）.

［797］ Knickerbocker C. P., *Oligopolistic Reaction and the Multinational Enterprise*, Harvard University Press：Cambride, 1973.

［798］ Koizumi T. & Kopecky K. J., " Economic Growth, Capital Movements and the International Transfer of Technical Knowledge", *Journal of International Economics*, Vol. 7, No. 1 （February 1977）.

［799］ Kojima K., *Direct Foreign Investment：A Japanese Model of Multinational Business Operations*, London：Croom Helm, 1978.

［800］ Kojima K., *Direct Foreign Investment：A Japanese Model of Multinational Business Operations*, New York：Praeger, 1978.

［801］ Kojmia K., "Reorganizational of North—South Trade：Japan's Foreign Economic Policy for the 1970s", *Hitotsubashi Journal of Economics*, Vol. 13, No. 2 （February 1973）.

［802］ Koka B. & Prescott J. E., "Designing Alliance Networks：The Influence of Network Position, Environmental Change and Strategy on Firm Performance", *Strategic Management Journal*, Vol. 29, No. 6 （June 2008）.

［803］ Kojima K., *Direct Foreign Investment：A Japanese Model of Multina-

*tional Business Operations*, New York: Praeger, 1978.

[804] Kracis, Ircing B. &Robert E. Lipsey, "The Location of Overseas Production and Production for Exports by U. S. Multinational Firms", *Journal of International Economics*, Vol. 12, No. 3-4 (May 1982 ).

[805] Krüger R., "World Investment Report 2001 UNCTAD", *Weltwirtschaftliches Archiv*, Vol. 138, No. 2 (April 2002).

[806] Krugman P. & Fujita M., "The New Economic Geography: Past, Present and the Future", *Regional Science*, Vol. 83, No. 1 (January 2004).

[807] Krugman P., "Complex Landscape in Economic Geography", *American Economic Review*, Vol. 84, No. 2 (May 1994).

[808] Krugman P., "Increasing Returns and Economic Geography", *Journal of Political Geography*, Vol. 99, No. 3 (June 1991).

[809] Kurt W. & John W., "Sizing the Earth: Recognition of Economic Carrying Capacity", *Ecological Economics*, Vol. 12, No. 1 (January 1995).

[810] Knarvik K. H. M., Forslid R., Haaland J. I. & Maestad O., "Integration and Transition: Scenarios for Location of Production and Trade in Europe", *Economics of Transition*, Vol. 10, No. 1, (February 2002).

[811] Lake A. W., "Technology Creation and Technology Transfer by Multinational Firms", *Research in International Business and Finance*, Vol. 1, No. 2 (April 1979).

[812] Lall S., "Vertical Inter-Firm Linkages in Ldcs: An Empirical Study", *Oxford Bulletin of Economics & Statistics*, Vo. 42, No. 3 (August 1980).

[813] Lecraw D. J., "World Investment Report 1992: Transnational Corporations as Engines of Growth", *Journal of International Business Studies*, Vol. 24, No. 3 (March 1993).

[814] Lee J., "Trade, FDI, and Productivity Convergence: A Dynamic Panel Data Aproach in 25 Countries", *Japan and the World Economy*, Vol. 21, No. 3 (August 2009).

［815］ Lewis W. A., *The Evolution of the International Economic Order*, New Jersey: Princeton University Press, 1978.

［816］ Little J. S, "Location Decisions of Foreign Direct Investors in the United States", *New England Economic Review*, Vol. 33, No. 7 (July 1978).

［817］ L. K. Cheng & Y. K. Kwan, "What are the Determinants of the Location of Foreign Direct Investment? The Chinese Experience", *Journal of International Economics*, Vol. 51, No. 2 (August 2000).

［818］ Lorenz M. O., "Wages and Family Budgets in Berlin", *Publications of the American Statistical Association*, Vol. 9, No. 70 (June 1905).

［819］ Lucas R. E., "On the Mechanics of Economic Development", *Journal of Monetary Economics*, Vol. 22, No. 1 (July 1988).

［820］ Manjón-Antolín M. & Arauzo-Carod J. M., "Locations and Relocations: Determinants, Modeling and Interrelations", *The Annals of Regional Science*, Vol. 47, No. 1 (August 2011).

［821］ Maria B. A. S., "Trade, Technology Adoption and Wage Inequalities: Theory and Evidence", PSE Working Papers, (November 2008).

［822］ Markandya A. & Galinato S. P., "How Substitutable is Natural Capital ? ", The World Bank, 2006.

［823］ Mark B. & Sergio U., "Emergy Measures of Carrying Capacity to Evaluate Economic Investments", *Population and Environment*, Vol. 22, No. 5 (May 2001).

［824］ Mark S., "Carrying Capacity and Ecological Economics", *Bioscience*, Vol. 45, No. 9 (October 1995).

［825］ Martin & Ottaviano, "Growing Locations: Industry Location in a Model of Endogenous Growth", *European Economic Review*, Vol. 43, No. 2 (February 1999).

［826］ Masood A. Badri, "Dimensions of Industrial Location Factors: Review and Exploration", *Journal of Business and Public Affairs*, Vol. 1, No. 2

（February 2007）.

［827］McKeon H., Johnston K. & Henry C., "Multinational Companies as a Source of Entrepreneurial Learning: Examples from the IT Sector in Ireland", *Education & Training*, Vol. 46, No. 8-9（October 2004）.

［828］Mielnik O. & Goldemberg J., "Communication the Evolution of the 'Carbonization Index' in Developing Countries", *Energy Policy*, Vol. 27, No. 5（May 1999）.

［829］Nakosteen R. A. & Zimmer M. A., "Determinants of Regional Migration by Manufacturing Firms", *Economic Inquiry*, Vol. 25, No. 2,（April 1987）.

［830］North D. C., "Structure and Performance: The Task of Economic History", *Journal of Economic Literature*, Vol. 16, No. 3（September 1978）.

［831］Okubo T., "Anti-agglomeration Subsidies with Heterogenneous Firms", *Journal of Regional Science*, Vol. 52, No. 2（May 2012）.

［832］Okubo T. & Eiichi T., "Industrial Relocation Policy, Producticity and Heterogeneous Plants: Evidence from Japan", *Regional Science and Urban Economics*, Vol. 42, No. 1-2（January 2012）.

［833］Oukarfi S. & Baslé M., "Public-sector Financial Incentives for Business Relocation and Effectiveness Measures Based on Company Profile and Geographic Zone", *Ann Reg Sci*, Vol. 43, No. 2（June 2009）.

［834］Panayotou T., "Demystifying the Environmental Kuznets Curve: Turning a Black Box into a Policy Tool", *Environment & Development Economics*, Vol. 2, No. 4（November 1997）.

［835］Partridge M. D., Dan S. R., Ali K., et al., "Do New Economic Geography Agglomeration Shadows Underlie Current Population Dynamics across the Urban Hierarchy ?", *Regional Science*, Vol. 88, No. 2（June 2009）.

［836］Partridge M. D. & Rickman D. S, "Computable General Equilibrium（CGE）Modelling for Regional Economic Development Analysis", *Regional*

*Studies*, Vol. 44, No. 10 (February 2010).

[837] Peter Gourevitch, Roger Bohn & D. Mckendrick, "Globalization of Production: Insights from the Hard Disk Drive Industry", *World Development*, Vol. 28, No. 2 (February 2000).

[838] Philippe Gugler & Serge Brunner, "FDI Effects on National Competitiveness: A Luster Approach", *International Atlantic Economic Society*, Vol. 13, No. 3 (August 2007).

[839] Pitelis D. C. N., "The Sustainable Competitive Advantage and Catching-up of Nations: FDI, Clusters and the Liability Asset of Smallness", *Management International Review*, Vol. 49, No. 1 (February 2009).

[840] Porter M. E., "Clusters and Competition: New Agendas for Companies, Governments and Institutions", *On Competition*, 1998.

[841] Ramirez M., "Foreign Direct Investment in Mexico: A Cointegration Analysis", *Journal of Development Studies*, Vol. 37, No. 1 (March 2010).

[842] Ranga L. M., *The Innovative Capacity of Academic Research Groups Involved in University-Industry Collaboration*, University of Sussex, 2005.

[843] Raúl Prebisch, "The Economic Development of Latin America and its Principal Problems", *Geographical Review*, Vol. 12, No. 2 (April 1950).

[844] Raymond V., "International Investment and International Trade in the Product Cycle", *Quarterly Journal of Economics*, Vol. 80, No. 2 (May 1966).

[845] Roth A. and U. G. Rothblum, "Truncation Strategies in Matching Markets in Search of Advice for Participants", *Econometrica*, Vol. 67, No. 1 (January 1999).

[846] Romer P. M., "Growth Based on Increasing Returns Due to Specialization", *The American Economic Review*, Vol. 77, No. 2 (May, 1987).

[847] Romer P. M., "Increasing Returns and Long-Run Growth", *Journal of Political Economy*, Vol. 94, No. 5 (October 1986).

［848］Sadgopal A. & Das S. K., "Bhopal: The Continuing Toll", *Economic & Political Weekly*, Vol. 22, No. 48 (November 1987).

［849］Sammarra A. & Belussi F., "Evolution and Relocation in Fashion-led Italian Districts: Evidence from Two Case-studies", *Entrepreneurship & Regional Development*, Vol. 18, No. 6 (February 2006).

［850］Sampson S. F., *A Novitiate in a Period of Change: An Experimental and Case Study of Social Relationships*, Cornell University, 1968.

［851］Sandra B. & Lugo A. E., "Rehabilitation of Tropical Lands: A Key to Sustaining Development", *Restoration Ecology*, Vol. 2, No. 2 (June 1994).

［852］Savona M. & Schiattarella R., "International Relocation of Production and the Growth of Services: The Case of the '*Made in Italy*' Industries", *Transnational Corporations*, Vol. 13, No. 2 (September 2004).

［853］Simon J. L., *The Ultimate Resource* 2, Princeton University Press, 1996.

［854］Solow Robert M., "A Contribution to the Theory of Economic Growth", *The Quarterly Journal of Economics*, Vol. 70, No. 1 (Janurary 1956).

［855］Stodick L., Holland D. & Devadoss S., Documentation for the Washington-Idaho CGE Model, 2009, http://www. agribusiness - mgmt. wsu. edu/Holland_ model/documentation.htm.

［856］Suzumura K. & Kiyono K., "Entry Barriers and Economic Welfare", *Review of Economic Studies*, Vol. 54, No. 1 (June 1986).

［857］Sung Jin, Kang Hong & Shik Lee, "The Determination of Location Choice of South Korean FDI in China", *Japan and the World Economy*, Vol. 19, No. 4 (December 2007).

［858］Sven W. Arndt & Henryk Kierzkowski, *Fragmentation: New Production Patterns in the World Economy*, Oxford University Press, 2001.

［859］Tabuchi T., "Urban Agglomeration and Dispersion: A Synthesis of Alonso and Krugtnan", *Journal of Urban Economics*, Vol. 44, No. 3 (November

1998）．

　　［860］Tajfel H. & Turner J. C., "The Social Identity Theory of Intergroup Behavior", *Political Psychology*, Vol. 13, No. 3（March 1986）．

　　［861］UNIDO, "Western China: Enhancing Industrial Competitiveness and Employment", *Industrial Development Report* 2005-2006．

　　［862］USCB Office, "The Budget and Economic Outlook: Fiscal Years 2006 to 2015", Congressional Budget Office, 2005．

　　［863］Uzzi B., "Social Structure and Competition in Interfirm Networks: The Paradox of Embeddedness", *Administrative Science Quarterly*, Vol. 42, No. 1（March 1997）．

　　［864］Van De Ven A. H., "Review of Aldrich's Book-Organizations and Environment", *Administrative Science Quarterly*, Vol. 24, No. 2（February 1979）．

　　［865］Van Dijk J. & Pellenbarg P. H., "Firm Relocation Deco Scions in the Netherlands: An Ordered Legit", *Approach Papers in Regional Science*, Vol. 79, No. 1（March 2000）．

　　［866］Venables A., "Equilibrium Locations of vertically Linked Industries", *International Economic Review*, Vol. 37, No. 2（May 1996）．

　　［867］Vernon R., "International Investment and International Trade in the Product Cycle", *Quarterly Journal of Economics*, Vol. 80, No. 2（May 1966）．

　　［868］Wang J. Y. & Blomstrom M., "Foreign Investment and Technology Transfer: A Simple Model", *European Economic Review*, Vo. 36, No. 1（January 1992）．

　　［869］Weber A., *Theory of the Location of Industries*, Chicago: The University of Chicago Press, 1929．

　　［870］Wen M., "Relocation and Agglomeration of Chinese Industry", *Journal of Development Economics*, Vol. 73, No. 1,（February 2004）．

　　［871］Wetzel R. G., Hatcher P. G. & Bianchi T. S., "Natural Photolysis by Ultraviolet Irradiance of Recalcitrant Dissolved Organic Matter to Simple Substrates for Rapid Bacterial Metabolism", *Limnology & Oceanography*, Vol. 40, No. 8 (December 1995).

[872] William R., " Economic Development and Environmental Protection: An Ecological Economics Perspective", *Environmental Monitoring and Assessment*, Vol. 86, No. 1 (July 2003).

[873] Xing Y. & Kolstad C. D., "Do Lax Environmental Regulations Attract Foreign Investment?", *Environmental & Resource Economics*, Vol. 21, No. 1 (January 2002).

[874] Z. A. Tan, "Product Cycle Theory and Telecommunications Industry—Foreign Direct Investment, Government Policy, and Indigenous Manufacturing in China", *Telecommunications Policy*, Vol. 26, No. 1 (February 2002).

[875] Zhao L., "Labor—Management Bargaining and Transfer Pricing in Multinational Corporations", *Social Science Electronic Publishing*, Vol. 31, No. 4 (October 1998).

[876] Zhang K. H., "Why does so much FDI from Hong Kong and Taiwan Go to Mainland China", *China Economic Review*, Vol. 16, No. 3 (March 2005).

# 后　记

对于一所地方性高校，成功申报一项国家社科基金重大项目很难，特别是在 2009 年以及之前的年份中，当时的立项数量非常少。然而，要高质量完成一项国家社科基金重大项目则更难，因为这不仅要克服调研点多面广线长、相关统计数据缺失、关键问题建模复杂等困难，而且研究成果还必须同时做到既"顶天"又"立地"。

项目组在得到国家社科基金重大项目立项（09&ZD041）通知后，按照研究计划的要求，分为 8 个子课题展开研究：贺胜兵教授负责第一个子课题"沿海地区产业转移的潜在规模与结构研究"，肖雁飞教授负责第二个子课题"中部地区承接沿海产业转移的承载能力研究"，曾世宏博士负责第三个子课题"中部地区承接沿海产业转移的方式研究"，胡黎明博士负责第四个子课题"中部地区承接沿海产业转移的效应研究"，彭文斌教授负责第五个子课题"中部地区承接沿海产业转移的路径选择与引导政策研究"，仇怡教授负责第六个子课题"中部地区承接沿海产业转移的空间布局与协调政策研究"，潘爱民教授负责第七个子课题"中部地区承接沿海产业转移的结构调整与优化政策研究"，唐宇文研究员负责第八个子课题"中部地区承接沿海产业转移的综合配套与保障政策研究"。

为了高质量完成项目研究任务，项目组坚持每个月召开 1 次子课题负责人碰头会，2 个月召开 1 次项目组主要成员参加的研究进展情况交流会，并先后邀请专家、学者召开中型研讨会 2 次、小型研讨会 9 次。项目组 8 个子课题按照分工安排，到中部地区、长三角、珠三角以及西部地区开展了 38 批次实地调研，特别是先后 2 次到与珠三角毗邻的湘南承接产业转移国家级示范区、与长三角毗邻的安徽皖江承接产业转移国家级示范区进行典型调研，同时，项目组还向湖南省内外 40 余位有影响的相关专家进行了咨询。经过项目组全体成员的共同努力，较好地完成了研究任务，取得了比较丰富的研究成果，主要表现为：2 份阶段性成果被国家社科规划办《成果要报》编发，呈送党和国家领导人，所提出的对策建议得到领导批示，受到全国哲学社会科学规划办公室通报表扬；阶段性成果获得省部级科研成果奖励 2 项，其中湖南省科技进步奖二等奖 1 项、湖南省哲学社会科学优秀成果二等奖 1 项；在《人民论坛·理论前沿》的国家社科基金专刊/专栏上发表研究成果 1 份，在《经济研究》《中国工业经济》《经济学动态》《中国软科学》等刊物上发表学术论文 70 余篇，其中 SCI/SSCI/CSSCI/CSCD 44 篇。

项目研究，力求在方法上有新的突破：如构建区域可计算一般均衡模型模拟沿海产业转移情景，测度沿海产业转移潜在规模和结构；构建基于人口资源环境经济复合系统的区域经济综合承载力测度模型，评价中部各省承接沿海产业转移承载能力；综合运用社会网络分析与"模式匹配"假设验证等方法，揭示产业集群式承接基本规律；改进梯度系数测度模型，优化中部地区选择承接产业的参考依据；建立多主体利益博弈模型，设计中部地区承接沿海产业转移协调机制；采用协同学和功效函数法建模，测度承接产业与产业承载系统的适配性及空间差异。这些方法的引入与改进，为项目的深入研究提供了重要工具。

项目研究，得出了许多新观点新结论：如研究认为产业集群式承接是中部地区承接产业转移的有效模式，即使在产业基础和配套条件较差的地区也能取得成功，中部地区应通过引入产业链"关键环节"或龙头企业引导产业集群式承接；梯度承接和反梯度承接是承接产业转移的两条基本路径，中部地区承接沿海产业不能单一依赖梯度转移，要将梯度承接与反梯度承接结合起来，突破梯度承接陷阱，突破低端锁定，突破被动承接；合理进行承接产业转移空间布局是中部地区有序承接沿海产业转移的关键，应当构建中部地区承接沿海产业转移的协调机制，加强区域空间结构整体规划协调、基础设施与生态环境建设协调、产业分工与功能布局协调；中部地区应当着力培育综合比较优势，通过承接产业转移推进产业结构调整和产业结构升级，在政策设计上应当注重引导"梯度对接、错位发展""优势对接、协同发展""定位对接、有序发展""集群对接、融合发展"促进中部地区产业结构合理化、高端化，产业组织特色化、集群化。

本专著是在研究报告的基础上完善出版的，是项目组成员的集体研究成果，参与此项目讨论与研究的除了首席专家和子项目负责人之外，还有魏后凯、田银华、向国成、冯晓、戴魁早、赵瑞霞、曾祥炎、贺凯健、唐志军、贺曲夫、向云波、赵伟、高静、张天平、曹休宁、袁祖凤、周静、廖双红、易秋平、刘莉君、冯晓玲、朱婵、龚彩华、王冰、廖倩、周华蓉、吴伟平、李志敏、文红艳、吕焕芬、张琼、王小艳、汪立、谌莹、文杏梓、徐争辉、田续玲、钟晋、万子捷、赵佳华、唐闻锴、王湘韵、王艺蓉、周善伟、吴友、罗登辉、康曙光等领导、专家、学者以及研究生，易秋平、刘莉君两位博士承担了大量的校稿和编辑工作，人民出版社的有关领导和吴炤东副主任给予了大力支持，在此一并表示衷心感谢！

最后值得特别指出的是，本项目研究直接引用和参考了国内外很多专家学者发表的成果和学术观点，尽管在专著出版时力求用脚注和参考文献一一列出，但恐有疏漏，敬请谅解。同时，由于受制于本项目调研覆盖面的局限、基础数据采集困难以及作为首席专家本人的学识水平和组织能力有限等多种原因，项目研究还存在很多不足，请各位学术同仁批评指正！

刘友金